建设工程施工企业及从业人员刑事法律责任及风险防范

常设中国建设工程法律论坛第十一工作组 / 著

法律出版社 LAW PRESS·CHINA

常设论坛第十一工作组成员

姓　名	工作单位	职　务
召集人		
王春军	北京市京都律师事务所	高级合伙人
成　员（以姓氏拼音为序）		
程浩基	江苏东银律师事务所	合伙人
陈姗姗	浙江西湖律师事务所	专职律师
高　明	上海科汇律师事务所	专职律师
姜超峰	北京广森律师事务所	创始合伙人
雷　涛	上海市建纬律师事务所	合伙人
李雪品	浙江六和（温州）律师事务所	管理合伙人
梅茹彦	河北建平律师事务所	高级合伙人
王　宏	山东平正大律师事务所	合伙人
吴　祺	贵州君跃律师事务所	资深顾问律师
王　琦	浙江金道（宁波）律师事务所	高级合伙人
王世良	江苏良筑律师事务所	主任
吴咸亮	安徽吴咸亮律师事务所	主任
万学伟	北京东方律师事务所	高级合伙人
徐　忆	北京市中银（南昌）律师事务所	高级合伙人
谢俊翔	福建省三明市人民检察院	检察官
朱莉莉	北京市仁人德赛律师事务所	高级合伙人

常设论坛第三届主席会议成员

（按轮值顺序排序）

姓　名	主席会议任职	工作单位	职　务
陆春玮	轮值主席	上海仲裁委员会	副秘书长
王唯骏	轮值主席	上海国际经济贸易仲裁委员会/上海国际仲裁中心	副秘书长
张光宏	轮值主席	宁波仲裁委员会	副主任、秘书长
李　明	副主席	最高人民法院中国应用法学研究所	研究员
赵　健	副主席	中国国际经济贸易仲裁委员会	仲裁院副院长
陈福勇	副主席	北京仲裁委员会/北京国际仲裁中心	副秘书长
安　欣	副主席	深圳国际仲裁院	副院长
常宏磊	副主席	石家庄仲裁委员会	副秘书长
王天喜	副主席	广州仲裁委员会	副主任

常设论坛专家咨询委员会委员

（除特别注明外按姓名首字母排序）

常设论坛秘书长会议成员

姓　名	秘书长会议任职	工作单位	职　务
孙　巍	秘书长	北京市中伦律师事务所	合伙人
贾　珅	秘书长	中国贸促会新疆维吾尔自治区委员会	法律部副部长
张皓亮	副秘书长	北京仲裁委员会/北京国际仲裁中心	业务拓展及国际案件处处长
曹　铁	副秘书长	深圳国际仲裁院	国际合作与发展处副处长
游奕清	副秘书长	石家庄仲裁委员会	业务一部副部长
江　岚	副秘书长	广州仲裁委员会	办公室主任
龚　骏	副秘书长	上海仲裁委员会	仲裁三部副部长、国际航运仲裁院副院长
徐之和	副秘书长	上海国际经济贸易仲裁委员会/上海国际仲裁中心	研究信息部副部长
黄震宇	副秘书长	宁波仲裁委员会	审理处处长

序　言

常设中国建设工程法律论坛第十一工作组成立于 2019 年 10 月，调研题目为《建设工程施工企业及从业人员刑事法律责任及风险防范》（以下简称《风险防范》）。《风险防范》以施工阶段为线索，对典型、高发的罪名进行法条解读，从案例中提炼实务要点，并对施工过程中存在的法律风险提出防范建议，以期对法律从业人员建工刑事实务的精进、施工从业人员法律意识的提高有所帮助。

施工企业在发展中机遇不断，许多施工企业在国家基础设施建设、城市更新改造和房地产市场化的浪潮中风光无两，利税万千，但挑战也接踵而来。2017 年—2019 年的刑事案件大数据显示，目前建设工程领域刑事犯罪非常普遍，涉及罪名众多，牵涉主体广泛，刑事风险贯穿于施工企业及其从业人员经营活动的始终。刑事责任对于企业、个人都是生命不可承受之重。如日中天的企业可能因为一起责任事故而一蹶不振，年富力强的施工企业负责人可能因刑事犯罪身陷囹圄，因此，刑事法律责任及风险防范对于施工企业及其从业人员来说兹事体大。

但建设施工领域自成一脉，体量庞大，体系复杂，施工企业及其从业人员很难事无巨细地清楚从工程招投标到竣工验收各阶段各环节的刑事风险。实践中，更是存在着一些业界习以为常却孰不知是在“刀尖上跳舞”的行为，比如伪造项目部印章、借用资质围标等。对于法律从业者来说，建工领域专业知识也不是能够轻松内化于心而应用自如的。

因此，我们希望完成这样一本书，能汲取刑法与建工核心要义，充分体现建设工程行业刑事风险预防的特点，既专业又通俗地为建设工程施工企业与从业人员提供风险防范指引，为广大法律工作者提供建工实务指南。第十一工作组的调研成果——《风险防范》，全书逾 40 万字，共包括十二章与附录。第一章是施工企业及从业人员刑事风险，对 2017—2019 年建设工程刑事案件大数据进行研究，对高发罪名、犯罪主体、案件的地域进行数据统计与解析，在扎实、可靠的数据基础上，确定了本书主要讨论的相关领域刑事犯罪问题。第二章至第十章,按照“招投标、合同订立、材料机械采购租赁、入场、施工过程、交付、结算、缺陷责任期与质保期”这一施工流程进行归类列章。每一阶段均包含了3－8个典型罪名,每一罪名均包括“罪状描述、犯罪构成要件与认定标准”“实务要点与典型案例”“风险防范建议”等三个部分。其中,“罪状描述、犯罪构成要件与认定标准”简明扼要地阐释了刑法对于该罪名的规定、构成要件以及相关的司法解释认定标准;“实务要点与典型案例”精选法院裁判文书,提炼行为模式,向读者直观展现什么样的行为会触犯该罪,并通过法院的权威解读阐明实务要点;“风险防范建议”从施工企业合规管理的角度,为如何预防触犯该罪提供全面建议。

第十一工作组自2019年10月成立以来,先后在上海、南昌、济南等地召开了十二次工作例会。尽管2020年年初以来,受新冠疫情影响无法召开现场会议,工作组仍利用网络平台召开了十几次成员大会及组长会议,持续深入调研,不断完善文稿。

“志当存高远,敢为天下先”,本书凝结了常设中国建设工程论坛第十一工作组各位老师的智慧和汗水,在国内首次就建设工程施工领域刑事法律责任与风险防范这一领域开展研究,难免存在着不足不妥之处,真诚欢迎关心中国建设工程及其法律事业的一线人员、各类专家、学者提出宝贵意见,以期不断精进成果,帮助更多的企业和从业人员防患于未然。

第十一工作组汇聚了一批专业造诣深厚的检察官、律师、仲裁员等。在此,我们隆重介绍第十一工作组全体成员,他们是:

召集人:

王春军　北京市京都律师事务所高级合伙人

成　员(以姓氏拼音为序):

程浩基　江苏东银律师事务所合伙人

陈姗姗　浙江西湖律师事务所专职律师

高　明　上海科汇律师事务所专职律师

姜超峰　北京广森律师事务所创始合伙人

雷　涛　上海市建纬律师事务所合伙人

李雪品　浙江六和(温州)律师事务所管理合伙人

梅茹彦　河北建平律师事务所高级合伙人

王　宏　山东平正大律师事务所合伙人
吴　祺　贵州君跃律师事务所资深顾问律师
王　琦　浙江金道(宁波)律师事务所高级合伙人
王世良　江苏良筑律师事务所主任
吴咸亮　安徽吴咸亮律师事务所主任
万学伟　北京东方律师事务所高级合伙人
徐　忆　北京市中银(南昌)律师事务所高级合伙人
谢俊翔　福建省三明市人民检察院检察官
朱莉莉　北京市仁人德赛律师事务所高级合伙人

第十一工作组下设4个小组,每位组长均肩负凝聚共识、鼓舞士气、落实任务、协调分工、保障质量等重任。他们是:朱莉莉、王琦、吴祺、徐忆。

除前述第十一工作组全体成员之外,吴鸿斌、周苗苗、曾婷、章温博等辅助调研人员亦参与了《风险防范》一书调研工作,慷慨无私地付出了大量的精力和时间。常设论坛贾珅秘书长也时刻跟进调研进展,并给予指导。在此对以上诸位谨致以衷心和真诚的感谢。

感谢上海汉盛律师事务所、南昌仲裁委员会、江西志谦律师事务所、北京市中银(南昌)律师事务所、北京大成(济南)律师事务所、山东平正大律师事务所、贵州君跃律师事务所为第十一工作组线下会议的召开提供的大力支持。此外,还要感谢常设论坛的成员、观察员和建设工程法律界的众多同仁对第十一工作组给予的热情帮助和真诚鼓励。

2020年注定是不平凡的一年,愿我们在法治与专业之路上的坚持能够"念念不忘,必有回响"。

孙　巍
常设中国建设工程法律论坛秘书长
《中国建设工程法律评论》主编
2020年10月11日

凡　　例

一、法律、法规

本书所涉我国的法律及法规名称中带有“中华人民共和国”字样的，均统一省去，简写为《×××法》《×××条例》，例如，《中华人民共和国刑法》简称为《刑法》，《中华人民共和国招标投标法实施条例》简称为《招标投标法实施条例》。

二、机构名称全称与简称对照

最高人民法院	最高院
最高人民检察院	最高检
住房和城乡建设部	住建部

三、司法解释以及其他工作文件全称与简称对照

《最高人民法院关于审理建设工程施工合同纠纷案件适用法律问题的解释》	《建设工程司法解释（一）》
《最高人民法院关于审理建设工程施工合同纠纷案件适用法律问题的解释（二）》	《建设工程司法解释（二）》
《最高人民法院关于适用〈中华人民共和国刑事诉讼法〉的解释》	《刑诉法司法解释》
《最高人民法院关于审理拒不支付劳动报酬刑事案件适用法律若干问题的解释》	《拒不支付劳动报酬司法解释》
《最高人民法院、最高人民检察院关于办理行贿刑事案件具体应用法律若干问题的解释》	《行贿案件司法解释》
《最高人民检察院、公安部关于公安机关管辖的刑事案件立案追诉标准的规定（一）》	《刑事案件立案追诉标准（一）》
《最高人民检察院、公安部关于公安机关管辖的刑事案件立案追诉标准的规定（一）的补充规定》	《刑事案件立案追诉标准（一）的补充规定》

续表

《最高人民检察院、公安部关于公安机关管辖的刑事案件立案追诉标准的规定(二)》	《刑事案件立案追诉标准(二)》
《最高人民检察院、公安部关于公安机关管辖的刑事案件立案追诉标准的规定(二)的补充规定》	《刑事案件立案追诉标准(二)的补充规定》
《最高人民法院、最高人民检察院关于办理敲诈勒索刑事案件适用法律若干问题的解释》	《敲诈勒索刑事案件司法解释》
《最高人民法院、最高人民检察院关于办理虚假诉讼刑事案件适用法律若干问题的解释》	《虚假诉讼司法解释》
《最高人民法院、最高人民检察院关于办理妨害文物管理等刑事案件适用法律若干问题的解释》	《妨害文物管理刑事案件司法解释》
《最高人民法院、最高人民检察院关于办理诈骗刑事案件具体应用法律若干问题的解释》	《诈骗刑事案件司法解释》
《最高人民法院、最高人民检察院关于办理贪污贿赂刑事案件适用法律若干问题的解释》	《贪污贿赂刑事案件司法解释》
《最高人民法院、最高人民检察院、公安部关于办理涉窨井盖相关刑事案件的指导意见》	《涉窨井盖刑事案件指导意见》
《最高人民法院、最高人民检察院关于办理危害生产安全刑事案件适用法律若干问题的解释》	《危害生产安全刑事案件司法解释》
《最高人民法院、最高人民检察院关于办理寻衅滋事刑事案件适用法律若干问题的解释》	《寻衅滋事刑事案件司法解释》
《最高人民法院关于适用〈中华人民共和国民事诉讼法〉的解释》	《民诉法司法解释》
《最高人民法院关于适用〈中华人民共和国民事诉讼法〉若干问题的意见》	《民诉法意见》
《最高人民法院关于民事诉讼证据的若干规定》(法释〔2019〕19号)	2019年《证据规定》
《最高人民法院关于民事诉讼证据的若干规定》(法释〔2001〕33号)	2001年《证据规定》
《最高人民法院关于适用〈关于民事诉讼证据的若干规定〉中有关举证时限规定的通知》	《举证时限规定通知》
《最高人民法院关于人民法院登记立案若干问题的规定》	《登记立案规定》

续表

《最高人民法院关于审理民间借贷案件适用法律若干问题的规定》	《民间借贷规定》
《最高人民法院关于人民法院办理财产保全案件若干问题的规定》	《财产保全规定》
《全国人民代表大会常务委员会关于司法鉴定管理问题的决定》	《司法鉴定决定》

目　录

第一章

施工企业及从业人员刑事风险

施工企业在发展过程中,既有机遇,也面临着诸多挑战。随着20世纪90年代房地产市场化的号角吹响,许多施工企业在这场大潮中风光无两,利税万千。但是,施工企业的经营过程中也存在许多法律风险。施工企业可能因为侵权、违约而承担民事责任,可能因为非法行为遭受行政处罚,甚至因为犯罪行为承担刑事责任。施工企业及其从业人员的刑事风险贯穿于其经营活动的始终,在工程融资阶段,其可能构成非法吸收公众存款罪、集资诈骗罪以及骗取贷款罪;在工程承揽阶段,其可能构成行贿罪、串通投标;在工程施工阶段,其可能构成占用耕地罪、重大责任事故罪、工程重大安全事故罪;在工程结算阶段,其可能构成拒不支付劳动报酬罪。对于施工企业的工作人员来说,非国家工作人员受贿罪、职务侵占罪、虚假诉讼罪等也是不可不提防的法律风险。刑事责任对于企业和个人来说,都是不能承受之重。一个如日中天的企业,可能因为一起责任事故而一蹶不振;一个年富力强的企业负责人,可能因为一起刑事犯罪而身陷囹圄,因此施工企业及其从业人员的刑事风险防范有很大的意义。

一、2017－2019年度建设工程领域刑事数据概况

本数据研究报告在“alpha法律智能操作系统”检索系统中以“刑事案件”“判决书”“建筑”为关键词,分别选取2017年、2018年、2019年三年的样本,同时经过人工筛选选取与建设工程领域相关的刑事案件,通过纵向及横向两个维度研究2017－2019年建设工程领域刑事犯罪案件的高发罪名、犯罪数量、地域分布等,以期施工企业及其从业者能识别建设工程领域刑事犯罪风险,维护企业及自身合法权益。

(一)按罪名统计

根据图1－1数据可知,2017－2019年建设工程领域内有以下十三大高发犯罪:(1)受贿罪;(2)合同诈骗罪;(3)诈骗罪;(4)行贿罪;(5)拒不支付劳动报酬罪;(6)重大责任事故罪;(7)伪造公司、企业、事业单位、人民团体印章罪;(8)单位行贿罪;(9)非法吸收公众存款罪;(10)串通投标罪;(11)职务侵占罪;(12)贪污罪;(13)非国家工作人员受贿罪。其中串通投标罪,拒不支付劳动报酬罪,重大责任事故罪,伪造公司、企业、事业单位、人民团体印章罪,受贿罪和行贿罪连续三年成为建设工程领域内最高频犯罪。

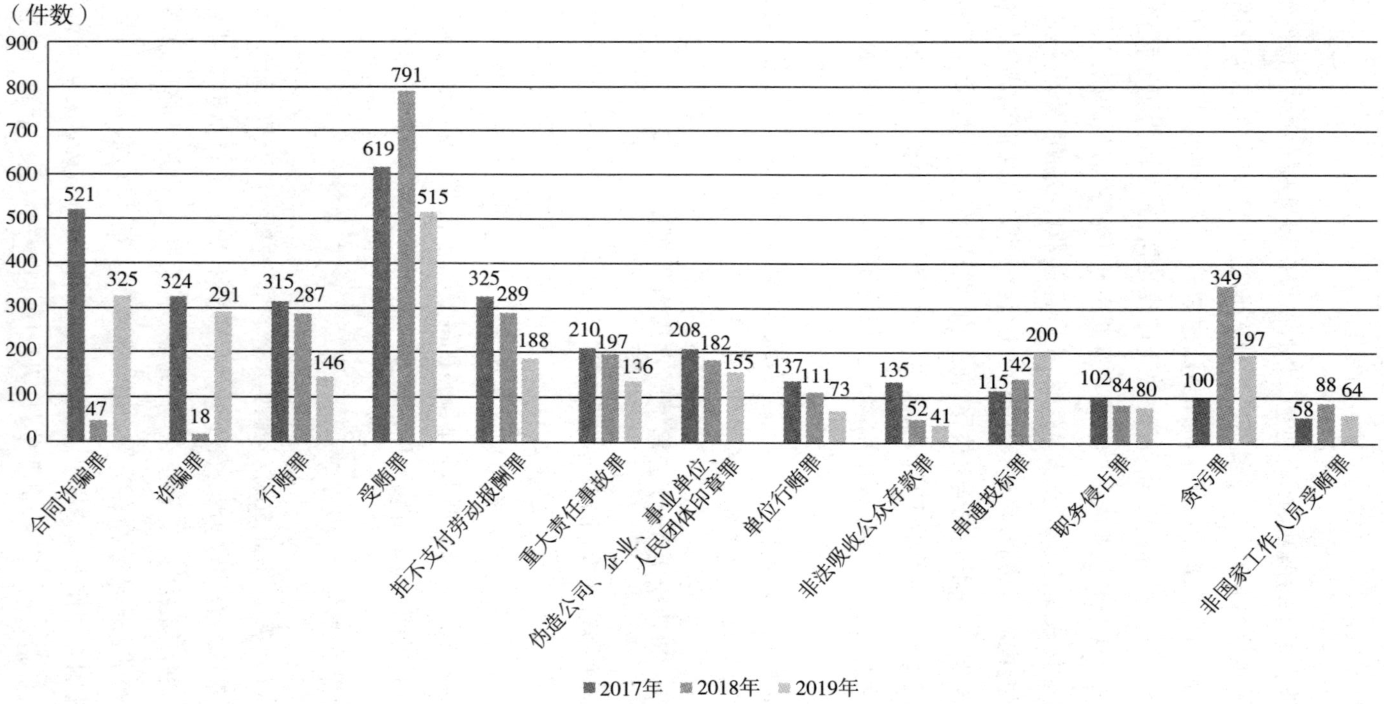

图1-1　2017–2019年建设工程领域高发刑事犯罪罪名统计

根据数据统计及办案经验,作下列初步分析:

1. 建设工程领域施工企业是重要主体,因此以国企、企业工作人员为主体的犯罪较多。根据数据显示,2017－2019年高发的犯罪中职务类的经济犯罪数量最多,如受贿罪(平均642件)、行贿罪(平均396件)、贪污罪(平均215件)、单位行贿罪(平均107件)、职务侵占罪(平均87件)、非国家工作人员受贿罪(平均69件)等,这六大犯罪数量总和远远高于其他经济类犯罪,但各个职务类犯罪的案件数量差距较大。这可能与我国反腐的高压态势密切相关,也侧面说明了建设工程领域内的犯罪可能会集中于工程立项、融资、招投标、结算环节中。值得注意的是,行贿罪、单位行贿罪、职务侵占罪的案件数量连续三年下滑,受贿罪在2019年的案件数量相比往年也有所下降,这在一定程度上说明建筑市场秩序逐步规范,施工企业内部规章制度也在不断完善。

2. 位居高发案件第二位的是财产类犯罪,包括合同诈骗罪(平均297件)与诈骗罪(平均211件),且2017－2019年这两类犯罪的案件数量大幅下降。这说明建设工程领域设计、采购、施工过程中涉及的利益大、环节多、周期长,通过合同骗取财物的现象非常显著,在往后的实践中仍然应当持续注意。

3. 案件数量连续三年下降但仍位居高发案件第三位的是拒不支付劳动报酬罪(平均267件)。这说明在建设工程领域拖欠农民工工资现象十分显著,在民事领域,《建设工程司法解释(二)》第24条也因此延续了《建设工程司法解释(一)》第26条关于实际施工人可以突破合同相对性向发包人主张权利的规定。可以说,这个罪名是高发案件中与建设工程领域最为相关的罪名之一,住建部近日出台的一系列文件也体现了保护农民工利益的倾向,且这些倾向于农民工的法规政策实际取得了一定成效,解决了实践中的一部分纠纷。笔者认为,合理运用民事、行政甚至刑事手段达到“索要”劳动报酬的目的是非常重要的。

4. 位居高发案件第四位的是重大责任事故罪(平均181件),虽然该类犯罪的案件数量持续三年呈下滑态势,但建设工程安全第一,建设工程领域有关安全事故类犯罪永远是“红线”,相关罪名并不少见,包括主观故意及过失,这说明国家欲通过设置诸多罪名应对安全事故,希望以此威慑手段强化相关人员的责任,从而达到一般预防和特殊预防的效果。

5. 伪造公司、企业、事业单位、人民团体印章罪(平均182件)位居第六位,且呈逐年下降态势。这说明一些施工企业为了签单、赶工期、增加净利润等,造假行为时有发生。一则诸多类罪系合同诈骗罪降格处理的结果,二则在建设工程领域,伪造印章现象颇为显著,也时常与民事领域表见代理纠纷结合成为刑民交叉案件。

6. 串通投标罪(平均 152 件)位居第七位,这也是在建设工程领域特别常见的犯罪,说明招投标程序的设计上总是有所疏漏、缺少真正的监管。值得注意的是,2017－2019 年此类犯罪呈持续增长态势,这可能与现行法规政策体系不够完善、各类规范性文件存在矛盾有关。

7. 除以上高发罪名外,还有一些在建设工程领域特别值得注意的犯罪,如非法吸收公众存款罪(平均 76 件),说明建设工程在资金筹备阶段融资不规范的现象十分显著;另外,在建工领域所涉刑事犯罪中,有不少罪名涉及单位犯罪,其中工程重大安全事故罪、单位受贿罪以及前文提及的单位行贿罪,这三个罪名的犯罪主体必须是单位,这说明单位犯罪在建工领域的严峻态势,应当引起各施工企业的高度重视。

(二)按省份统计

根据前十大犯罪高发省份数据统计,作下列分析:

1. 犯罪高发省份前四位:河南省(平均 284 件)、湖南省(平均 253 件)、湖北省(平均 234 件)、四川省(平均 234 件)。河南省的建设工程领域刑事案件数量占全国同类案件平均数量的 13.9%,为 2017－2019 年度全国建设工程领域刑事案件发生最多的省份。建设工程领域刑事犯罪的发生概率与地区经济状况没有必然联系,因为上述三个省份经济情况在全国来看居中游,但相对来说主要分布在中部地区。可以推测,相对经济体系已经成型的东部,中西部地区目前建设工程正处于蓬勃发展阶段,建设工程体量更大,因此,刑事案件高发也属正常。

2. 犯罪高发省份四至六位:安徽省(平均 214 件)、江苏省(平均 190 件)、河北省(平均 184 件)。这几个省是传统的建筑大省,因此,其建设工程领域犯罪数量较多也正常。另外,山东省、浙江省、江西省在建设工程领域的刑事犯罪数量达到 453 件,占全国同类案件数量的 22.1%。

3. 除上述十大犯罪高发省份,还有三大犯罪低发省份,即西藏自治区、青海省、海南省。上述三个省或自治区的建设工程领域刑事犯罪之所以较低,可能与人口基数较少有关,但应注意其基建设施并不少。

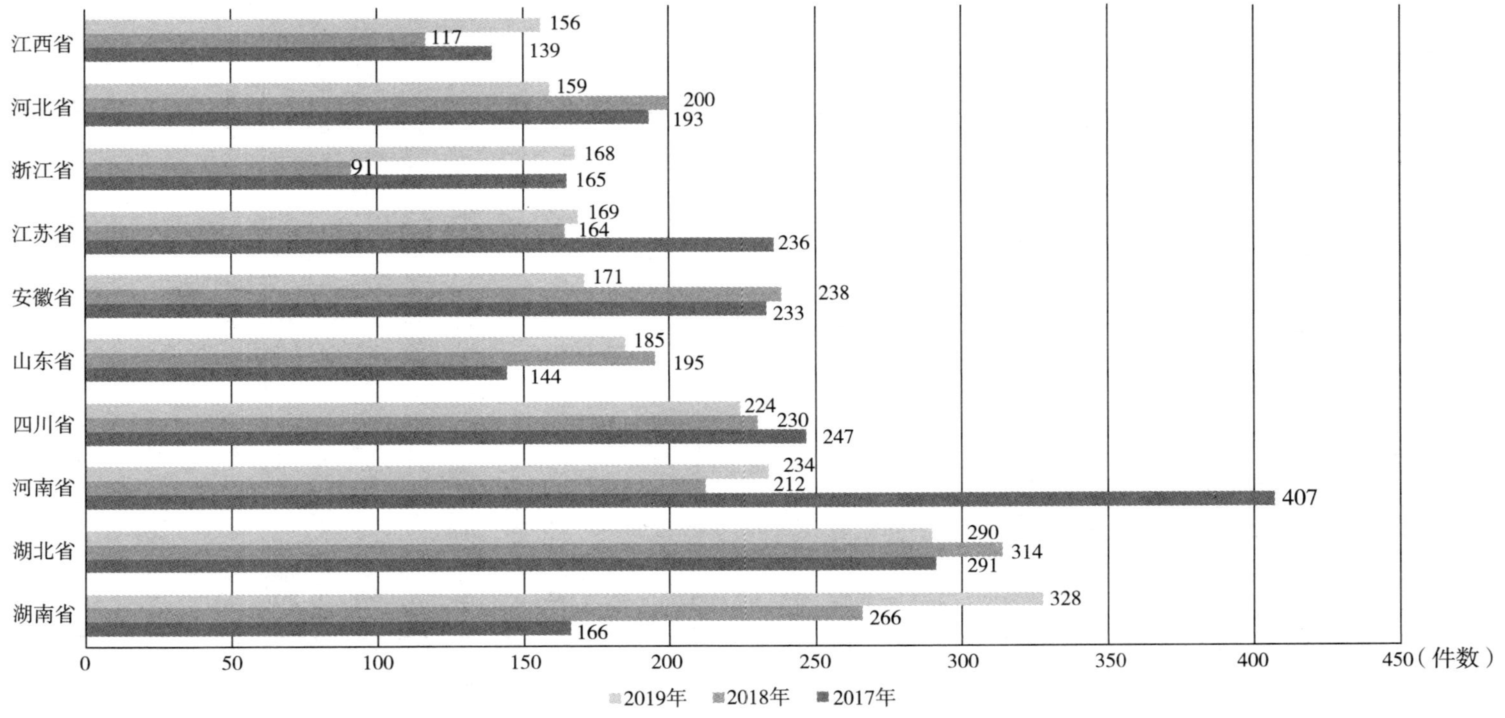

图1–2　2017–2019年建设工程领域高发刑事犯罪省份统计

(三)2017－2019年建设工程领域刑事案件发展趋势分析

2017－2019年,通过前述对建设工程领域刑事案件总体情况及高发罪名、省份分析,其发展趋势体现出以下几点:

其一,从前述相关刑事案件的归纳整理可以发现,建设工程领域刑事犯罪非常普遍,涉及的案件类型往往集中于多个方面。可以说,当前在建设工程领域引发的刑事犯罪十分激烈,同时,涉及罪名众多,矛盾仍非常显著。但值得注意的是,建设工程领域刑事犯罪数量在近三年内有所下降,根据该发展趋势,可以预测未来一定时期内,随着法制的逐步健全以及施工企业内部逐步规范化的管理,建设工程涉刑事犯罪的数量总体也会逐步下降。

其二,职务类犯罪在一定时期内仍将占据建设工程领域刑事案件的主流。根据上文数据不难发现,施工企业多为国企,因此以贪污罪、受贿罪等国家工作人员为主体的刑事犯罪也较为突出。此外,职务侵占罪、非国家工作人员受贿罪等特殊主体的犯罪数量也不容小觑。虽然这类犯罪的案件数量总体有所下降,但近年内仍有出现反弹的趋势,施工企业内部做好规范化管理,严格遵守法律法规,可以在一定程度上避免此类犯罪的频繁发生。

其三,与建设工程领域关联度较大的刑事犯罪呈现出上升趋势。如串通投标罪,在2017－2019年度案件数量连续三年稳定上升。在民事领域,虽然最高院发布的两个建设工程施工合同司法解释对串通投标的行为进行了规制,但实践中串通投标仍频繁发生,这可能与实践中操作不规范以及与法律法规尚未完全接轨有关。串通投标行为情节严重的极易构成形式上的串通投标罪,此类与建设工程领域关联度较大的犯罪应当特别注意。

其四,建设工程领域刑事犯罪高发省份与经济发达程度无关。根据前述数据可知,经济较为发达的东部沿海省份刑事犯罪案件数量并不多,反而中西部省份的犯罪数量位居全国前列,这可能与东部沿海地区较早地完成了基建及经历过了经济发展的前期阶段,而中西部地区正处于经济飞速发展、基建逐渐兴起的阶段有关。除此之外,传统的几个建筑大省如安徽省、河北省等,刑事犯罪案件数量也居于前列,不过案件数量在2017－2019年呈下降态势。

二、建设工程领域高发犯罪解析

建设工程项目因投资金额巨大、利润大等原因,致使该领域刑事犯罪案件频发。建设工程领域从项目立项审批、勘察设计、签订合同、施工、价款结算等多个阶段都有可能滋生犯罪，从上述 2017－2019 年建设工程领域刑事案件数据分析可知，串通投标罪，拒不支付劳动报酬罪，重大责任事故罪，伪造公司、企业、事业单位、人民团体印章罪，受贿罪，行贿罪，这 6 个罪在过去 3 年中都占据建设工程领域犯罪数量前十的位置，本部分立足于分析建工领域过去 3 年高频犯罪，以期为施工企业及其从业人员起到警示作用。

（一）串通投标罪

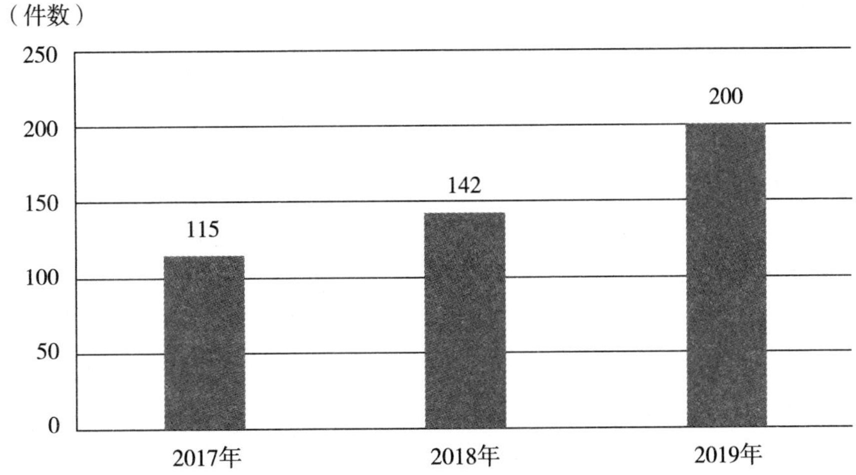

图 1－3　串通投标罪 2017－2019 年案件数量

建设工程造价昂贵，工期较长，且专业要求高，发包人经济目的的达成仰赖于技术精湛、诚实信用的承包人。招标投标程序为有利于发包人挑选报价最为公允、资质最为健全的承包人而设。本罪在建设工程领域有其独特性，依据 2000 年原国家发展计划委员会发布的《工程建设项目招标范围和规模标准规定》（现已失效），无论是使用国有资金还是使用民营资本建造的工程项目，只要是属于关系社会公共利益、公众安全的基础设施以及关系社会公共利益、公众安全的公用事业的项目，项目施工单项合同估算价在 200 万元人民币以上，重要设备、材料等货物的采购，单项合同估算价在 100 万元人民币以上，勘察、设计、监理等服务的采购，单项合同估算价在 50 万元人民币以上，或者项目总投资额在 3000 万元人民币以上，即属于强制招投标项目。这意味着在建设工程领域，基本所有工程项目都属于强制招投标项目，这使许多企业即使自主选择了施工企业，但迫于法律强制性规定，不得不在形式上仍进行招投标，并且在建设工程实务中，许多投标人利用招投标制度设计原理，进行串通投标、围标等行为；一些招标人无视其对企业、对国家的授信义务，与投标人私相授受，明招暗定。正因为这些特殊情形的存在，使本罪犯罪数量在建设工程领域异常突出。虽然2018年发布的《必须招标的工程项目规定》以及《必须招标的基础设施和公用事业项目范围规定》大大缩小了强制招投标范围，但几乎所有使用国有资金建造的工程项目依然属于必须招投标项目，使用国有资金建造的工程项目往往投资金额巨大，利润回报可观，因此即使在国家层面大大缩小了强制招投标范围，但本罪犯罪数量依然居高不下。

1. 法律规定

《刑法》第232条规定："投标人相互串通投标报价，损害招标人或者其他投标人利益，情节严重的，处三年以下有期徒刑或者拘役，并处或者单处罚金。投标人与招标人串通投标，损害国家、集体、公民的合法利益的，依照前款的规定处罚。"

第231条规定："单位犯本节第二百二十一条至第二百三十条规定之罪的，对单位判处罚金，并对其直接负责的主管人员和其他直接责任人员，依照本节各该条的规定处罚。"

《刑事案件立案追诉标准(二)》第76条规定："投标人相互串通投标报价，或者投标人与招标人串通投标，涉嫌下列情形之一的，应予立案追诉：(一)损害招标人、投标人或者国家、集体、公民的合法利益，造成直接经济损失数额在五十万元以上的；(二)违法所得数额在十万元以上的；(三)中标项目金额在二百万元以上的；(四)采取威胁、欺骗或者贿赂等非法手段的；(五)虽未达到上述数额标准，但两年内因串通投标，受过行政处罚二次以上，又串通投标的；(六)其他情节严重的情形。"

2. 犯罪主体

根据以上法律规定本罪的犯罪主体是投标人、招标人，单位也可以构成该犯罪：(1)出借资质的企业；(2)投标企业及主要负责人员，包括借用资质的企业及主要负责人员；(3)招投标单位及主要负责人员；(4)招标代理机构主要负责人员；(5)评标委员会成员。

3. 表现形式

本罪的表现形式主要有两种：一种是投标人之间的串通，损害第三人利益；另一种是招标人与投标人之间的明招暗定，损害第三人利益。

(二)拒不支付劳动报酬罪

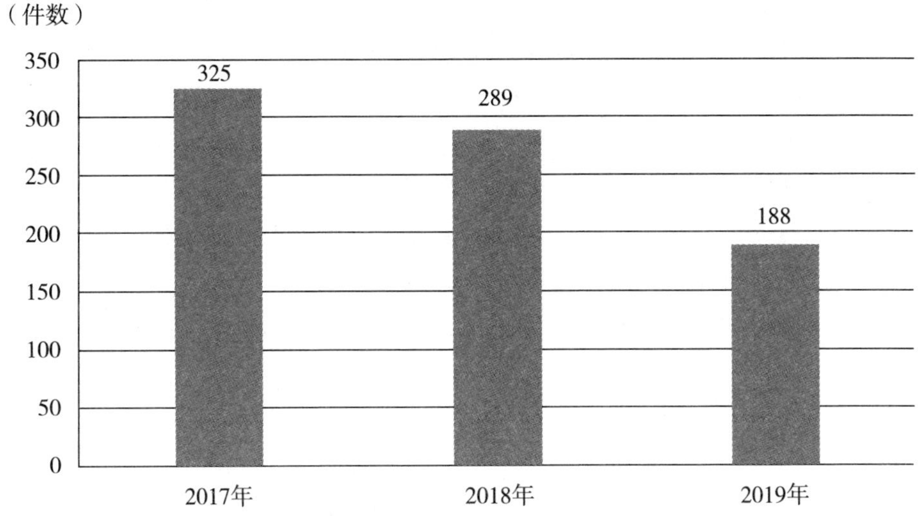

图1-4 拒不支付劳动报酬罪2017-2019年案件数量

本罪在建设工程领域尤为突出,原因是建设工程领域多为垫资施工,施工企业普遍面临巨大资金压力,而建设工程领域又属劳动密集型领域,农民工工资占用金额巨大。2016年新年伊始,国务院颁布《关于全面治理拖欠农民工工资问题的意见》,该意见提出解决拖欠农民工工资问题,事关广大农民工切身利益,事关社会公平正义和社会和谐稳定,但这一问题尚未得到根本解决,建设工程领域拖欠农民工工资问题仍较突出。近年来,国家及各地方政府相继出台了保障农民工工资的相关政策,纵观2017-2019年,本罪的犯罪数量一直呈下降趋势,并且,2019年年底国务院发布的《保障农民工工资支付条例》已经实施,该条例对保护农民工工资权益作了更为具体的规定。相信在不久的将来,农民工工资问题能得到有效的解决,继而本罪的犯罪数量有望降低。

1. 法律规定

《刑法》第276条之一规定:"以转移财产、逃匿等方法逃避支付劳动者的劳动报酬或者有能力支付而不支付劳动者的劳动报酬,数额较大,经政府有关部门责令支付仍不支付的,处三年以下有期徒刑或者拘役,并处或者单处罚金;造成严重后果的,处三年以上七年以下有期徒刑,并处罚金。单位犯前款罪的,对单位判处罚金,并对其直接负责的主管人员和其他直接责任人员,依照前款的规定处罚。

有前两款行为,尚未造成严重后果,在提起公诉前支付劳动者的劳动报酬,并依法承担相应赔偿责任的,可以减轻或者免除处罚。”

2. 犯罪主体

无论是否具有用工主体资格的单位和个人均可构成本罪犯罪主体,值得注意的是,即使已由他人代为垫付劳动报酬,具有支付义务的单位和个人仍可构成本罪。

3. 表现形式

(1)具有支付义务的单位和个人有支付能力而不支付劳动报酬;

(2)恶意挪用、转移财产以逃避支付劳动报酬;

(3)恶意清偿某一或某些特定债权人的债务,导致无法支付劳动报酬。

(三)重大责任事故罪

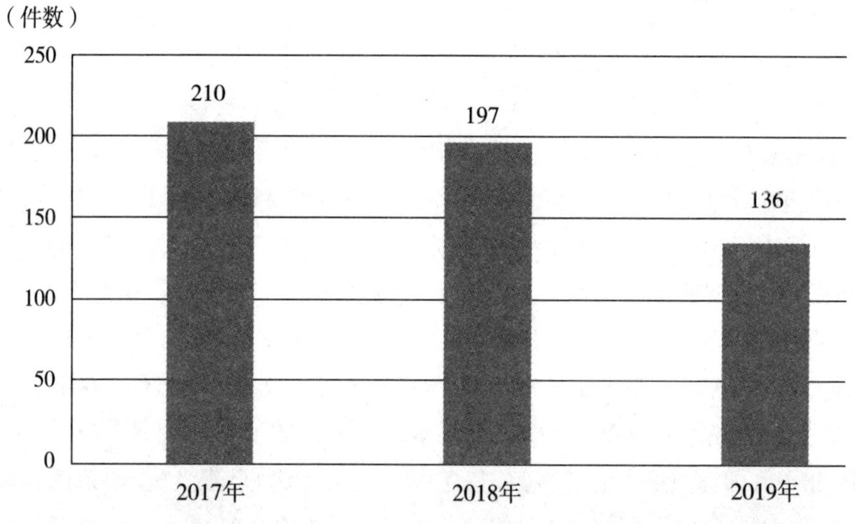

图 1-5　重大责任事故罪 2017-2019 年案件数量

基础设施行业及房地产行业在国内的兴起,以及自 2019 年以来新基建项目的兴起,桥梁、楼宇、公共设施的建设在国内得到长足的发展,但相关安全生产制度却未执行到位,致使重大责任事故案件频频发生,并引起重大人员伤亡和财产损失。21 世纪初,全国每年发生的各类安全生产事故在数十万起左右,因安全生产事故所造成的经济损失约占国内生产总值的 2.5% 左右,但近几年由于相关政策的落实本罪的犯罪数量出现下降趋势。

1. 法律规定

《刑法》第 134 条规定:“在生产、作业中违反有关安全管理的规定,因而发生重大伤亡事故或者造成其他严重后果的,处三年以下有期徒刑或者拘役;情节特别恶劣的,处三年以上七年以下有期徒刑。”

《刑事案件立案追诉标准(一)》第 8 条规定:“在生产、作业中违反有关安全管理的规定,涉嫌下列情形之一的,应予立案追诉:(一)造成死亡一人以上,或者重伤三人以上;(二)造成直接经济损失五十万元以上的;(三)发生矿山生产安全事故,造成直接经济损失一百万元以上的;(四)其他造成严重后果的情形。”

2. 犯罪主体

(1)直接从事生产、作业的从业人员。既包括操作工人,如电焊工、装修工;也包括负责现场组织、指挥的人员,如车间主任、班组长等。

(2)管理人员。包括对生产作业负责的管理层领导和监督人员,如生产厂长、安全主管、监理人员等。①

由上文可知,在建设工程领域,建设单位、施工企业(包括总包单位及分包单位)、监理单位均可构成本罪犯罪主体。三者之间的关系如下:

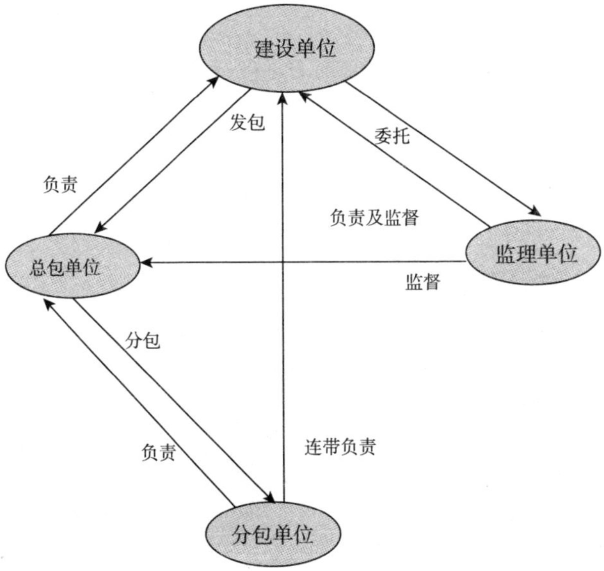

图 1-6　建设单位、施工企业、监理单位关系

① 廖新兰、牟俐蓉:《监理人员能否构成重大责任事故罪》,载《中国检察官》2009 年第 9 期。

建设单位是启动建筑工程的第一人,所有工程的立项、设计、申报、审核,都是以建设单位的意愿、主旨进行的。因此,建设单位当然属于本罪的犯罪主体。

建设单位将工程发包给施工企业,《建筑法》同时允许施工企业在承包合同的同时,将一部分工作予以分包。施工企业与分包单位既是一种合作关系,又共同对建设单位负责,其也属于本罪的犯罪主体。

监理单位与建设单位是委托与被委托的关系,主要是受建设单位委托对施工企业的施工安全负责。其对安全生产有监督职责,当然属于本罪的犯罪主体。

3. 表现形式

(1)建设单位未取得建设工程许可证;将工程项目承包给不具备相应资质的施工企业;不合理压缩合同工期;未尽到如实告知等义务。

(2)施工企业未取得相应资质;将工程项目转包或者违法分包;未按图纸施工;招募的施工人员不具备相应上岗证书;没有进行安全技术交底以及日常安全管理培训等。

(3)没有相应资质;没有对相关安全事项进行日常监督,包括对施工企业作业是否符合安全要求,设备、材料是否符合条件,施工企业、人员是否具备资质的监督;对违规施工行为不要求整改等。

(四)伪造、变造、买卖国家机关公文、证件、印章罪

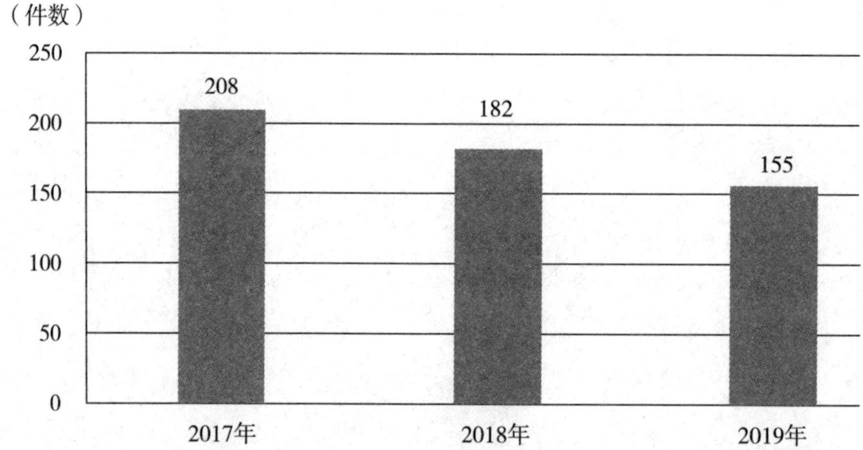

图 1-7　伪造、变造、买卖国家机关公文、证件、印章罪 2017-2019 年案件数量

在建设工程领域,工程项目往往散落于全国各地,多数施工企业对公司印章的管控并不严格,甚至许多施工企业会根据工程项目情况刻制多套公章,但往往经过备案的公司印章只有一套,故施工企业在项目建设过程中使用未经备案的公司印章很容易构成本罪。另外,由于建设工程领域存在大量借用资质的情况,为确保工程项目顺利完成,部分施工企业会铤而走险伪造印章以用于项目建设过程中的各个环节。加之许多施工企业法律意识淡薄,认为只要有需要,企业领导同意就可以刻制印章使用。故在建设工程领域,本罪的犯罪数量一直处于较高水平。

1. 法律规定

《刑法》第280条规定:"伪造、变造、买卖或者盗窃、抢夺、毁灭国家机关的公文、证件、印章的,处三年以下有期徒刑、拘役、管制或者剥夺政治权利,并处罚金;情节严重的,处三年以上十年以下有期徒刑,并处罚金。伪造公司、企业、事业单位、人民团体的印章的,处三年以下有期徒刑、拘役、管制或者剥夺政治权利,并处罚金。伪造、变造、买卖居民身份证、护照、社会保障卡、驾驶证等依法可以用于证明身份的证件的,处三年以下有期徒刑、拘役、管制或者剥夺政治权利,并处罚金;情节严重的,处三年以上七年以下有期徒刑,并处罚金。"

2. 犯罪主体

本罪的犯罪主体是具有刑事责任能力的自然人,施工企业中任何一个实施了伪造、变造、买卖国家机关公文、证件、印章的个人都有可能构成本罪。

3. 表现形式

在建设工程领域,本罪最为突出的表现便是伪造印章,包括伪造未经备案的公司公章、项目章、法人章等。

(五)受贿罪

近年来,国家大力推行行之有效的反腐政策,从国家层面到地方政府都相继出台了许多规范,以期达到反腐倡廉的效果,但建设工程领域利益巨大,在国家及地方的高压政策下,仍有大量施工企业及其从业人员以身试法。近年来出现的工程建设领域的受贿案件,尽管表象越来越隐秘,但受贿人仍难逃法网。

1. 法律规定

《刑法》第385条规定:"国家工作人员利用职务上的便利,索取他人财物的,或者非法收受他人财物,为他人谋取利益的,是受贿罪。国家工作人员在经济往来中,违反国家规定,收受各种名义的回扣、手续费,归个人所有的,以受贿论处。"

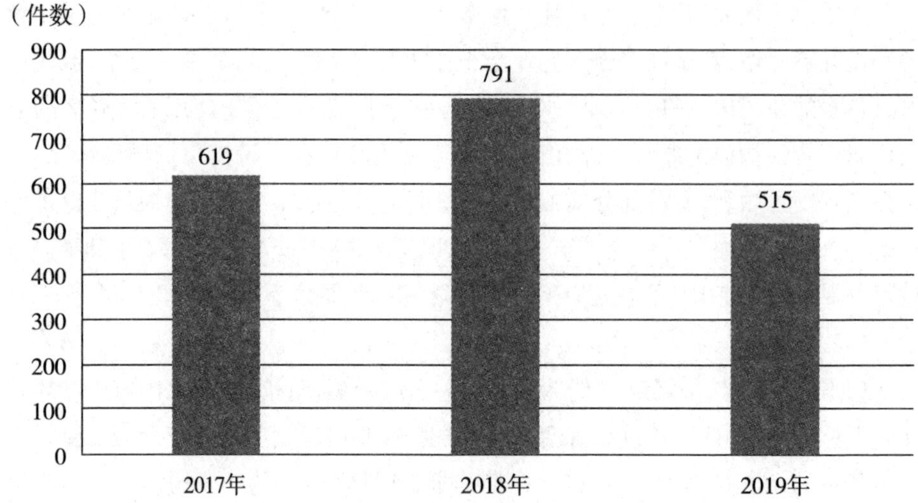

图1－8　受贿罪2017－2019年案件数量

第388条规定："国家工作人员利用本人职权或者地位形成的便利条件，通过其他国家工作人员职务上的行为，为请托人谋取不正当利益，索取请托人财物或者收受请托人财物的，以受贿论处。"

第163条第3款规定："国有公司、企业或者其他国有单位中从事公务的人员和国有公司、企业或者其他国有单位委派到非国有公司、企业以及其他单位从事公务的人员有前两款行为的，依照本法第三百八十五条、第三百八十六条的规定定罪处罚。"

第386条规定："对犯受贿罪的，根据受贿所得数额及情节，依照本法第三百八十三条的规定处罚。索贿的从重处罚。"

2. 表现形式

(1)以交易形式收受贿赂

国家工作人员利用职务上的便利为请托人谋取利益，以下列交易形式收受施工企业人员财物的，以受贿论处：①以明显低于市场的价格向请托人购买房屋等物品的；②以明显高于市场的价格向请托人出售房屋等物品的；③其他交易形式非法收受请托人财物的。

受贿数额按照交易时当地市场价格与实际支付价格的差额计算。

前款所列市场价格包括商品经营者事先设定的不针对特定人的最低优惠价格。根据商品经营者事先设定的各种优惠交易条件，以优惠价格购买商品的，不属于受贿。

(2)收受干股及分红干股是指未出资而获得的股份。国家工作人员利用职务上的便利为请托人谋取利益,收受请托人提供的干股的,以受贿论处。进行了股权转让登记,或者相关证据证明股份发生了实际转让的,受贿数额按转让行为时股份价值计算,所分红利按受贿孳息处理。股份未实际转让,以股份分红名义获取利益的,实际获利数额应当认定为受贿数额。

(3)以开办公司等合作投资名义收受贿赂

国家工作人员利用职务上的便利为请托人谋取利益,由请托人出资,"合作"开办公司或者进行其他"合作"投资的,以受贿论处。受贿数额为请托人给国家工作人员的出资额。

国家工作人员利用职务上的便利为请托人谋取利益,以合作开办公司或者其他合作投资的名义获取"利润",没有实际出资和参与管理、经营的,以受贿论处。

(4)以委托请托人投资证券、期货或者其他委托理财的名义收受贿赂国家工作人员利用职务上的便利为请托人谋取利益,以委托请托人投资证券、期货或者其他委托理财的名义,未实际出资而获取"收益",或者虽然实际出资,但获取"收益"明显高于出资应得收益的,以受贿论处。受贿数额,前一情形,以"收益"额计算;后一情形,以"收益"额与出资应得收益额的差额计算。

(5)以赌博形式收受贿赂

国家工作人员利用职务上的便利为请托人谋取利益,通过赌博方式收受请托人财物的,构成受贿。实践中应注意区分贿赂与赌博活动、娱乐活动的界限。具体认定时,主要应当结合赌博的背景、场合、时间、次数;赌资来源;其他赌博参与者有无事先通谋;输赢钱物的具体情况和金额大小。

(6)特定关系人"挂名"领取薪酬

国家工作人员利用职务上的便利为请托人谋取利益,要求或者接受请托人以给特定关系人安排工作为名,使特定关系人不实际工作却获取所谓薪酬的,以受贿论处。

(7)特定关系人收受贿赂

国家工作人员利用职务上的便利为请托人谋取利益,授意请托人以上所列形式,将有关财物给予特定关系人的,以受贿论处。特定关系人与国家工作人员通谋,共同实施前款行为的,对特定关系人以受贿罪的共犯论处。特定关系人以外的其他人与国家工作人员通谋,由国家工作人员利用职务上的便利为请托人谋取利益，收受请托人财物后双方共同占有的，以受贿罪的共犯论处。

(8)收受贿赂物品未办理权属变更国家工作人员利用职务上的便利为请托人谋取利益，收受请托人房屋、汽车等物品，未变更权属登记或者借用他人名义办理权属变更登记的，不影响受贿的认定。

认定以房屋、汽车等物品为对象的受贿，应注意与借用的区分。具体认定时，除双方交代或者书面协议之外，主要应当结合以下因素进行判断：①有无借用的合理事由；②是否实际使用；③借用时间的长短；④有无归还的条件；⑤有无归还的意思表示及行为。

(9)收受财物后退还或者上交

国家工作人员收受请托人财物后及时退还或者上交的，不构成受贿。国家工作人员受贿后，因自身或者与其受贿有关联的人、事被查处，为掩饰犯罪而退还或者上交的，不影响受贿罪的认定。

(10)在职时为请托人谋利，离职后收受财物

国家工作人员利用职务上的便利为请托人谋取利益之前或者之后，约定在其离职后收受请托人财物，并在离职后收受的，以受贿论处。国家工作人员利用职务上的便利为请托人谋取利益，离职前后连续收受请托人财物的，离职前后收受部分均应计入受贿数额。

(六)行贿罪

本罪与受贿罪往往作为对向罪而出现，但建设工程实务中，本罪的犯罪数量往往比受贿罪数量少，这可能与当前的司法政策有关。

1. 法律规定

《刑法》第389条规定："为谋取不正当利益，给予国家工作人员以财物的，是行贿罪。在经济往来中，违反国家规定，给予国家工作人员以财物，数额较大的，或者违反国家规定，给予国家工作人员以各种名义的回扣、手续费的，以行贿论处。因被勒索给予国家工作人员以财物，没有获得不正当利益的，不是行贿。"

第390条规定："对犯行贿罪的，处五年以下有期徒刑或者拘役，并处罚金；因行贿谋取不正当利益，情节严重的，或者使国家利益遭受重大损失的，处五年以上十年以下有期徒刑，并处罚金；情节特别严重的，或者使国家利益遭受特别重大损失的，处十年以上有期徒刑或者无期徒刑，并处罚金或者没收财产。行贿人在被追诉前主动交待行贿行为的，可以从轻或者减轻处罚。其中，犯罪较轻的，对侦破

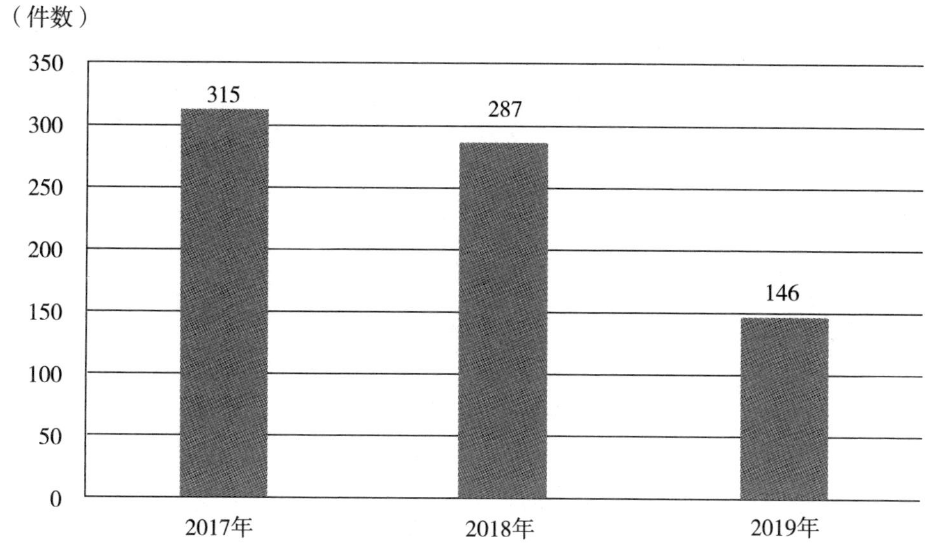

图 1－9 行贿罪 2017－2019 年案件数量

重大案件起关键作用的，或者有重大立功表现的，可以减轻或者免除处罚。”

第 393 条规定：“单位为谋取不正当利益而行贿，或者违反国家规定，给予国家工作人员以回扣、手续费，情节严重的，对单位判处罚金，并对其直接负责的主管人员和其他直接责任人员，处五年以下有期徒刑或者拘役，并处罚金。因行贿取得的违法所得归个人所有的，依照本法第三百八十九条、第三百九十条的规定定罪处罚。”

2. 犯罪主体

施工企业及施工企业从业人员都可能构成本罪犯罪主体。

3. 表现形式

（1）在工程招标投标中，施工企业或其从业人员通过贿赂其他企业进行陪标、串标，或向发包方、评标委员会成员直接行贿，谋取中标；

（2）在施工过程中，施工企业或其从业人员向建设单位或设计单位行贿，通过变更设计增加工程量或提高价格等手段谋取不正当利益；

（3）在项目预决算中，施工企业或其从业人员通过向建设单位有关管理人员行贿，虚设项目、重复计算工程量以骗取工程款。

第二章

招投标阶段的刑事风险防范指引

获取项目是施工企业生存的根基，只有能够拿到项目才能产生收入，维持企业的正常生产经营，因此，获取工程常常是各家施工企业竞争最为激烈的环节。根据法律和相关规定，施工企业获取工程的主要方式包括通过招投标程序获取工程、通过竞争性谈判获取工程、通过竞争性磋商方式获取工程。

除上述法律及相关规定的方式外，施工企业还可以通过与建设单位协商洽谈的方式获取工程，该方式针对的是不属于必须招投标也不属于政府采购及相关配套规定范围的工程。主要的工程为民营企业投资的房地产项目等，根据最新的招投标范围规定，也可以不用采取招投标方式，施工企业可根据自身的优势等通过与建设单位协商洽谈方式直接签订合同，获取工程。

招投标是施工企业及从业人员获取工程的主要方式。从近年的司法形势发展来看，打击工程建设领域招投标活动中的犯罪行为已经成为净化市场经济环境、预防打击职务犯罪的重点工作目标，逐渐引起各级、各地司法机关的高度重视。2013 年至 2019 年，全国法院审理串通投标犯罪案件呈逐年递增趋势。尤其是近三年来，随着反腐斗争的深入开展和扫黑除恶斗争的推进，国家对工程建设领域招投标活动中的刑事犯罪打击力度不断加强，以往招投标活动中的“潜规则”如今已是“举步维艰”。串通投标犯罪从原来的主要追究个人刑事责任到个人、企业一并追究；从作为行受贿犯罪的目的行为被吸收到与行受贿犯罪数罪并罚；追究刑事责任的对象从实施串通投标的具体责任人扩展到企业法定代表人、董事长、总经理，参与串通投标的工作人员和财务人员在某些案件中也一并定罪处刑。大批企业及企业管理者、经营者因在招投标活动中的不合规行为而身陷囹圄。

最高检曾经统计过，在全国查处的职务犯罪案件中，70% 以上的案件与工程建设有关。2013 年至 2017 年，在涉及建筑工程行业的犯罪中贪污贿赂类犯罪（受贿罪、贪污罪、行贿罪、挪用公款罪等）案件高达 5300 件，加上非国家工作人员职务犯罪（非国家工作人员受贿罪、对非国家工作人员行贿罪、职务侵占罪、挪用资金罪）734 件，在涉及建筑工程行业犯罪中占比高达 37.4%，受贿罪更是在所有罪名中排名第一（2983 件）。建筑工程行业涉及的资金巨大，数千万元、上亿元的工程在行业内比比皆是，资金越大，往往权力寻租的空间就大，违法犯罪可能获得的高回报是让部分从业人员铤而走险的重要原因；建筑工程建设周期长，条件变化大，需要更改和调整的环节多，加上工程造价不透明，工程结算价与合同价、预算价相差巨大也是很常见的现象,暗箱操作的空间也大。另外,建筑工程涉及部门多,审批环节多,参与人员多。从立项与审批、招投标、安全监管,到施工、竣工验收等环节,涉及部门往往达十几个部门之多,审批事项几十上百项,参与的部门多、参与的人员多,也是行、受贿犯罪高发的原因。

作为受贿罪的伴生犯罪,行贿罪是现代社会久治不愈的顽疾,也是现阶段民营施工企业腐败犯罪的主要形态。“工程承揽”始终是商业贿赂大幅度蔓延的重灾区,行贿犯罪发生率在此环节居高不下。一般来说,施工企业及管理人员向国家工作人员行贿的目的主要有以下三个方面:一是为承接工程项目。当前的建筑市场,由于竞争激烈,以贿赂“开路”,用金钱寻租权力,是一些工程承包者惯用的手段。施工企业,特别是那些挂靠国有或集体建筑工程公司的实际施工人,为了将工程承包到手,从工程立项报建开始,就通过各种关系打入发包方主要领导人和主管基建负责人的圈内,联络感情,投其所好。二是为搞好与建设单位管理方的关系。三是为工程款项的及时给付。行贿虽然看似为施工企业在一时的市场竞争中“获得”了先机和竞争优势,但其实也为施工企业的生产经营和管理人员的人身自由埋下了巨大的隐患,后患无穷。

第一节　串通投标罪实务要点与风险防范

一、罪状描述、犯罪构成要件与认定标准

(一)罪状描述

串通投标罪,是指投标人相互串通投标,损害招标人或者其他投标人利益,或者投标人与招标人串通投标,损害国家、集体、公民的合法利益,情节严重的行为。

(二)犯罪构成要件

1. 犯罪主体

根据《刑法》第223条的规定,本罪的犯罪主体为特殊主体,即招标人与投标人。另依据《刑法》第231条的规定,单位也可以成为本罪的犯罪主体。

根据《招标投标法》第8条的规定,招标人是依照本法规定提出招标项目、进行招标的法人或者其他组织。第25条规定,投标人是响应招标、参加投标竞争的

法人或者其他组织。串通投标罪中，招标人与投标人的范围是否以《招标投标法》为依据，《刑法》与相关司法解释并无明确规定。在司法实践中，较为主流的观点认为，行为人参加了招投标活动，即使行为人不是《招标投标法》意义上的招标人和投标人，只要实施了串通投标行为，达到了串通投标的目的，则可以成为串通投标罪的行为主体。

下列人员或者单位均可成为串通投标罪的犯罪主体：

(1)招标单位及招标单位直接负责的主管人员和其他直接责任人员。

(2)招标代理机构及招标代理机构直接负责的主管人员和其他直接责任人员。

(3)评标委员会成员。

(4)投标施工企业及投标施工企业直接负责的主管人员和其他直接责任人员。

投标企业直接负责的主管人员是指投标单位在进行招投标活动中决策实施串通投标行为的人员，如施工企业的法定代表人、董事长、总经理等。

投标企业的其他直接责任人员是指企业参与招投标活动并具体实施串通投标行为的人员，如施工企业的经营部、市场部、财务部主管与员工、项目经理等。

(5)借用投标企业资质的实际投标人。实施施工人借用有相应资质的施工企业名义参加招投标活动并实施串通投标行为的，由实施串通投标的行为人承担刑事责任。被借用资质的企业对借用人实施串通投标行为不知情的，不承担责任；知情的，作为串通投标的共犯承担刑事责任。

2. 主观方面

本罪的主观方面是故意，即串通投标行为人明知自己串通投标的行为会破坏公平、竞争、择优的市场经济秩序，损害招标人和其他投标人的利益，仍故意为之。

3. 犯罪客体

本罪侵犯的客体是复杂客体，包括三个方面：(1)公平、竞争、择优的市场经济秩序；(2)招标人和其他投标人的利益；(3)国家、集体、公民的合法利益。

4. 客观方面

根据《招标投标法》《招标投标法实施条例》等法律、法规规定，串通投标行为主要分为两类，即投标人之间的串通投标、投标人与招标人之间的串通投标。

(1)投标人之间的串通投标行为

根据《招标投标法实施条例》第39条的规定，属于投标人相互串通投标的情形有:①投标人之间协商投标报价等投标文件的实质性内容;②投标人之间约定中标人;③投标人之间约定部分投标人放弃投标或者中标;④属于同一集团、协会、商会等组织成员的投标人按照该组织要求协同投标;⑤投标人之间为谋取中标或者排斥特定投标人而采取的其他联合行动。

根据《招标投标法实施条例》第40条的规定,视为投标人相互串通投标的情形有:①不同投标人的投标文件由同一单位或者个人编制;②不同投标人委托同一单位或者个人办理投标事宜;③不同投标人的投标文件载明的项目管理成员为同一人;④不同投标人的投标文件异常一致或者投标报价呈规律性差异;⑤不同投标人的投标文件相互混装;⑥不同投标人的投标保证金从同一单位或者个人的账户转出。

(2)投标人与招标人之间的串通投标行为

根据《招标投标法实施条例》第41条的规定,属于招标人与投标人串通投标的情形有:①招标人在开标前开启投标文件并将有关信息泄露给其他投标人;②招标人直接或者间接向投标人泄露标底、评标委员会成员等信息;③招标人明示或者暗示投标人压低或者抬高投标报价;④招标人授意投标人撤换、修改投标文件;⑤招标人明示或者暗示投标人为特定投标人中标提供方便;⑥招标人与投标人为谋求特定投标人中标而采取的其他串通行为。

(三)认定标准

根据《刑事案件立案追诉标准(二)》第76条的规定,投标人相互串通投标报价,或者投标人与招标人串通投标,涉嫌下列情形之一的,应予立案追诉:

1. 损害招标人、投标人或者国家、集体、公民的合法利益,造成直接经济损失数额在50万元以上的。

这有两层含义:一是实施了损害招标人、投标人或者国家、集体、公民的合法利益的串通投标行为,二是该串通投标行为造成直接经济损失数额50万元以上。对于这两层含义,什么是招标人、投标人或者国家、集体、公民的合法利益?什么样的损失属于直接经济损失?损失数额如何界定?《刑事案件立案追诉标准(二)》并无明确规定,之后最高院、最高检也没有出台相应的司法解释予以明确。因此在司法实践中,本项一般不作为串通投标犯罪的立案依据使用。

2. 违法所得数额在10万元以上的。本项所称的“违法所得”,一般情况下是指参与串通投标所获取的围标费或好处费。这里需要特别注意的是,因串通投标行为获取的工程,工程完工后所获利润不属于本项所说的违法所得。

3. 中标项目金额在200万元以上的。

4. 采取威胁、欺骗或者贿赂等非法手段的。

5. 虽未达到上述数额标准,但两年内因串通投标,受过行政处罚二次以上,又串通投标的。

6. 其他情节严重的情形。

《招标投标法》对一般串通投标行为,规定有罚款、没收违法所得、吊销串通投标人的营业执照或取消投标人的投标资格等行政处罚措施。因此,一般串通投标行为并不涉嫌犯罪,依据《刑法》的规定,串通投标行为需达到"情节严重"才构成犯罪。《刑事案件立案追诉标准(二)》则对"情节严重"作了具体规定,只有实施串通投标行为达到一定程度或造成相应后果,才能启动刑事追究程序。

二、实务要点与典型案例

实务要点1 | 非招投标法意义上的招标人和投标人可以成为串通投标罪的主体。

典型案例1

新疆生产建设兵团第十三师中级人民法院(2017)兵12刑终1号
王某山、王某、刘某串通投标案

[案情介绍]

2013年5月,哈密晟某市场开发有限公司(以下简称晟某公司)总经理何某与河南省郑州市某建筑工程集团有限公司哈密分公司(以下简称郑州某建哈密分公司)负责人、被告人王某山商定由郑州某建哈密分公司承建某师火箭农场前进建材机电市场工程建设项目。晟某公司委托新疆某纬招标公司组织公开招标,办理委托招标具体事项由晟某公司总工程师、被告人刘某负责,为让河南省郑州市某建筑工程集团有限公司(以下简称郑州某建公司)中标,被告人刘某授意被告人王某山,让其再找两家公司来陪标,其间,帮其制作预算、办理投标手续,并授意招标公司人员出具三份虚假的投标保证金收据。被告人王某山通过有关人员联系到了刘某代表河南省凯某建筑有限公司、李某代表新某建设集团有限公司进行陪标,并表示具体投标文件的制作事宜和其儿子被告人王某联系。在开标前一天,被告人王某与陪标人刘某、李某等人共同在金某广告打印部制作了三家公司投标

文件,投标文件中涉及各公司相关资质的资料及印章由代表相关公司陪标人提供,郑州某建公司投标文件中相关资质资料及印章由郑州某建公司人员提供,投标文件中工程预算部分和保证金收据均由被告人王某提供,三家投标文件制作好后各自带回用于参加第二日招投标活动。2013年11月12日,在某师公共资源交易中心,在公证人员及其他监标人员的监督下,依法按程序进行了验标评标开标,郑州某建公司中标,中标金额1.4亿元。中标后被告人王某山安排公司出纳张某,通过王某山个人银行账号以“招标”名义,分别支付给刘某、朱某各6000元陪标费。

[法院认为]

上诉人王某山、王某、原审被告人刘某为使郑州某建哈密分公司承建招标工程,联合多家单位串通投标报价,损害国家、集体、公民合法利益,情节严重,其行为均已构成串通投标罪,均应依法予以惩处。关于各上诉人及其辩护人所提“上诉人行为均不符合串通投标罪犯罪构成要件,不构成串通投标罪”的上诉理由及辩护意见,经审查:主体上,《刑法》第223条规定的串通投标罪是确定性规则而非准用性规则,其主体范围的设定并不以《招标投标法》为依据;结合《刑法》第223条和第231条的规定及二者之间的联系,串通投标罪的主体首先规定的就是自然人主体;本案串通投标行为人虽非《招标投标法》意义上的招标人和投标人,但均实施了串通投标行为,达到了串通投标的目的,理应成为串通投标罪的行为主体。

[裁判结果]

1.维持哈密垦区人民法院(2016)兵1202刑初42号刑事判决第1项、第2项,即“被告人刘某犯串通投标罪,判处有期徒刑一年,缓刑二年,并处罚金人民币二万元”,“被告人王某山犯串通投标罪,判处有期徒刑一年零三个月,并处罚金人民币二万元”。

2.撤销哈密垦区人民法院(2016)兵1202刑初42号刑事判决第3项,即“被告人王某犯串通投标罪,判处有期徒刑一年零二个月,并处罚金人民币五千元”。

3.上诉人王某犯串通投标罪,判处罚金人民币5000元。

实务要点 2　**施工企业作为串通投标罪的犯罪主体承担刑事责任，一是串通投标具体实施人是该企业法定代表人或总经理等决策人员，二是用于串通投标的保证金由企业账户支出，三是串通投标所获利益归属企业。**

典型案例 2

四川省资阳市雁江区人民法院（2018）川 2002 刑初 221 号
千某集团有限公司、马某 1、马某 2、唐某串通投标案

［案情介绍］

被告单位千某集团有限公司于 1993 年成立，经营范围包括房屋建筑工程施工、市政公用工程施工、水利水电工程施工等。被告人马某 1 任千某集团有限公司法定代表人、总经理，负责公司日常经营管理。被告人马某 2 任千某集团有限公司执行董事，系公司实际控制人。被告人唐某任某千集团有限公司预算科科长。2012 年至 2017 年，经马某 2 的许可，由马某 1、唐某具体操作，千某集团有限公司多次与其他公司串通，对资阳市的多个建设工程项目进行围标。具体事实如下：

2012 年 9 月，被告人马某 1、唐某借用江苏龙某建工集团有限公司、江西永兴某达市政工程有限公司、浙江长兴荣某建设工程有限公司、重庆西某建设（集团）有限公司、四川佳某建设工程有限公司、某州水利建设工程有限公司的资质，对“资阳市救灾物资储备仓库等 6 个项目的附属设施及市政、景观园林建设工程一标段”施工项目进行围标，最终江苏龙某建工集团有限公司以 4800673 元的报价中标。

2013 年 2 月至 3 月，被告人马某 1、唐某借用四川启某建筑工程有限公司、江西永兴某达市政工程有限公司、江西某阁园林景观工程有限公司、南昌市某纪园林实业有限公司、江西某东园林发展有限公司的资质，对“资阳市救灾物资储备仓库等 6 个项目的附属设施及市政、景观园林建设工程二标段”施工项目进行围标，最终江西某东园林发展有限公司以 18318644 元的报价中标。

2014 年 3 月，被告人马某 1、唐某借用陕西省三某建设集团总公司、四川荣某建筑工程有限公司、四川宏某建设集团有限公司、成某正建设有限公司的资质，并使用千某集团有限公司自有资质，对“资阳市二环路 B 段陈家湾安置房（天和人

家)工程”施工项目进行围标,最终成某正建设有限公司以102201272元的报价中标。

上述部分参与围标公司的投标保证金等费用系经被告人马某2同意后由被告单位千某集团有限公司支出,且上述参与围标公司标书中的报价均系由马某1、唐某等人商量确定。

[法院认为]

被告单位千某集团有限公司串通投标,损害招标人或其他投标人利益,情节严重,其行为已构成串通投标罪。被告人马某1、马某2、唐某作为千某集团有限公司直接负责的主管人员或其他直接责任人员,决定或具体实施串通投标行为,应以串通投标罪论处。

[裁判结果]

1. 被告单位千某集团有限公司犯串通投标罪,判处罚金人民币100万元。

2. 被告人马某1犯串通投标罪,判处有期徒刑2年6个月,缓刑3年,并处罚金10万元。

3. 被告人马某2犯串通投标罪,判处有期徒刑1年6个月,缓刑2年,并处罚金5万元。

4. 被告人唐某犯串通投标罪,判处有期徒刑1年6个月,缓刑2年,并处罚金2万元。

实务要点3 | **行为人借用他人资质参与招投标活动并实施串通投标行为的,构成串通投标罪。**

典型案例3

贵州省印江县人民法院(2017)黔0625刑初126号 冯某、田某串通投标案

[案情介绍]

2014年9月24日,铜仁市万山区人民法院审判庭建设项目(以下简称万山区人民法院建设项目)公开招标。被告人田某得知该建设项目后,分别找到贵州省铭某建筑有限公司、铜仁市顺某建筑有限公司、贵州鸿某达建筑有限公司、铜仁市某建筑有限公司、铜仁市碧江区某建筑有限公司、铜仁市广某建筑有限公司等多家

公司对该项目进行围标，由被告人田某分别转交15万元报名保证金及相关费用。

2014年9月，被告人冯某找到遵义南方某达建筑工程有限责任公司铜仁分公司，以遵义南方某达建筑工程有限责任公司名义对万山区人民法院建设项目投标，并要求为其再找其他公司围标。被告人冯某在得知被告人田某对万山区人民法院建设项目投标后，经联系并商定，由被告人冯某对被告人田某补偿30万元，被告人田某退出该项目的竞标。被告人田某收到30万元后，告知其所联系公司退出该项目的竞标。

2015年1月20日招标截止时间内，在被告人冯某的要求下，遵义南方某达建筑工程有限责任公司铜仁分公司为其联系的南方某达建筑工程有限责任公司、贵州东方某龙建筑工程有限责任公司、印江土家族苗族自治县某建筑工程公司等多家公司对铜仁市万山区人民法院审判法庭建设项目进行围标，最终由遵义南方某达建筑工程有限责任公司以1644.999824万元中标，被告人冯某任负责承建。

[法院认为]

被告人冯某、田某采取约定部分投标人放弃投标的手段进行串通投标，损害招标人利益，情节严重，其行为触犯了《刑法》第232条之规定，构成串通投标罪，应予刑事惩处。

[裁判结果]

1. 被告人冯某犯串通投标罪，判处有期徒刑1年6个月，缓刑2年；并处罚金人民币5万元。

2. 被告人田某犯串通投标罪，判处有期徒刑1年6个月，缓刑2年；并处罚金人民币5万元。

实务要点4　被挂靠企业明知挂靠者参与“围标”而积极配合的，其行为应具有“串通性”，挂靠者与被挂靠者均应作为串通投标罪认定。

典型案例4

浙江省缙云县人民法院(2018)浙1122刑初83号
赵某、王某、曹某等串通投标案

[案情介绍]

2013年12月，在缙云县小学教学综合楼项目招投标过程中，时任缙云县兆某建设有限公司项目经理的被告人金某与通过招投标预审资格的缙云县群某建筑工程有限责任公司、缙云县中某建设有限公司、被告人田某阳约定串通投标，再由被告人赵某联系浙江飞某建设有限公司和徐某参与串标，然后确定由被告人金某支付其他入围公司6万~8万元，缙云县兆某建设有限公司按中标项目总金额的2%收取项目施工管理费。最终，缙云县兆某建设有限公司以投标价2065.0881万元中标该项目。项目投标结束后，被告人金某支付了串通投标费用共计34万元，其中支付给缙云县群某建筑工程有限责任公司赵某20万元(被告人赵某代为支付给浙江飞某建设有限公司王某6万元)，支付给缙云县中某建设有限公司朱某8万元，支付给被告人田某阳6万元。

2013年12月，在缙云县新区幼儿园项目招投标过程中，时任浙江仙某建设有限公司项目经理的被告人郭某德与通过招投标预审资格的缙云县中某建设有限公司、缙云县群某建筑工程有限责任公司、缙云县兆某建设有限公司、浙江飞某建设有限公司、被告人田某阳约定串通投标，确定郭某德支付其他入围公司各10万元。在该项目投标前，缙云县仙某建设有限公司因其他原因无法参与投标，郭某德与被告人朱某商议，其变更挂靠缙云县中某建设有限公司，该项目由缙云县中某建设有限公司中标，郭某德负责项目施工，缙云县中某建设有限公司按中标项目总金额的2%收取项目施工管理费。最终，缙云县中某建设有限公司以投标价2066.84万元中标该项目。项目投标结束后，郭某德支付了串通投标费用共计40万元，其中支付给缙云县群某建筑工程有限责任公司赵某30万元(被告人赵某代为支付给浙江飞某建设有限公司王某10万元、被告人田某阳10万元)，支付给缙云县兆某建设有限公司曹某10万元。

[法院认为]

被告单位缙云县群某建筑工程有限责任公司、浙江飞某建设有限公司、缙云县兆某建设有限公司、缙云县中某建设有限公司及被告人赵某、王某、曹某、朱某、田某阳、金某、郭某德相互串通投标报价，损害招标人利益，情节严重，其行为均已构成串通投标罪。公诉机关指控的罪名成立，法院予以支持。

[裁判结果]

1. 被告单位缙云县群某建筑工程有限责任公司犯串通投标罪，判处罚金人民币22万元。

2. 被告单位浙江飞某建设有限公司犯串通投标罪，判处罚金人民币22万元。

3. 被告单位缙云县兆某建设有限公司犯串通投标罪，判处罚金人民币22万元。

4. 被告单位缙云县中某建设有限公司犯串通投标罪，判处罚金人民币 22 万元。

5. 被告人赵某犯串通投标罪，判处有期徒刑 7 个月，缓刑 1 年，并处罚金人民币 6 万元。

6. 被告人王某犯串通投标罪，判处有期徒刑 6 个月，缓刑 1 年，并处罚金人民币 6 万元。

7. 被告人曹某犯串通投标罪，判处拘役 5 个月，缓刑 10 个月，并处罚金人民币 6 万元。

8. 被告人朱某犯串通投标罪，判处拘役 4 个月，缓刑 8 个月，并处罚金人民币 6 万元。

9. 被告人田某阳犯串通投标罪，判处拘役 4 个月，缓刑 8 个月，并处罚金人民币 6 万元。

10. 被告人金某犯串通投标罪，判处拘役 4 个月，缓刑 8 个月，并处罚金人民币 4 万元。

11. 被告人郭某德犯串通投标罪，判处拘役 3 个月，缓刑 6 个月，并处罚金人民币 4 万元。

实务要点 5　**出借资质企业不知情或者没有证据证明出借资质企业知情的情况下，行为人利用掌控的多个企业参与围标，对该行为人应认定为串通投标罪，出借资质的企业则不构成串通投标罪。**

典型案例 5

湖北省浠水县人民法院（2019）鄂 1125 刑初 379 号
冯某串通投标案

［案情介绍］

2017 年 1 月 12 日，浠水县高标准农田建设领导小组办公室（以下简称浠水高标办）在浠水县公共资源交易网就浠水县高标准农田建设项目发布招标公告（分六个标段）。被告人冯某得知消息后，便通过曾某、田某（均另案处理）借到深圳东某工程有限公司（以下简称深圳东某公司）等 9 家公司资质。被告人冯某在借用资质时与上述 9 家公司约定：这 9 家公司各自报名参加浠水县高标准农田建设项目第六标段的投标、标书由各出借资质公司制作、投标保证金由各出借资质公司承担、费用包干,投标报价由借用资质人确定。2017年2月3日,浠水高标办发布投标控制价后,被告人冯某于开标前一两天,将其确定的各公司投标报价,通过曾某或田某分别打电话通知各出借资质公司。各出借资质公司根据被告人冯某提供的投标报价制作商务标。2017年2月7日,上述各出借资质公司各自派人到浠水公共资源交易中心参加投标。经公开开标、评标和复核,最终由被告人冯某借用的深圳东某公司中标,中标价为954.31653万元。2017年2月21日,浠水县农村工作办公室与深圳东某公司签订了《浠水县高标准农田建设项目合同协议书(第六标段)》。合同签订后,深圳东某公司按照事先约定,将该工程交给被告人冯某实际投资建设,深圳东某公司从中提取管理费。该工程于同年10月完工,2018年1月通过验收。经湖北涵信会计师事务有限公司鉴定,该工程获利58.128107万元。

[法院认为]

被告人冯某为谋取个人利益,在投标过程中,采取借用多家公司建设资质,串通投标报价,损害国家和其他投标人的合法权益,情节严重,其行为应当以串通投标罪追究其刑事责任。

[裁判结果]

被告人冯某犯串通投标罪,判处拘役6个月,并处罚金人民币5万元。

实务要点6 **在招投标活动中实施串通投标行为,由于被招标方发现而未中标,在这种情况下,串通投标行为已经实际完成,只是由于行为人意志以外的原因导致未能达到行为人追求的结果。根据《刑法》规定,应认定为串通投标罪的犯罪未遂,可以从轻或者减轻处罚。**

典型案例6

湖北省宜昌市夷陵区人民法院(2014)鄂夷陵刑初字第00121号
朱某、张某、付某串通投标案

[案情介绍]

2013年2月,宜昌市夷陵区"国湾星城"1、2、3标段招投标过程中,被告人朱某、张某、付某委托李某帮助围标,朱某借来三家建筑公司资质,张某借来四家建筑公司资质,付某借来五家建筑公司资质,李某指使他人(另案处理)借来三家建筑公司资质用于围标。李某指使陈某(另案处理)负责制作1、2、3标段所有的“标书”,徐某、吴某、许某(均另案处理)负责打印标书。李某指使吴某在“工程量清单计价软件”中增加记录、检查加密狗号和机器码的软件工具,陈某在所有标书上传之前,检查标书加密狗号和机器码问题并修改数据,致使其他投标公司被废标,而李某参与的围标公司在“国湾星城”1、2、3标段全部预中标,夷陵区公共资源交易中心发现存在串通投标行为后,对预中标的三个标段作废标处理。

[法院认为]

被告人张某、朱某、付某等人通过借用他人资质,对同一标的制作多份呈规律性差异的标书,并利用李等人掌握评标计价软件的技术优势,由李某等人分别为被告人张某、朱某、付某提供的工程量造价标书获得较高中标概率,排挤其他投标人,损害招标人利益;被告人张某、朱某、付某以围标方式相互串通投标报价,排挤其他投标人的公平竞争,损害招标人或者其他投标人利益,情节严重。其行为均触犯刑律,构成串通投标罪。

[裁判结果]

1. 被告人张某犯串通投标罪,单处罚金人民币3万元。

2. 被告人朱某犯串通投标罪,单处罚金人民币3万元。

3. 被告人付某犯串通投标罪,单处罚金人民币2万元。

(注:张某、朱某、付某的量刑包含其他犯罪事实。)

实务要点7 **实施串通投标行为后,又主动退出投标,在这种情况下,串通投标行为已经完成,只是由于行为人自动放弃导致未能达到行为人追求的结果。根据《刑法》规定,应认定为串通投标罪的犯罪中止,可以从轻或者减轻处罚。**

典型案例7

上海市崇明区人民法院(2012)崇刑初字第91号
上海某甲生物科技有限公司、徐某串通投标案

[案情介绍]

被告人徐某系被告单位某甲公司法定代表人、控股股东,其又是被告单位某乙公司的控股股东、公司实际控制人。被告人徐某在获知某医院崇明分院将有一个颅内压监测仪的招标项目后,即于2011年3月与某庚公司取得了联系,某庚公司于当月书面授权委托某乙公司有关某庚公司产品颅内压无创检测分析仪在某医院崇明分院的销售代理,并提供了某庚公司的医疗器械注册证、医疗器械登记表等相关资料。2011年3月24日,某丙公司受某医院崇明分院委托,对该院睡眠呼吸监测仪、肌电图、颅内压监测仪设备采购进行公开招标,并发布了招标公告,明确了如投标人为代理商,则必须要获得相应设备制造厂商出具的针对本项目的唯一授权代理证明文件等条件。被告人徐某为使某乙公司中标,在未取得某丁公司、某戊公司授权的情况下,私自请人刻制了某丁公司、某戊公司的公章,并用伪造的上述公章在某丁公司、某戊公司的《医疗器械注册证》《医疗器械注册登记表》《医疗器械产品生产制造认可表》扫描件及被告人徐某打印的授权委托书上盖印,虚构了某丁公司授权委托某甲公司有关颅内压无创检测分析仪、某戊公司授权委托某已公司有关多参数脑科监护仪在崇明分院的销售代理权的事实。嗣后,被告人徐某又邀请某已公司参与投标,并向某乙公司提供了虚假的某戊公司授权委托书等文件资料。2011年4月2日,某甲公司、某乙公司、某已公司一起就颅内压监测仪向某丙公司报名投标。同日,某丁公司发现了某甲公司冒用其公司授权代理商名义进行投标,即向某丙公司作出书面声明。2011年4月22日,某乙公司、某甲公司分别向某丙公司书面声明退出该项目的招投标。

[法院认为]

招标投标活动的本质在于要求当事人遵循公开、公平、公正以及诚实信用原则,在同等条件下通过市场实现优胜劣汰,最佳配置使用人力、财力、物力。被告单位某甲公司、某乙公司作为关联企业,在投标报名过程中,为避免竞争,确保某乙公司中标,相互勾结,伪造相关材料,采取欺骗的非法手段进行投标报名;被告人徐某作为某甲公司的法定代表人、某乙公司的实际控制人,在某甲公司、某乙公司投标报名过程中,虚构事实,采用欺骗的非法手段为上述公司获取投标资质,进而使仅有的三个投标公司即某甲公司、某乙公司、某已公司在统一意志下一起投标报名,使各投标者之间缺失竞争,被告人徐某系某甲公司、某乙公司串通投标行为的直接负责的主管人员。被告单位某甲公司、某乙公司、被告人徐某串通投标的主观故意性强,手段卑劣,对整个招标投标秩序的危害性大,其行为具有明显的违法性与不正当性,属情节严重,已构成串通投标罪,依法应予惩处。

[裁判结果]

1. 被告单位上海某甲生物科技有限公司犯串通投标罪,判处罚金人民币2万元（罚金自本判决生效后1个月内缴纳）。

2. 被告单位上海某乙医疗器械有限公司犯串通投标罪，判处罚金人民币2万元（罚金自本判决生效后1个月内缴纳）。

3. 被告人徐某犯串通投标罪，判处有期徒刑1年，宣告缓刑1年，并处罚金人民币1万元。

实务要点8 | 行为人先取得工程并实际施工，为完善程序在招投标活动中实施串通投标行为的，构成串通投标罪。

典型案例8

湖北省武汉市江夏区人民法院（2018）鄂0115刑初168号
程某、秦某串通投标案

［案情介绍］

2013年2月至4月间，被告人程某先后在某研究院通过与工程负责人协商的方式，承接并施工建设了该院水生蔬菜资源圃整体建设项目中的水库清淤、水库挡土墙护坡、农业示范园林道路等工程。因上述项目未经招投标程序，无法结算工程款，被告人程某在上述项目已经实际开工建设的情况下，为使该项目承接形式合法，以便后期顺利结算工程款，与其聘请的现场施工负责人陈某3（另案处理）商议后，决定借用五家具有市政施工资质的公司以“围标”方式达到自己中标目的。后经陈某3介绍，被告人秦某向被告人程某提供A建筑公司的资质。此外，被告人秦某还分别找到B建筑公司法定代表人陈某3、某水利水电工程有限公司法定代表人徐某、C建筑公司法定代表人陈某4、D建筑公司法定代表人潘某（均另案处理），借用上述四家公司资质，由被告人秦某安排自己公司资料员制作不同标书，被告人程某又安排自己的员工陈某1、余某1、段某、陈某3等四人假借上述公司委托人身份共同参与“围标”。同年12月31日，A建筑公司以人民币259.223194万元的价格中标，取得该投标项目。随后，被告人程某以A建筑公司的名义与某研究院签订合同并顺利结算工程款。

［法院认为］

被告人程某、秦某伙同他人相互串通投标报价，扰乱市场秩序，情节严重，其行为已构成串通投标罪。公诉机关指控被告人程某、秦某犯串通投标罪的事实清

楚，证据确实、充分，指控罪名成立，应予采纳。

［**裁判结果**］

1. 被告人程某犯串通投标罪，判处拘役6个月，缓刑8个月，并处罚金人民币2万元。

2. 被告人秦某犯串通投标罪，单处罚金人民币4万元。

三、风险防范建议

施工企业及从业人员在招投标活动中不依法规范自己的行为，不仅会给企业带来经济损失，也会让主管人员与直接责任人员陷入刑事风险。这些行为有些是施工企业及从业人员故意造成的，有些则是因为施工企业及从业人员法律意识的淡薄和法律知识的匮乏造成的。施工企业及从业人员在生产经营中可以从以下方面着手，有效避免刑事风险的发生。

（一）熟悉招投标相关法律规定

对于招投标、串通标投标行为、中标效力，不仅《招标投标法》《招标投标法实施条例》等法律法规作了较为详细的规定，部分地方政府住建部门更是出台了实施细则。施工企业及从业人员应当熟悉相关法律法规的规定，尤其是要注意地方政府住建部门发布的关于招投标的相关规定，避免因违法行为导致中标无效甚至引发刑事风险。

（二）依法规范招投标行为

1. 施工企业及从业人员作为投标人，不得与其他投标人协商投标报价等投标文件的实质性内容、约定中标人、约定部分投标人放弃投标或者中标、为谋取中标或者排斥特定投标人而采取的其他联合行动，属于同一集团、协会、商会等组织成员的投标人按照该组织要求协同投标等相关法律法规列举的串通投标行为。

2. 施工企业及从业人员作为投标人，要注意规范自己的行为，在招投标活动中要切实注意防止不同投标人的投标文件由同一单位或者个人编制、不同投标人委托同一单位或者个人办理投标事宜、不同投标人的投标文件载明的项目管理成员为同一人、不同投标人的投标文件异常一致或者投标报价呈规律性差异、不同投标人的投标文件相互混装、不同投标人的投标保证金从同一单位或者个人的账户转出等不规范行为，以免上述不当行为被行政主管部门或司法机关判定为实施串通投标行为。

3. 施工企业及从业人员作为投标人，要注意规范与招标人的关系，不要向招标人许诺利益，不要要求招标人指定中标对象，不要向招标人打探标底或评标委员会成员信息，不要向招标人询问投标文件方案。

（三）加强企业内控管理

施工企业内部应当建立评价监督体系。内部制约、会签制度能够将一些逾越法律的行为扼杀在萌芽状态，对于招投标活动，可以从以下方面进行审核。

1. 投标目的审核。企业参加招投标活动，一般来说，一是为了企业正常经营需要，二是将企业资质借与他人投标，三是配合其他企业围标，四是获取工程项目后转包牟利。对于后三种情况，企业在内部审核时应当尽量不予批准，以免引发刑事风险。

2. 资金使用审核。投标保证金是否来源于同一账户、参与投标是否收取好处费等资金运作情况是认定在招标投活动中是否实施串通投标行为的重要标志之一。施工企业应加强资金使用审核与监管，防范企业资金被用于串通投标行为。

3. 人员行为规范。施工企业要约束好自己的员工。许多串标行为，起意者往往是具体负责的员工。因此，对于员工特别是负责具体工作的员工，应当加强“走捷径”思想方面的批评教育，防范刑事法律风险的发生。

第二节 受贿罪实务要点与风险防范

一、罪状描述、犯罪构成要件与认定标准

（一）罪状描述

受贿罪，是指国家工作人员利用职务上的便利，索取他人财物，或者非法收受他人财物，为他人谋取利益的行为。

《刑法》第 385 条规定：“国家工作人员利用职务上的便利，索取他人财物的，或者非法收受他人财物，为他人谋取利益的，是受贿罪。国家工作人员在经济往来中，违反国家规定，收受各种名义的回扣、手续费，归个人所有的，以受贿论处。”

第 388 条规定：“国家工作人员利用本人职权或者地位形成的便利条件，通过

其他国家工作人员职务上的行为，为请托人谋取不正当利益，索取请托人财物或者收受请托人财物的，以受贿论处。”

（二）犯罪构成要件

1. 犯罪主体

受贿罪的犯罪主体是“国家工作人员”。由此可以看出，受贿罪是特殊身份犯罪，只能由“国家工作人员”才能构成。施工企业中“国家工作人员”的身份认定，一是看企业是否是国家出资企业，二是看企业中的人员是否具有“国家工作人员”身份。

根据最高院、最高检《关于办理国家出资企业中职务犯罪案件具体应用法律若干问题的意见》的规定，对于国家出资企业与企业中的国家工作人员，按以下标准认定：

(1) 国家出资企业

国家出资企业包括国家出资的国有独资公司、国有独资企业以及国有资本控股公司、国有资本参股公司。

是否属于国家出资企业不清楚的，应遵循“谁投资、谁拥有产权”的原则进行界定。企业注册登记中的资金来源与实际出资不符的，应根据实际出资情况确定企业的性质。企业实际出资情况不清楚的，可以综合工商注册、分配形式、经营管理等因素确定企业的性质。

(2) 国家工作人员

经国家机关、国有公司、企业、事业单位提名、推荐、任命、批准等，在国有控股、参股公司及其分支机构中从事公务的人员，应当认定为国家工作人员。具体的任命机构和程序，不影响国家工作人员的认定。

经国家出资企业中负有管理、监督国有资产职责的组织批准或者研究决定，代表其在国有控股、参股公司及其分支机构中从事组织、领导、监督、经营、管理工作的人员，应当认定为国家工作人员。

国家出资企业中的国家工作人员，在国家出资企业中持有个人股份或者同时接受非国有股东委托的，不影响其国家工作人员身份的认定。

2. 主观方面

受贿罪的主观方面是故意，目的是非法占有公私财物。

3. 犯罪客体

受贿罪侵犯的客体是国家机关工作人员的职务廉洁性。

4. 客观方面

受贿罪在客观方面表现为行为人利用职务上的便利，索取他人财物，或者非法收受他人财物，为他人谋取利益。利用职务上的便利是指利用本人职务上主管、负责或者承办某项公共事务的权利所形成的便利条件。

受贿罪的行为方式有两种：一种是索贿，即行为人在职务活动中主动向他人索要财物；另一种是收受贿赂，即行为人非法收受他人财物，并为他人谋取利益。谋取的利益可以是不正当利益，也可以是正当利益。主动索取他人财物的行为，比被动受贿具有更大的社会危害性。因此《刑法》规定，利用职务上的便利索取他人财物的就构成受贿，而不要求行为人有为他人谋取利益这个条件。

（三）认定标准

1. 犯罪情节的认定

犯罪金额是受贿罪的主要量刑标准，犯罪金额直接决定受贿罪的量刑档次。

（1）“立案”“数额较大”的认定

受贿数额在 3 万元以上的，可以立案侦查。

受贿数额在 3 万元以上不满 20 万元的，应当认定为《刑法》第 383 条第 1 款规定的“数额较大”，依法判处 3 年以下有期徒刑或者拘役，并处罚金。

受贿数额在 1 万元以上不满 3 万元，具有《贪污贿赂刑事案件司法解释》第 1 条第 2 款第 2 项至第 6 项规定的情形之一，或者具有下列情形之一的，应当认定为《刑法》第 383 条第 1 款规定的“其他较重情节”，依法判处 3 年以下有期徒刑或者拘役，并处罚金：①多次索贿的；②为他人谋取不正当利益，致使公共财产、国家和人民利益遭受损失的；③为他人谋取职务提拔、调整的。

（2）“数额巨大”的认定

受贿数额在 20 万元以上不满 300 万元的，应当认定为《刑法》第 383 条第 1 款规定的“数额巨大”，依法判处 3 年以上 10 年以下有期徒刑，并处罚金或者没收财产。

受贿数额在 10 万元以上不满 20 万元，具有《贪污贿赂刑事案件司法解释》第 1 条第 3 款规定的情形之一的，应当认定为《刑法》第 383 条第 1 款规定的“其他严重情节”，依法判处 3 年以上 10 年以下有期徒刑，并处罚金或者没收财产。

(3)“数额特别巨大”的认定

受贿数额在300万元以上的,应当认定为《刑法》第383条第1款规定的“数额特别巨大”,依法判处10年以上有期徒刑、无期徒刑或者死刑,并处罚金或者没收财产。

受贿数额在150万元以上不满300万元,具有《贪污贿赂刑事案件司法解释》第1条第3款规定的情形之一的,应当认定为《刑法》第383条第1款规定的“其他特别严重情节”,依法判处10年以上有期徒刑、无期徒刑或者死刑,并处罚金或者没收财产。

(4)“判处死刑”的标准

受贿数额特别巨大,犯罪情节特别严重、社会影响特别恶劣、给国家和人民利益造成特别重大损失的,可以判处死刑。

符合前述规定的情形,但具有自首,立功,如实供述自己罪行、真诚悔罪、积极退赃,或者避免、减少损害结果的发生等情节,不是必须立即执行的,可以判处死刑缓期二年执行。

符合前述规定情形的,根据犯罪情节等情况可以判处死刑缓期二年执行,同时裁判决定在其死刑缓期执行二年期满依法减为无期徒刑后,终身监禁,不得减刑、假释。

2.“利用职务上的便利”的认定

利用职务上的便利,是指利用本人职务范围内的权力,即自己职务上主管、负责或者承办某项公共事务的职权及其所形成的便利条件。既包括利用本人职务上主管、负责、承办某项公共事务的职权,也包括利用职务上有隶属、制约关系的其他国家工作人员的职权。担任单位领导职务的国家工作人员通过不属自己主管的下级部门的国家工作人员的职务为他人谋取利益的,应当认定为“利用职务上的便利”为他人谋取利益。

3.“为他人谋取利益”的认定

为他人谋取利益包括承诺、实施和实现三个阶段的行为。只要具有其中一个阶段的行为,如国家工作人员收受他人财物时,根据他人提出的具体请托事项,承诺为他人谋取利益的,就具备了为他人谋取利益的要件。明知他人有具体请托事项而收受其财物的,视为承诺为他人谋取利益。

4.“利用本人职权或者地位形成的便利条件”的认定

《刑法》第388条规定的“利用本人职权或者地位形成的便利条件”,是指行为人与被其利用的国家工作人员之间在职务上虽然没有隶属、制约关系，但是行为人利用了本人职权或者地位产生的影响和一定的工作联系，如单位内不同部门的国家工作人员之间、上下级单位没有职务上隶属、制约关系的国家工作人员之间有工作联系的不同单位的国家工作人员之间等。

5. 回扣、手续费的认定

国有公司、企业中从事公务的人员和国有公司、企业委派到非国有公司企业从事公务的人员利用职务上的便利，索取他人财物或者非法收受他人财物，为他人谋取利益，或者在经济往来中，违反国家规定，收受各种名义的回扣、手续费，归个人所有的，以受贿罪追究刑事责任。

6. “离退休后收受财物”的认定

国家工作人员利用职务上的便利为请托人谋取利益，并与请托人事先约定，在其离退休后收受请托人财物，构成犯罪的，以受贿罪定罪处罚。

7. “以交易形式收受贿赂”的认定

国家工作人员利用职务上的便利为请托人谋取利益，以下列交易形式收受请托人财物的，以受贿论处：(1) 以明显低于市场的价格向请托人购买房屋、汽车等物品的；(2) 以明显高于市场的价格向请托人出售房屋、汽车等物品的；(3) 以其他交易形式非法收受请托人财物的。

受贿数额按照交易时当地市场价格与实际支付价格的差额计算。

前述所列市场价格包括商品经营者事先设定的不针对特定人的最低优惠价格。根据商品经营者事先设定的各种优惠交易条件，以优惠价格购买商品的，不属于受贿。

8. “收受干股”的认定

干股是指未出资而获得的股份。国家工作人员利用职务上的便利为请托人谋取利益，收受请托人提供的干股的，以受贿论处。进行了股权转让登记，或者相关证据证明股份发生了实际转让的，受贿数额按转让行为时股份价值计算，所分红利按受贿孳息处理。股份未实际转让，以股份分红名义获取利益的，实际获利数额应当认定为受贿数额。

9. “以开办公司等合作投资名义收受贿赂”的认定

国家工作人员利用职务上的便利为请托人谋取利益，由请托人出资，“合作”开办公司或者进行其他“合作”投资的，以受贿论处。受贿数额为请托人给国家工作人员的出资额。

国家工作人员利用职务上的便利为请托人谋取利益，以合作开办公司或者其他合作投资的名义获取“利润”，没有实际出资和参与管理、经营的，以受贿论处。

10.“以委托请托人投资证券、期货或者其他委托理财的名义收受贿赂”的认定

国家工作人员利用职务上的便利为请托人谋取利益，以委托请托人投资证券期货或者其他委托理财的名义，未实际出资而获取“收益”，或者虽然实际出资，但获取“收益”明显高于出资应得收益的，以受贿论处。受贿数额，前一情形，以“收益”额计算；后一情形，以“收益”额与出资应得收益额的差额计算。

11.“以赌博形式收受贿赂”的认定

国家工作人员利用职务上的便利为请托人谋取利益，通过赌博方式收受请托人财物的，构成受贿。

实践中应注意区分贿赂与赌博活动娱乐活动的界限。具体认定时，主要应当结合以下因素进行判断：(1)赌博的背景、场合、时间、次数；(2)赌资来源；(3)其他赌博参与者有无事先通谋；(4)输赢钱物的具体情况和金额大小。

12.“特定关系人挂名领取薪酬”的认定

国家工作人员利用职务上的便利为请托人谋取利益，要求或者接受请托人以给特定关系人安排工作为名，使特定关系人不实际工作却获取所谓薪酬的，以受贿论处。

13.“收受贿赂物品未办理权属变更”的认定

国家工作人员利用职务上的便利为请托人谋取利益，收受请托人房屋、汽车等物品，未变更权属登记或者借用他人名义办理权属变更登记的，不影响受贿的认定。

认定以房屋、汽车等物品为对象的受贿，应注意与借用的区分。具体认定时除双方交代或者书面协议之外，主要应当结合以下因素进行判断：(1)有无借用的合理事由；(2)是否实际使用；(3)借用时间的长短；(4)有无归还的条件；(5)有无归还的意思表示及行为。

14.“以借贷为名受贿”的认定

国家工作人员利用职务上的便利，以借为名向他人索取财物，或者非法收受财物为他人谋取利益的，应当认定为受贿。具体认定时，不能仅仅看是否有书面借款手续，应当根据以下因素综合判定：(1)有无正当、合理的借款事由；(2)款项的去向；(3)双方平时关系如何、有无经济往来；(4)出借方是否要求国家工作人

员利用职务上的便利为其谋取利益;(5)借款后是否有归还的意思表示及行为;(6)是否有归还的能力;(7)未归还的原因,等等。

15.“馈赠型受贿”的认定

国家工作人员逢年过节或因红白喜事收受他人财物的,结合以下因素来判断是馈赠还是受贿:(1)发生财物往来的背景,如双方是否存在亲友关系及历史上交往的情形和程度;(2)往来财物的价值;(3)财物往来的缘由、时机和方式,提供财物方对于接受方有无职务上的请托;(4)接受方是否利用职务上的便利为提供方谋取利益。

16.“收受财物后退还或上交”的认定

国家工作人员收受请托人财物后及时上交的,不是受贿。国家工作人员受贿后,因自身或者与其受贿有关联的人、事被查处,为掩饰犯罪而退还或者上交的,不影响认定受贿罪。

二、实务要点与典型案例

实务要点1　**国有独资施工企业总经理接受他人请托,利用职务上的便利,在工程项目招投标及分包过程中为他人谋取利益,收受他人财物,构成受贿罪。**

典型案例1

广东省中山市中级人民法院(2015)中中法刑事二终字第23号
伍某受贿案

[案情介绍]

被告人伍某系中山市某镇建筑工程公司原法定代表人、党支部书记、总经理,受贿事实如下:

2005年至2008年期间,被告人伍某先后将某镇建筑公司负责的某镇华业路一旧厂房(现某镇殡仪馆)及原某人民医院旧址(现陈星海医院)大楼拆除工程交由没有资质的被告人张某强施工,并约定用拆除厂房、大楼后变卖废旧物品的所得折抵拆除费用。事后,被告人伍某分两次收受被告人张某强贿送的现金共计人民币38万元。

2009年7月,被告人伍某受区某林的请托,让某镇建筑公司继续参与竞标某镇民安南路(紫荆路至米步涌桥)、富华路与紫荆路改造工程,以防止流标。中山市公路工程公司(以下简称公路工程公司)顺利中标后将上述部分工程分包给区某林。事后,被告人伍某分两次收受区某林贿送的现金共计人民币25万元。

2010年1月,被告人伍某受区某林的请托,让某镇建筑公司继续参与竞标某镇民安南路(米步涌桥)至工业大道路面改造工程,以防止流标。后公路工程公司顺利中标后将上述部分工程分包给区某林。事后,被告人伍某收受区某林贿送的现金人民币50万元。

2010年9月,被告人伍某受区某林的请托,以某镇建筑公司的名义参与竞标某镇绩东一社区福龙桥、裕龙桥、郑文桥及联丰闸头涌桥改建工程。某镇建筑公司中标后,被告人伍某将上述部分工程分包给区某林挂靠的中山市华拓建设有限公司和中山市建工建设工程有限公司。事后,被告人伍某收受区某林贿送的现金人民币10万元。

2009年至2013年中秋节、春节期间,被告人伍某均收受区某林贿送的现金人民币2万元,共计收受人民币20万元。

[法院认为]

被告人伍某利用担任某镇建筑公司总经理职务上的便利,非法收取他人贿赂143万元,为他人谋取利益,数额巨大,其行为又构成受贿罪,应依法惩处。

[裁判结果]

被告人伍某犯受贿罪,判处有期徒刑11年,并处没收财产人民币30万元。

实务要点2 **国有控股施工企业子公司总经理接受他人请托,利用职务上的便利,在招投标、工程分包、拨付工程款、结算、人事调整方面为他人谋取利益,收受他人财物,构成受贿罪。**

典型案例2

安徽省淮南市谢家集区人民法院(2017)皖0404刑初127号 马某受贿案

[案情介绍]

中国建筑装饰集团有限公司系中国建筑股份有限公司的全资子公司,某海外公司系该集团公司下属控股公司,其中该集团公司持股80%,深圳市城市建设开发(集团)公司持股20%。中国建筑某工程局有限公司是中国建筑股份有限公司的另一全资子公司,中建某局第二建设有限公司又是中国建筑某工程局有限公司的全资子公司。

2006年3月至2012年5月,马某任A建筑工公司经理,承建A项目,2012年6月以后任某海外公司副总经理、总经理,承建B项目。其间,利用职务之便为他人谋取利益,非法收受他人财物共计100万元。具体如下:

2008年12月,B建筑公司与A建筑公司签订分包合同,为表示感谢在工程承包方面的帮忙以及能顺利拿到工程款,该公司经理徐某在项目开工后到马某办公室送给马某现金2万元。

2009年10月,建材公司与A建筑公司签订采购合同,该公司为A项目提供建材。为了在材料款结算方面得到便利,在2012年9月29日,该公司负责人张某通过银行转账的方式送给马某现金5万元。

2011年6月,A劳务公司与A建筑公司签订土建劳务分包工程合同,为表示感谢及在工程中得到关照,在当年春节前,该公司负责人田某到马某在合肥居住的小区附近送给马某现金5万元。

2011年7月,B劳务工公司与A建筑公司签订合同,为表示感谢及能顺利拿到进度款,2012年春节前,该项目负责人刘某到马某在合肥的临时住处送给马某现金3万元。

2015年6月,某海外公司北京分公司经理刘某2得知马某在买房需要资金后,便安排他人从所承建的项目上套取现金20万元。同年年底,马某出差到北京,刘某2到马某住宿酒店将套取的该20万元送给马某。

谢某因贵阳北站广场装饰项目而认识马某,为请马某帮忙安排其亲属到深圳海外公司工作,2016年3月,在马某办公室送马某现金5万元。

[法院认为]

被告人马某身为国有控股公司的高级管理人员,利用职务上的便利为他人谋取利益,收受贿赂,共计100万元,数额巨大,其行为已构成受贿罪。

[裁判结果]

被告人马某犯受贿罪,判处有期徒刑4年,并处罚金20万元。

实务要点 3　国有企业改制后负责经营管理国有资产的人员接受他人请托，利用职务上的便利，在与工程承包单位经济往来过程中为他人谋取利益，收受他人财物，构成受贿罪。

典型案例 3

上海市浦东新区人民法院（2012）浦刑初字第 1930 号
沈某受贿案

［案情介绍］

上海某航第七工程有限公司（以下简称某航七公司）系中港某航务工程局下属公司，系国有公司，2003 年某航局对基层单位改制，某航七公司更名为中港某航务工程局上海浦东分公司，仍为国有公司的分支机构，2006 年随着中国交通建设集团整体改制上市，又改称为中交某航务工程局有限公司上海浦东分公司，系国有控股上市公司的分支机构，但仍保留了某航七公司法人资质，公司一直以两块牌子，一套班子运作至今。

2006 年 10 月至 2012 年年初，被告人沈某先后担任中交某航务工程局有限公司上海浦东分公司（以下简称中交某航局浦东分公司）经营管理部经理、总经理助理、副总经理，负责分管经营、基建、成本管理，在与工程承包单位经济业务往来中，利用职务便利，为他人提供便利并收取现金、各类购物卡共计人民币 85000 元，均占为己有。具体事实分述如下：

2006 年 10 月至 2011 年 5－6 月，被告人沈某先后担任中交某航局浦东分公司经营管理部经理、总经理助理、副总经理，利用职务便利，在分包钢模板加工制作、长管桩劳务清包的业务活动中，先后多次收受上海凌某金属结构件厂法定代表人施某所送的人民币和联华 OK 卡共计 30000 元。

2009 年 1 月至 10 月间，被告人沈某担任中交某航局浦东分公司总经理助理兼经营管理部经理、副总经理期间，利用职务便利，在负责京沪高铁轨道板厂厂房土建项目管理的业务活动中，先后多次收受上海龙某建设股份有限公司项目经理房某所送的人民币 10000 元和价值人民币 5000 元的纽斯达购物卡。

2011 年年初至 2012 年年初，被告人沈某担任中交某航局上海浦东分公司副总经理期间，利用职务便利，在长管桩劳务清包业务活动中，先后 2 次收受上海孝某建筑工程有限公司法定代表人刘某（另行处理）所送的人民币 40000 元。

2012年2月9日，中交某航务工程局有限公司纪委通知被告人沈某接受谈话，谈话期间，被告人沈某如实供述了纪委尚未掌握的上述犯罪事实。案发后，被告人沈某退缴了全部赃款。

[法院认为]

被告人沈某身为国家工作人员，利用职务便利，非法收受请托人给予的财物共计人民币85000元，为他人谋取利益，其行为已构成受贿罪。公诉机关指控的犯罪成立，予以支持。被告人沈某具有自首行为，当庭能够自愿认罪，同时考虑到已经退缴犯罪所得，有一定的悔罪表现，依法予以减轻处罚。

[裁判结果]

被告人沈某犯受贿罪，判处有期徒刑2年9个月，缓刑2年9个月。

实务要点4　国有公司派驻到国有参股公司管理国有资产的工作人员，接受他人请托，利用职务之便为他人谋取利益，收受他人贿赂的，构成受贿罪。

典型案例4

湖北省武汉市中级人民法院(2014)鄂武汉中刑终字第01031号 郑某受贿案

[案情介绍]

青山城某公司为国有经济性质的国有公司，被告人郑某1991年毕业后进入青山城某公司工作。2007年，青山城某公司出资人民币2450万元与民营资本共同成立绿某苑公司，占股49%。绿某苑公司成立后，青山城某公司委派被告人郑某到绿某苑公司工作，2010年3月任绿某苑公司总经理助理，2012年11月任绿某苑公司副总经理，负责国有资产的监督和保值增值，履行国有企业出资的义务，防止国有资产流失。

被告人郑某在担任绿某苑公司总经理助理、副总经理期间，利用其在本公司房地产项目开发过程中负责工程项目征地、拆迁、工程招投标、工程款预决算等职务便利，在工程招投标、工程款结算等方面为请托人谋取利益，于2010年10月至2014年春节间，先后多次收受业务往来单位有关人员给予的人民币共计760000元。

[法院认为]

郑某在担任绿某苑公司总经理助理、副总经理期间，属于国有公司委派到非国有公司中从事公务的人员，应以国家工作人员论；其利用职务上的便利，非法收受他人财物，数额达人民币760000元，为他人谋取利益，侵犯了国家工作人员职务行为的廉洁性，其行为已构成受贿罪。

[裁判结果]

被告人郑某犯受贿罪，判处有期徒刑8年，并处没收个人财产人民币2万元。

实务要点5 **国有独资公司董事长、总经理接受他人请托，利用职务之便为他人谋取利益，以明显低于市场的价格向请托人购买房屋等物品的，构成受贿罪，受贿数额按照交易时当地市场价格与实际支付价格的差额计算。**

典型案例5

广东省广州市中级人民法院(2010)穗中法刑二初字第39号
区某受贿案

[案情介绍]

2006年，区某在担任越某企业(集团)有限公司、广州越某集团有限公司董事长、总经理期间，利用职务便利，指示广州越某集团有限公司工作人员就欧某所在的汉某伟公司与广州越某集团有限公司关于越秀天安大厦股权转让事宜加快谈判进度。在此过程中，上诉人区某向欧某提出其女儿欲购买欧某的家族企业汉某公司开发的汉苑住宅一套，在区某的要求下，欧某同意以明显低于市场价的每平方米7000余元的价格出售。2006年10月17日，上诉人区某的女儿和妻子根据区某与欧某约定的前述单价，以人民币1139184元的总价格向汉某公司购买了位于广州市越秀区的一处房产。经评估，该房屋市场价值为人民币2007500元，与合同价差额为人民币868316元。上诉人区某收受贿赂人民币868316元。

[法院认为]

区某向欧某提出其女儿欲购买汉某公司开发的汉苑住宅，并要求欧某在购房价格给予优惠，欧某基于其和越某集团进行收购股权谈判，同意给予价格优惠。2006年10月17日，上诉人区某的女儿和妻子以人民币1139184元的价格购买了位于广州市越秀区的一处房产。根据房地产评估报告,该房屋的市场价格为人民币2007500元,与合同价格差额为人民币868316元,显然,区某对房屋的实际价值及购买该套房屋实际付款之间存在的巨大差价是明知的,要求该种优惠价格实际上是属于变相收受财物,表明主观上具有受贿的故意,符合"以明显低于市场的价格向请托人购买房屋的"受贿行为方式,构成受贿罪。

[裁判结果]

被告人区某犯受贿罪,判处有期徒刑11年,并处没收个人财产人民币10万元。

实务要点6　国有公司及国有公司委派到国有控股公司中从事公务的人员接受他人请托,利用职务之便为他人谋取利益,在中秋、春节收受他人赠送的大额礼金,构成受贿罪。

典型案例6

江苏省徐州市泉山区人民法院(2014)泉刑初字第409号
张某受贿案

[案情介绍]

2008年5月,被告人张某受徐州某集团有限公司(系国有公司,以下简称徐某集团)委派,担任徐州华某房地产开发有限公司(系国有控股公司,2011年5月变更为国有独资公司,以下简称华某公司)总经理、党总支部副书记,2011年12月被徐某集团任命为华某公司董事长、党总支书记。自2009年春节至2013年春节,被告人张某利用其掌握的生产经营、招议标、财务审批等活动的组织领导、监督管理方面的职务便利,分多次收受徐州戈某煤矿机械设备有限公司、江苏矿某工程集团公司等施工单位相关项目负责人为在工程发包及工程款结算等方面寻求被告人张某的关照而送与的钱卡共计折合人民币86000元,并为上述人员在项目施工建设中协调管理、工程款及时拨付等方面谋取利益。分述如下:

2009年中秋节前的一天,被告人张某在担任华某公司总经理期间,利用职务之便,收受江苏盛某建设集团有限公司法定代表人李某乙所送的购物卡,面值合计人民币2000元。

2009年中秋节和2010年春节,被告人张某在担任华某公司总经理期间,利用职务之便,先后分两次收受徐州市建某工程监理有限公司副总经理陈某甲所送的购物卡,面值人民币4000元。2012年4月,再次收受陈某甲以其儿子结婚封贺礼为由送与的人民币2000元。

2010年春节至2013年春节,被告人张某在担任华某公司总经理、董事长等职务期间,利用职务之便,先后分六次收受江苏矿某工程集团公司建工处党委书记孟某所送的购物卡,面值合计人民币30000元。

2012年5月的一天,被告人张某在担任华某公司总经理、董事长期间,利用职务之便,收受原南通某建徐矿城项目部投资人陈某乙以张某儿子结婚封贺礼为名送与的人民币5000元。

2009年春节至2013年春节,被告人张某在担任华某公司总经理、董事长等职务期间,利用职务之便,先后七次收受挂靠江苏立某建筑工程有限公司和苏某建设集团有限公司承建徐州华某公司发包项目的徐州戈某煤矿机械设备有限公司法定代表人李某甲所送的购物卡,面值合计人民币35000元。

2012年中秋节和2013年春节,被告人张某在担任华某公司总经理、总董事长期间,利用职务之便,先后两次收受原南通某建徐矿城项目部经理郁某所送的购物卡,面值合计人民币8000元。

2013年5月,被告人张某因他人举报被徐某集团纪委查处,其到案后主动如实供述了尚未掌握的上述受贿犯罪事实,并退缴赃款人民币86000元。

[法院认为]

被告人张某身为国有公司及国有公司委派到国有控股公司中从事公务的人员,利用职务上的便利,非法收受他人财物价值人民币86000元,为他人谋取利益,其行为已构成受贿罪,依法应处5年以上有期徒刑,可以并处没收财产。公诉机关指控被告人张某犯受贿罪的事实清楚、证据确实充分,罪名成立,法院予以支持。被告人张某因涉嫌其他违法、违纪行为被纪律检查机关调查,被调查期间其如实供述了办案机关尚未掌握的本案受贿犯罪事实,系自首,且案发后主动退缴涉案赃款,故依法对其予以减轻处罚。根据被告人张某的犯罪事实,法院委托结合社区矫正部门进行了缓刑考察的意见,并组织了检察机关、案发单位纪检部门负责人、主管单位相关负责人参加的听证会,认为对其适用缓刑,可以认为没有再犯罪的危险,对所居住社区没有重大不良影响,法院依据事实、情节结合听证意见依法予以对其宣告缓刑,辩护人关于对被告人张某减轻处罚并适用缓刑的意见予以采纳。

［裁判结果］

被告人张某犯受贿罪，判处有期徒刑2年6个月，缓刑3年。

实务要点7 ｜ 国有公司工作人员以借款为名收受他人财物的，构成受贿罪。

典型案例7

江苏省高邮市人民法院(2013)邮刑初字第0327号
孙某受贿案

［案情介绍］

被告人孙某于2002年3月至2010年7月任高邮市供电公司龙某供电所所长，2010年7月至2011年10月任高邮市供电公司某郊供电所副所长，2011年10月至2013年6月在高邮市供电公司城郊供电所工作。高邮市供电公司为国有企业。

2005年至2009年间，被告人孙某在担任高邮市供电公司龙某供电所所长从事公务期间，利用职务上的便利，多次非法收受他人财物，合计人民币105000元，为他人在节省用电设施、加快工时进度等方面谋取利益。

其中2005年至2006年间，被告人孙某先后两次收受倪某所送人民币，合计30000元，并为其在开发高邮市龙虬镇某小区时节省用电配套设施成本、高压线改道、加快工时进度等方面谋取利益。

2005年年底，被告人孙某在其家中收受倪某所送人民币20000元。

2006年4－5月，被告人孙某在倪某办公室收受倪某所送人民币10000元。

［法院认为］

被告人孙某作为在国有企业中从事公务的人员，利用职务上的便利，非法收受他人财物，为他人谋取利益，其行为已构成受贿罪，依法应予惩处。

对辩护人提出的起诉书指控被告人收受倪某的10000元属借款，即使认定为受贿，也应扣除被告人以“出人情”名义支付的6000元的辩护意见，法院认为，被告人孙某拿钱时，虽然口头上讲打借条，但实际上未出具借条，未约定还款期限，且事隔多年，未将该款还给倪某，实际上是以借为名，向倪某索要10000元，应当认定为受贿，而不是借款。对被告人孙某以“出人情”名义支付的6000元，首先，孙某在庭前供述倪某送其30000元，是为感谢他在用电方面给他的帮助，与人情往来无关;其次,被告人孙某向倪某"出人情"时距其收受倪某10000元已有三四年,孙某在此期间未退还赃款,应认定其受贿行为已实施完毕,故该数额不应从受贿数额中扣除。对辩护人的该辩护意见不予采纳。

[裁判结果]

被告人孙某犯受贿罪,判处有期徒刑2年6个月。

实务要点8 | 国有公司工作人员收受他人车辆并登记在他人名下的,不影响受贿罪的认定。

典型案例8

江苏省南京市秦淮区人民法院(2017)苏0104刑初267号
王某受贿案

[案情介绍]

2007年5月至6月,被告人王某利用担任中国能源建设集团江苏省电力建设某工程有限公司纪律检查委员会书记的职务便利,在电控工程项目上为王某4谋取利益,收受由王某4出资人民币57.6万元为其购买的一辆吉普指挥官越野型轿车。后被告人王某为掩盖上述行为,指使其表姐姜某2汇款人民币57.6万元至王某4的银行账户上,随后让王某4提取现金人民币60万元给其本人,其再将人民币57.6万元归还给姜某2。

[法院认为]

辩护人提出涉案车辆登记在南通市现某印务有限责任公司名下,不应认定为被告人王某所有的辩护意见,经查,被告人王某的供述、证人王某4和姜某2的证言与转账凭证、机动车注册登记表等书证能相互印证,均证实牌照为苏F×××××指挥官越野车虽登记在南通市现某印务有限责任公司名下,但该车辆由被告人王某实际控制并使用,应认定为被告人王某所有,故对该辩护意见不予采纳。

[裁判结果]

被告人王某犯受贿罪,判处有期徒刑4年,罚金人民币40万元。

实务要点9　国有施工企业管理人员在收受他人贿赂后，因被纪委调查而退还赃款的，不影响受贿罪的认定。

典型案例9

湖北省襄阳市中级人民法院（2018）鄂06刑初51号 朱某受贿案

［案情介绍］

被告人朱某，原系中国核工业中某建设有限公司党委书记、副总经理。

2006年至2011年，被告人朱某利用担任中某公司党委书记、副总经理职务上的便利，接受中核公司董事长、总经理肖某的请托，为该公司承接工程提供帮助。2012年年初，朱某收受肖某给予的人民币100万元。案发后，朱某于2015年10月26日通过银行转账将人民币100万元退还中核公司。

［法院认为］

朱某利用职务上的便利，为肖某在承接工程上提供帮助，并收受肖某100万元用于购房，在听说纪委在调查后将100万元退还中核某业有限公司的事实，有多名证人证言、行贿资金来源及朱某受贿后资金去向等相关书证证实，朱某对该事实亦供认不讳，公诉机关指控朱某收受中核公司董事长肖某100万元的事实清楚，证据确实、充分，足以认定。被告人朱某身为国家工作人员，利用担任中国核工业中某建设有限公司党委书记、副总经理职务上的便利，为他人谋取利益，收受他人财物共计折合人民币485.37万元，数额特别巨大，其行为已构成受贿罪。

［裁判结果］

被告人朱某犯受贿罪，判处有期徒刑10年，并处罚金人民币50万元。

三、风险防范建议

为应对新形势下反腐倡廉的需要，施工企业应当不断加强法治建设，建立和完善企业法律风险防范机制，逐步建立职务犯罪预防体系。[①]

（一）树立正确的预防理念

施工企业对受贿犯罪的预防工作重视不够，往往在案件发生后才开始补救。

---

① 马质彬：《建筑施工企业内职务犯罪的成因及预防》，载《水利水电施工》2015年第6期。

实际上，事后控制不如事中控制，事中控制不如事前预防。企业应当树立正确的预防理念，在指导思想上，从重在惩治转变到惩防并举、注重预防上来；在思维方法上，从侧重依纪依法监督、查办案件转变到围绕企业生产经营工作中心开展服务、加强企业法治建设上来；在工作方法上，从过去企业纪检监察部门单打独斗转变到整合企业内外资源、全过程全方位联合监督上来。

（二）完善职务犯罪预防体系

1. 纪检监督部门负责做好党风廉政建设责任制的落实和协调工作；做好落实惩治和预防腐败体系建设的协调工作；查处本单位党员和员工的违纪违法行为。履行行政监察职责，对安全、人事任免、设备物资采购、资金使用等方面的工作进行监督；牵头组织有关部门开展效能监察工作；抓好党员、管理人员廉洁从业教育。其他部门负责本部门党风廉政建设责任制的落实，负责落实本部门惩防体系建设目标分解任务，做好本专业的监督管理工作。

2. 法律事务部门负责建立健全企业法律风险防范机制，负责企业经营行为法律审核，处理公司法律事务工作；为企业重大决策事项提供法律意见和法律依据；参与公司经营决策，参加重大合同的谈判和起草工作，负责对合同进行法律审查；对企业内部进行法治宣传教育和律基础知识培训。

（三）建立健全规章制度

1. 建立健全廉政制度

在构建和推进惩防体系建设过程中，应当建立健全领导班子廉政承诺制度、员工违纪违规责任追究办法、“三重一大”事项民主决策、领导班子议事规则、领导人员廉洁从业谈话制度、公司管理干部报告个人有关事项的要求、岗位职务及公务回避暂行规定、述廉议廉工作实施办法、党风廉政建设责任制考评办法、民主生活会、厂务公开制度、经济责任审计制度、经营负责人薪酬管理及经营业绩考核办法等，充分展现出惩防体系建设的深度和广度。在工程分包、设备物资采购等几个重要的管理环节，在制度设计和管理流程再造中，应当为纪检监察介入预留好切入口，加强对分包招标过程的管控力度。

2. 建立风险防范制度

（1）出具法律风险年度评估报告。企业法律风险随着外部的法律风险环境和内部商业战略的调整而不断地发生变化，进而影响企业法律风险防范体系。法律事务部门应当针对这种风险的变化,全面调查、梳理总结上年度经营、财务、人力资源、安全、市场、物资采购、后勤保障等部门涉及的法律事项、发生的法律纠纷,提出下一年度的风险防范重点与防范预案,进行法律风险评估,出具法律风险年度评估报告。通过风险年度评估报告,有效防止法律风险的发生,做到防患于未然。

(2)建立合同风险防范体系。为有效防范合同纠纷,有效降低企业经营风险,实现利益最大化,企业应当积极建立合同风险防范体系。

(3)加大法律合规审核的力度。施工企业应当注重法律合规审核的力度,法务部门要广泛介入包括工程分包管理、设备物资采购管理、企业用工管理、对外投融资等业务领域,对一些重大投资项目做到提前介入,进行全程服务和监督,做到风险防范关口前移;对重大涉法事项和重大投资经营实行法律审核制度,将所有经营管理行为都纳入法律风险控制的管理体系,对涉法重大事项的决策进行充分的法律论证并提供有效的法律意见,严格把好风险控制关,凡未经法律风险评审的项目和投资一律不予立项;对重大经营活动如对外投资、清产核资、合同谈判等均要求进行法律风险评析,法务专业人员通过参加或列席各类会议,出具法律咨询意见,主动提出建议和方案,参与起草、修改、审议文件等方式,多渠道、多角度参与到企业重大经营活动中去,确保企业经营合法合规。

(四)加强对施工企业管理人员的法律培训

管理人员是企业工作开展的中坚力量,因此,对经营管理人员、经营业务人员的法律培训显得尤为重要。为了实现由提高企业法律意识向提高企业法律素质的转变,实现由注重依靠行政手段管理向注重运用法律手段管理的转变,懂得基本法律知识、能够识别建设工程中的基本法律风险并能够进行有效防范的能力必须作为干部选拔的必要素质。要加强企业法律风险防范的教育,在学习内容上结合工作实际,突出对法律知识的理解和运用,重点集中在建设工程领域中的招投标、合同签订、工程量及工程结算、工程质量、施工联营、分包、内部承包、转包、挂靠等极易出现法律风险与纠纷的环节。

(五)加强过程监督

企业应对整个生产经营的关键环节、关键人物、重点部位,加强过程监督,加强对权力运行的监控机制的检查,确保权力正确规范行使。加强对领导班子及其成员和有重要业务处置权的工作人员的经常性监督，最大限度地减少以权谋私、权钱交易及企业内部管理体制、机制和制度上的漏洞。企业各级纪检监察部门要主动牵头，协调相关部门配合，优化监督方案，细化责任分把各个部门的业务专长变成过程监督的整体优势。在实际工作中，监督部门要制定详细的效能监察工作计划和措施，并将任务分解落实到各相关部门在实施过程中，按照“依靠不依赖、到位不越位、督办不包办”的原则充分发挥相关部门各自的职能优势和业务专长，按照实施方案，各行其责、协作配合，共同完成监督任务。

第三节　行贿罪实务要点与风险防范

一、罪状描述、犯罪构成要件与认定标准

（一）罪状描述

行贿罪，是指为谋取不正当利益，给予国家工作人员以财物的行为。单位为谋取不正当利益而行贿的，构成单位行贿罪。

《刑法》第389条规定，为谋取不正当利益，给予国家工作人员以财物的，是行贿罪。在经济往来中，违反国家规定，给予国家工作人员以财物，数额较大的，或者违反国家规定，给予国家工作人员以各种名义的回扣、手续费的，以行贿论处。因被勒索给予国家工作人员以财物，没有获得不正当利益的，不是行贿。

（二）犯罪构成要件

1. 犯罪主体

行贿罪的犯罪主体是年满16周岁的自然人。单位实施行贿行为的，另行构成单位行贿罪。

2. 主观方面

行贿罪的主观方面表现为直接故意。行为人明知自己给予国家工作人员以财物的行为侵犯了国家工作人员职务行为的不可收买性，但为了利用对方的职务行为或职权、地位形成的便利条件，为了谋取不正当利益，故意行贿。

3. 犯罪客体

行贿罪侵犯的客体是国家工作人员的廉洁制度，行贿的对象必须是国家工作

人员。

4. 客观方面

行贿罪在客观方面表现为行为人实施了给予国家工作人员以数额较大财物的行为。

（三）认定标准

1. 立案标准

（1）为谋取不正当利益，向国家工作人员行贿，数额在 3 万元以上的，应当依照《刑法》第 390 条的规定以行贿罪追究刑事责任。

（2）行贿数额在 1 万元以上不满 3 万元，具有下列情形之一的，应当依照《刑法》第 390 条的规定以行贿罪追究刑事责任：①向 3 人以上行贿的；②将违法所得用于行贿的；③通过行贿谋取职务提拔、调整的；④向负有食品、药品、安全生产、环境保护等监督管理职责的国家工作人员行贿，实施非法活动的；⑤向司法工作人员行贿，影响司法公正的；⑥造成经济损失数额在 50 万元以上不满 100 万元的。

2. 量刑标准

（1）达到立案标准的，处 5 年以下有期徒刑，并处罚金。

（2）犯行贿罪，具有下列情形之一的，应当认定为《刑法》第 390 条第 1 款规定的“情节严重”或者“使国家利益遭受重大损失”，处 5 年以上 10 年以下有期徒刑，并处罚金。①行贿数额在 100 万元以上不满 500 万元的；②行贿数额在 50 万元以上不满 100 万元，并具有《贪污贿赂刑事案件司法解释》第 7 条第 2 款第 1 项至第 5 项的情形之一的；③其他严重的情节；④为谋取不正当利益，向国家工作人员行贿，造成经济损失数额在 100 万元以上不满 500 万元的，应当认定为《刑法》第 390 条第 1 款规定的“使国家利益遭受重大损失”。

（3）犯行贿罪，具有下列情形之一的，应当认定为《刑法》第 390 条第 1 款规定的“情节特别严重”“或者使国家利益遭受特别重大损失”，处 10 年以上有期徒刑或者无期徒刑，并处罚金或者没收财产。①行贿数额在 500 万元以上的；②行贿数额在 250 万元以上不满 500 万元，并具有《贪污贿赂刑事案件司法解释》第 7 条第 2 款第 1 项至第 5 项规定的情形之一的；③其他特别严重的情节；④为谋取不正当利益，向国家工作人员行贿，造成经济损失数额在 500 万元以上的，应当认定为《刑法》第 390 条第 1 款规定的“使国家利益遭受特别重大损失”。

3.“谋取不正当利益”的认定

在行贿犯罪中,谋取不正当利益,是指行贿人谋取违反法律、法规、规章或者政策规定的利益,或者要求对方违反法律、法规、规章、政策行业规范的规定提供帮助或者方便条件。

在招标投标、政府采购等商业活动中,违背公平原则,给予相关人员财物以谋取竞争优势的,属于“谋取不正当利益”。

在建筑领域中,施工企业及管理人员“谋取不正当利益”,主要体现在以下几个方面:

(1)在工程招标投标中,施工企业通过贿赂其他企业进行陪标、串标,或向发包方、评标委员会成员直接行贿,谋取中标。

(2)在施工过程中,施工企业向建设单位或设计单位行贿,通过变更设计增加工程量或提高价格等手段谋取不正当利益。

(3)在项目预决算中,施工企业通过向建设单位有关管理人员行贿,虚设项目、重复计算工程量以骗取工程款。

4.行贿罪与单位行贿罪的区别[①]

从法律规定来看,行贿罪与单位行贿罪的区别是犯罪主体不同。行贿罪的主体是自然人,而单位行贿罪的主体是单位。一般情况下,自然人与单位的区分是明确的,即为个人谋取不正当利益行贿的为个人行贿,为了单位谋取不正当利益行贿的为单位行贿。不过,由于单位是拟制主体,其自身在客观上不可能作出任何行为,故其所作出的任何行为皆需由个人之力而付诸实施。那么,在一些竞合情况下,个人实施的行为是个人行为还是单位行为,便会成为问题争议之所在。在行贿罪与单位行贿罪界限认定上,关键是看两个方面:一是行贿意志,二是利益归属。

(1)行贿意志。司法实践中常见的单位行贿行为有经单位研究决定的由有关人员实施的行贿行为;经单位主管人员批准,由有关人员实施的行贿行为;单位主管人员以法定代表人的身份实施的行贿行为。

(2)利益归属。行贿罪的实质是为了个人谋取不正当利益而行贿,单位行贿罪的实质是为了单位整体的利益而行贿,因此,不正当利益的归属是区分单位行贿和自然人行贿的关键所在。即在行贿案件中,判断行为人的行为是单位行为还是个人行为,应该以不正当利益的归属为判断依据。如果行贿行为所谋取的利益

---

① 董桂文:《行贿罪与单位行贿罪界限之司法认定》,载《人民检察》2013年第12期。

归个人所有或行贿意图是为个人获取一定的利益,则应该按个人行贿来处理;反之,则应该按单位犯罪予以处罚。

在建设工程领域,因为获取的不正当利益往往表现为承揽施工、获得较高额度的结算金额等,很难判断某一行贿行为是为单位谋取利益,还是为行为人个人谋取利益,笔者选择了若干单位行贿罪及行贿罪的相关案例,供参考。

二、实务要点与典型案例

实务要点1 | 施工企业及其法定代表人为获取工程给予国家工作人员财物的,构成单位行贿罪。

典型案例1

成都市新都区人民法院(2017)川0114刑初323号
四川省成都市某建筑工程有限公司、罗某单位行贿案

[案情介绍]

被告人罗某系某公司原法定代表人。2005年年底,某公司在无相关建设资质的情况下,因时任彭州市建设局局长陈某(已判)的帮忙,顺利承建彭州市工业三支道工程。事后,被告人罗某以拜年名义给予陈某人民币3000元。

2009年上半年,为感谢陈某在彭州市西郊小学、致和中学廉租房建设项目工程招标上对某公司的照顾,被告人罗某从某公司账户支取人民币200000元给予陈某。

2011年,陈某找到被告人罗某帮忙装修房子,装修完工后支付了100000元装修款给罗某。后为争取陈某在工程上的帮忙以及维护关系,被告人罗某以退还装修款的名义给予陈某人民币100000元。

2013年及2014年春节前,某公司员工罗某1在被告人罗某的安排下,每年均以拜年的名义给予陈某人民币10000元,共计人民币20000元。

[法院认为]

被告单位四川省成都市某建筑工程有限公司及单位负责人罗某为谋取非法利益给予国家工作人员以财物共计323000元,其行为构成单位行贿罪。成都市新都区人民检察院指控被告单位四川省成都市某建筑工程有限公司及被告人罗某犯单位行贿罪,事实清楚,证据确实充分,指控罪名成立,法院予以支持。被告

单位的行贿行为均发生在2015年《刑法修正案(九)》施行之前,根据刑法从旧兼从轻的原则,应当依照1997年修订的《刑法》第393条的规定对被告单位及其直接责任人定罪处罚。被告单位四川省成都市某建筑工程有限公司、被告人罗某归案后如实供述其犯罪事实,系坦白,法院依法对其从轻处罚。鉴于被告人罗某系初犯,归案后有悔罪表现,宣告缓刑对其所居住社区没有重大不良影响,法院依法对其宣告缓刑。

[裁判结果]

1. 被告人四川省成都市某建筑工程有限公司犯行贿罪,判处罚金100000元。

2. 被告人罗某犯单位行贿罪,判处有期徒刑1年6个月,缓刑2年。

实务要点2 | **施工企业及实际控制人在招投标过程中为谋求中标向给予业主方财物的,构成单位行贿罪。**

典型案例2

广东省深圳市中级人民法院(2017)粤03刑初415号 深圳市恒某建筑工程有限公司、深圳市荣某建筑工程有限公司、陈某单位行贿案

[案情介绍]

1. 被告单位深圳市恒某建筑工程有限公司、被告人陈某向深圳××(集团)有限公司原董事长汪某(另案处理)行贿人民币300万元、向深圳××地产有限公司原总经理张某1(另案处理)行贿人民币20万元的事实。

2013年下半年,被告单位深圳市恒某建筑工程有限公司意欲承揽深圳××地产有限公司负责招标的××开发区西区三期房地产项目Ⅱ标段施工总包工程,在该工程招标前,被告人陈某找到汪某并向汪某提出意欲承揽该工程,请汪某帮忙关照以确保在招标过程中中标,并表示中标后会对汪某予以感谢。在陈某提出上述请托事项后,汪某安排时任深圳××地产有限公司总经理的张某1操作此事,交代张某1要在该工程招标过程中对陈某予以关照,并安排陈某与张某1认识。陈某经汪某认识张某1后,来到张某1办公室,请张某1在该工程招标事宜上帮忙,并送给张某1现金人民币10万元,张某1收下并答应陈某的请托。随后,陈某通过深圳市恒某建筑工程有限公司挂靠深圳市市政工程总公司的形式,进行投标

并顺利中标。中标后，陈某为感谢汪某在招标过程中的帮助，2014年2月，在汪某家所在的南山区白石路京基御景东方小区的地下停车场送给汪某现金人民币100万元；2014年7月，在南山区名商高尔夫俱乐部正门斜对面的马路边送给汪某现金人民币200万元。

2014年，陈某从其侄子陈某2处得知深圳××地产有限公司的绿化工程正在进行招投标，其准备好一个装有现金人民币10万元和茶叶的袋子，安排陈某2到张某1办公室送给张某1。陈某2向张某1提出深圳市恒某建筑工程有限公司意欲承揽该绿化工程的意向，张某1没有明确表态支持。最后，因张某1没有明确表示支持，深圳市恒某建筑工程有限公司没有参与该绿化项目的投标。

2. 被告单位深圳市恒某建筑工程有限公司、被告人陈某向深圳市××局原局长张某2(另案处理)行贿人民币150万元的事实。

2012年9月，深圳市××局公开招标茅洲河流域水环境综合整治工程，被告人陈某找到时任深圳市××局局长的张某2，请求给予投标帮助。张某2答应并向陈某透露了相关招标程序与方式等信息，同时建议陈某与深圳市××建设工程有限公司法定代表人蔡某1(已判决)、深圳×胜投资开发集团有限公司法定代表人叶某(已判决)、深圳市金某2集团有限公司法定代表人周某联合起来，集中各自挂靠的优质公司共同投标一个标段，以增加中标机会。之后，在张某2的帮助下，叶某公司挂靠的深圳金某1建设集团有限公司中标该工程的Ⅰ标段。中标后，陈某与蔡某1、叶某等人商议，决定中标工程由蔡某1公司负责施工和收款，蔡某1公司则预先支付给陈某、叶某各自公司的工程利润款。之后蔡某1按照约定，支付给深圳市恒某建筑工程有限公司人民币1000万元的利润款。为感谢张某2在茅洲河工程招标过程中的帮助，2013年4月左右，陈某在深圳市××局西边靠近北环大道的马路边送给张某2现金人民币150万元。

3. 被告单位深圳市恒某建筑工程有限公司、被告人陈某向深圳市××局原机关党委书记刘某(另案处理)行贿人民币100万元的事实。

2012年9月，被告人陈某与蔡某1、叶某、周某一起商议参与投标茅洲河工程，并商定各自公司各出人民币100万元作为投标的公关费用。后陈某、叶某各拿出100万元交给蔡某1。同年9月的一天，为顺利中标并妥善处理招投标过程中出现的投诉，蔡某1在取得陈某、叶某等人的同意后，从公关费用中拿出人民币100万元送给了时任深圳市××局机关党委书记的刘某，并请求刘某在该工程招标过程及投诉管理监督中予以关照，刘某表示答应并将该100万元收下。中标后，蔡某1将剩余的公关费用按份退回给了陈某、叶某等人的公司。

4. 被告单位深圳市荣某建筑工程有限公司、被告人陈某向深圳市××局原局长张某2行贿人民币450万元的事实。

2012年年底，深圳市××局即将招标黄沙河综合治理工程，被告人陈某意欲使自己实际控制的被告单位深圳市荣某建筑工程有限公司承揽该工程，遂请托张某2帮助操作。因黄沙河综合治理工程采用设计、采购、施工总承包模式（EPC模式），施工单位要想中标必须与优秀的设计单位组成联合体，张某2推荐陈某与在深圳市××工程方面占优势的深圳市××规划设计院组成联合体进行投标，并向深圳市××规划设计院院长胡某打招呼要求深圳市××规划设计院与陈某挂靠的公司组成联合体参与该项目的招投标。随后，陈某通过深圳市荣某建筑工程有限公司挂靠深圳金某1建设集团有限公司的形式，与深圳市××规划设计院组成联合体进行投标并顺利中标。中标后，陈某为感谢张某2在招标过程中的帮助，2015年3月，在星河国际楼下的停车场送给张某2现金人民币150万元；几天后，在香蜜湖高尔夫球场内靠西边的马路边送给张某2现金人民币150万元；几天后，在香蜜湖高尔夫球场内靠西边的马路边再次送给张某2现金人民币150万元。张某2收下上述人民币450万元。

［法院认为］

被告单位深圳市恒某建筑工程有限公司向张某1人行贿，目的是在深圳××地产公司绿化工程的招投标活动中，谋取竞争优势这一不正当利益，该被告单位的行为有具体的请托事项。被告单位深圳市恒某建筑工程有限公司、深圳市荣某建筑工程有限公司无视国家法律，为谋取不正当利益而分别行贿共计人民币570万元、450万元；被告人陈某作为上述两被告单位的实际控制人，在两被告单位的涉案犯罪行为中系直接负责的主管人员。两被告单位和被告人的行为均已构成单位行贿罪。

［裁判结果］

1. 被告单位深圳市恒某建筑工程有限公司犯单位行贿罪，判处罚金人民币300万元；

2. 被告单位深圳市荣某建筑工程有限公司犯单位行贿罪，判处罚金人民币200万元（罚金已缴纳）；

3. 被告人陈某犯单位行贿罪，判处有期徒刑三年，缓刑五年，并处罚金人民币20万元。

实务要点3 | **实际施工人为请托国家工作人员在拨付工程款、降低管理费等方面给予照顾而给予国家工作人员财物的，构成行贿罪。**

典型案例3

郑州市中原区人民法院(2011)中刑初字第130号
许某行贿案

[案情介绍]

赵某(另案处理)原系河南某煤矿业建设有限责任公司总经理。被告人许某在不具备建筑资质的情况下，挂靠在河南某煤矿业建设有限责任公司名下，承揽了某煤工业集团的部分建设工程，包括某煤集团芦沟煤矿32深部立井井筒工程、芦沟煤矿32深部排水井井巷工程、白坪煤炭外运隧道南段工程、高岭煤矿风井井下二期井巷工程、高岭煤矿风井井筒工程。为了让赵某在及时拨付工程款、降低管理费等方面给予照顾，许某在2008年春节至2010年春节间，先后五次送给赵某现金共计人民币15万元。

[法院认为]

被告人许某为谋取不正当利益，给予国家工作人员赵某15万元，其行为已构成行贿罪，依法应予惩处。

[裁判结果]

被告人许某犯行贿罪，判处拘役5个月。

实务要点4 | **不具备劳务分包资质的施工人员，为承揽劳务工程给予国家人员财物的，构成行贿罪。**

典型案例4

宜宾市南溪区人民法院(2017)川1503刑初101号
苏某行贿案

[案情介绍]

被告人苏某在不具备劳务承包资质的情况下，为了承揽四川省宜宾市南溪区马家乡华林村聚居点建设项目劳务，于2012年12月21日让其合伙人陈某通过银行转账方式向时任马家乡政府经济和社会发展办公室主任、华林村驻村干部韩某行贿人民币10万元。

[法院认为]

被告人苏某为谋取不正当利益，给予国家工作人员财物数额较大的行为已构成行贿罪。本案事实清楚，证据确实、充分，四川省宜宾市南溪区人民检察院指控的罪名成立。被告人苏某到案后如实供述其犯罪事实，具有坦白情节，依法可从轻处罚。

[裁判结果]

被告人苏某犯行贿罪，判处有期徒刑1年6个月，缓刑2年，并处罚金10万元。

实务要点5　施工人通过行贿等不正当方式谋取合法利益，违背了公平、公正原则，仍以行贿罪处罚。

典型案例5

冠县人民法院(2017)鲁1525刑再1号
任某行贿案

[案情介绍]

2010年中秋节前，原审被告人任某通过时任聊城市政府副秘书长胡某，给东阿县交通运输局打招呼，帮助李某讨要修路款，送给胡某好处费现金6万元。

2013年9-10月，原审被告人任某为了让其亲戚冯某到聊城市江北水城旅游度假区工作，给时任度假区党工委书记兼主任胡某送现金10万元，而后胡某安排为冯某办理了工作入职手续。

[法院认为]

公诉机关指控为帮李某催要修路款和给冯某办理入职手续，原审被告人任某先后送给胡某现金6万元、10万元，对上述事实原审被告人任某予以承认。控辩双方对原审被告人任某向胡某送现金10万元安排办理冯某入职手续的行为构成行贿罪无争议。本案争议的是任某为给李某催要修路款而送给胡某6万元的行为是否构成行贿罪以及本案是否应当适用罚金刑。原审被告人任某通过胡某打招呼催要东阿交通局欠李某的修路款，任某把李某给付的6万元全部转交给胡某，虽然要的修路款本身是合法的利益，任某也未获得任何利益，但是任某通过不正当的方式、方法为他人要回修路款，违背了公平、公正原则，符合《刑法》第389

条规定的"……在经济往来中，违反国家规定，给予国家工作人员以财物，数额较大的……以行贿论处"以及《行贿案件司法解释》第12条规定的"行贿犯罪中的'谋取不正当利益'是指……要求国家工作人员违反法律、法规、规章、政策、行业规范的规定，为自己提供帮助或者方便条件"，所以应当认定原审被告人任某的该行为构成行贿罪。原审判决任某给胡某行贿6万元的事实不符合行贿罪的构成要件，属于认定事实错误。原审被告人任某及其辩护人的辩护意见不能成立，法院不予采纳。抗诉机关的抗诉理由成立。行贿罪罚金刑来源于《刑法修正案(九)》，而该修正案是自2015年11月1日才开始生效的，任某在本案中的涉案犯罪事实发生于2013年9月，应当适用原《刑法》第390条中没有罚金刑的规定，原审按照从旧兼从轻原则没有判处罚金刑并无不当。抗诉机关认为应当判处罚金的抗诉理由不成立。原审被告人任某辩护人不应判处罚金刑的辩护意见，法院予以采纳。原审被告人任某庭审认罪态度较好，悔罪深刻，系初犯，依法从轻处罚。

[裁判结果]

原审被告人任某犯行贿罪，判处有期徒刑1年，缓刑2年。

三、风险防范建议

(一)建设工程领域行贿易发环节①

1. 各项行政审批环节。从工程立项、规划、征地、咨询论证，再到设计、施工等，都有一个行政审批的问题。这些审批环节是滋生权钱交易行为的条件。

2. 项目设计环节。在承接业务洽谈时，如果洽谈过程艰难，或者委托方态度变化多端，容易诱发"回扣""好处费"暧昧承诺；在履行合同收付款时，如果委托方不按合同规定的时间、数量付钱，容易诱发设计人员"是否花点小钱去把应收款追讨回来"的想法和做法。

3. 招标投标环节。一些企业在工程项目的勘察设计、施工、监理等招标投标中，向业主、评标委员会成员、业主委托的招标代理机构等直接行贿，或贿赂其他企业来陪标、串标。

4. 劳务分包环节。在工程劳务分包过程中，有的专业分包企业为了拿到分包工程或者在工程结算时得到更高的定价，向总包企业负责人行贿；有的是个体建

① 陈国洪：《工程建设环节治贿工作的反思——五个座谈会情况综述》，载《中国建设信息》2007年第22期。

筑户向总包企业负责人贿赂；有的企业层层转包，层层压价，收取好处。

5. 材料采购环节。在材料设备采购中，材料供应商向施工企业项目经理或业主经办人行贿或给回扣，导致在材料设备的选购上，选劣弃优，舍近求远。

6. 施工监理环节。因建筑市场招标大部分采用最低价中标方式，导致一些施工企业甚至以低于工程成本价的价格参加竞争，中标后采取偷工减料、利用设计文件的缺陷，通过设计变更、签证、虚增工程量来获取补偿和利润，采用贿赂监理人员的手段达到其目的。

7. 变更设计环节。在工程施工过程中，一些企业低价中标后，向业主或设计单位行贿，并通过变更设计增加项目或提高价款等手段，谋取不正当利益，有的设计单位违规指定设备、材料供应商，收取回扣。

8. 资金支付环节。在工程款的结算中，一些施工企业或材料设备供应商，为了尽快结算工程款和材料设备款，向欠款业主负责人和主管会计行贿。

9. 竣工验收环节。施工企业行贿拉拢工程监理、验收、审计人员，虚报重复计算工程量或提高价款，追加工程总造价，或通过施工中“签证”等方式补偿投标单位的“低价”损失，骗取工程款，从中捞好处。

（二）风险防范建议

1. 针对工程建设不同的岗位，制定不同的管理办法和工作流程，真正做到分工明确、职责清晰、流程规范。将权力分散到不同岗位，加强指挥部各岗位间的内部监督制约。强化管理人员的责任，落实工程质量和工程资金终身负责制。单位负责人、主管人员等不得以集体决定或个人决定的方式授意、指使、实施行贿行为，不要通过向国家工作人员行贿来达成企业目的，不能出于任何目的以非法的方式给予国家工作人员各种名义上的财物。

2. 不要纵容国家工作人员的索贿行为。遇到国家工作人员滥用职权侵犯企业合法权益的，通过投诉或检举等合法方式解决。

3. 建立项目资金统一管理机制，由专门单位负责项目资金的拨付、结算，对手续不完备的有权拒拨，未按规定拨付的，则承担连带责任，切实加强资金运转监控；单位财务人员在审查资金使用申请过程中如发现涉嫌用于行贿的应拒绝支付，严禁公司账号涉及行贿事项。

4. 采取经常性监督和专项监督相结合的方法，对工程建设项目要进行全程监督、全程预防。要求内部承包人或项目经理出具《不行贿承诺书》并存档备查。

第四节　伪造、变造、买卖国家机关公文、证件、印章罪实务要点与风险防范

一、罪状描述、犯罪构成要件与认定标准

(一)罪状描述

伪造、变造、买卖国家机关公文、证件、印章罪,是指非法制造、变造、买卖国家机关公文、证件、印章的行为。

(二)犯罪构成要件

1. 犯罪主体

本罪的犯罪主体是年满16周岁的自然人。

2. 主观方面

伪造、变造国家机关公文、证件、印章罪的主观意志状态为直接故意,行为人所认识的实施内容是“以行使对国家机关公文、证件、印章的伪造、变造行为”为目的。

3. 犯罪客体

本罪侵犯的对象是公文、证件、印章,且仅限于国家机关的公文、证件和印章。所谓公文,一般是指国家机关制作的,用以联系事务、指导工作、处理问题的书面文件,如命令、指示、决定、通知、函电等。某些以负责人名义代表单位签发的文件,也属于公文。公文的文字可以是中文,也可以是外文;可以是印刷的,也可以是书写的,都具有公文的法律效力。所谓证件,是指国家机关制作、颁发的,用以证明身份、职务、权利义务关系或其他有关事实的凭证,如结婚证、工作证、学生证、护照、户口迁移证、营业执照、驾驶证等。对于伪造、变造护照、签证等出入境证件和居民身份证的行为,因法律另有规定,不以本罪论处。所谓印章,是指国家机关刻制的以文字与图记表明主体同一性的公章或专用章,他们是国家机关行使职权的符号和标记,公文在加盖公章后始能生效。用于国家机关事务的私人印鉴、图章也应视为本罪犯罪客体中的印章。

4. 客观方面

本罪在客观方面表现为伪造、变造、买卖国家机关公文、证件、印章的行为。所谓伪造,是指无权制作者制作假的公文、证件或印章;既包括根本不存在某一公文、证件或印章而非法制作出一种假的公文、证件和印章,又包括在存在某一公文、证件或印章的情况下而模仿其特征而复印、伪造另一假的公文、证件或印章。既包括非国家机关工作人员的伪造或制作,又包括国家机关工作人员未经批准而擅自制造。另外,模仿有权签发公文、证件的负责人的手迹签发公文、证件的,亦应以伪造论处。所谓变造,则是对真实的公文、证件或印章利用涂改、擦消、拼接等方法进行加工、改制,以改变其真实内容。所谓买卖,即对国家机关公文、证件或者印章实行有偿转让,包括购买和销售两种行为。至于买卖的公文、证件或印章,既可以是真实的,也可以是伪造或者变造的。

(三)认定标准

1. 立案标准

伪造、变造、买卖国家机关公文、证件、印章,一经实施即构成犯罪。

2. "国家机关"的认定

国家机关包括权力机关、行政机关、审判机关、检察机关以及军事机关,由于《刑法》第 375 条第 1 款对伪造、变造、买卖武装部队公文、证件、印章罪和盗窃、抢夺武装部队公文、证件、印章罪作了特殊规定,在适用特殊法原则的前提下,伪造、变造、买卖国家机关公文、证件、印章犯罪中的国家机关主要是指前面四种机关。

3. "国家机关公文"的认定①

国家机关的公文,是指在国家机关的法定职权内,以国家机关的名义制作,用以国家机关指示工作、处理问题或联系事务的各种书面文件,具备表达意思或观念的作用。根据国务院《国家行政机关公文处理办法》(2000 年 8 月 24 日)的规定,行政机关的公文种类主要有:命令(令)、决定、公告、通知、通报、议案、报告、请示、批复、意见、函、会议纪要等。

4. "国家机关证件"的认定

国家机关证件,是指由国家机关制作并颁发的,用于证明身份、权利义务关系或有关事实的凭证,一般包括证件、证书,具体如居民身份证、工作证、驾驶证、营

① 孙道萃:《国家机关公文、证件、印章的司法认定》,载《天津法学》2013 年第 1 期。

业执照、资格证书、结婚证、许可证等。对于特定的证件,如身份证、武装部队证件等,则按照刑法的特别规定处理,也就不属于本罪的犯罪对象。

5.“国家机关印章”的认定

国家机关印章,指的是以国家机关的名称等为内容,并以特定方式表现在客观物体上的图章,包括表示国家机关名称的印章、表示国家机关某种特殊用途的专用章,如税务专用章、合同专用章等。印章作为国家机关行使职权的符号和标志,用于国家机关公务活动的私人印鉴、图章一般也应视为公务印章。国家机关使用的与其职权无关的印章,不属于公务印章,如收发室的普通印章。国务院《关于国家行政机关和企业事业单位社会团体印章管理的规定》(国发〔1993〕21 号)中明确规定了国家行政机关印章的形状、规格、材料以及所刊文字的格式和写法,应当作为司法实践中判断国家机关印章的重要法律依据。

6.“情节严重”的认定

《刑法》没有对“情节严重”作出具体说明,但是最高院、最高检《关于办理与盗窃、抢劫、诈骗、抢夺机动车相关刑事案件具体应用法律若干问题的解释》(法释〔2007〕11 号)第 2 条第 2 款规定,伪造、变造、买卖机动车行驶证、登记证书,累计达到第 1 款规定数量(累计 3 本以上的)标准 5 倍以上的,属于《刑法》第 280 条第 1 款规定中的“情节严重”,处 3 年以上 10 年以下有期徒刑。

二、实务要点与典型案例

实务要点 1　施工企业管理人员为投标方便,伪造并购买国家机关和企事业单位印章及个人证书,构成伪造、买卖国家机关证件、印章罪

典型案例 1

河北省石家庄市桥西区人民法院(2019)冀 0104 刑初 518 号
邵某伪造、买卖国家机关证件、印章案

[案情介绍]

2016 年 10 月至 2017 年 11 月,被告人邵某任河南某建建筑工程有限公司驻河北办事处经理,为了投标方便,邵某多次通过网上及街边广告联系私刻假章的人,伪造并购买国家机关和企事业单位印章及个人证书。

2017 年 11 月 27 日,石家庄市公安局桥西分局留营派出所接报案人举报后,

对河南某建建筑工程有限公司驻河北办事处所在的办公地本市桥西区金利街1号长宏大厦A808室进行检查,在邵某的办公室文件柜内,当场查获并扣押夏邑县何营乡人民政府公章、夏邑县歧河乡人民政府公章、西华县扶贫开发办公室公章、扶沟县人民检察院查询行贿犯罪档案专用章等国家机关公章14枚,郑州恒某建设监理有限公司、扶沟县企业养老保险中心、杞县公共资源管理委员会办公室、杞县公共资源交易管理委员会办公室政府采购管理科等公司、企业、事业单位印章16枚,建造师资格证等各类证书58本,并将邵某抓获。次日,石家庄市公安局桥西分局立案。到案后邵某如实供述了其上述犯罪事实。

[法院认为]

被告人邵某伪造、买卖国家机关证件、印章,伪造公司、企业、事业单位印章,其行为分别触犯了《刑法》第280条第1款和第2款,构成伪造、买卖国家机关证件、印章罪和伪造公司、企业、事业单位印章罪。公诉机关指控罪名成立。涉案的16枚公司、企业、事业单位印章,邵某均是通过非法行径刻制购买取得,并非经合法正当途径申办,其中的12枚印章虽获得了印章持有人的授权,但并不影响其伪造公司、企业、事业单位印章罪的成立,可作为量刑情节予以考虑。辩护人关于邵某不构成伪造公司、企业、事业单位印章罪的辩护意见,与法律规定相悖,不能成立,不予采纳。到案后,邵某如实供述了其犯罪事实,当庭自愿认罪,依法从轻处罚。辩护人基于上述事实建议对其从轻处罚的辩护意见,符合法律规定,予以采纳。扣押在案的印章、证件,予以收缴。

[裁判结果]

被告人邵某犯伪造、买卖国家机关证件、印章罪,判处有期徒刑1年,并处罚金人民币1万元;犯伪造公司、企业、事业单位印章罪判处有期徒刑9个月,并处罚金人民币1万元;数罪并罚,决定执行有期徒刑1年3个月,并处罚金人民币2万元。

实务要点2　工地劳务人员为满足工地用工要求，购买伪造的建筑施工特种作业操作资格证和居民身份证，构成买卖国家机关证件罪。

典型案例2

北京市门头沟区人民法院（2016）京0109刑初113号 刘某买卖国家机关证件案

［案情介绍］

2016年5月间，被告人刘某在本市门头沟区高家园××建筑工地务工期间，为满足工地用工要求并从中谋取务工人员小部分工资，与务工人员达成合意后，以每套200元的价格，先后为该工地务工人员任某、李某1、郭某、郑某、何某、李某2、耿某、纪某（均另案处理）等8人，购买伪造的建筑施工特种作业操作资格证共8张、伪造的居民身份证共9张。涉案证件均被起获。

［法院认为］

被告人刘某购买伪造的国家机关证件，其行为已构成买卖国家机关证件罪，应依法惩处，其购买伪造的居民身份证，其行为已构成买卖身份证件罪，亦应依法惩处并与其所犯买卖国家机关证件罪并罚。

［裁判结果］

被告人刘某犯买卖国家机关证件罪，判处有期徒刑8个月，罚金人民币1000元，犯买卖身份证件罪，判处有期徒刑8个月，罚金人民币1000元，决定执行有期徒刑1年，罚金人民币2000元。

实务要点3　非法购买伪造的建筑资质证书，构成买卖国家机关证件罪。

典型案例3

黑龙江省哈尔滨市南岗区人民法院（2014）南刑初字第85号 李某买卖国家机关证件案

［案情介绍］

2013年7月13日15时许，被告人李某在哈尔滨市南岗区果戈里大街儿童公园门口，将从制假人员邓姓女子（另案处理）手中以每本50元人民币购买的伪造的11本建筑资质证书卖给薛某，得款人民币1800元。经鉴定，贩卖的证书上盖印的黑龙江省住房和城乡建设厅、黑龙江省住房和城乡建设厅证书专用章、黑龙江省人事考试中心证书专用章、哈尔滨市职称改革工作领导小组的印文均系伪造。案发后，赃物11本建筑资质证书及赃款人民币1800元已扣押。李某于2013年7月13日被公安机关在哈尔滨市南岗区抓获。

［法院认为］

被告人李某为获取非法利益，买卖伪造的国家机关证件，其行为已构成买卖国家机关证件罪，公诉机关指控罪名成立，应予惩处。

［裁判结果］

被告人李某犯买卖国家机关证件罪，判处有期徒刑1年，缓刑2年。

实务要点4 | 施工企业为申报一级建筑资质及在施工过程中获得相关资格，伪造国家机关印章，构成伪造国家机关印章罪。

典型案例4

四川省资阳市雁江区人民法院(2014)雁江刑初字第50号 黄某伪造、变造、买卖国家机关公文、证件、印章案

［案情介绍］

2008年，四川三江建设工程有限公司（以下简称三江公司）申报一级建筑资质期间，为了达到申报要求，被告人黄某先后伪造了“四川省人事厅”和“成都市人事局”钢印2枚，“四川省建设厅建筑工程技术中级职称评审委员会”“四川省建筑工程技术高级职务评审委员会”“四川省建设厅职称改革工作领导小组”“四川省职称改革工作领导小组”“成都市职称改革工作领导小组”方形章5枚，共计伪造国家机关印章7枚。

2005年，四川三江建设工程有限公司在施工过程中，为了用于对方检查质检员和测量员的资格，被告人张某在成都市九眼桥附近找人刻制了1枚“四川省建设厅”的钢印。

［法院认为］

被告人黄某伪造国家机关印章7枚，被告人张某仿造国家机关印章1枚，其行为均已触犯刑律，构成伪造国家机关印章罪；但关于黄某的辩护人辩护称黄某的行为是单位行为，是单位犯罪，黄某未从中获得任何利益，建议对其免予刑事处

罚的辩解意见，根据刑法规定，伪造国家机关印章罪的犯罪主体是自然人，故本案不是单位犯罪。根据现有证据，单位领导只是要求黄某准备提升公司资质的相关材料，并未要求其伪造印章。黄某也未向单位领导请示，故黄某应当承担伪造国家机关印章的刑事责任，辩护人的该辩护意见，不予支持。关于张某的辩护人辩护称公诉机关指控张某伪造四川省建设厅的公章只有被告人张某一人供述，无其他证据印证，且即便张某认罪，张某只伪造一枚国家机关印章，情节轻微，可不认为是犯罪。经查，张某到案后，如实供述自己伪造四川省建设厅公章的事实，对该公章的印模进行了辨认，且有黄某供述能相互印证。故张某伪造四川省建设厅印章的事实能够认定，其行为也构成了伪造国家机关印章罪。辩护人的相关辩护意见，不予支持。但因张某伪造的该印章现有证据证实没有使用过，未造成任何后果，情节轻微，可对张某犯该罪免予刑事处罚。

[裁判结果]

1. 被告人黄某犯伪造国家机关印章罪，判处有期徒刑 1 年，缓刑 2 年。
2. 被告人张某犯伪造国家机关印章罪，免予刑事处罚。

三、风险防范建议

国家机关的公文、证件、印章是代表国家对某个事项的认可或决定，具有法律上的权威性，伪造、变造、买卖国家机关公文、证件、印章是对国家机关工作秩序的严重挑衅。因此，施工企业及从业人员在日常生产经营中不能抱有侥幸心理，实施伪造、变造、买卖国家机关公文、证件、印章行为会触犯刑法，带来严重后果。

第三章

合同订立阶段的刑事风险防范指引

截至2019年年底，全国有施工活动的建筑业企业103814个。其中，国有及国有控股建筑业企业6927个，占建筑业企业总数的6.67%；在沪、深两地上市有149个（不包括67家建筑材料上市企业，也不包括新三板、港股上市企业）。全国建筑业企业（指具有资质等级的总承包和专业承包建筑业企业，不含劳务分包建筑业企业）完成建筑业总产值248445.77亿元，签订合同总额545038.89亿元，实现利润8381亿元。建筑施工企业无论是在房屋建设工程、市政工程、公路工程，还是水利工程、矿山工程、机电安装工程、钢结构工程等工程获取的开始阶段，都会经常用到建设工程施工合同、专业分包合同、买卖合同、借款合同、租赁合同、加工承揽合同、运输合同、保管合同、仓储合同等有名合同或者无名合同。合同涉及十二个行业、三十多个专业领域，种类多，数量大，金额高，履行周期长，既是施工企业获得业务的桥梁，也是防范风险、实现营利的重要工具。但是，因为建筑施工企业通常项目点多、作业面广、施工战线长、人员流动大；因为建筑市场竞争激烈，法治不健全，部分从业人员法律意识淡薄等原因，导致近些年来企业及从业人员在获取工程后的合同签订或者履行中，遇到很多法律风险，发生大量合同纠纷，致使企业被骗，造成经济损失或者构成犯罪。

第一节　合同诈骗罪实务要点与风险防范

一、罪状描述、犯罪构成要件与认定标准

（一）罪状描述

合同诈骗罪，是指行为人以非法占有为目的，在签订、履行合同过程中，采取虚构事实或者隐瞒真相等欺骗手段，骗取对方当事人的财物，数额较大的行为。

《刑法》第224条规定："有下列情形之一，以非法占有为目的，在签订、履行合同过程中，骗取对方当事人财物，数额较大的，处三年以下有期徒刑或者拘役，并处或者单处罚金；数额巨大或者有其他严重情节的，处三年以上十年以下有期徒刑，并处罚金；数额特别巨大或者有其他特别严重情节的，处十年以上有期徒刑或者无期徒刑，并处罚金或者没收财产：（一）以虚构的单位或者冒用他人名义签订

合同的;(二)以伪造、变造、作废的票据或者其他虚假的产权证明作担保的;(三)没有实际履行能力,以先履行小额合同或者部分履行合同的方法,诱骗对方当事人继续签订和履行合同的;(四)收受对方当事人给付的货物、货款、预付款或者担保财产后逃匿的;(五)以其他方法骗取对方当事人财物的。”

第231条规定:“单位犯本节第二百二十一条至第二百三十条规定之罪的,对单位判处罚金,并对其直接负责的主管人员和其他直接责任人员,依照本节各该条的规定处罚。”

(二)犯罪构成要件

1. 犯罪主体

本罪的主体,个人或单位都可构成。并且,通常是合同的一方当事人。犯本罪的个人可以是在中华人民共和国领域内的任何自然人,不分性别、不分国籍。犯本罪的单位是在中华人民共和国领域内的任何单位,包括公司、企业、事业单位、机关、团体。最高院《关于审理单位犯罪案件具体应用法律有关问题的解释》第1条规定:“刑法第三十条规定的公司、企业、事业单位,既包括国有、集体所有的公司、企业、事业单位,也包括依法设立的合资经营、合作经营企业和具有法人资格的独资、私营等公司、企业、事业单位。”第十二届全国人民代表大会常务委员会《关于〈中华人民共和国刑法〉第三十条的解释》规定:“全国人民代表大会常务委员会根据司法实践中遇到的情况,讨论了刑法第三十条的含义及公司、企业、事业单位、机关、团体等单位实施刑法规定的危害社会的行为,法律未规定追究单位的刑事责任的,如何适用刑法有关规定的问题,解释如下:公司、企业、事业单位、机关、团体等单位实施刑法规定的危害社会的行为,刑法分则和其他法律未规定追究单位的刑事责任的,对组织、策划、实施该危害社会行为的人依法追究刑事责任。”

2. 主观方面

本罪的主观方面,表现为直接故意、并且具有非法占有对方当事人财物的目的。这里的非法占有,是刑法意义上的非法占有,是行为人通过实施犯罪的手段将物(财产)占有。它不同于民法意义上的占有,民法上的占有是所有权的四项权能之一,占有权是所有权的基础,没有占有权其他使用、收益、处分三项权能就无法实现。民法上的占有,按其取得方式不同又分为合法占有和非法占有,合法占有是指行为人通过法律规定的合法的形式对物或财产进行掌握和控制,非法占有则是不合法占有或者说通过非法的途径实现占有。非法占有又分善意占有和恶意占有，善意占有是指占有人在占有时不知道或无须知道其占有财产是非法的，恶意占有是指占有人在占有时知道或者应当知道他对某项财产的占有是非法的。刑法中的非法占有是通过刑法所禁止的手段将他人所有的财物进行实际掌握和控制，使物主对物失去控制。这种非法占有绝不仅仅是占为行为人自己所有，也包括行为人非法处理自己控制和占有的物，如销赃等。它侵犯的是刑法所保护的所有权和实际占有的状态，使物主丧失对财物的占有权、使用权、收益权、处分权。因此，它也不同于民法上的恶意占有。

3. 犯罪客体

本罪的客体，是复杂客体，即国家对经济合同的管理秩序和公私财产所有权。本罪的对象是公私财物，也即他人的合法财产或者财物。

4. 客观方面

本罪的客观方面，表现为在签订、履行合同过程中，以虚构事实或者隐瞒真相的方法，骗取对方当事人财物，数额较大的行为。这里的合同，应当理解为不包括单纯的借款合同，因为利用借款合同进行诈骗相当于直接通过诈骗的手段使对方产生错误认识进而处分财物，符合诈骗罪的构成。本罪的诈骗行为表现为下列五种形式：

（1）以虚构单位或者冒用他人的名义签订合同的。虚构单位一般是以不存在的单位或者故意使用错误单位名称来订立合同；冒用他人的名义一般是以未经他人允许、未获得他人授权而擅自冒用名义订立合同。

（2）以伪造、变造、作废的票据或者其他虚假的产权证明作担保的。这里所称的票据，主要指能作为担保凭证的金融票据，即汇票、本票和支票等。所谓其他产权证明，包括土地使用权证、房屋所有权证、车辆行驶证、仓单以及能证明动产、不动产的各种有效证明文件。行为人对其以复印、涂改、拼接、部分掩盖等方式加以伪造、变造。但是，如果行为人客观上确有履行能力，主观上具有履行合同意愿，只是出于虚荣或者应另一方当事人要求而提供虚假的产权证明作担保的，则不成立合同诈骗罪。

（3）没有实际履行能力，以先履行小额合同或者部分履行合同的方法，诱骗对方当事人继续签订和履行合同的。此处没有实际履行能力，包括主观上也没有实际履行合同的想法。

（4）收受对方当事人给付的货物、货款、预付款或者担保财产后逃匿的。逃匿一般指行为人在收受对方当事人给付的财物后,故意采取隐藏、逃跑、躲避等方式,使对方当事人联络不上直至无法寻找。

(5)以其他方法骗取对方当事人财物的。这里所说的其他方法,是指在签订、履行经济合同过程中使用的上述四种方法以外,以经济合同为手段,以骗取合同约定的由对方当事人交付的货物、货款、预付款、定金以及其他担保财物为目的的一切手段。

行为人只要实施上述一种诈骗行为,即可构成本罪。单位犯罪的,对单位判处罚金,并对其直接负责的主管人员和其他直接责任人员判处刑罚;法律另有规定的,依照规定。

本罪常与民事欺诈行为交织在一起,但是二者有明显的区别,主要表现在以下两个方面:(1)行为人的主观目的不同。民事欺诈是行为人为了达到某种目的而夸大能力,诱使对方当事人陷入认识错误并与其订立合同,其出发点不是以非法占有对方财物为目的,而是通过实施欺诈行为获取盈利。合同诈骗罪是以欺骗行为来签订合同,进而达到非法占有对方财物的目的。(2)欺诈的内容与手段不同。民事欺诈活动中有民事内容的存在,即欺诈方通过商品交换或提供服务等活动取得一定经济利益。而合同诈骗罪中行为人根本不准备履行合同。合同的民事欺诈一般无须假冒身份,而是以夸大宣传、隐瞒有瑕疵的合同标的物等手段;而合同诈骗罪的行为人是冒充合法身份,如利用虚假的姓名、身份证明、授权委托书等骗取受欺诈方的信任。

本罪也常与合同违约行为交织在一起,但是二者在主客观方面有明显的区别。合同违约的前提通常是合同依法成立并有效,而在履行中合同一方因主客观原因不能按约办事。合同诈骗罪中的合同形式上订立了,但实际上在主观上、客观上均不具备不能够履行。合同违约承担的是继续履行、支付违约金、赔偿损失等民事责任,合同诈骗罪承担的是合同无效、追缴损失、刑罚责任等。要划清它们的罪与非罪界限,主要还是通过分析上面的犯罪四个构成要件来论处。

本罪与诈骗罪的界限。从本质上看,合同诈骗罪也是一种具体的诈骗犯罪,其与诈骗罪是特殊与一般的关系,二者的区别主要表现在以下几个方面:(1)犯罪主体不同。诈骗罪限于自然人主体;本罪主体包括自然人和单位。(2)侵犯客体不同。诈骗罪只侵犯财产所有权,是单一客体;而本罪既侵犯了他人的财产权利,同时又侵犯了国家市场秩序和合同管理制度,是复杂客体。(3)客观方面表现不尽相同。诈骗罪表现为虚构任何事实或隐瞒真相,以骗取财物;本罪只是在经济合同的签订、履行过程中实施诈骗，有特定范围。(4)本罪与诈骗罪属于法条竞合，应当遵循特别法优于一般法的原则。

(三)认定标准

1. 立案标准

《刑事案件立案追诉标准(二)》第77条规定："以非法占有为目的，在签订、履行合同过程中，骗取对方当事人财物，数额在二万元以上的，应予立案追诉。"

2. 量刑标准

《刑法》第224条规定："……骗取对方当事人财物，数额较大的，处三年以下有期徒刑或者拘役，并处或者单处罚金；数额巨大或者有其他严重情节的，处三年以上十年以下有期徒刑，并处罚金；数额特别巨大或者有其他特别严重情节的，处十年以上有期徒刑或者无期徒刑，并处罚金或者没收财产……"

最高院《关于常见犯罪的量刑指导意见(二)(试行)》第1条第5项规定："1. 构成合同诈骗罪的，可以根据下列不同情形在相应的幅度内确定量刑起点：

(1)达到数额较大起点的，可以在一年以下有期徒刑、拘役幅度内确定量刑起点。

(2)达到数额巨大起点或者有其他严重情节的，可以在三年至四年有期徒刑幅度内确定量刑起点。

(3)达到数额特别巨大起点或者有其他特别严重情节的，可以在十年至十二年有期徒刑幅度内确定量刑起点。依法应当判处无期徒刑的除外。

2. 在量刑起点的基础上，可以根据合同诈骗数额等其他影响犯罪构成的犯罪事实增加刑罚量，确定基准刑。"

山东省高级人民法院《关于常见犯罪的量刑指导意见(二)实施细则(试行)》第5条合同诈骗罪，规定：

"1. 法定刑在三年以下有期徒刑、拘役幅度的量刑起点和基准刑。

个人进行合同诈骗，犯罪数额达到2万元的，在三个月拘役至六个月有期徒刑幅度内确定量刑起点。

单位进行合同诈骗，犯罪数额达到10万元的，对直接负责的主管人员和其他直接责任人员在三个月拘役至六个月有期徒刑幅度内确定量刑起点。

在量刑起点的基础上，个人犯罪数额每增加5000元，增加一个月刑期；单位犯罪数额每增加2.5万元，对直接负责的主管人员和其他直接责任人员增加一个月刑期。

2. 法定刑在三年以上十年以下有期徒刑幅度的量刑起点和基准刑。

个人进行合同诈骗，犯罪数额达到20万元的，在三年至四年有期徒刑幅度内确定量刑起点。

个人进行合同诈骗，犯罪数额达到16万元不满20万元，并有下列情形之一的，可以认定为‘其他严重情节’，在三年至四年有期徒刑幅度内确定量刑起点：①诈骗救灾、抢险、防汛、扶贫、医疗款物等；②假冒国家机关或者公益性组织实施诈骗的；③诈骗残疾人、老年人或者丧失劳动能力人的财物的；④造成被害人自杀、精神失常或者其他严重后果的。

单位进行合同诈骗，犯罪数额达到100万元的，对直接负责的主管人员和其他直接责任人，在三年至四年有期徒刑幅度内确定量刑起点。

单位进行合同诈骗，犯罪数额达到80万元不满100万元，并且具有本罪第2条第2款规定情形之一的，可以认定为‘其他严重情节’，在三年至四年有期徒刑幅度内确定量刑起点。

在量刑起点的基础上，个人犯罪数额每增加7千元，增加一个月刑期；单位犯罪数额每增加4万元，对直接负责的主管人员和其他直接责任人员增加一个月刑期。

3. 法定刑在十年以上有期徒刑幅度的量刑起点和基准刑。

个人进行合同诈骗，犯罪数额达到80万元的，在十年至十一年有期徒刑幅度内确定量刑起点。

个人进行合同诈骗数额达到64万元不满80万元，并且具有本罪第2条第2款规定情形之一的，可以认定为‘其他特别严重情节’，在十年至十一年有期徒刑幅度内确定量刑起点。

单位进行合同诈骗，犯罪数额达到400万元的，对直接负责的主管人员和其他直接责任人员，在十年至十一年有期徒刑幅度内确定量刑起点。

单位进行合同诈骗数额达到320万元不满400万元，并且具有本罪第2条第2款规定情形之一的，可以认定为‘其他特别严重情节’，在十年至十一年有期徒刑幅度内确定量刑起点。

在量刑起点的基础上，根据合同诈骗数额等其他影响犯罪构成的犯罪事实增加刑罚量，确定基准刑，有下列情形之一的，增加相应的刑罚量：

(1)个人犯罪数额已满80万元，每增加20万元，增加一个月刑期。

（2）单位犯罪数额已满400万元，每增加100万元，对直接负责的主管人员和其他直接责任人员增加一个月刑期。

4.有下列情形之一的，可以增加基准刑的20%以下，但同时具有两种以上情形的，累计不超过基准刑的100%（已在确定基准刑时评价的除外）：

（1）多次实施合同诈骗的；

（2）有经济能力而拒绝退赃、退赔的；

（3）诈骗救灾、抢险、防汛、扶贫、医疗款物等的；

（4）诈骗残疾人、老年人或者丧失劳动能力人的财物的；

（5）为实施违法犯罪活动而进行合同诈骗或者将赃款用于非法活动的；

（6）造成被害人自杀、精神失常或者其他严重后果的；

（7）其他可以从重处罚的情形。

5.有下列情形之一的，可以从宽处罚：

（1）积极退赃退赔的，可以减少基准刑的40%以下；

（2）未参与分赃或分赃较少的，可以减少基准刑的20%以下；

（3）其他可以从轻处罚的情形。”

广东省高级人民法院《关于常见犯罪的量刑指导意见（二）实施细则（试行）》第5条合同诈骗罪规定：

“1.构成合同诈骗罪的，可以根据下列不同情形在相应法定刑幅度内确定量刑起点：

（1）达到数额较大起点的，可以在一年以下有期徒刑、拘役幅度内确定量刑起点。

（2）达到数额巨大起点或者有其他严重情节的，可以在三年至四年有期徒刑幅度内确定量刑起点。

（3）达到数额特别巨大起点或者有其他特别严重情节的，可以在十年至十二年有期徒刑幅度内确定量刑起点。依法判处无期徒刑的除外。

2.在量刑起点的基础上，可以根据合同诈骗数额等其他影响犯罪构成的犯罪事实增加刑罚量，确定基准刑。

（1）超过数额较大起点未达到数额巨大起点的，一类地区每增加2万元，二类地区每增加1万元，可以增加一个月至二个月的刑期。

（2）合同诈骗数额巨大或者有其他严重情节的，一类地区每增加13万元，二类地区每增加2.5万元，可以增加一个月至二个月的刑期。

(3)合同诈骗数额特别巨大或者有其他特别严重情节的,数额增加150万元,可以增加一年以下刑期;数额增加超过150万元不足750万元的,可以增加一年至三年刑期;数额增加超过750万元以上,可以增加三年以上刑期,但依法应当判处无期徒刑的除外。

(4)其他可以增加刑罚量的情形。

3.有下列情节之一的,可以增加基准刑的30%以下:

(1)造成被害人自杀、精神失常或者其他严重后果的;

(2)多次实施合同诈骗的;

(3)其他可以从重处罚的情形。

4.诈骗近亲属财物,可以减少基准刑的50%以下。”

司法实践中,在认定单位合同诈骗犯罪时,还应注意:

1.单位的分支机构或者内设机构、部门实施合同诈骗犯罪行为的处理。以单位的分支机构或者内设机构、部门的名义实施合同诈骗犯罪,违法所得亦归分支机构或者内设机构、部门所有的,应认定为单位犯罪。不能因为单位的分支机构或者内设机构、部门没有可供执行罚金的财产,就不将其认定为单位犯罪,而按照个人犯罪处理。

2.单位犯罪直接负责的主管人员和其他直接责任人员的认定。直接负责的主管人员,是在单位实施的合同诈骗犯罪中起决定、批准、授意、纵容、指挥等作用的人员,一般是单位的主管负责人,包括法定代表人。其他直接责任人员,是在单位犯罪中具体实施犯罪并起较大作用的人员,既可以是单位的经营管理人员,也可以是单位的职工,包括聘任、雇佣的人员。应当注意的是,在单位合同诈骗犯罪中,对于受单位领导指派或奉命而参与实施了一定犯罪行为的人员,一般不宜作为直接责任人员追究刑事责任。对单位犯罪中的直接负责的主管人员和其他直接责任人员,在个案中不是当然的主、从犯关系,应根据其在单位犯罪中的地位、作用和犯罪情节,按罪刑相适应的原则来分清主、从犯,分别处以相应的刑罚。

3.人民检察院起诉时该合同诈骗犯罪单位已被合并到一个新单位的,仍应依法追究原犯罪单位及其直接负责的主管人员和其他直接人员的刑事责任。人民法院审判时,对被告单位应列原犯罪单位名称,但注明已被并入新的单位,对被告单位所判处的罚金数额以其并入新的单位的财产及收益为限。涉嫌犯罪的单位被撤销、注销、吊销营业执照或者宣告破产的,应当根据《刑法》关于单位犯罪的相关规定,对实施犯罪行为的该单位直接负责的主管人员和其他直接责任人员追究刑事责任,对该单位不再追诉。

4. 单位共同犯罪的处理。两个以上单位共同故意实施合同诈骗犯罪,应根据各单位在共同犯罪中的地位、作用大小,确定犯罪单位的主、从犯。如两个单位之间存在上下级关系,上级单位已被认定为单位犯罪,下属单位实施合同诈骗犯罪行为,且全部或者大部分违法所得归下属单位所有的,对该下属单位也应当认定为单位犯罪。上级单位和下属单位构成共同犯罪的,应当根据犯罪单位的地位、作用,确定犯罪单位的刑事责任。上级单位已被认定为单位犯罪,下属单位实施合同诈骗犯罪行为,但全部或者大部分违法所得归上级单位所有的,对下属单位不单独认定为单位犯罪,下属单位中涉嫌犯罪的人员,可以作为上级单位的其他直接责任人员依法追究刑事责任。上级单位未被认定为单位犯罪,下属单位被认定为单位犯罪的,对上级单位中组织、策划、实施合同诈骗犯罪的人员,一般可以与下属单位按照自然人与单位共同犯罪处理。上级单位与下属单位均未被认定为单位犯罪的,一般以上级单位与下属单位中承担组织、领导、管理、协调职责的主管人员和发挥主要作用的人员作为主犯,以其他积极参加合同诈骗犯罪的人员作为从犯,按照自然人共同犯罪处理。

5. 对未作为单位犯罪起诉的单位合同诈骗犯罪案件的处理。对于应当认定为单位合同诈骗犯罪的案件,检察机关只作为自然人合同诈骗犯罪案件起诉的,人民法院应及时与检察机关协商,建议检察机关对犯罪单位补充起诉。如检察机关不补充起诉的,人民法院仍应依法审理,对被起诉的自然人根据指控的犯罪事实、证据及庭审查明的事实,依法按单位合同诈骗犯罪中的直接负责的主管人员或者其他直接责任人员追究刑事责任,并应引用《刑法》分则关于单位犯罪追究直接负责的主管人员和其他直接责任人员刑事责任的有关条款。

6. 个人为进行违法犯罪活动而设立的公司、企业、事业单位实施犯罪的,或者公司、企业、事业单位设立后,以实施犯罪为主要活动的,不以单位犯罪论处。个人盗用单位名义实施犯罪,违法所得由实施犯罪的个人私分的,依照刑法有关自然人犯罪的规定定罪处罚。

二、实务要点与典型案例

实务要点1 | 行为人以非法占有为目的，冒用他人名义签订合同，骗取保证金，数额较大，单位和主管人员、直接责任人员均构成合同诈骗罪。

典型案例1

江苏省连云港市海州区人民法院(2019)苏0706刑初695号
建设公司、臧某、杜某等合同诈骗案

［案情介绍］

2018年3月9日，被告单位A建设公司的法定代表人臧某与被告人杜某经共谋共议，商定由被告人杜某代表连云港云台山某花园工程的总承包方B建筑公司，与被告人臧某所代表的被告单位公司，双方签订虚假的云台山某花园二期工程承包合同，用以造成被告单位公司已取得了该工程承包权的假象，然后双方对外谎称该公司可以将该工程对外分包，在取得被害人信任后，通过与被害人签订分包工程合同，分别收取工程履约保证金的方式，骗取被害人财物共计人民币74.27万元，至案发后被告单位公司退赔涉案赃款10.5万元在公安机关。

［法院认为］

被告单位A建设公司、杜某以非法占有为目的，在签订、履行合同过程中，骗取对方当事人财物，数额较大，应当以合同诈骗罪追究其刑事责任。被告单位公司与被告人杜某共同实施故意，系共同犯罪，被告人臧某作为被告单位公司的法定代表人，并具体实施了犯罪行为，应当以被告单位犯罪的责任人员追究其刑事责任，均依法应当判处3年以下有期徒刑或者拘役，并处或者单处罚金。被告人杜某系累犯，应当从重处罚，在犯罪以后主动投案，如实供述自己的罪行，系自首，可以从轻处罚。被告人臧某归案后如实供述自己犯罪事实，系坦白，可以从轻处罚。案发后被告单位公司退赔被害人的部分经济损失，可酌情从轻处罚。

［裁判结果］

1.被告单位A建设公司犯合同诈骗罪，判处罚金人民币30万元。

2.被告人臧某犯合同诈骗罪，判处有期徒刑2年，并处罚金人民币5万元。

3.被告人杜某犯合同诈骗罪，判处有期徒刑2年，并处罚金人民币5万元。

4.责令被告单位A建设公司、杜某于本判决生效后10日内退赔被害人经济

损失。

实务要点 2　**行为人以非法占有为目的，通过成立若干平台公司，虚构工程项目，收取报名资料费、合同履约金等方式骗取钱款，数额特别巨大，构成合同诈骗罪。**

典型案例 2

江苏省高级人民法院(2017)苏刑终 302 号
张某、陈某等合同诈骗案

[案情介绍]

江苏省南京市中级人民法院于2017年8月17日作出(2016)苏01刑初71号一审刑事判决，认定：自2010年以来，被告人张某、陈某、贡某等人在没有建设资金、无法履行合同的情形下，以先后成立的卓某公司、善业公司、程某公司、惠某公司、吾某公司等为平台，虚构相关工程建设项目，通过收取报名资料费、签订合同、收取合同履约金等方式骗取相关人员钱款。在此过程中，被告人陈某、贡某、夏某、杜某1、蒋某相继加入，在明知没有建设资金、无法履行合同的情形下，共同骗取准备承建工程的相关人员或者单位的财物价值共计2000余万元。江苏省南京市中级人民法院判决认为，上述被告人明知没有建设资金、无法真正履行合同，仍以建设相关工程为由，虚构事实、隐瞒真相，在签订、履行合同过程中，骗取对方当事人财物，数额特别巨大，其行为均构成合同诈骗罪。被告人张某、陈某、贡某、夏某、杜某1、蒋某共同实施骗取对方当事人财物的行为，系共同犯罪；被告人张某、陈某、贡某在共同犯罪中起主要作用，是主犯；被告人夏某、杜某1、蒋某在共同犯罪中起次要作用，是从犯，依法应当从轻或者减轻处罚。依据《刑法》第224条第5项、第52条、第53条、第64条、第65条等之规定，以合同诈骗罪判处被告人张某有期徒刑15年，并处罚金人民币150万元；以合同诈骗罪判处被告人陈某有期徒刑9年，并处罚金人民币40万元；以合同诈骗罪判处被告人贡某有期徒刑14年，并处罚金人民币100万元；以合同诈骗罪判处被告人夏某有期徒刑8年，并处罚金人民币30万元；以合同诈骗罪判处被告人杜某1有期徒刑5年，并处罚金人民币10万元；以合同诈骗罪判处被告人蒋某有期徒刑8年，并处罚金人民币30万元；责令上述被告人在各自犯罪数额内连带退赔被害人损失。原审被告人贡某、

杜某1、蒋某不服判决,提出上诉。

[法院认为]

江苏省高级人民法院二审经审理查明的事实与原判决一致,认为上诉人贡某、杜某1、蒋某及原审被告人张某、陈某、夏某以非法占有为目的,虚构事实、隐瞒真相,在签订、履行合同过程中,骗取他人财物,数额特别巨大,行为均构成合同诈骗罪。原审判决事实清楚,证据确实、充分,定罪正确,量刑适当,审判程序合法。

[裁判结果]

驳回上诉,维持原判。

实务要点3　以非法占有为目的,虚构有工程对外承包,签订合同并收取保证金,用于单位支出,数额较大,单位与主管人员均构成合同诈骗罪。

典型案例3

陕西省澄城县人民法院(2014)澄刑初00103号
建设公司与周某合同诈骗案

[案情介绍]

2013年7月20日,被告人周某在未取得"澄城县新城国际半岛"建设工程情况下,代表被告单位建设公司,与A建筑劳务公司法人刘某签订了建设工程劳务承包合同,将所谓的"澄城县新城国际半岛10万平方米"的工程发包给刘某,并以收取保证金为由骗取刘某80万元人民币。被告人周某将骗取的80万元人民币用于归还被告单位对外借款及其他日常办公花费等。2013年11月28日,被告人周某在未取得"澄城县新城国际半岛"建设工程的情况下,虚构所谓"澄城县新城半岛一期六栋"建设工程,代表被告单位建设公司,与挂靠B建筑劳务公司的何某签订建设工程劳务承包合同,以收取保证金为由骗取何某50万元人民币。被告人周某将骗取的50万元用于归还被告单位有关债务和人员工资等,案发后一直未归还被害人。

[法院认为]

被告单位建设公司在被告人周某的实际控制经营下,以非法占有为目的,在签订、履行合同过程中,采取虚构有工程对外承包的事实、隐瞒真相的方法,骗取他人财物130万元,数额较大,被告单位建设公司与被告人周某之行为均已构成合同诈骗罪。

［裁判结果］

1. 被告单位建设公司犯合同诈骗罪，判处罚金100万元。

2. 被告人周某犯合同诈骗罪，判处有期徒刑1年零6个月，并处罚金30万元。

实务要点4 | **行为人没有实际履行能力，以先支付小部分货款的方法，诱骗被害单位与其签订合同并供货，数额特别巨大，构成合同诈骗罪。**

典型案例4

上海市第二中级人民法院(2016)沪02刑终1192号 张某合同诈骗案

［案情介绍］

上海市宝山区人民法院于2016年10月13日作出(2015)宝刑初1553号刑事判决，认定：上海某轩公司系2009年注册于本市奉贤区的自然人独资的一人有限责任公司，被告人张某系股东，任法定代表人。2010年9月至2011年3月，张某先后以某轩公司的名义分别向耐瑞公司、东鲁公司购买了价值共计人民币500余万元的钢材。张某在支付了小部分货款后，至案发前，尚欠两家公司400余万元货款未支付。2012年3月至6月，张发荣又以某轩公司的名义与被害单位倚诚公司签订钢材采购合同，采用空头支票抵押并支付小部分货款的方式骗取对方信任，从倚诚公司骗取价值250余万元的钢材。张某在支付了部分货款后，尚有140余万元未支付。2014年11月26日，张某被公安机关抓获到案。原审法院认为，被告人张某以非法占有为目的，在没有实际履行能力的情况下，以先支付小部分货款的方法，诱骗被害单位与其签订合同并提供钢材，数额特别巨大，其行为已构成合同诈骗罪，应予处罚。依照《刑法》第224条第3项、第64条之规定，以合同诈骗罪判处张某有期徒刑10年，并处罚金人民币3万元；责令张某退赔被害单位的经济损失。原审被告人张发荣不服判决，提出上诉。

［法院认为］

上海市第二中级人民法院经二审审理查明的事实和证据与原判相同，认为原审被告人张某以非法占有为目的，在没有实际履行能力的情况下，以先支付小部分货款的方法，诱骗被害单位与其签订合同并提供钢材，数额特别巨大，其行为已构成合同诈骗罪,依法应予处罚。原审判决结合张某的犯罪事实、性质、情节及对社会的危害程度,依法所作的判决并无不当,且诉讼程序合法。

［裁判结果］

驳回上诉,维持原判。

实务要点5 **行为人明知自己没有履行合同的能力,骗取他人合同预付款用于归还借款、赌场放贷及个人开支,且变更联系电话,离开住所外出逃匿,数额特别巨大,构成合同诈骗罪。**

典型案例5

湖南省永州市中级人民法院(2016)湘11刑终46号
胡某1、胡某2合同诈骗案

［案情介绍］

湖南省永州市冷水滩区人民法院于2015年12月8日作出(2015)永冷刑初263号刑事判决,认定被告人胡某1犯合同诈骗罪,判处有期徒刑14年,剥夺政治权利4年,并处罚金人民币10万元;被告人胡某2犯合同诈骗罪,判处有期徒刑14年,剥夺政治权利4年,并处罚金人民币10万元。原审被告人胡某1、胡某2均不服判决,提出上诉。

经二审审理查明,2012年年初,上诉人(原审被告人)胡某1、胡某2夫妇经朋友徐某江介绍与置业公司董事长章某平相识。同年2月9日,胡某1、胡某2与章某平签订购销合同一份,约定:章某平以3550元/吨的价格购8mm螺纹钢4225吨,总价1499.875万元;签订合同时预付人民币1000万元,余款499.875万元待验收合格后全部付清。合同签订后,章某平向胡某2个人账户汇款1000万元。胡某1、胡某2夫妇收到后并未履行购销合同交付钢材,而将上述1000万元用于归还他人欠款和去澳门赌场放高利贷及个人消费。2012年8月,胡某1、胡某2变换手机号码,离开住所地浙江省永康市。2012年8月25日,章某平因胡某1、胡某2未履行合同且失去联系,便向公安机关报案。2014年4月29日、5月6日,胡某1、胡某2分别在江苏省盱眙县和江西省万安县被公安机关抓获归案。

另查明:2012年4月至6月,胡某1、胡某2对外还有借款2300万元未归还,上述债务已经浙江省永康市人民法院民事判决书确认。

［法院认为］

上诉人（原审被告人）胡某1、胡某2以非法占有为目的，明知自己没有履行合同的能力，在履行合同过程中，共同骗取他人人民币1000万元，用于归还他人借款，在澳门赌场放高利贷及个人开支，且在合同约定的履行期满后变更联系电话，离开住所地外出逃匿，数额特别巨大，其行为均已构成合同诈骗罪。原审判决认定事实清楚，适用法律正确，量刑适当。

［裁判结果］

驳回上诉，维持原判。

三、风险防范建议

基于上述法律规定、案例和施工企业常见法律风险，笔者建议：

1. 施工企业应建立合同管理体系，使风险防范嵌入涉及合同的所有工作过程中。建立合同发起、草拟、会审、批准、授权、履行、执结、考核、奖惩等管理制度，明确合同风险管理的组织架构、职责和内容；明确合同风险管理的实施和维护人员的职责，加强维护人员的法律实务水平和风险管理水平，提升对合同管理的深入理解和支撑服务能力；明确合同风险应对措施、维权体系和报告风险信息人员的职责，促进相关制度的贯彻实施，保障合同管理体系目标的实现。

2. 施工企业负责人及工作人员在签订、履行合同中：

（1）应重视和学习必要的行业法律知识，从始至终做到自身不违法，坚决不以虚构事实、隐瞒真相或者其他欺骗的方法签订及履行合同，也能识别对方的主体、行为是否合法、真实，是否违背市场或业务规律。

（2）熟悉合同法律知识，熟悉业务正常开展流程，以正确的认识洽商业务和签订合同，全面顺畅的履行合同。

在开展合同洽商工作前，首先，重点审查本方和对方是否具有相应的民事权利能力和民事行为能力，如行业资质或从业资格、代理权限等。其次，坚持采用书面形式订立合同，包括合同书和信件以及数据电文（含电报、电传、传真、电子数据交换和电子邮件）等可以有形地表现所载内容的形式，也可以参照各类合同的示范文本订立合同。最后，合同的内容应齐全，一般包括以下条款：当事人的名称或者姓名和住所；标的；数量；质量；价款或者报酬；履行期限、地点和方式；违约责任；解决争议的方法等。

在订立、履行合同中，应遵守法律法规，尊重社会公德，不得扰乱社会经济秩序，损害社会公共利益。正确行使抗辩权、代位权、撤销权、解除权等；坚决不以伪造、变造、作废的票据或者其他虚假的产权证明作担保，坚决不以先履行小额合同或者部分履行合同的方法诱骗对方当事人继续签订和履行合同；也能审慎的考察识别对方是否存在上述情况。始终牢固树立依法成立的合同，对当事人具有法律约束力，应当按照约定履行自己的义务，不得擅自变更或者解除合同。秉承依法成立的合同，受法律保护，包括对己方、对方的合法权利均依法受到保护，违法同样受到制裁。

(3)施工企业负责人及工作人员应提高维权意识和能力。对合同履行中出现的不明事项或者非正常情况，及时组织业务和法务人员研判，向律师、法官、仲裁员等法律人士咨询请教，及时预警、报告、研究、处置，依法报警、起诉、仲裁维权。既要避免己方权利受到侵害时还没发觉，也要避免采取错误的维权方法，如伤害对方身体健康、限制对方人身自由、违法扣留有关财物等。

第二节　非法经营同类营业罪实务要点与风险防范

一、罪状描述、犯罪构成要件与认定标准

(一)罪状描述

非法经营同类营业罪，是指国有公司、企业的董事、经理利用职务便利，自己经营或者为他人经营与其所任职公司、企业同类的营业，获取非法利益，数额巨大的行为。在建筑活动中，国有施工公司、企业的负责人，有时碍于亲友情面，或者为了个人利益、受他人引诱胁迫等，利用职务上的便利，将本单位工程总承包中的勘察、设计、监理、施工、设备材料采购、工程技术开发及工程建设咨询等业务，或者将本单位施工总承包中的基础、主体、安装、专业分包、设备材料采购等业务，自己经营或者为他人经营与其所任职公司、企业同类的营业，以获取非法利益。

(二)犯罪构成要件

1. 犯罪主体

本罪的主体是特殊主体，即国有公司、企业的董事、经理。所谓国有公司、企业，根据国家统计局《关于对国有公司企业认定意见的函》(国统函〔2003〕44 号)

的意见:“国有企业有广义、狭义之分。广义的国有企业是指具有国家资本金的企业,可分为三个层次:

一、纯国有企业。包括国有独资企业、国有独资公司和国有联营企业三种形式,企业的资本金全部为国家所有。

二、国有控股企业。根据国家统计局《关于统计上国有经济控股情况的分类办法》的规定,国有控股包括国有绝对控股和国有相对控股两种形式:

国有绝对控股企业是指在企业的全部资本中,国家资本(股本)所占比例大于50%的企业。

国有相对控股企业(含协议控制)是指在企业的全部资本中,国家资本(股本)所占的比例虽未大于50%,但相对大于企业中的其他经济成分所占比例的企业(相对控股);或者虽不大于其他经济成分,但根据协议规定,由国家拥有实际控制权的企业(协议控制)。

三、国有参股企业。是指具有部分国家资本金,但国家不控股的企业。

国有与其他所有制的联营企业,按照上述原则分别划归第二、三层次中。

狭义的国有企业,仅指纯国有企业。”

根据最高院、最高检《关于办理国家出资企业中职务犯罪案件具体应用法律若干问题的意见》(法〔2010〕49号)的规定,国家出资企业包括国家出资的国有独资公司、国有独资企业,以及国有资本控股公司、国有资本参股公司。

董事,是指由出资人委派或者公司股东会议、职工民主选举产生的管理公司事务的董事会成员,包括董事长、副董事长,董事会中的其他董事,是公司内部治理的主要力量,对内管理公司事务,对外代表公司进行经济活动。董事对行使职权的结果负责,对失职、失察、重大决策失误等过失承担责任。董事会决议违反法律、法规或公司章程规定,致使公司遭受损失,投赞成票和弃权票的董事个人承担直接责任(包括赔偿责任),对经证明在表决时曾表明异议并载于会议记录的投反对票的董事,可免除个人责任。这里的董事,还包括由非本公司员工的外部人员担任的外部董事。

经理,是公司董事会聘任的,或者企业出资人任命的负责主持日常经营管理工作的高级职员。

在司法实践中,要注意:

(1)非国有公司、企业的董事、经理不能单独构成本罪。根据企业所有制经济类型来确定企业法定种类,它们是:①国有企业。②集体所有制企业。③私营企业。④股份制企业。⑤联营企业。⑥外商投资企业。⑦我国香港、澳门、台湾地区投资企业。⑧股份合作企业。集体所有制、私营、外商投资企业等不属于国有公司、企业,其任职的董事、经理经营与任职企业的同类营业,对企业利益同样具有危害性,但根据刑法的规定非国有公司、企业的董事、经理不能单独构成本罪。

(2)对含有国有资产成分的混合所有制公司、企业的董事、经理,或者国有公司、企业的副经理,以及国有公司、企业设立的分支机构的经理能否单独构成本罪?笔者认为,要依据最高院《关于如何认定国有控股参股股份有限公司中的国有公司、企业人员的解释》(法释〔2005〕10号)的规定,看其董事、经理是否为国有公司、企业委派到国有控股、参股公司从事公务的人员来判断,而不能简单地以公司、企业中国有资产是控股、参股的比例,或者经理是正职副职来判断。

2. 主观方面

本罪在主观方面必须出于故意,并且具有获取非法利益的目的。即明知自己或为他人所经营的业务与自己所任职公司、企业经营的业务属于同类,为了非法谋取利益,仍然进行经营。

3. 犯罪客体

本罪侵犯的客体是对公司、企业的管理秩序。

4. 客观方面

本罪的客观方面表现为:

(1)利用职务便利。即利用自己经营管理的职权或者职务有关的便利条件,比如掌握、了解客户名单、市场行情、销售渠道、市场计划、材料供应等对生产经营有影响的情况与信息。

(2)自己经营或为他人经营业务。也可以既为自己经营又为他人经营,具备其中之一的,即可构成本罪。为自己经营,可以表现为以自己的名义另外设立公司、企业,或者以他人名义设立公司、企业,实为自己经营,经营收入由行为人参与分配。为他人经营是指行为人主观上并不是意图为自己直接谋取利益,客观上也不直接参加公司、企业的利润分配,而是在他人开设的公司、企业中受聘任职,为他人的公司、企业提供一定劳务,或者接受他人请求、委托以顾问、朋友等名义,为他人利益进行实质性的经营活动,并领取报酬的行为。

(3)自己经营或为他人经营的营业与自己所任职的公司、企业的营业属于同一种类。所谓同类营业,是指其所非法经营的营业与其所任职的公司、企业的生产经营范围内的营业相同,在这里应以企业核准登记在其营业执照上载明的经营范围为准。而对其任职的公司、企业超出核准经营范围以外的经营项目,只要该项目不违反国家限制经营、特许经营以及法律、法规禁止经营的,行为人也利用职务便利经营该项目营业,亦属于同类营业。

(4)获取非法利益,数额巨大。对于虽有经营行为,但没有获取非法利益,或者虽然获取了非法利益,但没有达到数额巨大的,不能构成本罪。所谓获取非法利益,是指通过非法同业经营而获取的利益。即使行为人为自己经营或者为他人经营业务过程中遵守了有关工商、税收、公司、企业等方面的法规,但因其经营行为违反了竞业禁止义务,因而获取的利益仍属于非法利益。本罪的非法利益不仅指行为人的个人非法所得,在行为人自己经营的情形下,企业非法所得即为行为人获取的非法利益。在为他人经营的情形下,将行为人个人非法所得加上他人的非法所得即为行为人获取的非法利益。非法所得,一般以经营所获得的全部收入(即非法经营数额),扣除其直接用于经营活动的合理支出部分后剩余的数额来计算。

非法经营同类营业罪与非法经营罪的界限。非法经营罪,是指未经许可经营专营、专卖物品或其他限制买卖的物品,买卖进出口许可证、进出口原产地证明以及其他法律、行政法规规定的经营许可证或者批准文件,以及从事其他非法经营活动,扰乱市场秩序,情节严重的行为。两者均有非法经营,但有以下区别:

(1)犯罪主体不同。非法经营罪的主体是一般主体,包括自然人、单位。本罪的主体是国有公司、企业的董事、经理。

(2)主观故意的内容不同。非法经营罪一般是为自己谋取利益。本罪既可能为自己谋取利益为目的,也可能是为他人谋取利益为目的。

(3)侵犯的客体不同。非法经营罪所侵犯的客体是国家对市场的正常管理秩序。本罪侵犯的客体是国有公司、企业的董事、经理的忠诚义务和对公司、企业的管理秩序。

(4)客观方面表现不同。非法经营罪在客观方面表现为上述该罪定义中所描述的三种行为,非法经营不要求行为人利用职务之便,也不要求数额巨大,更不要求是同类营业,而是违反国家规定,扰乱市场秩序,情节严重的行为。本罪在客观方面表现为行为人利用职务上的便利,自己经营或者为他人经营与其所任职公司、企业同类的营业,获取非法利益,数额巨大的行为。

非法经营同类营业罪与为亲友非法牟利罪的界限。为亲友非法牟利是指国有公司、企业、事业单位的工作人员,利用职务便利,将本单位的盈利业务交由自己的亲友进行经营的;以明显高于市场的价格向自己的亲友经营管理的单位采购商品或以明显低于市场的价格向自己的亲友经营管理的单位销售商品的;向自己的亲友经营管理的单位采购不合格商品的,使国家利益遭受重大损失的行为。两罪的主体都包括国有公司、企业的董事、经理,且都是利用职务之便,但两罪有以下区别:

(1)犯罪主体不同。为亲友非法牟利罪的犯罪主体包括国有公司、企业、事业单位的工作人员。本罪的主体只能是公司、企业的董事、经理。

(2)侵犯的客体不同。为亲友非法牟利罪侵害的客体是国有公司、企业、事业单位的财产权利。本罪的客体主要是国有公司、企业的董事、经理的忠诚义务和对公司、企业的管理秩序。

(3)客观方面不同。为亲友非法牟利罪则表现为利用职务上的便利,将本单位的盈利业务交由自己的亲友进行经营,或者以明显高于市场的价格向自己的亲友经营管理的单位采购商品或者以明显低于市场的价格向自己亲友经营管理的单位销售商品的,或者向自己的亲友经营管理的单位采购不合格商品的,使国家利益遭受重大损失的行为。本罪在客观方面表现为利用职务之便,自己经营或者为他人经营与其所任职公司、企业同类的营业,获取非法利益,数额巨大的行为。

(三)认定标准

1. 立案标准

《刑事案件立案追诉标准(二)》第 12 条规定:“国有公司、企业的董事、经理利用职务便利,自己经营或者为他人经营与其所任职公司、企业同类的营业,获取非法利益,数额在十万元以上的,应予立案追诉。”

2. 量刑标准

《刑法》第 165 条规定:“……获取非法利益,数额巨大的,处三年以下有期徒刑或者拘役,并处或者单处罚金;数额特别巨大的,处三年以上七年以下有期徒刑,并处罚金。”

二、实务要点与典型案例

实务要点1　国有供电公司经理利用职务便利，和他人合伙经营与其所任职公司同类的营业，获取非法利益，数额巨大的，构成非法经营同类营业罪。

典型案例1

江西省新余市中级人民法院(2014)余刑二终7号
罗某受贿、贪污、非法经营同类营业案

［案情介绍］

新余市渝水区人民法院审理原审被告人罗某犯受贿、贪污、非法经营同类营业罪一案，于2013年11月18日作出(2013)渝刑初00401号刑事判决，认定:2006年4月至2010年1月期间，被告人罗某担任供电公司经理，主持行政全面工作。2008年下半年，该供电公司下属A公司承接了渝水区仙来办棚户区改造1期的配电安装工程。经被告人罗某主持，公司开会决定将该工程转给私人承接。该供电公司副经理邱一某(另案处理)以及A公司经理刘某(另案处理)决定私自承揽该工程，同时二人邀被告人罗某入股并给予分红，被告人罗某此予以默认。后该工程获利240余万元，邱一某和刘某各分得90万元，并将剩余红利现金60万元送与被告人罗某，罗某予以收受。另查明被告人罗某利用职务之便，还收受他人贿赂共计人民币352000元，贪污公款4800元。

2013年4月22日，被告人罗某主动到市纪委并如实交代了个人的违纪违法问题，退出了全部赃款。据此，原审法院依照《刑法》第385条第1款，第386条，第383条第1款第1项，第165条，第67条第1款，第69条，第64条之规定，判决:“一、被告人罗某犯受贿罪，判处有期徒刑六年六个月，并处没收个人财产人民币十万元；犯非法经营同类营业罪，判处有期徒刑一年六个月，并处罚金人民币十万元。决定执行有期徒刑七年，并处没收个人财产人民币和罚金人民币二十万元。二、追缴被告人罗某所得赃款956800元上缴国库。”原审被告人罗某不服判决，提出上诉。

［法院认为］

从供电公司营业执照及公司章程确定的经营范围和实际经营来看，该公司有

电力安装的业务,只是需要获得有关资质或许可证。但该供电公司未获得相关资质或许可证而承接电力安装工程的后果是应承担相应的民事或行政责任,而不能由此认定其没有电力安装的经营范围。A公司虽然与渝水区某供电公司在形式上是各自独立的企业法人,但从A公司的人、财、物的管理以及业务承接等实际运营来看,其完全被该供电公司控制,与其一个下属部门无异。在供电公司班子会议讨论决定A公司不做该工程后,邱一某与刘某合谋邀请罗某一起承接该工程,并获得罗某的默认,故罗某等人的行为已完全符合非法经营同类营业罪的犯罪构成,应以本罪论处。原判认定事实清楚,证据充分,定性准确,量刑适当,审判程序合法。

[裁判结果]

驳回上诉,维持原判。

实务要点2 | **国有公司董事、副总经理,利用职务便利,多次与他人合伙经营与其所任职公司同类的营业,获取非法利益,数额巨大,构成非法经营同类营业罪。对其主动供述监察机关尚未掌握的犯罪具有自首情节,并积极退赃、有悔罪表现,可以减轻处罚。**

典型案例2

广西壮族自治区来宾市中级人民法院(2019)桂13刑终142号
闫某受贿案

[案情介绍]

广西壮族自治区来宾市兴宾区人民法院审理原审被告人闫某犯受贿罪、非法经营同类营业罪一案,于2019年7月19日作出(2018)桂1302刑初505号刑事判决,认定:(1)2012年9月,闫某担任工投公司副总经理期间,将工投公司作为业主的来宾市凤凰工业园供水工程(生产用水应急取水口项目)指定给杨某甲、并与杨某甲合伙以A建设公司来宾分公司的名义来做,闫某投入资金5万元。工程竣工后获利12万元,闫某分得6万元。(2)2012年11月,闫某与杨某甲、任某甲、闫某甲、罗某甲等人商量决定合伙承揽工程,杨某甲、任某甲、闫某甲各占30%,罗某甲代闫某占股10%。后闫某利用其担任工投公司副总经理的职务便利,将工投公司作为业主的市凤凰工业园区供水工程凤凰河段安装工程指定给杨某甲做,以杨某甲名义挂靠B建设公司进行施工。工程竣工结算后获利17.5万元,闫某分得2.5万元。(3)2010年6月,闫某利用其担任工投公司副总经理的职务便利,将工投公司作为业主的市凤凰工业园区供水工程(一级加压泵站项目)指定给林某甲做,由林某甲挂靠C建工集团第一公司进场施工。后来闫某投资5万元让其弟闫某甲与林某甲合作。2012年11月工程竣工结算后获利16万元,林某甲分得8万元,闫某甲、闫某各分得4万元。(4)2012年上半年,闫某利用担任工投公司副总经理的职务便利,将工投公司作为业主的来宾高中给水管道改造工程指定给林某甲做,由林某甲挂靠B建设公司进行施工。之后,闫某及其弟闫某甲又与林某甲合伙,闫某投入资金30万元。2013年8月工程竣工结算后获得利润24万元,闫某分得9.5万元。(5)2016年11月,闫某在担任水务集团董事、副总经理期间,与林某甲、苏某甲、孙某甲等人合资挂靠C建工集团第四公司,参加水务集团作为业主单位的冶炼厂水厂原用户长期供水建设工程勘察、设计、施工一体化项目招投标。中标后,闫某负责修改标书,投入资金100万元;苏某甲负责提供管道材料;孙某甲和林某甲负责现场施工、管理、垫付现场费用等工作。2018年2月拨付工程款1300万元时,闫某分得9万元(未竣工结算)。(6)2010年年底,闫某在担任工投公司副总经理期间,C建工集团第五公司承建工投公司作为业主的市凤凰工业园供水工程B标。2011年下半年,闫某利用职务便利,将B标洛沙矿区工程改管项目介绍给孙某甲以该第五公司名义承接,自己投入资金10万元与孙某甲合伙。2012年下半年工程竣工结算后获利16万元,闫某分得8万元。(7)2010年3月,闫某利用其担任工投公司副总经理的职务便利,将工投公司作为业主的市磨东水厂一期工程兴宾北路北段配水管网安装工程介绍给孙某甲挂靠D建筑公司来做,之后闫某投入资金5万元与孙某甲合伙。2010年下半年工程竣工结算后获得利润20万元,闫某分得12万元。(8)2015年10月,闫某在担任水务集团副总经理期间,与黄某甲、王某甲、何某甲、杨某乙等人商量后,决定每人出资5万元作为前期费用,挂靠E建设公司参加水务集团作为建设单位的迁江镇污水收集管网及临时泵站工程项目招标。中标后,闫某负责修改标书以及理顺工程进度款拨付、竣工验收等方面工作。工程竣工后获利50万元,闫某分得10万元。(9)2016年3月,闫某在担任水务集团董事、副总经理期间,与黄某甲、王某甲、何某甲、杨某乙等人商量后,决定每人出资5万元作为前期费用,合伙挂靠F市政工程公司参加水务集团作为建设单位的华侨高新区污水临时提升泵站及管线工程招投标,并中标。闫某负责修改标书以及理顺工程进度款拨付、竣工验收等方面工作。工程竣工后获利25万元,闫某分得5万元。

原审判决认为,被告人闫某身为国家工作人员,利用职务上的便利,为他人谋取利益,非法收受他人财物263万元,数额巨大,其行为已构成受贿罪;被告人闫某身为国有公司董事、副总经理,利用职务便利自己经营与其所任职公司同类的营业,获取非法利益189.5万元(闫某个人分得66万元),数额巨大,其行为又构成非法经营同类营业罪。被告人闫某因受贿犯罪被监察机关调查时,主动供述监察机关尚未掌握的非法经营同类营业事实,其非法经营同类营业罪具有自首情节,可以从轻或者减轻处罚。被告人闫某将自己的公积金领出,并缴交到监察机关,有一定的悔罪表现,可酌情从轻处罚。依照《刑法》第385条第1款、第386条、第383条第1款第2项、第165条、第52条、第53条第1款、第64条、第67条第1款及第3款、第69条第1款及第3款以及《贪污贿赂刑事案件司法解释》第2条第1款、第19条第1款的规定,认定被告人闫某犯受贿罪,判处有期徒刑8年,并处罚金100万元;犯非法经营同类营业罪,判处有期徒刑1年6个月,并处罚金10万元;决定执行有期徒刑9年,并处罚金110万元;追缴被告人闫某犯罪所得3158000元,予以没收,上缴国库;被告人闫某用其公积金抵退赃款132000元,予以没收,由来宾市监察委员会上缴国库。原审被告人闫某不服判决,提出上诉。

[法院认为]

原审判决认定事实清楚,适用法律正确,量刑适当,审判程序合法。上诉人闫某提出的上诉理由及辩护人提出的辩护意见均不成立,不予支持。出庭检察员出庭意见正确,予以采纳。鉴于上诉人闫某亲属在二审期间代其积极退赃70万元,可视其有悔罪表现,依法予以改判。

[裁判结果]

1. 维持广西壮族自治区来宾市兴宾区人民法院(2018)桂1302刑初505号刑事判决第三项即"被告人闫某用其公积金抵退赃款132000元,予以没收,由来宾市监察委员会上缴国库"。

2. 撤销广西壮族自治区来宾市兴宾区人民法院(2018)桂1302刑初505号刑事判决第1项即"被告人闫某犯受贿罪,判处有期徒刑8年,并处罚金100万元;犯非法经营同类营业罪,判处有期徒刑1年6个月,并处罚金10万元;决定执行有期徒刑9年,并处罚金110万元"及第2项"追缴被告人闫某犯罪所得3158000元,予以没收,上缴国库"。

3. 上诉人(原审被告人)闫某犯受贿罪,判处有期徒刑7年,并处罚金100万元;犯非法经营同类营业罪,判处有期徒刑1年,并处罚金10万元;决定执行有期徒刑7年6个月,并处罚金110万元。

4. 上诉人(原审被告人)闫某已退赃款70万元,予以没收,上缴国库;继续追缴上诉人(原审被告人)闫某犯罪所得2458000元,予以没收,上缴国库。上述未缴罚金,限义务人在判决生效后20日内缴纳,期满不缴纳的,强制缴纳。

三、风险防范建议

1. 国有施工公司、企业和其董事、经理应该学习和遵守有关对国有企业负责人在其他单位兼职及接受薪酬的法律法规规定。

《企业国有资产法》第25条规定:"未经履行出资人职责的机构同意,国有独资企业、国有独资公司的董事、高级管理人员不得在其他企业兼职。未经股东会、股东大会同意,国有资本控股公司、国有资本参股公司的董事、高级管理人员不得在经营同类业务的其他企业兼职。未经履行出资人职责的机构同意,国有独资公司的董事长不得兼任经理。未经股东会、股东大会同意,国有资本控股公司的董事长不得兼任经理。董事、高级管理人员不得兼任监事。"

《公司法》第68条规定:"国有独资公司设经理,由董事会聘任或者解聘。经理依照本法第四十九条规定行使职权。经国有资产监督管理机构同意,董事会成员可以兼任经理。"第69条规定:"国有独资公司的董事长、副董事长、董事、高级管理人员,未经国有资产监督管理机构同意,不得在其他有限责任公司、股份有限公司或者其他经济组织兼职。"

中共中央办公厅、国务院办公厅《国有企业领导人员廉洁从业若干规定》(中办发〔2009〕26号)第5条规定:"国有企业领导人员应当忠实履行职责。不得有利用职权谋取私利以及损害本企业利益的下列行为:……(六)未经批准兼任本企业所出资企业或者其他企业、事业单位、社会团体、中介机构的领导职务,或者经批准兼职的,擅自领取薪酬及其他收入……"

根据中共中央纪律检查委员会、监察部[①]《关于中央纪委第四次全会重申和提出的国有企业领导人员廉洁自律有关规定的解释》(中纪发〔2000〕12号)第7条的规定,国有企业领导人员不准擅自兼任下属企业或其他企业的领导职务,经批

① 2018年3月,第十三届全国人民代表大会第一次会议审议通过了宪法修正案,设立中华人民共和国国家监察委员会,不再保留监察部,并入国家监察委员会。

准兼职的不得领取兼职工资或其他报酬。

根据国务院国有资产监督管理委员会《关于规范国有企业职工持股、投资的意见》(国资发改革〔2008〕139 号)的规定,国有企业中层以上管理人员,不得在职工或其他非国有投资者投资的非国有企业兼职;已经兼职的,自本意见印发后 6 个月内辞去所兼任职务。

2. 国有施工公司、企业应专设制度,以监督和避免董事、经理在任职期间利用职务便利,自己经营或者为他人经营同类的营业。如果董事、经理在任职期间获得批准兼职或者参与投资的,应避免经营与其所任职公司、企业同类的营业;如已在经营、投资或兼职与任职国有公司、企业同类营业的,应在担任国有公司、企业董事、经理后,及时退出经营、撤回投资或者不再兼职。

第三节　为亲友非法牟利罪实务要点与风险防范

一、罪状描述、犯罪构成要件与认定标准

(一)罪状描述

为亲友非法牟利罪,是指国有公司、企业、事业单位的工作人员,利用职务便利,将本单位的盈利业务交由自己的亲友进行经营,或者以明显高于市场的价格向自己的亲友经营管理的单位采购商品或者以明显低于市场的价格向自己的亲友经营管理的单位销售商品,或者向自己的亲友经营管理的单位采购不合格商品,使国家利益遭受重大损失的行为。

(二)犯罪构成要件

1. 犯罪主体

本罪的主体为特殊主体,即国有公司、企业、事业单位的工作人员。这里的工作人员,不仅指国有公司、企业、事业单位的国家工作人员,也不仅指董事、监事、经理等管理层人员,而是泛指国有公司、企业、事业单位的所有工作人员,还包括国有公司、企业委派到国有控股、参股公司从事公务的人员。无论是其任职、工作期间,未正确履行职责使国家利益遭受重大损失,还是已调任其他单位或退休的,都应当追究。值得注意的是,本罪的“亲友”不构成本罪的主体,不具有该特殊主

体身份的人，没有法律明文规定，不构成共犯。

2. 主观方面

本罪在主观上由故意构成，并具有非法牟利的目的。即行为人明知自己利用职务便利为亲友进行经营活动提供便利是一种背信经营的行为，但为获取非法利益仍故意实施这种行为，过失不构成本罪。

3. 犯罪客体

本罪侵犯的是国有公司、企业、事业单位的财产权益。国有公司、企业以获取财产上的最大利益为其目标，以国家授予其经营管理的财产从事民事活动，向出资人（即国家）承担资产保值增值的责任。国有事业单位虽不以营利为其最终目的，但以国家拨给的经费为财产基础在国家法律允许的范围内从事民事活动，并承担民事责任。国有公司、企业、事业单位工作人员利用职务上的便利，将本单位的盈利业务交由自己的亲友进行经营，或者以明显高于市场的价格向自己的亲友经营管理的单位采购商品，或者以明显低于市场的价格向自己的亲友经营管理的单位销售商品或者向自己的亲友经营管理的单位采购不合格商品，必然损害国有公司、企业、事业单位的利益。

4. 客观方面

本罪在客观方面表现为利用职务便利，为自己的亲友进行经营活动，非法提供便利，致使国家利益遭受重大损害的行为。所谓亲友，泛指亲戚与朋友，只要行为人为他人进行的经营活动非法提供了便利，即可认定属于为亲友进行经营活动非法提供便利。

为亲友进行经营活动非法提供便利的方式包括以下三种情况：

（1）将本单位的盈利业务交由自己的亲友进行经营。其通常是行为人利用决定、参与经贸项目或购销往来掌握的经贸信息市场行情的职务便利，把明知是可以盈利本应为本单位经营的业务交由自己的亲友去经营。但如果这项业务不属其所在单位经营的业务，即使是其利用职务便利了解到的，并交由自己的亲友进行经营，亦不能构成本罪。

（2）以明显高于市场的价格向自己的亲友经营管理的单位采购商品或者以明显低于市场的价格向自己的亲友经营管理的单位销售商品，简言之，就是从亲友经营管理的单位高进低出，从而损害本公司、企业的利益。

（3）向自己的亲友经营管理的单位采购不合格商品。要求行为人明知自己亲友经营管理单位的商品属于不合格商品而仍决意购买。明知，既包括行为人确实知道是不合格商品，又包括行为人可能知道是不合格商品。如果确实不知道是不合格商品而采购的，除非可以认定属于以明显高于市场的价格向自己的亲友经营管理的单位采购商品的情况，否则，不构成本罪。还应指出，向自己亲友经营管理的单位收购不合格商品，无论其价格如何，是否属于高价收购，都对本罪成立没有影响。只要其行为严重损害了国家利益，致使国家利益遭受了重大损失，都可以本罪论处。

为自己的亲友经营活动非法提供便利的行为，必须是利用了自己的职务便利。没有利用自己的职务便利的，亦不能构成本罪。所谓利用职务便利，在这里主要是指利用在国有公司、企业、事业单位担任领导工作或主管生产、经营活动的便利条件。既可以是利用自己的职务直接去为自己的亲友经营提供非法便利，又可以是利用自己掌握的职权、地位去控制、指挥、要挟他人去为自己的亲友经营提供非法的便利等。

行为人的行为必须造成了国家利益的重大损失才能构成本罪，行为人虽然利用职务便利实施了为自己的亲友经营非法提供便利的行为，但如果没有给国家利益造成实际损失或者虽有实际损失但不属于重大损失，则都不能以本罪论处。所谓使国家利益遭受重大损失，是指因将本单位的盈利业务交由亲友进行经营而使本单位丧失了可能得到的利润即将单位本应得到的利润转移给了自己的亲友，数额巨大的；以及因向自己亲友经营管理的单位采取高价采购或低价销售商品甚至采购自己亲友经营管理单位的不合格商品，从而给单位造成的损失数额巨大的。司法实践中，不能仅凭借“亲友单位”有利润，就认定属于给国家利益遭受重大损失。有利润不代表是非法利润，为亲友非法牟利还要看“亲友单位”除了正常利润外有没有非法获利。另外，还要看行为人是否利用职务之便，如果有明确的授权则不能认定是利用职务便利为亲友非法牟利。

本罪与贪污罪的界限。贪污罪是指国家工作人员利用职务上的便利，侵吞、窃取、骗取或者以其他手段非法占有公共财物，数额较大的行为。二者犯罪构成主体不同，贪污罪的犯罪主体必须是国家工作人员，指国家机关中从事公务的人员。对国有公司、企业、事业单位、人民团体中从事公务的人员和国家机关、国有公司、企业、事业单位委派到非国有公司企业、事业单位、社会团体从事公务的人员，以及其他依照法律从事公务的人员，以国家工作人员论。本罪的犯罪主体限于国有公司、企业、事业单位的工作人员。二者主观方面内容也不同，贪污罪主观故意的具体内容表现为行为人明知自己利用职务之便所实施的行为会发生非法占有公共财物的结果,并且希望这种结果的发生。本罪主观方面内容是行为人明知自己利用职务便利为亲友进行经营活动提供便利是一种背信经营的行为,但为获取非法利益仍故意实施这种行为。另外,二者在侵害客体、客观方面、罪责上也不同。

本罪与非法经营同类营业罪的界限。非法经营同类营业罪是指国有公司、企业的董事、经理利用职务便利,自己经营或者为他人经营与其所任职公司、企业同类的营业,谋取非法利益,数额巨大的行为。二者犯罪主体不同,非法经营同类营业罪的犯罪主体是国有公司、企业的董事或经理,本罪的犯罪主体是国有公司、企业、事业单位的工作人员。二者客观方面不同,非法经营同类营业罪在客观方面表现为行为人利用职务便利,为自己经营或者为他人经营与其所任职公司、企业同类的营业,获取非法利益,数额巨大的行为。本罪在客观方面表现为利用职务便利,将本单位的盈利业务交由自己的亲友经营,或者以明显高于市场的价格向自己的亲友进行经营管理的单位采购商品或者明显低于市场的价格向自己的亲友经营管理的单位销售商品,或者向自己的亲友经营管理的单位采购不合格商品,而使国家利益遭受重大损失。犯罪结果也有所不同,非法经营同类营业罪为行为人获取非法利益,本罪的犯罪结果为使国家利益遭受重大损失。

(三)认定标准

1. 立案标准

《刑事案件立案追诉标准(二)》第 13 条规定:“国有公司、企业、事业单位的工作人员,利用职务便利,为亲友非法牟利,涉嫌下列情形之一的,应予立案追诉:

(一)造成国家直接经济损失数额在十万元以上的;

(二)使其亲友非法获利数额在二十万元以上的;

(三)造成有关单位破产,停业、停产六个月以上,或者被吊销许可证和营业执照、责令关闭、撤销、解散的;

(四)其他致使国家利益遭受重大损失的情形。”

2. 量刑标准

《刑法》第 166 条规定:“……使国家利益遭受重大损失的,处三年以下有期徒刑或者拘役,并处或者单处罚金;致使国家利益遭受特别重大损失的,处三年以上七年以下有期徒刑,并处罚金……”

二、实务要点与典型案例

实务要点1 **国有建筑公司负责人利用职务便利，将本单位的盈利业务交由自己的亲友进行经营，使国家利益遭受重大损失，构成为亲友非法牟利罪。**

典型案例1

山西省永济市人民法院(2019)晋0881刑初144号
陈某为亲友非法牟利案

[案情介绍]

2007年至2009年，被告人陈某利用担任建筑公司经理职务的便利，为给亲友非法牟取利益，将该公司的八个市政工程项目交由其兄陈某甲承建。2007年4月18日至2015年10月23日，被告人陈某先后分40笔从公司账上支付给陈某甲工程款4882684元。2016年1月28日，陈某仍以公司名义向永济市住房保障和城乡建设管理局催要部分项目建设工程尾款。经某会计师事务所测算，陈某甲通过八个工程项目可非法获利772020.52元(未支付利润287287元)，使建筑公司丧失了可能得到的利润，致使国家利益遭受重大损失。

[法院认为]

被告人陈某利用职务便利，将本单位的盈利业务交由自己的亲友经营，使国家利益遭受重大损失，其行为已构成为亲友非法牟利罪。

[裁判结果]

鉴于被告人陈某积极退赃，认罪态度较好，确有悔罪表现，宣告缓刑对其所居住社区没有重大不良影响，根据其犯罪事实、情节、性质及社会危害程度，依照《刑法》第166条、第72条判决如下：

1. 被告人陈某犯为亲友非法牟利罪，判处有期徒刑1年，缓刑1年，并处罚金100000元(已缴纳)。

2. 被告人陈某所退赃款484732.72元，予以追缴，上缴国库。

实务要点 2　**国有建设公司负责人利用职务上的便利，以明显高于市场的价格向自己的亲友经营管理的单位采购商品，使国家利益遭受重大损失的，构成为亲友非法牟利罪。**

典型案例 2

山东省五莲县人民法院(2018)鲁1121刑初254号
申某为亲友非法牟利案

［案情介绍］

2012年至2016年，被告人申某利用职务便利，在某置业公司、某建设公司开发的育才水韵小区1#、6#、7#，某花园1#－8#和沿街房，某公园1#、2#和文体广场沿街及地下商铺等工程项目中，安排工作人员以明显高于市场价格从其亲友经营的装饰公司采购塑钢门窗、铝合金门窗等，金额共计1529.636456万元。经五莲县价格认证中心认定，该部分门窗市场价格1383.4247万元，装饰公司非法获利146.211774万元。

［法院认为］

被告人申某未经单位领导班子集团研究决定，未经市场考察，未经招投标程序，私自决定某置业公司、某建设公司开发的房地产项目从其亲友申某会经营的装饰公司采购塑钢、隔热断桥门窗等，且采购价格明显高于市场价格。给国家造成146.211774万元的经济损失，其行为已构成为亲友非法牟利罪。

［裁判结果］

1. 被告人申某犯为亲友非法牟利罪，判处有期徒刑1年6个月，并处罚金人民币10万元。

2. 被告人申某为亲友非法牟利146.211774万元，依法追缴，并由追缴机关上缴国库。

实务要点 3 **行为人虽然利用职务便利实施了为亲友经营提供便利的行为，但缺乏证据证明给国家利益造成重大损失即没有证据证明实际损失的多少，则不能以为亲友非法牟利罪论处。**

典型案例 3

衡阳市中级人民法院(2019)湘 04 刑终 442 号
萧某为亲友非法牟利、曹某销售假冒注册商标的商品案

[案情介绍]

湖南省衡阳市蒸湘区人民法院审理原审被告人萧某犯为亲友非法牟利罪、原审被告人曹某犯销售假冒注册商标的商品罪一案，于 2019 年 7 月 18 日作出(2018)湘 0408 刑初 150 号刑事判决，认定:2016 年 6 月至 9 月期间，被告人萧某身为衡钢公司国际贸易公司驻海外营销经理，利用职务上的便利，将可由本单位履行的盈利业务交由其曾经的同事曹某任法定代表人的派普公司进行经营，使国家利益遭受重大损失，其行为构成为亲友非法牟利罪，判处有期徒刑 1 年 6 个月，缓刑 2 年，并处罚金 3 万元。派普公司销售明知是假冒注册商标的商品，数额巨大，其行为已构成销售假冒注册商标的商品罪，系单位犯罪。被告人曹某系该公司法定代表人、直接负责的主管人员，鉴于公诉机关经建议后仍以自然人犯罪起诉，对被告人曹某以销售假冒注册商标的商品定罪处罚，判处有期徒刑 4 年 6 个月，并处罚金 60 万元；继续追缴告人曹某违法所得 483302.65 元，返还给被害人衡阳某钢管有限公司。原审被告人萧某、曹某不服判决，提出上诉。

[法院认为]

关于对被告人曹某销售给韩方的钢管上是否喷涂有衡阳某钢管厂的注册商标，需要进一步向钢管生产、加工方调查核实；对被告人萧某的行为造成衡阳某钢管厂经济损失的数额，需要进一步核实，应剔除实际发生的运输等成本费用，故本案部分事实不清，尚需进一步查证。

[裁判结果]

1. 撤销湖南省衡阳市蒸湘区人民法院(2018)湘 0408 刑初 150 号刑事判决。
2. 发回湖南省衡阳市蒸湘区人民法院重新审判。

实务要点4　国有房地产开发公司负责人构成为亲友非法牟利罪，判处有期徒刑和罚金后，对其个人财产依法变卖处置尚不能弥补国家经济损失的，继续予以追缴。

典型案例4

江苏省南京市秦淮区人民法院(2014)秦刑二初384号
吴某为亲友非法牟利案

[案情介绍]

2006年至2008年，被告人吴某利用担任某房地产公司法定代表人、董事长的职务便利，在公司开发的长发中心、虹桥公寓及锁金村9号项目中，以明显高于市场的价格向其妻子唐某甲实际控制经营的某工贸公司采购进户门。先由唐某甲控制的某工贸公司从上海某门窗公司、上海某建筑装饰材料公司采购进户门后，再加价供应给某房地产公司。某房地产公司向某工贸公司订购三个项目进户门，价格共计人民币397万余元并已支付相应货款。经南京市物价局价格认证中心价格鉴定，上述进户门的市场价格合计人民币300.402万元。扣除某工贸公司支付的部分锁具、铰链及安装维护等费用，被告人吴某实际造成国家经济损失达人民币60余万元。

[法院认为]

被告人吴某系国有公司工作人员，利用职务便利，以明显高于市场的价格向自己妻子实际控制经营的单位采购商品，使国家利益遭受重大损失，其行为已构成为亲友非法牟利罪，依法应予惩处。

[裁判结果]

被告人吴某犯为亲友非法牟利罪，判处有期徒刑2年，罚金人民币10万元，继续追缴被告人吴某造成的国家经济损失人民币60万元。

三、风险防范建议

建筑业多年来在国内生产总值的比例始终保持在6%以上，属于国民经济支柱产业。特别是在城乡基础设施、房地产开发、工商业园区和市政工程建设领域，多为国有资金投资建设，资金量大且建设周期长，盈利业务多，风险大。涉及的行业监管部门、建设单位、勘察设计单位、施工企业、装修装饰公司、劳务公司、设备材料销售单位等多数为国有公司、企业、事业单位。这就要求施工企业要合规经营、依法办事，不断提高经营管理的规范化、科学化水平。建议应重点加强以下几项工作：

1. 国有施工企业、公司应建立全面合规管理体系，包括：合规管理组织即董事会、监事会、经理层、合规管理部门；合规管理制度即行业法律法规、监管规定、行业准则和企业章程、规章制度等；及时对本单位相关重要部门、重点环节、风险岗位人员开展工作合规审查，考核评价，违规调查和问责等，进行全面、有效的合规风险管理与防范。通过制度，规范管理，让单位负责人或者工作人员对工作高度负责，消除和避免不正确履行职责而给企业、国家利益造成重大损失。

2. 国有施工企业、公司应针对重点管理岗位及业务流程，专门制定风险防控措施，并认真组织实施，确保各项措施落实到位。

(1)明确本单位负责人及业务主管人员在经营活动中须履行的职责，引导其树立责任意识和风险意识，依法经营，廉洁从业，坚持职业操守，履职尽责。不参与也不能指使诱导对方人员参与实施违法违规行为。

(2)建立健全重大决策评估、决策事项履职记录、决策过错认定等配套制度，细化各类经营责任清单，明确岗位职责和履职程序。

(3)建立内控批准制度，对内控所涉及的重要事项，明确规定批准的程序、条件、范围和额度、必备条件以及有权批准的部门和人员及其相应责任。避免本单位的工作人员利用职权将单位盈利业务交由亲友经营或者向亲友经营管理的单位采购不合格商品。

(4)建立健全内控审计检查制度。结合内控的有关要求、方法、标准与流程，明确规定审计检查的对象、内容、方式和负责审计检查的部门等。堵住本单位的工作人员利用职权以高于市场的价格向自己的亲友经营管理的单位采购商品或者以明显低于市场的价格向自己的亲友经营管理的单位销售商品。

(5)建立违规经营责任追究制度，细化经营责任追究的原则、范围、依据、启动机制、程序、方式、标准和职责，保障违规经营责任追究工作有章可循、规范有序。对违法违纪违规及时查处，对该发现而未发现或敷衍不追、隐匿不报、查处不力的，严格追究单位负责人和有关主管人员的责任。

(6)做好奖惩制度的总结宣传工作，为深入开展合规经营光荣、违规责任追究营造良好氛围。要结合对具体案例的调查处理，及时进行总结和通报，接受上级和社会监督，充分发挥警示教育作用。

第四节　签订、履行合同失职被骗罪实务要点与风险防范

一、罪状描述、犯罪构成要件与认定标准

(一)罪状描述

签订、履行合同失职被骗罪,是指国有公司、企业、事业单位直接负责的主管人员,在签订、履行合同过程中,因严重不负责任而被诈骗,致使国家利益遭受重大损失的行为。

(二)犯罪构成要件

1. 犯罪主体

签订、履行合同失职被骗罪的主体是特殊主体,即国有公司、企业、事业单位直接负责的主管人员。其他主体不能构成本罪。最高院《关于如何认定国有控股、参股股份有限公司中的国有公司、企业人员的解释》(法释〔2005〕10 号)规定:"为准确认定刑法分则第三章第三节中的国有公司、企业人员,现对国有控股、参股的股份有限公司中的国有公司、企业人员解释如下:国有公司、企业委派到国有控股、参股公司从事公务的人员,以国有公司、企业人员论。"

所谓直接责任,是指相关人员在其工作职责范围内,违反规定,未履行或未正确履行职责,对造成的损失或其他不良后果起决定性直接作用时应当承担的责任。企业负责人存在以下情形的,应当承担直接责任:本人违反国家法律法规和企业内部管理规定;授意、指使、强令、纵容、包庇下属人员违反国家法律法规和企业内部管理规定;未经民主决策、相关会议讨论或文件传签、报审等规定程序,直接决定、批准、组织实施重大经济事项,并造成重大资产损失或其他严重不良后果;主持相关会议讨论或以文件传签等其他方式研究时,在多数人不同意的情况下,直接决定、批准、组织实施重大经济事项,造成重大资产损失或其他严重不良后果;将按有关法律法规制度应作为第一责任人(总负责)的事项、签订的有关目标责任事项或应当履行的其他重要职责,授权(委托)其他领导干部决策且决策不当或决策失误造成重大资产损失或其他严重不良后果;其他失职、渎职和应当承担直接责任的行为。

所谓主管责任，是指相关人员在其直接主管(分管)工作职责范围内，违反规定，未履行或未正确履行职责，对造成的资产损失或不良后果应当承担的责任。

2. 主观方面

本罪的主观方面是过失。即行为人应当预见自己的行为可能造成国家利益遭受重大损失的结果，因为疏忽大意没有预见，或者已经预见而轻信能够避免，以致这种结果发生。如果行为人是与对方当事人恶意串通，合伙诈骗国有公司、企业、事业单位的财产，则构成贪污罪或者诈骗的共同犯罪而不是本罪。

3. 犯罪客体

本罪侵犯的客体是国有公司、企业、事业单位的正常活动秩序和经济利益。

4. 客观方面

本罪客观方面表现为，行为人在签订、履行合同过程中，因为严重不负责任被诈骗。所谓严重不负责任被诈骗，是指行为人不履行或者不正确履行自己主管、分管合同签订履行合同的义务，致使他人利用合同形式骗取国有公司、企业、事业单位的财物。实践中，"严重不负责任"表现为：有的盲目轻信，不认真审查对方当事人的主体真伪、资格资信、担保情况；有的不认真审查对方的履约能力和产品的质量、市场实际价格等；有的为私利，对并非滞销商品，让价出售或赊销；有的擅自越权，签订或者履行经济合同；有的好大喜功，不辨真假，盲目吸收投资签订合作协议等；也有的违规为亲友签订合同提供担保，导致发生纠纷时承担保证责任。这里的"诈骗"，是指对方当事人的行为已经涉嫌诈骗犯罪，不以对方当事人已经被人民法院判决构成诈骗犯罪作为立案追诉的前提。2001 年，最高检刑事审判第二庭对《刑法》第 167 条规定的签订、履行合同失职被骗罪和第 406 条规定的国家机关工作人员签订、履行合同失职罪是否以对方当事人的行为构成诈骗犯罪为要件的问题，专门召开审判长会议进行了研究，认定签订、履行合同失职被骗罪和国家机关工作人员签订、履行合同失职罪，应当以对方当事人涉嫌诈骗，行为构成犯罪为前提。但司法机关在办理或者审判行为人被指控犯有上述两罪的案件过程中，不能以对方当事人已经被人民法院判决构成诈骗犯罪作为认定本案当事人构成签订、履行合同失职被骗罪或者国家机关工作人员签订、履行合同失职罪的前提。

签订、履行合同失职被骗罪是结果犯，要求有损害后果——"国家利益遭受重大损失"。如果行为人在签订、履行合同时虽然被骗，没有造成损失，或者发现后及时采取措施、避免了可能造成的损失，则不构成本罪。对国有企业的资产损失，应当在调查核实的基础上，依据有关规定认定损失金额及影响。司法实践中还应区分和注意：

（1）资产损失包括直接损失和间接损失。直接损失是与相关人员行为有直接因果关系的损失金额及影响。间接损失是由相关人员行为引发或导致的，除直接损失外、能够确认计量的其他损失金额及影响。

（2）资产损失分为一般资产损失、较大资产损失和重大资产损失。涉及违纪违法和犯罪行为查处的损失标准，遵照相关党内法规和国家法律法规的规定执行；涉及其他责任追究处理的，由履行出资人职责的机构和国有企业根据实际情况制定资产损失程度划分标准。

（3）资产损失的金额及影响，可根据司法、行政机关出具的书面文件，具有相应资质的会计师事务所、资产评估机构、律师事务所等中介机构出具的专项审计、评估或鉴证报告，以及企业内部证明材料等进行综合研判认定。相关经营投资虽尚未形成事实损失，经中介机构评估在可预见未来将发生的损失，可以认定为国有资产损失。

另外，全国人民代表大会常务委员会《关于惩治骗购外汇、逃汇和非法买卖外汇犯罪的决定》第 7 条规定，“金融机构、从事对外贸易经营活动的公司、企业的工作人员严重不负责任，造成大量外汇被骗购或者逃汇，致使国家利益遭受重大损失的，依照刑法第一百六十七条的规定定罪处罚”。

本罪与合同诈骗罪的界限。合同诈骗罪，是指以非法占有为目的，在签订、履行合同过程中，骗取对方当事人财物，数额较大的行为。两罪都属于破坏社会主义市场经济秩序的犯罪，都是发生在签订、履行合同过程中的犯罪。但两罪又有以下几个方面的区别：

（1）犯罪主体不同。合同诈骗罪的主体是一般主体，包括自然人和单位。本罪的主体是特殊主体，仅指国有公司、企业、事业单位直接负责的主管人员。

（2）主观方面不同。合同诈骗罪在主观方面只能是故意，不存在过失，而且具有非法占有的目的。本罪在主观方面只能是过失。

（3）侵犯的客体不同。合同诈骗罪侵犯的客体是市场交易秩序和公私财物所有权，本罪侵犯的客体是国有公司、企业、事业单位的合同管理制度和国家利益。

（4）客观方面不同。合同诈骗罪在客观方面表现为在签订、履行合同过程中，骗取对方当事人财物，数额较大的行为。本罪客观方面表现为在签订、履行合院过程中，因严重不负责任被诈骗，致使国家利益遭受重大损失的行为，属于典型的不作为犯罪形式。

(5)定罪情节不同。合同诈骗罪的定罪情节是骗取对方当事人财物数额较大,本罪的定罪情节是致使国家利益遭受重大损失。

本罪与国有公司、企业、事业单位人员失职罪的界限。国有公司、企业、事业单位人员失职罪,是指国有公司、企业、事业单位的工作人员,由于严重不负责任,造成国有公司、企业破产或者严重亏损,致使国家利益遭受重大损失的行为。两罪都是妨害对公司、企业的管理秩序的犯罪,但两罪又有以下几个方面的区别:

(1)犯罪主体不同。国有公司、企业、事业单位人员失职罪的犯罪主体是国有公司、企业的工作人员以及国有事业单位的工作人员。本罪的主体是指国有公司、企业、事业单位直接负责的主管人员。

(2)客观方面不同。国有公司、企业、事业单位人员失职罪客观表现为国有公司、企业的工作人员由于严重不负责任,造成国有公司、企业破产或严重损失,致使国家利益遭受重大损失,以及国有事业单位的工作人员由于严重不负责任,致使国家利益遭受重大损失的行为。本罪客观方面表现为在签订、履行合院过程中,因严重不负责任被诈骗,致使国家利益遭受重大损失的行为。

本罪与国家机关工作人员签订、履行合同失职被骗罪的界限。国家机关工作人员签订、履行合同失职被骗罪,是指国家机关工作人员在签订、履行合同过程中,因严重不负责任被诈骗,致使国家利益遭受重大损失的行为。两罪都是发生在签订、履行合同过程中的犯罪,但两罪又有以下几个方面的区别:

(1)犯罪主体不同。国家机关工作人员签订、履行合同失职被罪的主体是国家机关工作人员,即在国家权力机关、行政机关、司法机关、军事机关工作的人员。本罪主体是国有公司企业、事业单位直接负责的主管人员。

(2)侵犯的客体不同。国家机关工作人员签订、履行合同失职被骗罪侵犯的客体是国家机关的正管理活动。本罪侵犯的客体是国有公司、企业、事业单位对合同的管理制度和国家利益。

(三)认定标准

1. 立案标准

《刑事案件立案追诉标准(二)》第 14 条规定:"国有公司、企业、事业单位直接负责的主管人员,在签订、履行合同过程中,因严重不负责任被诈骗,涉嫌下列情形之一的,应予立案追诉:

（一）造成国家直接经济损失数额在五十万元以上的；

（二）造成有关单位破产，停业、停产六个月以上，或者被吊销许可证和营业执照、责令关闭、撤销、解散的；

（三）其他致使国家利益遭受重大损失的情形。

金融机构、从事对外贸易经营活动的公司、企业的工作人员严重不负责任，造成一百万美元以上外汇被骗购或者逃汇一千万美元以上的，应予立案追诉。

本条规定的‘诈骗’，是指对方当事人的行为已经涉嫌诈骗犯罪，不以对方当事人已经被人民法院判决构成诈骗犯罪作为立案追诉的前提。”

对于本罪的立案追诉标准在适用中，还应注意以下几个方面：

（1）造成国家直接经济损失数额在 50 万元以上的，是指行为人在签订、履行合同过程中，因严重不负责任被诈骗，致使国家财产直接遭受的损毁、减少的实际价值。只要直接经济损失累计达到 50 万元以上的，公安机关和检察机关就应当立案追诉。

（2）造成有关单位破产，停业、停产 6 个月以上或者被吊销许可证和营业执照、责令关闭、撤销、解散的，是指国有公司、企业、事业单位直接负责的主管人员，在签订、履行合同过程中，因严重不负责任被诈骗，严重妨害有关公司、企业正常的生产、经营活动和工作秩序，导致生产、经营和工作运转产生困难，并造成有关单位破产，停业、停产 6 个月以上，或者被吊销许可证和营业执照、责令关闭、撤销、解散等严重后果的，应立案追诉。

（3）其他致使国家利益遭受重大损失的情形，是一个兜底性规定，主要是指造成大量工人持续下岗、工资无法发放、罢工上访等严重后果的情形。

（4）对国有公司、企业、事业单位直接负责的主管人员任职期间违反规定，未履行或未正确履行职责造成国有资产损失以及其他严重不良后果的，应当追究其相应责任；已调任其他岗位或退休的，应当纳入责任追究范围，实行重大决策终身责任追究制度。

2. 量刑标准

《刑法》第 167 条规定：“……因严重不负责任被诈骗，致使国家利益遭受重大损失的，处三年以下有期徒刑或者拘役；致使国家利益遭受特别重大损失的，处三年以上七年以下有期徒刑。”

二、实务要点与典型案例

实务要点1 **国有企业主管人员在签订、履行合同过程中，疏忽大意被诈骗，致使国家利益遭受特别重大经济损失，构成签订、履行合同失职被骗罪。**

典型案例1

四川省资阳市雁江区人民法院(2017)川2002刑初50号、
四川省资阳市中级人民法院(2018)川20刑终15号
陈某签订、履行合同失职被骗案

[案情介绍]

2010年至2015年，被告人陈某担任四川省水利电力工程局副局长和四川省水利电力工程局西北局、青海分公司、甘肃分公司负责人，其间，违反水工局管理规定，在签订合同过程中严重不负责任，擅作主张，以水工局西北局或者青海分公司名义先后与他人签订施工合同，并支付对方保证金或中介费等，致使单位被诈骗，金额达284万元。

[法院认为]

被告人陈某身为国有企业直接负责的主管人员，在签订、履行合同过程中，严重不负责任被诈骗，金额达284万元，致使国家利益遭受特别重大经济损失，其行为已构成签订、履行合同失职被骗罪。

[裁判结果]

被告人陈某犯签订、履行合同失职被骗罪，判处有期徒刑3年。

实务要点2 **国有事业单位主管人员在签订、履行合同过程中，因对方当事人的行为属于诈骗未遂，实际给国家造成的经济损失尚不确定，故不能认定其构成签订、履行合同失职被骗罪。**

典型案例2

黑龙江省肇东市人民法院(2017)黑1282刑初240号
程某贪污、受贿案

[案情介绍]

2014年，周某私刻“安装公司”的印章，与供销联社主任程某先后签订了五份

消防工程合同书,承接供销联社的购物中心工程。在签订消防泵房及水箱安装合同书(三)时,程某不负责任,严重失职,工程预算是人民币91万元,而合同书上签的造价是人民币140万元;在签订防火卷帘门制作、安装合同书(四)时,程某不负责任,不去复查,周某把施工面积报为2433.2平方米。涉案工程未经决算,案发后经管理咨询公司对购物中心消防工程中消防卷帘门、泵房工程等方面预算及预算综合分析情况表明,防火卷帘门面积确定为施工面积1115.523平方米,单价为每平方米人民币610元;消防泵房构成投标总价为人民币910310.96元。对此周某提出异议称:消防泵房工程的预算是91万元,而合同书上签的是140万元,原因是这个预算中不包括水箱的预算,且当年因为哈尔滨市发生重大消防事故的原因导致消防材料涨价,另外,工程是2014年施工,预算的原材料单价不应以2012年度时价为标准;在签订防火卷帘门制作、安装合同书(四)时实际施工面积为2433平方米,多报1000多平方米,是因为这个防火门是双层的。为此,在案件审理过程中经补充侦查鉴定,防火卷帘门实际施工面积为2248.32平方米。周某在签订合同中虚报施工面积184.88平方米,核款118489.60元。而供销联社尚欠周某工程款141013.84元,周某诈骗未遂。

[法院认为]

被告人程某作为国有事业单位的法定代表人,是直接负责本单位工作的主管人员,其行为构成签订、履行合同失职被骗罪虽然不以对方当事人已经被判决构成诈骗罪作为前提,但应以对方当事人的诈骗行为为前提,本案中对方当事人所承包的工程未经决算,对方当事人的行为实际给国家造成的直接经济损失尚不确定。故本案被告人程某的行为是否构成签订、履行合同失职被骗罪的主要事实均未达到事实清楚、证据确实充分的程度,存在无法解释的疑问,不能认定程某犯有签订、履行合同失职被骗罪。

[裁判结果]

本案不能认定程某犯有签订、履行合同失职被骗罪。

实务要点3　国有公司主管人员在签订、履行合同过程中，未认真审核对方资产状况、履约能力、委托书真伪而被诈骗，致使国家利益遭受特别重大损失，构成签订、履行合同失职被骗罪。自动投案后否认自己具有失职行为，依法不能认定为自首。

典型案例3

北京市海淀区人民法院(2016)京0108刑初373号
宋某签订、履行合同失职被骗案

[案情介绍]

中材集团有限公司是国有独资的有限责任公司，中材供应链有限公司是中材集团有限公司的全资子公司；中材东方贸易有限公司，是中材集团有限公司实际控制的上市公司中国中材国际工程股份有限公司的全资子公司。被告人宋某任中材供应链有限公司商贸物流事业部总经理、中材东方贸易有限公司商贸物流部副部长主持工作，负责签订合同、部门管理等。2012年7月至9月，冯某担任法定代表人的浩轩贸易有限公司与中材供应链有限公司、中材东方贸易有限公司签订合同，委托涉案单位向恒和贸易有限公司采购钢材。被告人宋某作为商贸物流部门负责人，在签订、履行合同过程中未认真审核浩轩贸易有限公司的资产状况、履约能力，放任其部门员工在浩轩贸易有限公司未提供任何担保或采取任何保障措施、未审核恒和贸易有限公司出具的代领承兑汇票委托书是否真实的情况下，将本应交给合同相对方恒和贸易有限公司的多张巨额银行承兑汇票，交由浩轩贸易有限公司员工转交，致使冯某以伪造恒和贸易有限公司印章的方式将其持有的汇票承兑，骗取中材供应链有限公司人民币1.16亿元。2012年7月至8月，周某任总经理的宏宇金属材料有限公司与中材供应链有限公司、中材东方贸易有限公司签订合同，委托涉案单位向国电南京有限公司采购钢材。被告人宋某作为商贸物流部门的负责人，未发现国电南京有限公司与周某存在关联关系，致使周某以隐瞒与国电南京有限公司不存在真实货物交易，将货物款占为己有的方式，骗取中材供应链有限公司人民币8004万元。2015年4月17日，被告人宋某在公司人员陪同下到公安机关投案。

[法院认为]

被告人宋某身为国有公司直接负责的主管人员，在签订、履行合同过程中，因

严重不负责任被诈骗,致使国家利益遭受特别重大损失,其行为已构成签订、履行合同失职被骗罪。2015 年 4 月 17 日宋某到公安机关接受调查,可以认定为自动投案,但其到案后否认自己具有失职行为,不属于如实供述自己的犯罪事实,依法不能认定为自首。

[裁判结果]

被告人宋某犯签订、履行合同失职被骗罪,判处有期徒刑 3 年。

实务要点 4　国有事业单位主管人员在签订、履行合同过程中,盲目轻信被骗,致使国家利益遭受特别重大损失,构成签订、履行合同失职被骗罪。

典型案例 4

内蒙古自治区赤峰市红山区人民法院(2016)内 0402 刑初 77 号
董某签订、履行合同失职被骗案

[案情介绍]

被告人董某在担任内蒙古自治区国土资源储备交易登记中心主任期间,于 2012 年 6 月至 2013 年 6 月,在与兴业银行呼和浩特分行办理贷款业务过程中,严重不负责任,不经审查、核实便与庆云某财务咨询管理公司签订财务顾问服务协议,被王某(因犯合同诈骗罪另案处理)以收取财务顾问服务费的名义骗取资金 1700 万元。案发后,侦查机关追缴赃款、赃物合计人民币 1396.58619 万元。

[法院认为]

被告人董某身为国有事业单位直接负责的主管人员,对合同拥有最终决定权,有责任对合同进行必要的审查,却严重不负责任,未向兴业银行进行核实,致使国土资源储备交易登记中心被骗取 1700 万元,致使国家利益遭受了特别重大的损失,其行为已经构成签订、履行合同失职被骗罪。被告人董某如实供述自己的罪行,可以从轻处罚;案发后 1396.58619 万元经济损失已被追回,酌情从轻处罚。

[裁判结果]

被告人董某犯签订、履行合同失职被骗罪,判处有期徒刑 3 年 6 个月。

三、风险防范建议

2019年,全国建筑业企业(指具有资质等级的总承包和专业承包建筑业企业,不含劳务分包建筑业企业)完成建筑业总产值248445.77亿元,签订合同总额545038.89亿元,完成房屋施工面积144.16亿平方米,实现利润8381亿元。截至2019年年底,全国有施工活动的建筑业企业103814个,从业人数5427.37万人;其中,国有及国有控股建筑业企业6927个,占建筑业企业总数的6.67%。国有施工企业在全国布局上,有的以本省内为主,有的在国内国外广设分公司,项目点多、作业面广、施工战线长、队伍分散、人员流动大、管理跨度大。国有施工企业负责人或者主管人员,在签订、履行合同过程中,因严重不负责任被诈骗的案例逐年增多,应当引起高度重视。对此,笔者建议:

1.施工企业特别是国有建筑业企业应建立全面合规管理体系,包括建立合规管理组织即董事会、监事会、经理层、合规管理部门以及业务部门,完善合规管理制度即企业章程、业务流程、工作指引、奖惩制度等。对企业进行全面、有效的合规管理,对单位重要部门、重点环节、风险岗位人员定期开展合规考核评价,及时处理违规举报、调查和问责等。通过严密的制度、规范的管理和公平公开的惩戒问责,让单位负责人或者主管人员对工作高度负责,消除和避免工作中的疏忽大意、不履行或者不正确履行职责而给国家利益造成损失。

在工程发承包方面,重点监管和考核单位直接负责的主管人员是否按规定对合同标的进行调查论证,有无未经授权或超越授权投标、签约,有无违反规定擅自签订或变更合同,合同约定是否存在重大疏漏;工程物资是否按规定招标;有无违反规定转包、分包;有无违反合同约定超计价、超进度付款等。

在工程材料设备采购方面,重点监管和考核单位直接负责的主管人员是否按照规定订立、履行合同;合同标的价格是否公允;对方是否按规定提供主体身份、资质、担保或预付款项,是否按约定收取或者支付款项,是否及时追索或采取有效保全措施等。

在工程对外投资或者转让资产方面,重点监管和考核单位直接负责的主管人员是否按规定进行可行性研究或风险分析、履行决策和审批程序;是否按规定进行财务审计和资产评估;是否违反相关规定和公开公平交易原则,低价转让企业产权或资产等。

在工程资金管理方面,重点监管和考核单位直接负责的主管人员是否按规定决策和审批程序、权限批准资金支出;有无违规挪用、捐赠、担保、委托理财、拆借资金、虚列支出套取资金;有无违规以个人名义留存资金、收支结算;是否存在财务内控缺失,发生侵占、盗取、欺诈等。

2. 施工企业负责人或者主管人员对外开展业务前,应主动学习相关岗位职责和合同法律知识,树立和加强合同风险意识。

首先,签订合同前应审查对方营业执照、身份证明、资格证书等。可通过公司登记机关、资质管理机关、金融信誉机构、行业协会、人民法院网站等,对对方的主体真伪、履约能力、资信状况等进行审查。必要时,组织业务、法务人员现场考察对方的实际状况和业务业绩,包括企业规模、拥有的资产、经营状况、对外担保、诉讼或受行政处罚的情况等。对于对方法定代表人或授权代表的身份情况,也应给予必要的查验核实。

其次,施工企业负责人或者主管人员重视合同的起草、会审、签字盖章等工作。合同是双方当事人为设立、变更或终止双方的民事权利义务而签订的协议,用来确定双方权利义务的文件,就应当由双方通过洽商而共同起草,不能简单地交由一方起草。对于重大合同,可考虑外聘律师参与合同谈判并协助起草。避免轻信口头协议,而不签订书面合同。授权他人签订合同的,应以书面方式明确授权期限及权限。对对方提供的为了签订或者履行合同的有关证明、物品,特别是金融票据、财产权利证明,要通过市场监管部门、金融机构、不动产登记部门等进行认真核对查实,降低受骗概率。对于签订工程发承包合同、借贷合同、买卖合同、货物运输合同等,尽量采取保证、抵押、质押、留置、定金等方式设定担保,特别是对首次合作客户,可有效降低风险。

3. 施工企业应重视合同的实际履行,加强履行与清算工作。避免注重签约时的调查和审查,而忽视签约后的履行、交接、验收、结算等工作。对合同的实际履行进行核查,可以发现是否存在未按照规定订立、履行、变更合同;是否存在利用关联交易输送利益,比如,未按照规定进行比价,未按约定提供信用、资质、担保或预付款项;是否存在违反规定转包、分包;是否违反合同约定超计价、超进度付款、工程成本严重超支等情况发生;是否按规定对应收款项及时追索或采取有效保全措施等。单位负责人或者主管人员在合同履行中,还应注意对方有无履行反常现象。通常不法分子较为隐蔽的合同诈骗方法,在实施过程中总会有一些反常现象,例如,几次交易后对方突然增加交易量、延期付款、未能正常提供合格证明、交接时间地点不合理的变动、频繁变换联系人或方式等。

4. 施工企业应重视维权工作。在签订、履行合同中,如发现本单位负责人或者主管人员严重不负责任被诈骗，或者对方有涉嫌诈骗行为，要及时向公安、检察机关报案。如果拿不准是合同诈骗还是合同违约、经济纠纷，可以请教企业法律顾问、外聘律师等专业人士。必要时，可以就合同违约、经济纠纷先向人民法院起诉，同时申请先予执行、证据保全、财产保全等补救措施，避免国家或企业利益遭受经济损失。

第五节　国有公司、企业、事业单位人员失职罪、滥用职权罪实务要点与风险防范

一、罪状描述、犯罪构成要件与认定标准

（一）罪状描述

国有公司、企业、事业单位人员失职罪、滥用职权罪，是指国有公司、企业、事业单位的工作人员，由于严重不负责任或者滥用职权，造成国有公司、企业破产或者严重损失，致使国家利益遭受重大损失的行为。近十几年来，全国城乡建设突飞猛进的发展，带动了建筑业的发展，建筑业增加值占国内生产总值的比例始终保持在6%以上，成为国民经济支柱产业。截至2019年年底，全国有施工活动的建筑业企业103814家，其中，国有及国有控股建筑业企业6927家，占建筑业企业总数的6.67%，涉及国有建筑公司、企业、事业单位人员失职罪、滥用职权罪也常有发生。

最高院、最高检《关于办理妨害预防、控制突发传染病疫情等灾害的刑事案件具体应用法律若干问题的解释》（法释〔2003〕8号）第4条规定："国有公司、企业、事业单位的工作人员，在预防、控制突发传染病疫情等灾害的工作中，由于严重不负责任或者滥用职权，造成国有公司、企业破产或者严重损失，致使国家利益遭受重大损失的，依照刑法第一百六十八条的规定，以国有公司、企业、事业单位人员失职罪或者国有公司、企业、事业单位人员滥用职权罪定罪处罚。"

（二）犯罪构成要件

1. 犯罪主体

本罪的主体为特殊主体，即国有公司、企业、事业单位的工作人员，其他主体不构成本罪。根据最高院、最高检《关于办理国家出资企业中职务犯罪案件具体

应用法律若干问题的意见》(法发〔2010〕49 号),国家出资企业包括国家出资的国有独资公司、国有独资企业,以及国有资本控股公司、国有资本参股公司。是否属于国家出资企业不清楚的,应遵循“谁投资、谁拥有产权”的原则进行界定。企业注册登记中的资金来源与实际出资不符的,应根据实际出资情况确定企业的性质。企业实际出资情况不清楚的,可以综合工商注册、分配形式、经营管理等因素确定企业的性质。国有公司、企业委派到国有控股、参股公司从事公务的人员,以国有公司、企业人员论。

2. 主观方面

本罪主观方面为过失。行为人应当知道自己严重不负责任,可能会发生一定的损害后果,但是其因疏忽大意而没有预见,或者是虽然已经预见可能会发生损害后果,但是其凭借着自己的知识或者经验而轻信可以避免损害后果的发生。

3. 犯罪客体

本罪侵犯的客体是公司、企业的管理秩序和国家利益。

4. 客观方面

本罪在客观上表现为国有公司、企业的工作人员由于严重不负责任,或者滥用职权、徇私舞弊,造成国有公司、企业破产或严重损失,致使国家利益遭受重大损失,以及国有事业单位的工作人员由于严重不负责任,致使国家利益遭受重大损失的行为。

本罪属结果犯,失职行为与损害后果之间具有刑法上的因果关系。只有造成国有公司、企业破产或者严重损失,致使国家利益遭受重大损失(国有公司、企业的工作人员),或者致使国家利益遭受重大损失(国有事业单位的工作人员)时,才构成犯罪。

国有公司、企业、事业单位人员失职罪与国有公司、企业、事业单位人员滥用职权罪的界限。《刑法》对国有公司、企业、事业单位人员失职罪和国有公司、企业、事业单位人员滥用职权罪一起规定在第三章破坏社会主义市场经济秩序罪第三节妨害对公司、企业的管理秩序罪中,具体在第 168 条。两罪的主体都是国有公司、企业、事业单位的工作人员,两罪都属结果犯,只有造成国有公司、企业破产或者严重损失,致使国家利益遭受重大损失,才构成犯罪。但是,两罪有以下区别:(1)客观方面不同,国有公司、企业、事业单位人员滥用职权罪的客观方面表现为滥用职权,国有公司、企业、事业单位人员失职罪客观方面表现为严重不负责任。(2)追诉标准不同。国有公司、企业、事业单位人员滥用职权罪的主观恶性要大于国有公司、企业、事业单位人员失职罪,根据最高检、公安部《关于经济犯罪案件追诉标准的规定》,国有公司、企业、事业单位人员失职案造成国家直接经济损失数额在50万元以上的应予追诉,国有公司、企业、事业单位人员滥用职权案造成国家直接经济损失数额在30万元以上的应予追诉。

(三)认定标准

1. 立案标准

《刑事案件立案追诉标准(二)》第15条规定:"国有公司、企业、事业单位的工作人员,严重不负责任,涉嫌下列情形之一的,应予立案追诉:

(一)造成国家直接经济损失数额在五十万元以上的;

(二)造成有关单位破产,停业、停产一年以上,或者被吊销许可证和营业执照、责令关闭、撤销、解散的;

(三)其他致使国家利益遭受重大损失的情形。"

第16条规定:"国有公司、企业、事业单位的工作人员,滥用职权,涉嫌下列情形之一的,应予立案追诉:

(一)造成国家直接经济损失数额在三十万元以上的;

(二)造成有关单位破产,停业、停产六个月以上,或者被吊销许可证和营业执照、责令关闭、撤销、解散的;

(三)其他致使国家利益遭受重大损失的情形。"

根据最高院刑事审判第二庭《关于国有公司人员滥用职权犯罪追溯期限等问题的答复》,国有公司人员滥用职权或失职罪的追诉期限应从损失结果发生之日起计算。

2. 量刑标准

《刑法》第168条第1款规定:"……致使国家利益遭受重大损失的,处三年以下有期徒刑或者拘役;致使国家利益遭受特别重大损失的,处三年以上七年以下有期徒刑。"

司法实践中,对于国有公司、企业、事业单位人员失职罪、滥用职权罪的认定,还应注意以下几个方面:

(1)国家利益重大损失,是指因行为人严重不负责任的行为直接导致的国家财产损毁、减少的实际价值,不包括间接经济损失。

(2)造成有关单位破产,停业、停产,或者被吊销许可证和营业执照、责令关闭、撤销、解散的情形，是指因国有公司、企业的工作人员在行使职权过程中，严重不负责任，不履行或者不认真履行职责，妨害公司、企业正常生产、经营活动和工作秩序，直接导致有关公司、企业生产、经营和工作运转产生困难，并造成有关单位破产，停业、停产，或者被吊销许可证和营业执照、责令关闭、撤销、解散的严重后果。行为与后果之间有直接的因果关系，没有直接因果关系的，则不应当立案追诉。

（3）其他致使国家利益遭受重大损失的情形，是一个兜底性规定，主要指严重不负责任或者滥用职权导致大量职工下岗、工资难以发放、罢工上访等严重后果的情形。

二、实务要点与典型案例

实务要点1　**国有监理公司、事业单位技术人员工作严重不负责任，对监理施工中存在的问题未引起足够重视、未及时采取措施，致两名工人死亡，使企业和国家利益遭到重大损失，构成国有公司、企业、事业单位人员失职罪。**

典型案例1

青海省化隆回族自治县人民法院（2014）化刑初02号
王某、韩某国有公司、企业、事业单位人员失职案

［案情介绍］

2011年1月13日，青海省化隆县外资办、青海省循化县外资办就农村水资源综合利用项目公伯峡干渠建设工程，与山东某咨询监理有限公司签订了《施工监理合同》。2011年9月20日，该项目的四号隧洞由山东某工程公司青海省公伯峡灌溉工程南干渠项目部开工实施，因四号隧洞地质结构复杂，砂砾石层作为较大断面，洞室围岩自稳性差，成洞条件差，属于极不稳定V类围岩，项目部于2012年3月9日针对四号隧洞的地质情况，制订了四号隧洞安全支护方案，并取得了监理部门的批准。2012年6月7日，四号隧洞施工人员严重违反“短进尺，少扰动，分步开挖和及时支护”的开挖原则，置方案规定的“进尺基本控制在1.0m以下”施工工艺不顾，掘进面积达到3.8m才进行拱架支护。10时50分，四号隧洞开挖段发生塌方，造成两名正在进行钢筋连接焊接的施工人员马某甲、石某甲死亡。案发后施工方山东某工程公司与被害人亲属达成民事赔偿协议，并赔偿被害人马某

甲死亡赔偿金、被扶养人生活费等经济损失38万元;赔偿被害人石某甲死亡赔偿金、被扶养人生活费等经济损失40万元。

[法院认为]

被告人王某身为国有企业山东某咨询监理有限公司的总监理工程师,工作中严重不负责任,在监理人员短缺、无法到位的情况下,聘用了无监理资质的文某、尼玛某两人,并在未进行相关培训的前提下,安排两人上岗行使现场监理职责,且未严格执行旁站监理;被告人韩某身为业主单位循化县外资办工程质量技术负责人,工作中严重不负责任,对施工中存在的问题未引起高度重视,没有及时采取相应措施加以解决,从而导致四号隧洞塌方,致正在施工的两名工人死亡,使企业和国家利益遭到重大损失,两被告人的行为已构成国有公司、企业、事业单位人员失职罪。

[裁判结果]

1. 被告人王某犯国有公司、企业、事业单位人员失职罪,判处有期徒刑6个月,缓刑1年(缓刑考验期限从判决确定之日起计算)。

2. 被告人韩某犯国有公司、企业、事业单位人员失职罪,免予刑事处罚。

实务要点2 **国有公司负责人在为本单位承揽工程项目过程中,为谋取非法利益,与私营业主合谋串通,滥用职权,随意处置国有控股企业股权,致使国家利益遭受特别重大损失,构成国有公司、企业、事业单位人员滥用职权罪。**

典型案例2

湖北省高级人民法院(2017)鄂刑终160号
王某受贿、国有公司、企业、事业单位人员滥用职权案

[案情介绍]

湖北省荆州市中级人民法院审理原审被告人王某犯受贿罪、国有公司人员滥用职权罪一案,于2017年2月7日作出(2015)鄂荆州中刑初00011号刑事判决,认定:2006年8月,武汉市江夏区人民政府按照招商优惠政策低价配套住宅用地730亩,用于定向开发南车长江公司职工配套住宅项目(以下简称南车项目),项目承接方大桥集团的董事长被告人王某与大桥集团总经理张某1明知该项目有较大利润空间,为了解决不正当的开支费用,找到私营企业武汉某达房地产开发

有限公司(以下简称某达公司)董事长刘某4(另案处理),商议由大桥集团与某达公司成立武汉某道置业有限公司(以下简称某道公司),合作开发南车项目,刘某4承诺事成后给予王某、张某1每人2000万元,王某表明同意收受。在讨论某道公司股权设置过程中,三人商定由大桥集团出资1470万元,占股49%,刘某4所控制的某达公司和武汉某建筑劳务公司(以下简称劳务公司)分别出资1380万元和150万元,分别占股46%和5%。三人还商定,为了让刘某4的某天建筑公司承接到某道公司的工程及规避招投标等程序,某道公司成立后,由刘某4的某达公司收购劳务公司所持某道公司股份,待某道公司招投标工作结束后,恢复原有股权。2007年6月3日,大桥集团在向上级主管部门报告请示成立某道公司时,称大桥集团控股某道公司,而未将某道公司真实股权状况予以报告。上级主管部门批准设立某道公司后,王某任董事长,刘某4任总经理。其后,刘某4提出由某达公司收购劳务公司5%的股份,遭到大桥集团其他董事的抵制。王某、张某1不顾反对,未报经上级主管部门批准,擅自同意该收购。某道公司招投标工作结束,刘某4的某天建筑公司承建了南车项目工程后,原股权也未被恢复,从而使某达公司成为某道公司的控股股东,刘某4担任某道公司董事长,掌握了决策权,形成某道公司名为国有公司控股实为刘某4个人企业控股。2009年年初,某道公司与南车集团在项目价格上发生纠纷,刘某4单方违反定向开发协议,要求提高住宅价格,南车长江公司以政府供给了低价用地为由不同意,刘某4以南车长江公司未付工程款为由,停发工人工资,纵容、唆使农民工到南车集团、大桥集团闹事,导致南车项目被搁置。经武汉市有关部门多方协调,大桥集团、南车长江公司被迫分别借资3000万元给某道公司用于解决施工单位工资发放问题。刘某4为了独占某道公司,趁机向大桥集团提出重组某道公司。王某和张某1经商议擅自同意刘某4提出的将大桥集团持有的某道公司股权全部转让给某达公司,并以项目出现风险等各种理由报请上级主管部门审批同意。

2010年6月9日,王某、张某1代表大桥集团参与了江夏区政府组织某道公司和南车长江公司协商达成的“协议”(以下简称“6·9”协议),决定终止南车长江公司与某道公司定向开发合同,并在“6·9”协议中违规越权约定大桥集团保本无息退出某道公司。同时,有关国家工作人员在明知定向开发协议已经解除,某道公司不应享受招商优惠条件的情况下,违法向某道公司补偿土地收储价款及减免土地出让金和其他基础设施配套等费用1.9亿余元。

2010年8月至11月,在对某道公司资产进行审计和评估过程中,被告人王某不顾大桥集团利益,违反国家关于转让股权必须由转让方委托审计和评估机构的要求,同意由刘某4委托中介机构进行审计和评估,擅自决定同意刘某4提出的关于将审计、评估基准日确定为2010年5月31日,有意将"6·9"协议补偿的巨额收益排除在评估资产范围之外,导致审计、评估工作被刘某4违法操纵,得出某道公司自成立以来累计亏损754余万元的虚假结论。王某等人明知审计、评估机构出具某道公司亏损的报告失真,仍擅自同意将该审计、评估结论上报武汉市国资委备案通过。

2010年12月至2011年9月,大桥集团将持有的某道公司49%股权委托武汉光谷产权交易所江城分所挂牌交易,刘某4以1470万元的价格非法购买了大桥集团对某道公司的股权。在此期间,王某还擅自违规与刘某4签订虚假的承包协议,将某道公司自评估基准日至交易之日的收益以承包形式予以掩盖,归刘某4享有。

案发后,湖北省人民检察院委托鉴定机构对某道公司的股东全部权益价值进行了追溯性评估。至2013年11月18日,某道公司资产评估价值为65391.99万元,扣除交易时收回的1470万元,致使33443.07万元国有资产流失。

原审判决同时认定:被告人王某到案后,除如实交待了检察机关已经掌握的其涉嫌国有公司人员滥用职权及收受杨某1、刘某4贿赂的部分犯罪事实外,又主动交代了检察机关尚未掌握的其收受王某1、刘某1等人贿赂的犯罪事实,并检举揭发了他人的犯罪线索,供述和检举的内容均已被查证属实。根据上述事实和证据,原审法院判决:(1)被告人王某犯受贿罪,判处有期徒刑14年,并处没收财产人民币100万元;犯国有公司人员滥用职权罪,判处有期徒刑5年,决定执行有期徒刑17年,并处没收财产人民币100万元。(2)扣押在案的被告人王某犯罪所得赃款340万元及瓷瓶1只、沉香木1根、木质镂空窗扇和门扇各4块,予以没收,上缴国库。(3)被告人王某收受河南省某投资有限公司即王某1的贿赂款2000万元,其中尚未支取的1277万元应作为赃款,予以继续追缴。原审被告人王某不服判决,提出上诉。

[法院认为]

在案证据足以证明王某作为国有公司的负责人,在为本单位承揽工程项目过程中,为谋取非法利益,与私营业主合谋串通,滥用职权,随意处置国有控股企业股权,致使国家利益遭受特别重大损失的事实成立。原审判决认定事实清楚,证据确实、充分,定罪准确,量刑适当,审判程序合法。

［裁判结果］

驳回上诉，维持原判。

三、风险防范建议

1. 国有建筑业公司、企业应建立全面合规管理体系，包括：合规管理组织即董事会、监事会、经理层、合规管理部门；合规管理制度即行业法律法规、监管规定、行业准则和企业章程、规章制度等。及时对本单位相关重要部门、重点环节、风险岗位人员开展工作合规审查，考核评价，违规调查和问责等，进行全面、有效的合规风险管理与防范。通过完善制度，规范管理，让单位负责人或者工作人员对工作高度负责，消除和避免不正确履行职责而给企业、国家利益造成重大损失。

2. 国有施工企业、公司应针对重点管理岗位及业务流程，专门制定风险防控措施，并认真组织实施，确保各项措施落实到位。

（1）明确本单位负责人及业务主管人员在经营活动中须履行的职责，引导其树立责任意识和风险意识，依法经营，廉洁从业，坚持职业操守，履职尽责。不参与同时也不能指使诱导对方人员参与实施违法违规行为。

（2）建立健全重大决策评估、决策事项履职记录、决策过错认定等配套制度，细化各类经营责任清单，明确岗位职责和履职程序。

（3）建立内控批准制度，对内控所涉及的重要事项，明确规定批准的程序、条件、范围和额度、必备条件以及有权批准的部门和人员及其相应责任。避免本单位的工作人员玩忽职守、徇私舞弊或者滥用职权行为的发生。

（4）建立健全内控审计检查制度。结合内控的有关要求、方法、标准与流程，明确规定审计检查的对象、内容、方式和负责审计检查的部门等。堵住本单位的工作人员利用职权徇私舞弊或者滥用职权行为的漏洞。

（5）建立违规经营责任追究制度，细化经营责任追究的原则、范围、依据、启动机制、程序、方式、标准和职责，保障违规经营责任追究工作有章可循、规范有序。对违法违纪违规及时查处，对该发现而未发现或敷衍不追、隐匿不报、查处不力的，严格追究单位负责人和有关主管人员的责任。

（6）做好奖惩制度的总结宣传工作，为深入开展合规经营管理、违规责任追究营造良好氛围。要结合对具体案例的调查处理，及时进行总结和通报，接受上级和社会监督，充分发挥警示教育作用。

第六节　背信损害上市公司利益罪实务要点与风险防范

随着建筑业的发展，施工企业越来越多的成长为上市公司。截至2019年年末，有149家建筑业企业在沪、深两地上市（不包括67家建筑材料上市企业，也不包括新三板、港股上市企业），它们既有国有全资企业、国有参股企业，也有私营建筑业企业；既有以房屋建设为主营业务的企业，也有基础设施建设企业，还有建筑装饰、园林绿化等企业。上市企业在开展房屋建设、市政工程、公路铁路、水利矿山、机电化工等建筑业务的合同订立阶段，还应注意《刑法修正案（六）》新增设的罪名“背信损害上市公司利益罪”。

一、罪状描述、犯罪构成要件与认定标准

（一）罪状描述

背信损害上市公司利益罪，是指上市公司的董事、监事、高级管理人员违背对公司的忠实义务，利用职务便利，通过操纵上市公司从事不正当、不公平的关联交易等非法手段，致使上市公司利益遭受重大损失的行为。

《刑法》第169条之一规定：“上市公司的董事、监事、高级管理人员违背对公司的忠实义务，利用职务便利，操纵上市公司从事下列行为之一，致使上市公司利益遭受重大损失的，处三年以下有期徒刑或者拘役，并处或者单处罚金；致使上市公司利益遭受特别重大损失的，处三年以上七年以下有期徒刑，并处罚金：

（一）无偿向其他单位或者个人提供资金、商品、服务或者其他资产的；

（二）以明显不公平的条件，提供或者接受资金、商品、服务或者其他资产的；

（三）向明显不具有清偿能力的单位或者个人提供资金、商品、服务或者其他资产的；

（四）为明显不具有清偿能力的单位或者个人提供担保，或者无正当理由为其他单位或者个人提供担保的；

（五）无正当理由放弃债权、承担债务的；

（六）采用其他方式损害上市公司利益的。

上市公司的控股股东或者实际控制人，指使上市公司董事、监事、高级管理人员实施前款行为的，依照前款的规定处罚。

犯前款罪的上市公司的控股股东或者实际控制人是单位的，对单位判处罚金，并对其直接负责的主管人员和其他直接责任人员，依照第一款的规定处罚。”

（二）犯罪构成要件

1. 犯罪主体

本罪的犯罪主体是特殊主体，只有上市公司的董事、监事、高级管理人员、控股股东或实际控制人才能构成本罪。上市公司是指其股票在证券交易所上市交易的股份有限公司。董事是董事会的成员，对董事会所议论的事项享有议事表决权。监事履行检查监督公司经营的职责。根据《公司法》第216条的规定，高级管理人员，是指公司的经理、副经理、财务负责人，上市公司董事会秘书和公司章程规定的其他人员；控股股东，是指其出资额占有限责任公司资本总额50%以上或者其持有的股份占股份有限公司股本总额50%以上的股东；出资额或者持有股份的比例虽然不足50%，但依其出资额或者持有的股份所享有的表决权已足以对股东会、股东大会的决议产生重大影响的股东；实际控制人，是指虽不是公司的股东，但通过投资关系、协议或者其他安排，能够实际支配公司行为的人。

2. 主观方面

本罪在主观方面是故意犯罪，即行为人故意违反对公司的忠实义务，利用职务便利，通过操纵上市公司从事不正当、不公平的关联交易等非法手段，希望或者放任上市公司利益遭受重大损失。

3. 犯罪客体

本罪侵犯的客体是公司董事、监事等高级管理职务的廉洁性和上市公司的经济利益。行为人违背了对公司的忠实义务，这是构成本罪的本质特征。根据《公司法》的规定，公司的控股股东、实际控制人、董事、监事、高级管理人员不得利用其关联关系损害公司利益，对公司负有忠实义务和勤勉义务，不得利用职权收受贿赂或者其他非法收入，不得侵占公司的财产。

4. 客观方面

本罪的客观方面表现为行为人利用职务便利，违背对公司的忠实义务，操纵上市公司从事损害上市公司利益的行为，致使上市公司利益遭受重大损失。主要表现为：

（1）无偿向其他单位或者个人提供资金、商品、服务或者其他资产，致使上市公司利益遭受重大损失的；

(2)以明显不公平的条件,提供或者接受资金、商品、服务或者其他资产,致使上市公司利益遭受重大损失的;

(3)向明显不具有清偿能力的单位或者个人提供资金、商品、服务或者其他资产,致使上市公司利益遭受重大损失的;

(4)为明显不具有清偿能力的单位或者个人提供担保,或者无正当理由为其他单位或者个人提供担保,致使上市公司利益遭受重大损失的;

(5)无正当理由放弃债权、承担债务,致使上市公司利益遭受重大损失的;

(6)致使公司发行的股票、公司债券或者国务院依法认定的其他证券被终止上市交易或者多次被暂停上市交易的;

(7)其他致使上市公司利益遭受重大损失的情形。这是一个兜底条款,主要包括《公司法》第148条所列的董事、高级管理人员不得有的八种行为:①挪用公司资金;②将公司资金以其个人名义或者以其他个人名义开立账户存储;③违反公司章程的规定,未经股东会、股东大会或者董事会同意,将公司资金借贷给他人或者以公司财产为他人提供担保;④违反公司章程的规定或者未经股东会、股东大会同意,与本公司订立合同或者进行交易;⑤未经股东会或者股东大会同意,利用职务便利为自己或者他人谋取属于公司的商业机会,自营或者为他人经营与所任职公司同类的业务;⑥接受他人与公司交易的佣金归为己有;⑦擅自披露公司秘密;⑧违反对公司忠实义务的其他行为。

如董事、高级管理人员实施上述行为,致使上市公司利益遭受重大损失,则同样构成背信损害上市公司利益罪。

本罪是结果犯,须有损害后果的实际发生才能构成,并以造成重大经济损失为追究刑事责任的条件。

(三)认定标准

1. 立案标准

《刑事案件立案追诉标准(二)》第18条规定:"上市公司的董事、监事、高级管理人员违背对公司的忠实义务,利用职务便利,操纵上市公司从事损害上市公司利益的行为,以及上市公司的控股股东或者实际控制人,指使上市公司董事、监事、高级管理人员实施损害上市公司利益的行为,涉嫌下列情形之一的,应予立案追诉:

(一)无偿向其他单位或者个人提供资金、商品、服务或者其他资产,致使上市公司直接经济损失数额在一百五十万元以上的;

(二)以明显不公平的条件,提供或者接受资金、商品、服务或者其他资产,致使上市公司直接经济损失数额在一百五十万元以上的;

(三)向明显不具有清偿能力的单位或者个人提供资金、商品、服务或者其他资产,致使上市公司直接经济损失数额在一百五十万元以上的;

(四)为明显不具有清偿能力的单位或者个人提供担保,或者无正当理由为其他单位或者个人提供担保,致使上市公司直接经济损失数额在一百五十万元以上的;

(五)无正当理由放弃债权、承担债务,致使上市公司直接经济损失数额在一百五十万元以上的;

(六)致使公司发行的股票、公司债券或者国务院依法认定的其他证券被终止上市交易或者多次被暂停上市交易的;

(七)其他致使上市公司利益遭受重大损失的情形。"

2. 量刑标准

《刑法》第169条之一规定:"……致使上市公司利益遭受重大损失的,处三年以下有期徒刑或者拘役,并处或者单处罚金;致使上市公司利益遭受特别重大损失的,处三年以上七年以下有期徒刑,并处罚金……"

二、实务要点与典型案例

实务要点 | **上市公司的高级管理人员,碍于情面,明知他人提供的产品价格高于市场价格,仍利用职务便利接受供货,致使公司利益遭受重大损失,构成背信损害上市公司利益罪。**

典型案例

安徽省芜湖市三山区人民法院(2017)皖0208刑初10号
刘某2背信损害上市公司利益案

[案情介绍]

被告人刘某2自1998年8月起担任某国投公司总经理,2007年12月该国投公司在上海证券交易所上市。2008年3月,国投公司欲采取公开招标形式采购PDC钻头及配件,刘某1经营的某钻公司因不符合供应商资格而被国投公司停止供应业务。同年4月,刘某1将上述被停供业务一事告知其丈夫曹某、该市代市长,后曹某与被告人刘某2谈论此事。2008年5月27日,在曹某的授意下,刘某1

以某钻公司名义向国投公司出具了一份《关于申请产品供货的报告》,被告人刘某2自行在该份报告上签字同意,并让时任国投公司企管部部长田某具体负责此事。后田某按照刘某2的指示,安排工作人员与某钻公司商谈,并明确在价格上要予以“照顾”。2008年6月23日,国投公司企管部和供应部联合盖章向被告人刘某2请示,建议以“议价”价格采购某钻公司的PDC钻头,并将议价价格列明,刘某2在请示报告上签字同意。最终刘某1的某钻公司以议价形式,用明显高于市场价格的售价,从2009年开始向国投公司供应PDC钻头及配件直至2012年。其间,在2011年刘某1出资注册成立正某公司合并了某钻公司。经审计,自2009年至2012年,国投公司以上述明显不公平的条件,接受某钻公司、正某公司销售的钻头,造成直接经济损失1844.64万元。

[法院认为]

被告人刘某2任职公司高级管理人员,且国投公司于2007年12月上市,所以被告人刘某2的身份符合背信损害上市公司利益罪的主体要件要求。背信损害上市公司利益罪的主观方面内容是故意,即行为人的心理态度系明知自己实施的是背信行为,且明知自己的行为会对上市公司造成财产损害的后果,但希望或者放任这种结果的发生。本案中,被告人刘某2明知刘某1经营的公司不符合供应钻头的招投标公司资质,仍同意让其继续向公司供货,也明知某钻公司向国投公司供货产品的价格高于市场价,会使国投公司利益遭受重大损失,但主观上仍然放任这一结果的发生,故被告人刘某2的主观心态符合背信损害上市公司利益罪的主观方面要件要求。背信损害上市公司利益罪客观方面表现在上市公司的董事、监事、高级管理人员违背对公司的忠实义务,利用职务之便,通过操纵上市公司从事不正当、不公平的关联交易等非法手段,致使上市公司利益遭受重大损失。本案中,被告人刘某2因曹某请托,不顾公司规定,在明知刘某1经营的公司不符合招投标条件的情况下,利用职务便利,不仅让其公司继续供货,还明确让下属工作人员在采购价格上予以关照,客观上帮助了刘某1经营的公司获得了不当利益,同时让国投公司承担了利益上的重大损失,故被告人刘某2的行为完全符合背信损害上市公司利益罪客观方面要件要求。背信损害上市公司利益罪侵犯的客体是上市公司及其股东的合法权益和市场经济管理秩序。被告人刘某2作为国投公司的高级管理人员,在日常管理中应为公司的利益善意地处理公司事务、处置公司财产,其行使权力的目的也是要为了公司的利益。但本案中,在某钻公司违规向国投公司供货这一事情上,被告人刘某2没有忠实于公司,违反了对公司的忠实义务，其行为已严重影响了公司及股东的利益，破坏了市场经济秩序，符合背信损害上市公司利益罪客体要件要求。

综上，被告人刘某2作为上市公司的高级管理人员，明知刘某1经营的公司向国投公司提供的产品价格高于市场价格，仍同意其通过议价的方式向公司供货，属于以明知不公平条件接受他人商品，违背了对公司的忠实义务，致使国投公司利益遭受重大损失，其行为已构成背信损害上市公司利益罪。公诉机关指控的事实和罪名成立，予以支持。被告人刘某2到案后，能如实供述自己的罪行，依法从轻处罚。对被告人刘某2提出的自己的行为是为了公司的利益及其辩护人提出的被告人刘某2的行为并未违背对公司忠实义务的意见，法院认为，在市场经济条件下，公司经营业绩理应交由市场决定，即使在公司发展中需要政府支持，也应依法进行，而不是通过领导私交大开方便之门，此种手段本身已经违背了作为一名公司高管应对公司担负的诚实信用基本守则，故对其相关辩解、辩护意见不予采纳。对被告人刘某2辩护人提出的起诉书认定的犯罪数额无依据的意见，因本案的审计单位安徽安平达会计师事务所是依据安徽省价格认证中心关于涉案PDC钻头的价格认定书等材料为依据计算出的涉案金额，而安徽省价格认证中心是具有司法鉴定资格的机构，同时安徽安平达会计师事务所也是一家具有审计资格的专业性会计师事务所，且被告人的辩护人也未提交相应证据以推翻该审计报告内容，故对其辩护意见不予采纳。

[裁判结果]

被告人刘某2犯背信损害上市公司利益罪，判处有期徒刑10个月，并处罚金人民币10万元。

三、风险防范建议

1. 上市施工企业应加强制度建设。上市公司应根据《公司法》《证券法》《公司章程》等规定，建立完备的公司规章制度和高级管理人员监管制度，严格、有效地对公司董事、监事、高级管理人员等职务行为进行监管。

2. 上市施工企业应明确公司高级管理人员的职权范围。上市公司应对公司的董事、监事、总经理、副经理、财务负责人，上市公司董事会秘书和公司章程规定的其他高管人员的职权范围、行权程序、责任义务、奖惩措施等给予明确具体。

3. 上市施工企业应定期或者专项开展高管核查与奖惩工作。上市公司应组织专班，定期或者专项地核查董事、监事、总经理、副经理、财务负责人以及上市公司董事会秘书和其他高管人员有无从事损害上市公司利益的行为，从而进行公开公正的核查与奖惩，重点核查有无下列行为：

(1)无偿向其他单位或者个人提供资金、商品、服务或者其他资产；

(2)以明显不公平的条件，提供或者接受资金、商品、服务或者其他资产；

(3)向明显不具有清偿能力的单位或者个人提供资金、商品、服务或者其他资产；

(4)为明显不具有清偿能力的单位或者个人提供担保，或者无正当理由为其他单位或者个人提供担保；

(5)无正当理由放弃债权、承担债务；

(6)挪用公司资金；

(7)将公司资金以其个人名义或者以其他个人名义开立账户存储；

(8)与本公司订立合同或者进行交易；

(9)自营或者为他人经营与所任职公司同类的业务；

(10)接受他人与公司交易的佣金归为己有；

(11)擅自披露公司秘密；

(12)违反对公司忠实义务的其他行为。

4. 上市施工企业应定期公开披露对高管的核查与奖惩工作。上市公司应对公司高级管理人员的核查与奖惩情况定期公开披露、专项公开披露，以接受公司内外监督，惩戒警示背信弃义者，弘扬敬业奉献担当者。

第四章

材料机械采购租赁的刑事风险防范指引

建设工程材料采购贯穿于整个建设工程的始终,对工程实施和质量安全起着举足轻重的作用。并且,建设工程领域的材料采购往往规模较大,金额较高,设备材料费在工程建设资金中一直占有很大的比重,采购材料标准与价格的高低也直接关系到建设工程的质量安全和成本。然而,负责采购的人员往往具有较大的自主权,再加上供应商花样百出的各种手段和诱惑,在司法实践中,材料采购环节是最容易产生法律风险的,尤其是因材料采购过程中出现的刑事案件更是逐年增多。此类犯罪行为较为复杂,犯罪手段也是千变万化,可能涉及的罪名众多,如"贪污罪""虚开增值税专用发票罪""伪造公司、企业、事业单位、人民团体印章罪""假冒注册商标罪""职务侵占罪"等,其中"贪污罪"和"伪造公司、企业、事业单位、人民团体印章罪"更是位列建设工程领域十大高发犯罪之中。因此,做好施工企业材料采购过程中刑事风险防控,加强对从业人员的刑事风险管理,显得尤为重要。

本章将结合施工行业的实际情况和相关法律规定等对施工企业及从业人员在材料采购过程中涉及的主要刑事犯罪问题逐一解析,探讨施工企业及从业人员的刑事法律风险防范,以求做到防患于未然。

第一节 贪污罪实务要点与风险防范

一、罪状描述、犯罪构成要件与认定标准

(一)罪状描述

贪污罪,是指国家工作人员利用职务上的便利,侵吞、窃取、骗取或者以其他手段非法占有公共财物的行为。

(二)犯罪构成要件

1. 犯罪主体

本罪的主体是特殊主体,即国家工作人员。在建设工程领域,由于重大工程建设涉及包括发改委、建委、国土、规划、设计、城建、房管、交通、水利、铁路等各个

部门，政府临时设立的指挥部、重点办、拆迁办、领导小组以及乡镇或街道办事处、村委会等多个单位和组织，从经济管理部门到行业监管部门，从国有企业事业单位到行政执法机关，这些部门及其工作人员在履职过程中都可能成为贪污罪的犯罪主体。

2. 主观方面

本罪在主观方面必须出于故意，并具有非法占有公共财物的目的。贪污罪不以特定的犯罪动机为其主观方面的必备要素，只要行为人故意实施了利用职务之便非法占有公共财物的行为，无论出于何种动机，均可构成贪污罪。过失不构成本罪。

3. 犯罪客体

本罪侵犯的客体是复杂客体。既侵犯了公共财物的所有权，又侵犯了国家机关、国有企业事业单位的正常活动以及职务的廉洁性，但主要是侵犯了职务的廉洁性。

4. 客观方面

贪污罪在客观方面表现为：国家工作人员和受国家机关、国有公司、企业、事业单位、人民团体委托管理、经营国有财产的人员，利用职务上的便利，侵吞、窃取、骗取或者以其他手段非法占有公共财物的行为。例如，在发包分包环节，负责工程项目管理人员，故意提高工程项目造价发包分包工程，然后套取提价部分的差额，从而实现贪污；在工程施工过程中，虚报数量、价格，侵吞公款；在建筑材料设备采购环节，采购人员与供货商勾结，采用混淆建材档次、品牌或抬高价格等手法，实施贪污犯罪行为；通过伪造发票、入库单等方式来抬高材料价格、虚报入库材料；采购人员以支付工程材料费等虚假名义贪污公款。

（三）认定标准

1. 立案标准

《刑法》第 382 条规定，国家工作人员利用职务上的便利，侵吞、窃取、骗取或者以其他手段非法占有公共财物的，是贪污罪。受国家机关、国有公司、企业、事业单位、人民团体委托管理、经营国有财产的人员，利用职务上的便利，侵吞、窃取、骗取或者以其他手段非法占有国有财物的，以贪污论。与前两款所列人员勾结，伙同贪污的，以共犯论处。

2. 量刑标准

《刑法》第383条规定:"对犯贪污罪的,根据情节轻重,分别依照下列规定处罚:(一)贪污数额较大或者有其他较重情节的,处三年以下有期徒刑或者拘役,并处罚金。(二)贪污数额巨大或者有其他严重情节的,处三年以上十年以下有期徒刑,并处罚金或者没收财产。(三)贪污数额特别巨大或者有其他特别严重情节的,处十年以上有期徒刑或者无期徒刑,并处罚金或者没收财产;数额特别巨大,并使国家和人民利益遭受特别重大损失的,处无期徒刑或者死刑,并处没收财产。对多次贪污未经处理的,按照累计贪污数额处罚。犯第一款罪,在提起公诉前如实供述自己罪行、真诚悔罪、积极退赃,避免、减少损害结果的发生,有第一项规定情形的,可以从轻、减轻或者免除处罚;有第二项、第三项规定情形的,可以从轻处罚。犯第一款罪,有第三项规定情形被判处死刑缓期执行的,人民法院根据犯罪情节等情况可以同时决定在其死刑缓期执行二年期满依法减为无期徒刑后,终身监禁,不得减刑、假释。"

《贪污贿赂刑事案件司法解释》对上述定罪量刑标准进行了细化解释。

二、实务要点与典型案例

实务要点1 | **国家工作人员利用其负责项目招标、工程进度验收及工程款项结算审核等职务上的便利,通过虚增材料采购管理费以增加支出的方式,骗取国有资金,构成贪污罪。**

典型案例1

陕西省商洛市中级人民法院(2018)陕10刑终22号
汪某贪污案

[案情介绍]

2010年,华兴公司承建西核公司的核电专业化制造厂房项目时,因国家税收政策变化,国有企业在修建厂房过程中购买原材料、设备所产生的相关进项税可以在企业后期生产经营过程中抵扣增值税。西核公司提出,将该工程所需主材变更为西核公司供应,华兴公司同意,但提出要求西核公司给付一定比例的材料采购管理费用。时任西核公司行政管理部部长的汪某代表西核公司,呼某代表华兴公司,就原材料购买变更事宜协商;双方在协商过程中,汪某要求华兴公司在提出的材料采购管理费上追加30万元，返还其公司用于其他开支，呼某同意，双方遂达成一致意见。

［法院认为］

汪某在担任西核公司行政管理部部长期间，在西核公司核电专业化制造厂房项目实施中，利用其代表西核公司负责与华兴公司签订补充合同、材料管理费协议等职务上的便利，通过虚增材料采购管理费以增加支出的方式，骗取国有资金30万元，数额巨大，其行为又构成贪污罪。

汪某时任西核公司行政管理部部长，具体负责西核公司与华兴公司商议变更原材料采购事宜，利用负责与华兴公司签订补充合同、材料采购管理费协议等职务上的便利，在签订合同时主动提出西核公司要在原有材料保管费的基础上追加30万元，并要求返还，故其主观上有以签订合同的合法形式掩饰虚构事实套取西核公司国有财物的非法占有目的；从该款项的性质看，虽然汪某占有该款项时是从华兴公司取回的，但实际上该款项是通过西核公司与华兴公司签订补充合同、材料采购管理费协议的方式虚增支出套取的西核公司的公共财物，从华兴公司返回只不过是套取西核公司公共财物的必要方式，并不影响套取的款项为西核公司公共财物的性质；从客观方面看，汪某也实施了通过签订补充协议、追加材料保管费的形式，以虚报冒领的手段骗取西核公司的自有资金30万元后进行分配的行为，故其行为符合贪污罪的构成要件。

［裁判结果］

驳回上诉，维持原判。

实务要点2 **国家工作人员通过虚报材料采购单价、虚列支出等方式套取国家项目资金用于私分，属于利用职务便利，侵吞公款的行为，构成贪污罪。**

典型案例2

贵州省思南县人民法院（2017）黔0624刑初100号
杜某、文某贪污案

［案情介绍］

2015年5月，思南县农改办批复同意思南县长坝镇实施长坝社区整村推进和龙门示范村两个“一事一议”建设项目，两个项目资金分别为180万元。项目批复后，思南县长坝镇党委、政府组织人员通过测算，得出该两项工程实施后有一定利润，文某、杜某商量由政府组织实施，结余资金用于解决班子成员福利并提议召开党委会集体决定。文某召集杜某、张某、冉某、程某、付某、游某、程某1召开党委会，决定两个项目由镇政府通过发包的形式组织实施，除项目水泥由县农改办统一采购外，项目所需砂石、石板等材料由镇政府自行采购。项目完工后，时任长坝镇党委书记文某召集杜某、张某、程某、冉某、付某、王某召开会议，文某、杜某提出通过虚报项目砂石、石板采购单价的形式将结余资金套出，班子成员及财政分局王某、杜某1（已死亡）进行平分，用于解决辛苦费，在场人员一致同意私分该款，并安排王某具体经办。会后，王某通过提高砂石、石板采购单价，套取资金411639元，除支付税款89020.01元外，剩余322618.99元被九人及杜某1私分。

［法院认为］

杜某、文某利用职务之便，伙同国家工作人员张某、王某、冉某、程某、程某1、付某、游某，通过虚报工程材料采购单价、虚列支出等手段，套取并侵吞国家项目资金进行私分，数额巨大，其行为构成贪污罪。杜某、文某作为主要领导，提议并以党委会名义研究决定，套取项目资金用于集体私分，在共同犯罪中起主要作用，是主犯。张某、王某、冉某、程某、程某1、付某、游某起次要、辅助作用，是从犯，应当从轻、减轻或者免除处罚。

［裁判结果］

1. 被告人杜某犯贪污罪，判处有期徒刑3年6个月，并处罚金人民币20万元。

2. 被告人张某犯贪污罪，判处有期徒刑2年，并处罚金人民币10万元。

3. 被告人文某犯贪污罪，判处有期徒刑2年，缓刑3年，并处罚金人民币10万元。

4. 被告人王某犯贪污罪，免除刑事处罚。

5. 被告人冉某犯贪污罪，免除刑事处罚。

6. 被告人程某犯贪污罪，免除刑事处罚。

7. 被告人程某1犯贪污罪，免除刑事处罚。

8. 被告人付某犯贪污罪，免除刑事处罚。

9. 被告人游某犯贪污罪，免除刑事处罚。

10. 被告人杜某、张某、文某、王某、程某、冉某、程某1、付某、游某退缴的赃款予以没收，由暂扣单位上缴国库。

实务要点3　国有建筑企业项目经理利用职务便利，伙同他人以虚增供货量的方式套取材料节余款，侵吞公司资金的行为，构成贪污罪。

典型案例3

上海市浦东新区人民法院（2011）浦刑重字第2号
陈某贪污案

［案情介绍］

2006年11月至2007年12月，被告人陈某在担任中建四局华东公司君莲小区项目经理期间，单独或伙同该公司君莲小区项目副经理王某，利用具体负责该项目收料数量确认等职务便利，在材料供应单位上海永丽公司总经理被告人方甲及该公司业务员被告人巫某的配合下，采取虚增胶粉聚苯颗粒外墙外保温系统材料实际送货量的手法，将应归中建四局所有的材料节余款人民币66万余元从开发商上海卢莲公司处套取至上海永丽公司账上。后被告人方甲、巫某再采取从上海靖恺公司虚开增值税专用发票报账的方式将资金转出，后将其中人民币20万元交给被告人陈某，将其中人民币5万元交给被告人王某。其间，被告人王某参与侵吞数额达人民币14万余元。

［法院认为］

被告人陈某、王某作为国家工作人员，利用职务上便利，伙同他人采用欺骗手段非法占有公共财物；被告人方甲、巫某作为公司工作人员，利用职务上的便利帮助被告人陈某、王某骗取公共财产，均已构成贪污罪，且是共同犯罪。经查，按照建筑合同的约定在工程施工过程中材料节余的节余款应属施工总包方中建四局所有，属于国有财产；被告人陈某、王某系国有公司任命具有管理职责、从事公务的人员，方甲指使巫某与陈某、王某商量以虚增供货量的方式套取材料节余款，之后实施了套取材料节余款至永丽公司的行为，套现后通过个人银行卡转账方式帮助被告人陈某、王某取得其中34万余元，被告人方甲、巫某均是贪污犯罪的共犯；不论两名被告人以个人还是公司的名义实施帮助行为，也不论其个人是否分得钱款，只要二人实施了帮助他人骗取国有财产的行为，即可以贪污罪追究刑事责任。

［裁判结果］

1. 被告人陈某犯贪污罪，判处有期徒刑3年，缓刑4年。

2. 被告人王某犯贪污罪，判处有期徒刑3年，缓刑3年。

3. 被告人方甲犯贪污罪，判处有期徒刑2年10个月；犯虚开增值税专用发票罪，判处有期徒刑3年；决定执行有期徒刑4年6个月。

4. 被告人巫某犯贪污罪，判处有期徒刑2年9个月。

5. 被告人龙某犯虚开增值税专用发票罪，判处有期徒刑1年，缓刑1年。

6. 被告人方乙犯虚开增值税专用发票罪，判处有期徒刑2年3个月。

7. 被告人张丙犯虚开增值税专用发票罪，判处有期徒刑1年9个月。

8. 被告人陈某、王某退缴在案的犯罪所得分别发还被害单位；被告人龙某退缴在案的犯罪所得，予以没收，上缴国库。

实务要点4 **国有企业中从事公务的人员，利用各自职务上的便利，通过材料供应商以虚开票据报销的方式互相勾结，共同侵吞公款，其行为已构成贪污罪。**

典型案例4

湖北省武汉铁路运输中级法院(2017)鄂71刑终12号
罗某、刘某贪污案

[案情介绍]

2012年至2013年，刘某伙同袁某、罗某，利用各自的职务便利，通过材料供应商代某，以虚开票据报销的方式从武汉江腾工程公司武汉线路分公司套取公款人民币(以下币种同)50000元，并予以侵吞私分。2012年至2013年，袁某伙同罗某及冯某1(另作处理)，通过材料供应商刘某1以虚开票据报销的方式从武汉江腾工程公司武汉线路分公司套取公款130000元，并予以侵吞私分。

[法院认为]

罗某及刘某、袁某身为国有企业中从事公务的人员，利用各自职务上的便利，互相勾结共同侵吞公款，数额较大，其行为均已构成贪污罪。

[裁判结果]

驳回上诉，维持原判。

实务要点5 **国家工作人员，利用职务上的便利，在安排其亲戚承接政府工程后，通过虚增材料采购费用等方式套取工程款，其行为属于非法占有公共财物，构成贪污罪。**

典型案例5

江西省萍乡市中级人民法院(2019)赣03刑终217号
李某贪污案

[案情介绍]

2017年10月底，李某利用其担任某镇行政执法监察大队大队长的职务便利，安排其侄子李某1承接安源区某镇中环路沿线铁皮棚喷漆工程。工程实施完毕后，李某于2017年年底至2018年1月通过虚增人工费用、喷漆材料采购费用等方式，套取工程款共计人民币74455元据为己有。

[法院认为]

李某身为国家工作人员，利用职务上的便利，采取侵吞、骗取手段，非法占有公共财物，数额较大，其行为构成贪污罪。

[裁判结果]

驳回上诉，维持原判。

实务要点6 **受国有公司聘用，负责工程质量、技术、安全、材料采购、施工管理人员、资金调配、进度款的申报、竣工结算等工作的管理人员，伙同国有企业工作人员，采取虚增钢材单价及钢材采购量等手段套取国有资金，构成贪污罪。**

典型案例6

四川省乐山市中级人民法院(2019)川11刑终67号
宋某贪污案

[案情介绍]

乐山市国嘉公司系乐山市国有资产经营有限公司下设的国有全资公司，曾某1(已判刑)系该公司总经理，2012年曾某1经与四川筑鼎公司达成协议，筑鼎公司将资阳筑鼎·凯旋国际一期二标段工程项目中不低于1.2亿元的工程量交由国嘉公司承建。后因国嘉公司建筑资质不符合承建要求，筑鼎公司将资阳项目工程总承包给金海公司，再由金海公司将资阳项目工程分包给国嘉公司，并于2013年5月签订了《筑鼎·凯旋国际建设工程施工分包合同》。同月国嘉公司成立了资阳项目部，曾某1为项目部总负责人，负责全面工作。经总经理办公会议决定聘用宋某为项目部总工程师，每月工资1万元，负责工程质量、技术、安全、材料采购、施工管理人员、资金调配、进度款的申报、竣工结算等工作。2013年，宋某在曾某1的授意下，通过采取虚增人工挖孔桩和主体劳务工程单价、虚构人工挖孔桩工程量、虚增钢材单价及钢材采购量等手段共计套取国有资金392.9424万元，事后被告人宋某共计分赃49.73万元。

[法院认为]

宋某受国有公司聘用，负责工程质量、技术、安全、材料采购、施工管理人员、资金调配、进度款的申报、竣工结算等工作。在任职期间，伙同国有企业工作人员，采取虚增人工挖孔桩和主体劳务工程单价、虚构人工挖孔桩工程量、虚增钢材单价及钢材采购量等手段，套取国有资金392.9424万元，数额特别巨大，其行为构成贪污罪。在共同犯罪中，宋某受曾某1指使、安排，起次要作用，系从犯。

[裁判结果]

驳回上诉，维持原判。

三、风险防范建议

建设工程领域的贪污罪不仅涉及建设单位、监管部门和行业主管部门，而且一些经济管理部门和国有企事业单位也都有不同程度的参与，某些部门人员为一己私利，不免会有以权谋私的行为发生，建设单位、施工单位要警惕自身人员从事贪污罪行或者成为贪污罪的共犯。具体应做到以下几点：

首先，作为建设单位或者施工单位，应当重视和排查企业内部管理潜藏的风险。单位管理的漏洞、行业潜规则等情况应予以重视和防控，单位应当注意将不公开的、行内人心照不宣但违背制度规定的行规性做法纳入企业风险防控管理框架。尤其是在材料采购、租赁环节，应进一步将该过程透明化、制度化，让材料款的流转处于可控、可监督、可具体到人的范畴之内。

其次，建筑企业应强化财务监管制度，取缔“小金库”，禁止公款私存，杜绝财务黑洞。要认真落实财务管理制度，严格执行财务制度，坚持财务管理原则并制定、落实安全防范措施。其中，建立完善的财务管理制度需要遵循会计原则，健全凭证审核制度、经常性核对制度等,保证会计信息的真实性、准确性、及时性和可靠性。同时也要认真落实财务审计制度,加强企业内部的监督,尤其要加强内部审计机构人员的独立性,及时审核单位财务账目,预防和制止贪污罪的发生。具体到工程材料的采购、租赁环节,则需将材料采购款、租赁款的收支全面纳入财务管理制度当中,财务审计人员应严格审核每一笔材料款的真实性、准确性,确保材料款的收支不经过任何个人,做到与材料供应商直接点对点交接。

最后,建工企业应通过事前干预有效预防和控制贪污犯罪的发生,不但需要对材料采购、租赁环节中涉及人、财、物的关键部门和岗位进行严格监督,同时也要对掌握实权、可能面临诱惑的关键人员进行重点预防。一方面,应加强对企业高管、一把手、材料采购租赁经管人员的制度监督,避免权力过于集中,增加财务信息的透明度;另一方面,通过法律培训、定期讲座的方式,帮助企业高管、一把手、材料采购租赁经管人员树立正确的法律观、价值观、家庭观,抵制来自外部经济社会和来自家庭的诱惑,从行动上不敢贪转变为发自思想深处不想贪。只有建设工程企业从内部加强对从业人员的思想道德方面的培养,提高其行业道德水准,方能确保相关人员在材料采购、租赁环节按规章办事、不贪不拿。

第二节　虚开增值税专用发票、用于骗取出口退税、抵扣税款发票罪实务要点与风险防范

一、罪状描述、犯罪构成要件与认定标准

(一)罪状描述

虚开增值税专用发票、用于骗取出口退税、抵扣税款发票罪,是指违反国家税收征管和发票管理规定,为他人虚开、为自己虚开、让他人为自己虚开、介绍他人虚开增值税专用发票或者用于骗取出口退税、抵扣税款的其他发票的行为。

(二)犯罪构成要件

1. 犯罪主体

本罪的主体是一般主体,即达到刑事责任年龄且具有刑事责任能力的自然人均可构成。另外,单位也可成为本罪主体,单位构成本罪的,对单位实行两罚制,

对单位判处罚金、并对直接负责的主管人员和其他直接责任人员依照根据《刑法》第 205 条第 2 款规定追究刑事责任。

本罪的主体既包括自然人也包括单位。具体可以分为三类:开票者、受票者和介绍者。开票者一般是以赚取手续费为目的的单位和个人,向那些没有实际货物销售和提供劳务的单位或者个人开具增值税专用发票。开票者当中,有一些开票者是依法成立的单位;也有一些是专门为虚开增值税专用发票而成立的空壳公司,他们通过伪造事实和证明等方式,获取一般纳税人资格,领取增值税专用发票,并通过为他人虚开增值税专用发票收费手续费,牟取暴利。受票者,一般是由于单位的进项税额不足,为了弥补这种情况,通过向其他单位和个人购买进项增值税专用发票,用以抵扣销项税额,从而达到减少纳税的目的。介绍者是处于开票者与买票者之间的,为双方牵线搭桥的中介单位或者个人,并因此获得利益。因为,在虚开增值税专用发票犯罪当中,开票者与买票者并不是双方都认识的,也不能随时随地见面成交以达到各自的目的,因此,可能需要一个中间人从中斡旋,这便是介绍者。

2. 主观方面

本罪在主观方面必须是故意,而且一般具有偷骗税款或者牟利为目的。实践中,为他人虚开增值税专用发票的单位和个人一般都以收取高额的手续费为目的。为自己虚开、让他人为自己虚开的单位和个人一般都是以骗取出口退税、抵扣税款为目的。介绍他人虚开的单位和个人一般都是以收取高额的中介费、信息费为目的。根据 2002 年 4 月 16 日最高院《关于湖北汽车商场虚开增值税专用发票一案的批复》(〔2001〕刑他字第 36 号),本案被告单位和被告人虽然实施了虚开增值税专用发票的行为,但主观上不具有偷骗税款的目的,客观上亦未实际造成国家税款损失,其行为不符合刑法规定的虚开增值税专用发票罪的犯罪构成,不构成犯罪。根据 2004 年全国法院经济犯罪案件审判工作座谈会的精神,对于实践中下列几种虚开行为,一般不宜认定为虚开增值税发票罪:(1)为虚增营业额、扩大销售收入或者制造虚假繁荣,相互对开或环开增值税专用发票的行为;(2)在货物销售过程中,一般纳税人为夸大销售业绩,虚增货物的销售环节,虚开进项增值税专用发票和销项增值税专用发票,但依法缴纳增值税并未造成国家税款损失的行为;(3)为夸大企业经济实力,通过虚开进项增值税专用发票虚增企业的固定资产但并未利用增值税专用发票抵扣税款,国家税款亦未受到损失的行为。

3. 犯罪客体

本罪侵犯的客体是国家对增值税专用发票和可用于出口退税、抵扣税款的其他发票的监督管理制度。这是本罪区别于其他破坏社会主义经济秩序罪的本质特征。《发票管理办法》第22条中规定:“开具发票应当按照规定的时限、顺序、栏目,全部联次一次性如实开具,并加盖发票专用章。任何单位和个人不得有下列虚开发票行为:(一)为他人、为自己开具与实际经营业务情况不符的发票;(二)让他人为自己开具与实际经营业务情况不符的发票;(三)介绍他人开具与实际经营业务情况不符的发票。”《增值税专用发票使用规定》第11条第1款中规定:“专用发票应按下列要求开具:(一)项目齐全,与实际交易相符;(二)字迹清楚,不得压线、错格;(三)发票联和抵扣联加盖财务专用章或者发票专用章;(四)按照增值税纳税义务的发生时间开具。”为了骗取税款,虚开增值税专用发票或用于骗取出口退税、抵扣税款的其他发票的行为就是违反了发票管理制度,同时虚开增值税专用发票或用于出口退税、抵扣税款的其他发票,可以抵扣大量税款,造成国家税款的大量流失,也严重地破坏了社会主义经济秩序。

所谓用于骗取出口退税、抵扣税款的其他发票,根据2005年12月29日第十届全国人民代表大会常务委员会第十九次会议通过的《关于〈中华人民共和国刑法〉有关出口退税、抵扣税款的其他发票规定的解释》的规定,是指除增值税专用发票以外的,具有出口退税、抵扣税款功能的收付款凭证或者完税凭证。

4. 客观方面

本罪在客观方面表现为没有货物购销或者没有提供或接受应税劳务而为他人、为自己、让他人为自己、介绍他人开具增值税专用发票;或者即使有货物购销或提供或接受了应税劳务,但为他人、为自己、让他人为自己、介绍他人开具数量或者金额不实的增值税专用发票;或者进行了实际经营活动,但让他人为自己代开增值税专用发票的行为。

虚开,是指行为人违反有关发票开具管理的规定、不按照实际情况如实开具增值税专用发票的行为,根据1996年10月17日最高院《关于适用〈全国人民代表大会常务委员会关于惩治虚开、伪造和非法出售增值税专用发票犯罪的决定〉的若干问题的解释》第1条的规定,具有下列行为之一的,即属于本罪的虚开:(1)没有货物购销或者没有提供或接受应税劳务而为他人、为自己、让他人为自己、介绍他人开具;(2)有货物购销或者提供或接受应税劳务但为他人、为自己、让他人为自己、介绍他人开具数量或者金额不实;(3)进行实际经营活动,但他人为自己代开其余的对不能反映纳税情况的有关内容作虚假填写。如只是虚设开票人或不按规定时限提前或滞后开具日期等，虽属违法不实开具，但仍不是本罪意义上的虚开，对此不能以本罪论处。

虚开增值税专用发票的具体行为方式有以下四种：

(1)为他人虚开增值税专用发票，是指合法拥有增值税专用发票的单位或者个人，明知他人没有货物购销或者没有提供或接受应税劳务而为其开具增值税专用发票，或者即使有货物购销或者提供了应税劳务但为其开具数量或者金额不实的增值税专用发票的行为。

(2)为自己虚开增值税专用发票，是指合法拥有增值税专用发票的单位和个人，明知他人没有货物购销或者没有提供或接受应税劳务的情况下为其开具增值税专用发票，或者即使有货物购销或者提供或接受了应税劳务但却为自己开具数量或者金额不实的增值税专用发票的行为。

(3)让他人为自己虚开增值税专用发票，是指没有货物购销或者没有提供或接受应税劳务的单位或者个人要求合法拥有增值税专用发票的单位或者个人为其开具增值税专用发票；或者即使有货物购销或者提供或接受了应税劳务但要求他人开具数量或者金额不实的增值税专用发票；或者进行了实际经营活动，但让他人为自己代开增值税专用发票的行为。

(4)介绍他人虚开增值税专用发票，是指在合法拥有增值税专用发票的单位或者个人与要求虚开增值税专用发票的单位或者个人之间沟通联系、牵线搭桥的行为。

(三)认定及量刑标准

《刑事案件立案追诉标准(二)》第61条规定："[虚开增值税专用发票、用于骗取出口退税、抵扣税款发票案(刑法第二百零五条)]虚开增值税专用发票或者虚开用于骗取出口退税、抵扣税款的其他发票，虚开的税款数额在一万元以上或者致使国家税款被骗数额在五千元以上的，应予立案追诉。"

《刑事案件立案追诉标准(二)的补充规定》第2条规定："在《立案追诉标准(二)》中增加第六十一条之一：[虚开发票案(刑法第二百零五条之一)]虚开刑法第二百零五条规定以外的其他发票，涉嫌下列情形之一的，应予立案追诉：(一)虚开发票一百份以上或者虚开金额累计在四十万元以上的；(二)虽未达到上述数额标准，但五年内因虚开发票行为受过行政处罚二次以上，又虚开发票的；(三)其他情节严重的情形。"

最高院《关于虚开增值税专用发票定罪量刑标准有关问题的通知》规定:"一、自本通知下发之日起,人民法院在审判工作中不再参照执行《最高人民法院关于适用〈全国人民代表大会常务委员会关于惩治虚开、伪造和非法出售增值税专用发票犯罪的决定〉的若干问题的解释》(法发〔1996〕30 号)第一条规定的虚开增值税专用发票罪的定罪量刑标准。二、在新的司法解释颁行前,对虚开增值税专用发票刑事案件定罪量刑的数额标准,可以参照《最高人民法院关于审理骗取出口退税刑事案件具体应用法律若干问题的解释》(法释〔2002〕30 号)第三条的规定执行,即虚开的税款数额在五万元以上的,以虚开增值税专用发票罪处三年以下有期徒刑或者拘役,并处二万元以上二十万元以下罚金;虚开的税款数额在五十万元以上的,认定为刑法第二百零五条规定的'数额较大';虚开的税款数额在二百五十万元以上的,认定为刑法第二百零五条规定的'数额巨大'。"

2011 年 2 月 25 日,全国人大常委会《刑法修正案(八)》第 32 条删除了 1997 年《刑法》第 205 条第 2 款"有前款行为骗取国家税款,数额特别巨大,情节特别严重,给国家利益造成特别重大损失的,处无期徒刑或者死刑,并处没收财产"的规定,从而废除了本条犯罪的死刑。

二、实务要点与典型案例

实务要点 1 | **建设公司的分公司在实际经营过程中,与他公司无实际租赁业务交易,接受了他公司为其开具的增值税专用发票,该分公司及实际负责人均获刑。**

典型案例 1

昆明市中级人民法院(2019)云 01 刑终 469 号
某建设公司海口分公司、刘某虚开增值税专用发票、用于骗取出口退税、抵扣税款发票案

[案情介绍]

云南某建设公司成立于 2006 年 3 月 27 日,注册类型为有限责任公司(自然人投资或者控股),2006 年 6 月 1 日起认定为增值税一般纳税人。某建设公司海口分公司成立于 2014 年 10 月 22 日,负责人刘某,任该公司总经理。海口分公司

与总公司系挂靠关系，实质上分开设置账簿、独立核算、自负盈亏，合并申报纳税。账户名称为某建设公司，账号为55×××85的银行账户由某建设海口分公司独立使用。

2015年12月至2016年6月期间，某建设公司海口分公司在没有实际租赁业务发生的情况下，由时任某建设公司海口分公司办公室主任张某（男，另案处理）从甲公司、乙公司、丙公司取得增值税专用发票共计173份，上述增值税专用发票被某建设公司海口分公司用于税款抵扣，价税合计20030756.80元，实际抵扣税额合计2813662.75元。张某就抵扣事宜向被告人刘某作了汇报。2016年年底，云南省昆明市某国家税务局稽查局在税务稽查过程中发现某建设公司虚开增值税发票用于抵扣税款，2015年、2016年共计少缴税款2813662.75元。某建设公司于2016年12月15日至2017年9月22日期间，补缴税款2813662.75元，缴纳罚款1406831.38元，缴纳滞纳金393953.83元。现国税稽查局从支持企业发展的角度上请求司法机关在法律允许的范围之内对该纳税人的直接相关负责人给予宽大处理。

另查明，国税稽查局于2017年9月4日将案件线索移交昆明市公安局西山分局经侦大队。2018年5月18日，昆明市公安局西山分局对某建设公司涉嫌虚开增值税专用发票案立案侦查。2018年5月25日，刘某接民警电话通知到案，如实交代了某建设公司海口分公司的犯罪事实及自己参与的犯罪事实。

原审法院认为，被告单位某建设公司海口公司在与甲公司、乙公司、丙公司无实际租赁业务的情况下，让该3家公司为其虚开增值税进项发票173张，抵扣税款合计2813662.75元，属虚开税额巨大，故被告单位某建设公司海口分公司的行为构成虚开增值税专用发票罪，依法应当判处罚金。被告人刘某作为单位直接负责的主管人员，应依法承担刑事责任。刘某经公安机关电话通知到案，如实交代了某建设公司海口分公司的单位犯罪事实以及自己参与的犯罪事实，故被告单位及刘某均成立自首。被告单位已补缴税款，弥补了国家的税款损失经查证属实，酌情从轻处罚。原审法院据此依照《刑法》第205条、第67条第1款、第47条、第52条、第53条之规定，判决：(1)被告单位云南某建设工程有限公司海口分公司犯虚开增值税专用发票罪，判处罚金人民币20万元；(2)被告人刘某犯虚开增值税专用发票罪，判处有期徒刑6年。

宣判后，原审被告单位某建设公司海口分公司及原审被告人刘某提出了上诉。

［法院认为］

二审法院认为，上诉单位某建设公司海口分公司违反国家税收征管法律法规，在经营活动中让他人为其虚开增值税专用发票抵扣税款，其行为已经触犯刑律，构成虚开增值税专用发票罪，且虚开、抵扣的税款数额巨大，依法应予以惩处；上诉人刘某作为单位直接负责的主管人员亦应承担相应刑事责任。刘某的辩护人提出刘某系从犯的辩护意见，与查明事实不符，亦与单位犯罪的法律规定相悖，法院不予采纳。刘某接公安机关电话通知主动到案，如实供述犯罪事实，应当认定为自首，亦应认定某建设公司海口分公司具有自首情节，对刘某及其单位依法可以从轻或者减轻处罚。本案中，某建设公司海口分公司在刑事立案前接受税务部门稽查处理就已补缴全部抵扣的税款、罚款、滞纳金，未给国家造成税款损失，税务部门出具书面材料请求司法机关给予责任人刘某以从轻、减轻或免除处罚，法院作为量刑情节充分考虑。关于某建设公司海口分公司及其辩护人请求二审从轻或者减轻改判罚金的上诉意见，经审查，原审判决判处某建设公司海口分公司的罚金适当，上述意见法院不予采纳。同时，依照《行政处罚法》第 28 条规定，税务部门针对某建设公司海口分公司虚开增值税专用发票的违法行为已经处以罚款，罚款数额大于罚金，罚金依法折抵后不再执行。关于刘某及其辩护人所提原审判决量刑过重，请求改判缓刑的上诉意见，根据本案未造成国家税款损失的实际情况，结合刘某的犯罪情节、悔罪表现、人身危险性，宣告缓刑对所居住社区无重大不良影响，法院决定对刘某减轻处罚并宣告缓刑。

［裁判结果］

1. 维持云南省昆明市西山区人民法院（2019）云 0112 刑初 217 号刑事判决第 1 项，即“一、被告单位云南某建设工程有限公司海口分公司犯虚开增值税专用发票罪，判处罚金人民币二十万元”。

2. 撤销云南省昆明市西山区人民法院（2019）云 0112 刑初 217 号刑事判决第 2 项，即“二、被告人刘某犯虚开增值税专用发票罪，判处有期徒刑六年”。

3. 上诉人（原审被告人）刘某犯虚开增值税专用发票罪，判处有期徒刑 3 年，缓刑 5 年。

实务要点 2　**被告人违反国家增值税专用发票的管理规定,在没有真实货物交易的情形下,让他人为自己虚开、为他人虚开增值税专用发票,虚开数额特别巨大,部分增值税专用发票虽未被抵扣认证,但仍然构成虚开增值税专用发票罪。**

典型案例 2

青海省西宁市中级人民法院(2018)青 01 刑初 42 号
戴某虚开增值税专用发票、用于骗取出口退税、抵扣税款发票案

[案情介绍]

2016 年 1 月 22 日,被告人戴某为虚开增值税专用发票而委托他人注册成立青海 A 有限公司和青海 B 商贸有限公司。2016 年 1 月至 2017 年 7 月,在没有实际经营、没有真实货物交易的情况下,戴某让他人为其实际控制的 A 公司、B 公司虚开增值税专用发票 352 份,其中已认证抵扣 338 份,税额 5547516.57 元,价税合计 38179968.59 元。在此期间,戴某用其成立的 A 公司和 B 公司为他人虚开增值税专用发票 640 份,税额 10152168.48 元,价税合计 69870808.08 元。

[法院认为]

被告人戴某违反国家增值税专用发票的管理规定,在没有真实货物交易的情形下,让他人为自己虚开、为他人虚开增值税专用发票,虚开税款数额巨大,其行为已构成虚开增值税专用发票罪。公诉机关指控被告人的犯罪事实清楚,证据确实、充分,指控的罪名成立。鉴于戴某强归案后检举他人的犯罪行为,并经查证属实,有立功表现,依法可从轻处罚;同时考虑到戴某如实供述自己的罪行及本案所涉部分增值税专用发票未被抵扣认证的情节,可对其从轻处罚。

[裁判结果]

1. 被告人戴某犯虚开增值税专用发票罪,判处有期徒刑 11 年,并处罚金人民币 300000 元。

2. 继续追缴被告人戴某的违法所得。

3. 随案移送的电脑、打印机、手机及印章等物依法没收,留作证据保存。

三、风险防范建议

作为建筑施工企业,在经营过程中,税务风险与刑事风险同等重要,直接关乎

企业的生存之根基,针对施工企业及从业人员如何防范税务风险提出以下建议:

(一)内控制度要健全,要做到"三流一致"

所谓"三流",是指货物流(销售方→购买方)、资金流(付款方→收款方)、发票流(开票方→受票方)。"三流一致"是指销售方、开票方和收款方为同一企业;购买方、受票方和付款方为同一企业。在日常的税务稽查过程中,税务机关将"三流不一致"的企业作为重点的严查对象,因此,建筑施工企业及从业人员要提高税务风险和财务管理意识,确保发票、合同、交易凭证准确、完整;相关人员之间要建立相互制约和监督机制,避免相关人员钻制度漏洞。

(二)人员培训要到位

许多企业内部的工作人员,甚至包括财务人员,对如何认定虚开增值税专用发票以及虚开增值税专用发票的法律责任认识不足,容易随波逐流,触及虚开的高压线。所以,要加强企业内部人员税务知识、财务知识的培训工作。

(三)规避关联交易风险

关联方之间的交易往往因为交易各方的关系密切,更容易发生交易不规范、增值税专用发票开具违法的现象,这也是税务稽查的重点。所以,企业如果存在关联交易,更要注意交易环节、凭证、现金流和发票的合法合规,规避风险。

第三节 伪造公司、企业、事业单位、人民团体印章罪实务要点与风险防范

一、罪状描述、犯罪构成要件与认定标准

(一)罪状描述

伪造公司、企业、事业单位、人民团体印章罪是指没有制作权限的人,擅自伪造公司、企业、事业单位、人民团体的印章的行为。

（二）犯罪构成要件

1. 犯罪主体

根据《刑法》第 280 条的规定，本罪的主体属一般主体，凡年满 16 周岁，且具备刑事责任能力的自然人均能构成本罪。

2. 主观方面

本罪在主观方面是故意。即行为人明知自己无权制作上述单位的印章但为了某种目的而进行伪造。如行为人根本不知道所承制的印章是他人无权要求制作的，不构成本罪。

行为人犯罪的动机是多种多样的，有的是为了取得某种利益，有的是为了营利，有的是为了实施其他犯罪活动而做准备等。

3. 犯罪客体

本罪所侵犯的直接客体是公司、企业、事业单位、人民团体的正常活动的声誉，同时构成对社会公共秩序的侵犯。这里的公司、企业，包括国有公司、企业、集体性质的公司、企业以及私营和中外合资、中外合作的公司、企业。事业单位与人民团体，也没有所有制的限定。

本罪的犯罪对象是公司、企业、事业单位、人民团体的印章。所谓印章，是指公司、企业、事业单位、人民团体刻制的以文字、图记表明主体同一性的公章、专章，它是公司、企业、事业单位、人民团体从事民事活动、行政活动的符号和标记。作为本罪犯罪对象的印章，须是公司、企业、事业单位、人民团体的印章，侵犯国家机关的印章不构成本罪，如果行为人实施了伪造国家机关的印章则构成《刑法》第 280 条之一伪造、变造、买卖国家机关公文、证件、印章罪。

4. 客观方面

本罪在客观方面表现为行为人实施了伪造公司、企业、事业单位、人民团体印章的行为。

根据《刑法》第 280 条的规定，本罪的行为方式仅限于“伪造”，仅仅规定“伪造”这一犯罪行为方式的立法主要考虑在于：在实践中，变造、盗窃、抢夺、毁灭公司印章的行为极少发生，从而造成了立法的空置。所谓“伪造”是指无制作权的人，冒用公司、企业、事业单位、人民团体名义，非法制作上述单位的印章的行为。与“伪造”相近似的还有一个行为是“变造”，“变造”是指用涂改、擦消、拼接等方法对真实的印章进行改制，变更其原来真实内容的行为。《刑法》并未规定将“变造”公司、企业、事业单位、人民团体印章的行为作为被打击的犯罪之一，主要是基于上述“伪造”和“变造”的区别来分析，行为人完全没有必要通过变造的方式将已经持有的真实的印章再来犯罪，因此，变造公司、企业、事业单位、人民团体印章的行为实为罕见。

（1）关于公司印章的认定

公司印章，是指公司、企业、事业单位、人民团体刻制的以文字、图记表明主体同一性的公章、专章。印章，是指上述单位依法刻制的以文字与图记表明主体同一性的公章或专用章，是上述单位行使管理本单位事务、对外承担法律规定的权利义务和法律后果的符号和标记。印章包括印形和印影。印形，是指固定了公司名称等内容并可以通过一定方式表示在其他物体上的图章；印影，是指印形加盖在纸张等物体上所呈现的形象。

（2）刻制的印章没有经过主管机关备案的，是否属于“公司印章”范畴，是否构成本罪

该问题有两种意见：第一种意见认为，根据我国法律法规对公司印章的管理规定，印章的刻制、更改等事项都要到印章主管部门登记备案，因此，未经备案的印章不属于“公司印章”范畴，故也不构成本罪。第二种意见认为，印章的本质在于体现公司、企业等某一主体的同一性，只要客观上足以损害公司信用及交易安全，仍属于“公司印章”。笔者同意第二种意见。探究公司印章的法律性质，本质是能够体现公司的“意思表示”，即代表公司与向对方发生权利义务关系，体现公司商业信用。据此，侵犯了实际存在单位的诚实信用度的印章，既包括公司的公章、专用章，也包括公司内部机构、派出机构、分支机构的印章。故，行为人未得到许可，擅自伪造没有经过主管机关备案登记的公司、企业、事业单位和人民团体的印章，仍以本罪论处。

（3）伪造已经失效的公司印章，是否构成本罪

在实践中，关于伪造已经失效的公司印章是否构成犯罪，也颇有争议，不能一概而论，有必要进行区分。第一，公司经注销登记，原公司的印章也随之失效。伪造已经注销的公司的印章，行为实质和伪造虚构公司的印章是一致的，不宜以伪造公司印章罪论处。第二，公司存续期间，印章因其他事由而失效。伪造此失效印章的行为，除非印章失效事实被一般公众所熟知，既不损害印章的管理秩序，也不影响印章所属公司的信用度和商业形象，否则，仍然侵犯了伪造印章罪所保护的法益，可能构成犯罪。故要结合具体案件情况来分析是否构成本罪。

(4)伪造虚构不存在的公司印章,是否构成本罪

伪造虚构公司的印章,包括伪造虚构公司的内部单位、派出单位、分支单位印章,此类伪造行为在实践中是否应当认定为伪造公司印章罪一直存在争议。持肯定观点的人认为:伪造虚构的公司印章仍然妨害了国家对印章的管理秩序,因为制作印章需要到主管部门进行登记备案,伪造行为则侵犯了该真实公司的对外诚信度和商业形象。另外。伪造虚构公司印章的行为频繁发生,和伪造真实印章行为的社会危害性相差无几,如不加以打击势必放纵此类犯罪,不利于法益的保护。笔者认为此观点值得商榷。印章管理秩序保护的是实际、具体的印章效力和信用,是行使具体、实际的印章管理权。没有真实单位存在,被伪造的印章就不会对具体的印章效用管理产生实质影响。倘若行为人伪造虚构公司印章,足以使一般大众误认为是与其名称相类似真实存在的公司的印章,说明虚构的公司与真实存在的公司名称极为相似,该伪造行为实质上是伪造了真实公司的印章。

(5)伪造了公司、企业单位的印章并不使用的情况是否构成本罪

无论是具有刻章资格的人还是不具有刻章资格的人,未经许可,未履行法定程序私自刻出公司、企业印章,仅仅是出于练习技艺等原因,从未公开使用的行为,在实践中也有争议,一般不宜认定为犯罪处理。

(三)认定标准

《刑法修正案(九)》修改为"伪造公司、企业、事业单位、人民团体的印章的,处三年以下有期徒刑、拘役、管制或者剥夺政治权利,并处罚金"。

最高院、最高检《关于办理伪造、贩卖伪造的高等院校学历、学位证明刑事案件如何适用法律问题的解释》(法释〔2001〕22 号)规定:

"对于伪造高等院校印章制作学历、学位证明的行为,应当按照刑法第二百八十条第二款的规定,以伪造事业单位印章罪定罪处罚。

明知是伪造高等院校印章制作的学历、学位证明而贩卖的,以伪造事业单位印章罪的共犯论处。"

公安部《关于对伪造学生证及贩卖、使用伪造学生证的行为如何处理问题的批复》(公刑〔2002〕1046 号)规定:

"对伪造高等院校印章制作学生证的行为,应当依照《刑法》第 280 条第 2 款的规定,以伪造事业单位印章罪立案侦查。"

二、实务要点与典型案例

实务要点1 | **行为人伪造建设公司印章而签订了《租赁合同》，构成伪造公司印章罪。**

典型案例1

江西省南昌市中级人民法院(2018)赣01刑终699号
蔡某伪造公司印章案

[案情介绍]

2015年7月9日，A建筑公司承包了某工程建设项目。2015年8月，蔡某承接了上述外架工程，就假冒A建筑公司经营副总经理，找到位于某钢管租赁站员工陈某商谈租赁钢管及配件事宜。2015年8月9日，蔡某代表A建筑公司与陈某代表该租赁站签订了《财产租赁合同》，合同约定，A建筑公司租赁某钢管租赁站钢管及配件，A建筑公司支付该租赁站租赁费用，蔡某在合同上加盖其私刻的A建筑公司的行政公章。此后蔡某陆续从该钢管租赁站租走钢管等各类建材1000余吨，陆续支付租赁费用人民币32万余元，与此同时也陆续向该钢管租赁站归还了部分钢管及配件。案发后，被告人蔡某给付了该钢管租赁站租赁费用10万元，2018年7月26日该钢管租赁站向被告人蔡某出具谅解书，对被告人蔡某的行为表示谅解。截至2018年9月30日，蔡某还有部分钢管及配件未归还，并拖欠了部分租赁费用，共计约80万余元。

经鉴定，被告人蔡某私刻的该枚公章与A建筑公司工商登记材料中的印章不是同一印章。

2018年7月1日，被告人蔡某被抓获归案，归案后如实供述了自己的犯罪事实。

[法院认为]

被告人蔡某伪造A建筑公司印章并使用，其行为已构成伪造公司印章罪。根据法律规定，本罪所侵犯的直接客体是公司、企业、事业单位、人民团体的正常活动声誉，同时构成对社会公共秩序的侵犯。公诉机关指控的罪名成立。被告人蔡某归案后，如实供述了自己的犯罪事实，属坦白，依法从轻处罚。被告人蔡某取得某钢管租赁站的谅解，酌情从轻处罚。

［裁判结果］

被告人蔡某犯伪造公司印章罪，判处有期徒刑1年。

实务要点2 ｜ 伪造公司项目部公章，也构成伪造公司印章罪。

典型案例2

湖北省武汉市蔡甸区人民法院（2018）鄂0114刑初473号
黄某伪造公司印章案

［案情介绍］

2013年12月，被告人黄某因无建筑公司的建筑资质，遂挂靠在湖北××建设集团有限公司（以下简称××集团）名下承接湖北奥昌投资有限公司（以下简称奥昌公司）的建设工程项目。

2014年年初，××集团与被告人黄某签订劳动合同，任命其为××集团奥昌产业园项目部经理，并刻制了印有“湖北××集团有限公司奥昌产业园项目部”字样的项目章，用于上述项目签订工程合同使用，该印章刻制好后由××集团财务人员保管。

奥昌产业园项目施工期间，因使用项目章需要前往××集团审核，为了避免两地往返不方便，被告人黄某未经××集团准许，擅自让其项目部员工金某在外找人刻制了一枚“湖北××集团有限公司奥昌产业园项目部”项目章，因该印章上“奥昌产业园项目部”字样是横着排列的，与××集团财务保管的真实印章存在较大差异，于是被告人黄某就自行在蔡甸街文波楼附近找人，按照××集团财务保管的真实印章样式，又伪造刻制了一枚“湖北××集团有限公司奥昌产业园项目部”印章。此后，项目部员工沈某在被告人黄某的授权下使用第一枚伪造的印章，与程某签订了《零星工程劳务分包合同》《内墙抹灰、外墙抹灰及贴砖劳务分包工程合同》《地坪及屋面隔热块劳务分包合同》，并在向程某、刘某等人出具的结算单、欠款单上加盖了上述项目章；被告人黄某使用伪造的第二枚印章与李某2签订了《起重机械租赁合同》，与夏某签订了《建筑材料租赁合同》。

2015年该项目部分工程完工后，多名包工头、材料供应商向被告人黄某讨要工程款，被告人黄某因无资金支付工程款、无法履行其与他人签订的合同，遂逃匿。上述包工头及材料供应商向××集团讨要工程款，××集团遂联系被告人黄某,被告人黄某向公司出具了一份承诺书,承认其伪造公司印章与他人签订合同,以及私自领取工程款的事实,承诺造成的债务纠纷由他本人负责,并上交了其伪造的第二枚印章。第一枚印章系交由沈某保管,现已遗失。

本案争议问题:“湖北××集团有限公司奥昌产业园项目部”的印章是否属于伪造公司印章罪所规范的“公司印章”范畴。一种意见认为,根据我国法律法规对公司印章的管理规定,印章的刻制、更改等事项都要到印章主管机关登记备案。本案中,湖北××集团有限公司奥昌产业园项目部的印章没有经过主管机关备案,那么被告人黄某伪造的印章就不属于“公司印章”的范畴。另一种意见认为,本案中被告人伪造工程建设项目部的印章签订经济合同,客观上足以损害伪造公司印章罪所保护的法益——社会管理秩序,当然伪造了“公司印章”。

被告人黄某实行了伪造公司印章的行为,是否必然构成伪造公司印章罪。一种观点认为,被告人黄某为了完成工程建设伪造公司印章,其主观上并非出于非法占有等恶性目的,并且没有造成严重的危害后果,不构成犯罪。另一种观点则认为,黄某明知其无法履行合同,仍然伪造公司印章与他人签订合同骗取建材,反映其主观上具有违法目的,甚至有非法占有财物之嫌,理应按照伪造公司印章罪予以打击。

[法院认为]

被告人黄某伪造公司印章,并使用伪造的印章与他人签订合同,导致××集团遭受经济损失,损害了该公司的声誉,已构成伪造公司印章罪,应追究其刑事责任。公诉机关指控被告人黄某犯伪造公司印章罪,事实清楚,证据确实充分,罪名成立。被告人黄某自动投案,如实供述自己的罪行,是自首,可以从轻处罚。被告人黄某自愿认罪认罚,酌定从轻处罚。

[裁判结果]

被告人黄某犯伪造公司印章罪,判处有期徒刑10个月,并处罚金人民币5000元(已预缴)。

三、风险防范建议

大型建筑施工企业由于生产经营的需要,一般会设置多级法人或多个分支机构,而这些子企业或分支机构及其职能部门均需要刻制相应的印章来实施生产经营管理活动。同时,由于建设工程项目存在流动性和独立性的特征,每个工程项目均需要在一定职权范围内代表企业与相关方之间发生业务往来,甚至在工程项目结束后的竣工结算、质量保修等方面同样使用相应印章。施工企业往往有行政公章、业务专用章、领导人员印签章,而根据公安部2002年《印章治安管理办法(草案)》的规定,一个企业法人只能有一枚经登记备案的单位法定名称行政公章,很显然已经不能满足施工企业正常经营的需要。单位公章的使用已成为不少大型建筑施工企业的一个管理难题,所以必须重视对于印章的管理使用。笔者从风险控制的角度出发提出四点建议:

1. 要建立全面的印章管理体系,公司要明确专人保管印章,公司印章不得擅自交付他人保管。公司确因工作需要更换印章保管的人,应按规定办理移交手续,并报公司行政部门备案。公司对于已经启用的公司各类印章的印模、有关批准文件等应当归档并永久保存。

2. 公司应当加强印章使用管理。(1)公司印章不得随意使用,否则将产生不可控制的法律风险。(2)公司各级人员使用印章时,应当填写印章使用申请单,写明申请事项,经审批后交由印章管理人员盖章。(3)公司印章原则上不准带出公司,特殊情形需要带出公司的,应当填写公司印章借出审批表,经公司领导批准后由两名以上人员共同外出携带使用公司不应当在空白纸上加盖印章,否则将被视为空白授权并承担由此产生的法律风险。

3. 加强对印章刻制程序以及收回、销毁的管理。印章刻制要在公安部门指定的单位进行刻制,规范印章的刻制和使用。企业印章被仿冒后,要采取正确的应对措施。企业在下属单位、部门、项目部被撤销和关闭后,要及时收回和销毁这些单位的印章,防止造成印章的流失,形成潜在的法律风险。

4. 印章丢失后要及时报案并声明作废。如果印章不慎丢失,先由法人代表带身份证原件及复印件、工商营业执照副本原件及复印件到丢失地点所辖的派出所报案,领取报案证明。同时要在当地报纸等媒体中声明作废,防止给公司造成损失。

第四节 假冒注册商标罪实务要点与风险防范

一、罪状描述、犯罪构成要件与认定标准

(一)罪状描述

假冒注册商标罪,是指未经注册商标所有人的许可,在同一种商品上使用与

其注册商标相同的商标，情节严重的行为。

本罪属于刑法中破坏社会主义市场经济罪章节中的侵犯知识产权罪这一部分。其保护的法益是社会主义市场经济秩序。

（二）犯罪构成要件

1. 犯罪主体

本罪主体为一般主体，即达到刑事责任年龄且具备刑事责任能力的自然人均能构成本罪。此外，单位也可构成本罪，如单位犯本罪的，实行双罚制，即对单位判处罚金，并对其直接负责的主管人员和其他直接责任人员判处刑罚。

2. 主观方面

本罪在主观方面须为直接故意。行为人认识到自己使用的商标与他人已经注册的商标相同，且知悉自己的行为未经注册商标所有人许可，但有意在同一种商品上使用与他人注册商标相同的商标。本罪成立不要求行为人必须具有营利为目的。

3. 犯罪客体

本罪所侵害的客体是国家有关商标的管理制度和他人的注册商标的专用权。

4. 客观方面

本罪在客观方面表现为，未经商标所有人的许可，在同一种商品上使用与其注册商标相同的商标的行为，且情节严重。

（1）在同一种商品上使用与他人注册商标相同的商标。首先，使用商标的商品与注册商标的商品必须为同种商品；其次，所使用的商标与他人的注册商标相同。

所谓使用，是指将注册商标或者假冒的注册商标用于商品、商品包装或者容器以及产品说明书、商品交易文书，或者将注册商标或者假冒的注册商标用于广告宣传、展览以及其他商业活动等行为。

对“同一种商品”的认定，以国家有关部门颁发的商品分类为标准。名称相同的商品以及名称不同但指同一事物的商品，可以认定为同种商品。名称是指商标注册工作中对商品使用的名称，通常即《商标注册用商品和服务国际分类》中规定的商品名称。“名称不同但指同一事物的商品”是指在功能、用途、主要原料、消费对象、销售渠道等方面相同或者基本相同，相关公众一般认为是同一种事物的商品。认定“同一种商品”，应当在权利人注册商标核定使用的商品和行为人实际生产销售的商品之间进行比较。对于“相同”的认定，则应以是否足以使普通消费者误认为是注册商标为标准。

商标的构成要素是文字、图形或者文字与图形的组合，故应从商标的读音、外观、意义方面识别商标。因此可以肯定，与注册商标的读音、外观、意义相同的商标，就是相同的商标。但是，“相同”并不要求所假冒的商标与他人注册商标的音、意、形没有任何差异。假冒商标与注册商标总会在某些方面存在细微差别，认定是否“相同”应考虑消费者的通常识别能力，因为商标具有区别不同生产者或经营者生产或经营同种商品的功能，具有宣传商品的作用，而消费者在购买商品时，不可能携带真正的注册商标并进行比较，只能根据自己的记忆或印象选购商品。如果要求假冒商标与注册商标没有任何差异，才确定为假冒注册商标，则不利于保护消费者的合法权益，也会过于缩小假冒注册商标犯罪的范围。因此，相同的商标，包括与被假冒的注册商标完全相同，以及与被假冒的注册商标在视觉上基本无差别、足以对公众产生误导的商标。一般来说，具有下列情形之一，可以认定为“与其注册商标相同的商标”：第一，改变注册商标的字体、字母大小写或者文字横竖排列，与注册商标之间仅有细微差别的；第二，改变注册商标的文字、字母、数字等之间的间距，不影响体现注册商标显著特征的；第三，改变注册商标颜色的；第四，其他与注册商标在视觉上基本无差别、足以对公众产生误导的商标。

使用与他人注册商标相同的商标，未经注册商标所有人许可。《商标法》第40条规定，商标注册人可以通过签订商标使用许可合同，许可他人使用其注册商标。据此，在同一种商品上使用该注册商标的，必须经过注册商标所有人的许可，一旦履行该程序，则不构成假冒注册商标罪。《商标法》第40条第2款规定，经许可使用他人注册商标的，必须在使用该注册商标的商品上标明被许可人的名称和商品产地。

(2)情节严重。根据2004年12月8日最高院、最高检《关于办理侵犯知识产权刑事案件具体应用法律若干问题的解释》的规定，具有下列情形之一的，属于情节严重：

第一，非法经营数额在5万元以上或者违法所得数额在3万元以上的。

第二，假冒两种以上注册商标，非法经营数额在3万元以上或者违法所得数额在2万元以上的。

第三，其他情节严重的情形。根据上述司法解释，“非法经营数额”，是指行为人在实施本罪行为过程中,制造、储存、运输、销售侵权产品的价值。已销售的侵权产品的价值,按照实际销售的价格计算。制造、储存、运输和未销售的侵权产品的价值,按照标价或者已经查清的侵权产品的实际销售平均价格计算。侵权产品没有标价或者无法查清其实际销售价格的,按照被侵权产品的市场中间价格计算。多次实施本罪行为,未经行政处理或者刑事处罚的,非法经营数额、违法所得数额或者销售金额累计计算。在计算制造、储存、运输和未销售的假冒注册商标侵权产品价值时,对于已经制作完成但尚未附着(含加贴)或者尚未全部附着(含加贴)假冒注册商标标识的产品,如果有确实、充分证据证明该产品将假冒他人注册商标,其价值计入非法经营数额。

在施工领域,往往表现为以承包人或者实际施工人等低价购进其他品牌的材料,并未经注册商标权利人的允许,在同种商品上使用他人注册商标的行为。例如,伪造他人注册商标产品(材料)的出厂合格证、质量检验报告,并在材料上使用高价格的他人注册商标标识。意图获得差额利润或者以此来控制成本。

(三)认定标准

1. 罪与非罪的界限

(1)擅自在类似商品上使用与他人注册商标相同或者相似的商标的,以及在同一种商品上使用与他人注册商标相似的商标的行为,不构成假冒注册商标罪。

(2)本罪与以假冒注册商标方式生产、销售伪劣商品犯罪的界限问题。实践中,对于以假冒注册商标方式生产、销售伪劣商品的行为性质,存在不同的观点。这种行为属于想象竞合犯,宜从一重罪论处。①

2. 量刑标准

根据《刑法》第213条和第220条的规定,犯本罪的,处3年以下有期徒刑或者拘役,并处或者单处罚金:情节特别严重的,处3年以上7年以下有期徒刑,并处罚金。单位犯本罪的,对单位判处罚金,并对其直接负责的主管人员和其他直接责任人员,依照上述规定处罚。

---

① 张明楷:《刑法学》(第四版),法律出版社2016年版,第732页。

二、实务要点与典型案例

实务要点1 **施工人为降低施工成本，未经注册商标所有人许可，在同一种商品上（施工材料）使用与其注册商标相同的商标，情节严重的，构成假冒注册商标罪。**

典型案例1

安徽省马鞍山市中级人民法院（2019）皖05刑终203号
缪某假冒注册商标案

［案情介绍］

2018年，被告人缪某通过浙江某消防工程技术有限公司承包某公司项目一期钢结构工程二标段的防火涂装工程。该项目选定使用北京“金隅”牌防火涂料。2018年10月26日，缪某以每吨15700元的价格，从北京“金隅”涂料有限责任公司购买了5吨即250桶北京“金隅”牌防火涂料。后缪某为降低施工成本，通过从其他厂家购买涂料，在网上订购假冒北京“金隅”牌防火涂料的包装桶的方式，自行灌装生产共计10吨即500桶假冒的北京“金隅”牌防火涂料，用于其承包的工程施工。2018年12月30日，当涂县市场监督管理局在项目施工现场检查发现100桶涉嫌假冒北京“金隅”涂料有限责任公司生产的防火涂料，现场取样2桶，扣押98桶。后经北京“金隅”涂料有限责任公司确认，该涂料系假冒产品。

［法院认为］

被告人缪某未经注册商标所有人许可，在同一种商品上使用与其注册商标相同的商标，非法经营数额达157000元，情节严重，其行为已构成假冒注册商标罪。被告人缪某系累犯，依法应予以从重处罚。被告人缪某到案后如实供述自己罪行，依法可予以从轻处罚。

［裁判结果］

1. 被告人缪某犯假冒注册商标罪，判处有期徒刑1年6个月，并处罚金人民币7万元。

2. 扣押的100桶假冒北京“金隅”牌防火涂料依法予以没收，由扣押机关依法处理。

实务要点 2 **对于挂靠人低价购进其他品牌的水泥，擅自使用高价产品的注册商标的严重行为，因产品经质检合格，故不认定为销售伪劣产品罪，应构成假冒注册商标罪。**

典型案例 2

辽宁省朝阳县人民法院(2018)辽1321刑初146号
邱某假冒注册商标案

[案情介绍]

“××牌”系注册人朝阳某公司的注册商标。2016年12月10日，被告人邱某借用其他公司的资质，与某建筑公司签订向其供应10000吨散装水泥的合同。2016年12月至2017年4月5日期间，被告人邱某以每吨280元的价格购进其他品牌的水泥，同时伪造出厂合格证、质量检验报告，并在质量检验报告上使用“××牌”的商标标识，以每吨295元的价格向某建筑公司供应水泥共计3555.96吨，销售金额为1049008.2元。某建筑公司对该批水泥进行了试验并出具《水泥试验报告》，试验结论为：该批水泥所检项目结果符合《铁路混凝土工程施工质量验收标准》TB 10424－2010技术要求。

[法院认为]

被告人邱某未经注册商标使用人许可，擅自使用他人注册商标，情节特别严重，其行为已构成假冒注册商标罪，应予刑罚处罚。公诉机关关于被告人邱某构成销售伪劣产品罪的指控，经查，对该批水泥进行了试验，并出具了《水泥试验报告》，试验结论为：该批水泥所检项目结果符合《铁路混凝土工程施工质量验收标准》TB 10424－2010技术要求。依此报告，不能认定被告人邱某所售水泥为伪劣产品，故公诉机关指控的罪名有误，应予纠正。辩护人关于本案应以销售假冒注册商标的商品罪处罚的辩护意见，因销售假冒注册商标的商品罪是指销售明知是假冒注册商标的商品，销售金额数额较大的行为，该行为与法院查明的事实不符，故该辩护意见，法院不予采纳。被告人邱某能够自愿认罪，可酌情从轻处罚。根据被告人邱某的认罪态度和悔罪表现，适用缓刑不会对其所居住的社区有重大不良影响，可适用缓刑。

[裁判结果]

1. 被告人邱某犯假冒注册商标罪，判处有期徒刑3年，缓刑3年，并处罚金10

万元(已缴纳)。缓刑考验期限,从判决确定之日起计算。

2. 追缴被告人邱某违法所得53339.4元(已交纳),上缴国库。

三、风险防范建议

施工企业及从业人员应当规范自己的行为,避免给企业带来损失,同时也使主管人员及直接责任人避免承担刑事风险。

1. 施工单位在招投标过程中,应认真吃透发包人招标文件的要求,严格遵守招投标活动的规则,衡量相关品牌材料的价格及成本。严格避免事后为了应对发包人的压价行为,通过假冒注册商标的行为去降低成本或者额外获利。

2. 施工单位需严格规范内部承包人的行为,要求内部承包人承诺不使用侵犯注册商标、伪劣产品的材料,避免因内部承包人的不当行为导致施工企业及主管人员等面临刑事风险。施工单位在分包等过程中,亦需通过合同约定的形式,规避自身风险。

3. 规定分包单位的材料采购的品牌、型号、规格等需真实合法,若擅自使用侵犯注册商标的产品或伪劣产品,一经发现就予以严厉的经济处罚,自行承担相关刑事责任,若因此给施工单位造成经济损失或名誉损失的,另行承担经济赔偿。

第五节　职务侵占罪实务要点与风险防范

一、罪状描述、犯罪构成要件与认定标准

(一)罪状描述

职务侵占罪,是指公司、企业或者其他单位的人员,利用职务上的便利,将本单位财物非法占为己有,数额较大的行为。

(二)犯罪构成要件

1. 犯罪主体

本罪主体为公司、企业或者其他单位的人员。国有公司、企业或者其他国有单位中从事公务的人员和国有公司、企业或者其他国有单位委派到非国有公司、企业以及其他单位从事公务的人员,利用职务上的便利侵占公共财物的,应认定

为贪污罪。

具体到建设工程领域,对于项目经理、承包人与建筑施工企业签订劳动合同或内部承包合同,并负责管理工程项目或分公司的,相关成员可以成为职务侵占等职务类犯罪的主体。如上述主体与建筑施工企业既不存在劳动关系,又无内部承包合同、任命书等足以证明其已获建筑施工企业明确授权,擅自以建筑施工企业的名义从事活动的,相关成员不宜成为针对该企业的职务侵占犯罪的主体。

2. 主观方面

本罪在主观方面须为故意,且具有非法占有本单位财产之目的,过失不能构成本罪。

3. 犯罪客体

本罪所侵害的客体是公司、企业或者其他单位的财产所有权。

4. 客观方面

本罪在客观方面表现为,利用职务上的便利,将数额较大的单位财物非法占为己有的行为。

(1)行为人需利用了职务上的便利,即利用了自己主管、管理、经营、经手单位财物的便利条件。

(2)这里的"侵占"指将单位财务非法占为己有。包括将基于职务管理的单位财物非法占为己有(侵占),以及利用职务之便的窃取、骗取或其他非法手段等行为。① 其行为方式较"侵占罪"中的"侵占"行为要广。

(3)职务侵占罪中的"非法占为己有",不限于行为人所有,还包括使第三者所有。②

(4)必须非法占有了数额较大的单位财物,才构成本罪。根据《贪污贿赂刑事案件司法解释》,职务侵占罪的定罪数额起点为 6 万元。

在施工领域,往往表现为虚报工程量提高工程造价以获取高额回扣、虚增工程价款、伪造公司印章委托指示建设单位将工程款支付至自己控制的第三方等手段。

---

① 郎胜主编:《中华人民共和国刑法释义》,法律出版社 2015 年版,第 455 页。

② 张明楷:《刑法学》(第四版),法律出版社 2015 年版,第 908 页。

(三)认定标准

1. 此罪与彼罪的界限

国有公司、企业或者其他国有单位中从事公务的人员和国有公司、企业或者其他国有单位委派到非国有公司、企业以及其他单位从事公务的人员有利用职务之便,非法占有单位财物行为的,应认定为贪污罪。

2. 量刑标准

根据《刑法》第271条的规定,犯本罪的,数额较大的,处5年以下有期徒刑或者拘役;数额巨大的,处5年以上有期徒刑,可以并处没收财产。根据"两高"《贪污贿赂刑事案件司法解释》,数额较大的标准为6万元以上不满40万元的;数额巨大的标准为100万元以上。

二、实务要点与典型案例

实务要点1 | **项目经理以非法占有为目的,利用职务便利,将本工程建设所购的钢材运送至第三人工地,用于抵偿个人欠债,数额较大,构成职务侵占罪。**

典型案例1

浙江省杭州市中级人民法院(2018)浙01刑终1003号 刘某职务侵占案

[案情介绍]

2012年10月26日,某建筑公司以竞标方式承建某实业公司位于杭州市富阳区新登工业园区新登新工艺炭黑项目(10万吨/年炭黑线尾气综合利用工程建安工程)工程。同年11月16日,某建筑公司以内部承包的方式将该工程转包给史某,后经协商,某建筑公司以内部承包的方式将该工程转包给被告人刘某,并由刘某任该项目经理。在项目建设期间,刘某为偿还其向汤某的借款,双方商定以钢材折抵债务。同年12月20日,刘某利用担任项目经理的职务便利,将某建筑公司从某物资公司购买的钢材57.29吨(价值人民币217565.95元)运送至汤某指定的桐庐县王某承建的工地用于折抵刘某的个人债务。2013年7月5日,某物资公司以某建筑公司未及时支付全部货款为由,向法院提起民事诉讼,经法院判决、裁定,由某建筑公司支付包括该车钢材货款在内的剩余货款。某建筑公司按法院判决、裁定予以全部履行。

[法院认为]

上诉人刘某以非法占有为目的,利用其实际担任项目经理的职务便利,将供项目工程建设所用的钢材用于抵偿其个人欠债,数额较大,其行为已构成职务侵占罪。原判定罪和适用法律正确,量刑适当。审判程序合法。

[裁判结果]

驳回上诉,维持原判。

实务要点2 **建筑施工企业的内部承包人,利用自身职务便利,伪造公司印章的欺骗手段,将本单位财务非法占为己有,数额巨大,构成职务侵占罪。**

典型案例2

沈某职务侵占案

[案情介绍]

2014年4月21日,被告人沈某与某集团公司签订内部承包经营合同,成为公司第二十二事业部经理。同年6月20日,某市场开发公司将涉案项目承包给某集团公司施工,某集团公司指派沈某为驻工地代理。

任职期间,被告人沈某利用自己的职务便利,在该工程未经结算前,分别于2014年12月17日和2015年1月8日,向某公司出具了虚假《代付款申请函》和《委托付款情况说明》,并伪造某集团公司印章(影印),将某市场开发公司应支付给某集团公司的工程款人民币392.8万元占为己有。经杭州明某司法鉴定所鉴定,被告人沈某向某市场开发公司出具的《代付款申请函》和《委托付款情况说明》两份材料上的公司印章和某集团公司备案的印章不是同一枚。

[法院认为]

沈某利用其作为某集团公司项目经理的职务便利,利用具有民事行为表见代理的职务便利,伪造了某集团公司的印章,并盖在《代付款申请函》《委托付款情况说明》上,骗取业主单位的信任,导致其重复支付了空调设备款392.8万元,实质上造成392.8万元已经抵扣其应当支付某集团公司工程款的情况下,重复向沈某支付了一次并被沈某非法占有。被告人沈某作为建筑施工企业的内部承包人，利用自己的职务便利，采用伪造公司印章的欺骗手段，将本单位财务非法占为己有，数额巨大，其行为已构成职务侵占罪。原判定罪准确，量刑适当，审判程序合法。

［**裁判结果**］

驳回上诉，维持原判。

三、风险防范建议

施工企业及从业人员应当规范自己的行为，避免给企业带来损失，同时也使主管人员及直接责任人员避免承担刑事风险。

1. 施工单位工程管理中，应当严格限制项目经理、内部承包人等人员的对外代表权限（尤其是经济权限），并通过工程合同明确约定等形式予以公示。

2. 一切工程款项来往均通过施工企业公司账户进行，并定期与上游、下游单位做财务核对。防止项目经理、内部承包人等表见代理等行为的发生。

3. 施工单位需严格规范内部承包人、项目经理的行为，要求内部承包人承诺不得侵占单位财物，并设置严厉的违约责任。同时要求内部承包人、挂靠人等就该工程设定不动产抵押、保证金等形式，预防职务侵占行为。

总之，材料采购是建设工程领域的重要一环，关乎工程质量安全，也关乎建设单位、施工单位的经营成本，并且又是上述犯罪的高发、多发领域，对于采购过程中的刑事风险应当更加注意防范，避免建设施工单位因此种犯罪行为而被拖垮。加强材料采购过程中的刑事风险防范意识、进一步规范从业人员的自身行为是施工企业经营管理的重中之重，应引起高度重视，将刑事风险降到最低，避免触碰刑事犯罪红线，为施工企业的可持续健康发展奠定坚实的基础。

第五章

入场阶段的刑事风险防范指引

入场施工是施工企业从签订合同至签发开工令或实际开工日之间的阶段，其中包括施工人员、机械、设备进入施工现场等内容。施工单位入场准备对建设工程全阶段而言可谓至关重要，每个准备的细节都会影响后期的施工进度以及质量。工欲善其事，必先利其器。

一、施工企业入场准备的主要内容

1. 办好用地手续和收集用地资料，包括用地的土地证、拆迁或移除地面地下的障碍物（完成拆迁），收集周边、地下的建筑物、构筑物、管线图纸和所有人、使用人及使用状态的资料，水文气象资料。

2. 做好地质勘探、施工图设计的组织工作，备好施工用的图纸和地勘资料，有时还需土壤氡检测、地灾评估、环境评估、矿覆评估与补偿、文物勘探等。

3. 办理审图手续。审图包括施工图审核、规划审图、消防审核、排水审图、变配电、燃气供暖、人防、防雷、节能等的图纸报审工作。

4. 办理报建手续，包括建设用地规划许可证、工程规划许可证、施工许可证、人防、消防、环保、城管交通、用工等相关证件。同时在质量监督、安全监督委托签订监理合同时可能需要办理监测、材料检验检测、工程款支付担保、不用红砖保证等手续。

5. 临时用水、用电、排污、道路使用、施工噪声（灰尘）排放的申报手续并确定接驳口、出入口，配备必要的设置、设备、管线等。

6. 确定分包队伍、材料供应商、检验监测的单位，确定好其进场的时间。很多项目甲方是需要分包出去的，如白蚁防治、市政管网、燃气、电讯。甲方需计划其进场的施工节点或者事先确定好相关单位，由总包单位安排协调各分包施工进场时间。

7. 整理各单位的通讯录并且确定各单位相关责任人、现场负责人，将联系电话汇编并发给所有必要人员。

8. 准备一份施工方进场须知，进场须知包括告知甲方现场负责人员权限、监理权限、相应的监理管理要求，签证手续、索赔手续、工程款申报手续，工地管理安全条例，各种处罚条款等。

9. 红线、坐标和水准控制点的确认并与政府相关部门核对，拿到正规的政府文件和由政府确认的桩点，施工队进场时需做好移交手续。

10. 拟订施工备案资料收集计划并收集整理相关资料。

11. 人员食宿准备：租房或建造板房，做好后勤保障。

12. 提前做好主辅材料准备，必要先将材料样本送甲方，经甲方认可后再大量购买入场。

13. 施工单位需提供施工人员相应施工证件，如电工证、特殊岗位操作证等。

14. 工程开工前，施工单位应根据工程量，严格根据审核《施工进度计划表》，组织足够的施工人员及机械进行施工，确保工程的质量及工期。

笔者在中国裁判文书网案件查询并统计发现，建设工程入场阶段刑事犯罪主要表现为强迫交易罪、倒卖文物罪、过失损坏易燃易爆设备罪。2014 年至 2019 年，涉及建筑工程行业施工入场阶段犯罪案件（强迫交易罪、倒卖文物罪、过失损坏易燃易爆设备罪）500 余件，其中以强迫交易罪为首（476 件），占比高达 95% 以上，倒卖文物罪 15 件，占比 3% 左右，过失损坏易燃易爆设备罪 8 件，约占比 1.6%，并且在 2019 年达到顶峰，总占比高达 48%。在建筑行业中，基于地缘、人缘关系以及采用其他非法手段强行争揽生意，买卖建筑材料、单方决定抬高或降低价格进行交易等时有发生，结合数据可以得出强迫交易罪已成为近年来建设工程施工入场阶段的重要刑事风险之一。强迫交易罪的频发，主要在于建筑工程行业涉及的流动资金巨大，数千万乃至上亿的工程在行业内比比皆是，而一个工程中相当大一部分资金是用于采购建筑施工所需的各种材料，违法犯罪可能获得的高额回报，是部分从业人员铤而走险的重要原因。关于倒卖文物罪，由于入场阶段已涉及“三通一平”（建设项目在正式施工以前，施工现场应达到水通、电通、道路通和场地平整等条件的简称），施工人员房屋搭建等已经牵涉到“实际动工”，故此阶段已存在发现文物的可能，加上文物普遍价值较高，以及部分民众对文物没有很强的国家归属意识及保护文物意识，往往容易产生瞒报、谎报、私藏进而倒卖获利的情形，从而构成此罪。过失损坏易燃易爆设备罪，则属于在过失情形下实施了使燃气或者其他易燃易爆设备遭受毁坏，并造成严重后果的行为，其过失又可分为过于自信的过失和疏忽大意的过失。即行为人对其破坏易燃易爆设备的行为可能造成的严重后果应当预见，因为疏忽大意而未预见，或者虽然已经预见但轻信能够避免，以致发生严重后果。如果行为人对其破坏易燃易爆设备的行为可能造成的严重后果，主观上既非出于故意，也无过失，则属于意外事件，不构成犯罪。

建筑行业的强迫交易行为存在一定的特殊性，大致可以归结为以下几点：(1)覆盖面广，社会影响恶劣，容易牵涉黑恶犯罪。近两年国家对打击黑恶势力一直持高压态势，并持续开展扫黑除恶专项斗争，严厉打击各种黑恶势力，此举也是2019年强迫交易罪数量猛增的主要原因之一。(2)具有长期性和阶段性。建设工程往往属于长期性项目，工程所需的建筑材料具有连续性和阶段性，也就导致建设工程中的强迫交易行为往往具有长期性和阶段性特征。(3)暴力的隐蔽性和威胁的模糊性。建设工程中的强迫交易行为通常表现为一些看似偶然的事情和行为，乍一看并无明显的针对性，但一旦交易达成，此类“偶然事件”便会消失。(4)证据收集的难度大。如前所述，建筑行业的强迫交易行为常常表现为一系列看似偶然的事件，并且受胁迫的证据较难收集，加上当事人对黑恶势力的畏惧，从而导致取证较为困难。正因如此，虽然实际中发生的强迫交易行为比比皆是，但直到近些年发案率才有所增长。建设工程本身由于流动资金量大、部门及人员众多、造价不甚透明等特点，建筑企业及从业人员“暗度陈仓”的行为往往能使其获取短暂的高额利益，但此举同样也会为其自身埋下巨大风险隐患。

倒卖文物罪与过失损坏易燃易爆设备罪，因案件率较低，在此不再详细展开，留待后续章节中予以分析详述。

二、法律规定

(一)强迫交易罪

《刑法》第226条规定：“以暴力、威胁手段，实施下列行为之一，情节严重的，处三年以下有期徒刑或者拘役，并处或者单处罚金；情节特别严重的，处三年以上七年以下有期徒刑，并处罚金：

(一)强买强卖商品的；

(二)强迫他人提供或者接受服务的；

(三)强迫他人参与或者退出投标、拍卖的；

(四)强迫他人转让或者收购公司、企业的股份、债券或者其他资产的；

(五)强迫他人参与或者退出特定的经营活动的。”

第231条规定：“单位犯本节第二百二十一条至第二百三十条规定之罪的，对单位判处罚金，并对其直接负责的主管人员和其他直接责任人员，依照本节各该条的规定处罚。”

《刑事案件立案追诉标准(一)》第28条规定：“[强迫交易案(刑法第二百二

十六条)]以暴力、威胁手段强买强卖商品、强迫他人提供服务或者强迫他人接受服务,涉嫌下列情形之一的,应予立案追诉:

(一)造成被害人轻微伤或者其他严重后果的;

(二)造成直接经济损失二千元以上的;

(三)强迫交易三次以上或者强迫三人以上交易的;

(四)强迫交易数额一万元以上,或者违法所得数额二千元以上的;

(五)强迫他人购买伪劣商品数额五千元以上,或者违法所得数额一千元以上的;

(六)其他情节严重的情形。"

(二)倒卖文物罪

《刑法》第326条规定:"以牟利为目的,倒卖国家禁止经营的文物,情节严重的,处五年以下有期徒刑或者拘役,并处罚金;情节特别严重的,处五年以上十年以下有期徒刑,并处罚金。

单位犯前款罪的,对单位判处罚金,并对其直接负责的主管人员和其他直接责任人员,依照前款的规定处罚。"

《文物保护法》第2条规定:"在中华人民共和国境内,下列文物受国家保护:

(一)具有历史、艺术、科学价值的古文化遗址、古墓葬、古建筑、石窟寺和石刻、壁画;

(二)与重大历史事件、革命运动或者著名人物有关的以及具有重要纪念意义、教育意义或者史料价值的近代现代重要史迹、实物、代表性建筑;

(三)历史上各时代珍贵的艺术品、工艺美术品;

(四)历史上各时代重要的文献资料以及具有历史、艺术、科学价值的手稿和图书资料等;

(五)反映历史上各时代、各民族社会制度、社会生产、社会生活的代表性实物。

文物认定的标准和办法由国务院文物行政部门制定,并报国务院批准。

具有科学价值的古脊椎动物化石和古人类化石同文物一样受国家保护。"

第64条规定:"违反本法规定,有下列行为之一,构成犯罪的,依法追究刑事责任:

(一)盗掘古文化遗址、古墓葬的;

(二)故意或者过失损毁国家保护的珍贵文物的;

（三）擅自将国有馆藏文物出售或者私自送给非国有单位或者个人的；
（四）将国家禁止出境的珍贵文物私自出售或者送给外国人的；
（五）以牟利为目的倒卖国家禁止经营的文物的；
（六）走私文物的；
（七）盗窃、哄抢、私分或者非法侵占国有文物的；
（八）应当追究刑事责任的其他妨害文物管理行为。”

（三）过失损坏易燃易爆设备罪

《刑法》第119条规定：“破坏交通工具、交通设施、电力设备、燃气设备、易燃易爆设备，造成严重后果的，处十年以上有期徒刑、无期徒刑或者死刑。

过失犯前款罪的，处三年以上七年以下有期徒刑；情节较轻的，处三年以下有期徒刑或者拘役。”

第一节　强迫交易罪实务要点与风险防范

一、罪状描述、犯罪构成要件与认定标准

（一）罪状描述

强迫交易罪，是指自然人或者单位，以暴力、胁迫手段强买强卖商品，强迫他人提供或者接受服务，强迫他人参与或者退出投标、拍卖，强迫他人转让或者收购公司、企业的股份、债券或者其他资产，强迫他人参与或者退出特定的经营活动，情节严重的行为。

（二）犯罪构成要件

1. 犯罪主体

本罪主体为一般主体，即达到刑事责任年龄且具备刑事责任能力的自然人均能构成本罪，单位也可构成本罪，如单位犯本罪的，实行双罚制，即对单位判处罚金，对其直接负责的主管人员和其他直接责任人员依具体规定追究刑事责任。

2. 主观方面

本罪在主观方面表现为直接故意。间接故意及过失均不构成本罪。

3. 犯罪客体

本罪不仅侵犯了交易相对方的合法权益，而且侵犯了商品交易市场秩序。商品交易是在平等民事主体之间发生的法律关系，应当遵循市场交易中的自愿与公平原则。但在现实生活中，交易双方强买强卖、强迫他人提供服务或者强迫他人接受服务的现象时有发生，这种行为违背了市场交易原则，破坏了市场交易秩序，侵害了消费者或经营者的合法权益。如果行为人以暴力、威胁手段强行交易，就具有了严重的社会危害性，情节严重的，应依法追究刑事责任。

本罪属于刑法中破坏社会主义市场经济秩序罪章节中的扰乱市场秩序罪部分，其保护的法益是社会主义市场经济秩序。市场经济秩序包括：正当竞争秩序、对外贸易秩序、对公司企业的管理秩序、金融管理秩序、税收征管秩序、市场活动秩序等。

4. 客观方面

本罪在客观方面表现为：(1)强买强卖商品的；(2)强迫他人提供服务或强迫他人接受服务；(3)强迫他人参与或者退出投标、拍卖的；(4)强迫他人转让或者收购公司、企业的股份、债券或者其他资产的；(5)强迫他人参与或退出特定的经营活动的。

本罪的强迫主要包括以下几种情况：一是在他人不愿意从事某种活动时，强迫他人从事某种活动；二是在他人不愿意以某种方式从事某种活动时，强迫他人以某种方式从事活动；三是在他人不愿意以某种价格从事活动时，强迫他人以某种价格从事活动。

暴力、威胁手段都意在使其不敢反抗而被迫答应交易，如果采取利诱、欺骗等非暴力威胁方法要求交易，不以本罪论处；如果暴力、威胁不是为了促使交易实现，如在交易活动之外实施暴力、威胁行为的，不以本罪论处。

违背他人意志，强迫他人与己或者第三人交易是本罪的本质特征。所谓违背他人意志，是指他人不想向其购买商品而强行其购买，他人不愿出卖商品强迫其出卖，他人不肯提供服务强迫他人提供，他人不愿意接受服务则强迫其接受等。

程度上应当达到情节严重，所谓情节严重，主要是指多次强迫交易的；实施强迫交易非法获得数额较大的；造成恶劣影响的结伙实行强迫交易的；手段恶劣的；强迫外国人交易的；强迫交易内容低劣的等。

工程领域中，在招投标阶段，主要的犯罪形式是以暴力、威胁强迫他人参与或者退出投标的行为，其犯罪目的是增加自己或利益关联方中标的概率。在不以招投标方式发包的承发包阶段,一般以暴力、胁迫手段强迫发包人将项目发包给指定人员或强迫他人退出竞争。在施工阶段,常表现为以强迫、威胁等方式阻挠他人正常施工,以达到由自己或指定人员施工的目的。

(三)认定标准

1. 立案标准

《刑事案件立案追诉标准(一)的补充规定》将强迫交易罪应予立案追诉的情形罗列如下:"(一)造成被害人轻微伤的;(二)造成直接经济损失 2 千元以上的;(三)强迫交易 3 次以上或者强迫 3 人以上交易的;(四)强迫交易数额 1 万元以上,或者违法所得数额 2 千元以上的;(五)强迫他人购买伪劣商品数额 5 千元以上,或者违法所得数额 1 千元以上的;(六)其他情节严重的情形。"

同时该规定明确:"以暴力、威胁手段强迫他人参与或者退出投标、拍卖,强迫他人转让或者收购公司、企业的股份、债券或者其他资产,强迫他人参与或者退出特定的经营活动,具有多次实施、手段恶劣、造成严重后果或者恶劣社会影响等情形之一的,应予立案追诉。"

2. 量刑标准

《刑法》第 226 条规定:"以暴力、威胁手段,实施下列行为之一,情节严重的,处三年以下有期徒刑或者拘役,并处或者单处罚金;情节特别严重的,处三年以上七年以下有期徒刑,并处罚金:(一)强买强卖商品的;(二)强迫他人提供或者接受服务的;(三)强迫他人参与或者退出投标、拍卖的;(四)强迫他人转让或者收购公司、企业的股份、债券或者其他资产的;(五)强迫他人参与或者退出特定的经营活动的。"

《刑法》第 231 条规定:"单位犯本节第二百二十一条至第二百三十条规定之罪的,对单位判处罚金,并对其直接负责的主管人员和其他直接责任人员,依照本节各该条的规定处罚。"

二、实务要点与典型案例

实务要点1　以暴力行为阻止或以威胁、阻拦投标人员进入投标现场等方式强迫投标人员退出投标的，构成强迫交易罪。

典型案例1

江西省抚州市宜黄县人民法院(2017)赣1026刑初33号
陈某1强迫交易案

[案情介绍]

2016年1月19日上午8时许，被告人徐某、黄某、陈某2、邓某、应某、吴某3、许某(另案处理)、陈某3(在逃)八人来到宜黄县公共资源交易中心，陈某1指使邓某、应某、吴某3、许某殴打前来参与投标的刘某1、汪某，并强行将两人拽上轿车挟持到宜黄县凤冈镇六里铺十里排水库，致使刘某1、汪某的公司不能正常投标。徐某、黄某、陈某2、陈某3则在交易中心门口威胁阻拦投标人员进入投标现场，强迫投标人员退出投标。

[法院认为]

被告人陈某3伙同徐某、黄某、陈某2、邓某、应某、吴某3、许某以暴力、威胁手段，强迫他人退出投标，并致一人轻微伤，情节严重，其行为均已构成强迫交易罪。公诉机关指控的罪名及犯罪事实成立，法院予以确认。

[裁判结果]

被告人陈某1犯强迫交易罪，判处有期徒刑6个月，缓刑1年，并处罚金人民币2000元。

实务要点2 **以暴力行为强迫交易，其暴力行为同时满足故意伤害罪、寻衅滋事罪的构成要件的，一般以犯罪行为的目的定性为强迫交易罪。**

典型案例2

浙江省宁波市宁海县人民法院(2019)浙02刑终700号
褚某、叶某强迫交易案

[案情介绍]

2017年6月30日，被告人褚某为向施工单位出售工程所需石料，伙同被告人叶某等人约陈某(建设公司项目负责人)等人在宁海县一市镇卧龙山庄吃饭，要求陈某购买石料，双方因价格问题未协商成功。后被告人褚某伙同被告人叶某等人分别在宁海县跃龙街道正学公园经典咖啡馆、宁海县一市镇舒尔馨宾馆等地多次与陈某商谈材料买卖，均因价格问题未协商成功。其间，伙同他人在宁波市某基础设施配套工程(三期)工地附近，多次拦截施工单位施工车辆、持刀威胁陈某、砍伤陈某外甥胡某，欲强迫施工单位负责人陈某购买工程所需材料。被告人叶某参与谈判3次、拦截车辆2次。

[法院认为]

上诉人(原审被告人)褚某、原审被告人叶某结伙以暴力、威胁的手段，强迫他人买卖商品，情节特别严重，其行为均已构成强迫交易罪。上诉人褚某系累犯，依法应当从重处罚。上诉人褚某、原审被告人叶某在实施犯罪中，由于意志以外的原因而未得逞，系犯罪未遂，分别可以比照既遂犯从轻、减轻处罚。原判定罪和适用法律正确，量刑适当，审判程序合法。

[裁判结果]

1. 褚某犯强迫交易罪，判处有期徒刑4年，并处罚金3万元。

2. 叶某犯强迫交易罪，判处有期徒刑2年6个月，并处罚金1.5万元。

二审宁波市中级人民法院维持原判。

实务要点3 **特定人员利用特殊身份(本案被告人为村委会主任及业主方代表)威胁、强迫他人接受服务的,虽未直接使用暴力手段,也构成强迫交易罪。**

典型案例3

浙江省温州市永嘉县人民法院(2018)浙03刑终247号
陈某强迫交易案

[案情介绍]

2015年11月初,施工单位通过招投标以人民币1455412元的标价取得永嘉县岩坦镇张溪江潭村河道整治工程,时任江潭村委会主任的被告人陈某作为业主方与其签订施工合同。中标后,陈某要求施工单位的负责人南某将该工程转包,否则不予配合相关政策处理和资金缺口筹备等事宜。因陈某的阻碍,施工单位迟迟未能进场施工,被害人南某被迫将该工程转包给陈某指定的施工队负责人潘某施工建设,由施工单位收取中标价的10%作为管理费。

2016年5月底,另一施工单位通过招投标以人民币759056元的标的价格取得江潭村农村生活污水治理工程。因该工程污水处理终端设在江潭村,被告人陈某在开标前即发送手机短信给施工单位负责人王某要求其将该工程转包,否则工程不能开工,但被王某拒绝。后因该工程污水处理终端选址和政策处理问题,被害人王某一方多次打电话给陈某,但陈某均不予配合相关工作,导致工程无法正常进场施工。其间,陈某仍继续多次要求被害人王某将该工程转包并提出借款要求。同年12月,因陈某的阻碍,被害人王某被迫将该工程转包给陈某指定的施工队负责人陈某5施工建设,由施工单位收取中标价的14%左右作为管理费。

[法院认为]

永嘉县人民法院(一审法院)认为,陈某以威胁手段强迫他人接受服务,强迫交易金额特别巨大,其行为构成强迫交易罪,且情节特别严重。

[裁判结果]

一审法院判处陈某有期徒刑3年10个月,并处罚金4万元。

二审法院维持原判。

实务要点4　村民采取阻工或堵路等手段，强迫他人退出经营，强揽工程业务，构成强迫交易罪。

典型案例4

湖南省娄底市中级人民法院(2019)湘13刑终762号
张某1等人强迫交易案

［案情介绍］

某发包人的基建工程承包给了兰某的施工队。张某1向发包人副总经理谢某和兰某提出要求承包基建工程，遭到谢某和兰某的拒绝。2011年年初，张某1运送三车石材到泰和公司工地上，兰某拒绝接收，张某1便将货车停在工地上阻工，苏某与部分村民也在工地阻工，迫使工地无法正常施工。后经柳溪村村民委员会、沙塘湾街道办事处、泰和公司、毛易派出所等部门调处，兰某买下三车石材。因没有承揽到基建工程，苏某带领张家院的村民到工地阻工，张某1向发包人提出承包部分工程的要求。迫于村民多次阻工的压力，为了不延误工程进度，发包人做兰某的工作，兰某被迫让出了围墙工程。柳溪村范围内的围墙工程由张某1、张某2、张某3、张某4、张某5、张某6合伙承包。后张某1等人因围墙延伸部分的过磅房、门卫室的建设工程与兰某发生矛盾，苏某等人又到泰和公司工地阻工，为此，泰和公司将两个高压电塔的基础建设工程承包给张某等人。高压电塔工程由张某1、张某2、张某3、张某4、张某5、张某6承建。

2011年9月，发包人在投产后与某汽运公司签订了运输合同，将钢锭运输业务交由汽运公司承运，运输期限2年，至2013年10月5日止。张某1等人见运输钢锭有利可图，为承揽到该业务，苏某带领张家院的妇女堵路，不准汽运公司运输车辆通行。张某1找到泰和公司的罗某、谢某1要求承包钢锭运输业务，罗某、谢某1以张某没有运输资质推脱。张某1、张某4(另案处理)等人遂筹划成立运输公司，被告人段某、张某2被邀入股。2012年3月，恒远公司正式成立，张某1任公司法定代表人，张某2、段某、张某4为股东。恒远公司成立后，张某1向泰和公司提出承包钢锭运输业务，并以堵路相威胁。因没有承揽到该业务，张某1便与张某2、张某4、段某商量，纠集张家院的妇女不准汽运公司运输钢锭的车辆通行。2012年3月以来，苏某多次与村里的妇女堵路，阻止汽运公司的运输车辆通行，逼迫汽运公司退出运输业务，段某也参与了堵路。

[法院认为]

被告人张某1、苏某、段某、张某2等人，采取阻工或堵路等手段，强迫他人退出经营，强揽工程业务，情节严重，其行为均已构成强迫交易罪，应依法予以惩处。在共同犯罪中，被告人张某1、苏某、段某行为积极主动，起主要作用，系主犯，应当按照其参与的全部犯罪处罚；被告人张某2参与运输业务时间短，未参与分红，起次要作用，系从犯，依法应当从轻处罚。被告人张某1、张某2到案后如实供述其罪行，依法可以从轻处罚。被告人段某部分退赃，可以酌情从轻处罚。

[裁判结果]

1. 被告人张某1犯强迫交易罪，判处有期徒刑1年10个月，并处罚金8万元。

2. 被告人苏某犯强迫交易罪，判处有期徒刑1年10个月，并处罚金8万元。

3. 被告人段某犯强迫交易罪，判处有期徒刑1年3个月，并处罚金5万元。

4. 被告人张某2犯强迫交易罪，判处有期徒刑10个月，缓刑1年，并处罚金2万元。

5. 追缴被告人张某1、苏某的违法所得人民币12.3万元、追缴被告人段某的违法所得人民币6万元（已缴纳2万元），予以没收，上缴国库。

三、风险防范建议

本罪的犯罪目的是达成交易，主要犯罪手段是采取暴力、威胁等方式，以利诱方式的，不构成本罪（有可能涉嫌其他罪名如行贿罪等）。应注意，被强迫的一方，可能是交易方，如工程发包人；也可能是正常参与交易的一方，如投标人等。应从其强迫的目的分析，如最终目的系为达到与自己或自己指定人交易的，就有可能触犯本罪。

从承揽工程的角度来说，不应使用暴力、威胁等手段强揽工程，虽然依据《刑法》第226条的精神，情节严重的应当予以立案，但这并不意味着情节不严重的，就一定不立案。情节严重本身系比较含糊的概念，如何认定情节严重在司法界一向存有争议。故不能心存侥幸，若使用了暴力、威胁等手段，即便不构成本罪，也有可能构成其他犯罪。纠集老弱村民采取堵路、拦截等阻工方式等进行所谓的“维权”，实际提出交易要求，实质上也是一种胁迫。

在招投标过程中，以各种手段阻止他人参与投标，即便该行为并非传统意义上的暴力，但只要其行为客观上达到了阻止他人参与投标，主观上是为了确保自己或指定的人中标，就有可能触犯本罪。例如，老弱村民堵路、纠结人员阻止他人准点进入投标现场等,都不算传统意义上的暴力或威胁,但结合具体案情,就有可能触犯本罪。

从被强迫的一方来说,一旦暴力或威胁达到了迫使乙方不得不与其发生交易或放弃交易的程度,强迫方即有可能触犯本罪。事实上,无论强迫方采取何种手段,如果被强迫方感受到正常商业交易以外的力量介入,即可考虑报警维护自身权益。

第二节 倒卖文物罪实务要点与风险防范

一、罪状描述、犯罪构成要件与认定标准

(一)罪状描述

倒卖文物罪,是指单位或者自然人以牟利为目的,倒卖国家禁止经营的文物,情节严重的行为。

(二)犯罪构成要件

1. 犯罪主体

一般主体(包括自然人和单位)。凡是达到刑事责任年龄,并且具有刑事责任能力的自然人均可成为本罪的主体,单位亦可成为本罪的主体。

2. 主观方面

主观方面表现为故意,并且具有牟利的目的。

3. 犯罪客体

本罪侵犯的客体是国家文物管理制度。文物只能由文化行政主管部门指定的单位收购,其他任何单位或者个人不得经营文物收购业务。因此,倒卖国家禁止经营的文物,将侵犯国家对文物的管理秩序。

本罪的对象是国家禁止经营的文物,具体范围应依据《文物保护法》及国家文物局发布的《关于加强文物市场管理的通知》等相关文件确定。

4. 客观方面

客观方面表现为倒卖国家禁止经营的文物,情节严重的行为。行为人倒卖的对象只能是国家禁止经营的文物,如果倒卖的不是国家禁止经营的文物,就不构

成本罪。构成本罪,还要求必须具备情节严重的要素。依据最高院、最高检《妨害文物管理刑事案件司法解释》第6条的相关规定,“情节严重”是指以牟利为目的,倒卖国家禁止经营的文物,数量大,造成珍贵文物流失或者获取非法利益数额较大等情形。“情节特别严重”是指以牟利为目的,倒卖国家禁止经营的文物,造成国家特别珍贵的文物流失,造成大量珍贵文物流失或者获取非法利益数额巨大等情形。

(三)认定标准

1. 立案标准

依据《文物保护法》第50条与第51条,分别从允许流通与禁止流通正反两个方面对文物流通作出规定。第50条规定:“文物收藏单位以外的公民、法人和其他组织可以收藏通过下列方式取得的文物:(一)依法继承或者接受赠与;(二)从文物商店购买;(三)从经营文物拍卖的拍卖企业购买;(四)公民个人合法所有的文物相互交换或者依法转让;(五)国家规定的其他合法方式。文物收藏单位以外的公民、法人和其他组织收藏的前款文物可以依法流通。”第51条规定:“公民、法人和其他组织不得买卖下列文物:(一)国有文物,但是国家允许的除外;(二)非国有馆藏珍贵文物;(三)国有不可移动文物中的壁画、雕塑、建筑构件等,但是依法拆除的国有不可移动文物中的壁画、雕塑、建筑构件等不属于本法第二十条第四款规定的应由文物收藏单位收藏的除外;(四)来源不符合本法第五十条规定的文物。”

公安机关依据《文物保护法》确定“禁止经营的文物”,结合牟利目的与具体情节予以立案查处。

2. 量刑标准

《刑法》第326条规定:“以牟利为目的,倒卖国家禁止经营的文物,情节严重的,处五年以下有期徒刑或者拘役,并处罚金;情节特别严重的,处五年以上十年以下有期徒刑,并处罚金。单位犯前款罪的,对单位判处罚金,并对其直接负责的主管人员和其他直接责任人员,依照前款的规定处罚。”

《妨害文物管理刑事案件司法解释》第6条规定:“出售或者为出售而收购、运输、储存《中华人民共和国文物保护法》规定的‘国家禁止买卖的文物’的,应当认定为刑法第三百二十六条规定的‘倒卖国家禁止经营的文物’。

倒卖国家禁止经营的文物,具有下列情形之一的,应当认定为刑法第三百二十六条规定的‘情节严重’：

（一）倒卖三级文物的；

（二）交易数额在五万元以上的；

（三）其他情节严重的情形。

实施前款规定的行为，具有下列情形之一的，应当认定为刑法第三百二十六条规定的‘情节特别严重’：

（一）倒卖二级以上文物的；

（二）倒卖三级文物五件以上的；

（三）交易数额在二十五万元以上的；

（四）其他情节特别严重的情形。”

严重情节中所指的文物保护等级，应依据 2001 年颁布的《文物藏品定级标准》规定：“文物藏品分为珍贵文物和一般文物。珍贵文物分为一、二、三级。具有特别重要历史、艺术、科学价值的代表性文物为一级文物；具有重要历史、艺术、科学价值的为二级文物；具有比较重要历史、艺术、科学价值的为三级文物。具有一定历史、艺术、科学价值的为一般文物。”

二、实务要点与典型案例

实务要点 1　**施工人员在施工时挖出的物品，有可能属于国家保护文物，自行出售牟利有可能触犯本罪。**

典型案例 1

山东省青州市人民法院（2019）鲁 0781 刑初 145 号
刘某甲等倒卖文物案

［案情介绍］

2017 年 5 月，经倪某（已判刑）、孙某（在逃）介绍联系，被告人刘某甲至滨州市博兴县以 6 万元价格购买 10 件文物运回青州市，并保存于自己家中欲出售牟利。2017 年 12 月 14 日，被告人刘某甲的父亲刘某主动将以上文物交至博兴县博物馆。经山东省文物鉴定中心鉴定，其中 1 件文物为三级文物，8 件为一般文物。

2018 年 7 月 1 日，在青州市王府街道南西关村美术馆施工工地，被告人刘某甲明知施工挖出的石佛残件系文物，仍向现场围观人员分发 6 万元后将 3 件石佛像私自运走欲出售牟利。次日,被告人刘某甲得知青州市文物局掌握此情况后,将以上文物交至青州市博物馆。经山东省文物鉴定中心鉴定,其中2件为三级文物,1件为一般文物。案发后,青州市公安局追回被告人刘某甲分发的涉案赃款20400元,并依法扣押。

2018年7月1日,在青州市王府街道南西关村美术馆施工工地,被告人刘某乙明知施工挖出的石佛残件系文物,仍将1件石佛像残件运走,后转移至陈某甲家保管,欲出售牟利。次日,被告人刘某乙、陈某甲得知青州市文物局掌握此情况后,将以上文物交至青州市博物馆。经山东省文物鉴定中心鉴定,该石佛像残件为三级文物。

2018年7月5日、11月28日,被告人刘某乙、陈某甲主动到青州市公安局投案,并如实供述了上述犯罪事实。

[法院认为]

被告人刘某甲、刘某乙、陈某甲以牟利为目的,倒卖国家禁止经营的文物,其中刘某甲倒卖3件三级文物,刘某乙、陈某甲倒卖1件三级文物,情节严重,三被告人的行为均已构成倒卖文物罪,应予刑罚。案发后,被告人刘某甲、刘某乙、陈某甲主动到公安机关投案,并如实供述自己所犯罪行,系自首,可从轻处罚。公诉机关的指控成立,法院予以支持。

[裁判结果]

被告人刘某甲犯倒卖文物罪,判处有期徒刑1年6个月,缓刑2年,并处罚金人民币1万元。被告人刘某乙犯倒卖文物罪,免予刑事处罚。被告人陈某甲犯倒卖文物罪,免予刑事处罚。

实务要点2 | 非施工人员倒卖施工单位挖出的文物的,也有可能构成触犯本罪。

典型案例2

河南省宜阳县人民法院(2011)宜初刑字第174号
王某卿倒卖文物案

[案情介绍]

2010年5月初,李某争、梁某子、王某子、孙某国、孙某峰在嵩县饭坡乡一工地挖下水道时,挖出文物古钱币共计900余斤。王某子电话告知其弟被告人王某卿挖出古钱币，后王某子和李某争以15000元的价格卖给王某卿，后李某争以古钱币卖价低又向王某卿索要5000元钱。后王某卿将古钱币分多次卖到外地得赃款21000元。经河南省文物鉴定委员会鉴定，该文物均为一般文物。另查明，案发后被告人王某卿退交非法所得21000元。

［法院认为］

被告人王某卿以牟利为目的，非法买卖国家禁止经营的文物，情节严重，其行为已构成倒卖文物罪。公诉机关指控犯罪成立，予以支持。王某卿曾因犯倒卖文物罪被判处缓刑，缓刑考验期限届满后又犯倒卖文物罪，可酌予从重处罚。王某卿庭审中自愿认罪，案发后主动退赃，可酌予从轻处罚。

［裁判结果］

被告人王某卿犯倒卖文物罪，判处有拘役4个月，并处罚金29000元。被告人王某卿倒卖文物一案的非法所得21000元，予以没收，并上缴国库。

实务要点3　施工人员在土石方工程作业时挖出文物后私分出售的，有可能构成本罪。

典型案例3

南充市顺庆区人民法院(2017)川1302刑初141号
杨某等倒卖文物案

［案情介绍］

2014年6月29日，被告人杨某、陈某等人在顺庆区南门坝南门新城F区进行土石方工程作业时，发现施工挖掘机从地下挖出陶罐陶瓷器皿，二被告人与他人共同将全部陶瓷器皿当场私分。

8月中旬，被告人杨某以30000元价格向张某出售6件碟子。10月下旬，通过被告人黄某、曾某介绍，被告人杨某向易某以30万元价格出售1件三角香炉，并付给曾某介绍费1万元。2014年12月初，被告人杨某将事先挑选好的17件文物私藏在王某家和侄女杜某家。

11月底，区公安分局、区文化馆通知上缴文物后，被告人陈某心存侥幸，从私分文物挑选低价值残损文物5件上缴充数，分给蔡某(另案处理)1件，挑选13件较好的文物转移至其大爸邓某家藏匿。捡拾1个多月后，被告人陈某从网上获知成都艺投文化传播有限公司可以鉴定文物真伪，遂从家中拿出2个碗到成都艺投文化公司进行鉴定。在缴纳200元鉴定费用后，获后其所私分物为宋龙泉窑真品。被告人陈某为获利便委托成都艺投文化传播有限公司以80万元人民币的价格挂牌拍卖宋龙泉青釉瓷盏2件，并签订委托拍卖合同和缴纳服务费7000元人民币。案发后，公安机关从成都艺投文化传播有限公司追回准备拍卖的2件文物。

2014年12月30日、2015年3月17日，国家文物出境鉴定四川站对上述涉案文物鉴定：所有物品均为唐宋时期文物。其中，杨某有1件二级文物、18件三级文物、2件文物；陈某有8件三级文物、11件文物。

[法院认为]

被告人杨某、陈某以牟利为目的，倒卖国家禁止经营的文物，情节特别严重，其行为已构成倒卖文物罪，公诉机关指控二被告人犯倒卖文物罪的主要事实和罪名成立。

被告人杨某、陈某犯罪后自动到案并如实供述犯罪事实，其行为符合自首的构成要件，应当减轻处罚。被告人杨某私藏的文物全部上缴，所出售的文物已全部追回，未造成文物流失无法追回的严重后果，且违法所得已全部上缴，依法可从轻处罚。被告人陈某私藏的文物全部上缴，委托拍卖的文物至案发时尚未售出，属犯罪未遂，应当减轻处罚。被告人杨某、陈某当庭自愿认罪，具有悔罪表现，可对二被告人酌情从轻处罚。

[裁判结果]

1. 被告人杨某犯倒卖文物罪，判处有期徒刑2年，缓刑3年，并处罚金25000元。

2. 被告人陈某犯倒卖文物罪，判处有期徒刑1年，缓刑1年6个月，并处罚金10000元。

三、风险防范建议

本罪虽然强调“倒卖国家禁止经营的文物”，但国家禁止经营的文物判断，需要专业的文物知识，一般无法准确判断。最高院、最高检《妨害文物管理刑事案件司法解释》第15条第2款规定：“对案件涉及的有关文物鉴定、价值认定等专门性问题难以确定的，由司法鉴定机构出具鉴定意见，或者由国务院文物行政部门指定的机构出具报告。其中，对于文物价值，也可以由有关价格认证机构作出价格认证并出具报告。”即办案机关在办理案件时，也会碰到无法准确判断而需要借助鉴定机构或价格认证机构的力量，故个人不应主观判断价值，以免触犯本罪。

应当明确的是，即便文物的价值尚未达到珍贵文物的保护级别，但依据《文物保护法》第 5 条第 1 款“中华人民共和国境内地下、内水和领海中遗存的一切文物，属于国家所有”的规定，该挖出物也应归于国家所有，个人不得随意处置，否则可能触犯本罪。

作为施工企业的相关人员，在施工现场有机会接触到挖出物，应从观念上树立文物保护意识。中华文明五千年历史为我们留下了诸多宝贵的财富，文物正是其中最典型的代表。因此，我们要树立文物保护意识，共同保护这份珍贵的文化遗产。珍贵历史文物，应当上交有关部门，不可作为牟利的手段。

1. 在工地施工过程中，一旦发现文物，应当立即保护现场并通知有关部门。禁止继续施工或擅自处理，以免损坏文物造成更大损失，甚至触犯《刑法》第 324 条的规定，犯过失损毁文物罪。

2. 如果在工地发现文物后，私自盗走并且进行买卖的，将可能同时构成盗窃罪和倒卖文物罪，而被数罪并罚。

3. 一旦参与倒卖文物，应当立即停止犯罪，主动向公安机关自首，并将文物完好无损地上交，退缴违法所得，争取宽大处理。

4. 以收购方式取得并出售文物的，构成本罪；如果以盗窃、诈骗等犯罪手段取得文物并出售的，有可能构成竞合犯罪。

需要注意的是，涉及文物方面的犯罪，除了倒卖文物罪，还有可能触犯其他类似的罪名，主要包括：故意损毁文物罪，过失损毁文物罪，盗掘古文化遗址、古葬罪。这些罪名在实践中，一般是对文物和遗址本身的损坏，对单个文物往往会因为故意或者过失损毁而被定罪，而在工地开发时，也不能完全排除无意中遇到尚未发现的地下文化遗址、古墓葬，若造成破坏，也有可能触犯刑法。

第三节 重大劳动安全事故罪实务要点与风险防范

一、罪状描述、犯罪构成要件与认定标准

（一）罪状描述

重大劳动安全事故罪，是指安全生产设施或者安全生产条件不符合国家规

定,因而发生重大伤亡事故或者造成其他严重后果的行为。

(二)犯罪构成要件

1.犯罪主体

本罪的主体为特殊主体,即单位中对排除事故隐患,防止事故发生负有职责义务的主管人员和其他直接责任人员,即对安全生产设施或者安全生产条件不符合国家规定负有直接责任的生产经营单位的负责人、管理人员、实际控制人、投资人,以及其他对安全生产设施或者安全生产条件负有管理、维护职责的人员(如对安全生产生产设施或者安全生产条件负有管理、维护职责的电工、瓦斯检查工等人员)。

2.主观方面

本罪在主观方面表现为过失,有关直接责任人员在主观心态上只能表现为过失。所谓过失,是指有关直接责任人员在主观意志上并不希望发生事故。对于单位存在事故隐患,有关直接责任人则是明知或者应该知道的,有的甚至是经劳动行政部门或者其他有关部门多次责令改正而未改正。造成这种情况的原因,有的是片面追求经济效益,不肯在劳动安全和劳动卫生方面进行投入;有的是工作不负责任,疏忽怠惰;有的是心存侥幸。无论属于哪种情况,都不影响构成本罪,但在具体量刑时可以作为酌定情节予以考虑。

3.犯罪客体

本罪侵犯的客体是工厂、企业等单位的劳动安全,即劳动者的生命、健康和重大公私财产的安全。其表现为安全生产设施或者安全生产条件不符合国家规定,因而发生重大伤亡事故或者造成其他严重后果。

4.客观方面

本罪在客观方面表现为工厂、企业等单位的劳动安全设施或安全生产条件不符合国家规定,因而发生重大伤亡事故或造成其他严重后果。

安全生产设施是指用于保护劳动者人身安全的各种设施、设备,如防护网、紧急逃生通道等。安全生产条件主要是指保障劳动者安全生产、作业必不可少的安全防护用品和措施,如用于防毒、防爆、防火、通风等用品和措施等。

不符合国家规定包括的情形较广泛,如有的生产经营单位新建或改扩建工程的安全设施未依法经有关部门审查批准,擅自投入生产或使用;有的不为工人提供法定必要的劳动、防护用品;有的不具备安全生产条件或存在重大事故隐患,被行政执法机关责令停产、停业或者取缔、关闭后,仍强行生产经营等。

(三)认定标准

1. 立案标准

《刑事案件立案追诉标准(一)》第 10 条规定:“[重大劳动安全事故案(刑法第一百三十五条)]安全生产设施或者安全生产条件不符合国家规定,涉嫌下列情形之一的,应予立案追诉:

(一)造成死亡一人以上,或者重伤三人以上;

(二)造成直接经济损失五十万元以上的;

(三)发生矿山生产安全事故,造成直接经济损失一百万元以上的;

(四)其他造成严重后果的情形。”

2. 量刑标准

《刑法》第 135 条规定:“安全生产设施或者安全生产条件不符合国家规定,因而发生重大伤亡事故或者造成其他严重后果的,对直接负责的主管人员和其他直接责任人员,处三年以下有期徒刑或者拘役;情节特别恶劣的,处三年以上七年以下有期徒刑。”

《危害生产安全刑事案件司法解释》第 6 条第 1 款规定:“实施刑法……第一百三十五条……规定的行为,因而发生安全事故,具有下列情形之一的,应当认定为‘造成严重后果’或者‘发生重大伤亡事故或者造成其他严重后果’,对相关责任人员,处三年以下有期徒刑或者拘役:

(一)造成死亡一人以上,或者重伤三人以上的;

(二)造成直接经济损失一百万元以上的;

(三)其他造成严重后果或者重大安全事故的情形。”

第 7 条第 1 款规定:“……具有下列情形之一的,对相关责任人员,处三年以上七年以下有期徒刑:

(一)造成死亡三人以上或者重伤十人以上,负事故主要责任的;

(二)造成直接经济损失五百万元以上,负事故主要责任的;

(三)其他造成特别严重后果、情节特别恶劣或者后果特别严重的情形。”

第 12 条规定:“……具有下列情形之一的,从重处罚:

(一)未依法取得安全许可证件或者安全许可证件过期、被暂扣、吊销、注销后从事生产经营活动的;

（二）关闭、破坏必要的安全监控和报警设备的；

（三）已经发现事故隐患，经有关部门或者个人提出后，仍不采取措施的；

（四）一年内曾因危害生产安全违法犯罪活动受过行政处罚或者刑事处罚的；

（五）采取弄虚作假、行贿等手段，故意逃避、阻挠负有安全监督管理职责的部门实施监督检查的；

（六）安全事故发生后转移财产意图逃避承担责任的；

（七）其他从重处罚的情形。

实施前款第五项规定的行为，同时构成刑法第三百八十九条规定的犯罪的，依照数罪并罚的规定处罚。”

二、实务要点与典型案例

实务要点1 | 管理人员指挥作业时，未按规定采取相关安全防护措施，导致事故的，可能触犯本罪。

典型案例1

河北省晋州市人民法院(2019)冀0183刑初550号
牛某重大劳动安全事故案

[案情介绍]

被告人牛某与其妻子宋某注册成立某钢结构有限公司，被告人牛某系该公司监事，被告人牛某雇佣刘某1、刘某2、秘某三人在某厂南邻的库房修房顶，牛某指挥作业时，因未按规定采取相关安全防护措施，导致彩钢板下滑时将在库房顶上施工的刘某1撞下房顶摔到地面，致使刘某1经抢救无效死亡。经鉴定，刘某1符合高坠致颅脑损伤死亡。

[法院认为]

被告人牛某在指挥建筑施工作业过程中，违反《建筑施工高处作业安全技术规范》的规定，未采取任何安全防范措施，因而发生重大伤亡事故，致一人死亡，其行为已构成重大劳动安全事故罪，应予惩处。鉴于被告人牛某的家属积极赔偿死者家属部分经济损失，庭审中被告人牛某自愿认罪认罚，可酌情从轻处罚。

[裁判结果]

牛某犯重大劳动安全事故罪，判处有期徒刑1年6个月。

实务要点2 **生产作业过程中，应排除施工现场环境引起安全隐患。一旦发生事故，可能触犯本罪。**

典型案例2

广东省英德市人民法院(2019)粤1881刑初382号
陈某重大劳动安全事故案

[案情介绍]

被告人陈某未办理建筑资质于2017年8月27日承包到某经济合作社整洁村建设工程，后雇请胡某、李某等人到工地施工。被告人陈某明知施工现场有一条废旧且存在危险(围墙已标注“拆”)的围墙，且未先拆除废旧的围墙、未制定安全生产制度及未采取安全措施，就安排胡某、李某等人在围墙附近开挖水沟及安装排污管。2017年9月10日17时许，胡某在上述围墙旁边安装排污水管时，被突然发生倒塌的围墙掩埋致死。后经英德市应急管理局认定，该事故为生产安全事故，责任人陈某违法承包，安全生产主体责任不落实，盲目施工，在事故中负主要责任。被告人陈某于2019年1月29日被网上追逃，并在南海区被抓获。

[法院认为]

被告人陈某在生产作业过程中，因劳动安全生产设施及安全生产条件不符合国家规定，发生重大伤亡事故，导致一人死亡，其行为已构成重大劳动安全事故罪。英德市人民检察院指控被告人陈某的犯罪事实清楚、证据确实充分、适用法律正确、罪名成立，应予采纳。关于被告人陈某及其辩护人在庭审中提出被告人具有自首情节的问题，经查被告人陈某是经网上追逃后被当场抓到，从而到案，不属于自首，对该项辩护意见不予采纳。鉴于被告人陈某为初犯，具有坦白情节，故依法可予从轻处罚。

[裁判结果]

被告人陈某犯重大劳动安全事故罪，判处有期徒刑1年。

实务要点 3 | **项目负责人、工地安全员属于《刑法》第 135 条所称的“直接负责的主管人员和其他直接责任人员”。**

典型案例 3

内蒙古自治区赤峰市翁牛特旗人民法院(2018)内 0426 刑初 110 号张某 1 重大劳动安全事故案

[案情介绍]

2017 年 5 月 18 日,施工单位承揽某公司竖井维护相关劳务工程,并签订《施工协议书》,施工项目部负责人被告人张某 1 雇佣郑某、徐某、于某等人施工,聘请被告人张某 2 为安全员,负责安全生产工作。2017 年 7 月 29 日 9 时许,郑某同徐某、于某在矿井从事井口加固工程时,由于安全设施不符合标准,管理不到位,造成矿井铁架倒塌,致使郑某坠井死亡。经鉴定,郑某系因钝性外力作用造成重度颅脑损伤、心脏破裂、肺脏破裂、肝脏破裂、脾脏破裂而死亡。

[法院认为]

被告人张某 1 作为工程直接负责的主管人员,因其施工安全生产设施和安全生产条件不符合国家规定,因而发生重大伤亡事故,致一人死亡,其行为已构成重大劳动安全事故罪。被告人张某 2 作为工程的安全员,明知竖井维护施工中所使用的安全生产设施为原有设备,未进行安全检查即安排工人进行施工作业,明知施工中应督促工人使用安全带而未尽到管理义务,未对风险隐患进行制止和消除,因而发生重大伤亡事故,致一人死亡,其行为已构成重大劳动安全事故罪。

[裁判结果]

被告人张某 1、张某 2 犯重大劳动安全事故罪,判处有期徒刑 1 年,缓刑 2 年。

实务要点4　企业法人属于《刑法》第135条所称的"直接负责的主管人员和其他直接责任人员"。

典型案例4

陕西省汉中市中级人民法院(2013)汉中刑终字第00099号 王某劳动安全事故案

[案情介绍]

2010年10月12日,被告人王某以某公司法定代表人的身份与发包人签订了租赁土地10.8亩的协议,此后王某在相关土地、电力部门审批、使用手续未办理、未批准的情况下,明知没有相关土地审批、无地勘、无设计、无监理、施工单位无资质,擅自动工修建公司厂房,后被汉中市国土资源局经济开发区分局、汉中市兴元新区土地执法监察大队指出其建设违法,要求其停止施工,并对其予以行政处罚。但王某不接受行政处罚,仍未办理任何建设手续,在无安全管理人员、无安全管理制度、施工现场有重大安全隐患,又未采取有效的安全措施的情况下继续让工人施工作业。2013年2月20日12时许,工人许某在租用土地内修建厂房施工作业过程中触及高压电线,被电击身亡(殁年27岁)。

[法院认为]

王某作为企业法定代表人,企业在无施工资质,未经审批进行建筑施工,在安全生产设施、安全生产条件不符合国家规定的情况下组织工人施工,因而在施工过程中发生一名工人触电死亡的伤亡事故,王某对该事故的发生负有直接责任,其行为构成重大劳动安全事故罪。

[裁判结果]

王某犯重大劳动安全事故罪,判处有期徒刑6个月,宣告缓刑1年。

三、风险防范建议

应注意,现行《刑法》第135条删除了"经有关部门或者单位职工提出后,对事故隐患仍不采取措施"的表述,即发生本罪不以有关部门或职工提出为前提,责任人应自主检查、发现、清理隐患,并确保施工条件和施工设施符合安全规范。

具体到建设工程施工企业,触犯本罪高风险的人为:(1)企业法人;(2)企业分管安全的负责人;(3)项目经理;(4)专职安全员;(5)其他实际负责人,如实际施工人的具体管理人员等。

依据《安全生产法》《建设工程安全生产管理条例》《安全生产许可证条例》等文件，施工企业应具备三类安全员：A类安全员指施工单位主要负责人，包括法人、经理、分管安全负责人等；B类安全员指项目负责人，包括项目经理（建造师）、项目负责人等；C类安全员指专职负责现场安全生产的安全员。持有三类安全员证书的人员，为安全负责。

作为企业的经营者、管理者、直接负责人，应当从以下角度规范生产：(1)取得相应行政许可证（如安全生产许可证）再进行生产；(2)建立完善公司安全生产管理制度和操作规程；(3)对员工进行上岗前的充分组织培训，可以开展线上和线下的多种方式进行安全培训；(4)对场地和生产设备进行安全隐患的排查工作，作业场所设置相应的检测、监控、通风、调温、防火、灭火、防静电等安全设施、设备；(5)落实作业时的安全防护措施，最大限度地降低事故发生率。

作为安全负责人，应当严格按照相关安全规范作业，建立动态安全监管体系。严格做好施工人员的三级安全教育。任何环节的施工作业，应先进行安全教育、隐患排查，再施工作业。施工作业期间，安全员不得擅离现场。

安全工作的价值在于避免发生安全事故，在实践中为安全管理投入资源多与投入资源少，可能短期不一定有影响，投入资源少，反而可以获得更多经济利益。作为安全管理者来说，一定要避免这种侥幸心理。

如果对安全生产保持敬畏的心态，安全管理并不难，按相关规范要求执行即可。

第六章

施工过程中的刑事风险防范指引

建设工程十分庞杂，从投资规划到现场施工，在一个完整的工程链中涉及项目审批、勘察设计、工程施工、竣工验收、价款审计与结算等多方主体和多个环节，具有投资大、工期长、质量严、风险高的特点。而施工企业更具特殊性，如建筑市场的低门槛和粗放性，又如施工企业处于建工产业链的最末端，所以相较于其他环节，施工企业又具有更大的风险性。所以，施工企业圈内不少人说："明知山有虎，也向虎山行"；"无论你看或不看，风险就摆在面前"；"生存的'潜规则'，不得不让行于行业的'潜规则'"；"一个工程建起来，一批工程人倒下去"。这是对建设工程领域施工企业以及从业人员刑事犯罪高发的"形象"总结。如果说整个建设工程领域是刑事风险的旋涡，那么，施工企业就是刑事风险旋涡的中心；如果说施工企业是刑事犯罪的高发地，那么，施工阶段则是刑事犯罪的"制高点"。

本章包含重大安全责任事故罪，污染环境罪，消防责任事故罪，不报、谎报安全事故罪，高利转贷罪，拒不支付劳动报酬罪，强令违章冒险作业罪，重大劳动安全事故罪八个易发、频发、高发的罪名。

阅读本章需要注意以下几点：(1)犯罪构成的权威性和前沿性相结合。犯罪构成要件均是编者参考了全国人民代表大会常务委员会法制工作委员会以及最高院、最高检等发布的司法解释、著作和观点，具有权威性；同时又吸收了部分新思想、新观点，与时俱进，与时代前沿保持一致。(2)相关案例的代表性和指导性相结合。本章的刑事案例，均是编者集体研究、精心筛选的结果，力求具有代表性和指导性。通过对相关案例的学习和分析，可以达到对建设工程领域以及施工阶段常见易发刑事犯罪的基本掌握和全面了解。(3)风险防范和分析的实用性和参考性。在对犯罪构成理论和相关案例分析的基础上，在进一步结合犯罪构成理论与案例暴露出来的显著问题的前提下，提出了分析防范建议，具有很强的实用价值和参考价值。

第一节　重大责任事故罪实务要点与风险防范

一、罪状描述、犯罪构成要件与认定标准

(一)罪状描述

重大责任事故罪属于危害公共安全罪中的一项罪名，根据《刑法》第134条的

规定,重大责任事故罪是指在生产、作业中违反有关安全管理的规定,因而发生重大伤亡事故或者造成其他严重后果的行为。构成本罪的,处3年以下有期徒刑或者拘役;情节特别恶劣的,处3年以上7年以下有期徒刑。

(二)犯罪构成要件

1. 犯罪主体

本罪的主体是自然人,单位不能成为本罪的主体。

《刑法》原第134条规定重大责任事故罪的主体是工厂、矿山、林场、建筑企业或其他企业、事业单位的职工,《刑法修正案(六)》对上述主体部分进行了删除,不再对重大责任事故罪的主体作具体规定,旨在扩大本罪的犯罪主体。根据《危害生产安全刑事案件司法解释》第1条的规定,本罪的主体包括对生产、作业负有组织、指挥或者管理职责的负责人、管理人员、实际控制人、投资人等人员,以及直接从事生产、作业的人员。

从以上重大责任事故罪主体规定的演变可以看出,本罪的主体已经扩大到在各类生产经营活动中从事生产、作业及其指挥管理的人员,既包括1997年《刑法》规定的工厂、矿山、林场、建筑企业或者其他企业、事业单位的职工,也包括其他生产、经营单位的人员、个体经营户、群众合作经营组织的生产、管理人员,甚至违法经营单位、无照经营单位的生产、作业及其指挥管理人员等。只要在生产、作业中违反有关安全管理的规定,造成不特定人员伤亡或公私财产重大损害的,无论其生产、作业性质,均可以构成该罪。①

具体到建设工程领域,建设工程安全生产责任贯穿于整个工程建设的全过程,建设单位负责人、勘察员、设计员、工程监理员、项目经理、安全质量管理员、技术负责人、施工作业人员等所有与建设工程安全生产相关的责任主体均能成为本罪的犯罪主体。《建筑法》第47条规定:“建筑施工企业和作业人员在施工过程中,应当遵守有关安全生产的法律、法规和建筑行业安全规章、规程……”《建设工程安全生产管理条例》第4条规定:“建设单位、勘察单位、设计单位、施工单位、工程监理单位及其他与建设工程安全生产有关的单位,必须遵守安全生产法律、法规的规定,保证建设工程安全生产,依法承担建设工程安全生产责任。”

---

① 郎胜主编:《中华人民共和国刑法释义》,法律出版社2015年版,第172页。

2. 主观方面

本罪的主观方面是过失，表现为过于自信的过失和疏忽大意的过失。即行为人应当预见到自己的行为可能发生重大人身伤亡事故或者造成其他严重后果，因为疏忽大意没有预见或者已经预见而轻信能够避免而没有采取相应措施以致发生这种结果。

3. 犯罪客体

本罪侵犯的客体是侵犯的客体是公司、企业、事业单位的生产安全。

4. 客观方面

本罪的客观方面表现为在生产、作业中违反有关安全管理的规定，因而发生重大伤亡事故或造成严重后果。其主要有三个方面：一是在生产、作业中违反了有关安全管理的规定。行为人必须具有违反安全管理规定的行为，如不服从管理，不听从指挥，不遵守操作规程和工艺设计要求，擅离岗位，盲目蛮干等，可以作为和不作为方式实施。二是行为人违反安全管理规定的行为必须发生在生产过程中并与生产、作业有直接联系。三是必须引起了重大伤亡事故或造成其他严重后果。

本罪涉及的“有关安全管理规定”的理解，根据最高院《关于进一步加强危害生产安全刑事案件审判工作的意见》第7条之规定，“认定相关人员是否违反有关安全管理规定，应当根据相关法律、行政法规，参照地方性法规、规章及国家标准、行业标准，必要时可参考公认的惯例和生产经营单位制定的安全生产规章制度、操作规程”。具体可以归纳为以下四种：其一，国家制定颁布的与安全生产有关的法律、法规等规范性文件；其二，行业及其管理机关制定的有关安全生产、作业的规章制度、操作章程等政策性文件；其三，企业、事业单位内部制定的各类有关安全生产作业的细则、操作规范指引等；其四，在实际中为行业或职工所公认的行之有效的操作习惯和惯例。建设工程领域的安全管理规定包括但不限于：《建筑法》《安全生产法》《建设工程安全生产管理条例》《建筑施工安全检查标准》《危险性较大的分部分项工程安全管理办法》《建筑施工高处作业安全技术规范》《施工现场临时用电安全技术规范》《建筑机械使用安全技术规程》《建筑施工模板安全技术规范》等。

本罪违反有关安全管理规定的行为须与事故结果之间具有因果关系。对于因果关系的认定，可结合最高院《关于进一步加强危害生产安全刑事案件审判工作的意见》第8条之规定来进行认定，即“多个原因行为导致生产安全事故发生的，在区分直接原因与间接原因的同时，应当根据原因行为在引发事故中所具作用的大小，分清主要原因与次要原因，确认主要责任和次要责任，合理确定罪责。一般情况下，对生产、作业负有组织、指挥或者管理职责的负责人、管理人员、实际控制人、投资人，违反有关安全生产管理规定，对重大生产安全事故的发生起决定性、关键性作用的，应当承担主要责任。对于直接从事生产、作业的人员违反安全管理规定，发生重大生产安全事故的，要综合考虑行为人的从业资格、从业时间、接受安全生产教育培训情况、现场条件、是否受到他人强令作业、生产经营单位执行安全生产规章制度的情况等因素认定责任，不能将直接责任简单等同于主要责任。对于负有安全生产管理、监督职责的工作人员，应根据其岗位职责、履职依据、履职时间等，综合考察工作职责、监管条件、履职能力、履职情况等，合理确定罪责”。

本罪属于结果犯，须发生“重大伤亡事故或者造成其他严重后果”。根据《危害生产安全刑事案件司法解释》第 6 条之规定，在生产、作业中违反有关安全管理的规定因而发生安全事故，具有下列情形之一的，应当认定为“造成严重后果”或者“发生重大伤亡事故或者造成其他严重后果”：(1)造成死亡 1 人以上，或者重伤 3 人以上的；(2)造成直接经济损失 100 万元以上的；(3)其他造成严重后果或者重大安全事故的情形。

（三）认定标准

1. 立案标准

《刑事案件立案追诉标准（一）》第 8 条规定：“[重大责任事故案（刑法第一百三十四条第一款）]在生产、作业中违反有关安全管理的规定，涉嫌下列情形之一的，应予立案追诉：（一）造成死亡一人以上，或者重伤三人以上；（二）造成直接经济损失五十万元以上的；（三）发生矿山生产安全事故，造成直接经济损失一百万元以上的；（四）其他造成严重后果的情形。”

2. 量刑标准

根据《刑法》第 134 条的规定，犯本罪的，处 3 年以下有期徒刑或者拘役；情节特别恶劣的，处 3 年以上 7 年以下有期徒刑。

(1)“造成严重后果”或“重大伤亡事故或者造成其他严重后果”的认定

根据《危害生产安全刑事案件司法解释》第 6 条之规定，在生产、作业中违反有关安全管理的规定因而发生安全事故，具有下列情形之一的，应当认定为“造成严重后果”或“发生重大伤亡事故或者造成其他严重后果”，对相关责任人员，处三年以下有期徒刑或者拘役：①造成死亡 1 人以上，或者重伤 3 人以上的；②造成直接经济损失 100 万元以上的；③其他造成严重后果或者重大安全事故的情形。

（2）“情节特别恶劣”的认定

根据《危害生产安全刑事案件司法解释》第 7 条之规定，在生产、作业中违反有关安全管理的规定，因而发生安全事故，具有下列情形之一的，对相关责任人员，处3 年以上 7 年以下有期徒刑：①造成死亡 3 人以上或者重伤 10 人以上，负事故主要责任的；②造成直接经济损失 500 万元以上，负事故主要责任的；③其他造成特别严重后果、情节特别恶劣或者后果特别严重的情形。

最高院《关于进一步加强危害生产安全刑事案件审判工作的意见》第 14 条规定，发生矿山生产安全事故，造成“重大伤亡事故或者其他严重后果”，同时具有下列情形之一的，也可以认定为《刑法》第 134 条规定的“情节特别恶劣”：①非法、违法生产的；②无基本劳动安全设施或未向生产、作业人员提供必要的劳动防护用品，生产、作业人员劳动安全无保障的；③曾因安全生产设施或者安全生产条件不符合国家规定，被监督管理部门处罚或责令改正，1 年内再次违规生产致使发生重大生产安全事故的；④关闭、故意破坏必要安全警示设备的；⑤已发现事故隐患，未采取有效措施，导致发生重大事故的；⑥事故发生后不积极抢救人员，或者毁灭、伪造、隐藏影响事故调查的证据，或者转移财产逃避责任的；⑦其他特别恶劣的情节。

（3）其他量刑考虑因素

最高院《关于进一步加强危害生产安全刑事案件审判工作的意见》第 13 条规定：“审理危害生产安全刑事案件，应综合考虑生产安全事故所造成的伤亡人数、经济损失、环境污染、社会影响、事故原因与被告人职责的关联程度、被告人主观过错大小、事故发生后被告人的施救表现、履行赔偿责任情况等，正确适用刑罚，确保裁判法律效果和社会效果相统一。”

第一，从重处罚。

根据《危害生产安全刑事案件司法解释》第 12 条之规定，在生产、作业中违反有关安全管理的规定，因而发生安全事故，具有下列情形之一的，从重处罚：①未依法取得安全许可证件或者安全许可证件过期、被暂扣、吊销、注销后从事生产经营活动的；②关闭、破坏必要的安全监控和报警设备的；③已经发现事故隐患，经有关部门或者个人提出后，仍不采取措施的；④一年内曾因危害生产安全违法犯罪活动受过行政处罚或者刑事处罚的;⑤采取弄虚作假、行贿等手段,故意逃避、阻挠负有安全监督管理职责的部门实施监督检查的;⑥安全事故发生后转移财产意图逃避承担责任的;⑦其他从重处罚的情形。

最高院《关于进一步加强危害生产安全刑事案件审判工作的意见》第15条规定:“相关犯罪中,具有以下情形之一的,依法从重处罚:(一)国家工作人员违反规定投资入股生产经营企业,构成危害生产安全犯罪的;(二)贪污贿赂行为与事故发生存在关联性的;(三)国家工作人员的职务犯罪与事故存在直接因果关系的;(四)以行贿方式逃避安全生产监督管理,或者非法、违法生产、作业的;(五)生产安全事故发生后,负有报告职责的国家工作人员不报或者谎报事故情况,贻误事故抢救,尚未构成不报、谎报安全事故罪的;(六)事故发生后,采取转移、藏匿、毁灭遇难人员尸体,或者毁灭、伪造、隐藏影响事故调查的证据,或者转移财产,逃避责任的;(七)曾因安全生产设施或者安全生产条件不符合国家规定,被监督管理部门处罚或责令改正,一年内再次违规生产致使发生重大生产安全事故的。”

第二,从轻处罚。

根据《危害生产安全刑事案件司法解释》第13条之规定,在生产、作业中违反有关安全管理的规定,因而发生安全事故,但在安全事故发生后积极组织、参与事故抢救,或者积极配合调查、主动赔偿损失的,可以酌情从轻处罚。

第三,适用缓刑、减刑、假释。

最高院《关于进一步加强危害生产安全刑事案件审判工作的意见》第17条规定:“对于危害后果较轻,在责任事故中不负主要责任,符合法律有关缓刑适用条件的,可以依法适用缓刑,但应注意根据案件具体情况,区别对待,严格控制,避免适用不当造成的负面影响。”第18条规定:“对于具有下列情形的被告人,原则上不适用缓刑:(一)具有本意见第14条、第15条所规定的情形的;(二)数罪并罚的。”

第四,就业禁止。

《危害生产安全刑事案件司法解释》第16条规定:“对于实施危害生产安全犯罪适用缓刑的犯罪分子,可以根据犯罪情况,禁止其在缓刑考验期限内从事与安全生产相关联的特定活动;对于被判处刑罚的犯罪分子,可以根据犯罪情况和预防再犯罪的需要,禁止其自刑罚执行完毕之日或者假释之日起三年至五年内从事与安全生产相关的职业。”

二、实务要点与典型案例

实务要点1　工程的发包人、承包人、现场负责人，违反安全管理法规，不履行各自职责，未落实安全措施，均构成重大责任事故罪。

典型案例1

上海市浦东新区人民法院（2012）浦刑初字第5210号
秦某、姚某、吴某重大责任事故案

［案情介绍］

上海秦某建筑安装工程有限公司（以下简称秦某公司）经营范围为建筑工程施工、轻钢结构、彩钢板的制造、加工、销售、安装等，其无建筑施工资质，无安全生产许可证，被告人秦某系法定代表人。2012年年初，被告人吴某在未审核建筑施工资质、未办理施工许可证的情况下，与被告人秦某签订合同，由秦某公司承建上海某公司的门卫间改建工程。之后，被告人姚某作为秦某公司的现场施工负责人招募了蔡某、刘某等人，在未进行安全技术培训的情况下即安排进场施工。3月29日，被告人姚某安排没有取得高处作业操作证的刘某等人在二层顶（约9.5米高）处铺设钢结构楼层板，刘某不慎坠落至地面，致颅脑损伤死亡。

［法院认为］

被告人秦某作为施工单位的主要负责人，在没有取得资质的前提下承接建筑项目，未落实安全措施，未对从业人员进行安全生产教育和培训，对施工现场的安全状况疏于管理，对于事故发生负有管理责任；被告人姚某作为施工单位的现场负责人，在施工过程中，随意招募施工人员，安排无证人员进行高处作业，导致事故发生，是事故发生的直接责任人员；被告人吴某将建筑施工项目发包给不具备资质的秦某公司承建，未审核施工单位的安全生产条件，未履行安全管理职责，对于事故发生负有监督和管理责任；尤其要指出的是，被告人吴某的行为虽然没有直接导致事故发生，但其违规发包等行为与事故最终发生存在密不可分的关系，也与本案损害后果的发生存在间接因果关系。上述3名被告人作为工程的发包方、建设方，违反安全管理法规，不履行及消极履行各自的职责，最终导致伤亡事故发生，其行为已符合重大责任事故罪的构成要件，依法应予惩处。

[裁判结果]

1. 被告人秦某犯重大责任事故罪,判处有期徒刑9个月,缓刑1年。

2. 被告人姚某犯重大责任事故罪,判处有期徒刑9个月,缓刑1年。

3. 被告人吴某犯重大责任事故罪,判处拘役6个月,缓刑6个月。

实务要点2　发包人擅自改变工程规划设计,承包人出借资质,监理人不履行职责,实际施工人组织无证人员上岗,共同构成重大责任事故罪。

典型案例2

湖北省襄阳市中级人民法院(2015)鄂襄阳中刑终字第00241号郭某、赵某、杜某、衡某、刘某、邹某重大责任事故案

[案情介绍]

2012年7月6日,某大酒店总经理即被告人郭某与个体建筑商即被告人衡某签订协议,将某大酒店工程的土建及主体工程发包给衡某承建。某城乡建设局在明知该项目未办理《建设工程规划许可证》的情况下,在放线请示上补签同意。2013年3月27日,某大酒店交纳配套费200万元后,某城乡规划管理局为项目补办了《建设工程规划许可证》。因衡某无建筑资质,无法到建设主管部门办理相关审批手续。为顺利办理相关审批手续,2012年11月26日,某大酒店的法定代表人王某与有建筑施工资质的某建筑工程有限公司的法定代表人余某签订建设工程合同,合同约定由某建筑公司负责承建某公寓项目土建及主体工程,并交纳了质量保证金10万元。某建筑公司分公司负责人即被告人邹某负责对该项目工地安全、质量和工程进度进行管理。

2012年11月27日,郭某与邹某签订《建筑工程施工责任书》,由郭某本人承建某公寓项目的土建及主体工程。后郭某将该项目土建及主体工程转包给衡某,某建筑公司于2012年12月10日以通知成立工程项目部的形式,任命衡某为该项目部负责人及安全员。衡某实际为该项目施工方的单包人和负责人,负责施工现场的工程质量和安全管理,衡某担任该项目施工工地的安全员。衡某又聘请被告人赵某为项目施工现场技术负责人,具体负责施工现场技术及生产安全管理。

2012年12月19日,郭某与某工程建设监理有限公司法定代表人即被告人刘某签订监理合同,由刘某等人对该项目进行监理。因监理公司不具备14层楼房

以上的监理资质，刘某找到某工程建设监理有限公司总经理耿某，要求借用该公司的资质，耿某同意。后某工程建设监理有限公司公司下达文件通知成立工程项目部监理部，负责对该项目进行监理，并下文任命刘某任该项目总监理工程师、刘某1为现场监理工程师、吴某为旁站监理员。

2013年4月，郭某持伪造的南漳县城乡规划管理局批复文件，变更工程项目的原规划设计，变更设计了工程项目及附属商业用房的施工图（未经图审及消防审查），将23层、24层的二栋酒店式公寓改为4层（局部5层）的商业用房，增加商业用房天井部分。

2013年10月1日，衡某、赵某等人组织不具备特种行业从业资格的架子工即被告人杜某等人，在未制定高支模安全施工方案的情况下，开始搭设附属商业用房中厅高大模板支撑脚手架，致使搭设的模板支撑体系存在严重安全隐患。

2013年4月至10月，安监站、质量监督检测站针对该项目存在的违规建设及安全隐患等问题，多次下达整改通知和停工通知，衡某、赵某、刘某、郭某、邹某等人未按要求停工整改，致使安全隐患一直未得到纠正。

刘某、刘某1、吴某等监理人员在施工现场监理中，在工程内容发生重大变更时，未履行监理方的责任，对项目监理工作失管；没有建立危险性较大的分部分项工程安全管理制度，对不符合标准搭设的模板支撑系统，既不制止，也不报告；旁站监理不到位，现场施工监管失控；未对施工现场特种作业人员从业资质进行审核，致使高大模板架体搭设由不具备特种作业从业资格的架子工杜某等人负责完成；对施工单位未编制高大模板支撑系统安全专项方案擅自组织施工的行为未采取监理措施予以制止，在施工单位未报送混凝土浇筑专项施工方案、未签署浇筑令的情况下，未对支撑架体进行安全检查验收，放任施工人员进行混凝土浇筑作业。2013年11月20日上午，赵某在明知该分部分项工程没有按要求组织制订高大支模的安全专项施工方案的情况下，也未确认模板支撑体系是否具备混凝土浇筑的安全生产条件、未签署混凝土浇筑令、未制定和落实模板支撑体系位移的检测监控及施工应急救援预案等安全保证措施的情况下，便开始实施混凝土浇筑。当日18时许，施工工人进行混凝土浇筑时模板支撑体系发生坍塌，致使工人王某、陈某、聂某等7人当场死亡，赵某等2人重伤、3人轻伤。

［法院认为］

工程项目的投资方、建设方，未办理《建设工程规划许可证》以及安全、质量监督手续，借用他人施工资质，违规分包工程，聘请无建筑工程施工资质人员承建工程施工，擅自改变工程规划设计；项目现场技术负责人，无建筑施工相关资质，不组织制订安全专项施工方案，也未确认是否具备混凝土浇筑的安全生产条件，没有制定检测监控及施工应急救援预案等安全保证措施，明知存在安全隐患，仍冒险组织浇筑混凝土；项目建设的组织者，无特种作业资质，违规上岗，不编制专项施工方案，并组织无特种作业资质人员施工；项目的实际施工人，没有建筑工程施工资质，聘请无相关资质的人员担任施工现场技术负责人、安全管理人员，负责技术与安全，并任用无特种作业资质的人员上岗作业；监理公司，违法挂靠承揽工程项目的监理业务，且在工程项目内容发生重大变更时，不履行监理方的责任，对不符合标准项目监理不到位；承包方负责人，违法出借资质，不安排有资质人员在工程项目从事施工管理，对违法分包不制止，安排非公司人员为项目负责人、安全员，对项目工程质量和安全生产管理不到位，共同构成重大责任事故罪。

［裁判结果］

驳回上诉，维持原判。

实务要点3　**抢工期赶进度，不按工程技术规范，造成安全生产事故，构成重大责任事故罪。**

典型案例3

漳州市龙文区人民法院（2017）闽0603刑初89号
汪某、黄某重大责任事故案

［案情介绍］

2015年5月，被告人汪某挂靠某建设公司竞标漳州市龙文区某花园二期4#、5#、8#、9#楼、配电室及其地下室工程（以下简称某花园二期工程），于同年8月1日由汪某1（另案处理）与某建设工程公司签订施工承包合同。同年9月28日，汪某、汪某1决定开挖某花园二期工程塔吊基础，后交由施工员被告人黄某执行。施工过程中，为抢工期进度，不按工程技术规范，指定工地现场施工员被告人黄某进行塔吊坑基底座施工，因违反有关安全管理规定，放坡角度过陡，当日21时许基坑南侧侧壁土体出现塌方，造成工人肖某、许某被掩埋后死亡的安全生产事故。

［法院认为］

被告人汪某承接某花园二期工程项目，在施工过程中违反有关安全管理规定，为抢工期进度，指令工地现场施工员被告人黄某进行塔吊基础施工，因而发生重大伤亡事故，致2人死亡，被告人汪某、黄某的行为均已构成重大责任事故罪，依法应予追究其刑事责任。

［裁判结果］

1. 被告人汪某犯重大责任事故罪，判处有期徒刑2年，缓刑2年6个月；

2. 被告人黄某犯重大责任事故罪，判处有期徒刑1年6个月，缓刑2年。

实务要点4　项目负责人不履行管理责任，安全负责人不履行安全责任，安全员无资质，造成重大事故，均构成重大责任事故罪。

典型案例4

广东省深圳市中级人民法院(2019)粤03刑终510号
黄某、李某、徐某重大责任事故案

［案情介绍］

被告人黄某系某铝业工程有限公司（以下简称铝业公司）某地铁科技大厦项目）的项目经理，全面负责项目运营中的各项工作。被告人李某系该项目的安全主任，负责项目运营中的安全管理工作。被告人徐某系该项目塔楼安装队的安全员，负责塔楼施工安全管理工作。李某在担任地铁科技大厦项目安全主任的同时，还在铝业公司的其他项目担任项目经理，没有专职履行该项目的安全管理工作。徐某作为该项目塔楼安装队的安全员，没有取得建筑施工安全生产管理资质，同时还担任塔楼安装队的电工，没有专职全面正确履行该项目塔楼施工的安全管理工作。黄某明知李某、徐某的履职行为存在上述问题，而未采取有效措施消除安全管理工作隐患。傅某1、陈某1两人操作吊篮时被甩出吊篮，自然坠落至地面，导致傅某1死亡、陈某1受伤的重大伤亡事故。经鉴定，傅某1符合高坠致全身多脏器损伤死亡，陈某1的损伤程度为轻伤一级。

［法院认为］

被告人黄某作为项目负责人，对项目安全、人员负有管理责任，明知项目存在安全隐患，仍不整改处理；被告人李某作为安全主任，未按岗位职责全职履行安全责任；被告人徐某在缺乏资质的情况下，兼职担任涉案项目安全员，3名被告人均具有安全职责，未完全履行职责，对安全隐患未及时整改，对事故的发生均具有过

错，依法根据3名被告人的责任分工、过错程度在量刑时予以区分。案发前，在已经发现事故隐患的情况下，并经有关部门提出整改后，被告人黄某、李某、徐某仍不采取措施，依法应从重处罚。

[裁判结果]

驳回上诉，维持原判。

实务要点5 | 未取得建筑施工许可和消防设计审核，施工现场无消防设备，使用明知存在安全隐患的材料，发生重大事故，构成重大责任事故罪。

典型案例5

重庆市九龙坡区人民法院（2018）渝0107刑初947号 孙某、马某、耿某、戚某、胡某、刘某、杨某、秦某重大责任事故案

[案情介绍]

被告人孙某、耿某、马某作为某甲公司的股东，共同投资修建某主题馆，并将暖区建设、冷区建设、消防改建工程进行发包，三被告人在明知未取得建筑施工许可和消防设计审核的情况下，要求承建单位进场施工，在消防设施不能正常运转的情况下，未在施工现场放置必要的消防设备，未提供必要的安全施工条件；被告人孙某、马某违规将环氧地坪漆工程发包给无施工资质的被告人胡某，未对施工过程进行监管，导致施工过程中胡某再次将工程转包给被告人刘某；被告人耿某未对承建的冷区建设进行监督，由戚某在现场进行管理，导致戚某安排工人在不具备施工条件的情况下进场施工，并提供不具备安全条件的照明设备。三被告人作为对生产、作业负有管理职责的投资人，实施的上述违规行为，对事故的发生起到了关键性作用，应当承担事故的主要责任；被告人胡某以个人名义承接了环氧地坪漆工程后，又违法转包给了不具有施工资质的刘某，且未对工程进行监管，导致了事故的发生；被告人刘某在经查看现场发现不具备施工条件后，未提供具备安全生产条件的工具，且未对该工程进行有效监管，带领油漆工被告人杨某到该工程暖区进行环氧地坪漆施工作业；戚某违规向杨某提供不具备安全生产条件的移动式碘钨灯进行照明，在更换作业区域过程中，杨某明知使用碘钨灯进行照明存在安全隐患的情况下，仍拖拽放置于地面的插线板电源线，致使线路发生短路，产生的电火花引起机房内可燃蒸汽发生爆炸，随即引燃室内装修使用的大量聚氨

酯保温材料并扩大蔓延。由于施工区域的排烟管道、火灾自动报警探测器和自动喷水灭火系统等消防设施被秦某等人违规拆除或停用，初期火势未能得到有效控制，且常闭防火门处于开启状态，大量有毒浓烟通过孔洞、楼梯间等部位迅速扩散，最终造成被害人林某1、张某1、陈某1、吴某1、胡某1死亡。

［法院认为］

被告人孙某、马某、耿某、戚某、胡某、刘某、杨某、秦某在生产、作业中违反有关安全管理规定，因而发生重大事故，致5人死亡，造成直接财产损失800余万元，其中孙某、马某、耿某负事故的主要责任，属情节特别恶劣；戚某、胡某、刘某、杨某、秦某负事故的次要责任，8名被告人的行为均已构成重大责任事故罪，依法应予处罚。

［裁判结果］

1. 被告人孙某犯重大责任事故罪，判处有期徒刑3年。
2. 被告人马某犯重大责任事故罪，判处有期徒刑3年。
3. 被告人耿某犯重大责任事故罪，判处有期徒刑3年。
4. 被告人戚某犯重大责任事故罪，判处有期徒刑2年。
5. 被告人胡某犯重大责任事故罪，判处有期徒刑1年9个月。
6. 被告人刘某犯重大责任事故罪，判处有期徒刑1年9个月。
7. 被告人杨某犯重大责任事故罪，判处有期徒刑1年9个月。
8. 被告人秦某犯重大责任事故罪，判处有期徒刑1年9个月。

三、风险防范建议

（一）树立安全生产红线底线意识，管理人员和普通员工都要思想上高度重视安全

重大责任事故罪的主体包括各类生产经营活动中从事生产、作业及其指挥管理人员，而且既包括管理人员，也包括普通员工，施工行业又是重大责任事故易发区域，所以，任何人都有安全生产的责任，都是重大责任事故罪的犯罪主体，一旦在施工作业过程中造成了重大事故，都可能有承担刑事责任的风险。

（二）建立健全各项安全管理制度，并贯彻执行落实到位

施工企业涉及面广，可以根据法律法规及行业制度，结合自身实际和不同特点，制定与自己情况相适应的安全生产规章制度。同时，将这些规章制度贯彻落

实到工作实处。很多事故的发生都是因为规章制度仅仅挂在墙上,说在嘴上,而没有真正落实在行动上。

(三)落实安全施工岗前培训,提升施工人员安全意识

项目施工方应做好安全施工岗前培训,教育施工人员按照使用规则正确佩戴使用劳动防护用品,落实安全防护措施,确保施工人员对于安全准则及施工作业操作规程铭记于心、落实于行,从而提高施工作业人员的安全施工意识和风险意识,在一定程度上减少和避免违章指挥、违章作业、违反劳动纪律等现象的发生,合理规避风险隐患。

(四)加强对施工现场的安全管理和质量监督

作为施工企业,应当加强对施工现场的监督和管理,比如:选用符合相应资质的施工人员进场施工;要求作业人员落实安全防护措施、按要求佩戴安全帽、安全带等安全防护用品;提供符合安全保障标准的设施、施工机械设备以及材料;配置安全管理专员对施工作业进行现场监督;一旦发现问题,及时督导改正;等等。

(五)明确项目各方参与主体的责任,落实各自安全管理制度,各负其责

一旦发生重大责任事故,各方参与项目的主体,无论是发包人、承包人、实际施工人、监理人、勘察人、设计人,还是投资人、组织人、指挥人、管理人、负责人、一线直接工作人,都有可能成为“重大责任事故罪”的犯罪主体。为此,项目工程的各方参与方以及参与方的各部门人员,均应提高安全意识,认真落实安全管理,各负其责,分工配合,共同保障项目工程安全平稳实施。比如:生产管理人员,不盲目指挥,不作出不符合安全生产、作业要求的工作安排;普通职工服从管理,听从指挥,遵守操作规程和工艺设计要求,不盲目蛮干、擅离岗位等。

第二节　污染环境罪实务要点与风险防范

一、罪状描述、犯罪构成要件与认定标准

(一)罪状描述

污染环境罪是指违反国家规定,排放、倾倒或者处置有放射性的废物、含传染

病病原体的废物、有毒物质或者其他有害物质，严重污染环境，应受到刑事处罚的行为。《刑法》第338条规定，构成本罪的处3年以下有期徒刑或者拘役，并处或者单处罚金；后果特别严重的，处3年以上7年以下有期徒刑，并处罚金。

（二）犯罪构成要件

1.犯罪主体

本罪的主体为一般主体，即凡是达到刑事责任年龄具有刑事责任能力的人，均可构成本罪。单位也可以成为本罪主体。最高院、最高检等部门发布的《关于办理环境污染刑事案件有关问题座谈会纪要》第二部分第1条第2款认为，为了单位利益，实施环境污染行为，并具有下列情形之一的，应当认定为单位犯罪：(1)经单位决策机构按照决策程序决定的；(2)经单位实际控制人、主要负责人或者授权的分管负责人决定、同意的；(3)单位实际控制人、主要负责人或者授权的分管负责人得知单位成员个人实施环境污染犯罪行为，并未加以制止或者及时采取措施，而是予以追认、纵容或者默许的；(4)使用单位营业执照、合同书、公章、印鉴等对外开展活动，并调用单位车辆、船舶、生产设备、原辅材料等实施环境污染犯罪行为的。

2.主观方面

本罪在主观方面通常表现为故意，也可表现为过失。

《关于办理环境污染刑事案件有关问题座谈会纪要》第二部分第3条认为："判断犯罪嫌疑人、被告人是否具有环境污染犯罪的故意，应当依据犯罪嫌疑人、被告人的任职情况、职业经历、专业背景、培训经历、本人因同类行为受到行政处罚或者刑事追究情况以及污染物种类、污染方式、资金流向等证据，结合其供述，进行综合分析判断。

实践中，具有下列情形之一，犯罪嫌疑人、被告人不能作出合理解释的，可以认定其故意实施环境污染犯罪，但有证据证明确系不知情的除外：(1)企业没有依法通过环境影响评价，或者未依法取得排污许可证，排放污染物，或者已经通过环境影响评价并且防治污染设施验收合格后，擅自更改工艺流程、原辅材料，导致产生新的污染物质的；(2)不使用验收合格的防治污染设施或者不按规范要求使用的；(3)防治污染设施发生故障，发现后不及时排除，继续生产放任污染物排放的；(4)生态环境部门责令限制生产、停产整治或者予以行政处罚后，继续生产放任污染物排放的；(5)将危险废物委托第三方处置，没有尽到查验经营许可的义务，或者委托处置费用明显低于市场价格或者处置成本的;(6)通过暗管、渗井、渗坑、裂隙、溶洞、灌注等逃避监管的方式排放污染物的;(7)通过篡改、伪造监测数据的方式排放污染物的;(8)其他足以认定的情形。

3. 犯罪客体

本罪侵犯的客体是国家防治环境污染的管理制度。

4. 客观方面

本罪的客观方面表现为违反国家规定,排放、倾倒或者处置有放射性的废物、含传染病病原体的废物、有毒物质或者其他有害物质,严重污染环境的行为。

关于"违反国家规定",是指违反全国人民代表大会及其常务委员会制定的有关环境保护方面的法律以及国务院制定的相关行政法规。

关于"非法排放、倾倒、处置行为",《关于办理环境污染刑事案件有关问题座谈会纪要》第二部分第 8 条认为:"应当根据《固体废物污染环境防治法》和《环境解释》的有关规定精神,从其行为方式是否违反国家规定或者行业操作规范、污染物是否与外环境接触、是否造成环境污染的危险或者危害等方面进行综合分析判断。对名为运输、贮存、利用,实为排放、倾倒、处置的行为应当认定为非法排放、倾倒、处置行为,可以依法追究刑事责任。比如,未采取相应防范措施将没有利用价值的危险废物长期贮存、搁置,放任危险废物或者其有毒有害成分大量扬散、流失、泄漏、挥发,污染环境的。"

关于"有放射性的废物、含传染病病原体的废物",可以参照《关于办理环境污染刑事案件有关问题座谈会纪要》第二部分第 13 条中对"危险废物"的认定:"根据《环境解释》的规定精神,对于列入《国家危险废物名录》的,如果来源和相应特征明确,司法人员根据自身专业技术知识和工作经验认定难度不大的,司法机关可以依据名录直接认定。对于来源和相应特征不明确的,由生态环境部门、公安机关等出具书面意见,司法机关可以依据涉案物质的来源、产生过程、被告人供述、证人证言以及经批准或者备案的环境影响评价文件等证据,结合上述书面意见作出是否属于危险废物的认定。对于需要生态环境部门、公安机关等出具书面认定意见的,区分下列情况分别处理:(1)对已确认固体废物产生单位,且产废单位环评文件中明确为危险废物的,根据产废单位建设项目环评文件和审批、验收意见、案件笔录等材料,可对照《国家危险废物名录》等出具认定意见。(2)对已确认固体废物产生单位,但产废单位环评文件中未明确为危险废物的,应进一步分析废物产生工艺,对照判断其是否列入《国家危险废物名录》。列入名录的可以直接出具认定意见;未列入名录的,应根据原辅材料、产生工艺等进一步分析其是否具有危险特性,不可能具有危险特性的,不属于危险废物;可能具有危险特性的,抽取典型样品进行检测,并根据典型样品检测指标浓度,对照《危险废物鉴别标准》(GB 5085.1－7)出具认定意见。(3)对固体废物产生单位无法确定的,应抽取典型样品进行检测,根据典型样品检测指标浓度,对照《危险废物鉴别标准》(GB 5085.1－7)出具认定意见。对确需进一步委托有相关资质的检测鉴定机构进行检测鉴定的,生态环境部门或者公安机关按照有关规定开展检测鉴定工作。”

关于“有毒物质”,主要是指对人体有毒害,可能对人体健康和环境造成严重危害的固体、泥状及液体废物。

关于“有害物质”,《关于办理环境污染刑事案件有关问题座谈会纪要》第二部分第9条认为:“办理非法排放、倾倒、处置其他有害物质的案件,应当坚持主客观相一致原则,从行为人的主观恶性、污染行为恶劣程度、有害物质危险性毒害性等方面进行综合分析判断,准确认定其行为的社会危害性。实践中,常见的有害物质主要有:工业危险废物以外的其他工业固体废物;未经处理的生活垃圾;有害大气污染物、受控消耗臭氧层物质和有害水污染物;在利用和处置过程中必然产生有毒有害物质的其他物质;国务院生态环境保护主管部门会同国务院卫生主管部门公布的有毒有害污染物名录中的有关物质等。”

(三)认定标准

1.立案标准

《刑事案件立案追诉标准(一)》第60条规定:“[重大环境污染事故案(刑法第三百三十八条)]违反国家规定,向土地、水体、大气排放、倾倒或者处置有放射性的废物、含传染病病原体的废物、有毒物质或者其他危险废物,造成重大环境污染事故,涉嫌下列情形之一,应予立案追诉:(一)致使公私财产损失三十万元以上的;(二)致使基本农田、防护林地、特种用途林地五亩以上,其他农用地十亩以上,其他土地二十亩以上基本功能丧失或者遭受永久性破坏的;(三)致使森林或者其他林木死亡五十立方米以上,或者幼树死亡二千五百株以上的;(四)致使一人以上死亡、三人以上重伤、十人以上轻伤,或者一人以上重伤并且五人以上轻伤的;(五)致使传染病发生、流行或者人员中毒达到《国家突发公共卫生事件应急预案》中突发公共卫生事件分级Ⅲ级以上情形,严重危害人体健康的;(六)其他致使公私财产遭受重大损失或者人身伤亡的严重后果的情形。

本条和本规定第六十二条规定的‘公私财产损失’,包括污染环境直接造成的财产损毁、减少的实际价值,为防止污染扩散以及消除污染而采取的必要的、合理的措施而发生的费用。”

2. 量刑标准

《刑法》第338规定:“……严重污染环境的,处三年以下有期徒刑或者拘役,并处或者单处罚金;后果特别严重的,处三年以上七年以下有期徒刑,并处罚金。”

(1)“严重污染环境”的认定

根据最高院、最高检《关于办理环境污染刑事案件适用法律若干问题的解释》第1条之规定:“实施刑法第三百三十八条规定的行为,具有下列情形之一的,应当认定为‘严重污染环境’:(一)在饮用水水源一级保护区、自然保护区核心区排放、倾倒、处置有放射性的废物、含传染病病原体的废物、有毒物质的;(二)非法排放、倾倒、处置危险废物三吨以上的;(三)排放、倾倒、处置含铅、汞、镉、铬、砷、铊、锑的污染物,超过国家或者地方污染物排放标准三倍以上的;(四)排放、倾倒、处置含镍、铜、锌、银、钒、锰、钴的污染物,超过国家或者地方污染物排放标准十倍以上的;(五)通过暗管、渗井、渗坑、裂隙、溶洞、灌注等逃避监管的方式排放、倾倒、处置有放射性的废物、含传染病病原体的废物、有毒物质的;(六)二年内曾因违反国家规定,排放、倾倒、处置有放射性的废物、含传染病病原体的废物、有毒物质受过两次以上行政处罚,又实施前列行为的;(七)重点排污单位篡改、伪造自动监测数据或者干扰自动监测设施,排放化学需氧量、氨氮、二氧化硫、氮氧化物等污染物的;(八)违法减少防治污染设施运行支出一百万元以上的;(九)违法所得或者致使公私财产损失三十万元以上的;(十)造成生态环境严重损害的;(十一)致使乡镇以上集中式饮用水水源取水中断十二小时以上的;(十二)致使基本农田、防护林地、特种用途林地五亩以上,其他农用地十亩以上,其他土地二十亩以上基本功能丧失或者遭受永久性破坏的;(十三)致使森林或者其他林木死亡五十立方米以上,或者幼树死亡二千五百株以上的;(十四)致使疏散、转移群众五千人以上的;(十五)致使三十人以上中毒的;(十六)致使三人以上轻伤、轻度残疾或者器官组织损伤导致一般功能障碍的;(十七)致使一人以上重伤、中度残疾或者器官组织损伤导致严重功能障碍的;(十八)其他严重污染环境的情形。”

(2)“后果特别严重”的认定

根据最高院、最高检《关于办理环境污染刑事案件适用法律若干问题的解释》第3条之规定:“实施刑法第三百三十八条、第三百三十九条规定的行为,具有下列情形之一的,应当认定为‘后果特别严重’:(一)致使县级以上城区集中式饮用水水源取水中断十二小时以上的;(二)非法排放、倾倒、处置危险废物一百吨以上的;(三)致使基本农田、防护林地、特种用途林地十五亩以上,其他农用地三十亩以上,其他土地六十亩以上基本功能丧失或者遭受永久性破坏的;(四)致使森林或者其他林木死亡一百五十立方米以上,或者幼树死亡七千五百株以上的;(五)致使公私财产损失一百万元以上的;(六)造成生态环境特别严重损害的;(七)致使疏散、转移群众一万五千人以上的;(八)致使一百人以上中毒的;(九)致使十人以上轻伤、轻度残疾或者器官组织损伤导致一般功能障碍的;(十)致使三人以上重伤、中度残疾或者器官组织损伤导致严重功能障碍的;(十一)致使一人以上重伤、中度残疾或者器官组织损伤导致严重功能障碍,并致使五人以上轻伤、轻度残疾或者器官组织损伤导致一般功能障碍的;(十二)致使一人以上死亡或者重度残疾的;(十三)其他后果特别严重的情形。”

二、实务要点与典型案例

实务要点1　施工队负责人雇请无危险废物经营许可资质的他人清理、转运、倾倒施工现场垃圾,共同构成污染环境罪。

典型案例1

海南省高级人民法院(2019)琼刑终79号
李某1、李某2陈某1、陈某2、董某、陈某3环境污染案

[案情介绍]

2017年1月,被告人李某1挂靠建筑劳务有限公司,以该公司名义向中建某局安装工程有限公司分包了某劳务施工项目。因李某1带领其施工队在某港口码头施工过程中,产生大量废弃的油漆桶、油漆渣、沾染油漆涂料的黄色胶带等废物,为清理上述废物,擅自雇请被告人陈某1、李某2两名无危险废物经营许可资质的车主,让陈某1和李某2安排车辆将上述废物转运到有垃圾堆放的地方倾倒。为赚取运费,被告人陈某1擅自安排司机陈某2,李某2擅自安排司机董某、陈某3将上述废物运走倾倒。被告人陈某2驾驶车辆擅自将上述废物倾倒在××区附近两处低洼地内;被告人董某、陈某3驾驶车辆擅自将上述废物倾倒在洋浦污水处理厂后面海边空地处。经鉴别,被倾倒的废油漆渣属于HW12类危险废物,废

油漆桶属于HW49类危险废物，废漆渣及废油漆桶混合之物质亦属于危险废物。

[法院认为]

上诉人（原审被告人）李某1、上诉人（原审被告人）李某2及原审被告人陈某1、陈某2、董某、陈某3违反国家规定，非法倾倒危险废物，严重污染环境，其行为已构成污染环境罪，应依法予以处罚。

[裁判结果]

1. 被告人李某1犯污染环境罪，判处有期徒刑2年，并处罚金人民币2万元。

2. 被告人陈某1犯污染环境罪，判处有期徒刑1年，缓刑2年，并处罚金人民币1万元。

3. 被告人李某2犯污染环境罪，判处有期徒刑1年，并处罚金人民币1万元。

4. 被告人陈某2犯污染环境罪，判处有期徒刑10个月，缓刑1年，并处罚金人民币3000元。

5. 被告人董某犯污染环境罪，判处有期徒刑10个月，缓刑1年，并处罚金人民币3000元。

6. 被告人陈某3犯污染环境罪，判处有期徒刑10个月，缓刑1年，并处罚金人民币3000元。

实务要点2 | **土方回填项目，违规倾倒垃圾，日晒雨淋发酵，地块周边污染，公司法定代表人、副总经理、现场负责人等共同构成污染环境罪。**

典型案例2

上海市第三中级人民法院（2018）沪03刑终11号
方某、宛某、陈某、杜某污染环境案

2015年1月1日，被告人方某代表上海某清洁服务有限公司（以下简称某公司）与上海某实业发展有限公司签订《某林站建筑装潢垃圾外运委托协议》，约定由某公司负责某林站的建筑装潢垃圾外运工作并收取相应的费用，协议中明确规定双方应遵守国家法律、法规，该协议于2015年10月某公司向对方提供土方回填承包合同等材料后生效。后某公司冒用上海某实业有限公司的名义并提供假的委托书和《土方回填项目承包合同》，向浦东新区某管委会申请上海市建筑垃圾和工程渣土处置证。

被告人宛某经前期与某部队联系并招投标，于2015年10月1日经被告人方某的授权与盛某（另行处理）共同代表某公司与该部队签订《土方回填项目承包合同》，约定由该公司于2015年10月1日至2016年3月1日对该部队的某地块进行土方回填，合同中明确约定回填无污染优质泥土。嗣后，被告人方某指派被告人宛某到部队开具情况说明，要求允许某公司运输建筑垃圾到该地块回填。

2015年10月至2016年5月，某公司由被告人方某任法定代表人、被告人宛某任副总经理（挂名）、被告人陈某任车队现场管理人、被告人杜某任垃圾回填现场指挥，分别从某林站运输建筑垃圾4451车共计约18万吨、从某建设工地运输工程土方15950车共计约64万吨倾倒在上述地块。某公司在组织实施上址的地块土方回填过程中，因施工措施不当，违规作业倾倒建筑渣土、大量建筑垃圾等，经过一段时间的日晒雨淋、发酵，造成地块周边环境污染。

［法院认为］

被告人方某、宛某、陈某、杜某伙同他人违反国家规定，非法倾倒、处置含有毒物质的垃圾，严重污染环境且后果特别严重，其行为均已构成污染环境罪。

［裁判结果］

1. 被告人方某犯污染环境罪，判处有期徒刑4年6个月，并处罚金人民币8万元。
2. 被告人宛某犯污染环境罪，判处有期徒刑4年3个月，并处罚金人民币6万元。
3. 被告人陈某犯污染环境罪，判处有期徒刑4年，并处罚金人民币5万元。
4. 被告人杜某犯污染环境罪，判处有期徒刑3年6个月，并处罚金人民币4万元。

实务要点3　**3.5万吨垃圾倾倒填埋在距离居民区仅150米的湖面两侧，现场恶臭并渗出黑色污水，公司构成单位犯罪，法定代表人、实际经营者多人共同构成污染环境罪。**

典型案例3

苏州市姑苏区人民法院（2018）苏0508刑初205号
上海某环保有限公司、张某、金某、陈某污染环境案

［案情介绍］

2014年6月、2015年4月，孙某（另案处理）以完美公司的名义先后与某水产公司签订合同，分别以180万元、8万余元承包某复耕工程。后孙某经人介绍将该

东侧工程以480万元、西侧工程以50万元的价格转包给被告人金某，被告人金某再以原价转包给被告单位上海某环保公司。2014年6月至2016年5月期间，上海某环保公司法定代表人张某组织建筑装潢垃圾及生活垃圾，从通过船舶进行运输，再通过挖机、卡车运输等方式擅自将垃圾倾倒填埋至十亩滩回填现场。被告人金某提供码头泊位及挖机装卸垃圾，被告人陈某负责管理填埋现场挖机及工人施工作业。案发地距离居民区直线距离不超过150米，周围分布大量水塘，以渔业、畜禽养殖业为主，地表水、地下水与居民用井相通的可能性极高。2016年7月，填埋现场恶臭气味强烈，并渗出黑色污水，严重影响周边居民及养殖户的生产生活，相关政府部门及时采取措施防止污染扩大。经鉴定，倾倒填埋垃圾共计达43.12万吨至52.58万吨，从中检出铜、锌、铅、镍、铬、镉、砷、汞等重金属污染物，且土壤中检出的重金属与固体废物中的重金属类别相吻合。垃圾产生的渗滤液中检测出挥发酚、硫化物、汞和砷均严重超标，上述垃圾系有毒有害的固体废物。此次倾倒造成公私财产损失共计达人民币7900余万元。

[法院认为]

被告单位上海某环保公司无垃圾处理资质及能力，被告人张某作为公司的法定代表人，明知被倾倒的环境不具备垃圾处置功能，从上海收集含生活垃圾的建筑垃圾后至苏州市相城区的十亩滩倾倒、处置；被告人金某明知上述情况，仍擅自向公司转让填土复耕合同，并指派被告人陈某在现场处置混合垃圾；上述垃圾及渗滤液经鉴定为有毒有害物质，涉案污染环境行为造成公私财产损失7900余万元，根据《关于办理环境污染刑事案件适用法律若干问题的解释》第3条第4项之规定，均属严重污染环境，且后果特别严重，依照《刑法》第338条之规定，被告单位上海某环保公司、被告人张某、金某、陈某的行为已构成污染环境罪。

[裁判结果]

1. 被告单位上海某环保工程有限公司犯污染环境罪，判处罚金人民币800万元（罚金自本判决生效之日起30日内缴纳）。

2. 被告人张某犯污染环境罪，判处有期徒刑6年6个月，并处罚金人民币50万元（刑期从判决执行之日起计算，判决执行以前先行羁押的，羁押1日折抵刑期1日，即自2017年6月13日起至2023年12月12日止；罚金自判决生效次日起30日内缴纳，并上缴国库）。

3. 被告人金某犯污染环境罪，判处有期徒刑4年6个月，并处罚金人民币30万元（刑期从判决执行之日起计算，判决执行以前先行羁押的，羁押1日折抵刑期

1 日,即自 2017 年 6 月 6 日起至 2021 年 12 月 5 日止;罚金自判决生效次日起 30 日内缴纳,并上缴国库)。

4. 被告人陈某犯污染环境罪,判处有期徒刑 3 年 3 个月,并处罚金人民币 20 万元(刑期从判决执行之日起计算,判决执行以前先行羁押的,羁押 1 日折抵刑期 1 日,即自 2018 年 10 月 30 日起至 2022 年 1 月 29 日止;罚金自判决生效次日起 30 日内缴纳,并上缴国库)。

三、风险防范建议

1. 环境和每个人息息相关,作为企业更应该以身作则,严格守法,对环境加以保护。如果以污染和牺牲环境的代价来追求经济利益,必将会受到法律的惩罚。建议树立保护环境意识,学法懂法,严格依法办事。

2. 处理垃圾应当具备相应的处理资质及能力,被倾倒的环境也应当具备垃圾处置功能。如果无垃圾处理资质及能力或明知被倾倒的环境不具备垃圾处置功能而擅自处置,则可能构成污染环境罪。如果明知他人无垃圾处理资质及能力或明知被倾倒的环境不具备垃圾处置功能而签订处置合同或进行协助,则可能构成共同犯罪。建议对合同的履行相对方的相应资质进行谨慎审查,对垃圾处置的环境是否具备垃圾处置功能进行谨慎考察。

3. 施工过程中,也有时会产生大量废物或有害物,此时应当委托具有危险废物经营许可资质的单位妥善进行处理。如果雇请没有资质的单位或个人擅自转运、倾倒,则可能会构成污染环境罪。建议对与自己签订合同的相对方的资质进行谨慎审查。

4. 施工过程中,应当严格按照相关规定以及合同约定进行施工,不能抱着侥幸心理违规操作。如在回填土工程项目中,如果要求用无污染优质泥土,却改用建筑垃圾,就可能造成周边环境严重污染,结果构成犯罪。建议严格按照相关规定以及合同约定,防止违规操作,避免违反法律规定。

5. 为了单位利益,实施环境污染行为,可能会被认定为单位犯罪。比如:经单位实际控制人、主要负责人或者授权的分管负责人决定、同意的;单位实际控制人、主要负责人或者授权的分管负责人得知单位成员个人实施环境污染犯罪行为,并未加以制止或者及时采取措施,而是予以追认、纵容或者默许的;使用单位营业执照、合同书、公章、印鉴等对外开展活动,并调用单位车辆、船舶、生产设备、原辅材料等实施环境污染犯罪行为的。建议对单位公章、营业执照、车辆等严格管理。

第三节　消防责任事故罪实务要点与风险防范

一、罪状描述、犯罪构成要件与认定标准

(一)罪状描述

消防责任事故罪,是指行为人违反消防管理法规,经消防监督机构通知采取改正措施而拒绝执行,造成严重后果的行为。

(二)犯罪构成要件

1. 犯罪主体

本罪的主体为一般主体,包括年满16周岁、具有刑事责任能力的自然人,也包括单位。

《消防安全责任制实施办法》第4条规定:"……机关、团体、企业、事业等单位是消防安全的责任主体,法定代表人、主要负责人或实际控制人是本单位、本场所消防安全责任人,对本单位、本场所消防安全全面负责……"《消防法》第9条规定:"建设工程的消防设计、施工必须符合国家工程建设消防技术标准。建设、设计、施工、工程监理等单位依法对建设工程的消防设计、施工质量负责。"

具体到建设工程领域,主要包括建设、设计、施工、工程监理单位和消防技术服务机构的法定代表人、主要负责人或实际控制人、负有防火义务的管理人员以及其他直接责任人员。

2. 主观方面

本罪在主观方面表现为过失,包括疏忽大意的过失或过于自信的过失。具体到本罪,指的是行为人主观上并不希望火灾事故发生,但就其违反消防管理法规的行为以及经消防机构通知采取改正措施而拒绝执行的行为来说却是明知的,行为人明知是违反了消防管理法规,但却未想到会因此而产生严重后果,或者轻信能够避免,以致严重后果的发生。

3. 犯罪客体

本罪侵犯的客体是国家的消防监督制度和公共安全。我国制定出台了一系列的消防法律、法规,包括《消防法》《消防监督检查规定》《消防条例实施细则》《建筑设计防火规范》《危险化学品安全管理规定》《仓库防火安全管理规则》《高

层建筑消防管理规则》等,为规范和管理消防工作提供依据。

4. 客观方面

本罪在客观方面表现为行为人违反消防管理法规且经消防监督机构通知采取改正措施而拒绝执行,造成严重后果的行为。

行为人必须实施了违反消防管理法规的行为。消防管理法规包括现行的消防法律、法规、规章、规范性文件及行业上的技术规范等内容。具体到建设工程领域,主要包括《消防法》《消防条例实施细则》《建筑设计防火规范》《高层建筑消防管理规则》《文物建筑消防安全管理十项规定》《住房和城乡建设部、应急管理部关于做好移交承接建设工程消防设计审查验收职责的通知》等。

行为人必须经消防监督管理机构通知采取改正措施而拒绝执行。住房和城乡建设主管部门、消防救援机构及其工作人员为消防安全的监督检查主体,对于违反消防法律、法规的行为,有权进行责令改正,经消防监督管理机构通知采取改正措施而拒绝执行是本罪成立的前置性条件,如果行为人虽然违反了消防管理法规,但是没有接到过消防监督机构采取改正措施的通知,即使造成了严重后果,也不构成本罪。《消防法》第 9 条规定:“建设工程的消防设计、施工必须符合国家工程建设消防技术标准。建设、设计、施工、工程监理等单位依法对建设工程的消防设计、施工质量负责。”第 56 条第 1 款规定:“住房和城乡建设主管部门、消防救援机构及其工作人员应当按照法定的职权和程序进行消防设计审查、消防验收、备案抽查和消防安全检查,做到公正、严格、文明、高效。”

客观上必须造成严重后果。本罪是典型的结果犯,必须造成实质性的损害结果,方能成立本罪。

行为人违反消防管理法规经通知拒不改正须与损害后果之间具有刑法意义上的因果关系。即严重后果的发生须是行为人违反消防管理法规经通知改正而拒不整改所造成的。

(三)认定标准

1. 立案标准

《刑事案件立案追诉标准(一)》第 15 条规定:“[消防责任事故案(刑法第一百三十九条)]违反消防管理法规,经消防监督机构通知采取改正措施而拒绝执行,涉嫌下列情形之一的,应予立案追诉:(一)造成死亡一人以上,或者重伤三人以上;(二)造成直接经济损失五十万元以上的;(三)造成森林火灾,过火有林地面积二公顷以上，或者过火疏林地、灌木林地、未成林地、苗圃地面积四公顷以上的；(四)其他造成严重后果的情形。”

2. 量刑标准

根据《刑法》第139条第1款的规定，消防责任事故罪，造成严重后果的，处3年以下有期徒刑或者拘役；后果特别严重的，处3年以上7年以下有期徒刑。

(1)“严重后果”的认定

《危害生产安全刑事案件司法解释》第6条第1款规定：“实施刑法第一百三十二条、第一百三十四条第一款、第一百三十五条、第一百三十五条之一、第一百三十六条、第一百三十九条规定的行为，因而发生安全事故，具有下列情形之一的，应当认定为‘造成严重后果’或者‘发生重大伤亡事故或者造成其他严重后果’，对相关责任人员，处三年以下有期徒刑或者拘役：(一)造成死亡一人以上，或者重伤三人以上的；(二)造成直接经济损失一百万元以上的；(三)其他造成严重后果或者重大安全事故的情形。”

(2)“后果特别严重”的认定

《危害生产安全刑事案件司法解释》第7条第1款规定：“实施刑法第一百三十二条、第一百三十四条第一款、第一百三十五条、第一百三十五条之一、第一百三十六条、第一百三十九条规定的行为，因而发生安全事故，具有下列情形之一的，对相关责任人员，处三年以上七年以下有期徒刑：(一)造成死亡三人以上或者重伤十人以上，负事故主要责任的；(二)造成直接经济损失五百万元以上，负事故主要责任的；(三)其他造成特别严重后果、情节特别恶劣或者后果特别严重的情形。”

二、实务要点与典型案例

实务要点1　公司负责人及安保部负责人等对消防工作负有直接责任的人员，违反消防管理法规，经监督机构通知改正而拒绝执行，造成严重后果，构成消防责任事故罪。

典型案例1

北京市昌平区人民法院(2017)京0114刑初968号
王某、白某消防事故案

［案情介绍］

2017年4月28日，北京市昌平区公安消防支队在对某建材市场有限公司进

行消防监督检查后，因该市场存在“未经消防安全检查擅自投入使用、未安装火灾自动报警系统、消防给水系统设置不符合规范”等火灾隐患，故对该市场下达行政处罚决定书，责令其停业停产、停止使用，并处以罚款人民币4万元。被告人白某、王某接到《行政处罚决定书》后未按要求采取相关整改措施。2017年6月5日20时许，该市场1号厅发生火灾，导致1号厅商铺及停放在1号厅外的三辆汽车被烧毁。经鉴定，部分被损毁物品价值人民币150余万元。被告人王某担任该建材市场有限公司总经理、被告人白某担任安保部经理期间，二人负责市场安全保卫、消防管理等事项。

［法院认为］

被告人王某作为市场总经理，被告人白某作为市场安保部经理，系对消防工作负有直接责任的人员，违反消防管理法规，经消防监督机构通知采取改正措施而拒绝执行，造成严重后果，其行为已经构成消防责任事故罪。

［裁判结果］

1. 被告人王某犯消防责任事故罪，判处有期徒刑1年，缓刑1年。

2. 被告人白某犯消防责任事故罪，判处有期徒刑7个月。

实务要点2　消防责任人和管理人，明知工程未经验收，不按照要求消灭火灾隐患，造成严重后果，共同构成消防责任事故罪。

典型案例2

长春经济技术开发区人民法院（2017）吉0191刑初157号 牛某、杨某、林某、王某等消防事故案

［案情介绍］

2004年12月24日，被告人牛某成立长春某建材有限公司（以下简称建材公司），自2007年，该公司陆续从长春市某房地产开发有限公司租赁了闲置的1号、2号、3号、4号、6号、7号、9号、11号、12号、13号、17号厂房，并先后将这些厂房按营业区分割成若干铺位，面向社会招商，主营家居、建材，通过收取经营场所租赁费的形式获取利益。

2013年1月14日，消防部门对建材公司消防监督检查时，发现该公司存在六项重大火灾隐患，并向该公司下达了《重大火灾隐患整改通知书》，列明六项重大

火灾隐患，责令该公司在2014年1月14日前整改完毕。2014年1月15日，消防部门复查时认为该公司的重大消防隐患未整改，对该公司作出了罚款5万元人民币的行政处罚。

建材公司于2014年至2016年，与吉林省某消防工程有限公司签订了一系列的消防维修保养协议、消防改造工程合同等，由消防工程有限公司对该公司进行消防改造。2016年3月31日10时许，该公司的家居饰品城（17号厂房，原为精品家具陶瓷城）发生火灾，经长春市公安消防支队77台消防战斗车辆、410名消防队员抢救，于当日14时将大火扑灭，烧毁该单位家居部分建筑、设备、商品和物品，未造成人员伤亡。

经长春市公安消防支队火灾事故认定，此次火灾的起火时间为2016年3月31日10时许，起火部位位于建材公司家居城三层众意灯饰商铺（E区20号）仓库内部，起火原因为电器故障引燃仓库内的可燃物蔓延成灾。

被告人牛某作为建材公司的消防责任人，被告人杨某、林某、王某作为该公司的消防管理人，安全生产意识淡薄，在明知道该公司系重大火灾隐患单位的情况下，仍然没有按照消防部门的要求，消灭火灾隐患。又片面追求经济利益，对停业商户要求送电开灯，因商铺无人看守，初期明火未得到及时有效控制。且案发当天，在未采取有效的安全防范措施情况下，断水改造喷淋系统，以至于发生火灾时喷淋系统没有起到有效的保护作用，致使火灾迅速蔓延和损失进一步扩大。

经统计，该次火灾造成过火建筑物直接财产损失人民币505.8721万元，383户商户过火遭受经济损失，据此保险公司和建材公司共计赔偿商户1328.9621万元。

[法院认为]

被告人牛某、杨某、林某、王某反管理法规，经消防监督机构通知采取改正措施，施工时未采取防范措施，尚未验收合格时正常营业，造成严重后果，犯罪事实清楚，证据确实充分，四被告人行为均已构成消防责任事故罪。

[裁判结果]

1. 被告人牛某犯消防责任事故罪，判处有期徒刑2年，缓刑2年；
2. 被告人杨某犯消防责任事故罪，判处有期徒刑2年，缓刑2年；
3. 被告人林某犯消防责任事故罪，判处有期徒刑2年，缓刑2年；
4. 被告人王某犯消防责任事故罪，判处有期徒刑1年，缓刑1年。

实务要点3　消防安全负责人明知使用期限到期的临时建筑存在安全隐患而未予排查整改，且经监督机构通知改正而拒绝执行，造成严重后果，构成消防责任事故罪。

典型案例3

杭州市余杭区人民法院(2018)浙0110刑初715号
吴某、沈某、张某等消防事故案

［案情介绍］

2009年，浙江金某汽车用品采购城有限公司(以下简称采购城)开发的金某汽配城市场(以下简称汽配市场)投入使用。为方便物流配载，采购城经向政府申请获批后在某处共建33间临时存储仓库。《临时建设工程规划许可证》规定该临时仓库的使用期限至2012年12月31日，但到期后采购城未拆除，仍将仓库租赁给某汽配有限公司等多家商户用于货物仓储使用，并对包括该仓库在内整个汽配城市场的消防安全等物业工作进行统一管理。

2012年2月，采购城出资成立了杭州金某物业服务有限公司(以下简称物业公司)，主要服务汽配城市场上述物业管理工作。后经多次股权变更，物业公司虽于2016年6月改由他人控股，但实际上仍隶属于采购城市场运营部，归采购城管理。

2016年1月，被告人吴某担任采购城执行总经理，全面负责采购城及物业公司的相关工作，是汽配城市场消防安全的实际负责人；被告人沈某系采购城市场运营部副经理兼物业公司副经理，主管消防安全等工作；被告人张某系物业公司安保主管兼警务队长，负责落实安保、消防等工作。凡涉及消防安全事宜，被告人沈某、张某均需向被告人吴某进行汇报、请示。

在日常管理过程中，被告人吴某、沈某、张某等人明知汽配城市场部分商户对仓库内部结构进行隔层改建且未使用防火材料，仓库存在电线裸露未套管等情况，仍对仓库不例行检查、疏于管理。2016年7月，街道安全生产监督管理处(消安办)、公安消防大队等职能部门，多次对汽配城市场进行消防安全检查，发现电线裸露、加装隔层、消控室未执行24小时值班制度等多处消防安全隐患，要求整改，但被告人吴某、沈某、张某等人部分未整改到位、部分未落实整改，对仓库则未进行整改。

2016年8月6日，采购城市场B区15号仓库发生火灾，因仓库存在隔层且材

料不防火等原因,致使现场火势不能得到及时、有效控制,造成33间仓库29家商户的财物被烧毁。经杭州市余杭区价格认证中心认定:本次火灾造成的直接损失为人民币46323637.93元。

[法院认为]

被告人吴某、沈某、张某作为直接责任人员,违反消防管理法规,经消防监督机构通知采取改正措施而拒绝执行,造成严重后果,其行为均已构成消防责任事故罪。

[裁判结果]

1. 被告人吴某犯消防责任事故罪,判处有期徒刑2年6个月,缓刑3年。

2. 被告人沈某犯消防责任事故罪,判处有期徒刑2年,缓刑2年。

3. 被告人张某犯消防责任事故罪,判处有期徒刑1年6个月,缓刑2年。

三、风险防范建议

1. 火灾事故的频繁发生,不仅仅带来的是金钱方面的巨大损失,更给公众的生命安全带来了巨大的隐患。对于建设工程领域而言,安全效益是取得经济效益的重大保障和前提条件,因此做好消防安全方面的风险防控是重中之重。为此,我们提出以下建议:

(1)宣传和普及消防知识,提高全体职员消防安全意识。我国公民和企业消防意识淡薄,实则消防安全不仅是消防部门的职责,同时也是每个单位、每个公民的职责,“防火安全,人人有责”。企业应在消防安全方面的知识进行多多宣传和讲解,提高职工的消防意识。

(2)对企业及部门的消防安全责任人进行培训、考试,实行持证上岗,提升企业消防安全管理能力。消防责任事故罪的主体是一般主体,但是主要还是负有防火安全职责的单位负责人员。因此,企业消防安全责任人承担着本单位消防安全的重要职责,肩负重任,刑事风险更大。消防安全责任人需要掌握更多的消防业务知识,提升安全隐患的防控能力。通过对消防安全责任人进行专业培训,提高他们的理论和实践水平,持证上岗,实行准入制度,将消防隐患降低到最低限度。

(3)配备符合法律规定和企业需求的消防设施。消防设施应由专人或企业相关部门进行日常管理(如日常巡视、检查、维护等)。另外,企业应制定消防安全应急机制,该机制应明确各部门职责,做到权责统一。各部门及全体员工应熟知应急措施,遇事有方。企业应积极配合消防监督机关的检查,切实履行消防职责,对监督机关下达的整改通知,要按要求积极整改。

2. 具体到建设工程领域的不同主体,可关注以下几个方面:

(1)就建设单位而言,不得要求设计、施工、工程监理等有关单位和人员违反消防法规和国家工程建设消防技术标准,降低建设工程消防设计、施工质量;依法申请建设工程消防设计审核、消防验收,依法办理消防设计和竣工验收备案手续并接受抽查;建设工程内设置的公众聚集场所未经消防安全检查或者经检查不符合消防安全要求的,不得投入使用、营业;实行工程监理的建设工程,应当将消防施工质量一并委托监理;选用具有国家规定资质等级的消防设计、施工单位;选用合格的消防产品和满足防火性能要求的建筑构件、建筑材料及室内装修装饰材料;依法应当经消防设计审核、消防验收的建设工程,未经审核或者审核不合格的,不得组织施工;未经验收或者验收不合格的,不得交付使用。

(2)就设计单位而言,根据消防法规和国家工程建设消防技术标准进行消防设计,编制符合要求的消防设计文件,不得违反国家工程建设消防技术标准强制性要求进行设计;在设计中选用的消防产品和有防火性能要求的建筑构件、建筑材料、室内装修装饰材料,应当注明规格、性能等技术指标,其质量要求必须符合国家标准或者行业标准。

(3)就施工单位而言,按照国家工程建设消防技术标准和经消防设计审核合格或者备案的消防设计文件组织施工,不得擅自改变消防设计进行施工,降低消防施工质量;查验消防产品和有防火性能要求的建筑构件、建筑材料及室内装修装饰材料的质量,使用合格产品,保证消防施工质量;建立施工现场消防安全责任制度,确定消防安全负责人。加强对施工人员的消防教育培训,落实动火、用电、易燃可燃材料等消防管理制度和操作规程。保证在建工程竣工验收前消防通道、消防水源、消防设施和器材、消防安全标志等完好有效。

(4)就工程监理单位而言,按照国家工程建设消防技术标准和经消防设计审核合格或者备案的消防设计文件实施工程监理;在消防产品和有防火性能要求的建筑构件、建筑材料、室内装修装饰材料施工、安装前,核查产品质量证明文件,不得同意使用或者安装不合格的消防产品和防火性能不符合要求的建筑构件、建筑材料、室内装修装饰材料。

(5)就消防技术服务机构而言,应当依法取得相应的资质、资格,按照法律、行政法规、国家标准、行业标准和执业标准提供消防技术服务,按照实际情况如实、准确提供有关消防安全方面的审查、评估、检验、检测意见。

第四节　不报、谎报安全事故罪实务要点与风险防范

一、罪状描述、犯罪构成要件与认定标准

(一)罪状描述

不报、谎报安全事故罪，是指生产经营单位的负责人、安全生产责任人等负报告职责的人员，在安全事故发生后，不报或者谎报事故情况，贻误事故抢救，情节严重的行为。

(二)犯罪构成要件

1. 犯罪主体

本罪的主体为特殊主体，即对安全事故的发生"负有报告职责的人员"。《安全生产法》第5条规定："生产经营单位的主要负责人对本单位的安全生产工作全面负责。"第18条规定："生产经营单位的主要负责人对本单位安全生产工作负有下列职责：……(七)及时、如实报告生产安全事故。"第80条规定："生产经营单位发生生产安全事故后，事故现场有关人员应当立即报告本单位负责人。单位负责人接到事故报告后，应当迅速采取有效措施，组织抢救，防止事故扩大，减少人员伤亡和财产损失，并按照国家有关规定立即如实报告当地负有安全生产监督管理职责的部门，不得隐瞒不报、谎报或者迟报，不得故意破坏事故现场、毁灭有关证据。"《危害生产安全刑事案件司法解释》第4条规定："刑法第一百三十九条之一规定的'负有报告职责的人员'，是指负有组织、指挥或者管理职责的负责人、管理人员、实际控制人、投资人，以及其他负有报告职责的人员。"第9条规定："在安全事故发生后，与负有报告职责的人员串通，不报或者谎报事故情况，贻误事故抢救，情节严重的，依照刑法第一百三十九条之一的规定，以共犯论处。"

根据上述规定可以看出，本罪负有报告职责的人员主要包括生产经营单位的主要负责人、雇主、管理人、实际控制人、投资人，对安全生产负有组织、监督、管理职责的监督检查人员，以及直接造成安全事故的责任人员。

2. 主观方面

主观方面，本罪属于故意犯罪。需要注意的是，行为人对事故的发生不报、谎

报的行为是故意的，但是对自己的行为会贻误抢救发生危害后果的心理态度，既可能是希望或放任的，也可能是因疏忽大意没有预见或者尽管已经预见但是轻信能够避免。鉴于此，有观点认为本罪主观方面既可以表现为故意，也可以表现为过失。

3. 犯罪客体

本罪侵犯的客体是我国的安全事故监管制度和安全管理秩序。《安全生产法》《生产安全事故报告和调查处理条例》《关于特大安全事故行政责任追究的规定》等法律法规明确规定安全事故发生后，生产经营单位主要责任人、事故负责人负有立即上报的义务。

近年来，一些事故单位负责人和对安全事故负有监管职责的人员在事故发生后违反报告义务，不报、谎报事故情况，结果贻误事故抢救，造成人员伤亡和财产损失进一步扩大，严重冲击了我国的安全管理制度体系。安全事故报告制度是国家安全管理体系的重要组成部分，与安全责任制度、安全检查制度、安全事故报告、处理等制度共同确定了安全管理秩序。①

4. 客观方面

本罪的客观方面表现为在安全事故发生后，负有报告职责的人员不报或谎报事故情况，贻误事故抢救，情节严重的行为。根据《安全生产法》第 80 条、第 81 条的规定，事故发生后或接报后，事故现场有关人员、生产经营单位、负有安全生产监督管理职责的部门和有关地方人民政府均应立即上报，不得隐瞒不报、谎报或者迟报，不得故意破坏事故现场、毁灭有关证据。本罪客观上就是对立即报告或上报义务的直接违反，导致贻误事故抢险，达到情节严重的程度，不报或者谎报事故情况是本罪的客观行为方式。

关于“不报”的界定：所谓不报，是指行为人不按照规定及时报告，包括不报和迟报，既包括封锁消息、隐瞒不报，也包括拖延报告时间，不及时报告。实践中需要注意的是，不报告的前提是负有报告职责的人员能够报告且应当报告；应当报告是指行为人负有报告事故的职责；能报告是指行为人知道事故的情况，并且在知道事故发生时有条件报告。“实践中，有的行为人一开始隐瞒了事故真实情况，被发现后不得已再报告，这种情况应视为不报。”②

---

① 孙宝民、李环宇：《不报谎报安全事故罪疑难问题探析》，载《人民检察》2008 年第 21 期。

② 郎胜主编：《中华人民共和国刑法释义》，法律出版社 2015 年版，第 183 页。

关于“谎报”的界定:所谓谎报,是指行为人对事故的有关情况作了不真实的报告,包括对事故发生的时间、事故发生的原因、事故的严重程度、事故造成的人员伤亡、财产损失等情况作了虚假报告或隐瞒了某些情况,避重就轻的描述。谎报的前提是行为人了解事故的真实情况,了解事故的情况并不要求绝对精确,只要行为人就自己所知道的事故情况如实报告,就不是谎报。当然,如果行为人在短时间内无法准确掌握事故损失情况,而报告不实的,也不应当认定为谎报。①

关于“安全事故”的范围法律并没有进行明确性的规定,理论上亦存在不同的看法。有的学者认为,不管是生产安全事故、工程安全事故、大型群众性活动安全事故,只要是安全事故,均符合不报、谎报安全事故罪的前提条件。② 有的学者认为,安全事故不限于生产经营单位发生的生产安全事故、大型群众性活动中发生的安全事故,还包括除交通肇事罪、教育设施重大安全事故罪以外,《刑法》分则第二章规定的所有与安全事故有关的犯罪。③ 还有学者认为,“安全事故”的范围是指《生产安全重特大事故和重大未遂伤亡事故信息处置办法(试行)》中规定的七类事故。目前对于该问题并无统一性的标准。从文义解释的角度来看,“安全事故”是指使人身、财产遭受重大损害或灾害的事件;从立法本意来看,法律未对“安全事故”的范围进行明确性界定,故将其含义进行宽泛性理解亦符合刑法规制的目的性要求。

关于“贻误事故抢救”的界定:贻误事故抢救是本罪的结果要素,如果不报或者谎报事故情况没有“贻误事故抢救”,则不能认定为本罪。同时需要注意的是,贻误事故抢救需达到情节严重的程度才具有可罚性。在实务中的现实表现是行为人不报或者谎报事故情况,导致抢救不及时,发生事故损失扩大的结果。

不报或者谎报事故情况还必须导致贻误事故抢救的后果,即不报或者谎报事故情况与贻误事故抢救之间具有直接的因果关系。例如,事故发生后有关责任人员瞒报、少报,给事故调查带来极大困难,大大增加了事故抢险难度,导致了严重后果发生。

---

① 张亚平:《论不报、谎报安全事故罪的司法应用》,2008 年中国刑法学年会文章。

② 刘艳红:《中华人民共和国刑法修正案(六)之解读》,载《法商研究》2006 年第 6 期。

③ 黄太云:《刑法修正案(六)的理解与适用(上)》,载《人民检察》2006 年第 6 期。

(三)认定标准

1. 立案标准

《刑事案件立案追诉标准(一)的补充规定》第1条规定:“……在安全事故发生后,负有报告职责的人员不报或者谎报事故情况,贻误事故抢救,涉嫌下列情形之一的,应予立案追诉:(一)导致事故后果扩大,增加死亡1人以上,或者增加重伤3人以上,或者增加直接经济损失100万元以上的;(二)实施下列行为之一,致使不能及时有效开展事故抢救的:1. 决定不报、迟报、谎报事故情况或者指使、串通有关人员不报、迟报、谎报事故情况的;2. 在事故抢救期间擅离职守或者逃匿的;3. 伪造、破坏事故现场,或者转移、藏匿、毁灭遇难人员尸体,或者转移、藏匿受伤人员的;4. 毁灭、伪造、隐匿与事故有关的图纸、记录、计算机数据等资料以及其他证据的;(三)其他不报、谎报安全事故情节严重的情形……”

2. 量刑标准

根据《刑法》第139条之一的规定,情节严重的,处3年以下有期徒刑或者拘役;情节特别严重的,处3年以上7年以下有期徒刑。

(1)“情节严重”的认定

《危害生产安全刑事案件司法解释》第8条第1款规定:“在安全事故发生后,负有报告职责的人员不报或者谎报事故情况,贻误事故抢救,具有下列情形之一的,应当认定为刑法第一百三十九条之一规定的‘情节严重’:(一)导致事故后果扩大,增加死亡一人以上,或者增加重伤三人以上,或者增加直接经济损失一百万元以上的;(二)实施下列行为之一,致使不能及时有效开展事故抢救的:1. 决定不报、迟报、谎报事故情况或者指使、串通有关人员不报、迟报、谎报事故情况的;2. 在事故抢救期间擅离职守或者逃匿的;3. 伪造、破坏事故现场,或者转移、藏匿、毁灭遇难人员尸体,或者转移、藏匿受伤人员的;4. 毁灭、伪造、隐匿与事故有关的图纸、记录、计算机数据等资料以及其他证据的;(三)其他情节严重的情形。”

(2)“情节特别严重”的认定

《危害生产安全刑事案件司法解释》第8条第2款规定:“具有下列情形之一的,应当认定为刑法第一百三十九条之一规定的‘情节特别严重’:(一)导致事故后果扩大,增加死亡三人以上,或者增加重伤十人以上,或者增加直接经济损失五百万元以上的;(二)采用暴力、胁迫、命令等方式阻止他人报告事故情况,导致事故后果扩大的;(三)其他情节特别严重的情形。”

(3)从重处罚的情形

《危害生产安全刑事案件司法解释》第12条第1款规定:"……具有下列情形的,从重处罚:(一)未依法取得安全许可证件或者安全许可证件过期、被暂扣、吊销、注销后从事生产经营活动的;(二)关闭、破坏必要的安全监控和报警设备的;(三)已经发现事故隐患,经有关部门或者个人提出后,仍不采取措施的;(四)一年内曾因危害生产安全违法犯罪活动受过行政处罚或者刑事处罚的;(五)采取弄虚作假、行贿等手段,故意逃避、阻挠负有安全监督管理职责的部门实施监督检查的;(六)安全事故发生后转移财产意图逃避承担责任的;(七)其他从重处罚的情形。"

(4)从轻处罚的情形

《危害生产安全刑事案件司法解释》第13条规定:"……在安全事故发生后积极组织、参与事故抢救,或者积极配合调查、主动赔偿损失的,可以酌情从轻处罚。"

(5)准确适用法律

《危害生产安全刑事案件司法解释》第10条规定:"在安全事故发生后,直接负责的主管人员和其他直接责任人员故意阻挠开展抢救,导致人员死亡或者重伤,或者为了逃避法律追究,对被害人进行隐藏、遗弃,致使被害人因无法得到救助而死亡或者重度残疾的,分别依照刑法第二百三十二条、第二百三十四条的规定,以故意杀人罪或者故意伤害罪定罪处罚。"

《危害生产安全刑事案件司法解释》第14条规定:"国家工作人员违反规定投资入股生产经营,构成本解释有关犯罪的,或者国家工作人员的贪污、受贿犯罪行为与安全事故发生存在关联性的,从重处罚;同时构成贪污、受贿犯罪和危害生产安全犯罪的,依照数罪并罚的规定处罚。"

二、实务要点与典型案例

实务要点1 | **项目负责人,在事故发生后没有向相关单位报告事故情况,其行为构成不报、谎报安全事故罪。**

典型案例1

山西省朔州市朔城区人民法院(2014)朔刑初字第23号
李某、郝某、孙某不报、谎报安全事故案

[案情介绍]

2012年3月,被告人李某创办的某矿山机械设备有限公司承揽了某露天矿洗煤厂的维修业务。由于李某平时对维修工人安全生产不加强管理教育和培训，2013年2月3日18时左右，维修工人刘某不遵守操作规程，不系安全绳，在露天煤矿洗煤厂原煤仓检修作业时死亡。事故发生后，作为洗煤厂的单位负责人郝某、孙某没有向相关单位进行报告。案发后，由被告人李某所在公司主动赔偿被害人刘某各项民事损失90万元，得到了被害人家属的谅解。

[法院认为]

被告人李某身为某矿山机械设备有限公司露天项目经理，安排未经安全培训的工人上岗作业，工人在实际工作中不遵守操作规程，致使一名工人死亡的后果，其行为已构成重大责任事故罪。事故发生后，被告人郝某、孙某身为露天煤矿洗煤厂的负责人，负有报告责任，却没有向相关单位报告事故情况，其行为均已构成不报、谎报安全事故罪。

[裁判结果]

1. 被告人李某犯重大责任事故罪，判处有期徒刑1年，缓刑1年。
2. 被告人郝某犯不报、谎报安全事故罪，免予刑事处罚。
3. 被告人孙某犯不报、谎报安全事故罪，免予刑事处罚。

实务要点2 **企业法定代表人和安全生产责任人，在事故发生后隐瞒真相，不按规定报告事故情况，导致未能及时救援，构成不报、谎报安全事故罪。**

典型案例2

贵州省大方县人民法院(2017)黔0521刑初303号
黄某、杨某1、杨某2、潘某不报、谎报安全事故案

[案情介绍]

2017年2月20日11时许，某矿业投资有限公司下属的某县猫场煤矿（以下简称猫场煤矿）在采掘作业活动过程中，顶板脱落，将煤矿工人高某、石某砸死，罗某砸伤。事故发生后，该公司生产副总经理、猫场煤矿负责人杨某1打电话向公司法定代表人、总经理杨某2汇报此起安全事故，公司安排公司副总经理刘某2、公司大方分公司、猫场煤矿负责人潘某到猫场煤矿处理此起事故。后，猫场煤矿矿长黄某组织人员并参与转移死者尸体，在转移死者尸体过程中，杨某1参与将

尸体藏匿于猫场煤矿附近的松树林中,之后黄某又组织人员销毁伪造猫场煤矿灯发放记录等资料。当日下午,黄某与杨某1等人商量,决定不将该起事故上报相关监管职能部门,并安排人员与死者家属、伤者协商私了此起事故。同时,黄某、杨某1联系杨某3(另案),向其借400万元处理该起事故中死者、伤者赔偿事宜。杨某1将猫场煤矿事故报告杨某2要求公司拿钱与死者家属私和,杨某2以公司没钱为由让杨某1找杨某3借钱与死者家属私和,后杨某3答应借款400万元给公司用于与死者家属私了。当晚刘某2、潘某到达猫场煤矿了解事故发生的情况后,未向相关监管职能部门上报该起事故便擅自离开。此次安全事故发生后,猫场煤矿没有专业救援队伍开展抢救。

[法院认为]

被告人黄某作为某县猫场煤矿矿长、安全生产第一责任人,在事故发生后,有责任向有关职能部门上报而未上报,且采用瞒报、销毁相关资料记录、私了等方式掩盖事故真相,应承担主要责任;被告人杨某1作为负责某县猫场煤矿全矿工作的总经理,在事故发生后,商议决定保矿保人,积极参与隐瞒矿难真相,亦应承担主要责任;被告人杨某2、潘某得知本次安全事故发生时,参与隐瞒不报行为,四被告人在安全事故发生后,隐瞒事故真相,不按照相关规定向有关部门和政府报告事故情况,专业救援队伍未能及时开展救援,情节严重,其行为已触犯《刑法》第139条之一之规定,构成不报安全事故罪。

[裁判结果]

1. 被告人黄某不报安全事故罪,判处有期徒刑8个月。
2. 被告人杨某1犯不报安全事故罪,判处有期徒刑8个月,缓刑1年。
3. 被告人杨某2犯不报安全事故罪,免予刑事处罚。
4. 被告人潘某犯不报安全事故罪,免予刑事处罚。

实务要点 3　**生产管理负责人,在事故发生后向调查部门作虚假陈述,在抢险期间逃匿,贻误事故抢救,其行为构成不报安全事故罪。**

典型案例 3

山西省晋中市中级人民法院(2019)晋 07 刑终 58 号
刘某、俞某不报安全事故案

[案情介绍]

2017 年 8 月 11 日上午,晋能集团山西煤炭运销集团和顺吕某煤业有限公司四采区 A7 区取煤工王某 8、刘某 3 调度指挥 31 号挖掘机(以下简称挖机)司机方某、21 号挖机司机曹某军、58 号挖机司机张某 3、80 号挖机司机黄某及工程队现场管理员杜某 6 在下取煤平台作业。A6 区取煤工洪某 2 指挥调度 63 号挖机司机李某 3、86 号挖机司机臧某、666 号工程车司机李某 2、336 号工程车司机刘某 1、72 号工程车司机于某 2 在上取煤平台作业。15 时 30 分许,公司加油站员工冯某、刘某 2 驾驶加油车在 A7 区施工现场为机具加油时发生滑坡。在上取煤平台作业的取煤工洪某 2 以及李某 3、李某 2、刘某 1、于某 2 各自驾驶机具逃生,臧某被甩入工区底部积水坑内受伤。在下取煤平台作业的王某 8、刘某 3、杜某 6、方某、曹某军、张某 3、黄某及加油司机冯某、刘某 2 等 9 人被埋遇难。

滑坡事故发生后,四采区 A6 区段生产管理负责人洪某 1(已判刑)、公司安监科长李某 1(已判刑)先后向公司总经理高某 1(已判刑)电话汇报,告知发生滑坡,有人员、机具被埋,高某 1 电话安排李某 1 通知 A7 区负责人报警,配合 A7 区组织救援,随后李某 1 通知 A7 区负责人刘某报警,刘某称已将事故情况通知 A7 区老板翁某,翁某正在厦门赶回事故现场途中。2017 年 8 月 12 日凌晨 1 时四采区 A7 区实际控制人翁某到达公司决定不报,串通李某 1 等人隐瞒事故发生的事实,谎称没有人员机具被埋,多次停止搜救,掩埋已挖出机具,公司加油站负责人林某 1 在公司财务负责人曾某 1 的安排下转移尸体,安抚家属,李某 1、杜某 4(已判刑)、俞某等人向安监部门调查人员作虚假陈述。

[法院认为]

上诉人刘某作为某煤业有限公司四采区 A7 区的生产管理负责人,在四采区 A6、A7 区段西帮边某顺倾高陡,底板赋存稳定弱层且倾角大,在底板岩层完整性被破坏且连续降雨的情况下,不顾重大安全隐患的存在,轻信可以避免,违规冒险作业,引起边某失稳,导致滑坡,造成在A7区作业的9人死亡,1人受伤,直接经济损失3432万元的严重后果,疏于管理未正确履行安全监管职责,是事故发生的重要原因,应负主要责任。上诉人刘某的行为已构成重大责任事故罪,且属于情节特别恶劣。上诉人刘某、原审被告人俞某,在事故发生之后,明知吕某公司未向有关部门报告事故情况,原审被告人俞某向调查部门作虚假陈述,上诉人刘某在抢险期间逃匿,贻误事故抢救,情节严重,二人的行为均构成不报安全事故罪。

[裁判结果]

驳回上诉,维持原判。

实务要点4 | **安全生产设施和条件不符合规定,组织他人进行施工,发生事故后不上报,致使不能及时抢救,构成不报、谎报安全事故罪。**

典型案例4

湖南省会同县人民法院(2018)湘1225刑初75号
隋某、郑某、廖某、张某1、吴某重大劳动安全事故和不报、谎报安全事故及张某2不报、谎报安全事故罪案

[案情介绍]

龙腾矿业开发有限公司(以下简称龙腾公司)成立于2005年1月21日,经营范围为锰矿地下开采、加工和销售。龙腾公司的法定代表人为隋某(占75%的股份),股东为郑某和张某3(两人各占12.5%的股份)。之后,龙腾公司通过转让方式取得靖州县马颈坳锰矿开采权,采矿许可证期限至2017年12月25日止,安全生产许可证期限至2015年5月24日止,安全生产许可证到期后未办理延续,后矿山停产。2016年10月8日,隋某、郑某代表龙腾公司与廖某签订协议,由廖某承包1号矿井的生产经营。因安全生产许可证过期,龙腾公司委托廖某负责实施马颈坳锰矿的技改工作。

2017年8月23日,龙腾公司经办公会议决定:公司董事长为隋某,董事为吴某、郑某、张某3;行政管理执行总经理为廖某,副经理为郑某、张某2;安全领导小组组长为廖某,副组长为郑某、张某2,成员为张某1、张某4等4人;总矿长为吴某;1号矿井负责人为郑某,矿长为张某1、张某4;2号矿井的负责人为吴某,矿长为邹某、毋某。

2017年8月23日至10月3日,在矿山安全生产设施和安全生产条件不符合国家规定的情况下,廖某便组织张某1、张某5、张某4等人员对马颈坳锰矿进行技改施工。2017年8月底,吴某和龙腾公司达成协议,由吴某承包3号矿井的采矿。2017年9月,吴某在明知3号矿井是作为风井使用的情况下,便组织宋某、冉某等人员到3号矿井采矿。当月,3号矿井共计开采锰矿达1000余吨。在技改期间,龙腾公司将2号矿井承包给邹某采矿。

2017年10月3日上午8时许,工人杨某、张某3、代某在巷道无通风设施的情况下,只戴了安全帽和矿灯下井进入1号矿井施工,杨某负责用水泵抽水,代某、张某3负责用风炮机打钻。上午9时许,矿长张某1安排安全员汤某、张某5下井检查,发现杨某等3人在正常作业后于10时左右出井。在施工过程中,代某突然感觉到头晕并发现杨某倒地,便与张某4去救杨某,张某4也晕倒。在10时20分左右,代某奋力爬出矿,并将杨某、张某4在矿井被困并晕倒的情况报告了张某1。张某1随即带领安全员汤某、张某3在未携带任何救援装备的情况下进入1号矿井施救。在施救过程中,张某3也被困晕倒在矿井里,张某1、汤某发现情况不对便先后出井。张某1出井后,马上用手机向廖某告知3名矿工在井下被困的安全事故。随后廖某将事故情况告知隋某,两人均表示暂不上报、公开事故情况。廖某又电话联系张某1不要公开事故情况,隋某将事故情况又分别告知了郑某、张某2和吴某等人。隋某、廖某、郑某、张某1、张某2、吴某串通不上报事故后,均没有向当地政府、安全监管、公安等部门报告事故情况。

2017年10月5日上午9时许,杨某的家属到靖州县政府上访,靖州县政府及相关部门才知晓本次安全事故情况。10月5日14时许,靖州县政府组织相关部门下井实施救援,发现3名矿工已经死亡,随后将尸体移出矿井。经靖州县公安局刑事科学技术室法医鉴定,杨某、张某3、张某4均系窒息死亡。

事故专家组技术鉴定本次事故的直接原因:井内有毒有害气体聚积巷道内,受排水影响,水位下降,巷道内的有毒有害气体突然高浓度地涌入事故地点;矿井采用自然通风,未按技改"安全设施设计"安装通风扇,个人未配备自救器;事故发生后,在无任何安全装备和未采取通风的情况下盲目进入事故现场施救,救援人员被有毒有害气体所伤致死,导致事故扩大。间接原因:企业安全管理混乱,施工中存在严重违规违法行为。承包人未按有关法规执行,层层转包,存在严重的"以包代管"现象;新上岗员工未按规定进行72小时培训,安全教育不到位,职工安全意识差,自保能力差;县乡安全监管部分监管不力,未深入井下进行监督管理。

[法院认为]

龙腾公司马颈坳锰矿在进行技改过程中,安全生产设施和安全生产条件不符合国家规定,因而发生重大伤亡事故,造成3人死亡,情节特别恶劣,隋某、郑某、廖某、吴某系对安全生产设施和安全生产条件不符合国家规定负有直接责任的主管人员,张某1系对安全生产设施和安全生产条件负有管理、维护职责的人员,5名被告人的行为均已构成重大劳动安全事故罪;隋某、郑某、廖某、吴某、张某1、张某2均系安全事故发生后负有报告职责的人员,6人串通不报事故情况,致使不能及时有效开展事故抢救,贻误事故抢救,情节严重,6名被告人的行为均构成不报、谎报安全事故罪。隋某、郑某、廖某、张某1、吴某犯重大劳动安全事故罪和不报、谎报安全事故罪及张某2犯不报、谎报安全事故罪的罪名成立。

[裁判结果]

1. 被告人郑某犯重大劳动安全事故罪,判处有期徒刑3年,犯不报、谎报安全事故罪,判处拘役6个月,数罪并罚,决定执行有期徒刑3年,缓刑4年。

2. 被告人廖某犯重大劳动安全事故罪,判处有期徒刑3年,犯不报、谎报安全事故罪,判处拘役6个月,数罪并罚,决定执行有期徒刑3年,缓刑4年。

3. 被告人隋某犯重大劳动安全事故罪,判处有期徒刑3年,犯不报、谎报安全事故罪,判处拘役6个月,数罪并罚,决定执行有期徒刑3年,缓刑3年6个月。

4. 被告人张某1犯重大劳动安全事故罪,判处有期徒刑3年,犯不报、谎报安全事故罪,判处拘役5个月,数罪并罚,决定执行有期徒刑3年,缓刑3年。

5. 被告人吴某犯重大劳动安全事故罪,判处有期徒刑3年,犯不报、谎报安全事故罪,判处拘役5个月,数罪并罚,决定执行有期徒刑3年,缓刑3年。

6. 被告人张某2犯不报、谎报安全事故罪,判处拘役5个月,缓刑8个月。

7. 被告人隋某、郑某、廖某、张某1、吴某、张某2在缓刑考验期限内不得从事与安全生产相关联的特定活动。

三、风险防范建议

(一)学习安全生产知识,树立安全生产意识

相较于其他领域的安全生产事故而言,建设工程领域的安全事故具有多发性、复杂性、严重性等特点,因此,安全生产风险防范更是该类企业所应关注的重点。作为施工企业及施工人员应主动学习和了解安全事故范围和等级划分,安全

生产的责任主体及责任事项的具体内容。同时,须明确自己的职责范围和内容,切实履行职责,特别是安全员、安全负责人、管理人更应该以身作则,积极普及安全生产知识,加强对作业人员施工情况的实时监督,帮助施工人提高安全意识,规范作业流程。

(二)加强安全培训教育,提高安全生产技能

施工企业应进行安全教育培训和安全生产技能、安全生产风险防范等专题培训,帮助作业人员认识到安全生产的重要性,提高其安全生产技能,增强安全生产风险防范本领,提高自我保护能力。

(三)积极采取有效措施,避免损失结果扩大

安全生产事故的入罪门槛相对较低,刑法的干预力度越来越大,刑法对于安全生产事故几乎是持"零容忍"的态度。安全事故发生后应及时采取有效的抢救措施,避免事故结果扩大,力争将损失降低到最小。

(四)完善安全监管流程,协作及时上报情况

施工企业应建立完善的沟通、传达机制并保证畅通,如设立沟通热线、安全联络员等,具备条件的企业可以设置安全事故自动报告系统即在安全事故发生后,系统自动向监管部门发送指令,做到对安全事故早发现、早报告,从而避免贻误事故抢救。

(五)全面上报安全事故,如实阐明实际情况

根据国务院发布并于 2007 年 6 月 1 日起施行的《生产安全事故报告和调查处理条例》第 12 条的规定,安全事故情况具体包括:事故发生单位概况,事故发生的时间、地点以及事故现场情况,事故的简要经过,事故已经造成的或者可能造成的伤亡人数(包括下落不明的人数)和初步估计的经济损失,已经采取的措施,其他应当报告的情况。在事故发生后,应按规定及时准确地上报安全事故,不能故意隐瞒不报或者谎报安全事故的具体情况。

事故发生以后,一些事故单位的负责人和对安全事故负有监管职责的人员不是立即组织抢救、积极报告,而是千方百计弄虚作假、逃避责任,结果延误事故抢救时机,造成人员伤亡和财产损失进一步扩大,最终触犯了刑法,构成了犯罪,一失足成千古恨。

第五节　高利转贷罪实务要点与风险防范

一、罪状描述、犯罪构成要件与认定标准

(一)罪状描述

高利转贷罪,是指违反国家规定,以转贷牟利为目的,套取金融机构信贷资金高利转贷他人,违法所得数额较大的行为。

本罪所保护的法益为社会主义市场经济秩序中的金融征管秩序,更进一步来说,是国家对信贷资金的发放及利率管理秩序。本罪的外在表现特征为:借款人在依正常程序贷得金融机构信贷资金后,又将资金高利转贷他人,利用利息差获取利益。无论行为人是在申请信贷资金时即有转贷之意图,或只是临时起意,在取得信贷资金后因未能立即投入使用而成为闲置资金,为弥补资金成本并进而获取一定利益将资金暂时借给他人牟取利息差的行为,均可构成本罪。

(二)犯罪构成要件

1. 犯罪主体

本罪的主体为借款人,即经工商行政管理机关或主管机关核准登记的企(事)业法人、其他经济组织、个体工商户或具有中华人民共和国国籍的具有完全民事行为能力的自然人。

建设工程项目资金需求量大,而多数项目建设方并不会向施工方支付工程预付款,而是由施工方垫资施工,造成施工方资金压力巨大。对于有较强实力的施工企业来说,可以采取必要的融资手段解决资金问题,然而,建设项目施工周期较长,意味着投资回报周期长,如果遇到建设方不及时支付进度款,拖延办理结算等情况,投资回报面临风险,融资成本居高不下。这一现状是有些施工企业以内部承包、出借资质、承接工程后转包等形式规避实际施工的垫资风险转而以管理费等形式寻求回报的重要原因。内部承包人或实际施工人往往更缺乏资金实力和融资渠道,因而一方面在施工过程中通过各种方式寻求节约成本,另一方面又转而向上手施工企业寻求融资支持。多数情况下,由于将资金出借给有合作关系的内部承包人或实际施工人相对来说在资金安全上更有保障,施工企业乐于向与其

合作的内部承包人或实际施工人出借资金，赚取利差。

2. 主观方面

本罪为目的犯，在主观上只能由故意构成，而且行为人需以转贷牟利为目的，过失不构成本罪。

3. 犯罪客体

本罪所侵犯的客体是国家对信贷资金的发放及利率管理秩序、信贷市场秩序。信贷资金应由金融机构依法审核发放，所谓金融机构，包括银行和非银行金融机构。其中，银行包括商业银行、政策性银行，商业银行是指依照《商业银行法》和《公司法》设立的吸收公众存款、发放贷款、办理结算等业务的企业法人，如中国银行、中国农业银行、中国交通银行、中国建设银行等；政策性银行是指由政府创立，以贯彻政府的经济政策为目标，在特定领域开展金融业务的不以营利为目的的专业性金融机构，在我国包括国家开发银行、中国农业发展银行、中国进出口银行。非银行金融机构主要指依法享有存、贷款经营权的非银行金融单位，如信托投资机构、保险机构、金融租赁公司等。信贷资金，参照《贷款通则》的定义，是指贷款人对借款人提供的并按约定的利率和期限还本付息的货币资金。

4. 客观方面

本罪在客观方面表现为以转贷牟利为目的，套取金融机构信贷资金高利转贷他人，违法所得数额较大的行为。具体来说：

（1）套取金融机构信贷资金。对于套取信贷资金的认定，一方面，以虚构事实或隐瞒真实情况等欺骗手段取得信贷资金，可构成套取信贷资金；另一方面，结合目前实务中相关司法裁判案例，虽未证明行为人以欺骗手段取得信贷资金，但行为人取得信贷资金后未按贷款约定用途使用而对外转贷的，也可以认定为套取信贷资金。其法理基础在于，根据我国《贷款通则》的规定，借款人应当：①如实提供贷款人要求的资料；②接受贷款人对其使用信贷资金的情况和有关生产经营、财务活动的监督；③按借款合同约定用途使用贷款。因此，从金融机构贷款应当符合两个基本条件：一是提供真实理由，以合法手段取得；二是在取得贷款后按照规定用途使用。违反任一条件均可以被认定为“套取”信贷资金。

（2）高利转贷。首先，行为人必须实施了高利转贷行为。其次，如何认定“高利”。有观点认为，行为人将资金转贷的利率高于其向金融机构借款的利率，从而产生牟利空间的，即构成“高利”，而具体高出金融机构贷款利率多少，并不影响本罪的成立。[①] 按照我国法律规定，实施贷款业务的必须是取得相关业务许可的金融机构，且贷款的利率必须契合国家金融政策与利率管理制度，服从金融监管机构的监管，故凡是行为人将其贷自金融机构的资金向他人转贷牟利的，均可构成对信贷市场管理秩序的侵害。因此，从高利转贷罪所保护的法益来看，这一认定标准符合立法目的，避免了不必要的漏洞。从刑事司法实践来看，构成高利转贷罪的“高利”并不要求高于民间借贷中的法定最高保护利率，也不以超出贷款市场报价利率一定幅度以上，而是基于产生违法所得为前提，部分认定行为人构成高利转贷罪的裁判案例中仅认定行为人违法所得数额而未载明具体的转贷利率。

(3)值得注意的是，根据《全国法院民商事审判工作会议纪要》第 52 条的规定，基于民事审判角度认定出借方构成高利转贷行为进而认定借贷合同无效时，对于出借人“套取信贷资金”和“高利”转贷行为举证与证明标准可适当放宽。该条规定：“民间借贷中，出借人的资金必须是自有资金。出借人套取金融机构信贷资金又高利转贷给借款人的民间借贷行为，既增加了融资成本，又扰乱了信贷秩序，根据民间借贷司法解释第 14 条第 1 项的规定，应当认定此类民间借贷行为无效。人民法院在适用该条规定时，应当注意把握以下几点：一是要审查出借人的资金来源。借款人能够举证证明在签订借款合同时出借人尚欠银行贷款未还的，一般可以推定为出借人套取信贷资金，但出借人能够举反证予以推翻的除外；二是从宽认定‘高利’转贷行为的标准，只要出借人通过转贷行为牟利的，就可以认定为是‘高利’转贷行为；三是对该条规定的‘借款人事先知道或者应当知道的’要件，不宜把握过苛。实践中，只要出借人在签订借款合同时存在尚欠银行贷款未还事实的，一般可以认为满足了该条规定的‘借款人事先知道或者应当知道的’这一要件。”

上述规定一方面是针对民事审判中借贷合同效力认定的问题，另一方面该会议纪要毕竟不是正式的司法解释，不能作为判决的直接依据。但《全国法院民商事审判工作会议纪要》第 3 条也规定：“《会议纪要》发布后，人民法院尚未审结的一审、二审案件，在裁判文书‘本院认为’部分具体分析法律适用的理由时，可以根据《会议纪要》的相关规定进行说理。”如果在民事审判中可以此作为参考来认定出借人的行为是否构成高利转贷，那么基于法律适用的统一性，在刑事层面上判定出借人的行为是否可能构成高利转贷罪，也应当适用同样的判定标准。

---

① 周道鸾、张军主编：《刑法罪名精释》，人民法院出版社 1998 年版，第 265 页。

(三)认定标准

1. 立案追诉标准

根据《刑法》第 175 条的规定,以转贷牟利为目的,套取金融机构信贷资金高利转贷他人,违法所得数额较大的,构成本罪。《刑事案件立案追诉标准(二)》第 26 条规定:"[高利转贷案(刑法一百七十五条)]以转贷牟利为目的,套取金融机构信贷资金高利转贷他人,涉嫌下列情形之一的,应予立案追诉:(一)高利转贷,违法所得数额在十万元以上的;(二)虽未达到上述数额标准,但两年内因高利转贷受过行政处罚二次以上,又高利转贷的。"

本罪与骗取贷款罪之间有密切联系,在本罪的认定上有时需要与骗取贷款罪加以区分。《刑法》第 175 条之一第 1 款规定:"以欺骗手段取得银行或者其他金融机构贷款、票据承兑、信用证、保函等,给银行或者其他金融机构造成重大损失或者有其他严重情节的,处三年以下有期徒刑或者拘役,并处或者单处罚金;给银行或者其他金融机构造成特别重大损失或者有其他特别严重情节的,处三年以上七年以下有期徒刑,并处罚金。"《刑事案件立案追诉标准(二)》第 27 条规定:"……以欺骗手段取得银行或者其他金融机构贷款、票据承兑、信用证、保函等,涉嫌下列情形之一的,应予立案追诉:(一)以欺骗手段取得贷款、票据承兑、信用证、保函等,数额在一百万元以上的;(二)以欺骗手段取得贷款、票据承兑、信用证、保函等,给银行或者其他金融机构造成直接经济损失数额在二十万元以上的;(三)虽未达到上述数额标准,但多次以欺骗手段取得贷款、票据承兑、信用证、保函等的;(四)其他给银行或者其他金融机构造成重大损失或者有其他严重情节的情形。"

本罪与骗取贷款罪的区别在于:第一,二罪行为人主观方面不同,高利转贷罪要求行为人有以转贷牟利的主观目的,骗取贷款罪不要求行为人有转贷牟利或非法占为己有等特殊目的,只要求行为人具有骗取贷款的主观故意。第二,二罪在客观方面存在区别,骗取贷款罪的构成要求行为人有以虚构事实或隐瞒真相等欺骗手段获取信贷资金,并以行为人的行为涉及资金数额达到 100 万元以上,或给金融机构造成直接经济损失 20 万元以上,或具有多次以欺骗手段获得信贷资金等严重情节为立案追诉的标准;高利转贷罪的构成要求行为人有转贷牟利之行为且获利数额达到 10 万元以上,或行为人获利虽未达到该金额但存在屡教不改的情形,至于行为人是否以欺骗方式获取贷款非构成本罪的必备要件。从实务裁判案例来看,刑法所规定的"套取信贷资金"在司法适用中既包括骗取贷款,也包括依法申请获得贷款的情形，一般来说，行为人在申请贷款时即有高利转贷之意图的，往往会以虚构理由、隐瞒实情的欺骗方式获取贷款；若行为人在申请贷款时并无高利转贷之意图，但取得信贷资金后因客观情况变化暂无使用资金之需要，为免资金闲置而对外转贷的，行为人取得贷款的方式就有较大可能性并非以欺骗的方式。

本罪与骗取贷款罪在构成要件上存在重合，构成法条竞合关系。例如，行为人以欺骗的方式套取金融机构信贷资金100万元以上，后又将该笔信贷资金高利转贷牟利，获取违法所得10万元以上，则其行为同时具备高利转贷罪与骗取贷款罪的构成要件，按照刑法的规定，只能以其中一个法条认定行为人所构成的犯罪。从立法原意上来看，骗取贷款罪是在高利转贷罪、贷款诈骗罪等破坏信贷管理秩序犯罪罪名之外为更全面地保护信贷市场秩序所补充制定的罪名，2006年《刑法修正案(六)》中提出，该罪与高利转贷罪之间构成补充关系。一方面，以欺骗方式取得贷款的行为本身即具有社会危害性，对正常的贷款发放审核秩序造成了危害，可能导致金融机构将信贷资金发放给不符合条件的单位或个人，从而给信贷资金安全造成威胁。另一方面，贷款诈骗罪的侦办过程中对于行为人“非法占有”之主观状态的认定有时面临较大的难度或争议，而以欺骗方式取得贷款的行为人若既无证据证明其有非法占有之目的，也无证据证明其有高利转贷的行为，或虽有高利转贷行为但并无违法所得，不构成相关犯罪，但其骗取贷款的行为因其所具有的社会危害性而应当受到法律的制裁，因而行为人的违法情节如达到了骗取贷款罪的追诉标准，则可以骗取贷款罪予以制裁。基于骗取贷款罪与高利转贷罪之间所存在的补充关系，若行为人的行为同时符合两罪构成要件，原则上应以基本罪名即高利转贷罪定罪量刑。从行为本身来看，骗取贷款的行为与高利转贷行为可构成手段与目的的关系，骗取贷款的行为为方法行为，高利转贷行为为目的行为，两者存在牵连关系，从牵连犯的角度来说，在发生竞合时应按从一重处断的原则定罪量刑。

具体来说，骗取贷款罪与高利转贷罪的竞合可分为以下两种情形：

(1)行为人骗取贷款后高利转贷，获利达到10万元以上或虽未达到这一金额但行为人此前两年内已经因高利转贷行为受过两次以上的行政处罚，达到高利转贷罪的追诉标准；同时，行为人骗取贷款未给金融机构造成经济损失，但因涉及贷款金额达到100万元以上，或多次骗取贷款，也达到了骗取贷款罪的立案追诉标准。这种情形下，行为人骗取贷款的行为未给金融机构造成重大损失，应基于两罪之间的补充关系以高利转贷罪予以制裁。与此同时，实务中部分裁判案例倾向于对未给金融机构造成经济损失的骗取贷款行为免于刑事处罚，或认定行为人骗取贷款的行为尚不构成犯罪。

（2）行为人骗取贷款后高利转贷，其高利转贷行为未获利，但行为人此前两年内已经因高利转贷行为受过两次以上的行政处罚，具备高利转贷罪的追诉标准；同时，行为人骗取贷款给金融机构造成了20万元以上的经济损失，达到了骗取贷款罪的追诉标准。基于骗取贷款的行为与高利转贷行为之间的牵连关系，若两罪适用量刑区间不同（通常来说是因为给金融机构造成损失特别严重，骗取贷款罪量刑更重），依据从一重处断原则以骗取贷款罪定罪量刑；在两罪适用量刑区间相同的情况下，实务中部分裁判案例倾向于为突出骗取贷款行为所造成的严重社会危害后果（给金融机构造成重大经济损失）而以骗取贷款罪定罪量刑。

2. 量刑标准

根据《刑法》第175条的规定，犯本罪处3年以下有期徒刑或者拘役，并处违法所得1倍以上5倍以下罚金；违法所得数额巨大的，处3年以上7年以下有期徒刑，并处违法所得1倍以上5倍以下罚金。单位犯罪的，对单位判处罚金，并对其直接负责的主管人员和其他直接责任人员，处3年以下有期徒刑或者拘役。

对于自然人主体来说，本罪存在两个量刑档次，达到立案追诉标准但尚未构成数额巨大的，处以3年以下有期徒刑或拘役，若违法所得数额巨大，则处以3年以上7年以下有期徒刑。对于数额巨大的认定标准，目前尚无全国统一的标准，省级司法机关则多有出台相应的量刑指导意见。天津市高级人民法院、天津市人民检察院、天津市公安局、天津市司法局《关于刑法部分罪名数额执行标准和情节认定标准的意见》（津高法发〔2016〕18号）第11条第2款规定："以转贷牟利为目的，套取金融机构信贷资金高利转贷他人，违法所得数额在50万元以上，或者违法所得数额虽未达到前述标准，但二年内曾因高利转贷受过行政处罚2次以上，又高利转贷的，应当认定为刑法第一百七十五条第一款规定的'数额巨大'。"浙江省高级人民法院《关于部分罪名定罪量刑情节及数额标准的意见》（浙高法〔2012〕325号）第31条规定："违法所得数额在50万元以上的，属于'数额巨大'，处三年以上七年以下有期徒刑，并处违法所得一倍以上五倍以下罚金。"

二、实务要点与典型案例

实务要点 1 | 施工企业将信贷资金向下级供应商高利转贷，并自应付工程款或材料款中扣除本息的，可构成高利转贷罪。

典型案例 1

江苏省宿迁市中级人民法院(2018)苏13刑终281号
建筑公司高利转贷案

［案情介绍］

2012年5月，被告单位建筑公司使用虚假的产品购销合同，虚构理由，以8.528%的年利率套取银行贷款贷款人民币500万元，贷款期限一年，后将其中400万元以2%的月利率转贷给分包商A公司，借款期限11个月。建筑公司于2012年11月2日归还银行贷款本金人民币2531973.02元，后于2013年5月2日还清剩余银行贷款。现有证据能够证实建筑公司实际收到A公司从2012年5月底至2013年3月底的利息，每个月8万元左右，分别通过发包人供电公司、上级承包人水务公司转入款扣除等方式实际收到转贷利息。扣除偿还银行的贷款利息，建筑公司违法所得数额为336023.48元。

［法院认为］

建筑公司以转贷牟利为目的，套取银行信贷资金高利转贷他人，违法所得数额较大，其行为已构成高利转贷罪。建筑公司法定代表人范某作为鑫达公司直接负责的主管人员，应当以高利转贷罪追究其刑事责任。建筑公司案发后主动向公安机关退缴358384元，336023.48元作为违法所得予以没收，上缴国库，22360.52元予以追缴，缴纳罚金，对此情节可以酌情从轻处罚。

［裁判结果］

建筑公司犯高利转贷罪，判处罚金人民币35万元；范某犯高利转贷罪，判处拘役5个月，缓刑7个月。

实务要点 2 **刑法与司法解释没有规定高利转贷罪中的高利认定标准，转贷是否属于高利，不宜一概而论，不能用一个绝对的高于贷款市场报价利率的标准来认定本罪，而是要看行为人转贷利率是否高于其套取信贷资金的利率，并结合行为人的违法所得综合判定。**

典型案例 2

辽宁省鞍山市千山区人民法院(2006)鞍千刑初字第 101 号 姚某高利转贷案(最高院 487 号指导案例)

[案情介绍]

姚某编造虚假理由开具银行承兑汇票并贴现累计 990 万元，又将该款项交付给 A 厂用作资金周转，从 A 厂收回本金并额外获利 75 万元。人民法院认为，姚某以转贷牟利为目的，套取金融机构信贷资金转贷给他人，违法所得数额巨大，其行为已构成高利转贷罪，应依法惩处。

[法院认为]

1. 行为人编造虚假贷款理由、出具虚假购销合同来开具银行承兑汇票并贴现以获取信贷资金的行为，属于《刑法》第 175 条规定的套取行为。

2. 尽管在刑法和司法解释中均未对高利作出规定，但就套取银行贷款而高利转贷他人的行为而言，该行为是一种扰乱金融秩序的行为，转贷牟利，危害了金融安全，这与以自有资金对外借贷二者之间具有了性质上的区别，因而，在高利转贷罪的构成中对高利的认定不必达到或超出民间借贷民事案件中法定最高保护利率标准，只需要转贷利率超出行为人套取信贷资金的利率，并结合其违法所得，达到立案追诉的标准即应认定构成本罪。

[裁判结果]

被告人姚某犯高利转贷罪，判处有期徒刑 4 年有期徒刑并处罚金人民币 75 万元；姚某所得赃款人民币 325010.36 元，依法予以追缴。

实务要点3 **高利转贷罪中的"套取金融机构信贷资金",既包括行为人编造虚假贷款理由或隐瞒实情骗取贷款的情形,也包括行为人凭借自身真实条件依法合规的取得贷款后以较高利息转贷给他人以牟取利益的情形。**

典型案例3

四川省宣城市中级人民法院(2014)宣中刑终字第00159号
A公司高利转贷案

[案情介绍]

A公司向银行贷款1000万元,并将该款项出借给B公司,累计获利78万余元。公诉机关以A公司涉嫌高利转贷罪提起公诉。A公司认为,其依法申请贷款,并没有以编造虚假事实等方式骗取贷款,不属于《刑法》第175条所述的"套取金融机构信贷资金"。

[法院认为]

高利转贷罪中,行为人套取金融机构的信贷资金的方式不仅指"行为人不符合贷款的条件,而以虚假的贷款理由或者贷款条件,向金融机构申请贷款,并且获取由正常程序无法获得的贷款",而且包括行为人凭借能向银行获取贷款的特殊条件,将从银行以较低利息获取的贷款,转而以较高利率转贷他人,从中非法牟利的情形,因此,A公司的行为属于套取金融机构的信贷资金。行为人转贷之意图产生于套取信贷资金之前的,其高利转贷行为可构成犯罪;行为人转贷意图产生于取得信贷资金之后并实施了转贷行为,也可构成高利转贷罪。

[裁判结果]

被告单位A公司犯高利转贷罪,判处罚金235万元;被告单位主管责任人江某犯高利转贷罪,判处有期徒刑1年6个月。

实务要点4　行为人骗取贷款后又将贷款资金高利转贷且同时构成骗取贷款罪、高利转贷罪的，原则上以高利转贷罪定罪量刑。

典型案例4

河南省商丘市中级人民法院(2018)豫14刑终237号
王某、李某高利转贷案

[案情介绍]

2016年6月5日，被告人王某伪造S公司合同专用章和法定代表人印章，伙同被告人李某制作了M公司与S公司的虚假购销合同及其他虚假贷款资料，骗取银行贷款2000万元，并将其中部分贷款对外转贷，牟利47万元。

[法院认为]

被告人涉嫌多项罪名，也就不同的犯罪事实分别被认定构成骗取贷款罪和高利转贷罪，就王某与李某于2016年6月5日伪造材料骗取贷款并高利转贷这一行为，应以高利转贷罪定罪量刑。

[裁判结果]

被告王某犯高利转贷罪，判处有期徒刑2年，并处罚金人民币100万元。被告李某犯高利转贷罪，判处有期徒刑1年，并处罚金人民币50万元。

三、风险防范建议

对于施工企业来说，如果其将借贷自金融机构的信贷资金出借给内部承包人、实际施工人以赚取利差，则面临刑事法律风险。从单次出借行为上来看，可能构成高利转贷罪；根据最高院、最高检、公安部、司法部《关于办理非法放贷刑事案件若干问题的意见》(法发〔2019〕24号)的规定，如果施工企业在一定时间内多次向内部承包人、实际施工人出借资金，还有可能构成非法经营罪。

向实际施工人、内部承包人出借款项以获取利息回报，是一些施工企业重要的利润来源。而少有企业能够完全以自有资金对外出借，贷款往往是出借资金的重要来源；即便企业能够完全以自有资金对外出借，也可能构成非法经营罪。《全国法院民商事审判工作会议纪要》发布后，企业只要还有未偿还的银行或其他金融机构贷款，向外出借资金就存在被认定为高利转贷的风险。更进一步，在尚有金融机构贷款未偿还的情况下，不仅是直接出借资金，企业代内部承包人、实际施工人向分包人、材料商付款,再自发包人给付的工程款中偿本付息的,理论上也存在被认定为高利转贷的可能性。因而,从刑事法律风险防范的角度,笔者建议:

首先,尽可能避免对外出借资金。施工企业应紧密围绕自身的主营业务范围开展经营活动,通过对拟承接项目发包人的资信、履约意愿和项目本身情况的审慎审查来避免垫资施工或防范垫资施工的风险。避免将项目转包、违法分包,在选择内部承包人时应当谨慎审查内部承包人的资金实力、管理经验,避免将项目交付给缺乏资金实力的内部承包人。

其次,确因开展主营业务的需要而对外出借资金或代他人付款的,应依据本企业融资成本合理确定利息标准,不宜约定高息。司法实务中判定行为人是否构成高利转贷罪的重要标准之一便是违法所得数额。

与此同时,施工企业向金融机构申请贷款时,应提供真实的贷款资料、贷款用途等信息,避免因提供虚假贷款资料而被认定为"骗取"或"套取"信贷资金。在取得信贷资金后,企业应严格按照约定的用途使用信贷资金,避免出现将信贷资金用于任何无关用途或提供给任何看似无关的第三方的情形。确因经营需要临时变更资金用途的应征得贷款提供方的同意并按贷款合同约定程序办理。

第六节 拒不支付劳动报酬罪实务要点与风险防范

一、罪状描述、犯罪构成要件与认定标准

(一)罪状描述

拒不支付劳动报酬罪,是指以转移财产、逃匿等方法逃避支付劳动者的劳动报酬或者有能力支付而不支付劳动者的劳动报酬,数额较大,经政府有关部门责令支付仍不支付的行为。

(二)犯罪构成要件

1. 犯罪主体

本罪犯罪主体为一般主体,既包括具备用工主体资格的单位及其直接负责的主管人员和其他直接责任人员,也包括不具备用工主体资格的单位和个人。

(1)具有用工主体资格的单位。从《刑法》第 276 条之一的文义上来看,本罪

所打击的是恶意逃避支付劳动者的劳动报酬行为，以及有能力而拒不支付劳动者的劳动报酬的行为。因此，具有用工主体资格能够与劳动者建立劳动关系的用人单位可作为本罪的主体。根据《劳动法》第 2 条第 1 款的规定，“劳动者”这一法律概念成立的前提是基于劳动关系的建立，而与劳动者建立劳动关系的用人单位为“在中华人民共和国境内的企业、个体经济组织”。根据《劳动合同法》第 2 条的规定，具有用工主体资格，能够与劳动者建立劳动合同关系的包括中华人民共和国境内的企业、个体经济组织、民办非企业单位等组织，以及国家机关、事业单位、社会团体。

在建筑行业中，一方面，施工企业有《刑法》第 276 条之一所规定的行为，可构成拒不支付劳动报酬罪，更进一步，施工企业将工程转包或出借资质由实际施工人施工的，因施工企业拖欠工程款导致实际施工人拖欠劳动者的劳动报酬，施工企业也可能构成本罪。另一方面，根据《拒不支付劳动报酬司法解释》第 8 条的规定，用人单位的实际控制人实施拒不支付劳动报酬行为，也可构成本罪。

(2)不具有用工主体资格而违法用工的单位和个人。在建筑行业大量存在包工头个人违法用工现象，个人包工头显然不属于前述“与劳动者建立劳动关系的用人单位”之列。个人聘用他人从事某项工作，个人与个人之间不成立劳动关系而形成劳务关系，而劳务关系中受聘的一方在法律上并不属于“劳动者”，这个矛盾在拒不支付劳动报酬罪设立之初形成了很大争议，导致学界和实务界就违法用工的个人拖欠报酬是否可构成本罪产生了不同观点。《拒不支付劳动报酬司法解释》终结争议，该解释第 7 条规定，“不具备用工主体资格的单位或者个人，违法用工且拒不支付劳动者的劳动报酬，数额较大，经政府有关部门责令支付仍不支付的，应当依照《刑法》第二百七十六条之一的规定，以拒不支付劳动报酬罪追究刑事责任”。随后最高院又发布指导案例，再次确认不具备用工主体资格的个人拖欠劳动报酬，可以适用本罪的构成要件加以规范、制裁。也就是说，承接施工项目的个人拖欠劳动者劳动报酬的，可构成本罪。

2. 主观方面

本罪在主观方面表现为故意，包括直接故意和间接故意，即明知其转移财产或逃匿等作为、或拒不支付劳动报酬的不作为，必将导致或可能导致劳动者的劳动报酬无法实现而故意实施该积极行为或消极不作为，且在主观上为希望或者放任该危害结果发生的状态。

3. 犯罪客体

本罪所侵犯的客体是复杂客体，既侵害了劳动者的财产权，也妨碍了正常的劳动用工关系，侵害了社会主义市场经济秩序。

4. 客观方面

从《刑法》第276条之一的规定来看，本罪的客观方面表现为以转移财产、逃匿等方法逃避支付劳动者的劳动报酬或者有能力支付而不支付劳动者的劳动报酬，数额较大，且经政府有关部门责令支付仍不支付的。具体来说：

(1)有能力支付而不支付劳动者的劳动报酬，或者以转移财产、逃匿等方法逃避支付劳动者的劳动报酬，均可构成本罪。

首先，对于“有能力支付而不支付”的认定，如何判断行为人是否“有能力支付”是核心要素。最高院在《拒不支付劳动报酬司法解释》中对此并未给出判断标准。理论上对此也有不同的观点，有观点认为，应当以行为人是否具有相应的账面流动资金作为判断标准，只有行为人的账面上有相应的流动资金才能认定行为人“有能力支付而不支付”，这一观点强调兼顾企业生存发展和员工劳动报酬权；也有观点认为，不能仅仅局限于行为人的账面流动资金，而应以行为人整体的资产负债情况来作为行为人是否“有能力支付”的判断标准，即便行为人账面流动资金枯竭甚至负债累累，只要行为人尚有可供处置的资产，就应当处置资产来清偿欠薪，这一观点认为员工的劳动报酬权是基本生存权，应当优先于企业生存发展权。由于上述判断标准均依赖于专业的财务审计才可能实现，而公安机关只有启动立案侦查程序才能开展全面财务审计，故司法实务中多不采用。在建筑行业中，情况更加复杂。一方面，建筑行业是资金密集型与劳动力密集型行业，施工方垫资施工进一步加大其资金压力，提高欠薪情况发生的可能性；另一方面，建筑行业普遍存在挂靠、转包等情形，导致实际施工并承担劳动报酬支付义务的主体是包工头个人，而对个人进行财务审计更具难度。司法实务中，认定拖欠工资的施工单位或个人是否属于有能力支付劳动报酬而拒不支付，其上手承包人或发包人是否按约支付工程款是重要判断依据之一，如果查明行为人的上手承包人或发包人已经按约向承包人支付工程款，则行为人拖欠劳动报酬的行为往往会被认定为有能力而拒不支付。然而，发包人或行为人的上手承包人是否按约支付工程款，往往不易判定，这是施工合同争议的主要类型之一。实务中对于行为人构成本罪的认定，通常以行为人具备“转移财产、逃匿”的情形，结合行为人“有能力而不支付”两个要素来认定构成犯罪，单独以行为人“有能力而不支付”来认定行为人构成犯罪的情形相对较少。

其次，行为人以转移财产、逃匿等方法逃避支付劳动者劳动报酬的，也可构成本罪。有理论观点认为，认定构成本罪要以“具备支付能力”为前提，只有当行为人有能力支付劳动报酬而不支付时，才构成本罪。但如上所述，对于行为人是否具有支付能力的判定标准存在争议且实务中的认定存在诸多困难，如以行为人有能力而不支付作为认定构成犯罪的必要标准，将造成司法机关在认定本罪构成时面临很大的困难与争议，进而导致不法分子逃脱制裁。从《刑法》第276条之一的文义来看，刑法采用“以转移财产、逃匿等方法逃避支付劳动者的劳动报酬或者有能力支付而不支付劳动者的劳动报酬”的表述，所表达的是二者选其一的意思，即行为人只要以转移财产、逃匿等方法逃避支付劳动者的劳动报酬，即可构成本罪。从行为人是否具有主观恶性来说，行为人为了逃避支付劳动报酬的义务而转移财产或逃匿，当然有主观恶性。然而，值得注意的是，即便有时行为人逃匿的直接原因是为了躲债，实务中有时也可能被认定为以逃匿的方法逃避支付劳动报酬。原因在于，行为人在未支付劳动报酬的情况下躲债，脱离有关行政机关的有效监管，客观上既损害了劳动者的劳动报酬权，也侵害了职能部门依法处置的权利。根据《拒不支付劳动报酬司法解释》第2条的规定，行为人以逃避支付劳动者的劳动报酬为目的，具有下列情形之一的，应当认定为“以转移财产、逃匿等方法逃避支付劳动报酬”：①隐匿财产、恶意清偿、虚构债务、虚假破产、虚假倒闭或者以其他方法转移、处分财产的；②逃跑、藏匿的；③隐匿、销毁或者篡改账目、职工名册、工资支付记录、考勤记录等与劳动报酬相关的材料的；④以其他方法逃避支付劳动报酬的。

(2)行为人拖欠劳动者劳动报酬数额较大。《拒不支付劳动报酬司法解释》第3条第1款规定：“具有下列情形之一的，应当认定为《刑法》第二百七十六条之一第一款规定的‘数额较大’：(一)拒不支付一名劳动者三个月以上的劳动报酬且数额在五千元至二万元以上的；(二)拒不支付十名以上劳动者的劳动报酬且数额累计在三万元至十万元以上的。”该条同时要求各省、自治区、直辖市高级人民法院在该条规定的数额范围内根据本地区经济社会发展状况制定具体的数额标准。如江苏省高级人民法院《关于我省执行拒不支付劳动报酬罪数额标准的意见》即规定江苏省执行拒不支付劳动报酬罪的“数额较大”的标准如下：“一、拒不支付一名劳动者三个月以上的劳动报酬且数额在一万元以上的；二、拒不支付十名以上劳动者的劳动报酬且数额累计在六万元以上的。”

(3)经政府有关部门责令支付仍不支付。《拒不支付劳动报酬司法解释》第4条第1款规定:“经人力资源社会保障部门或者政府其他有关部门依法以限期整改指令书、行政处理决定书等文书责令支付劳动者的劳动报酬后,在指定的期限内仍不支付的,应当认定为《刑法》第二百七十六条之一第一款规定的‘经政府有关部门责令支付仍不支付’,但有证据证明行为人有正当理由未知悉责令支付或者未及时支付劳动报酬的除外。”据此,责令支付应当以书面形式,责令支付的主体可以是人社部门,也可以是政府其他部门,但行为人有正当理由未知悉责令支付情形的除外。为此,最高院在解释《拒不支付劳动报酬司法解释》第4条第2款对书面责令的有效送达方式进行了补充规定,即送交行为人本人、同住成年家属或者所在单位负责收件的人,如果因行为人逃匿而无法据此完成送达的,在行为人的住所地、生产经营场所等地张贴责令支付文书等方式责令支付,并采用拍照、录像等方式记录,也视同完成送达。

(三)认定标准

1. 立案追诉标准

行为人以转移财产、逃匿等方法逃避支付劳动者的劳动报酬或者有能力支付而不支付劳动者的劳动报酬,数额较大,经政府有关部门责令支付仍不支付的,构成拒不支付劳动报酬罪,应立案追诉。立案追诉的标准:一是数额较大,如前所述,拒不支付1名劳动者3个月以上的劳动报酬且数额在5000元至2万元以上的,或拒不支付10名以上劳动者的劳动报酬且数额累计在3万元至10万元以上的,并由各省高级人民法院进一步制定具体标准;二是经政府有关部门责令支付仍不支付,如前所述,即经人社部门或其他有关政府部门以书面形式责令支付,而行为人在限期内仍未支付的。

2. 量刑标准

(1)一般情节。根据《刑法》第276条之一的规定,构成本罪,尚未造成严重后果的,处三年以下有期徒刑或者拘役,并处或者单处罚金。根据《拒不支付劳动报酬司法解释》第5条的规定,“严重后果”指的是:①造成劳动者或者其被赡养人、被扶养人、被抚养人的基本生活受到严重影响、重大疾病无法及时医治或者失学的;②对要求支付劳动报酬的劳动者使用暴力或者进行暴力威胁的;③造成其他严重后果的。

(2)加重情节。根据《刑法》第276条之一的规定,构成本罪,并造成严重后果的，处三年以上七年以下有期徒刑，并处罚金。

(3)减免情节。根据《刑法》第276条之一的规定，构成本罪，尚未造成严重后果，在提起公诉前支付劳动者的劳动报酬，并依法承担相应赔偿责任的，可以减轻或者免除处罚。为进一步体现刑法的教育感化功能，《拒不支付劳动报酬司法解释》第6条进一步明确："拒不支付劳动者的劳动报酬，尚未造成严重后果，在刑事立案前支付劳动者的劳动报酬，并依法承担相应赔偿责任的，可以认定为情节显著轻微危害不大，不认为是犯罪；在提起公诉前支付劳动者的劳动报酬，并依法承担相应赔偿责任的，可以减轻或者免除刑事处罚；在一审宣判前支付劳动者的劳动报酬，并依法承担相应赔偿责任的，可以从轻处罚……拒不支付劳动者的劳动报酬，造成严重后果，但在宣判前支付劳动者的劳动报酬，并依法承担相应赔偿责任的，可以酌情从宽处罚。"

(4)单位犯罪。根据《刑法》第276条之一的规定，单位犯本罪的，对单位判处罚金，并对其直接负责的主管人员和其他直接责任人员，依照前述规定处罚。

二、实务要点与典型案例

实务要点1　**不具备用工主体资格的单位或个人违法用工拖欠劳动报酬的，可以构成拒不支付劳动报酬罪；该类主体拒不支付劳动报酬，即使其他单位或者个人在刑事立案前为其垫付了劳动报酬的，也不影响追究该用工单位或者个人（包工头）拒不支付劳动报酬罪的刑事责任。**

典型案例1

四川省双流县人民法院(2011)双流刑初字第544号
胡某拒不支付劳动报酬案（最高院28号指导性案例）

[案情介绍]

胡某分包了A项目的部分工程施工，并聘请多名农民工入场施工。施工期间，胡某累计收到发包人支付的工程款已超过结算时确认的实际工程款。工程完工后，胡某以工程亏损为由拖欠李某等20余名民工工资12万余元。2011年6月9日，人社部门责令胡某支付拖欠的民工工资，胡某却于当晚订购机票并在次日早上乘飞机逃匿。6月30日，工程总承包商代胡某清偿期拖欠的民工工资。7月4

日，公安机关对胡某拒不支付劳动报酬案立案侦查。后胡某在异地被公安机关抓捕归案。

[法院认为]

胡某拒不支付20余名民工的劳动报酬达12万余元，数额较大，且在政府有关部门责令其支付后逃匿，其行为构成拒不支付劳动报酬罪。被告人胡某虽然不具有合法的用工资格，又属没有相应建筑工程施工资质而承包建筑工程施工项目，且违法招用民工进行施工，上述情况不影响以拒不支付劳动报酬罪追究其刑事责任。胡某逃匿后，虽然工程总承包企业按照有关规定清偿了胡某拖欠的民工工资，其清偿拖欠民工工资的行为属于代胡某垫付，这一行为虽然消减了拖欠行为的社会危害性，但并不能免除胡某应当支付劳动报酬的责任，因此，对胡某仍应当以拒不支付劳动报酬罪追究刑事责任。

[裁判结果]

被告胡某犯拒不支付劳动报酬罪，判处有期徒刑1年，并处罚金人民币2万元。

实务要点2 **行为人经营亏损无力支付劳动报酬，但为逃避支付工资的义务而逃匿的，构成拒不支付劳动报酬罪；行为人拒不支付劳动报酬引发群体性事件，属于《刑法》第276条之一所规定的“造成严重后果”。**

典型案例2

广东省云浮市中级人民法院(2012)云中法刑终字第104号
张某拒不支付劳动报酬案

[案情介绍]

被告人张某与B公司口头约定，由张某承包该公司投资的某住宅项目部分工程。后张某将其承包的工程肢解后自行施工一部分，并聘请李某、刘某等民工施工，将剩余的部分分别分包给唐某、刘某1、杨某。至2011年11月19日止，张某从B公司领取到工程款1366775元，张某并举证其在同时期为工程投入及其他事项投资支出147万元。2011年11月23日，张某尚欠唐某、刘某1、杨某工程款和李某、刘某等工人工资合计712211元未付，并进一步导致唐某等拖欠民工薪酬。2011年11月24日，张某在明知拖欠上述款项的情况下，仍关闭通信工具，驾车潜逃到外地,工人因无法领取工资而在工地闹事、上街游行。2011 年 12 月 14 日,信访局在无法直接与被告人取得联系的前提下,将责令被告人支付工人工资的通知投递到被告人户籍地;B 公司工作人员于同日向公安机关报案称工人因被告人张某拖欠工资而在工地闹事。接报后,公安机关经侦查并将被告人抓获归案。被告人至庭审时仍未支付拖欠工人的报酬。

[法院认为]

作为工程项目的承包者,被告人张某负有支付工人劳动报酬的义务,经营亏本并不能免除其支付报酬的义务,被告人明知其拖欠了工人工资,仍抛弃在建工程项目逃离当地,致使工人无法追讨劳动报酬引发群体性事件,造成严重后果,构成拒不支付劳动报酬罪。

[裁判结果]

张某犯拒不支付劳动报酬罪,判处有期徒刑 3 年,并处罚金 10 万元。

实务要点 3 | 发包人按约支付工程款(无拖欠),而行为人将所取得的工程款部分挪作他用且拒不支付劳动者工资,可构成有能力支付而不支付。

典型案例 3

安徽省亳州市中级人民法院(2019)皖 16 刑终 541 号
许某拒不支付劳动报酬案

[案情介绍]

2015 年 5 月,被告人许某挂靠 C 建筑公司与业主签订施工合同,合同总造价 3760.254 万元,由许某自筹资金。随后许某将工程肢解后分别分包给张某 1、张某 2、丁某等人。该工程在 2016 年 8 月具备竣工验收条件。项目建设过程中,业主向许某拨付工程款共计 3496.7869 万元。2018 年 7 月,业主代许某支付某公司欠款 153.5497 万元。经审计,许某共拖欠农民工工资合计 238.182 万元;许某收到工程款中有 444.4 万元,未用于该项工程。2018 年 1 月 30 日,亳州市谯城区人力资源和社会保障局向许某下达了《劳动保障限期整改指令书》责令限期支付,许某有能力支付拒不支付拖欠的农民工工资。

[法院认为]

一审法院认为,许某有能力支付而拒不支付,数额较大,经政府有关部门责令支付仍不支付,其行为已构成拒不支付劳动报酬罪。

许某上诉,并提出其与张某1、张某2、丁某等人系建设工程施工合同关系而非劳动合同或劳务关系,张某1、张某2、丁某等人拖欠员工工资不应由其承担刑事责任。

二审法院认为:许某违反规定将工程转包给不具备用工主体资格的个人,应承担拖欠工资的连带责任。涉案基本工程造价3760.254万元,业主单位已支付工程款3496.7869万元,许某收到相关款项后将部分款项挪作他用拒不支付劳动者工资,对许某的该上诉理由及辩护人与此相同的辩护意见不予采纳。

[裁判结果]

被告人许某犯拒不支付劳动报酬罪,判处有期徒刑2年6个月,并处罚金人民币20万元。

实务要点4 | **个人合伙承揽工程,合伙各人对债务承担连带责任,负责保管资金的合伙人携款逃匿并导致合伙组织拖欠劳动者劳动报酬,在政府有关部门责令支付期限内仍不支付劳动报酬,数额较大的,其余合伙人可能构成拒不支付劳动报酬罪的共同犯罪,但应根据其在共同犯罪中的作用区分主从犯。**

典型案例4

安徽省阜阳市中级人民法院(2017)皖12刑终71号 姜某、陈某、史某拒不支付劳动报酬案

[案情介绍]

2013年4月20日,被告人姜某、陈某、史某合伙以D建筑公司名义承包某建设项目。合伙协议约定由被告人陈某负责施工现场,被告人姜某负责资金收进、支出、后勤伙食,被告人史某负责审核、做账、监督。合伙协议约定三被告人共同受益、风险共担,本工程所欠外债共同承担。工程施工过程中,业主方已陆续足额支付三被告人工程款。因姜某携款逃匿,至2014年10月工程结束时三被告人仍拖欠工人工资239920元。人社部门于2014年12月10日向三被告人送达劳动保障监察责令改正决定书,责令三被告人于2014年12月14日9时前足额发放所拖欠的工人工资,三被告人在责令的期限内仍未支付工资。公安机关于2015年1

月16日立案侦查,被告人姜某于2015年2月2日足额支付所欠全部工资。三被告人于2015年2月11日到界首市公安局投案,并如实供述犯罪事实。

［法院认为］

在案证据证明,三被告系合伙关系,共同对债务承担连带责任。同时,涉案工程款至工程结束时已足额拨付,亦足以支付拖欠的涉案工资,但三人在人社部门责令整改的期限内,无正当理由继续拖欠涉案工资,客观上有能力支付而不支付,且数额较大,符合拒不支付劳动报酬罪的构成。鉴于陈某在工人追讨涉案工资过程中,能够积极协助工人联系在合伙事务中负责财务的姜某,并主动到劳动监察部门说明情况,可酌情对其从轻处罚;史某在合伙事务中仅负责审核、做账、监督,并未负责过工程资金的收支,亦能够积极协助联系姜某,并主动到劳动监察部门说明情况,可以对其单处罚金。

［裁判结果］

被告人姜某犯拒不支付劳动报酬罪,判处有期徒刑10个月,缓刑1年,并处罚金人民币1万元;原审被告人陈某犯拒不支付劳动报酬罪,判处有期徒刑6个月,缓刑1年,并处罚金人民币1万元;上诉人史某犯拒不支付劳动报酬罪,判处罚金人民币1万元。

实务要点5 | **“经政府有关部门责令支付仍不支付”是构成拒不支付劳动报酬罪的必要前提。**

典型案例5

广西壮族自治区扶绥县人民法院(2015)扶刑初字第184号甲施工企业拒不支付劳动报酬案

［案情介绍］

乙公司兴建某工程,甲施工单位系该工程项目的总承包企业,法定代表人为廖某。2014年7月,双方签订了书面承包合同后甲施工单位遂开始进行施工。后甲施工单位将部分工程分包给陆某施工。陆某承包土石方工程后,组织李某等14名民工对该工程进行施工。2014年12月,工程停工后,经核算确认,甲施工企业应支付农民工工资为266400元,但甲施工单位没有如期支付。经陆某代表14名农民工向劳动监察部门投诉后,劳动监察机构向下发劳动保障监察限期改正指令书,责令甲施工单位限期支付劳动报酬。廖某作为公司的法定代表人签收限期改正责令书后,没有在指定期限内支付农民工工资报酬。

[法院认为]

甲施工单位作为施工总承包企业,有支付能力而拒不支付劳动者的劳动报酬,数额较大,经政府有关部门责令支付仍不支付,构成拒不支付劳动报酬罪。

[裁判结果]

对被告单位甲施工单位罚金人民币3万元;被告人廖某作为负责的主管人员处拘役6个月,缓刑1年,并处罚金人民币1万元。

三、风险防范建议

《刑法》将拒不支付劳动报酬罪列在第五章“侵犯财产罪”中,体现对劳动者取得劳动报酬权这一财产权的保护。但劳动报酬是劳动者主要甚至唯一的收入来源,是确保劳动者本人及其抚养、赡养的家庭成员赖以生存的基本保障。因此,劳动者取得劳动报酬的权利不仅关系到劳动者本人及其家庭的财产权,也关系到社会的基本公平正义与和谐稳定。从20世纪90年代开始,直至21世纪的前20年,我国经济的快速发展创造出了大量的社会化用工需求,提供了大量的就业岗位。在劳资关系中劳动者天然处于相对弱势地位,其合法权利较易受到用工方的侵害。法律规范的革新相对滞后于市场经济的发展,用工方往往倾向于利用其优势地位和较为丰富的知识与智力资源侵害劳动者利益,以至于拖欠劳动报酬这样的违法事件屡见不鲜,农民工因其知识的相对贫乏和维权意识相对欠缺,其权利更易受到资方的侵犯。建筑行业尤其如此,施工企业承揽工程一方面需要巨量的资金投入,承担着较大的资金风险;另一方面又需要投入大量的劳动力,尤其是吸纳了大量的农民工从业,导致建筑行业相对于其他行业在欠薪方面有更高的发生率,且更容易酿成群体性事件。

为了保护农民工的合法权益,2004年由原劳动和社会保障部、原建设部联合发布《建设领域农民工工资支付管理暂行办法》,专门就建设领域农民工工资权益的实现提出保护措施。其后为因应经济社会发展的需要,中央及各地政府不断出台新的政策,如设立建筑行业农民工工资保证金制度、建筑用工实名制制度等。为进一步加大对恶意欠薪行为的打击力度,2011年《刑法修正案(八)》设立拒不支付劳动报酬罪这一罪名。其后,为进一步统一对本罪犯罪构成的认定标准和量刑尺度,最高院于2013年出台《拒不支付劳动报酬司法解释》。自《刑法修正案

(八)》设立本罪以来,本罪名在司法实务中也十分常见,公开渠道可查询到与“拒不支付劳动报酬罪”相关的生效裁判文书近千万件,建筑行业作为吸纳农民工就业较多且拖欠劳动报酬风险相对高发的行业,一直以来受到政府重点监管。为切实规范建筑行业各从业主体的用工行为和进一步落实用工主体责任,国务院还在2019年12月颁布《保障农民工工资支付条例》(国务院令第724号,以下简称724号令),并于2020年5月1日正式施行。从内容来看,该条例十分注重对于施工企业用工主体责任的规范和建设单位资金保障责任的监管落实,因而业内企业和从业人员做好相关刑事风险防范就尤为必要。

(一)高度重视724号令中有关规定

具体来说:

1. 建设单位负有保障责任,包括:在工程建设过程中,建设单位应当向施工单位提供工程款支付担保,并应当与施工总承包单位在书面施工合同中专门约定人工费用拨付周期(不得超过1个月),建设单位还应当按照合同约定及时足额将人工费拨付至施工总承包单位专门开设的农民工工资专用账户;因建设单位未按照合同约定及时拨付工程款导致农民工工资拖欠的,建设单位应当以未结清的工程款为限先行垫付被拖欠的农民工工资。

2. 施工总承包单位整体负责:施工总承包单位应当开设农民工工资专用账户,并应当在施工项目部配置劳资专管员,专门负责掌握施工现场用工、考勤、工资支付等情况,审核分包单位编制的农民工工资支付表,分包单位应当予以配合。分包单位对所招用农民工的实名制管理和工资支付负直接责任;施工总承包单位对分包单位劳动用工和工资发放等情况负有监督责任;分包单位拖欠农民工工资的,由施工总承包单位先行清偿,再依法进行追偿。工程建设项目转包,拖欠农民工工资的,由施工总承包单位先行清偿,再依法进行追偿。推行分包单位农民工工资委托施工总承包单位代发制度。

3. 不得因工程争议妨碍人工费用及时拨付。当建设单位、施工总承包单位、分包单位相互之间因履行施工合同发生争议时,建设单位不得因争议延缓或暂停拨付人工费用,施工总承包单位也不得因争议不按照规定代发工资。

4. 向不具备相应资质的主体发包、转包、分包工程的,建设单位、施工单位对农民工工资承担清偿责任。建设单位或者施工总承包单位将建设工程发包或者分包给个人或者不具备合法经营资格的单位,导致拖欠农民工工资的,由建设单位或者施工总承包单位清偿。施工单位允许其他单位和个人以施工单位的名义对外承揽建设工程,导致拖欠农民工工资的,由施工单位清偿。

5. 建设单位、施工总承包单位、分包单位有违反724号令的情形的,工程所在地人力资源和社会保障部门、建设主管部门有权依法监督查处。

(二)724号令实施后建筑行业相关主体的刑事风险隐患

1. 建设单位未按约及时拨付工程款或人工费用,导致施工企业拖欠劳动报酬的,则不排除建设单位构成拒不支付劳动报酬罪的可能,且因履约争议暂停付款不构成免责事由。

2. 分包单位欠薪,总包单位可能构成拒不支付劳动报酬罪。结合农民工实名制管理制度和分包单位农民工工资委托施工总承包单位代发制度,施工总承包单位收到建设单位拨付的人工费用后,理论上总包单位将对所施工项目上所有的农民工工资按时足额发放承担责任,总包单位所承包的项目范围内所有农民工但有薪酬被拖欠的情况,总包单位经有关部门责令支付后拒不支付的,均可能构成犯罪。

3. 建设单位、施工单位未妥善履行对下级承包商的资质审查义务,可能承担刑事风险。施工单位可能因出借资质或向不具备相应资质的主体转包、分包工程而对实际施工人的欠薪行为承担刑事法律风险。建设单位将工程发包给不具备相应资质的施工单位发包工程而对施工单位的欠薪行为承担刑事法律风险。在实际施工人拖欠农民工工资构成本罪的情况下,即便发包人、施工总包人已经按约支付工程款,也不能排除其因为该过错而成为犯罪主体的可能性。

4. 为进一步落实724号令,相关问题需进一步明确。首先,724号令中的人工费用如何界定,如果参照定额人工费标准则显然不符合立法目的,也不能满足实际工资发放的需求,那么,应当完全由相关合同当事方自行约定人工费标准,还是由相关地方政府根据本地经济社会发展情况确定合理区间。其次,推行分包单位农民工工资委托施工总承包单位代发制度,则建设单位直接分包的分包单位的人工费用将由建设单位支付给总包单位,除人工费用以外剩余的分包工程款则由建设单位直接支付给分包单位,具体推行过程中应当如何衔接,是否应当由建设单位、分包单位、总包单位就人工费用的支付签订三方协议。与此同时,对于分包单位农民工工资委托施工总承包单位代发制度,农民工工资标准确定后,工资的计算机制如何确定,如遇停工、窝工则工资如何发放就关系到索赔和责任分担等问题。

（三）严格资质审查，避免向不具备相应资质的主体发包、转包、分包工程

首先，根据《民法典》第178条的规定，连带责任由法律规定或当事人约定，故施工企业出借资质，由借用资质的一方以施工企业的名义承揽工程，施工企业作为被挂靠人并不当然对挂靠人以其名义所负的所有债务都承担连带责任。但出借资质是违法行为，会令施工企业遭受行政处罚等一系列行政责任，给施工企业带来较大的民事法律风险，且在挂靠人拖欠劳动报酬时，施工企业的挂靠行为不可避免将遭受处罚。值得注意的是，自724号令开始施行后，施工企业出借资质的，将对挂靠人拖欠的劳动报酬承担清偿义务，若施工企业不能及时、妥善地履行其清偿义务，将有可能被追究拒不支付劳动报酬的刑事责任。

其次，根据724号令的规定，工程建设项目转包，拖欠农民工工资的，由施工总承包单位先行清偿，再依法进行追偿；建设单位或者施工总承包单位将建设工程发包或者分包给个人或者不具备合法经营资格的单位，导致拖欠农民工工资的，由建设单位或者施工总承包单位清偿。据此，施工企业将工程转包或将部分工程分包给不具有相应资质的单位或个人的，将对转承包人、无资质的分包人所拖欠的劳动报酬承担清偿义务，若施工企业不能及时、妥善地履行其清偿义务，将有可能被追究拒不支付劳动报酬的刑事责任。

最后，已经存在的出借资质承揽工程、向不具备相应资质的施工主体发包、转包、分包工程的情形，建设单位及施工单位可要求相关实际施工人就农民工工资支付提供相应的担保，或者在详细掌握实际施工人现场用工情况后与实际施工人协商将应付工程款中的农民工工资部分直接下发到农民工手中。

（四）承揽工程时审慎调查项目及发包人资信

有条件的施工企业在承揽工程时应尽量避免承接需垫资施工的项目，需承接垫资施工项目时，应对项目情况和发包人资信情况做审慎调查，慎重决定。

（五）施工总承包单位规范合同管理以因应分包商农民工工资委托施工总包支付制度

自724号令全面推行后，基于724号令所规定的人工费专款专用制度、分包商农民工工资委托施工总包支付制度，施工总承包企业将对所承包施工项目范围

内全部农民工工资的按时足额发放承担责任,因此:

1. 由于工程施工是动态的过程,在施工期间人工工资标准可能发生变化、雇佣工人数量往往会发生大幅度波动,因而施工总承包人在与发包人签署施工总承包合同中应当对此有充分预估,审慎拟定合同中的人工费用支付条款。有发包人直接分包工程的项目,施工总承包企业应在签署施工总承包合同时与发包人约定,该类分包人的人工费用应由发包人、总包人、分包人签署三方协议,将人工费直接支付给总包企业。

2. 施工总承包企业在选择工程分包商、内部承包人时,应对意向分包商、内部承包人进行详尽的资信调查,审慎选择;必要时可要求分包商、内部承包人提供相应的资产担保或银行、保险公司保函。施工总承包企业在签署分包合同、内部承包合同时应当充分考虑并适用其与发包人签署的施工总包合同中所约定的人工费用支付标准。

3. 施工总承包企业应当落实劳资专管员的职责,充分发挥其作用。应对项目上所有分包人每日实时用工情况作详细统计并由分包人确认,作为总包企业支付农民工工资的依据。

(六)规范施工管理

如果项目上发生了拖欠劳动者劳动报酬情况并可能构成拒不支付劳动报酬罪的立案数额标准,那么施工企业在工程施工过程中所取得的工程款与其为工程施工所支出的成本,将是衡量其是否"恶意拖欠""转移资产",以及是否可能"有能力而不支付劳动报酬"的重要依据。现阶段在建筑行业中,承发包双方在施工合同中所约定的暂定合同总价、工程进度款支付方式等几乎都低于实际造价。因此,企业在施工过程中应实施精细化管理,有意识的搜集并固定已施工工程量有关证据,并在相关签证事项、索赔事项发生时及时固定证据、提出签证或索赔申请,这不仅是造价管理的需要,也是在万一发生相关刑事法律风险时对于证明企业是否构成犯罪以及具体情节轻重的重要证据。

(七)项目上发生欠薪情形后,应积极应对

如因市场风险或经营不善,确实无力支付项目施工人员劳动报酬时,施工企业及其管理人员应当设法尝试一切可能的途径优先筹措员工劳动报酬,不可消极面对,更不可挪用项目资金或以任何方式转移财产或逃匿。无论项目上是否存在

转包、向无资质施工人分包等情形，施工企业及其管理人员均应在项目发生拖欠劳动报酬情况时及时向有关政府部门反映情况，不可隐瞒不报。

第七节　强令违章冒险作业罪实务要点与风险防范

一、罪状描述、犯罪构成要件与认定标准

（一）罪状描述

在生产、作业中违反有关安全管理的规定，因而发生重大伤亡事故或者造成其他严重后果的，构成重大责任事故罪。在生产、作业中强令他人违反有关安全管理的规定从而发生重大伤亡事故或者造成其他严重后果的，则构成强令违章冒险作业罪。

（二）犯罪构成要件

1. 犯罪主体

《危害生产安全刑事案件司法解释》第 2 条规定："刑法第一百三十四条第二款规定的犯罪主体，包括对生产、作业负有组织、指挥或者管理职责的负责人、管理人员、实际控制人、投资人等人员。"故本罪的主体为自然人，单位不能成为本罪的犯罪主体。凡是在生产、作业中负有组织、指挥或者管理职责的自然人，均可因其强令违章冒险作业行为构成本罪。在建筑施工行业中，具体来说：

（1）施工单位法定代表人对本单位安全生产负责。《建筑法》第 44 条第 2 款规定，建筑施工企业的法定代表人对本企业的安全生产负责。另外，非登记为法定代表人的施工单位主要负责人，作为实际上组织、指挥本单位生产、作业人，应对本单位安全生产工作负责。《建设工程安全生产管理条例》第 21 条第 1 款规定，施工单位主要负责人依法对本单位的安全生产工作全面负责。故施工单位法定代表人、主要负责人违反安全施工规范强令违章冒险施工造成严重后果的，可构成本罪。

（2）施工单位的项目负责人是对工程施工负有指挥及管理职责的管理人员，应对所负责项目的安全施工负责。《建设工程安全生产管理条例》第 21 条第 2 款规定："施工单位的项目负责人应当由取得相应执业资格的人员担任，对建设工程

项目的安全施工负责，落实安全生产责任制度、安全生产规章制度和操作规程，确保安全生产费用的有效使用，并根据工程的特点组织制定安全施工措施，消除安全事故隐患，及时、如实报告生产安全事故。”

(3)施工项目的技术负责人应在工程施工组织设计和施工方案编制时充分考虑施工安全因素，并对所任职项目的安全施工承担相应的技术职责。《建设工程安全生产管理条例》第26条第1款规定：“施工单位应当在施工组织设计中编制安全技术措施和施工现场临时用电方案，对下列达到一定规模的危险性较大的分部分项工程编制专项施工方案，并附具安全验算结果，经施工单位技术负责人、总监理工程师签字后实施，由专职安全生产管理人员进行现场监督：(一)基坑支护与降水工程；(二)土方开挖工程；(三)模板工程；(四)起重吊装工程；(五)脚手架工程；(六)拆除、爆破工程；(七)国务院建设行政主管部门或者其他有关部门规定的其他危险性较大的工程。”

(4)施工项目的专职安全管理人员对所任职项目的具体安全施工防范措施承担监督管理责任。《建设工程安全生产管理条例》第23条第1、2款规定：“施工单位应当设立安全生产管理机构，配备专职安全生产管理人员。专职安全生产管理人员负责对安全生产进行现场监督检查。发现安全事故隐患，应当及时向项目负责人和安全生产管理机构报告；对违章指挥、违章操作的，应当立即制止。”

(5)施工企业的实际控制人、投资人等对企业所承包的具体项目的实施、推进具有相应决策权的人，所作出的决策违反安全生产规章制度强令冒险作业造成严重后果的，可构成本罪；施工企业其他管理人员行使管理职权强令违章冒险作业造成严重后果的，可构成本罪。

(6)值得注意的是，在《刑法修正案(六)》公布施行之前，1997年修订《刑法》原第134条对于重大责任事故罪主体的规定是“工厂、矿山、林场、建筑企业或者其他企业、事业单位的职工”。施行过程中，由于整个经济领域生产范围的扩大和生产规模的增长，原先规定的犯罪主体范围较窄，不适应经营主体日益多元化的情况，除了原规定的企事业单位职工以外，一些个体生产经营单位和个人，甚至违法生产经营的单位和个人，如包工头、无证矿主等在生产作业中违反安全管理规定不顾工人生命安全，违章作业导致事故的情况时有发生。[①] 为此，《刑法修正案(六)》将原规定的重大责任事故罪犯罪主体扩大到从事生产作业的所有人员，而

---

① 郎胜主编：《中华人民共和国刑法释义》，法律出版社2015年版，第172页。

本罪作为在重大责任事故罪的基础上所作的特别规定,犯罪主体包含所有在生产、作业负有组织、指挥或者管理职责的人员,既包括企事业单位职工,也包括个体经营户,甚至违法经营单位、无照经营单位的生产、作业及其指挥管理人员等。就建筑行业来说,除施工单位中负有组织、指挥或管理职责的人员可构成本罪主体外,与施工单位无劳动或聘用关系的实际施工人,以及受雇于实际施工人的现场管理人员因其对项目施工负有实际上的组织和管理职能,也可构成本罪犯罪主体。

(7)本罪与重大责任事故罪在犯罪主体要件方面有所不同。根据《危害生产安全刑事案件司法解释》第 1 条、第 2 条的规定,本罪的主体限于在生产、作业中负有组织、指挥或者管理职责的负责人、管理人员、实际控制人、投资人等人员。重大责任事故罪的主体在此之外,也包含直接从事生产、作业的人员。

2. 主观方面

《危害生产安全刑事案件司法解释》第 5 条规定:“明知存在事故隐患、继续作业存在危险,仍然违反有关安全管理的规定,实施下列行为之一的,应当认定为刑法第一百三十四条第二款规定的‘强令他人违章冒险作业’:(一)利用组织、指挥、管理职权,强制他人违章作业的;(二)采取威逼、胁迫、恐吓等手段,强制他人违章作业的;(三)故意掩盖事故隐患,组织他人违章作业的;(四)其他强令他人违章作业的行为。”

基于上述规定,本罪的行为人在主观上对于可能发生的危害后果只可能存在过于自信的过失,即对于可能发生的严重后果有所预见但轻信能够避免。行为人在主观上对于可能发生的严重后果应当预见但因疏忽大意而未预见的情况下,指挥或组织实施违章作业造成严重后果的,构成重大责任事故罪,不构成本罪。与此同时,本罪行为人在主观上对于其生产、作业违反安全管理规定的情况属于明知而故意违反;与此相比,重大责任事故罪的行为人在主观上对于其生产、作业违反安全管理规定的情况既可以是过失,也可以是故意。因而从主观方面来说,本罪行为人主观恶性更大于重大责任事故罪行为人。

3. 犯罪客体

本罪属于《刑法》第二章“危害公共安全罪”大类,所侵犯的客体是公共安全和生产、作业安全。

4. 客观方面

本罪在客观方面表现为行为人强令他人违章冒险作业,因而发生重大伤亡事故或者造成其他严重后果的情形。具体来说：

(1)强令他人违章冒险作业。

首先,对于"强令"的界定,根据《危害生产安全刑事案件司法解释》第5条的规定,包含三种情形,即:①利用组织、指挥、管理职权,强制他人违章作业的;②采取威逼、胁迫、恐吓等手段,强制他人违章作业的;③故意掩盖事故隐患,组织他人违章作业的。前两种情形,是在作业人员知晓存在安全隐患且不愿意继续生产、作业的情况下,行为人利用职权或采取威逼、胁迫等手段强制作业人员生产、作业;第三种情形,是行为人在明知存在安全隐患的情况下为了达到继续生产、作业的目的而刻意对具体作业人员隐瞒实情导致作业人员在不知情的情况下继续生产作业的情况,这种情形虽然没有发生表面上的强令行为,但行为人的做法同样构成了具体作业人员的精神强制,也构成了"强令"。

其次,对于违章作业的界定。《刑法》及相关刑事司法解释中并未指明具体违反哪些安全生产管理规定可构成本罪,也就是说,凡是违反了所从事的生产、作业活动有关安全管理的规定并造成严重后果的,均可构成本罪。这里所说的"有关安全管理的规定",既包括国家制定的关于安全管理的法律、法规,也包括行业或者管理部门制定关于安全生产作业的规章制度、操作章程等。[①] 根据最高院《关于进一步加强危害生产安全刑事案件审判工作的意见》第7条之规定,作为判定行为人是否构罪是可引用的安全管理规定,除上列所述以外,在必要时还可参考公认的惯例和生产经营单位制定的安全生产规章制度、操作规程。

(2)发生重大伤亡事故,或造成其他严重后果。根据《危害生产安全刑事案件司法解释》第6条的规定,造成以下任何一项危害后果,即可视为"发生重大伤亡事故,或造成其他严重后果":①造成死亡1人以上,或者重伤3人以上的;②造成直接经济损失100万元以上的;③其他造成严重后果或者重大安全事故的情形。

(3)行为人"强令他人违章冒险作业"的行为,与"发生重大伤亡事故,或造成其他严重后果"这一结果之间,存在因果关系。这里的因果关系,在单一原因行为导致危害后果发生时表现为"如果行为人没有强令他人违章冒险作业,就不会发生重大伤亡事故或造成其他严重后果"。在多个原因行为共同导致危害后果发生的情形中,因果关系则表现为每个原因行为对于最终危害后果发生各自的参与度与原因力大小。最高院《关于进一步加强危害生产安全刑事案件审判工作的意

① 郎胜主编:《中华人民共和国刑法释义》,法律出版社2015年版,第173页。

见》第8条规定:“多个原因行为导致生产安全事故发生的,在区分直接原因与间接原因的同时,应当根据原因行为在引发事故中所具作用的大小,分清主要原因与次要原因,确认主要责任和次要责任,合理确定罪责。一般情况下,对生产、作业负有组织、指挥或者管理职责的负责人、管理人员、实际控制人、投资人,违反有关安全生产管理规定,对重大生产安全事故的发生起决定性、关键性作用的,应当承担主要责任。对于直接从事生产、作业的人员违反安全管理规定,发生重大生产安全事故的,要综合考虑行为人的从业资格、从业时间、接受安全生产教育培训情况、现场条件、是否受到他人强令作业、生产经营单位执行安全生产规章制度的情况等因素认定责任,不能将直接责任简单等同于主要责任。对于负有安全生产管理、监督职责的工作人员,应根据其岗位职责、履职依据、履职时间等,综合考察工作职责、监管条件、履职能力、履职情况等,合理确定罪责。”据此,在多个原因行为共同导致危害后果的情形下,有决策权且作出了违章冒险作业决定的行为人应负主要责任;具体执行“强令违章冒险作业”这一决定的管理人员,也需要承担相应责任。

(4)本罪与重大责任事故罪之间形成特别法条与普通法条之间的竞合关系,重大责任事故罪是普通规定,本罪为特别规定,是基于行为人实施了强令违章冒险作业行为而特别拟制,以凸显强令违章冒险作业行为具有更大的主观恶性和社会危害性。如果行为人没有实施“强令”行为,而只是实施了违章冒险作业或指挥他人违章冒险作业的,不构成本罪,构成重大责任事故罪。

(三)认定标准

1. 立案追诉标准

首先,《刑事案件立案追诉标准(一)》第9条规定:“[强令违章冒险作业案(刑法第一百三十四条第二款)]强令他人违章冒险作业,涉嫌下列情形之一的,应予立案追诉:(一)造成死亡一人以上,或者重伤三人以上;(二)造成直接经济损失五十万元以上的;(三)发生矿山生产安全事故,造成直接经济损失一百万元以上的;(四)其他造成严重后果的情形。”

其次,上述规定有关造成经济损失的数额标准的规定与《危害生产安全刑事案件司法解释》第6条的规定存在矛盾之处。根据《危害生产安全刑事案件司法解释》第6条的规定,实施《刑法》第134条第2款规定的行为,具备以下三种情形之一的,应认定为“发生重大伤亡事故或者造成其他严重后果”:(1)造成死亡1人以上,或者重伤3人以上的;(2)造成直接经济损失100万元以上的;(3)其他造成严重后果或者重大安全事故的情形。《刑事案件立案追诉标准(一)》尚未被修订,按部门职能分工来看,公安机关立案侦查,检察机关审查起诉时可以按《刑事案件立案追诉标准(一)》的规定依法立案侦查、提起公诉,但对于行为人最终是否构成犯罪,则由人民法院依法裁判,故从行为人的行为是否构罪的角度来说,应以《危害生产安全刑事案件司法解释》第6条的规定作为认定依据。

最后,本罪与重大责任事故罪之间构成特别规定与一般规定之关系。1997年修订《刑法》第134条规定重大责任事故罪,而未设立本罪,但由于这种强令工人违章冒险作业的行为,比一般的违章生产、作业的性质更为恶劣,危害更为严重,1997年修订的刑法规定已经不能满足打击犯罪、遏制犯罪的需要,故《刑法修正案(六)》对原规定作了修改,将"强令他人违章冒险作业"与一般的违章生产作业分开,作为第2款单独规定,并将其刑罚提高。① 在具体认定中,行为人的行为必须违背了作业人员的意愿且达到使作业人员不得不违心继续生产、作业的心理强制程度,才能构成"强令"。案件事实存在争议,不能证明行为人存在"强令"行为时,应当以重大责任事故罪定罪量刑。

2. 量刑标准

根据《刑法》第134条第2款的规定,行为人犯本罪而尚未达到"情节特别恶劣"情形的,处5年以下有期徒刑或拘役;行为人的行为构成本罪且达到"情节特别恶劣"情形的,应处以5年以上有期徒刑。根据《危害生产安全刑事案件司法解释》第7条的规定,行为人强令他人违章冒险作业,因而发生以下任一结果的,即属于情节特别恶劣,应处以5年以上有期徒刑:(1)造成死亡3人以上或者重伤10人以上,负事故主要责任的;(2)造成直接经济损失500万元以上,负事故主要责任的;(3)其他造成特别严重后果、情节特别恶劣或者后果特别严重的情形。

另外,特定情形下行为人犯本罪的应限制适用缓刑。最高院《关于进一步加强危害生产安全刑事案件审判工作的意见》第18条规定:"对于具有下列情形的被告人,原则上不适用缓刑:(一)具有本意见第14条、第15条所规定的情形的;(二)数罪并罚的。"第15条规定:"相关犯罪中,具有以下情形之一的,依法从重处罚:(一)国家工作人员违反规定投资入股生产经营企业,构成危害生产安全犯罪的;(二)贪污贿赂行为与事故发生存在关联性的;(三)国家工作人员的职务犯罪

① 郎胜主编:《中华人民共和国刑法释义》,法律出版社2015年版,第172页。

与事故存在直接因果关系的;(四)以行贿方式逃避安全生产监督管理,或者非法、违法生产、作业的;(五)生产安全事故发生后,负有报告职责的国家工作人员不报或者谎报事故情况,贻误事故抢救,尚未构成不报、谎报安全事故罪的;(六)事故发生后,采取转移、藏匿、毁灭遇难人员尸体,或者毁灭、伪造、隐藏影响事故调查的证据,或者转移财产,逃避责任的;(七)曾因安全生产设施或者安全生产条件不符合国家规定,被监督管理部门处罚或责令改正,一年内再次违规生产致使发生重大生产安全事故的。"《关于进一步加强危害生产安全刑事案件审判工作的意见》第14条的规定需与法释〔2007〕5号文即最高院、最高检《关于办理危害矿山生产安全刑事案件具体应用法律若干问题的解释》结合适用,而法释〔2007〕5号文已被《危害生产安全刑事案件司法解释》所废止,故目前不再适用。

二、实务要点与典型案例

实务要点1 **构成强令违章冒险作业罪的"强令",并不能机械地理解为说话态度强硬、大声命令或者暴力威胁等外在表现,而应评价该影响是否达到了作业人违心继续作业的心理程度。**

典型案例1

四川省成都市高新技术产业开发区人民法院(2019)川0191刑初428号贾某强令违章冒险作业案

[案情介绍]

某机械租赁公司成立于2013年6月,贾某的妻子担任法定代表人,经营范围包括建筑工程机械设备的租赁、安装及拆卸等。被告人贾某以该公司名义承接工程,并担任该公司安全员。2018年10月初,贾某承接某工程吊篮安装、拆卸作业,在此期间,有人提醒贾某该项目存在风险。2018年10月12日上午,贾某聘用未取得《特种作业操作证》的临时工4人到该酒店安装施工用吊篮。贾某在施工现场未检查安全生产周边环境、未设置安全警示标志,工人提醒斜拉吊篮可能存在风险后,贾某未排查生产安全事故隐患,4名临时工在贾某的安排下斜拉吊篮,致使吊篮将五楼楼顶支架拉垮,支架配重石块掉落,将站在酒店门口的被害人周某砸伤。2018年10月15日周某经医院抢救无效身亡。2018年10月16日,贾某主动到公安机关投案。案发后贾某已赔偿死者家属方80万元,死者家属方申请撤回刑事附带民事诉讼，双方的民事赔偿事宜已全部了结。公诉机关指控贾某构成强令违章冒险作业罪，贾某的辩护律师认为指控贾某实施强令行为的证据不充分，应当以重大责任事故罪追究其刑事责任。

[法院认为]

关于贾某是否实施了强令行为，首先，贾某作为安全员具有保障安全作业的法定义务，有制止冒险作业的职责；其次，贾某与4名临时聘用的工人在身份、职责关系上存在强制性特征；与此同时，临时聘用的工人提醒后，贾某在作业现场发出了继续作业的指令。此处所指强令并不能机械地理解为说话态度强硬、大声命令或者暴力威胁等外在表现，而应评价该影响是否达到了作业人违心继续作业的心理程度。综上，在案证据证实贾某是安全员，在现场有指挥等职权，贾某的行为对其他四名被告人产生了心理强制，具有强制性特征。贾某实施强令行为的证据确实、充分。

[裁判结果]

被告人贾某犯强令违章冒险作业罪，判处有期徒刑2年3个月。

实务要点2 **行为人作为项目施工方的安全责任人，不理会监理单位停工指令，对缺乏安全教育和安全意识的工人隐瞒安全隐患继续安排施工，侵犯了工人对作业安全隐患的知情权，构成对工人的精神强制，属于“强令”行为。**

典型案例2

湖北省咸宁市中级人民法院(2016)鄂12刑终131号
王某强令违章冒险作业案

[案情介绍]

2012年9月2日，被告人王某受聘担任项目施工安全责任人监督施工，并在项目负责人的安排下组织未经安全培训的工人施工。施工期间，被告人王某不服从监管机构监管，在存在重大安全隐患和接到监理机构下达的“暂时停工指令”的情况下，仍然组织工人施工挖桩。2012年10月10日上午9时许，工人吴某、周某在B-02工地挖桩时，因使用空压机钻石时诱发坍塌，导致吴某被泥石掩埋后窒息死亡。案发后，建设单位和实际施工人共赔偿了被害人吴某亲属经济损失62

万元。2014 年 12 月 19 日，被告人王某投案自首。公诉机关认为王某的行为构成强令违章冒险作业罪。王某辩护人主张，王某在主观上没有强令工人违章冒险作业的故意，客观上没有强令工人违章作业的具体行为。

［法院认为］

王某作为安全责任人，不顾监理单位停工指令，对工人隐瞒存在施工安全隐患的情况并组织工人施工，构成强令违章冒险作业罪。

［裁判结果］

被告人王某犯强令违章冒险作业罪，判处有期徒刑 6 个月。

实务要点 3　**无论行为人属于施工企业员工，还是受聘于实际施工人，只要在施工过程中实施了强令他人违章冒险作业的行为进而造成了严重危害后果，均可构成强令违章冒险作业罪。**

典型案例 3

河南省信阳市中级人民法院(2016)豫 15 刑终 81 号
陈某甲等强令违章冒险作业案

［案情介绍］

朱某承包了某工程，并与被告人吕某合伙投资承建该工程，因二人不懂建筑技术，聘请无任何建筑资质的被告人陈某甲为技术员。被告人朱某、吕某找来瓦工黄某带 11 人从事混凝土浇灌工作，并将模板工程承包给无任何资质的被告人李某甲，被告人李某甲又组织霍某、杨某甲等 8 名木工具体实施。在具体施工过程中，被告人吕某、陈某甲指挥黄某、李某甲，李某甲又指挥霍某、杨某甲等人。

因工程施工严重违反质量规范，导致工程建设中途即发生楼梯倾斜的状况。经建设方要求予以拆除，朱某、吕某为节省成本、重复利用钢筋等主材，决定人工连夜拆除。被告人吕某、陈某甲安排被告人李某甲组织木工先拆除模板，李某甲意识到人工拆除有危险，并且工程量大，开始也不愿意拆除，吕某、陈某甲要求必须连夜拆除。李某甲担心如果不听吕某等人的安排，其与吕某之间的工钱不好结算，于是安排杨某甲带着木匠立即施工。木工杨某甲、高某、陈某乙提出按李某甲的要求拆除倾斜楼体不安全，不愿意施工。李某甲说：“不干，哪个也走不了，晚上加班也得拆完。”随后，木工组全部进入楼内施工。拆除作业过程中，楼体突然整体坍塌,导致正在施工的工人5人死亡、9人受伤,并造成直接经济损失450万元。一审法院认定,陈某甲、李某甲、吕某三人构成强令违章作业罪。李某甲不服,提起上诉。

[法院认为]

上诉人李某甲、原审被告人吕某、陈某甲在建筑工程施工过程中,负有组织、指挥、管理职责,明知存在事故隐患,违反有关安全管理规定,强令他人违章冒险作业,因而发生重大伤亡事故,负事故的主要责任,情节特别恶劣,3名被告人的行为均构成强令违章冒险作业罪。

[裁判结果]

维持原审判决,即:(1)被告人吕某犯强令违章冒险作业罪,判处有期徒刑3年6个月;(2)被告人陈某甲犯强令违章冒险作业罪,判处有期徒刑3年;(3)被告人李某甲犯强令违章冒险作业罪,判处有期徒刑2年6个月。

三、风险防范建议

建筑行业是安全生产事故多发的行业,据国务院安全生产委员会办公室《关于2018年上半年全国建筑业安全生产形势的通报》中统计,2018年上半年全国建筑业共发生生产安全事故1732起、死亡1752人,同比分别上升7.8%和1.4%,事故总量已连续9年排在工矿商贸事故第一位。建设单位、勘察单位、设计单位、施工单位对于建设项目的安全生产管理均负有责任。《建筑法》第36条规定:“建筑工程安全生产管理必须坚持安全第一、预防为主的方针,建立健全安全生产的责任制度和群防群治制度。”施工现场安全由施工企业负责,《建筑法》第45条规定,“施工现场安全由建筑施工企业负责。实行施工总承包的,由总承包单位负责。分包单位向总承包单位负责,服从总承包单位对施工现场的安全生产管理”。法律对施工企业的施工现场安全管理能力也提出了相应的要求,《建筑业企业资质管理规定》(住房和城乡建设部令第22号)第14条规定,“企业申请建筑业企业资质,应当提交以下材料……(七)企业安全生产条件有关材料复印件”。据此,施工企业对所承包项目范围内的施工安全负有责任,应当做好风险防范,具体来说:

1. 加强安全文明施工教育,提升安全风险防范意识。一方面,施工企业应强化对本企业管理人员安全文明施工素养的提升和安全文明施工意识的培育,形成注重安全生产的企业文化。另一方面,企业应在具体施工项目上对施工劳务人员进行安全警示教育,提升劳务人员的自我保护意识,遏制风险发生;与此同时,应加强对施工现场的安全管理和质量监督，坚决杜绝违反安全管理规定的生产、作业行为。

2. 施工企业在洽谈施工合同时应结合安全施工的要求科学决策。施工企业在承接项目时，负责人、实际控制人、投资人充分听取专业技术人员的评估建议，做到科学决策，科学评估项目体量、复杂程度及所需的建造成本、工期等条件，合理拟定合同条款，避免出现中标后为避免亏损或盲目赶工期而不得不降低质量标准、违反施工规范简化工序等易产生安全隐患的情形。

3. 现场管理人员发现施工安全隐患应及时上报并妥善处置。施工过程中，现场管理人员发现存在影响施工安全的情形，应及时停止施工并向发包人、监理人报告；发包人提出的要求，可能产生安全隐患的，项目部应及时向发包方书面提出合理化建议并就由此产生的额外的费用申请签证；施工过程中发生非承包人一方原因造成的工期延误、成本增加等事件时，承包人应及时固定证据提出索赔，避免因索赔不利导致工程面临亏损时慌乱决策下造成安全隐患。无论如何，现场管理人员不可因发包人、己方企业高层压力等外部压力而罔顾生产安全，更不可在存在安全隐患的情况下违背现场作业人员的意志强令其冒险作业。

第八节　过失损坏易燃易爆设备罪实务要点与风险防范

一、罪状描述、犯罪构成要件与认定标准

(一)罪状描述

过失损坏易燃易爆设备罪，是指因过失损坏燃气设备或其他易燃易爆设备，导致严重后果，依法应予以刑事处罚的情形。

(二)犯罪构成要件

1. 犯罪主体

本罪为一般主体，即一切达到法定刑事责任年龄、具有刑事责任能力的自然人均可构成。单位不能构成本罪。

建筑行业是本罪的相对风险高发行业。施工企业在工程施工期间如土方开挖、桩基施工等工作有可能触及预埋于地下的燃气、电力、通讯管线等埋藏物，也

有可能对邻近建、构筑物的结构安全造成影响。因此,施工企业应当做好地下管线、埋藏物和邻近建、构筑物的保护工作。如因工程施工造成对地下管线或相邻建、构筑物的破坏,施工企业往往需要承担相应的法律责任,不仅包括相应的民事赔偿责任,还可能需要承担相应的刑事责任。

施工企业中,具体进行施工的施工人员在施工作业过程中因过失损坏易燃易爆设备造成严重后果的,可构成本罪。由施工企业派驻项目现场的项目经理、技术负责人、技术员、安全员等在工程施工中负有指挥、组织、管理、安全监督职责的管理人员对于损坏后果的发生有过错的,可构成本罪。无资质的个人承揽工程,因缺乏相应的安全施工管理技术和风险防范能力导致损坏后果发生的,个人承包人也可构成本罪。

2. 主观方面

本罪在主观方面表现为过失,包括过于自信的过失和疏忽大意的过失。即行为人对其破坏易燃易爆设备的行为可能造成的严重后果应当预见,因为疏忽大意而未预见;或者虽然已经预见但轻信能够避免,以致发生了这种严重后果。

对于施工企业从业人员来说,无论是法律法规,还是行业规范、施工合同示范文本中均对于施工过程中妥善保护施工现场及周边毗邻区域关乎公共安全的管线、设备有明确规定,未按相关规定规范操作导致易燃易爆设备、电力设备、广播电信设备损坏并造成严重后果的,因其违规操作而必然具有过失。《建筑法》第40条规定:“建设单位应当向建筑施工企业提供与施工现场相关的地下管线资料,建筑施工企业应当采取措施加以保护。”第42条规定:“有下列情形之一的,建设单位应当按照国家有关规定办理申请批准手续:……(二)可能损坏道路、管线、电力、邮电通讯等公共设施的……”《城镇燃气管理条例》第34条规定:“在燃气设施保护范围内,有关单位从事敷设管道、打桩、顶进、挖掘、钻探等可能影响燃气设施安全活动的,应当与燃气经营者共同制定燃气设施保护方案,并采取相应的安全保护措施。”另外,根据《建设工程施工合同(示范文本)》(GF-2017-0201)第2.4.2项、第2.4.3项的规定,发包人应向承包人提供的施工条件中,包括协调处理施工现场周围地下管线和邻近建筑物、构筑物、古树名木的保护工作;发包人在移交施工现场前应“向承包人提供施工现场及工程施工所必需的毗邻区域内供水、排水、供电、供气、供热、通信、广播电视等地下管线资料,气象和水文观测资料,地质勘察资料,相邻建筑物、构筑物和地下工程等有关基础资料”。

同样,对于关系到公共安全的隐蔽地下管线等设施设备,相关规范也对设施设备管理方采取安全管理措施、设置警示标志等提出了相应的要求。如《城镇燃气管理条例》第35条规定:“燃气经营者应当按照国家有关工程建设标准和安全生产管理的规定,设置燃气设施防腐、绝缘、防雷、降压、隔离等保护装置和安全警示标志,定期进行巡查、检测、维修和维护,确保燃气设施的安全运行。”原建设部《城镇燃气输配工程施工及验收规范》(CJJ33－2005)第2.6.2项规定:“路面标志应设置在燃气管道的正上方……直线管段路面标志的设置间隔不宜大于200米。”

3. 犯罪客体

本罪侵犯的客体是公共安全,即不特定多数人的生命、健康安全和重大公私财产的安全。

4. 客观方面

本罪的客观方面表现为损害易燃易爆设备并造成严重后果的行为,具体来说:

(1)损坏易燃易爆设备。本罪所指易燃易爆设备,包含燃气设备和其他易燃易爆设备。燃气设备是指生产、贮存、输送各种燃气的设备,如煤气管道、煤气罐、天然气管道等;其他易燃易爆设备,是指除燃气设备以外的生产、贮存和输送易燃易爆物品的设备,如石油管道、汽车加油站、火药及易燃易爆的化学物品的生产、贮存、运输设备等。[①] 同时,鉴于本罪所保护的客体是公共安全,损坏易燃易爆设备需达到危害公共安全的程度,方能构成本罪,故本罪的犯罪对象是处于正在使用中的燃气或者其他易燃易爆设备。过失损坏的如果不是正在使用中的燃气或者其他易燃易爆设备而是诸如库存的、废弃的、正在生产中的或修理中的燃气或者其他易燃易爆设备,则不成立本罪。

(2)造成严重后果。最高院、最高检《关于办理盗窃油气、破坏油气设备等刑事案件具体应用法律若干问题的解释》(法释〔2007〕3号)第2条规定:“实施本解释第一条规定的行为,具有下列情形之一的,属于刑法第一百一十九条第一款规定的‘造成严重后果’,依照刑法第一百一十九条第一款的规定定罪处罚:(一)造成一人以上死亡、三人以上重伤或者十人以上轻伤的;(二)造成井喷或者重大环境污染事故的;(三)造成直接经济损失数额在五十万元以上的;(四)造成其他严重后果的。”

---

① 郎胜主编:《中华人民共和国刑法释义》,法律出版社2015年版,第132页。

（三）认定标准

1. 立案追诉标准

最高院、最高检《关于办理盗窃油气、破坏油气设备等刑事案件具体应用法律若干问题的解释》规定，有过失损坏易燃易爆设备的行为，并导致1人以上死亡、3人以上重伤或者10人以上轻伤的，或造成直接经济损失数额在50万元以上的，或造成井喷或者重大环境污染事故的，以及造成其他严重后果的，均应立案追诉。其中，何谓“直接经济损失”，最高检、最高检、公安部《关于办理盗窃油气、破坏油气设备等刑事案件适用法律若干问题的意见》（法发〔2018〕18号）第6条规定：“《最高人民法院、最高人民检察院关于办理盗窃油气、破坏油气设备等刑事案件具体应用法律若干问题的解释》第二条第三项规定的‘直接经济损失’包括因实施盗窃油气等行为直接造成的油气损失以及采取抢修堵漏等措施所产生的费用。”

2. 量刑标准

根据《刑法》第119条第2款的规定，犯本罪处3年以上7年以下有期徒刑，情节较轻的，处3年以下有期徒刑或者拘役。何谓“情节较轻”，现行法律法规与司法解释并无明确界定，应从行为犯本罪的主观方面、客观方面表现、认罪态度、赔偿损失的情况等多个方面综合认定。

3. 其他关联罪名

（1）山东省青岛市中级人民法院（2018）鲁02刑终98号单某过失损坏电力设备案

根据《刑法》第119条第2款的规定，施工过程中因疏忽大意损坏地下输电线缆并造成严重后果的，作业人员可构成过失损坏电力设备罪。

[案情介绍]

被告人单某驾驶挖掘机挖土时，因疏忽大意将35KV变电所铺设在地下的输电电缆挖断，造成周边72家事业单位、24个小区的12418户居民停电15.5个小时，并导致附近某高校597个学生宿舍断电，造成所属地区级供电公司直接损失共计28.2万元。2016年11月1日，单某按公安机关电话通知，自行到公安机关如实供述其犯罪事实。一审法院以过失损坏电力设备罪，判处单某有期徒刑1年6个月。单某不服，提起上诉，认为供电公司未尽到日常维护义务，输电线路周边没有安全警示标志；其已尽到合理注意义务，故其不构成过失损坏电力设备罪。

［法院认为］

二审法院认为，单某未能尽到完全的注意义务。单某在的供述证实其作业前询问过孙某及现场另一人地底是否有电缆、管道等，在得到否定性回答后即开工作业，可见单某意识到应当排查现场情况后再进行挖土作业，同时单某又供称看到现场西北角竖有一根电线杆；而证人仉某证实电线杆子上顺下来三根电缆线，现场照片证实电线杆旁有变电站的通风口。由此可见，单某作为挖掘作业从业人员，在应当预见自己的作业行为可能发生危害后果的情况下，疏忽大意，忽视现场高危环境因素，仅通过简单询问他人即认为具备了安全作业环境，未能尽到完全的注意义务。其行为构成过失损坏电力设备罪。单某在二审审理期间，通过亲属积极赔偿被害单位的部分经济损失，故可以在原判刑罚基础上对其进一步从轻处罚。

［裁判结果］

二审改判单某有期徒刑7个月。

（2）安徽省合肥铁路运输法院（2018）皖8601刑初41号李某过失损坏交通设施案

根据《刑法》第119条第2款的规定，行为人驾驶工程车辆违反操作规范通行造成铁路桥梁严重损坏的，可构成过失损坏交通设施罪。

［案情介绍］

被告人李某操作混凝土泵车在某工地泵送混凝土，施工完毕后李某未确定泵车臂架已经完全收拢并已固定，即驾驶泵车返回，晚22时许，李某驾驶泵车由西向东行驶，在经过京九线下穿铁路立交桥时，泵车的臂架与限高架及桥梁梁体发生连续撞击，导致两侧限高架损坏及立交桥梁体上部受压区开裂并基本贯通，严重影响铁路运输秩序。经审价该桥换梁工程结算造价为人民币1086277元。

［法院认为］

被告人李某应当预见驾驶未经确定臂架已经完全收拢并已固定的混凝土泵车上路行驶，可能对道路交通设施造成危害后果，因为疏忽大意而没有预见，导致发生公共交通设施被损坏的后果，其行为危害了铁路运输安全，造成了严重的后果，已触犯刑法，构成过失损坏交通设施罪。

［裁判结果］

被告人李某构成过失损坏交通设施罪，判处有期徒刑2年6个月，缓刑3年。

(3)宁夏回族自治区石嘴山市中级人民法院(2018)宁02刑终98号王某等过失损坏广播电视设施、公用电信设施案

根据《刑法》第124条第2款的规定,行为人在施工过程中无视警示标志,将光缆挖断导致通讯网络中断,构成过失损坏广播电视设施、公用电信设施罪。

[案情介绍]

2017年5月,A公司承揽某工程,王某为工程负责人,陈某为现场施工负责人。5月18日9时许,陈某雇佣李某驾驶挖机在王某指示的地点施工过程中,无视现场安全警示标志,将某地段光缆挖断,造成中国电信集团北京至银川、兰州、拉萨的烽火10GOTN中断16分钟、华为100GOTN系统中断23分钟两个系统及中国人民解放军西部战区某部队业务(保密)和石嘴山到银川二干长途的中兴长途SDH10G系统中断120分钟、石嘴山—银川华为长途SDH2.5G系统中断19分钟、石嘴山—银川华为1600GDWDM系统中断19分钟、华为10GOTN系统中断12分钟,因无用户接入该光缆,故未造成用户业务中断,但造成以上电信系统的业务中断,造成中国人民解放军西部战区某部队业务(保密)通信中断。案发后被告人对损坏的电信设施积极抢修,A公司已向受害方电信公司赔偿了相应损失,被告人取得了电信公司的谅解。

[法院认为]

虽然光缆被挖断的行为本身,不具有对公共安全的侵害或威胁,但光缆被损坏结果是造成电信业务中断,对军用通信、政企通信势必会造成不良影响,这种危害后果已经发生或者可能发生,都会潜在或必然危害到军事通信、政企通信的稳定运行,将公共安全置于危险之中,因此上诉人王某的行为应当符合最高院《关于审理破坏公用电信设施刑事案件具体应用法律若干问题的解释》规定的“其他危害公共安全”的情形,构成过失损坏广播电视设施、公用电信设施罪。被告人到案后如实供述自己的罪行且当庭自愿认罪,认罪态度好,具有自首情节,且系初犯、偶犯,主观恶性小,并取得被害方谅解,可免于刑事处罚。

[裁判结果]

被告人王某犯过失损坏公用电信设施罪,免予刑事处罚。

二、实务要点与典型案例

实务要点1　转承包人在组织施工过程中因过失损坏易燃易爆设备致一人死亡，转包人因无资质承揽工程且转包后对施工过程疏于管理而对损害后果的发生具有过失，构成本罪。

典型案例1

河南省汝州市人民法院(2013)汝刑初字第327号
于某等过失损坏易燃易爆设备案

[案情介绍]

被告人于某在不具备建筑施工资质的情况下承揽某道路修建工程，于某将部分工程分包给不具备安全生产条件的王某。2013年7月1日，被告人于某让王某等人开始施工。当天下午，王某指挥邓某操作挖掘机作业时，将地下的煤气管道挖断后被土掩盖，致使煤气泄漏，煤气散发到邓某甲家。2013年7月3日邓某甲死亡，在邓某甲家暂住的亲戚薛某急性重度一氧化碳中毒被送往医院抢救。经法医学鉴定，邓某甲死于煤气中毒。案发后于某积极赔偿并取得了被害人家属的谅解。

[法院认为]

被告人于某在不具备建筑施工资质的情况下承揽工程，在施工的过程中疏于管理，导致事故发生并造成1人死亡、1人中毒的后果，其行为已构成过失损坏易燃易爆设备罪。被告人于某归案后及庭审中认罪态度较好，确有悔罪表现，其家属能积极补偿被害人及家属的各项经济损失，取得被害人及家属的谅解，对其可酌情从轻处罚。

[裁判结果]

被告人于某犯过失损坏易燃易爆设备罪，判处有期徒刑1年6个月，缓刑2年。

实务要点 2 **行为人无资质承揽工程，又在组织施工过程中因疏忽大意损坏易燃易爆设备并造成严重后果，构成本罪；作业人员未取得特种作业操作资格且在作业过程中疏于观察损坏易燃易爆设备并造成严重后果，作为直接责任人，也构成本罪。**

典型案例 2

河南省汝州市人民法院(2014)汝刑初字第 274 号
王某等过失损坏易燃易爆设备案

[案情介绍]

于某在不具备建筑施工资质的情况下承揽某道路修建工程并将其中部分工程分包给本案被告人王某。2013 年 7 月 1 日，王某指挥被告人邓某操作挖掘机作业时疏忽大意，将地下的煤气管道挖断后被土覆盖，致使煤气泄漏，煤气散发到胡某家。2013 年 7 月 3 日上午，邓某甲死亡，薛某急性重度一氧化碳中毒被送往医院抢救。案发后，被告人王某、邓某家属一次性补偿被害人亲属各项经济损失 6 万元，被害人亲属不再要求追究二被告人的法律责任。2014 年 6 月 19 日，被告人邓某主动到汝州市公安局刑警大队投案。

[法院认为]

被告人王某在不具备安全生产的条件下，安排没有特种作业操作资格证的被告人邓某违章操作挖掘机，在组织施工中疏忽大意，将煤气管道挖断后致煤气泄漏，造成 1 人死亡、2 人中毒的后果，二被告人的行为均已构成过失损坏易燃易爆设备罪。被告人邓某犯罪后自动投案，如实供述自己的罪行，是自首，依法可从轻或减轻处罚。案发后二被告人亲属能积极补偿被害人及亲属的经济损失，取得被害人亲属的谅解，结合二被告人的认罪态度及悔罪表现，对二被告人可酌情从轻处罚。

[裁判结果]

被告人王某犯过失损坏易燃易爆设备罪，判处有期徒刑 1 年 4 个月，缓刑 1 年 6 个月。被告人邓某犯过失损坏易燃易爆设备罪，判处有期徒刑 1 年，缓刑 1 年。

实务要点3　施工过程中损坏易燃易爆设备并造成严重后果，施工企业的现场管理人员因其在组织施工过程中未充分了解现场情况而具有过失，可构成本罪。

典型案例3

甘肃省华池县人民法院（2016）甘1023刑初112号
雷某等过失损坏易燃易爆设备案

［案情介绍］

被告人雷某担任某道路修建工程现场施工技术员，被告人曹某驾驶装载机施工。雷某、曹某在施工前未对现场进行充分的调查了解，未能发现设于施工现场附近的警示水泥桩，将埋在地下的输油管线铲破，致原油外泄144吨无法回收，每吨1902元，价值273888元。向附近村民共计赔偿土地污染费用235866元，清理油泥拉运费用108000元，雇佣装载机费用6000元，计114000元，造成直接经济损失合计623754元。

［法院认为］

被告人雷某作为工程施工技术人员，在施工过程中应当对施工路面进行安全检查，但却由于其疏忽大意造成施工装载机将管线铲破，存在过失。被害人某采油厂的巡护人员未进行安全巡护，发现安全隐患不采取预防措施，不告知工程施工人员地下的管线情况，警示桩不明显，没有设立警示牌，也存在一定过错。

［裁判结果］

被告人雷某犯过失损坏易燃易爆设备罪，判处有期徒刑1年6个月，缓刑2年。

三、风险防范建议

（一）按合同约定明确责任界限

施工方在入场时务必向发包方索取施工范围内及附近区域的地下管线资料。参考《建设工程施工合同（示范文本）》（GF－2017－0201）第2.4.2项、第2.4.3项的规定，提供施工现场及工程施工所必需的毗邻区域内供水、排水、供电、供气、供热、通信、广播电视等地下管线资料是发包人的合同义务。因此，如因发包人未提供或未提供准确的地下管线资料导致施工中损坏相关地下管线，基于民事赔偿的视角因发包人的过错施工方可能得以免除或部分免除赔偿责任；但基于刑事处罚的视角，在发包人未提供或明显未完整提供地下管线资料的情况下，作为从事工程施工专业机构的承包人贸然施工，自身也有过失，其刑事责任可能无法因发包人过错而得以减免。

（二）规范施工管理

1. 不转包、不将工程分包给不具有施工资质的个人与单位。专业施工企业所具备的安全生产经验对于防范地下管线在施工过程中遭受破坏这一点往往具有重要意义。因此，专业施工企业承揽工程后，又将工程转包或部分分包给不具有施工资质的个人与单位，实际施工人在施工期间不慎损坏相关地下管线的，施工企业可能被认为因其转包或违法分包行为而对损害后果的发生具有过失，进而需要承担相应的责任。退一步说，即便施工企业已经将工程转包或分包给不具有施工资质的个人或单位，也应当在协助实际施工人施工过程中做好安全管理工作。

2. 做好工程施工过程的规范化管理。一方面，施工现场主要管理人员应当具备相应的任职资格，任职资格的取得有助于相关管理人员提高自身管理能力和风险防范意识与能力，而任职资格的缺失不仅仅是损害结果发生的原因力之一，其本身也构成一定程度的过失。根据住建部相关规定，项目经理应当取得工程建设类注册执业资格或者高级专业技术职称，而施工总承包企业的技术负责人则应当具备一定年限以上的工程管理经验和相应的专业职称；此外，参照《建筑与市政工程施工现场专业人员职业标准》（JGJ/T 250－2011）的界定以及住建部《关于改进住房和城乡建设领域施工现场专业人员职业培训工作的指导意见》（建人〔2019〕9号）的规定，施工员、质量员、安全员、标准员、材料员、机械员、劳务员、资料员等施工企业其他现场管理人员应当经由符合条件的社会培训机构组织考核，在考核通过并取得合格证书后方能从事相应的工作。另一方面，施工企业应当规范其具体施工行为，在施工前不仅应当索取施工范围内及附近区域的地下管线资料，还应当对施工现场及施工必要的毗邻区情况进行严谨的调查了解，发现有相应的安全警示标志以及电线杆塔等预示有地下埋藏管线可能性的地域应当及时向发包方通报、向相关主管部门征询，并向具体施工管理人员作出明确提示。

（三）现场管理人员和具体施工人员也应当提高风险防范意识

施工前施工企业现场负责人、技术员、安全员应当对施工现场及必要毗连区内进行充分调查了解,发现可能影响施工安全的情形应当及时上报;施工过程中如遇安全警示标志及电线杆塔等预示有地下埋藏管线可能性的物品,应当及时中止施工、向施工企业上报并及时制订相应的应对方案,并应当建议施工企业向相关主管部门或可能的运维单位发函警示,规避履职风险。

第七章

交付阶段的刑事风险防范指引

建设工程竣工验收之后，即进入交付阶段。我国对此有相关的法律规定，如《建设工程质量管理条例》第16条规定，“建设单位收到建设工程竣工报告后，应当组织设计、施工、工程监理等有关单位进行竣工验收。建设工程竣工验收应当具备下列条件：（一）完成建设工程设计和合同约定的各项内容；（二）有完整的技术档案和施工管理资料；（三）有工程使用的主要建筑材料、建筑构配件和设备的进场试验报告；（四）有勘察、设计、施工、工程监理等单位分别签署的质量合格文件；（五）有施工单位签署的工程保修书。建设工程经验收合格的，方可交付使用”。《建筑法》第61条规定：“交付竣工验收的建筑工程，必须符合规定的建筑工程质量标准，有完整的工程技术经济资料和经签署的工程保修书，并具备国家规定的其他竣工条件。建筑工程竣工经验收合格后，方可交付使用；未经验收或者验收不合格的，不得交付使用。”《公路法》第33条规定：“公路建设项目和公路修复项目竣工后，应当按照国家有关规定进行验收；未经验收或者验收不合格的，不得交付使用。建成的公路，应当按照国务院交通主管部门的规定设置明显的标志、标线。”《城市房地产管理法》第27条规定：“房地产开发项目的设计、施工，必须符合国家的有关标准和规范。房地产开发项目竣工，经验收合格后，方可交付使用。”《消防法》第10条规定：“对按照国家工程建设消防技术标准需要进行消防设计的建设工程，实行建设工程消防设计审查验收制度。”《电力法》第15条规定：“输变电工程、调度通信自动化工程等电网配套工程和环境保护工程，应当与发电工程项目同时设计、同时建设、同时验收、同时投入使用。”

从以上法律法规可以看出，建设工程施工范畴的对象如房屋建筑、市政道路、市政桥梁等都可成为交付的对象。建设工程交付制度是建设工程竣工验收后的重要制度。

现实中，工程交付阶段存在很多问题，如竣工验收制度不完善，缺乏细化的操作规程，管理不规范导致验收流于形式、走过场；部分现场负责人受利益驱使，廉政风险非常高；建设单位与施工单位对于质量标准的适用、验收是否合格、能否交付使用等问题争议不断；等等。由此导致矛盾纠纷的频繁出现。

有些施工单位为了能够顺利交付，不惜铤而走险贿赂建设单位、勘察设计单位、监理单位等，构成非国家工作人员受贿罪。有些施工单位因不能冷静处理交付过程中的矛盾纠纷，唆使人员采取极端方式维权，如堵门、静坐、拉横幅、占领工地等,直至引发暴力冲突事件,由此构成寻衅滋事罪、聚众扰乱社会秩序罪、故意伤害罪等。最终企业人员身陷囹圄,施工单位承担更大的损失。

第一节 非国家工作人员受贿罪实务要点与风险防范

一、罪状描述、犯罪构成要件与认定标准

(一)罪状描述

非国家工作人员受贿罪,是指公司、企业或者其他单位的工作人员利用职务上的便利,索取他人财物或非法收受他人财物,为他人谋取利益,数额较大的行为。

本罪从《全国人民代表大会常务委员会关于惩治违反公司法的犯罪的决定》第9条的规定吸收并修改为刑法的规定,原罪名为"公司、企业人员受贿罪"。因一些部门提出对公司、企业以外的非国家工作人员利用职务便利进行"权钱交易"、危害社会利益的行为,如发生在事业单位中的商业行贿数额较大的行为,也应当追究其刑事责任,故《刑法修正案(六)》第7条对本罪的罪状作了修改,将本罪主体由公司、企业工作人员扩大到公司、企业以及其他单位的工作人员,其罪名也进行了相应的修改。

本罪在《刑法》第163条中共分为3款,第1款是关于公司、企业或者其他单位的工作人员受贿犯罪及其处罚的规定;第2款是关于对公司、企业或者其他单位的工作人员收受回扣、手续费的处罚规定;第3款是关于国有公司、企业或者其他国有单位中从事公务的人员或国有公司、企业或者其他国有单位委托到非国有公司、企业或者其他单位从事公务的人员有第1款、第2款犯罪行为,依照《刑法》第385条、第386条国家工作人员受贿罪的规定定罪处罚。

(二)犯罪构成要件

1. 犯罪主体

本罪的犯罪主体系特殊主体,即公司、企业或者其他单位的工作人员。"其他单位"既包括事业单位、社会团体、村民委员会、居民委员会、村民小组等常设性组织,也包括为组织体育赛事、文艺演出或者其他正当活动而成立的组委会、筹委会、工程承包队等非常设性的组织。需要注意的是,本罪为职务犯罪,必须以"利

用职务上的便利”为条件，不直接利用本人职权，而是利用本人职权或地位所形成的便利条件，通过第三者为请托人谋取利益，收受请托人财物的（斡旋受贿）行为，不成立本罪。

2. 主观方面

本罪的主观方面只能是故意，不能是过失，系明知利用职务上的便利为他人谋取利益而索取或收受贿赂的行为。

3. 犯罪客体

本罪的客体为公司、企业或者其他单位的正常管理活动和社会主义市场经济公平竞争的交易秩序。犯罪对象为索取或非法收受他人的“财物”，既包括金钱和实物，也包括用金钱计算数额的非财产性利益。

4. 客观方面

《刑法》第 163 条第 1 款的犯罪行为系本罪的典型行为，即行为人必须实施利用职务上的便利，索取他人财物或非法收受他人财物，为他人谋取利益，数额较大的行为。所谓“利用职务上的便利”，是指公司、企业或者其他单位的工作人员利用自己职务上组织、领导、监管、主管、经管、负责某项工作的便利条件。“索取他人财物”，主要是指公司、企业或者其他单位的工作人员以为他人谋取利益为条件，向他人索取财物。“非法收受他人财物”，主要指公司、企业或者其他单位的工作人员利用其职务上的便利或权利，接受他人主动送予的财物。“为他人谋取利益”，从谋利的性质上看，既包括他人应当得到的合法的、正当的利益，也包括他人不应当得到的非法的、不正当的利益；从利益的实现方面来看，包括已为他人谋取的利益、意图谋取或者正在谋取，但尚未谋取到的利益。如果非法收受他人财物，没有利用职务之便或者没有谋取利益，不构成本罪。①

《刑法》第 163 条第 2 款的犯罪行为系商业贿赂行为，即行为人在经济往来中，利用职务上的便利，违反国家规定，收受各种名义的回扣、手续费，归个人所有的行为。所谓的“回扣”，是指在商品或者劳务活动中，由卖方从所收到的价款中，按照一定比例扣除一部分返还给买方或者其经办人的款项。“手续费”，是指在经济活动中，除回扣以外，其他违反国家规定支付给公司、企业或者其他单位的工作人员的各种名义的钱，如信息费、顾问费、劳务费、辛苦费、好处费等。值得注意的是，只有违反国家规定，将收取的回扣、手续费归个人所有的，才构成本罪的行为

---

① 郎胜主编:《中华人民共和国刑法释义》，法律出版社 2015 年版，第 235 页。

要件。[1]

(三)认定标准

1. 立案标准

2010年5月7日,最高院、公安部《刑事案件立案追诉标准(二)》第10条规定:"[非国家工作人员受贿案(刑法第一百六十三条)]公司、企业或者其他单位的工作人员利用职务上的便利,索取他人财物或者非法收受他人财物,为他人谋取利益,或者在经济往来中,利用职务上的便利,违反国家规定,收受各种名义的回扣、手续费,归个人所有,数额在五千元以上的,应予立案追诉。"

2. 量刑标准

现行《刑法》第163条规定:"公司、企业或者其他单位的工作人员利用职务上的便利,索取他人财物或者非法收受他人财物,为他人谋取利益,数额较大的,处五年以下有期徒刑或者拘役;数额巨大的,处五年以上有期徒刑,可以并处没收财产。

公司、企业或者其他单位的工作人员在经济往来中,利用职务上的便利,违反国家规定,收受各种名义的回扣、手续费,归个人所有的,依照前款的规定处罚。

国有公司、企业或者其他国有单位中从事公务的人员和国有公司、企业或者其他国有单位委派到非国有公司、企业以及其他单位从事公务的人员有前两款行为的,依照本法第三百八十五条、第三百八十六条的规定定罪处罚。"

2016年4月18日发布的《贪污贿赂刑事案件司法解释》第1条规定:"贪污或者受贿数额在三万元以上不满二十万元的,应当认定为刑法第三百八十三条第一款规定的'数额较大',依法判处三年以下有期徒刑或者拘役,并处罚金。

贪污数额在一万元以上不满三万元,具有下列情形之一的,应当认定为刑法第三百八十三条第一款规定的'其他较重情节',依法判处三年以下有期徒刑或者拘役,并处罚金:

(一)贪污救灾、抢险、防汛、优抚、扶贫、移民、救济、防疫、社会捐助等特定款物的;

(二)曾因贪污、受贿、挪用公款受过党纪、行政处分的;

(三)曾因故意犯罪受过刑事追究的;

(四)赃款赃物用于非法活动的;

---

① 郎胜主编:《中华人民共和国刑法释义》,法律出版社2015年版,第236页。

（五）拒不交待赃款赃物去向或者拒不配合追缴工作，致使无法追缴的；

（六）造成恶劣影响或者其他严重后果的。

受贿数额在一万元以上不满三万元，具有前款第二项至第六项规定的情形之一，或者具有下列情形之一的，应当认定为刑法第三百八十三条第一款规定的‘其他较重情节’，依法判处三年以下有期徒刑或者拘役，并处罚金：

（一）多次索贿的；

（二）为他人谋取不正当利益，致使公共财产、国家和人民利益遭受损失的；

（三）为他人谋取职务提拔、调整的。”

第2条规定：“贪污或者受贿数额在二十万元以上不满三百万元的，应当认定为刑法第三百八十三条第一款规定的‘数额巨大’，依法判处三年以上十年以下有期徒刑，并处罚金或者没收财产。

贪污数额在十万元以上不满二十万元，具有本解释第一条第二款规定的情形之一的，应当认定为刑法第三百八十三条第一款规定的‘其他严重情节’，依法判处三年以上十年以下有期徒刑，并处罚金或者没收财产。

受贿数额在十万元以上不满二十万元，具有本解释第一条第三款规定的情形之一的，应当认定为刑法第三百八十三条第一款规定的‘其他严重情节’，依法判处三年以上十年以下有期徒刑，并处罚金或者没收财产。”

第11条第1款规定：“刑法第一百六十三条规定的非国家工作人员受贿罪、第二百七十一条规定的职务侵占罪中的‘数额较大’‘数额巨大’的数额起点，按照本解释关于受贿罪、贪污罪相对应的数额标准规定的二倍、五倍执行。”

二、实务要点与典型案例

实务要点1　在工程交付验收阶段，造价审计人员利用职务之便非法收受他人财物牟利，可以成为非国家工作人员受贿罪主体。

典型案例1

安徽省马鞍山市雨山区人民法院（2012）雨刑初字第31号
谷某非国家工作人员受贿案

［案情介绍］

被告人谷某是工程造价咨询有限公司造价审计员。2006年8月的一天，杨某为了请求被告人谷某加快空调项目的审计进度，并提高审计造价金额，将2万元人民币送给被告人谷某。之后，被告人谷某将空调母线槽及电缆工程造价纳入审计造价中计算，通过这种方式调整，将工程审计造价由之前的600余万元提高到7430432元。

2006年11月的一天，杨某为了能够再次提高审核造价金额，约被告人谷某在长沙市雨花区长岭附近见面。见面后，杨某提出希望被告人谷某帮忙制作出审计结论，并再次提高审计结论的金额，并将5万元人民币送给被告人谷某。之后，被告人谷某未坚持将主材价格按市场惯例来审核，再次将工程审核造价从7430432元提高到8755073.91元。

［法院认为］

1. 被告人谷某身为有限责任公司的工作人员，利用职务上的便利，非法接受他人财物，为他人谋取利益，数额较大，其行为已构成非国家工作人员受贿罪，应予处罚；

2. 被告人谷某能如实供述自己的罪行，且已退缴了全部非法所得款，对其可以从轻处罚并适用缓刑；

3. 被告人谷某的认罪态度好，且已全部退赃。

［裁判结果］

被告人谷某犯非国家工作人员受贿罪，判处有期徒刑1年6个月，缓刑2年。

实务要点2 | **在工程交付验收阶段，发包单位工作人员收受施工单位回扣加速项目款审核速度的，可以成为非国家工作人员受贿罪主体。**

典型案例2

上海市浦东新区人民法院(2013)浦刑初字第4595号
俞某非国家工作人员受贿案

［案情介绍］

被告人俞某在房地产开发有限公司先后担任预决算主管和合约部主管。2007年11月至2011年8月，被告人俞某被派驻A房地产开发有限公司下属子公司苏州B房地产开发有限公司开发的江苏省吴江市项目，主要负责招标、起草合同、工程款结算审批等工作，其间，上海不锈钢制品有限公司承接了工程的住宅阳台栏杆项目，不锈钢制品有限公司为加速项目请款审核速度，由该公司老板郑某按照1%工程款的比例，分多次给予被告人俞某回扣，被告人俞某利用职务便利共计收受回扣人民币74000元。

［法院认为］

1. 被告人俞某身为公司工作人员，利用职务上的便利，在经济往来中违反国家规定，收受回扣归个人所有，数额较大，其行为已构成非国家工作人员受贿罪。

2. 被告人俞某系自首，且退赔了赃款，予以从轻处罚。

［裁判结果］

被告人俞某犯非国家工作人员受贿罪，判处有期徒刑1年10个月，缓刑1年10个月。

实务要点3　在工程交付验收阶段，监理利用职务便利非法收受财物，为施工单位在虚增工程量、石方认价、工程款支付审核等方面提供帮助的行为，构成非国家工作人员受贿罪。

典型案例3

江苏省南京市玄武区人民法院（2015）玄刑初字第146号
管某非国家工作人员受贿案

［案件介绍］

被告人管某担任南京市某工程项目总监理工程师。2009年12月至2011年3月，江苏某公司分包了南京市某工程部分施工项目。2011年春节前至2013年春节前，管某先后收受江苏某公司法定代表人陈某现金人民币20万元，并在虚增工程量、石方认价、工程款支付审核等方面为陈某提供帮助。

［法院认为］

1. 被告人管某作为用工单位江苏某监理有限公司的工作人员，利用职务上的便利，非法收受他人财物，为他人谋取利益，数额巨大，其行为已构成非国家工作人员受贿罪。

2. 被告人管某犯罪后自动投案，如实供述自己的罪行，系自首，依法可以减轻处罚；其积极退赃，且有悔罪表现，可以酌情从轻处罚。

[裁判结果]

被告人管某犯非国家工作人员受贿罪，判处有期徒刑3年，缓刑4年。

实务要点4　在工程交付验收阶段，建设单位负责人非法收受财物，在验收工作中为施工方提供帮助的，可以成为非国家工作人员受贿罪的主体。

典型案例4

浙江省衢州市衢江区人民法院（2019）浙0803刑初305号王某非国家工作人员受贿案

[案情介绍]

被告人王某担任衢州市某村负责人。2015年9月，衢江区某自然村作为业主方将东港街道道路硬化（污水管网预埋）工程对外招标，该村村民王某1、洪某以挂靠浙江某建设有限公司的方式，中标承接该工程。2015年10月20日，王某作为业主代表签订施工合同。

工程承接后，王某1、洪某为了获得被告人王某在该工程验收、工程款结算等方面的照顾，与被告人王某商定，许诺给予王某工程利润款的三分之一作为回报，且无须为工程提供资金和劳务。在工程施工期间，被告人王某利用其管理村级事务的职务便利，在政策处理推进、项目验收、工程款结算等方面为王某1、洪某谋取利益。2017年8月8日，王某1按照事先约定，以银行转账方式将13.9万元送给王某，王某予以收受，占为已有。

[法院认为]

1. 被告人王某作为基层组织工作人员，利用其担任衢江区某自然村业主代表的职务便利，非法收受建设项目施工方现金共计人民币13900元，为他人谋取利益，数额较大，其行为触犯刑律，构成非国家工作人员受贿罪。

2. 被告人王某已退出全部违法所得，认罪认罚，可对其从轻处罚。

[裁判结果]

被告人王某犯非国家工作人员受贿罪，判处有期徒刑7个月。

实务要点5　在工程交付验收阶段，发包方工作人员为施工方在工程决算工作上提供帮助，事后收受施工方“感谢费”的行为，构成非国家工作人员受贿罪。

典型案例5

河南省信阳市中级人民法院(2013)信刑终字第230号
陈某非国家工作人员受贿案

[案情介绍]

上诉人陈某担任集团有限公司工程总监。2010年下半年，易某、季某承建的集团有限公司的怡和名门4号楼、5号楼工程竣工，但集团有限公司迟迟未给该工程决算。2012年4月，易某、季某等人找到负责工程决算工作的集团有限公司工程总监陈某，请求尽快给4号楼、5号楼工程决算，并承诺事情办成后给陈某感谢费。2012年5月初，陈某便将易某、季某等人承建的怡某名门4号楼、5号楼工程决算办理完毕。2012年5月25日，易某在信阳市体彩广场旁边的中国工商银行一分理处向陈某的工行卡存入10万元，后陈某将该款取出，用于支付自己的购房款。

[法院认为]

1. 上诉人陈某身为非国有公司工作人员，利用职务上的便利，非法收受他人财物10万元，数额巨大，其行为已构成非国家工作人员受贿罪。

2. 上诉人陈某到案后，能够如实供述自己的犯罪事实，系坦白，依法可从轻处罚。

3. 上诉人陈某认罪悔罪，且系初犯、偶犯，并退还全部赃款，依法可酌情从轻处罚。

[裁判结果]

被告人陈某犯非国家工作人员受贿罪，判处有期徒刑5年。

实务要点6　在工程交付验收过程中，承担审计工作的审计人员为施工方承揽的工程决算给予帮助，收受感谢费、购物券等财物的行为，构成非国家工作人员受贿罪。

典型案例6

河南省鹤壁市淇滨区人民法院(2010)淇滨刑初字第119号 索某非国家工作人员受贿案

[案情介绍]

被告人索某是煤电股份有限公司第九煤矿审计科科长。

1. 2006年至2007年，被告人索某在担任煤电公司第九煤矿审计科科长期间，李某1为了让索某在审计其承揽的九矿工程决算中给予帮助，先后六次送给索某共计5000元人民币，索某予以收受。

2. 2007年下半年，被告人索某在担任煤电公司第九煤矿审计科科长期间，高某为了让索某在审计其承揽的九矿工程决算中给予帮助，先后两次送给索某共计2000元人民币，索某予以收受。

3. 2007年至2009年，被告人索某在担任煤电公司第九煤矿审计科科长期间，韩某为了感谢索某在其承揽九矿工程决算中给予的帮助，先后三次送给索某共计500元人民币和1000元购物券，索某予以收受。

4. 2008年至2009年，被告人索某在担任煤电公司第九煤矿审计科科长期间，许某为了让索某在审计其承揽的九矿工程决算中给予帮助，先后两次送给索某共计4000元人民币，索某予以收受。

5. 2009年春节前、2010年春节前，被告人索某在担任煤电公司第九煤矿审计科科长期间，王某为了让索某在审计其承揽的九矿工程决算中给予帮助，先后两次送给索某共计10000元人民币，索某予以收受。

6. 2009年3月、2010年4月，被告人索某在担任煤电公司第九煤矿审计科科长期间，聂某为了让索某在审计其承揽的九矿工程预算、决算中给予帮助，先后两次送给索某500元购物卡一张及10000元人民币，索某予以收受。

7. 2009年3月，被告人索某在担任煤电公司第九煤矿审计科科长期间，张某1为了让索某在审计其承揽的九矿工程决算中给予帮助，送给索某1000元人民币，索某予以收受。

8. 2009年3月，被告人索某在担任煤电公司第九煤矿审计科科长期间，吴某1为了让索某在审计其承揽的九矿工程预算中给予帮助，送给索某2000元人民币，索某予以收受。

9. 2009年5月，被告人索某在担任煤电公司第九煤矿审计科科长期间，李某2为了让索某在审计其承揽的九矿工程决算中给予帮助，送给索某1000元人民币，索某予以收受。

10. 2009年8月，被告人索某在担任煤电公司第九煤矿审计科科长期间，赵某为了让索某在审计其承揽的九矿工程决算中给予帮助，送给索某2000元人民币，索某予以收受。

11. 2009年10月，被告人索某在担任煤电公司第九煤矿审计科科长期间，李某3为了让索某在审计其承揽的九矿工程决算中给予帮助，送给索某2000元购物券，索某予以收受。

12. 2009年11月，被告人索某在担任煤电公司第九煤矿审计科科长期间，张某2为了让索某在审计其承揽的九矿工程决算中给予帮助，送给索某5000元人民币，索某予以收受。

13. 2009年11月，被告人索某在担任煤电公司第九煤矿审计科科长期间，窦某为了让索某在审计其承揽的九矿工程决算中给予帮助，送给索某2000元购物卡，索某予以收受。

14. 2009年11月至2010年春节前，被告人索某在担任煤电公司第九煤矿审计科科长期间，吴某2为了让索某在审计其承揽的九矿工程决算中给予帮助，先后两次送给索某共计3000元人民币，索某予以收受。

15. 2010年1月，被告人索某在担任煤电公司第九煤矿审计科科长期间，孙某为了让索某在审计其承揽的九矿工程决算中给予帮助，送给索某4000元人民币，索某予以收受。

16. 2010年4月，被告人索某在担任煤电公司第九煤矿审计科科长期间，黄某为了让索某在审计其承揽的九矿工程决算中给予帮助，送给索某1000元购物卡，索某予以收受。

[法院认为]

1. 被告人索某身为公司、企业工作人员，利用职务便利，非法收受他人财物，为他人谋取利益，数额较大，其行为已构成非国家工作人员受贿罪。

2. 被告人索某系初犯，且在归案后认罪态度好，并能够积极退赃，可酌情从轻处罚。

3. 被告人索某归案后，如实供述侦查机关尚未掌握的与已掌握的属同种罪行较重的犯罪事实，应当从轻处罚。

4. 被告人索某当庭自愿认罪，悔罪态度较好，可酌情从轻处罚。

[裁判结果]

被告人索某犯非国家工作人员受贿罪，判处有期徒刑1年6个月，缓刑2年。

实务要点7　负责对工程进行检测的单位工作人员利用职务便利索贿的，构成非国家工作人员受贿罪。

典型案例7

河南省郑州市中级人民法院（2009）郑刑二终字第394号
马某非国家工作人员受贿案

[案件介绍]

上诉人马某是河南省某研究所工作人员。2008年4月、5月，河南建设有限公司委托某公司对其建设的中原时尚社区6栋楼房的主体结构进行检测，并由河南某研究所工作人员被告人马某负责该检测项目。在对该项目进行检测过程中，马某与该研究所所长被告人张某预谋以该6栋楼房所用混凝土不合格为由，向混凝土供应方河南混凝土有限公司超额索要检测费用，作为出具合格检测报告的条件。后迫于无奈，河南混凝土有限公司工作人员袁某分两次交给马某50万元，其中第一次交付30万元，第二次交付20万元为马某私自索要并占为己有。

[法院认为]

上诉人马某身为公司、企业人员，利用职务上的便利，索取他人财物，数额巨大，其行为已构成非国家工作人员受贿罪。

[裁判结果]

上诉人马某犯非国家工作人员受贿罪，判处有期徒刑5年。

三、风险防范建议

了解以上非国家工作人员受贿罪的法律规定，结合工程建设实践，针对不同的人员应当有不同的应对措施，具体如下：

1. 作为建设单位负责人，其收到建设工程竣工验收报告后，在组织勘查、设计、施工、监理等有关单位进行竣工验收的时间上、对建设工程实体交付上、完整的工程竣工图纸等工程技术经济资料、质量保修书等移交上以及竣工验收合格后支付工程款上均存在一定风险。在工程验收交付阶段，建设单位负责人主要存在以下职责：其一，在建设工程竣工后，应当根据施工图纸及说明书、国家颁发的施工验收规范和质量检验标准及时进行验收；其二，验收合格的，应当按照约定支付价款，并接收该建设工程；其三，在审核交付竣工验收的建筑工程时，必须要求符合规定的建筑工程质量标准，有完整的工程技术经济资料和质量保修书，并具备国家规定的其他竣工条件。若建设单位负责人在工程验收阶段，利用职务便利索取或非法收受财物，数额较大，则可能被以本罪追究刑事责任。

2. 作为工程的施工总负责人，在准备竣工验收时与各分包单位进行交接其负责编制分包范围内的竣工图等工程技术经济资料上、分包工程的实体验收和分包工程款的支付上存在一定风险。在工程验收交付阶段，施工责任人主要存在以下职责：其一，对自行施工的工程质量负责，同时对其合法分包出去的工程质量负连带责任；其二，建设项目的总包单位除应编制自行施工的竣工图等工程技术经济资料外，还负责汇总整理各分包单位编制的竣工图等工程技术经济资料；其三，支付分包项目的工程款。若总包人在分包项目的交接过程中，利用职务便利索取或非法收受财物，数额较大，则可能被以本罪追究刑事责任。

3. 作为设计责任人，其在收到建设单位负责人组织竣工验收通知后，对工程施工中出现的设计变更均需要其确认，故竣工验收阶对竣工图的确认和变更说明中存在一定风险。在工程交付验收阶段，设计责任人主要存在以下职责：其一，对工程竣工图的确认；其二，对工程的确认。若设计责任人在工程验收阶段，利用职务便利索取或非法收受财物，数额较大，则可能被以本罪追究刑事责任。

4. 作为监理责任人，其在收到建设单位组织竣工验收通知后，对工程竣工交付的见证、工程验收以及工程款支付中存在一定风险。在工程验收交付阶段，监理责任人主要存在以下职责：其一，见证施工单位向建设单位移交工程实体及完整的竣工图等工程技术经济资料、保修书等表明工程竣工交付的交接资料；其二，严格按照竣工图、技术规范、法律规定等对工程进行监督检查；其三，对施工人提交的竣工结算申请以及结算资料进行审查；其四，向建设单位提交审查后的竣工结算单及结算资料；其五，签发竣工付款证书。若监理责任人在工程验收阶段，利用职务便利索取或非法收受财物，数额较大，则可能被以本罪追究刑事责任。

第二节　寻衅滋事罪实务要点与风险防范

一、罪状描述、犯罪构成要件与认定标准

(一)罪状描述

寻衅滋事罪,是指有下列寻衅滋事情形之一,破坏社会秩序的行为:随意殴打他人,情节恶劣的;追逐、拦截、辱骂、恐吓他人,情节恶劣的;强拿硬要或者任意损毁、占用公私财物,情节严重的;在公共场所起哄闹事,造成公共场所秩序严重混乱的。

2011年2月25日,第十一届全国人大常委会第十九次会议通过的《刑法修正案(八)》对寻衅滋事罪进行了修改。其主要做了以下两处修改:一是在原第1款第2项中增加了"恐吓他人"的规定;二是增设了第2款,将本罪的法定最高刑提高至10年有期徒刑。(见表7－1)

表7－1　寻衅滋事罪修改前后对比

原条文	《刑法修正案(八)》修改后
《刑法》第293条规定:"有下列寻衅滋事行为之一,破坏社会秩序的,处五年以下有期徒刑、拘役或者管制: (一)随意殴打他人,情节恶劣的; (二)追逐、拦截、辱骂他人,情节恶劣的; (三)强拿硬要或者任意损毁、占用公私财物,情节严重的; (四)在公共场所起哄闹事,造成公共场所秩序严重混乱的。"	《刑法》第293条规定:"有下列寻衅滋事行为之一,破坏社会秩序的,处五年以下有期徒刑、拘役或者管制: (一)随意殴打他人,情节恶劣的; (二)追逐、拦截、辱骂、恐吓他人,情节恶劣的; (三)强拿硬要或者任意损毁、占用公私财物,情节严重的; (四)在公共场所起哄闹事,造成公共场所秩序严重混乱的。 纠集他人多次实施前款行为,严重破坏社会秩序的,处五年以上十年以下有期徒刑,可以并处罚金。"

(二)犯罪构成要件

1. 犯罪主体

本罪的主体为一般主体,凡已满16周岁具有刑事责任能力的自然人均能成

为本罪的主体。此罪名既可由单个人实施，也可由结伙聚众形式出现。施工企业负责人、包工头、施工班组负责人、现场施工人员、被召集来的社会闲散人员等个人或团体实施了寻衅滋事的行为均有可能构成本罪。

2. 主观方面

本罪的主观方面是直接故意，即明知自己的行为会发生破坏社会秩序的危害结果，并且希望这种结果发生。通常出自藐视法纪、显示威风、寻求精神刺激或者发泄等动机。

根据《寻衅滋事刑事案件司法解释》第 1 条的规定，寻衅滋事动机大体分为三种类型：

(1)无事生非。行为人为寻求刺激、发泄情绪、逞强耍横等，无事生非，实施《刑法》第 293 条规定的行为。

(2)借故生非。行为人因日常生活中的偶发矛盾纠纷，借故生非，实施《刑法》第 293 条规定的行为(但矛盾系由被害人故意引发或者被害人对矛盾激化负有主要责任的除外)。

(3)一再无理纠缠。行为人因婚恋、家庭、邻里、债务等纠纷，实施殴打、辱骂、恐吓他人或者损毁、占用他人财物等行为的，一般不认定为“寻衅滋事”，但经有关部门批评制止或者处理处罚后，继续实施前列行为，破坏社会秩序的除外。

在建设工程领域，构成此罪的行为人主观方面动机是多种多样的，可能由于一点琐事、口角而逞强好胜，也可能为了不法利益而纠集多人大造声势，无理取闹等。

3. 犯罪客体

本罪侵犯的客体是公共秩序。所谓公共秩序包括公共场所秩序和生活中人们应当遵守的共同准则。寻衅滋事犯罪多发生在公共场所，常常给公民的人身、人格或公私财产造成损害，但是寻衅滋事罪一般侵犯的并不是特定的人身、人格或公私财产，而主要是指向公共秩序。比如，建筑企业正常的工作秩序、工地正常的施工秩序、政府机关正常的办公秩序等。

4. 客观方面

寻衅滋事罪的客观行为方式具体为：

(1)随意殴打他人，情节恶劣的

“随意殴打他人”，是指出于耍威风、取乐等不健康动机，无故、无理殴打相识或者素不相识的人。这里的“情节恶劣的”，是指随意殴打他人手段残忍的，多次随意殴打他人的；造成被殴打人精神失常、自杀等严重后果，多次随意殴打他人的，持凶器随意殴打他人；等等。

(2)追逐、拦截、辱骂、恐吓他人，情节恶劣的

“追逐、拦截、辱骂、恐吓他人”，是指出于取乐、耍威风寻求精神刺激等目的，无故无理追赶、拦挡、侮辱、谩骂、恐吓他人。

追逐，一般是指妨碍他人停留在一定场所的行为；拦截，一般是指阻止他人转移场所的行为。显然，这两种行为，都是妨碍他人行动自由的行为。追逐与拦截可能以暴力方式实施，也可能以威胁等方式实施。辱骂，是指以言语对他人予以轻蔑的价值判断。辱骂不要求有特定的对象，对一般人的谩骂，也可能成立本罪的辱骂。“恐吓”是指以威胁的语言、行为吓唬他人。如使用统一标记、身着统一服装、摆阵势等方式威慑他人，使他人恐慌或屈从。

这里的“情节恶劣的”，主要是指经常性追逐、拦截、辱骂、恐吓他人的；造成恶劣影响或者激起民愤的；造成其他后果的；等等。

(3)强拿硬要或者任意损毁、占用公私财物，情节严重的

“强拿硬要或者任意损毁、占有公私财物”，是指以蛮不讲理的流氓手段，强行索要市场、商店的商品以及他人的财物，或者随心所欲损坏、毁灭、占用公私财物。这里的“情节严重的”，是指强拿硬要或者任意损毁、占用的公私财物数量大的；造成恶劣影响的；多次强拿硬要或者任意损毁、占用公私财物的；造成公私财物受到严重损失的；等等。

(4)在公共场所起哄闹事，造成公共场所秩序严重混乱的

“在公共场所起哄闹事”，是指出于取乐、寻求精神刺激等目的，在公共场所无事生非，制造事端，扰乱公共场所秩序的。“造成公共场所秩序严重混乱的”，是指公共场所正常的秩序受到破坏，引起群众惊慌、逃离等严重混乱局面的。

行为人只要有上述四种情形中的任意一种，就构成寻衅滋事罪。但在建设工程领域中，行为人往往既“强拿硬要”，又“随意殴打他人”，或者先“追逐、拦截、辱骂他人”，后“任意损毁、占用公私财物”。行为人为满足其寻求精神刺激、开心取乐、获取利益等动机一般会实施多个行为，这时只以本罪一罪认定。

(三)认定标准

1. 刑法规定

《刑法》第 293 条规定：“有下列寻衅滋事行为之一，破坏社会秩序的，处五年以下有期徒刑、拘役或者管制：

（一）随意殴打他人，情节恶劣的；

（二）追逐、拦截、辱骂、恐吓他人，情节恶劣的；

（三）强拿硬要或者任意损毁、占用公私财物，情节严重的；

（四）在公共场所起哄闹事，造成公共场所秩序严重混乱的。

纠集他人多次实施前款行为，严重破坏社会秩序的，处五年以上十年以下有期徒刑，可以并处罚金。”

2. 立案追诉标准

《刑事案件立案追诉标准（一）的补充规定》第8条规定：“［寻衅滋事案（刑法第293条）］随意殴打他人，破坏社会秩序，涉嫌下列情形之一的，应予立案追诉：

（一）致一人以上轻伤或者2人以上轻微伤的；

（二）引起他人精神失常、自杀等严重后果的；

（三）多次随意殴打他人的；

（四）持凶器随意殴打他人的；

（五）随意殴打精神病人、残疾人、流浪乞讨人员、老年人、孕妇、未成年人，造成恶劣社会影响的；

（六）在公共场所随意殴打他人，造成公共场所秩序严重混乱的；

（七）其他情节恶劣的情形。

追逐、拦截、辱骂、恐吓他人，破坏社会秩序，涉嫌下列情形之一的，应予立案追诉：

（一）多次追逐、拦截、辱骂、恐吓他人，造成恶劣社会影响的；

（二）持凶器追逐、拦截、辱骂、恐吓他人的；

（三）追逐、拦截、辱骂、恐吓精神病人、残疾人、流浪乞讨人员、老年人、孕妇、未成年人，造成恶劣社会影响的；

（四）引起他人精神失常、自杀等严重后果的；

（五）严重影响他人的工作、生活、生产、经营的；

（六）其他情节恶劣的情形。

强拿硬要或者任意损毁、占用公私财物，破坏社会秩序，涉嫌下列情形之一的，应予立案追诉：

（一）强拿硬要公私财物价值1千元以上，或者任意损毁、占用公私财物价值2千元以上的；

（二）多次强拿硬要或者任意损毁、占用公私财物，造成恶劣社会影响的；

（三）强拿硬要或者任意损毁、占用精神病人、残疾人、流浪乞讨人员、老年人、孕妇、未成年人的财物，造成恶劣社会影响的；

（四）引起他人精神失常、自杀等严重后果的；

（五）严重影响他人的工作、生活、生产、经营的；

（六）其他情节严重的情形。

在车站、码头、机场、医院、商场、公园、影剧院、展览会、运动场或者其他公共场所起哄闹事，应当根据公共场所的性质、公共活动的重要程度、公共场所的人数、起哄闹事的时间、公共场所受影响的范围与程度等因素，综合判断是否造成公共场所秩序严重混乱。”

3. 司法解释

(1)《寻衅滋事刑事案件司法解释》

“为依法惩治寻衅滋事犯罪，维护社会秩序，根据《中华人民共和国刑法》的有关规定，现就办理寻衅滋事刑事案件适用法律的若干问题解释如下：

第一条　行为人为寻求刺激、发泄情绪、逞强耍横等，无事生非，实施刑法第二百九十三条规定的行为的，应当认定为‘寻衅滋事’。

行为人因日常生活中的偶发矛盾纠纷，借故生非，实施刑法第二百九十三条规定的行为的，应当认定为‘寻衅滋事’，但矛盾系由被害人故意引发或者被害人对矛盾激化负有主要责任的除外。

行为人因婚恋、家庭、邻里、债务等纠纷，实施殴打、辱骂、恐吓他人或者损毁、占用他人财物等行为的，一般不认定为‘寻衅滋事’，但经有关部门批评制止或者处理处罚后，继续实施前列行为，破坏社会秩序的除外。

第二条　随意殴打他人，破坏社会秩序，具有下列情形之一的，应当认定为刑法第二百九十三条第一款第一项规定的‘情节恶劣’：

（一）致一人以上轻伤或者二人以上轻微伤的；

（二）引起他人精神失常、自杀等严重后果的；

（三）多次随意殴打他人的；

（四）持凶器随意殴打他人的；

（五）随意殴打精神病人、残疾人、流浪乞讨人员、老年人、孕妇、未成年人，造成恶劣社会影响的；

（六）在公共场所随意殴打他人，造成公共场所秩序严重混乱的；

（七）其他情节恶劣的情形。

第三条　追逐、拦截、辱骂、恐吓他人，破坏社会秩序，具有下列情形之一的，应当认定为刑法第二百九十三条第一款第二项规定的‘情节恶劣’：

（一）多次追逐、拦截、辱骂、恐吓他人，造成恶劣社会影响的；

（二）持凶器追逐、拦截、辱骂、恐吓他人的；

（三）追逐、拦截、辱骂、恐吓精神病人、残疾人、流浪乞讨人员、老年人、孕妇、未成年人，造成恶劣社会影响的；

（四）引起他人精神失常、自杀等严重后果的；

（五）严重影响他人的工作、生活、生产、经营的；

（六）其他情节恶劣的情形。

第四条　强拿硬要或者任意损毁、占用公私财物，破坏社会秩序，具有下列情形之一的，应当认定为刑法第二百九十三条第一款第三项规定的‘情节严重’：

（一）强拿硬要公私财物价值一千元以上，或者任意损毁、占用公私财物价值二千元以上的；

（二）多次强拿硬要或者任意损毁、占用公私财物，造成恶劣社会影响的；

（三）强拿硬要或者任意损毁、占用精神病人、残疾人、流浪乞讨人员、老年人、孕妇、未成年人的财物，造成恶劣社会影响的；

（四）引起他人精神失常、自杀等严重后果的；

（五）严重影响他人的工作、生活、生产、经营的；

（六）其他情节严重的情形。

第五条　在车站、码头、机场、医院、商场、公园、影剧院、展览会、运动场或者其他公共场所起哄闹事，应当根据公共场所的性质、公共活动的重要程度、公共场所的人数、起哄闹事的时间、公共场所受影响的范围与程度等因素，综合判断是否‘造成公共场所秩序严重混乱’。

第六条　纠集他人三次以上实施寻衅滋事犯罪，未经处理的，应当依照刑法第二百九十三条第二款的规定处罚。

第七条　实施寻衅滋事行为，同时符合寻衅滋事罪和故意杀人罪、故意伤害罪、故意毁坏财物罪、敲诈勒索罪、抢夺罪、抢劫罪等罪的构成要件的，依照处罚较重的犯罪定罪处罚。

第八条　行为人认罪、悔罪，积极赔偿被害人损失或者取得被害人谅解的，可以从轻处罚；犯罪情节轻微的，可以不起诉或者免予刑事处罚。”

(2)2018年1月16日,最高院、最高检、公安部、司法部《关于办理黑恶势力犯罪案件若干问题的指导意见》

该意见第17条规定:“黑恶势力为谋取不法利益或形成非法影响,有组织地采用滋扰、纠缠、哄闹、聚众造势等手段侵犯人身权利、财产权利,破坏经济秩序、社会秩序,构成犯罪的,应当分别依照《刑法》相关规定处理:

(1)有组织地采用滋扰、纠缠、哄闹、聚众造势等手段扰乱正常的工作、生活秩序,使他人产生心理恐惧或者形成心理强制,分别属于《刑法》第二百九十三条第一款第(二)项规定的‘恐吓’、《刑法》第二百二十六规定的‘威胁’,同时符合其他犯罪构成条件的,应分别以寻衅滋事罪、强迫交易罪定罪处罚。

《关于办理寻衅滋事刑事案件适用法律若干问题的解释》第二条至第四条中的‘多次’一般应当理解为二年内实施寻衅滋事行为三次以上。二年内多次实施不同种类寻衅滋事行为的,应当追究刑事责任。”

(3)最高院量刑指导意见

2017年3月9日发布的最高院《关于常见犯罪的量刑指导意见》“四、常见犯罪的量刑”第13项规定:“1. 构成寻衅滋事罪的,可以根据下列不同情形在相应的幅度内确定量刑起点:(1)寻衅滋事一次的,可以在三年以下有期徒刑、拘役幅度内确定量刑起点。(2)纠集他人三次寻衅滋事(每次都构成犯罪),严重破坏社会秩序的,可以在五年至七年有期徒刑幅度内确定量刑起点。

2. 在量刑起点的基础上,可以根据寻衅滋事次数、伤害后果、强拿硬要他人财物或任意损毁、占用公私财物数额等其他影响犯罪构成的犯罪事实增加刑罚量,确定基准刑。”

二、实务要点与典型案例

实务要点1 | 施工单位聚集多人在售楼处索要工程款构成寻衅滋事罪。

典型案例1

新疆维吾尔自治区克拉玛依市中级人民法院(2019)新02刑终19号
陈某1寻衅滋事案

[案情介绍]

2017年8月初至25日,林某因富丽公馆工程款结算与他人发生纠纷后,即通过胡某介绍找到被告人陈某1,让陈某1帮忙前去追讨工程款。陈某1联系被告人王某,二人先后纠集被告人王某1、刘某、陈某3、杨某等多人,多次前往克拉玛依富丽公馆售楼部一楼大厅及二楼办公场所,采用滋扰、纠缠、威吓、聚众造势等手段索要债务,扰乱富丽公馆售楼部的办公秩序,影响正常营业。事后陈某1获取报酬10000元。

[法院认为]

陈某1、王某、王某1、刘某、杨某等有组织的采用滋扰、纠缠、哄闹、聚众造势等手段,非法进行讨要债务,严重破坏社会秩序及扰乱公共场所秩序,其行为均已构成寻衅滋事罪,依法应当判处五年以下有期徒刑、拘役或者管制。在共同犯罪中,陈某1、王某系主犯;王某1、刘某、杨某系从犯,应当从轻或者减轻处罚。

[裁判结果]

被告人陈某1犯寻衅滋事罪,判处有期徒刑4年6个月。

实务要点2　建筑材料商为垄断建筑材料销售权在楼盘工地拦截车辆、阻挠施工构成寻衅滋事罪。

典型案例2

广东省广州市海珠区人民法院(2014)穗海法刑初字第542号李某寻衅滋事案

[案情介绍]

2008年7月,被告人李某为了控制、垄断本市增城区永和镇留学生家园楼盘(后改为海伦春天花园)的建筑原材料供销权和建筑工程承建权,遂纠合被告人黄某1、霍某、黄某2、黄某3、罗某、徐某、黄某4、黄某5、黄某6等组织成员及数十名社会人员,到该楼盘工地拦截车辆、阻挠施工,并与罗某良等人对峙、哄闹和谈判,招致现场众多群众聚集围观,造成公共秩序严重混乱。

[法院认为]

经查,根据证人证言、被害人陈述及同案被告人在侦查机关的供述,结合相关书证、涉案照片等,可证实在原工程承包商取得海伦春天工程后准备开工时,被告人李某、黄某1、霍某、黄某2、黄某3等人为争夺该工程的建筑原材料和建筑工程承建权,遂纠集多人多次到工地“摆场”,拦截车辆、施工人员,阻止施工,以恐吓、威胁原承包工程的承包商，逼迫原承包商退出该工程项目的事实。根据《刑事案件立案追诉标准（一）》第37条的规定，上述“摆场”、拦截他人、车辆并阻止施工的行为严重影响了当地社会正常秩序和他人的工作、生产、经营，情节恶劣，依法应以寻衅滋事罪论处。

在该起寻衅滋事共同犯罪中，现有证据可证实被告人李某纠集多人寻衅滋事，在共同犯罪中起主要作用；被告人黄某1、霍某、黄某2、黄某3在共同犯罪中或主动邀集、或积极参与、或参与利益分配，作用突出，应与被告人李某共同作为该宗犯罪的主犯处理。被告人黄某4、罗某、徐某、黄某5、黄某6等在共同犯罪中起次要作用，均应以该宗犯罪的从犯论处。

实务要点3 | 施工人为填埋土石方殴打他人损毁财物构成寻衅滋事罪。

典型案例3

安徽省淮北市中级人民法院（2019）皖06刑终281号
朱某1等寻衅滋事案

[案情介绍]

被告人朱某1于2015年9月18日当选黄桥居委会主任，孟山南路建设指挥部具体负责工地施工的人找到朱某2和朱某1，说工地挖出来的土没有地方堆放，问朱某2和朱某1能否找地方排土，运费由他们支付。当时朱某1和朱某2等人商议把孟山南路建设工地挖出来的土填入黄桥××组朱某4家南边的大坑。被害人余某1从老房子废墟里扒出来的旧砖堆在此大坑东北角的坑沿边。2015年9月20日，黄桥居委会副主任朱某2找到余某1，双方约定余某1于次日挪走上述大坑边沿的旧砖。当日16时许，被告人朱某1、朱某3、况某来到此大坑边，朱某1要求余某1立即将上述旧砖挪走，余某1称已经与朱某2约定次日腾挪旧砖，朱某1不同意，两人因此发生争执、撕扯。朱某3见状上前殴打余某1，况某在朱某3的指使下也参与殴打了余某1，后被朱某2等人劝拉开。接着，朱某1指使朱某3将余某1的旧砖推到大坑内，并用建筑垃圾及土方等进行填埋。2019年7月4日至10日，淮北市公安局烈山分局在见证人见证下对填埋的旧砖进行挖掘，经清点涉案旧砖15224块。2019年7月16日，经淮北市价格认定局认定：涉案旧粘土砖价值计2384元。

［法院认为］

被告人朱某1、朱某3、况某无故随意殴打他人，任意损毁他人财物价值2384元，情节严重，3名被告人行为构成寻衅滋事罪。

［裁判结果］

1. 被告人朱某1犯寻衅滋事罪，判处有期徒刑1年。

2. 被告人朱某3犯寻衅滋事罪，判处有期徒刑1年。

3. 被告人况某犯寻衅滋事罪，判处有期徒刑6个月。

实务要点4 | 恶势力团伙为承包项目工程、销售建筑材料成立阻挠施工的团体多次阻工构成寻衅滋事罪。

典型案例4

湖南省湘阴县人民法院(2019)湘06刑终329号
张某1、舒某1等寻衅滋事案

［案情介绍］

自2017年9月以来，被告人张某1、舒某1、张某2、舒某2纠集被告人舒某3、张某3等人以暴力、威胁等手段在建筑工程项目建设中多次煽动或积极参与闹事、强揽工程，为非作恶，欺压百姓，扰乱经济、社会生活秩序，造成较为恶劣的社会影响，形成恶势力犯罪团伙。

2016年湘阴县袁家铺镇人民政府与长康镇人民政府合并后称为湘阴县洋沙湖街道办事处。2017年上半年，洋沙湖长郡中学项目（简称长郡项目）落户湘阴县原袁家铺镇将军村会泉组。为承包项目工程、销售建筑材料，会泉组形成了以张某1、舒某1、张某2、舒某2为首的阻工团体，利用本组组民的微信群，实时发出阻工指令，要求各户村民参加。张某1、舒某1、张某2、舒某2等成员多次召开内部会议就承揽工程、组织阻工等问题达成共识。张某1鼓励成员积极阻工，承诺遇到问题由他利用镇政府协调员的身份来协调。为承包工程项目、销售建筑材料，张某1、舒某1、张某2、舒某2组织村民以暴力、威胁手段多次阻工闹事，强揽工程并严重扰乱社会秩序。

2017年10月下旬至11月，张某1、舒某1、张某2、舒某2为承包长郡项目工程，多次纠集舒某3、张某3及当地村民以暴力、威胁方式大规模阻工，并推倒已建好的围挡，使长郡项目的建设一直无法进行，又将长郡项目工作人员从项目部和指挥部赶走，迫使员工无法正常工作、生产。舒某等人的行为造成损失共计人民币 84900 元。

1. 2017 年 10 月下旬，尚上公司将长郡项目桩基工程承包给顾某，顾某三次组织桩基队伍进场，张某 1、舒某 1、张某 2、舒某 2 邀集了舒某 3、张某 3 及部分村民以拦路、言语威胁等方式阻挠，致使工程一直无法施工。经鉴定，桩基队伍三次进场费用损失为 76500 元。

2. 2017 年 11 月中旬，尚上公司正在进行围挡施工时，张某 1、舒某 2 带着十来个村民用暴力方式推倒砌好的围挡十余米，并对尚上公司施工人员进行言语威胁。

3. 2017 年 11 月 23 日晚，因对尚上公司将桩基工程承包给他人心生不满，张某 1 和二十余名村民手持棍棒、锄头等工具到尚上公司项目部闹事，对长郡项目生产副经理宇某实施暴力和言语威胁，并将尚上公司员工从项目部赶出去，持续吵闹一个多小时。2017 年 11 月 24 日凌晨，因张某 1 被人打伤（另案处理），舒某 1、舒某 2、舒某 3、张某 2 等人认为与尚上公司有关，纠集村民持木棒来到尚上公司，将项目部、指挥部员工驱赶出去，将指挥部的电动门推倒。张某 2 驾驶铲车将项目部的临时围挡铲倒了十多米，并把泥土堆放在项目部门前，堵住进出口。次日早晨，张某 2 将指挥部大门上锁。导致尚上公司员工只能外出租房居住，造成租金损失人民币 8400 元。

张某 1、舒某 1 分别于 2018 年 12 月 26 日、10 日主动投案；舒某 1、张某 2、舒某 3、张某 3 分别于 2018 年 12 月 5 日、12 日被抓获到案。

[法院认为]

一审判决认为，被告人张某 1、舒某 1、张某 2、舒某 2 为达到强揽工程的目的，纠集被告人舒某 3、张某 3 强拿硬要、任意毁损他人财物，情节严重；威胁、恐吓他人，情节恶劣，严重破坏社会秩序。被告人张某 1、舒某 1、张某 2、舒某 2、舒某 3 构成寻衅滋事罪；被告人张某 3 构成寻衅滋事罪。被告人张某 1 犯罪后主动投案，如实供述犯罪事实，是自首，对其犯寻衅滋事罪依法予以从轻处罚，其在寻衅滋事犯罪中为主商量策划，利用镇政府协调员的身份了解的情况煽动、组织村民阻工闹事，在共同犯罪中起主要作用，系主犯，应当按照其所参与的全部犯罪处罚。被告人舒某 2 作为该组的组长并与舒某 1、张某 2 作为村民选出的村民代表，在寻衅滋事共同犯罪中参与商量策划，组织村民以暴力、威胁方法阻工闹事，在共同犯罪中均起主要作用，均系主犯，应当按照其所参与的全部犯罪处罚。被告人舒某1、张某2归案后，能如实供述犯罪事实，认罪态度好，依法予以从轻处罚。被告人舒某2犯罪后主动投案，如实供述犯罪事实，是自首，对其犯寻衅滋事罪予以从轻处罚。被告人舒某3在寻衅滋事共同犯罪中，积极参加阻工闹事，在共同犯罪中起主要作用，系主犯，应当按照其所参与的全部犯罪处罚。其在被判处有期徒刑刑满释放后五年内，再犯应当判处有期徒刑以上刑罚之罪，系累犯，依法予以从重处罚。被告人舒某3归案后，能如实供述犯罪事实，认罪态度好，依法予以从轻处罚。被告人张某1、舒某1、张某2、舒某2、舒某3均一人犯二罪，二罪并罚。被告人张某3在寻衅滋事共同犯罪中，积极参与阻工闹事，在共同犯罪中起主要作用，系主犯，应当按照其所参与的全部犯罪处罚。其归案后，能如实供述犯罪事实，认罪态度好，系坦白，依法予以从轻处罚。

[裁判结果]

驳回上诉，维持原判。

三、风险防范建议

随着我国基础设施建设步伐的加快，房地产市场不断发展，各种类型的建设工程不断“上马”。在利益的驱使下，大量施工企业、人员参与其中，有的有资质，有的无资质，鱼龙混杂。“强揽工程”“强卖材料”“强行阻工”等问题时有发生。随意殴打他人，起哄闹事、爬塔吊、围堵售楼处、阻挡企业大门口、在政府机关办公场所静坐示威等暴力或软暴力行为常常出现，严重扰乱了社会秩序，影响了人民群众正常的生产、生活。轻者违反治安管理处罚法被行政处罚，重者因触犯刑法而构成寻衅滋事犯罪，被判处刑罚。

在实施寻衅滋事犯罪行为的同时，行为人还常常伴有其他暴力行为，同时符合寻衅滋事罪和故意伤害罪、故意毁坏财物罪、敲诈勒索罪等罪的构成要件，依照相关司法解释，应按处罚较重的犯罪定罪处罚。

该领域常见的其他暴力犯罪有故意伤害罪、故意毁坏财物罪、聚众扰乱社会秩序罪、聚众斗殴罪、强迫交易罪等。且此类犯罪多与涉黑、涉恶性质犯罪伴随发生，我国司法机关对此类行为一直保持高压态势进行打击。

1. 从司法实践来看，建筑工程领域可能构成寻衅滋事罪的高风险行为常见的有以下几种：

(1)为承包项目工程、销售建筑材料单人或多人阻扰他人正常施工。行为人以暴力、威胁等手段在建筑工程项目建设中多次煽动或积极参与闹事。有的是单个人要威风，逞强好胜，故意毁坏财物，随意殴打、恐吓他人；有的纠集多人成立了专门的阻工团体，通过微信群等发号施令，进行有组织的阻工闹事行为。如拦截工地车辆、推倒围挡、并与项目负责人哄闹和谈判、拦截、恐吓甚至殴打工人等。为非作恶，欺压百姓，扰乱经济、社会生活秩序，造成较为恶劣的社会影响。

(2)在施工过程中处理建筑材料、垃圾不当与他人发生纠纷。施工单位在建设过程中，不可避免地要运输、存贮建筑材料，堆放、处理建筑垃圾。在此过程中个别企业、个人只顾自己方便，不注意处理与其他单位个人的关系，不当存贮建筑材料，所以堆放建筑垃圾，给他人生产、生活造成不便，引发矛盾纠纷，进而升级为违法犯罪行为。

(3)工程结束后为了顺利结算、多结算、索要工程款而围堵售楼处、企业办公场所。施工单位在工程竣工以后，常常为了结算问题、索要工程款问题引发矛盾纠纷。有的单位是被逼无奈，甲方迟迟不予结算，不堪债务压力；有的是为了取得非法利益，想多结算工程款，与项目甲方达不成一致；有的是结算以后迟迟拿不到工程款，协商不成而走了歪路。不管是什么原因，围堵他人正常的生活、办公场所，都会引发矛盾激化，引起群众聚集，扰乱社会秩序，从而构成犯罪。

2. 施工单位应严格遵守我国相关法律法规，妥善处理好施工过程中的各类矛盾纠纷，避免寻衅滋事等犯罪行为的发生。对施工单位建议如下：

(1)施工单位应约束好施工人员，制定严格的工作纪律，形成明文制度文件，严格遵守，做到“有法可依”。多组织人员进行相关刑事法律培训，增强法律意识，从源头上杜绝风险的发生。

(2)合法招投标，不走歪门邪道。

(3)合法分包。谨慎选择无资质的“工程队”。有些所谓“工程队”无任何施工资质，人员素质低下，为了攫取不法利益，毫无法律和道德底线。施工企业应擦亮眼睛，识别出这些问题“工程队”，避免埋下风险种子。

(4)在签订施工合同的同时，还要注意签订严格的安全文明施工协议，制定严厉的惩罚条款，提高合同相对方的违法成本。

(5)施工单位负责人应具备防范和化解矛盾的能力和素质，遇到问题多协商，多沟通，想对策。应充分利用好法律武器，通过调解、民事诉讼等多种合法手段解决结算、工程款等问题，切不可逞一时之快。

(6)一旦有其他单位人员、社会闲散人员为达到“强揽工程”“强卖材料”“强行阻工”等不法目的而对施工企业办公场所、人员实施暴力或软暴力行为时，应妥善处理，及早报警，切不可激化矛盾。当企业人员生命财产安全受到威胁时也要勇于与犯罪行为做斗争，进行正当防卫。但要注意避免超过必要限度。如果在制止他人暴力犯罪的过程中防卫过当也可能承担刑事责任。现实中确实存在因制止他人阻工行为给对方造成伤害构成故意伤害罪的案例。

第三节　故意伤害罪实务要点与风险防范

一、罪状描述、犯罪构成要件与认定标准

（一）罪状描述

故意伤害罪，是指使用暴力等方法，故意非法损害他人身体健康的行为。所谓“伤害”，是指使身体丧失完整性或者导致生理机能障碍的行为。

故意伤害的方法很多，行为人采用什么方法不影响本罪的构成。

（二）犯罪构成要件

1. 犯罪主体

故意伤害罪的主体为一般主体。凡达到刑事责任年龄并具备刑事责任能力的自然人均能构成故意伤害罪。已满 14 周岁未满 16 周岁的自然人有故意伤害致人重伤或死亡行为的，应当负刑事责任。

2. 主观方面

故意伤害罪在主观方面表现为故意。即行为人明知自己的行为会造成损害他人身体健康的结果，而希望或放任这种结果的发生。在一般情况下，行为人事先对于自己的伤害行为能给被害人造成何种程度的伤害，不一定有明确的认识和追求。无论造成何种程度的结果都在其主观犯意之内，所以，一般可按实际伤害结果来确定是故意轻伤还是故意重伤。

在故意伤害致死的情况下，行为人主观上存在混合罪过形式，即同时具有伤害故意和致人死亡的过失，这是区别故意伤害致死与故意杀人、故意伤害致死与过失致人死亡的主要标志。

3. 犯罪客体

故意伤害罪侵犯的客体是他人的身体健康权，所谓“健康权”，是指他人保持其肢体、器官、组织的完整和生理正常机能的权利。侵害他人身体健康权，包括对他人外部肢体完整性的侵害和对他人内部生理正常机能的侵害。

应注意的是，本罪侵害的是他人的身体健康权，因此，故意伤害自己的身体，一般不认为是犯罪。只有当自伤行为是为了损害社会利益而触犯有关刑法规范时，才构成犯罪。例如，军人战时自伤，以逃避履行军事义务的，应按《刑法》第434条“战时自伤罪”追究刑事责任。

4. 客观方面

客观方面表现为实施了非法损害他人身体健康的行为。

(1)要有损害他人身体的行为

伤害的方法一般是使用暴力方法，但也有使用其他方法的。例如，使用毒药、病毒感染等。被害人为躲避加害者的侵害时摔倒负伤的，也属于伤害。

损害他人身体的行为的方式，既可以表现为积极的作为，亦可以表现为消极的不作为。不作为只有在行为人对损害他人身体健康的危害结果负有防止义务时才能成立。前者如拳打脚踢、刀砍枪击、棒打石砸、火烧水烫等；后者则如负有保护幼儿责任的保姆不负责任，见幼儿拿刀往身上乱戳仍然不管，结果幼儿将自己眼睛刺瞎的行为，就可构成本罪。

伤害行为一般是由行为人直接实施的，但也有利用自然力、机械力和动物进行的，还有利用他人如未成年人、精神病人实施的。既可以针对人身的外表，造成外部组织的残缺或容貌的毁坏，又可以针对人体的内部，造成内部组织、器官的破坏，妨碍其正常的功能活动。总之，无论是直接由本人实施还是间接实施，亦无论是针对何种部位，采取什么样的方式，只要出于故意，能造成他人的人身健康伤害，即可构成故意伤害罪。

(2)损害他人身体的行为必须是非法进行的

如果某种致伤行为为法律所允许，就不能构成故意伤害罪施害者，如正当防卫造成伤害而未过当的，医生对病人截肢治病等。经被害人同意的致害行为，是否合法受刑法所规制，要做具体分析。如果被害人的同意是为了达到危害社会的目的，这种同意不能排除伤害行为的非法性；如果这种同意是为了有益于社会的目的，则可以排除他人伤害行为的非法性。对于具有激烈对抗性体育运动项目中发生的伤害行为是否具有合法性，也应作具体分析。如果这种致伤动作本身为该项运动项目的规则所允许,这种伤害一般不能认为具有刑法上的非法性。如在足球比赛时,依据"合理冲撞规则"所实施而引起伤害的动作,一般不认为是伤害罪:如果比赛中动作粗鲁,明显违反规则要求,具有伤害他人身体故意的,也应按故意伤害罪论处。

(3)损害他人身体的行为必须已造成了他人人身一定程度的损害,才能构成故意伤害罪

只是一般性的拳打脚踢、推拉撕扯,未造成伤害结果的,或造成轻微伤害的,则不能以故意伤害罪论处。伤害结果其表现可多种多样,有的是破坏了他人组织的完整性,如咬掉鼻子、砍断手脚;有的是损害了他人器官的正常功能,如听觉、视觉、味觉丧失,精神失常等。但就结果的严重程度而言,则有三种形态,即轻伤、重伤或死亡。如果没有造成轻伤以上的伤害结果则不能以故意伤害罪论处。伤害致死是故意伤害罪的结果加重犯。

所谓"轻伤",是指由于物理、化学及生物等各种外界因素作用于人体,造成组织、器官结构的一定程度的损害或部分功能障碍,尚未构成重伤又不属于轻微伤害的损伤。

所谓"重伤",是指使人肢体残废或者毁人容貌,丧失听觉、视觉或者其他器官功能以及其他对于人身健康有重大伤害的。

对于伤情鉴定应当以外界因素对人体直接造成的原发性损害及后果包括损伤当时的伤情、损伤后引起的并发症和后遗症等全面分析、综合评定。具体标准按照最高院、最高检、公安部、国家安全部、司法部于2013年8月30日发布的《人体损伤程度鉴定标准》执行。

(三)认定标准

1. 刑法规定

《刑法》第234条规定:"故意伤害他人身体的,处三年以下有期徒刑、拘役或者管制。

犯前款罪,致人重伤的,处三年以上十年以下有期徒刑;致人死亡或者以特别残忍手段致人重伤造成严重残疾的,处十年以上有期徒刑、无期徒刑或者死刑。本法另有规定的,依照规定。"

《刑法》第289条规定:"聚众'打砸抢',致人伤残、死亡的,依照本法第二百三十四条、第二百三十二条的规定定罪处罚。毁坏或者抢走公私财物的,除判令

退赔外，对首要分子，依照本法第二百六十三条的规定定罪处罚。”

2. 法条竞合及处理

（1）与寻衅滋事罪竞合

《寻衅滋事刑事案件司法解释》第7条规定，实施寻衅滋事行为，同时符合寻衅滋事罪和故意杀人罪、故意伤害罪、故意毁坏财物罪、敲诈勒索罪、抢夺罪、抢劫罪等罪的构成要件的，依照处罚较重的犯罪定罪处罚。

（2）与非法拘禁罪竞合

《刑法》第238条第1－3款规定：“非法拘禁他人或者以其他方法非法剥夺他人人身自由的，处三年以下有期徒刑、拘役、管制或者剥夺政治权利。具有殴打、侮辱情节的，从重处罚。

犯前款罪，致人重伤的，处三年以上十年以下有期徒刑；致人死亡的，处十年以上有期徒刑。使用暴力致人伤残、死亡的，依照本法第二百三十四条、第二百三十二条的规定定罪处罚。

为索取债务非法扣押、拘禁他人的，依照前两款的规定处罚。”

（3）与聚众斗殴罪竞合

《刑法》第292条第2款规定：“聚众斗殴，致人重伤、死亡的，依照本法第二百三十四条、第二百三十二条的规定定罪处罚。”

3. 可以自诉

《刑诉法司法解释》第1条规定：“人民法院直接受理的自诉案件包括：……（二）人民检察院没有提起公诉，被害人有证据证明的轻微刑事案件：1. 故意伤害案（刑法第二百三十四条第一款规定的）……”

4. 2017年3月9日最高院《关于常见犯罪的量刑指导意见》

构成故意伤害罪的，可以根据下列不同情形在相应的幅度内确定量刑起点：

（1）故意伤害致1人轻伤的，可以在2年以下有期徒刑、拘役幅度内确定量刑起点。

（2）故意伤害致1人重伤的，可以在3年至5年有期徒刑幅度内确定量刑起点。

（3）以特别残忍手段故意伤害致一人重伤，造成六级严重残疾的，可以在10年至13年有期徒刑幅度内确定量刑起点。依法应当判处无期徒刑以上刑罚的除外。

在量刑起点的基础上，可以根据伤害后果、伤残等级、手段残忍程度等其他影响犯罪构成的犯罪事实增加刑罚量，确定基准刑。

故意伤害致人轻伤的，伤残程度可在确定量刑起点时考虑，或者作为调节基准刑的量刑情节。

二、实务要点与典型案例

实务要点 1 | 发包人制止他人阻止施工时打伤他人构成故意伤害罪。

典型案例 1

湖南省益阳市沅江市人民法院(2014)沅刑初字第 108 号
李某、王某故意伤害案

[案情介绍]

2010 年 10 月,A 公司九局(以下简称 A 公司)与娄底市 B 劳务有限公司(以下简称 B 公司)法定代表人李某签订了沅江市黄茅洲大桥工程施工分包合同书(C 合同段)。在施工过程中,A 公司项目部以 B 公司质量、安全意识差,施工进度严重滞后,与项目部、监理、当地有关部门多次发生冲突等为由,于 2013 年 5 月 10 日向 B 公司下达 C 合同段字(2013)004 号《关于终止施工合同的通知》,通知 B 公司终止了施工合同,并要求 B 公司在一星期内与 A 公司项目部办理合同清算及相关债权债务。B 公司与 A 公司项目部对债权债务的清算经多次协商未达成一致意见。2013 年 7 月 3 日上午,A 公司在大桥 11 号桥墩施工时,被告人李某带领刘某 1 等十多人,并指派工人开着吊车来到工地,以检修自己的建设工程为由,阻止 A 公司工人施工。A 公司项目副经理刘某 2 带领被告人王某等人出面制止,为此双方发生冲突而打斗。在打斗过程中,被告人李某持“顶托”将刘某 2 打伤,被告人王某持钢筋将刘某 1 打伤,经法医学鉴定,刘某 1、刘某 2 的伤势均已构成轻伤。事发后,被告人李某将吊车停放在 11 号桥墩的施工工地便道上,至 7 月 10 日被 A 公司移开。2013 年 7 月 7 日晚,被告人李某又安排人员将挖掘机、铲车堵住 15 号桥墩的施工便道,至 7 月 17 日被移开。经沅江市价格认证中心认证,两次共计造成停工损失 144057 元。

被告人李某于 2013 年 7 月 19 日到沅江市公安局黄茅洲派出所投案自首,被告人王某于 2013 年 9 月 16 日主动到沅江市公安局刑警大队投案自首。

该案在审理过程中,被告人李某、王某已与被害人刘某 1、刘某 2 就民事赔偿已协商处理,被害人刘某 2、刘某 1 分别向法庭出具对被告人李某、王某的谅解书并请求法庭对被告人李某、王某从轻处罚。

[**法院认为**]

被告人李某在与A公司因建设工程承包合同发生纠纷后，未通过正当途径解决双方争端，而是采取组织人员去阻止他人施工，致使施工单位无法进行施工，并造成人员受伤和停工的严重损失，情节严重，其行为已构成聚众扰乱社会秩序罪。被告人王某在制止他人阻止施工的过程中故意伤害他人身体，致人轻伤，其行为已构成故意伤害罪。公诉机关指控被告人李某犯聚众扰乱社会秩序罪、被告人王某犯故意伤害罪的罪名成立，法院予以支持。被告人李某的辩护人李某召提出，此事的发生事出有因，被告人李某具有投案自首情节，建议法庭从轻处罚的辩护意见，经查证属实，法院予以采纳。被告人王某的辩护人贺某春提出，本案的发生在起因上被害人有一定的过错，被告人王某具有投案自首情节，且系初犯，当庭表示认罪，已赔偿了被害人的经济损失，得到了被害人的谅解，提请法庭对被告人王某从轻或者免予刑事处罚的辩护意见，经查证属实，法院予以采纳。案发后，被告人李某主动到沅江市公安局黄茅洲派出所投案，被告人王某主动到沅江市公安局刑警大队投案，均系自首，依法可以从轻或者减轻处罚。被告人李某、王某当庭表示认罪，已赔偿了被害人的经济损失，取得了被害人的谅解，均可酌情从轻。根据被告人李某的犯罪情节、悔罪表现和社区矫正评估意见，可对其适用缓刑。被告人王某虽犯故意伤害罪，但在起因上被害人有一定的过错，且犯罪情节轻微，可对其免予刑事处罚。

[**裁判结果**]

1. 被告人李某犯聚众扰乱社会秩序罪，判处有期徒刑2年，缓刑3年(缓刑考验期限，从判决确定之日起计算)。

2. 被告人王某犯故意伤害罪，免予刑事处罚。

实务要点2 | 承包人讨要工程款时刺伤他人构成故意伤害罪。

典型案例2

广东省高级人民法院(2017)粤刑终1528号
张某1故意伤害案

[**案情介绍**]

被告人张某1于2013年承包江门市高新区直冲工业区A光电有限公司(以

下简称A公司)展厅的装修工程。完工后,由于种种原因,A公司拖欠被告人张某1部分工程款,张某1多次前往该公司讨要工程欠款未果。2016年7月28日,被告人张某1事先准备了水果刀再次前往某公司讨要工程欠款,一直到15时许仍未追讨到工程欠款。在当天下午3时许,被告人张某1再次向该公司经理韩某追讨工程欠款未果后遂持水果刀刺伤了韩某的左手掌。被害人张某2、韩某等人遂使用展厅的灯具砸被告人张某1,随后被害人张某2持水管追赶张某1。当追至公司二楼前台门口处,被告人张某1使用水果刀刺中被害人张某2的左胸后逃离现场,当逃至直冲工业A区润和商场门口处被抓获。被害人张某2经送医院抢救无效死亡。

被害人张某2系鹤山某照明科技有限公司配件市场销售部的业务经理。案发当日,张某2代表其公司到A公司洽谈业务。张某2生前生育二子张某3和张某4,其父为张某5,妻子为刘某。一审庭审中,被告人张某1对四名附带民事诉讼原告人所提的经济损失数额40329.5元没有异议。

[法院认为]

被告人张某1无视国家法律,使用水果刀故意伤害他人身体,致1人死亡、1人轻微伤,其行为已构成故意伤害罪。被告人张某1当庭认罪,如实供述基本事实,可依法从轻处罚,但其悔罪表现不深,对其从轻的幅度不宜过大。本案主要系被告人张某1与A公司之间的债务纠纷所引发,在双方对债务纠纷协商未果的情况下,被告人张某1本应该通过正常的司法途径予以解决,但其却通过不当途径解决纠纷,存在过错。而本案的被害人张某2前来阻挡及制止张某1正在实施的不法行为,其行为具有正当性,不具有过错。被告人张某1因其犯罪行为给附带民事诉讼原告人造成的直接物质损失应予赔偿。附带民事诉讼原告人提出被告人赔偿其丧葬费、交通费、误工费等共计人民币40329.5元,被告人张某1没有异议,予以确认。

[裁判结果]

1. 维持广东省江门市中级人民法院(2017)粤07刑初27号刑事附带民事判决的第2项及第1项中对上诉人张某1的定罪部分。

2. 撤销广东省江门市中级人民法院(2017)粤07刑初27号刑事附带民事判决第1项中对上诉人张某1的量刑部分。

3. 上诉人张某1犯故意伤害罪,判处死刑,缓期二年执行,剥夺政治权利终身。

实务要点3 ｜ 承包人欲多要工程款引发械斗致人死亡构成故意伤害罪。

典型案例3

湖南省邵阳市新宁县人民法院(2015)宁刑初字第32号
祝某故意伤害案

[案情介绍]

2011年3月13日,浙江省A建工集团有限公司(以下简称A公司)将宁都县医院工地木工工程承包给范某(已判刑),双方签订《木工班组劳务分包合同》约定:完成一层顶结构模板拆除后,按当月实际完成所验收合格工程量的80%支付工程款给范某,工程主体结构经验收合格后支付至85%,余款在工程竣工验收合格后3个月付清。工程主体结构验收合格的楼在2012年春节时付至95%。但范某对手下的木工说在主体工程完工后支付全部工程款。

2011年8月18日,范某找到A公司项目部经理周某亮、副经理俞某金要求多付工程款给他以便支付工钱给手下的木工,协商未果。范某便叫同案人范某华等木工找周某亮要钱,木工们因未得到满意答复提出次日会到县有关部门上访。当晚,周某亮打电话要宋某祥和宋某东找人第二天早上到工地帮忙维护秩序。宋某祥、宋某东随后打电话纠集被害人刘某等社会闲散人员。

2011年8月19日7时许,宋某祥带领刘某等10余人先后来到宁都县医院工地。范某华等10余名工人正准备前往县有关部门上访,被守在工地大门口的刘某等人拦下。“110”民警接报后赶到现场进行调解,后范某华等人先后到县有关部门反映工资被拖欠的问题,但终无答复。同时,范某给在赣州务工的同乡范某民打电话,叫他找几个人来宁都帮忙。当日中午,周某亮和宋某祥、宋某东等10余人在吃午饭时,接到电话得知范某的父亲范某和带了五六个陌生人进入工地,便叫宋某东带刘某等人去把他们赶出去。饭后,周某亮、宋某祥等人陆续返回工地守在大门口。12时30分许,范某乘车带了五六名男子进入工地。此时,宋某祥指着范某对刘某等人说:“就是那个胖子,过去打他。”周某亮予以制止并欲与范某继续协商,后协商不成与范某发生争吵。范某父子随即到民工宿舍区称有人打架,叫所有木工戴好安全帽、带工具出来。在双方持械打斗过程中,范某用钢管横扫刘某,将刘某打倒在地,并朝刘某身上连击数下,范某华持铁质线管、被告人祝某拿钢管先后朝倒地的刘某身上击打,致刘某当场死亡。经法医鉴定,被害人刘某系被他人用易挥动的质地较硬的棍棒类钝器(如钢管、铁棍等)打击头部、颈项部多次,导致颅骨骨折、颅内出血死亡。

[法院认为]

被告人祝某不能理智对待工程款结算纠纷,在同案人范某的邀集下,持械参与故意伤害他人身体致使1人死亡的后果,其行为构成故意伤害罪。依法应予惩处。公诉机关指控的罪名成立。被害人刘某与工程款结算毫无关系,其受他人指使而持械积极参与斗殴,挑起事端,对于引起本案具有一定过错,故可对被告人祝某酌情从轻处罚;被告人祝某与同案人基于共同伤害故意而对死者刘某实施击打,系共同犯罪,应对共同犯罪的后果负责;但在共同犯罪中,被告人祝某系受他人邀集下而随后加入斗殴,其在刘某被范某用钢管击倒在地,并数次击打后,与同案人范某华再先后对已经受伤倒地的刘某实施了击打;死者刘某经法医尸检鉴定的死因系被人打击头部、颈项部多次,导致颅骨骨折、颅内出血死亡,但是从现有的证据来看,被告人祝某仅供认持钢管击打死者的左膝一次,否认击打过死者的头颈部;在场的同案人及证人均未证明被告人祝某有击打死者的头颈部,故要认定被告人祝某实施了直接导致刘某死亡后果的客观行为尚缺乏充分的证据证明。辩护人提出被告人系从犯,请求法庭减轻处罚的意见,法院予以采纳。

[裁判结果]

被告人祝某犯故意伤害罪,判处有期徒刑8年(刑期从判决执行之日起计算,判决执行以前先行羁押的,羁押1日折抵刑期1日,即自2014年12月18日起至2022年12月17日止)。

三、风险防范建议

在建设工程领域,故意伤害行为常与寻衅滋事行为、聚众扰乱社会秩序行为等相伴发生。行为人为了达到承包工程、逼迫对方结算、索要工程款、提前支付工程款、唆使工人讨要工资等目的,多以寻衅滋事、聚众扰乱社会秩序等方式,实行“强揽工程”“强卖材料”“强行阻工”“聚众上访”“抢占办公场所”等行为。施工企业的非法行为以及非理性的维权行为常常让矛盾激化,让行为人逐渐产生伤害他人身体的故意。当双方任一方给对方造成轻伤以上后果时,则可能构成故意伤害罪。从司法实践案例来看,以上行为非但没有帮助解决企业问题,反而让企业、人员付出了更加惨重的代价。

不管是施工企业管理人员还是一般员工,都应增强法治观念,克制自身行为。

不管是给他人造成伤害还是给己方造成伤害,后果都是无法想象和无法承受的。作为施工企业管理人员,更应注意约束好员工,避免员工私自作出过激举动。更不能为了利益教唆员工、煽动群众闹事。

第四节　聚众扰乱社会秩序罪实务要点与风险防范

一、罪状描述、犯罪构成要件与认定标准

(一)罪状描述

聚众扰乱社会秩序罪,是指聚众扰乱社会秩序,情节严重,致工作、生产、营业、教学、科研和医疗无法进行,造成严重损失的行为。

(二)犯罪构成要件

1. 犯罪主体

本罪的主体是一般主体。但并非一切聚众扰乱社会秩序的人都能构成本罪,构成本罪的只能是扰乱社会秩序的首要分子和其他积极参加者。所谓"首要分子",即在扰乱社会秩序犯罪中起组织、策划、指挥作用的犯罪分子。所谓"其他积极参加者",是指除首要分子以外的在共同犯罪中积极、主动参加的或者在共同犯罪活动中起主要作用的犯罪分子。对于一般参加者,只能追究其行政责任,不能成为本罪主体。

2. 主观方面

本罪在主观方面只能由故意构成。由于本罪是聚众性犯罪,因而进行扰乱活动必须基于众多行为人的共同故意。众行为人往往企图通过扰乱活动,给机关、单位和领导施加压力,以实现自己的某种无理要求或者借机发泄不满情绪。要求的具体内容或动机可能各不相同,但不影响犯罪的成立。

从扰乱后果看,如果给机关、团体、单位的工作带来严重后果,造成恶劣影响,则为情节严重;从扰乱手段看,暴力性手段比非暴力性手段情节严重。

3. 犯罪客体

本罪侵犯的客体是社会秩序。这里所说的社会秩序不是广义的一般的社会秩序,而是指特定范围内的社会秩序,具体是指国家机关与人民团体的工作秩序,

企业单位的生产与营业秩序，事业单位的教学与科研、医疗秩序。侵犯的对象是国家机关、企事业单位和人民团体。

4. 客观方面

本罪的客观方面表现为以聚众的方式扰乱企事业单位、社会团体的正常活动，致使其工作、生产、营业和教学、科研、医疗无法进行，造成严重损失。

所谓“聚众”，是指纠集3人以上特定或不特定的多人，在同一时间或空间聚合在一起。所谓“扰乱”，是指非法破坏、妨害有关机关单位正常活动的行为，可分为暴力性扰乱或非暴力性扰乱。前者如闯入企业办公场所、施工现场、售楼处等地方殴打、威胁有关人员，毁坏财物，强行滞留有关人员等；后者如在企业办公场所、施工现场哄闹、纠缠、辱骂，占据施工现场、工作场所或通道等。

尤其是起组织、策划、指挥作用的首要分子，积极实施犯罪活动，行动特别卖力，情节比较严重的积极参加者。在犯罪分子实施犯罪过程中，有时还会有受蒙蔽的一般员工和群众，被威胁的一般违法者、围观者、起哄者。纠集3人以上是指包括聚首和积极参加者在内3人以上。如果是1人或2人闹事引得众人围观起哄的，不构成本罪。聚首聚集众人的手段多种多样，可以是煽动、收买、挑拨、教唆等，聚首可以是躲在幕后唆使、策划而不亲自实施具体扰乱行为人的。

只要行为人聚众扰乱社会秩序的行为情节严重，致使企事业单位、社会团体的工作、生产、营业和教学、科研、医疗无法进行，造成严重损失的，就构成本罪。所谓“情节严重”，一般表现为扰乱的时间长、次数多、纠集的人数多，扰乱重要的工作、生产、营业和教学、科研、医疗活动，造成的影响比较恶劣，等等。“造成严重损失”，主要是指经济建设、教学、科研、医疗等受到严重的破坏和损失。在这里，情节严重，致使机关、单位、团体的工作、生产、营业和教学、科研、医疗无法进行，造成严重损失，都是构成本罪的要件，缺一不可。

虽然行为人的行为致使工作、生产、营业和教学、科研、医疗无法进行，但尚未造成严重损失的，不以犯罪论处，属于一般违法行为，由公安机关依照治安管理处罚法有关规定处理。

在建设工程领域本罪的发生与寻衅滋事罪的发生在产生背景、行为特点、造成后果等方面十分相似。目的都可能是承包工程、逼迫对方结算、索要工程款、唆使工人讨要工资等，都可能采取在企业、政府机关聚集、静坐示威等行为。后果都对社会秩序产生一定程度的破坏。

(三)认定标准

1. 刑法规定

《刑法》第290条第1款规定:“聚众扰乱社会秩序,情节严重,致使工作、生产、营业和教学、科研、医疗无法进行,造成严重损失的,对首要分子,处三年以上七年以下有期徒刑;对其他积极参加的,处三年以下有期徒刑、拘役、管制或者剥夺政治权利。”

2. 聚众扰乱社会秩序罪与寻衅滋事罪的区别

(1)犯罪动机不同。寻衅滋事罪虽有与聚众扰乱社会秩序罪相似的动机,但更强调随意性,借故生非,更多的是为了满足要威风、取乐等不正常的精神刺激或其他不健康的心理需要;聚众扰乱社会秩序罪的犯罪动机是为了实现个人的某种不合理要求,用聚众闹事的形式,扰乱机关、团体、单位的正常秩序,或者扰乱公共场所秩序或交通秩序,对有关单位、机关、团体乃至政府施加压力。

(2)犯罪形式不同。寻衅滋事罪不要求聚众,聚众扰乱社会秩序罪必须是多人以上以聚众形式出现。

(3)客观方面不同。寻衅滋事罪在客观方面表现为随意殴打他人,情节恶劣的行为,或者追逐、拦截、辱骂、恐吓他人,情节恶劣的行为,或者强拿硬要或者任意毁损、占用公私财物,情节严重的行为,或者在公共场所起哄闹事,造成公共场所秩序严重混乱的行为;聚众扰乱社会秩序罪在客观方面表现为聚众冲击国家机关、企事业单位、人民团体或者扰乱公共场所秩序、交通秩序,情节严重的行为。

(4)犯罪主体不同。寻衅滋事罪的所有参与者都要以本罪追究刑事责任;聚众扰乱社会秩序罪只追究首要分子和积极参加者的刑事责任。

二、实务要点与典型案例

实务要点1　|　施工队为从分包工程中牟利阻挠施工构成聚众扰乱社会秩序罪。

典型案例1

安徽省淮北市中级人民法院(2019)皖06刑终281号
朱某1等人聚众扰乱社会秩序案

[案情介绍]

2015年5月,中铁某局集团有限公司与上海铁路局某工程建设指挥部签订符夹铁路符离集至新河段扩能工程、符离集至岱河段站前工程施工总价承包合同,含青龙山火车站无水港工程(以下简称无水港工程)。2016年4月,被告人朱某1为能从中国铁某电气化局承建的由被害人丁某1分包的无水港院墙工程中获取经济利益,指使被告人朱某2安排村民到工地阻止施工。随后,朱某2找到朱某3、朱某4(另案处理)、王某1(另案处理),让三人到无水港工程工地阻止施工,并告知由村里给予三人每人每天60元的补助,如遇工人问询即让工地负责人找村领导协调。朱某3、王某1、朱某4连续3天来到无水港工程工地,采取滋扰、纠缠等"软暴力"手段对正在施工的机械、车辆进行阻挠、拦截,对施工人员进行谩骂,致使工地连续停工3天,后朱某2让朱某3、朱某4、王某1暂停阻工。几天后,朱某2再次安排朱某3、朱某4、王某1阻止施工,致使工地再次停工3天,造成人员工资、机械、车辆等直接经济损失计44940元。

[法院认为]

为了从相关工程承包商中分包工程非法获取经济利益,被告人朱某1指使朱某2安排朱某3等人两次到无水港工地施工现场阻工6天,致使施工不能正常进行,造成直接经济损失44940元,情节严重,3名被告人的行为构成聚众扰乱社会秩序罪,朱某1为该起犯罪的首要分子,朱某2、朱某3为该起犯罪的积极参加者。

[裁判结果]

驳回上诉,维持原判。

实务要点2 | 实际施工人纠集、唆使工人讨要工资构成聚众扰乱社会秩序罪。

典型案例2

江苏省盐城市中级人民法院(2013)盐刑终字第0012号
俞某聚众扰乱社会秩序案

[案情介绍]

2010年6月至2012年1月,被告人俞某以江都市丁伙镇A机械设备厂(以下简称A机械设备厂)名义先后与江苏B涂装机械有限公司(以下简称B公司)签订了9份涂装制作、安装、调试承包合同。合同约定,由甲方B公司将相关涂装工程项目全部承包给A机械设备厂进行制作、安装、调试,由B公司按照合同约定的制作安装费用向被告人俞某结算。在上述合同履行的过程中,B公司已按照合同约定向被告人俞某支付了工程款。

2012年春节后,被告人俞某因其承包的涂装工程亏损无力支付其雇佣的施工工人的工资,即纠集、唆使其雇佣的工人采取堵大门等方法闹事向B公司索要工资。2012年1月29~31日,任某、杨某、沈某、杨某1、王某、黄某、范某等工人在被告人俞某的唆使下,至B公司大门口采取堵大门、拉横幅等方式,不准该公司人员及车辆进出大门,致使该公司往东厂区送工人的班车未能运行,该公司东厂区生产处于瘫痪状态,造成该公司损失计人民币20万元。后B公司为平息工人闹事被迫替被告人俞某向杨某、杨某1、黄某等工人支付工资计人民币637730元。

[法院认为]

一审法院认定被告人俞某聚众扰乱社会秩序,情节严重,致使企业生产无法进行,造成严重损失,其行为已构成聚众扰乱社会秩序罪。被告人俞某被抓获后如实供述了犯罪事实,予以从轻处罚。

二审法院经审理查明的基本事实及证据与一审法院查明的基本事实及证据一致。

另查明,二审法院审理期间,被害单位B公司出具了对上诉人俞某的谅解书,请求法庭从轻处理,对俞某监外执行。经盐城市人民检察院核实,系B公司自愿,真实谅解,且上诉人俞某认罪悔罪,承诺赔偿损失等,亦同意适用缓刑。

二审法院认为,上诉人俞某聚众扰乱社会秩序,情节严重,致使企业生产无法进行,造成严重损失,其行为已构成聚众扰乱社会秩序罪。上诉人俞某被抓获后如实供述了犯罪事实,予以从轻处罚。本案根据已查清的上诉人俞某的犯罪事实,以首要分子予以定罪量刑,无其他积极参加者,不违反法律规定,故上诉人俞某的上诉及其辩护人的辩护意见无事实及法律依据,不予采纳。原判决认定事实清楚,量刑适当,但引用《刑法》第 67 条第 1 款有误,应予纠正。鉴于在二审法院审理期间出现了被害单位 B 公司对上诉人俞某的犯罪行为表示谅解的新情况,结合俞某认罪态度较好,有悔罪表现及犯罪性质等依法可以从轻处罚,并可以适用缓刑,盐城市人民检察院的意见予以采纳,原判决予以改判。

[裁判结果]

一审法院依照《刑法》第 290 条第 1 款、第 67 条第 1 款之规定,认定被告人俞某犯聚众扰乱社会秩序罪,判处有期徒刑 4 年。

二审法院判决:

1. 撤销盐城市亭湖区人民法院(2012)亭刑初字第 0474 号刑事判决。
2. 上诉人俞某犯聚众扰乱社会秩序罪,判处有期徒刑 3 年,缓刑 4 年。

实务要点 3　|　**施工人因结算纠纷抢占工地并攻击工地人员构成聚众扰乱社会秩序罪。**

典型案例 3

锡林郭勒盟中级人民法院(2015)锡刑一终字第 42 号
杜某 1 等聚众扰乱社会秩序案

[案情介绍]

2014 年 7 月 16 日,侯某 1 的女儿侯某 2 在泰和园工地和被告人杜某 1 说锡盟医院工地是其父亲侯某 1 的,目前与鑫某公司有经济纠纷(尚未结算清楚),现工地被锡林郭勒盟某建筑安装有限责任公司实际控制,侯某 2 让杜某 1 帮忙找人将锡盟医院工地抢回来,2014 年 7 月 17 日 20 时许,杜某 1、李某、牟某(批捕在逃)去锡市南煤矿找到李某 1,随后找到常某 1,让常某 1 帮着找其他人,常某 1 随后找了李某 2,李某 2 又联系了屈某 1,屈某 1 联系了佈某、张某 1 等人。杜某 1、李某、牟某、李某 1、屈某 1、佈某、张某 1 等人,于 2014 年 7 月 20 日凌晨 3 时许,在锡林浩特市泰和园工地集合后与泰和园工地的 30 余名工人一起头戴安全帽、手持铁锹、镐把一起乘车前往锡盟医院工地,到达锡盟医院工地后使用木质踏板强行进入锡盟医院工地,对工地内的留守人员和保安进行驱赶、厮打,损毁财物价值15121元,导致一人轻伤,一人轻微伤,造成现场秩序混乱,影响了锡林郭勒盟医院及其工地的正常秩序。另查明,被告人佈某、李某1、常某1、李某2等四被告人亲属和被害人殷某达成民事赔偿协议,已自行和解,各赔偿被害人殷某1.5万元。被害人殷某出具了谅解书,对四被告人的行为予以谅解。还查明,被告人佈某具有自首情节。

[法院认为]

一审法院认为,被告人杜某1、李某、李某1、常某1、李某2、屈某1、佈某并非锡盟医院工地的施工工人,在他人的纠集和指使下,积极参与实施聚众扰乱社会秩序的行为,均属积极参加者。且有组织、有预谋聚众多人,凌晨3点携带统一发放的铁锹、镐把等工具,强行占据锡盟医院工地,扰乱了正常的社会秩序,毁坏了工地物品,并导致1人轻伤、1人轻微伤的严重后果,致使锡盟医院工地生产、建设无法正常进行,造成严重损失,社会影响恶劣。其行为构成聚众扰乱社会秩序罪。公诉机关指控的犯罪事实清楚,证据确实充分,应当以聚众扰乱社会秩序罪追究7名被告人的刑事责任。

二审法院认为,上诉人(原审被告人)杜某1、李某、李某1、常某1,原审被告人李某2、屈某1、佈某与侯某1施工队工人,故意强行抢占锡林郭勒盟医院医疗医技综合楼施工工地,导致该工地从2014年7月20日至2015年2月4日未能正常施工,因此造成重大损失实属必然,其行为构成聚众扰乱社会秩序罪。上诉人(原审被告人)杜某1、李某、李某1、常某1,原审被告人李某2、屈某1、佈某系共同犯罪。对于上诉人及原审被告人认为,不构成犯罪,侯某1施工队自2014年7月20日至2015年2月4日占有工地,是因为工程尚未结算清楚,其作为实际施工人有权继续占有工地,在施工完毕或工程款结算给付完毕之前撤离施工现场,无法保障其合法权益的理由,经查,为保证侯某1施工队撤离施工现场之后,其合法权益得到有效保障,2014年6月22日鑫泰公司、锡林郭勒盟住建局定额站、监理公司、锡林郭勒盟医院等几方进入施工现场对工程进行清点核算,公证处进行监督。但侯某1施工队不能采用正常程序处理问题,反而采用暴力手段与本案上诉人及原审被告人一同抢占工地,并继续停止施工、阻碍他人施工,故该上诉理由不能成立。对于其他上诉理由,均与本案的定罪量刑无关,故不予支持。对于出庭检察员认为,一审法院认定事实不清,证据不足,应撤销原判,发回重审的出庭意见,经查,经过二审审理,本案的案件事实已查清,据以定罪量刑的证据确实充分,故对该意见不予支持。

[裁判结果]

驳回上诉,维持原判。

实务要点4 | 承包单位因工程款结算纠纷到煤矿场地阻止施工构成聚众扰乱社会秩序罪。

典型案例4

黔西南布依族苗族自治州中级人民法院(2016)黔23刑终20号 张某等聚众扰乱社会秩序案

[案情介绍]

2014年2月23日,蒲某承包晴隆县某煤矿某煤层采掘工程施工,于2014年11月解除合同关系。合同解除后,蒲某与某煤矿因工程款结算产生纠纷。在蒲某承包煤矿采掘工程过程中,被告人张某、任某与蒲某协商,并向蒲某承包的工程投资占股份,但张某、任某与某煤矿没有任何协议。2015年,张某找蒲某要钱时,蒲某称没有结算工程款,让张某找某煤矿要。后张某、任某商议,从普安县楼下镇雇请20余人到某煤矿帮忙要钱。2015年6月7日,张某等人到某煤矿后,煤矿方未同意其要求,张某、任某便组织雇请来的人员到某煤矿出煤井口的输送带处阻止施工至6月11日。经价格认证,某煤矿因被阻挠生产,造成经济损失人民币726312元。

[法院认为]

二审法院认为,上诉人张某、任某组织多人到晴隆县某煤矿阻止施工,致使该煤矿生产不能正常进行,情节严重,且给该煤矿造成严重经济损失,二上诉人的行为均已构成聚众扰乱社会秩序罪,应依法处罚。

[裁判结果]

驳回上诉,维持原判。

实务要点5　承包单位因工程清算纠纷组织人员到市政府上访构成聚众扰乱社会秩序罪。

典型案例5

安徽省芜湖市中级人民法院(2014)芜中刑终字第00255号
敬某等聚众扰乱社会秩序案

[案情介绍]

2012年11月17日,被告人敬某和曲某两人与浙江温州某建设有限公司(以下简称某公司)驻项目负责人骆某签订了工程承包协议,承包荆山安置房一期南区工程。之后被告人敬某、曲某组织人员施工。2013年春节过后,镜湖区政府要求某公司整改,后一直未能执行,最后造成2013年5月30日荆山安置房一期南区工程停工清场。为了拿到工程清场结算款项,工程大清包方敬某、曲某在清场结算中和骆某一起多次到镜湖区重点局等部门与中城公司协商。因协商未成,骆某与敬某、曲某召集手下的班组和管理人员先后去市政府要求解决。

2013年6月8日下午3时许,被告人敬某、曲某等人召集手下班组工人和管理人员到芜湖市政府,采用躺在门口或坐在门口等方式将市政府围堵约1小时。其中有被告人敬某、曲某让被告人贾某从上海喊来的外地工人20多人。

2013年6月16日晚,被告人敬某、曲某伙同骆某(另处)等人在镜湖区桃源宾馆策划:如镜湖区政府不满足其要求,就让班组长于6月17日组织工人去芜湖市政府,向政府施压。被告人敬某随后向工地各班组长传达此意。

2013年6月17日上午,骆某带着手下管理人员,被告人敬某、曲某带着班组长等数十人在镜湖区信访局要求解决所有清场款项未果。11时许,骆某带着手下管理人员立即前往芜湖市政府,被告人敬某、曲某便当场带领或通过电话方式联系班组长,要求班组长组织工人前往芜湖市政府。被告人敬某到达市政府广场后又返回镜湖区政府,被告人曲某在芜湖市政府现场安排各班组长喊人过来,并指使被告人贾某安排车辆从荆山工地运送民工。被告人敬某到达区政府后,相关领导要求其将工人带回工地。被告人敬某遂打电话给被告人曲某,要求其带领工人离开市政府。曲某表示:带不了,等你谈好再讲。百余名民工先后聚集到芜湖市政府门口,并采取坐、躺的方式堵住市政府大门,在工作人员劝说后仍然不离开,后逐渐发展成在被告人赵某、何某等人的号召带领下冲击市政府,撞门、踩门,并用矿泉水瓶砸工作人员和大门,造成工作秩序严重混乱和现场维持秩序辅警陈某甲右脚跖骨骨折(经鉴定损伤程度为轻微伤)。整个聚集围堵冲击过程持续2个小时左右。

[法院认为]

一审法院认为:被告人敬某伙同被告人曲某、赵某、何某、贾某等人为达个人目的,以上访为名,组织、煽动多人在芜湖市政府门前滞留,并殴打现场维持秩序的警察、冲砸市政府大门,严重影响工作秩序,其行为均已构成聚众扰乱社会秩序罪,且系共同犯罪。其中,被告人敬某为首要分子,被告人曲某、赵某、何某为积极参加者。

二审法院认为:上诉人敬某、曲某、赵某、何某、贾某,因催讨工资,聚众扰乱社会秩序,情节严重,其行为均已构成聚众扰乱社会秩罪,且系共同犯罪。上诉人敬某系经他人授意聚众上访索要农民工工资,其在聚众不久即被区政府有关工作人员电话召回,旋即被控制,后即根据政府工作人员要求电话通知在场人员返回,综合其在聚众中的地位和聚众后的行为,其依法属聚众扰乱社会秩序罪的积极参加者,一审认定上诉人敬某为聚众扰乱社会秩序罪的首要分子既与事实不符,也于法相悖,应予纠正。

[裁判结果]

1. 被告人曲某犯聚众扰乱社会秩序罪,判处有期徒刑1年6个月。

2. 被告人赵某犯聚众扰乱社会秩序罪,判处有期徒刑1年6个月。

3. 被告人何某犯聚众扰乱社会秩序罪,判处有期徒刑1年6个月。

4. 被告人贾某犯聚众扰乱社会秩序罪,判处有期徒刑6个月。

二审法院经审判委员会讨论决定,判决上诉人敬某犯聚众扰乱社会秩序罪,判处有期徒刑1年3个月。

三、风险防范建议

在纠纷频发的建设工程领域,有时为达到个人目的,行为人往往不能正确处理矛盾纠纷,奉行“小闹小解决、大闹大解决、不闹不解决”的错误思想准则,进而采取扰乱社会秩序的方式进行所谓的“维权”行为。

常见的扰乱礼会秩序的手段主要有:聚众冲击企事业单位、社会团体所在地;在企事业单位、社会团体门前、院内大肆喧嚣吵闹;封锁大门、通道,阻止工作人员进入;围攻、辱骂、殴打工作人员;毁坏财物、设备;强占工作、营业、生产等场所;强行切断电源、水源;教唆群众、员工到施工现场以所谓环保、要工资等名义闹事、静坐;教唆群众、员工到政府机关上访维权;等等。

现实中,以上行为非但不能解决问题,行为人反而会因触犯刑法构成犯罪而面临刑事惩罚。因此,无论发生何种经济纠纷,都应采取积极、理性、合法、合理的维权方式,如向政府行政部门投诉,对有关企业依法进行民事起诉等方式理性维权。不能以拖欠工程款、工资(有债的基础)而采取极端手段阻碍工程进程,影响工地、办公场所等社会秩序,侵犯他人的合法权益。

交付阶段是建设工程项目建设周期的最后一道程序,施工单位人员对于该阶段的项目管理尤为重要,一方面,做好竣工验收为下一步结算打下坚实的基础,避免因结算引起的民事诉讼。另一方面,在建设工程周期的最后关头,严格依照相关法律法规规定的交付制度行事,避免激化矛盾引发刑事风险的发生。种种案例表明,该阶段发生的刑事风险往往与施工单位人员不能坚守法律规定,不能冷静处理矛盾纠纷有关。识别该阶段的刑事风险种类,制定常态化的预防机制,才能避免同类风险的出现。退一步讲,即使风险不可避免,也可从容应对。

第八章

结算过程中的刑事风险防范指引

工程结算的结果直接决定了工程的盈亏，整个施工的环节都是为最后的结算服务的，会结算往往比会施工更重要。如果结算没有把握好，就容易造成项目的亏损，所以结算对整个项目的重要性是不言而喻的。但结算资料纷繁复杂，且必须有专业人士才能完成结算，这也导致了结算过程的纷繁复杂。

结算除了确定金额、付款外，还涉及工程价款的优先权、发票等事宜。因为结算与最后工程款数额息息相关，施工企业为了多结算工程款会采取各种手段促成结算，手段稍有不慎就可能涉及诈骗、行贿等罪名。工程建设中普遍存在手续、资质、质量等不合规之处，结算过程中就可能有一方会以此为要挟要求多结算，此时就可能构成敲诈勒索罪。由于工程价款优先权不需要办理任何登记手续，而优先权在发包人偿付能力弱时，是顺利取得工程款最有利的武器，优先权 6 个月的行使期限往往容易失效，又鉴于优先权的若对抗性，以及结算确认价格不需要银行流水等印证，这就可能构成虚假诉讼罪。工程领域的违法分包等因为没有正规开票资质，往往会找其他代为代开发票，发包人为了少缴土地增值税，会要求总包单位额外开具一定范围的工程票用以抵税，上述行为都会构成虚开发票罪，如果虚开的是增值税发票，还会构成虚开增值税发票罪。

因此，结算领域的雷区很多，一不留神就可能跌入犯罪的陷阱还不自知。规范结算过程中的行为尤为重要，本章将结合工程结算领域可能涉嫌的犯罪进行阐述和分析，以求能够警醒和规范施工领域从业者在结算中的行为，降低涉嫌犯罪的风险。

第一节　敲诈勒索罪实务要点与风险防范

一、罪状描述、犯罪构成要件与认定标准

（一）罪状描述

敲诈勒索罪，是指以非法占有为目的，对公私财物的所有人、管理人实施威胁或者要挟的办法，强行索取数额较大的公私财物或者多次敲诈勒索的行为。

(二)犯罪构成要件

1. 犯罪主体

本罪的主体是一般犯罪主体。达到刑事责任年龄并具有刑事责任能力的自然人均可构成此罪。公司不构成本罪的犯罪主体。工程各类从业人员均可能构成此罪。

2. 主观方面

主观方面表现为故意,并且行为人具有非法占有他人财物的目的。如果行为人为了追回自己合法的债务而实施上述行为,不能构成敲诈勒索罪。

工程结算过程中,有时候建设单位拖延结算、不予结算,施工单位以工程质量等问题要挟建设单位限期结算或者必须结算达到一定数额的行为,就需要区分施工单位所要求的结算数额是否为合法债务,只有在认定为非合法债务的,施工单位才可能构成此类犯罪。

3. 犯罪客体

本罪侵犯的客体是复杂客体,包括公私财产的所有权和公民的人身财产权利。

4. 客观方面

客观方面表现为对公私财物的所有人、管理人实施威胁或者要挟,迫使其交出数额较大的财物或者多次进行敲诈勒索的行为。

威胁和要挟,是指通过对被害人及其关系密切的人精神上的强制,造成对方心理上的恐惧,产生压力,如以将要实施暴力,揭发隐私、违法犯罪活动,毁坏名誉相威胁等。①

威胁或者要挟的方式多种多样,可以是实施暴力,揭露违法犯罪活动,披露隐私毁坏名誉相威胁等,可以当时实施,也可以威胁将来实施。

工程领域的威胁和要挟主要以举报违法违规行为和阻碍施工等方式,具体包括以下几种情形:

(1)相关工程从业人员以工程存在质量问题进行举报为由进行威胁和要挟;

(2)相关工程从业人员以中标人不具备中标条件进行举报为由进行威胁和要挟;

---

① 郎胜主编:《中华人民共和国刑法释义》,法律出版社 2015 年版,第 458 页。

(3)相关工程从业人员以组织工人上访、围堵的方式进行威胁和要挟;

(4)相关工程从业人员以停工、阻碍施工等暴力的方式进行威胁和要挟;

(5)相关从业人员以散发传单有损他人声誉的方式进行威胁和要挟;

(6)相关从业人员通过发恐吓威胁短信、照片的方式进行威胁和要挟;

(7)相关从业人员以在工地现场爬塔吊等自杀的方式进行威胁和要挟;

(8)相关从业人员以施工单位负责人存在行贿等违法违规行为进行举报的方式为由进行威胁和要挟。

工程相关从业人员的威胁和要挟的方式还包括其他暴力和非暴力的形式。

工程领域迫使他人交出数额较大的财物的具体理由主要包括工程亏损的补偿、工程的提成、回扣、工人工资、虚增的变更款、虚构的结算款等。

(三)认定标准

1.立案标准

构成敲诈勒索罪必须具备以下条件[①]:

(1)行为人具有非法占有他人财物的目的;

(2)行为人实施了以威胁或者要挟的方法勒索财物的行为;

(3)敲诈勒索的财物数额较大或者多次敲诈勒索的。

数额较大是构成敲诈勒索罪的基本条件,如果数额较小,一般依照治安管理处罚法的规定予以处罚。

《敲诈勒索刑事案件司法解释》第1条规定,敲诈勒索公私财物价值2000元至5000元以上的属于"数额较大"。

第2条规定:"敲诈勒索公私财物,具有下列情形之一的,'数额较大'的标准可以按照本解释第一条规定标准的百分之五十确定:

(一)曾因敲诈勒索受过刑事处罚的;

(二)一年内曾因敲诈勒索受过行政处罚的;

(三)对未成年人、残疾人、老年人或者丧失劳动能力人敲诈勒索的;

(四)以将要实施放火、爆炸等危害公共安全犯罪或者故意杀人、绑架等严重侵犯公民人身权利犯罪相威胁敲诈勒索的;

(五)以黑恶势力名义敲诈勒索的;

---

① 郎胜主编:《中华人民共和国刑法释义》,法律出版社2015年版,第458页。

（六）利用或者冒充国家机关工作人员、军人、新闻工作者等特殊身份敲诈勒索的；

（七）造成其他严重后果的。”

《敲诈勒索刑事案件司法解释》第3条规定：“二年内敲诈勒索三次以上的，应当认定为刑法第二百七十四条规定的‘多次敲诈勒索’。”

2. 量刑标准

《刑法》第274条规定：“敲诈勒索公私财物，数额较大或者多次敲诈勒索的，处三年以下有期徒刑、拘役或者管制，并处或者单处罚金；数额巨大或者有其他严重情节的，处三年以上十年以下有期徒刑，并处罚金；数额特别巨大或者有其他特别严重情节的，处十年以上有期徒刑，并处罚金。”

根据《敲诈勒索刑事案件司法解释》第1条的规定，敲诈勒索公私财物价值3万元至10万元以上、30万元至50万元以上的，应当分别认定为《刑法》第274条规定的“数额巨大”和“数额特别巨大”。第4条规定：“敲诈勒索公私财物，具有本解释第二条第三项至第七项规定的情形之一，数额达到本解释第一条规定的‘数额巨大’、‘数额特别巨大’百分之八十的，可以分别认定为刑法第二百七十四条规定的‘其他严重情节’、‘其他特别严重情节’。”

二、实务要点与典型案例

实务要点1　工程分包工人利用其在当地的影响力，以阻碍正常施工等暴力手段威胁，要求以干股的形式入股并强行索取分红款利益的，构成敲诈勒索罪。

典型案例1

江西省宜春市万载县人民法院（2018）赣0922刑初213号
杨某1、杨某2、汪某敲诈勒索案

［案情介绍］

被告人杨某1曾因暴力犯罪被判刑，出狱后从事建筑工程行业，在当地具有较强的影响力。2013年物流公司在万载投资建设某物流园，征用了某村的土地。杨某1纠集被告人杨某2、汪某组成恶势力团伙，倚仗其3人在某村当地的影响，在某物流园工地施工过程中敲诈勒索、强揽工程。

2016年3月,李某承包了某物流园2号楼装修工程,其中的木工装修转包给被害人聂某,泥工装修转包给了被害人揭某,仿瓷装修包给了被告人杨某2。同年6月,李某与物流公司解除了承包关系,物流公司要求聂某、揭某、杨某2负责各自部分,继续施工,工程款直接与物流公司结算。

后物流公司工程部负责人找到杨某1询问其是否愿意接手2号楼装修工程,杨某1因价格较低未答应。随后,杨某2与汪某简单商议,欲入干股聂、揭二人的工程以获取利益。杨某2向物流公司负责人表示想总包该装修项目,该负责人认为工程已由聂、揭二人在施工,没有答应。期间杨某2多次找聂、揭,以二人在某村做了本地工程,本地人要入股为由索要钱财,并要二人前往杨某1办公室商谈。其间,杨某2在揭某未答应时还要求揭某停工,接着揭某停工十余天。后杨某2、汪某将聂、揭二人带至杨某1办公室商谈。在杨某1办公室,杨某1、杨某2称要入股聂、揭承包的2号楼装修工程,并提出索要5万元红利,否则聂、揭二人要停工,退出该工程。聂、揭二人因畏惧杨某1等人在当地的影响力,为使已经施工一部分的工程顺利进行,只得答应。11月10日,杨某2与聂某签订《木工装修工程转包合同》。主要内容:双方共同经营,共同承担木工装修工程,聂某负责施工,负责人员、材料安排;杨某2获得利润5万元,其余款项由聂某支配;另记载如工程量减少,按工程量给红利。2016年11月19日,物流公司签署了木工装修报价单及泥工装修报价单各一份。11月21日,杨某2与聂某在木工装修报价单上签字。同日,杨某2与揭某在泥工装修报价单上签字。11月25日,杨某2与揭某签订了《泥工装修转包合同》。主要内容与聂某签订的内容基本一致,只是未记载按工程量给红利。

合同签订后,杨某2多次向聂某索要5万元红利。后聂某交给杨某2人民币1万元,余款一直拖延未付。2017年3月,杨某2、汪某承包了某物流园6号楼装修工程,将其中的部分木工活(窗帘盒)转包给聂某,工程款9600元。装修完工后,杨某2只给聂某结算4300元,其余5300元拖延未付,后以聂某还欠4万元红利为由拒绝支付。合同签订后,杨某2也多次向揭某索要5万元红利。后揭某交给杨某2人民币3万元,余款一直拖延未付。杨某2收到聂某、揭某交来的4万元后,给杨某1、汪某各分了8000元。

[法院认为]

被告人杨某1、杨某2、汪某以非法占有为目的,采取威胁的方法勒索他人财物,数额巨大,其3人的行为构成敲诈勒索罪,且系共同犯罪。案发后3名被告人退赔了被害人的损失并得到了谅解,可酌情从轻处罚。

[裁判结果]

1. 被告人杨某1犯敲诈勒索罪,判处有期徒刑4年9个月,并处罚金人民币5万元。

2. 被告人杨某2犯敲诈勒索罪,判处有期徒刑4年9个月,并处罚金人民币5万元。

3. 被告人汪某犯敲诈勒索罪,判处有期徒刑3年5个月,并处罚金人民币5万元。

实务要点2 **劳务分包人在施工单位结清劳务款的情况下,以亏损为由,通过散发有损他人声誉的传单进行威胁,要求施工单位支付款项的行为构成敲诈勒索罪。**

典型案例2

河南省洛阳市栾川县人民法院(2015)栾刑重初字第1号
李某敲诈勒索案

[案情介绍]

2011年5月,被告人李某认为在工程公司承包的洛钼集团矿山露天矿场从事劳务工程能够挣钱,产生了购买挖掘机上矿山干活的想法,李某妻子得知他的想法后,考虑到自己家庭没有购买挖掘机的经济条件,劝说李某不要购买。之后,被告人李某到该公司的工地上进行考察,并向该公司负责人郭某进行咨询,郭某向李某说明了矿山形势不好,劝他慎重考虑是否购买挖掘机。后被告人李某个人决定采用借款支付首付后再分期付款的方式购买了一台卡特336D型挖掘机,按照与其他挖掘机同等的每小时150元的价格到栾川县工程公司承包的洛钼集团矿山露天矿场从事挖渣剥离锤石工程。2011年5月,李某在工程公司按照实际装车数计费的方式从事装车及排渣作业,装车排渣工程款为48443元,扣除应由被告人李某本人承担的税费3022元,水电费260元,领物款758元,燃油费16709元,实际付给李某工程款27694元。2011年6月至2013年1月,李某的挖掘机锤石作业累计10118小时,工程款为1517700元,加上应给李某挖掘机加班费6376元,共计1524076元,扣除应由被告人李某本人承担的税费92752.6元、水电费4289元、领物款 8558 元(房租)、小车用油 23667 元、5 月装车排渣燃油费 28861 元,应付给李某工程款 1386697.4 元,李某在工程公司实际得款为 1386690.08 元。

2013 年 1 月,因洛钼集团体制变化,终止了与工程公司在矿山上的劳务合同,李某也与其他从事挖机的经营者一样与工程公司结清了所有工程款,并撤离矿山。2013 年春节过后,李某又把挖掘机拉到三门峡市陕县观音堂王海工地上干活 9 天,每天工作 18 个小时左右,后因李某不能按时支付购买挖掘机的月付款,其挖掘机于 2013 年农历 2 月在陕县工地被挖掘机销售厂家拖走。2013 年 4 月以后,李某即以自己挖掘机在工程公司干活期间赔钱为由,多次与其妻子及其债权人到郭某家中、院内和办公室索要钱款,索要款额从 40 万元、70 万元到 110 万元,在达不到自己要求的情况下,李某自制数百张有损于工程公司和郭某个人声誉的传单,在郭的老家和栾川县城多处张贴和散发,胁迫郭某给钱,郭某报警后,李某于 2014 年 1 月 5 日被抓获归案。

[法院认为]

被告人李某以非法占有为目的,强行向被害人索要财物 110 万元,数额特别巨大,其行为已构成敲诈勒索罪。公诉机关指控被告人李某犯敲诈勒索罪的罪名成立,应依法追究其刑事责任。被告人认为被告人与被害人之间工程款尚未结算,工时单价应按 250 元每小时的鉴定结论结算,其双方存在民事纠纷,李某的行为不构成敲诈勒索罪。法院查明工程公司与被告人李某之间的劳务工程款已结算完毕,双方之间已不存在债权债务关系,被告人李某购买的挖掘机因违约被出卖人拖走后,多次到工程公司法定代表人郭某的居住地闹事,并在公共场合散发有损被害人声誉的传单,威胁让被害人给付金钱,其行为完全符合敲诈勒索罪的构成要件。被告人李某敲诈勒索未遂,可以比照既遂犯减轻处罚。

[裁判结果]

被告人李某犯敲诈勒索罪,判处有期徒刑 6 年,并处罚金人民币 10 万元。

实务要点3　工程所在地村民采用言语威胁、打砸等方式强行向施工单位和分包单位通过签订承包合同等方式收取提成费、保护费的行为，构成敲诈勒索罪。

典型案例3

浙江省温州市苍南县人民法院（2014）温苍刑初字第228号
陈某1敲诈勒索案

［案情介绍］

2011年11月，被害人薛某、林某等人承包某道路拓宽工程，后薛某将该工程的土石方清运工程转包给被害人谢某。2011年12月开始，被告人陈某1伙同陈某2、陈某3、陈某4、陈某5、周某1、周某2（均已判刑）、陈某6、陈某7（均另案处理）自恃是新兴村村民，采用言语威胁或打砸挖掘机等形式多次阻挠工程施工，迫使被害人薛某及谢某答应分别与其签订"挖机运输承包合同"和保证书，约定薛某以运输每吨土石方5.3元的价格承包给被告人陈某1和陈某2、陈某3、陈某4、陈某5、周某1等9人，上述九人同时以4.7元的价格转包给谢某，强行从每吨土石方中抽取0.6元提成、0.15元"保护费"，后还迫使薛某支付运输每吨土石方0.02元的"红包费"，至2012年3月，被告人陈某1及陈某2、陈某3等9人共非法获利41954.5元，从2012年3月结算后至案发期间，薛某工地上所装运的28022吨土石方按照每吨0.77元提成，共计21576.94元还未支付给被告人陈某1及陈某2、陈某3等9人。

2012年4月，中国水产广州建港工程公司中墩渔港建设项目部开始在某村运输石料。被告人陈某1和陈某2、陈某3、陈某4、陈某5、周某1自恃是该村村民，采取不让运输船靠岸运输石料等方式，强行要求该项目部每运输1吨石料向其支付1元提成，遭到该项目部拒绝。2012年5月2日晚，被告人陈某1和陈某2、陈某3、陈某4、陈某5、周某1等人用石头将运输船上两辆铲车玻璃砸坏（经鉴定，被损坏财物价值共计1710元）。

［法院认为］

被告人陈某1无视国法，以非法占有为目的，结伙以言语威胁或者实施打砸等暴力手段，强行索取他人财物，数额较大，其行为已构成敲诈勒索罪。

[裁判结果]

1. 被告人陈某1犯敲诈勒索罪，判处有期徒刑2年，并处罚金人民币15000元。

2. 责令被告人陈某1共同退赔在本院（2013）温苍刑初字第97号刑事判决书主文第6项已作认定的违法所得人民币41954.5元，返还给被害人薛某、谢某。

实务要点4 | **石材供应人虽因石材质量问题给石材工程分包单位造成损失，但是石材分包人以石材存在质量问题为由，采取暴力、威胁等手段向石材供应人索取远超实际损失的赔偿款，构成敲诈勒索罪。**

典型案例4

浙江省杭州市萧山区人民法院（2015）杭萧刑初字第1896号
高某敲诈勒索案

[案情介绍]

2014年1月21日，被告人高某纠集他人，在杭州市萧山区北干街道咖啡店包厢内，以被害人陈某在其承包的某工程中提供的石材存在造假，造成其高额损失为由（实际损失约68300元），采用殴打、威胁的方式，迫使被害人陈某退还之前收取的定金50000元，同时赔偿其利息15000元，免除应交付货款174616元，实际非法获利121316元。

[法院认为]

被告人高某以非法占有为目的，采用殴打、威胁等方式敲诈勒索他人财物，数额巨大，其行为已构成敲诈勒索罪。公诉机关指控罪名成立。被告人高某有违法犯罪的前科劣迹，应酌情从重处罚。被告人高某自愿认罪，可以酌情从轻处罚。

[裁判结果]

1. 被告人高某犯敲诈勒索罪，判处有期徒刑3年6个月，并处罚金5000元。

2. 责令被告人高某退赔被害人陈某经济损失121316元。

实务要点5　实际施工人虚增变更工程款，并通过非正常上访、在网络发表不实文章给地方政府造成影响，制造压力以达到索要虚假债务的目的，构成敲诈勒索罪。

典型案例5

黑龙江省齐齐哈尔市讷河市人民法院(2017)黑0281刑初100号
胡某敲诈勒索案

［案情介绍］

2009年7月14日、9月10日，被告人胡某借用资质签订了村村通筑路工程，按照合同约定每公里工程款由国家拨付人民币17万元，剩余工程款由筑路工程所在地的村民自治组织自筹，并约定了施工过程中变更工程价款的程序及合同纠纷解决方式。2009年12月工程竣工后，经胡某多次到北京非正常上访索要工程款。在支付工程款过程中，2010年4月26日黑龙江省审计厅下发《关于印发地方性政府债务专项审计调查工作方案的通知》，胡某得知后，借机出具变更工程项款欠据，虚增A村变更项款人民币428495元、B村变更项款人民币24.8万元，并经A村、B村村委会相关工作人员签字，又私自增加C村变更项款人民币5万余元，意图套取国家化解债务资金，后因政策发生调整未得逞。2013年至2016年间，胡某以欠其筑路款和工程变更项款为由，数次纠集他人或单独到北京中南海周边、天安门地区非接访部门非正常上访，并在中国网农业现代化板块发表不实文章，以给地方政府施加压力，制造不良影响，以达到索要虚假债务的目的。A村、B村因胡某的非访行为，受到地方政府的批评和处分，并产生数额巨大的接访费用，因此，建设单位被迫陆续给付胡某原A村虚假的变更项款，赃款被胡某非法据为己有。综上，被告人胡某共敲诈勒索人民币490702元。

［法院认为］

被告人胡某，以非法占有为目的，采取非正常上访的要挟手段，强行索取集体财物，数额特别巨大，其行为构成敲诈勒索罪。

［裁判结果］

1. 被告人胡某犯敲诈勒索罪，判处有期徒刑11年，并处罚金人民币20万元。

2. 被告人胡某违法所得人民币490702元予以追缴，不足部分，责令退赔。

实务要点6　劳务分包单位虚构劳务工人工资并组织劳务工人通过围堵售楼部、到政府聚众上访等方式达到索要虚构工资的行为构成敲诈勒索罪。

典型案例6

河北省张家口市下花园区人民法院(2019)冀0706刑初36号
蒋某、汪某、赵某1等敲诈勒索案

[案情介绍]

2018年9月,赵某1与某项目承包商刘某1、许某约定,以每平方米28元的价格承揽该项目2、3号楼外墙保温工程;为此,刘某1预支付生活费21500元;另微信转3000元,用于给一名工人治病。期间刘某1多次因工程质量不合格与赵某2、赵某3等人沟通协商未果;同年10月17日,赵某2、赵某3安排工人停工,要求按日工资结算;刘某1拒绝后,赵某2离开工地隐匿,赵某3从下花园吴某工地召集被告人蒋某、汪某、赵某1、李某、伍某1、伍某2、付某、汪某1、岳某、赵某4及刘某2、张某(已判刑)12人到保定协助其讨要工资,并安排米某为12人制作虚假工时326.5天。赵某3、张某、米某带领10名被告人及刘某2、张某1,保定工地约50人采取围堵项目部、售楼处、到市政府聚众上访等方式,要求刘某1按日工资方式支付人民币59万余元,刘某1迫于压力按日工资支付赵某3等人320000元工资。被告人赵某3对取得的32万元工资,除按日工资支付务工人员工资外;给予10名被告人每天200元好处费,10名被告人每人分得1200元(赵某1,1000元)。剩余的42000元由赵某3、吴某、米某、刘某2、赵某2所得。经鉴定,赵某2等人在某项目已完成工程量的人工造价为人民币173458.97元。共同敲诈勒索被害人刘某1人民市168041.03元。

[法院认为]

被告人蒋某、汪某、赵某1、李某、伍某1、伍某2、付某、汪某1、岳某、赵某2为谋取非法利益,伙同赵某3等共同敲诈勒索168041.03元,数额巨大,其行为均已构成敲诈勒索罪。

[裁判结果]

1.被告人蒋某犯敲诈勒索罪,判处有期徒刑2年,并处罚金人民币2000元。非法所得1200元予以追缴。

2. 被告人汪某犯敲诈勒索罪，判处有期徒刑1年10个月，并处罚金人民币2000元。非法所得1200元予以追缴。

3. 被告人赵某1犯敲诈勒索罪，判处有期徒刑2年2个月，并处罚金人民币2000元。非法所得1000元予以追缴。

4. 被告人李某犯敲诈勒索罪，判处有期徒刑1年5个月，并处罚金人民币2000元。非法所得1200元予以追缴。

5. 被告人伍某1犯敲诈勒索罪，判处有期徒刑1年5个月，并处罚金人民币2000元。非法所得1200元予以追缴。

6. 被告人伍某2犯敲诈勒索罪，判处有期徒刑1年5个月，并处罚金人民币2000元。非法所得1200元予以追缴。

7. 被告人付某犯敲诈勒索罪，判处有期徒刑1年8个月，并处罚金人民币2000元。非法所得1200元予以追缴。

8. 被告人汪某1犯敲诈勒索罪，判处有期徒刑1年8个月，并处罚金人民币2000元。非法所得1200元予以追缴。

9. 被告人岳某犯敲诈勒索罪，判处有期徒刑1年8个月，并处罚金人民币2000元。非法所得1200元予以追缴。

10. 被告人赵某2犯敲诈勒索罪，判处有期徒刑1年8个月，并处罚金人民币2000元。非法所得1200元予以追缴。

实务要点7 **工程分包单位在工程尚未结算，债权尚未明确的情况下基于错误的认识，以自杀自残的方式索要实际并不存在的债务，其行为不会对他人财产和人身构成伤害，并不构成敲诈勒索罪，但有可能构成寻衅滋事罪。**

典型案例7

辽宁省盘锦市兴隆台区人民法院（2017）辽1103刑初242号
李某寻衅滋事案

［案情介绍］

2014年，刘某与劳务公司的王某口头协议承包了劳务公司在建设项目中承揽的钢筋工程，因资金不足，刘某联系其朋友本案被告人李某，二人合伙进行了施工。2015年年初，刘某退出了施工，由李某单独进行施工，王某发现实际是李某在施工后，于2015年6月18日与李某补签了承包协议书。因在结算工程款中产生分歧，为了索要2014年用在施工中的垫付款，2015年10月12日11时许，李某爬上5号楼工地的100米高吊车上，以自己生命安全相要挟，向劳务公司索要人民币175000元，扬言如果不给钱就从吊车上跳下去。派出所民警接到匿名报警后出警，李某在中国建筑第八工程局有限公司等相关部门到场劝解后仍拒不爬下吊车。王某闻讯赶到现场后，与李某协商未妥。为防止李某从塔吊上跳下，避免事态进一步扩大，王某找来刘某与李某协商后，当日16时许，王某按照李某提供的账号转汇给徐某（李某妻子）人民币150000元，其间，中国建筑第八工程局有限公司也转汇给徐某人民币50000元，李某确认款项到账后从吊车上下来，现场秩序才得以恢复正常。事后李某将中国建筑第八工程局有限公司多汇过来的人民币50000元退回，余款人民币150000元被其用于偿还债务。

同年10月12日，李某被某公安分局决定行政拘留10日，罚款500元。同年10月22日，某公安分局刑侦大队民警对行政拘留完毕的李某依法传唤。

2016年12月8日，经盘对工程款结算进行鉴定，2014年刘某在劳务公司承包万达广场钢筋工程，应收工程款677920.2元，已收工程款667870元，尚欠10050.2元；2015年李某在劳务公司承包万达广场钢筋工程，应收工程款1086172元，已收工程款1103274元，多付17102元。李某向劳务公司索要的垫付款，实际为自己在工地施工中个人亏损的钱款，劳务公司在2014年与李某没有任何的债务关系。

[法院认为]

敲诈勒索罪是指以非法占有为目的，采取威胁或者要挟的方法，强行索取数额较大公私财物的行为。要认定被告人李某的行为是否构成敲诈勒索罪，首先，要判断其主观上是否具有非法占有公私财物的目的。由于被告人李某与劳务公司之间存在工程承包关系，涉案工程虽经结算，但双方对涉案工程的工程总量以及工程价款存在分歧，在未进行审计前，李某基于个人错误认识，认为劳务公司仍欠其工程款未给付而追索，现有证据不能有效确认李某具有非法占有他人财物的故意，不符合敲诈勒索罪的主观要件。其次，要判断其客观上是否通过对被害人实行精神强制，使其产生恐惧、害怕心理，不得已而交出财物，被告人李某以自身生命安全相威胁，不足以使劳务公司人员产生恐惧、害怕心理，劳务公司给其汇款是多种原因所致，不符合敲诈勒索罪的客观要件，故李某的行为不构成敲诈勒索罪。被告人李某与劳务公司就工程结算存在争议、是否存在债权没有明确的情况下,不寻求正当方式或者法律途径解决纠纷,反而采取在公共场所自杀相威胁的非法手段,强行索要工程款,经多个部门劝解制止仍继续实施,迫使劳务公司交付钱款,造成停工长达5个小时,公共场所秩序严重混乱,其行为妨害了社会管理秩序,已构成寻衅滋事罪。公诉机关指控被告人李某的犯罪事实清楚,证据确实、充分,但指控罪名不当,法院予以变更。对被告人李某及其辩护人提出的李某不构成敲诈勒索罪的意见,法院予以采纳。对被告人李某及其辩护人提出的应判决无罪的意见,法院不予采纳。被告人李某能如实供述所实施犯罪的过程,对其可酌情从轻处罚。

[裁判结果]

被告人李某犯寻衅滋事罪,判处有期徒刑2年。

实务要点8　工程款结算清楚的情况下,劳务分包人采用发送威胁短信、照片的方式索要工程款的行为构成敲诈勒索罪。

典型案例8

云南省昆明市西山区人民法院(2014)西法刑初字第538号路某敲诈勒索案

[案情介绍]

被告人路某原系被害人楚某聘用电焊工。2013年1月,被害人楚某与被告人路某双方就“工程报酬”进行结算,之后被告人路某离开被害人的聘用单位。2014年1月至3月,被告人路某对原结算不满,认为被害人楚某仍拖欠自己工程款项。于是多次向被害人楚某发送威胁短信、照片,向被害人楚某索要人民币6万元。被害人楚某向被告人路某表示未拖欠工程款项,并要求与被告人路某再次当面核算,遭到被告人路某拒绝。被告人路某仍向被害人发送威胁短信和照片。2014年3月11日,被害人楚某不堪其扰,向被告人路某指定的银行账号汇款15000元人民币后到派出所报案,民警遂对被告人路某进行抓获。民警组织双方再次结算,结算后被害人楚某与被告人路某不存在经济纠纷。涉案款项已追回并发还被害人楚某。

［法院认为］

被告人路某明知与被害人楚某工程款已结算清楚情况下，多次向被害人楚某发送威胁短信，照片，向被害人索要人民币6万元，属数额巨大，其上述行为完全符合我国《刑法》第274条规定的敲诈勒索罪构成要件，构成敲诈勒索罪。另认为，被害人楚某向被告人路某指定的银行账号汇款人民币1.5万元属既遂，而未得逞的人民币4.5万元属未遂，法院在量刑时酌情从轻处罚。

［裁判结果］

被告人路某犯敲诈勒索罪，判处有期徒刑3年，并处罚金人民币1万元。

实务要点9　施工单位中标公示期间，举报人以不撤销举报为由索要其他工程的补偿款，举报人构成敲诈勒索罪。

典型案例9

安徽省黄山市黄山区人民法院（2019）皖1003刑初81号项某敲诈勒索案

［案情介绍］

2017年10月9日，黄山市黄某改造工程（以下简称G530工程）对外发布招标公告，后该工程由交通公司中标。2017年11月2日，被告人项某根据疏某的安排，将交通公司存在的问题向黄山区有关部门进行了举报。因担心被告人项某的举报可能导致交通公司第一中标候选人的资格被取消，该公司的合伙人翟某便与项某协商撤销举报事宜。在此期间，被告人项某以不撤销举报相要挟，并索要35万元的补偿款（以双方间其他工程亏损为由），被害人翟某于无奈于2017年11月8日通过银行转账35万元给项某。截至同年11月20日，被告人项某已将33万元用于个人开支。后因举报内容属实，交通公司的中标人资格被取消，被害人翟某要求被告人项某退还款项，项某至今仍未退还。

2019年5月10日，黄山市公安局黄山分局的民警至被告人项某住处传唤项某，因其不在家，便通过电话联系项某，当天下午项某主动到公安机关接受讯问。

案发后，被害人翟某对被告人项某表示谅解，被告人项某亲属帮助退出全部赃款给被害人翟某。

[法院认为]

被告人项某以非法占有为目的,以不撤销举报相威胁,敲诈勒索他人财物,数额特别巨大,其行为已构成敲诈勒索罪。

[裁判结果]

被告人项某犯敲诈勒索罪,判处有期徒刑5年,并处罚金人民币2万元。

实务要点10　工人以工程施工质量问题多次举报并承诺索要一定数额的款项后不再举报的行为,构成敲诈勒索罪。

典型案例10

河南省南阳市卧龙区人民法院(2018)豫1303刑初1129号 赵某、唐某敲诈勒索案

[案情介绍]

2016年7月,商贸公司负责某路段的具体施工。2016年7月,被告人赵某使用3台钩机到该工地干活,被告人唐某使用1台钩机到该工地干活。2016年10月,施工方与唐某结算并支付挖掘机租赁费3.95万元。赵某认为施工方应当支付自己挖掘机租赁费10.5万元,与施工方因该费用数额问题产生纠纷。2017年8月4日至9月2日,赵某三次阻挠施工并扬言举报施工质量问题。2017年9月12日,赵某拿到10.5万元钩机租赁费后向商贸公司承诺不再阻挠施工和向相关单位举报。2017年10月至2018年2月,赵、唐多次向有关部门举报施工质量问题,并向中水十一局负责协调的陈某提出索要600万元。2017年11月8日,赵某、唐某等人向市纪委举报。2017年12月1日,南阳市中心城区内河水系综合开发工程指挥部西区分指挥部办公室(以下简称内河办)组织施工单位对赵、唐二人反映的工程问题进行开挖验证,当日联系唐某,唐以不在南阳为由拒不到场,并称次日到场,但次日仍未到场。2017年12月19日,内河办接到市纪委信访室批准的唐某等人的举报信,联系唐某指认存在质量问题的具体位置后,与唐某协商同意等到次年春季气温升高时再开挖验证。2018年3月2日,赵某、唐某就同一问题向市纪委监察委驻市住建委纪检监察组举报,内河办于2018年3月18日、28日组织开挖,并联系赵某、唐某,二人均称不在南阳,未到现场。2018年3月,赵、唐向中水十一局提出索要1000万元。其间,三里河项目部的王某及商贸公司的陈某、

郑某多次请被告人赵某、唐某吃饭协商具体数额，唐某用手指沾水在桌面上写“900”，并表示900万元没有商量余地。2018年5月6日，商贸公司的陈某向南阳市公安局龙升分局报案。2018年5月14日，王某告知陈某，赵、唐承诺给二人200万元后二人不再举报。2018年5月18日，郑某与王某将180万元现金交给赵某，赵某将装有180万元现金的箱子从郑某车上搬到王某车上，与王某乘车离开现场时被民警当场抓获。同日，唐某在案发现场附近被民警抓获。

[法院认为]

被告人赵某、唐某以非法占有为目的，以举报工程质量问题为由，敲诈勒索他人财物180万元，数额特别巨大，其行为已构成敲诈勒索罪，且系共同犯罪。公诉机关指控被告人赵某、唐某犯敲诈勒索罪的事实清楚、证据确实充分，罪名均成立，法院予以支持。被告人赵某、唐某已经着手实行犯罪，由于意志以外的原因而未得逞，系犯罪未遂，可以比照既遂犯从轻或者减轻处罚。被告人唐某在共同犯罪中起次要作用，系从犯，应当从轻或减轻处罚。

[裁判结果]

1. 被告人赵某犯敲诈勒索罪，判处有期徒刑5年，并处罚金人民币2万元。

2. 被告人唐某犯敲诈勒索罪，判处有期徒刑4年，并处罚金人民币2万元。

三、风险防范建议

建筑施工单位在施工过程中，因工程违约补偿、质量赔偿、工程结算、工程损害赔偿等情形经常发生争议和纠纷。一旦采取的维权方式、方法错误，就有可能构成敲诈勒索罪，因此施工单位相关从业人员在主张权益时应注意以下可能存在的风险：

1. 在主张工程款、违约补偿、赔偿款等权益时，不以任何质量、对方存在的违法违规行为举报为由进行威胁和要挟，一旦以要挟的手段讨要相关款项时，可能会构成敲诈勒索罪。对于合法债务的，施工单位应当采取合法的手段进行主张。

2. 施工过程中利用在当地的影响力、通过阻挠施工等手段要求参股，收取一定数额的管理费的行为也可能构成敲诈勒索罪，施工单位及相关人员在承接工程过程中或者项目合作中不应以威胁或者要挟的方式进行。施工单位对相关承接工程人员应当加强约束和管理。

3. 应避免以威胁和要挟的手段，多次讨要相关的款项。即使是合法债权，在首次以威胁或要挟手段达成一致协议后，施工单位不宜再次以任何理由提出重新要求相关费用事宜,否则可能会构成敲诈勒索罪。

4. 对建设单位施工过程中存在的违规、违法等行为应该以合法的形式进行处理,施工单位不应以发现相关违法违规行为就要求建设单位承担相关额外费用。

5. 在结算清楚、结算完成的情况下,施工单位不应通过任何要挟的手段要求承包人支付结算款以外的款项。施工单位也不应以超额出具欠条的方式让农名工以上访、围堵政府机关的方式讨要款项,这些行为均可能构成敲诈勒索罪。

第二节　诈骗罪实务要点与风险防范

一、罪状描述、犯罪构成要件与认定标准

(一)罪状描述

诈骗罪,是指以非法占有为目的,用虚构事实或者隐瞒真相的方法,骗取数额较大的公私财物的行为。

(二)犯罪构成要件

1. 犯罪主体

本罪的犯罪主体是一般主体,只能是自然人,单位不能构成此罪。

具体在建设工程领域,发包人和承包人都容易构成此罪。针对发包人而言,多发生在签订合同阶段,通过虚构工程等方式骗取保证金;针对承包人而言,多发生在结算阶段,通过虚报工程量等方式骗取工程款。

2. 主观方面

主观方面表现为故意,并且具有非法占有的目的。

3. 犯罪客体

本罪侵犯的客体是公私财产的所有权。工程领域主要表现为工程保证金,多支付的结算工程款。

4. 客观方面

客观方面表现为使用欺骗的方法,使公私财物的所有人、管理人产生错误认识,并基于错误认识而处分财物,从而骗取数额较大的公私财物的行为。

使用欺骗的行为包括虚构事实和隐瞒真相。虚构事实,是指捏造不存在的事

实。隐瞒真相,是指对受害人掩盖客观存在的某种事实,使之产生错误认识。欺骗行为可以是言语表述,也可以是行为本身,包括不作为的方式。不作为的欺骗关键是看行为人有无告知真相的义务,比如说借贷关系中,借用人隐瞒担保物存在瑕疵的事实。

本罪在工程领域主要的表现方式为虚构工程、虚构工程结算造价等。

(三)认定标准

1. 立案标准

诈骗罪具有以下特征:

(1)行为人主观上出于故意,并且具有非法占有公私财物的目的。此罪与债务纠纷的区别在于,债务纠纷并不具有非法占有公私财物的目的,仅仅是为了拿回自己合法的财产。而非法占有是指没有客观依据,占有不属于自己的财产并且不打算归还。

(2)行为人实施了诈骗行为。诈骗所得的财产无论是自己挥霍,还是转归第三人,都不影响此罪的成立。

(3)诈骗公私财物数额较大才能构成犯罪。[①] 根据全国人民代表大会常务委员会《关于〈中华人民共和国刑法〉第二百六十六条的解释》的规定,“以欺诈、伪造证明材料或者其他手段骗取养老、医疗、工伤、失业、生育等社会保险金、社会保险待遇的行为,属于第二百六十六条规定的诈骗公私财物的行为”。“本法另有规定的,依照规定”是指刑法对一些特定的诈骗犯罪作了具体规定,比如合同诈骗、金融诈骗、贷款诈骗等,符合特定犯罪的,应当适用专门的规定,不适用本条。

2. 量刑标准

《刑法》第266条规定:“诈骗公私财物,数额较大的,处三年以下有期徒刑、拘役或者管制,并处或者单处罚金;数额巨大或者有其他严重情节的,处三年以上十年以下有期徒刑,并处罚金;数额特别巨大或者有其他特别严重情节的,处十年以上有期徒刑或者无期徒刑,并处罚金或者没收财产。本法另有规定的,依照规定。”

《诈骗刑事案件司法解释》第1条规定:“诈骗公私财物价值三千元至一万元以上、三万元至十万元以上、五十万元以上的,应当分别认定为刑法第二百六十六

---

① 郎胜主编:《中华人民共和国刑法释义》,法律出版社2015年版,第448页。

条规定的'数额较大'、'数额巨大'、'数额特别巨大'。"

第2条规定:"诈骗公私财物达到本解释第一条规定的数额标准,具有下列情形之一的,可以依照刑法第二百六十六条的规定酌情从严惩处:

(一)通过发送短信、拨打电话或者利用互联网、广播电视、报刊杂志等发布虚假信息,对不特定多数人实施诈骗的;

(二)诈骗救灾、抢险、防汛、优抚、扶贫、移民、救济、医疗款物的;

(三)以赈灾募捐名义实施诈骗的;

(四)诈骗残疾人、老年人或者丧失劳动能力人的财物的;

(五)造成被害人自杀、精神失常或者其他严重后果的。

诈骗数额接近本解释第一条规定的'数额巨大'、'数额特别巨大'的标准,并具有前款规定的情形之一或者属于诈骗集团首要分子的,应当分别认定为刑法第二百六十六条规定的'其他严重情节'、'其他特别严重情节'。"

第3条规定:"诈骗公私财物虽已达到本解释第一条规定的'数额较大'的标准,但具有下列情形之一,且行为人认罪、悔罪的,可以根据刑法第三十七条、刑事诉讼法第一百四十二条的规定不起诉或者免予刑事处罚:

(一)具有法定从宽处罚情节的;

(二)一审宣判前全部退赃、退赔的;

(三)没有参与分赃或者获赃较少且不是主犯的;

(四)被害人谅解的;

(五)其他情节轻微、危害不大的。"

第5条第1款规定:"诈骗未遂,以数额巨大的财物为诈骗目标的,或者具有其他严重情节的,应当定罪处罚。"

二、实务要点与典型案例

实务要点1　工程承包单位通过虚构工期、工程量、隐瞒单价签订保证金协议和劳务合同的方式,骗取保证金并挪作他用的行为,构成诈骗罪。

典型案例1

辽宁省锦州市古塔区人民法院(2016)辽0702刑初107号
高某诈骗案

［案情介绍］

2015年7月至9月间,被告人高某签订施工合同的项目工程,采取虚构工期、工程量、隐瞒单价的手段同被害人李某3签订保证金协议,同被害人李某1、吴某、李某2、张某、杨某签订劳务施工合同,并以交保证金才能签合同、干工程为由,收受6名被害人保证金共计165000元。后高某离开工地,拒不与被害人联系,并将收取的保证金挪作他用,拒不返还。2016年1月29日,公安机关对高某诈骗案立案,2016年3月16日,付某代高某返还被害人李某3保证金10000元。

［法院认为］

被告人高某以非法占有为目的,虚构事实、隐瞒真相,骗取他人财物,数额巨大,已构成诈骗罪。

［裁判结果］

1. 被告人高某犯诈骗罪,判处有期徒刑5年4个月,并处罚金人民币3万元。

2. 责令被告人高某退赔被害人李某3经济损失人民币5万元;退赔被害人李某2经济损失人民币3万元;退赔被害人李某1经济损失人民币3万元;退赔被害人杨某经济损失人民币1.5万元;退赔被害人张某经济损失人民币2万元;退赔被害人吴某经济损失人民币1万元。

实务要点2　虚构不存在的工程施工合同和结算材料骗取工程款的行为构成诈骗罪。

典型案例2

湖南省常德市武陵区人民法院(2018)湘0702刑初423号
薛某诈骗案

[案情介绍]

同案人田某(已判决)于2006年、2009年先后注册成立了上水公司、生态公司、旅游公司,田某为上述三家公司的实际控制人。2010年9月29日,上水公司签订了某项目的投资、建设、开发及运营等有关事项进行了约定。按照该协议,旅游城项目开发投资达到7亿元人民币后,市政府完成供给第一批约600亩土地用于房地产项目。

2014年4月,田某在项目建设中,为给项目施工队伍开具施工发票以便公司付款后平账,安排同案人金某(另案处理)、被告人薛某与施工公司签订了一份虚假的施工合同,合约金额为人民币5628万元,田某安排袁某(另案处理)与施工公司法人代表于某联系,由于某将施工公司的证照、印章等资料提供给上水公司交由袁某保管,金某、薛某制作完成合同后,田某指示袁某在该合同上加盖施工公司印章。后田某安排袁某在常德建行给施工公司开立了银行账户,该银行账户归田某实际控制。施工公司实际并未在柳叶湖项目中承建任何工程,也未开具过发票。2014年5月23日以及28日,生态公司以工程款名义分别向施工公司支付人民币1000万元、100万元。该1100万元中,其中500万元用于偿还物流公司的煤炭款;510万元用于偿还煤炭公司的煤炭款;60万元用于转给能源公司的逾期还贷;其余30万元转入田某个人账户。

因国家政策调整后煤炭行业受到严重冲击,田某的资金链断裂,生态公司已无资金和能力继续后续的建设,2014年8月4日,生态公司向申请回购开发项目或股份。审计之初,田某召集金某、薛某、袁某等人负责配合审计回购工作,并提出所有支出的费用都要报给审计部门,不要有遗漏,并完善相关材料。2014年9月,审计局工作人员在审计过程中发现生态公司支付给施工公司的1100万元工程款无相关的工程结算资料,薛某遂请示金某,金某及薛某在田某的授意之下,以抛石项目制作了一份虚假的项目经济技术签证单,并提供与施工公司签订的虚假工程合同作为施工合同，完善相关结算资料，后以第七标段（大岛护坡抛石工程）的名义与其他标段一并上报给审计部门进行审计，上报的竣工结算价为人民币11387590.5元。

2015年1月21日，上水公司薛某出席柳叶湖项目结算审计对账沟通会，会议纪要显示：关于大岛护坡抛石价格问题，根据定额计算造价为794万元，上水公司提出已支付施工单位1100万元，沟通会统一确定意见为：支付总额按上述对比情况差异大，应上报政府解决。2015年3月9日，生态公司正式向常德市清算领导小组及市审计局提出项目清算审计的书面申请。2016年5月9日，常德市审计局出具清算审计报告征求意见稿，认定七标段的审核金额为人民币7940033元。该审计报告征求意见稿于同年5月11日送达田某。

后公安机关在办理田某涉嫌挪用资金案中发现该虚假项目，审计部门遂于2016年11月24日对该笔审计金额全部核减。

［法院认为］

被告人薛某受单位负责人安排、授意，采取虚构事实、隐瞒真相的手段诈骗公共财物，数额特别巨大，其行为已构成诈骗罪。

［裁判结果］

被告人薛某犯诈骗罪，判处有期徒刑3年，缓刑3年，并处罚金人民币10万元。

实务要点3　实际施工人将虚假拼接的施工合同、预算书和结算书掺杂在其他工程资料中一并主张工程款的行为，构成诈骗罪。

典型案例3

广东省梅州市大埔县人民法院（2016）粤1422刑初59号
何某诈骗案

［案情介绍］

被告人何某以A建筑公司的名义，先后于2014年7月7日、10日与大埔县某中学签订了工程名称为“大埔县某中学室内墙面修缮工程”“大埔县某中学门窗、卫生间等修缮工程”等合同书，以B建筑公司的名义，先后于2014年7月7日、27日与大埔县某中学签订了工程名称为“大埔县某中学初中部水电安装修缮工程”

“大埔县某中学地面及外墙面修缮工程”等合同书，承包了大埔县某中学初中部教学楼等的修缮工程。该四项工程完工后，通过全国建设工程造价员郭某、林某等人于2014年12月9日分别作出“工程量清单结算书”，其中“大埔县某中学室内墙面修缮工程”结算工程造价489480.26元，“大埔县某中学门窗、卫生间等修缮工程”结算工程造价392897元，“大埔县某中学初中部水电安装修缮工程”结算工程造价218410.17元、“大埔县某中学地面及外墙面修缮工程”结算工程造价279100.27元。四项工程合计结算工程造价1379887.7元。2015年1月13日，被告人何某以A建筑公司的名义，用2014年7月7日签订的工程名称为“大埔县某中学室内墙面修缮工程”的合同书、拨款申请书及工程预算表、结算表、发票联等相关的请款资料，向大埔县财政局申请拨付“教学楼维修改造工程”工程款31万元。该工程款经审批后，由大埔县财政局于2015年1月26日拨付了31万元到A建筑公司账户，A建筑公司于2015年1月28日将扣除税款后的286843元转账至被告人何某的个人账户。2015年2月6日，被告人何某又用其他合同文本拼接而成的虚假的工程名称为“大埔县某中学内墙面装修、装饰等”工程合同书附加工程预算表（与“大埔县某中学室内墙面修缮工程”合同书预算表一致）、结算表（与“大埔县某中学室内墙面修缮工程”合同书的结算表不一致，系不同的造价员制作）等资料，连同另外三个工程（即“大埔县某中学门窗、卫生间等修缮工程”“大埔县某中学初中部水电安装修缮工程”“大埔县某中学地面及外墙面修缮工程”）的资料一起向大埔县财政局申请拨付工程款。其中，以A建筑公司的名义申请拨得了工程名称为“大埔县某中学内墙面装修、装饰等”和“大埔县某中学门窗、卫生间等修缮工程”的工程款各35万元、29万元，扣除税款后，A建筑公司通过银行转账付给了被告人何某各323855元、268337元，共计592192元；以B建筑公司的名义向大埔县财政局申请拨得了工程名称为“大埔县某中学初中部水电安装修缮工程”和“大埔县某中学地面及外墙面修缮工程”的工程款各16万元、20万元。五项工程（包含虚假的“大埔县某中学内墙面装修、装饰等”工程）大埔县财政局共拨款131万元。

2016年4月，大埔县纪律检查委员会调查发现重复拨款问题后，被告人何某退回大埔县某中学工程款人民币31万元。

[法院认为]

被告人何某无视国家法律，以非法占有为目的，采用虚假的工程承包合同书混进其他正式的工程承包合同书中，一同向大埔县财政局申请拨付大埔县某中学有关工程款，虚构合同结算价款达473424.31元，数额巨大，其行为已构成诈骗罪。

［裁判结果］

被告人何某犯诈骗罪（未遂），判处有期徒刑8个月，并处罚金人民币2万元（判决生效后20日内缴纳），上缴国库。

实务要点4　**农民工在讨要工资时，通过提供虚假材料虚增工程量和未支付的欠款骗取公司款项的行为，构成诈骗罪。**

典型案例4

山西省太谷县人民法院（2019）晋0726刑初217号
贺某、孙某、季某诈骗案

［案情介绍］

2019年2月2日，太谷县劳动局协调某公司先行垫付拖欠农民工部分工资，发放数额为实际拖欠工人工资的50%。其间，被告人贺某为了非法获利便指使被告人季某和孙某在向劳动局提交欠款材料时，让二人故意提供虚假材料虚增工程量和未支付的欠款金额，骗取某公司6万元。收到钱后，季某和孙某将钱存放在银行卡上，一直未使用。另查明，民警通过电话联系被告人季某和孙某，二人主动到太谷县公安局交代犯罪事实，将通过提交虚假材料获得的6万元主动上交至太谷县公安局，在公诉机关审查起诉期间，被告人孙某、季某自愿签署了认罪认罚具结书。

［法院认为］

被告人贺某、孙某、季某以非法占有为目的，采用虚构事实或隐瞒真相的方法骗取他人6万元，属数额较大，其行为均已构成诈骗罪。

［裁判结果］

1. 被告人贺某犯拒不支付劳动报酬罪，判处有期徒刑3年，并处罚金人民币10万元；犯诈骗罪，判处有期徒刑1年6个月，并处罚金人民币2万元，数罪并罚，决定执行有期徒刑4年，并处罚金人民币12万元。

2. 被告人孙某犯诈骗罪，判处有期徒刑1年1个月，并处罚金人民币1万元。

3. 被告人季某犯诈骗罪，判处有期徒刑1年1个月，并处罚金人民币1万元。

实务要点 5　工程承包单位以虚构施工班组工资，并通过鼓动工人上访的形式施压政府骗取款项的行为，构成诈骗罪。

典型案例 5

河北省易县人民法院(2019)冀 0633 刑初 131 号
黄某诈骗案

[案情介绍]

2018 年 5 月至 11 月间，被告人黄某承建易县天赋庄园施工工程，在工程未完工的情况下，黄某与天赋庄园开发方核定已完成工程量工程款为 603 万余元，开发方已支付黄某工程款 390 余万元，未结工程款 213 万余元。2018 年年底黄某鼓动工人上访，向易县人民政府施压索要“未结工程费用 289.9 万余元”，并表示不再继续干剩余的工程。政府组织天赋庄园开发方与黄某协商后达成一致意见，由政府监督天赋庄园开发方支付 2018 年所欠下属工人工资。

被告人黄某明知其欠张某 2 施工班组工资 42 万余元，为了多报回钱据为己有，指使张某 2 虚增工人人数、施工天数等方法上报 82 万元的工资表，比实际应付工资高出 40 余万元。

2019 年 6 月 6 日，被告人黄某爱人苏某分别给付黄某拖欠工人张某 1、秦某 1 的工资共计 15 万元，被告人黄某取得了张某 1、秦某 1 的谅解。

[法院认为]

被告人黄某以非法占有为目的，隐瞒实际拖欠工人工资真相，采取捏造多出实际拖欠工人工资的工资表，上报发放工资单位作为支付其工资依据的方法，欲骗取 400000 元，数额巨大，其行为已构成诈骗罪。

[裁判结果]

被告人黄某犯诈骗罪，判处有期徒刑 3 年缓刑 4 年，并处罚金 1 万元。

实务要点 6 | **在结算审核过程中，施工人以虚增的搅拌设备收款收据为由主张相关费用的行为，不构成诈骗罪。**

典型案例 6

河北省万全县人民法院(2017)冀0729刑初82号
李某、刘某1诈骗案

［案情介绍］

2011年8月，被告人李某、刘某1承揽了某建设工程。同月，因建设工程的需要，李某和刘某1共同出资38万元在华某公司购买了搅拌站设备一套。因二被告人对合伙人何某只靠技术入股，但占一半股份心存不满，二人经过商议，将购买搅拌站设备的合同和收据的价格伪造成138万元以便提高投资成本，并将伪造的票据计入内部账目。2012年6月6日，在何某的介绍下，机械公司与张北县人民政府签订了《建设施工合同》，李某的工程队挂靠机械公司继续施工。后张北县政府违约，中都机场工程停工，建设施工合同终止。工程停工后，机械公司指派鲍某和孟某到张北县李某聘请的人员共同对该工程进行了结算，结算额为26945995.4元。根据张北县人民政府的指示，张北县审计局委托了张家口工程造价鉴审公司也对中都机场工程进行了结算审核。审计过程中，李某、刘某1将伪造的138万元购买搅拌站设备的收据连同其他票据一起递交给工程造价鉴审公司进行审计结算，工程造价鉴审公司在审查资料过程中发现购买搅拌站的票据仅为收据，无正规发票不能作为审计依据，遂将该问题通过审计局反映到张北中都机场管理处。其间，何某找到时任张北县人民政府副县长的徐某，让徐某尽量将该设备款予以解决。后由张北县人民政府领导出面召开审计小组会议，会上确认搅拌站设备折旧后费用为120万元，并由张北县人民政府、审计部门、监理单位、施工单位共同确认，由三方盖章签字确认，工程造价鉴审公司按签认单上确认的120万元计入审计结果，工程造价鉴审公司对张北中都机场工程的审核结果为15221271.4元。后搅拌站设备的120万元款项与其他审定资金由张北县财政集中支付中心陆续支付给机械公司，机械公司按约定扣除3%管理费后，将其他资金全部转入工程队账户。

2016年10月，被告人李某、刘某1得知要调查伪造的138万元票据后到华某公司找到购买搅拌站设备时的销售员禹某，如果有人来调查购买设备的事情，二被告人让禹某谎称该设备价格为138万元。

［法院认为］

成立诈骗罪必须具备以下构成要件：行为人以非法占有为目的而实施欺诈行为，欺诈行为致使受害人产生错误认识，受害人基于错误认识而“自愿”处分财产，行为人基于这种欺诈而取得财产。本案中，工程造价鉴审公司发现二被告人提供的购买搅拌站设备的票据仅为收据，无法作为审计依据而层报到审计领导小组，张北县人民政府明知涉案票据不符合规定而没有核实。其间，何某找到时任副县长的徐某，让徐某尽量将该设备款予以解决，徐某也承诺向主要领导汇报后尽量解决。后张北县人民政府召开专门会议，在会上将该设备折旧后定为120万元。本案存在的疑点：(1)张北县人民政府虽然将该款项列为设备折旧款，但刘某2的证言证实，因政府违约在先，所以将涉案票据通过了审计，乔某的证言证实，由于张北县政府违约在先，本着赔偿的想法将搅拌站设备款通过了审计，该款究竟是设备折旧款还是违约赔偿款？(2)何某否认入股该工程，他自称技术指导，工程结束后李某给付何某75万元，何某作为政府聘请的技术人员，为何劳务费让施工方提供？二被告人均当庭供述，因工程赔钱，作为占有一半股份的何某为了拿到钱去找张北县政府领导协调该120万元设备款，徐某与何某的证言均证实了何某找徐某协调设备款的事实。张北县人民政府究竟是什么原因将明知不符合审计要求的涉案票据，以开会研究的形式确定为120万元，事实不清。关于讨论该票据的会议纪要，公诉机关申请调取，张北县人民政府没有提供。现有证据不能证实张北县人民政府因二被告人的欺诈行为产生错误认识，后基于错误认识而处分财产。对120万元收据的确认不能排除是何某争取的结果，亦不能排除张北县人民政府因工程违约而自愿给二被告人进行赔偿的可能性。本案证据不能形成完整的证据链条，达不到刑事证据要确实、充分，排除其他合理性怀疑的要求。公诉机关指控被告人李某、刘某1犯诈骗罪的事实不清、证据不足，指控二被告人的罪名不能成立。

［裁判结果］

1. 被告人李某无罪。

2. 被告人刘某1无罪。

实务要点7　工程承包单位与工人班组通过虚构工资的方式，有工人班组采用上访等形式讨要虚构工资的行为，构成诈骗罪。

典型案例7

安徽省滁州市中级人民法院(2015)滁刑终字第00129号
刘某诈骗案

[案情介绍]

2013年3月30日，新奥公司委托蒋某为代理人，承接佰泰公司承建的某工程。2013年4月23日，刘某从蒋某处承包部分建筑工程，后又分别将木工、架子工、钢筋工、混凝土工程分包给王某、唐某、邓某、屈某(均已判刑)施工，并于2013年4月12日缴纳合同履约保证金200000元。2013年9月17日，刘某全权委托张某1(已判刑)处理某项目事务。

2013年9月28日，刘某电话通知张某1、王某、唐某、邓某、屈某及施工员陈某到安徽省蒙城县算账。当晚，刘某安排张某1、王某、唐某、邓某、屈某、陈某在蒙城县"印象之家"宾馆住宿。次日，在该宾馆刘某房间，刘某称其工程亏本，提出增加工程单价、面积，制作虚假工程结算单的犯意，并要求王某、唐某、邓某、屈某依据虚假工程结算单编造工人工资表，将没有在工地务工的张某2、李某等名字列入工资表，还安排张某1将后勤人员工资表制作出来，一并向蒋某、佰泰公司讨要工资，约定骗得款项后再进行真实结算。张某1、王某、唐某、邓某、屈某表示同意。刘某与张某1、王某、唐某、邓某、屈某等人商定诈骗数额后，安排陈某伪造虚假的木工、架子工、钢筋工、混凝土工的工程量结算单，刘某在虚增的工程结算单上签字认可。张某1从蒙城县回到定远县炉桥镇后安排吴某制作了后勤人员的工资表。刘某从四川省找来段某等人，由张某1将其带至王某处，将其姓名列入工资表中，准备冒领工资。2013年10月18日，张某1、王某、唐某、邓某、屈某等人在找蒋某讨要工资未果后，按照刘某的要求，带领包括段某等人在内的工人到定远县人民政府上访。经定远县人民政府处理，张某1将虚假的工资表、后勤人员的工资表交至佰泰公司。该公司在审查工资表时发现工资数额与应付工资数额相差太大，遂报案。2014年1月6日，刘某到定远县公安局投案。新奥公司应支付刘某总工程款为1909038.71元(其中，16号、17号楼工程款1746220元、误工款72540元、零工款71760元、修路款18518.71元)。南通新奥公司已付刘某820000

元，尚欠1089038.71元。刘某与张某1、王某、唐某、邓某、屈某等人伪造的工资表数额为1340645元。

［法院认为］

上诉人刘某在明知其应得工程款数额后采取虚增工程单价等，伪造工资表，找人冒领工资，进行上访等方式，伙同张某1、王某、唐某、邓某、屈某等人骗取他人人民币251606.29（1340645－1089038.71）元，数额巨大，因意志以外的原因而未遂，其行为构成诈骗罪，且系共同犯罪主犯。上诉人刘某伙同他人诈骗未遂，依法比照既遂犯从轻处罚。上诉人刘某曾因犯罪被判处有期徒刑，刑罚执行完毕后，5年内再犯应当判处有期徒刑以上刑罚之罪，是累犯，依法从重处罚。

［裁判结果］

1.撤销安徽省定远县人民法院（2014）定刑初字第00324号刑事判决。

2.上诉人刘某犯诈骗罪，判处有期徒刑3年6个月，并处罚金人民币1万元。

实务要点8　承包单位在结算中虚报不存在的工程量，导致最终结算被确认并拨付款项的行为，构成诈骗罪。

典型案例8

湖南省保靖县人民法院（2019）湘3125刑初153号
张某1诈骗案

［案情介绍］

2017年，被告人张某1通过关系得到危旧房改造工程，并于2017年5月签订了书面《合同协议书》（合同将签订时间写为2017年3月11日），其中合同约定，房屋扶正综合单价按6651.28元/栋，工程结算方式按照承包单价乘以实际工程量结算，结算价款以验收决算审计结果为准。之后，被告人张某1又以张某2、张某3、李某等人的名义分别重新签订书面《合同协议书》，约定负责对新窝村的袁某，盘草村的唐某，中寨村的龙某、石某1，九龙村的张某4、石某2等户进行危旧房屋改造，合同约定内容与被告人张某1与镇人民政府签订的《合同协议书》一致。合同签订后，被告人张某1即组织人员进场施工，并委托石某1负责施工过程中的管理工作。危旧房改造工程竣工后，被告人张某1在申报工程量时，将袁某、唐某、龙某、石某1建档立卡户的房屋未进行施工扶正，虚报计算房屋扶正工程量。

石某2与张某4系母子关系，两人共同居住一栋房屋，该房屋被告人张某1施工队只进行了一次房屋扶正，但被告人张某1在申报工程量时，以两次房屋扶正申请工程量，虚报工程量一次。被告人张某1共计虚报5户（次）房屋扶正工程量并填报书面审批报账资料。

经镇人民政府委托，工程管理咨询公司分别于2017年10月、2018年1月对镇危旧房改造工程结算作出《镇危房改造和房屋新建工程结算审核报告》，其中结算审核报告没有对送审的袁某、唐某、龙某、石某1、石某2以及张某4房屋扶正价工程量作出核减，仍以送审价6651.28元/栋作出审核，建设单位、施工单位及审核单位三方均在《建安工程结算咨询定案通知单》签字盖章予以确认。

2017年10月20日，被告人张某1对以张某2、张某3名义实施的危改工程办理了财政扶贫资金拨付审批手续及开具增值税发票，到镇财政所进行报账。古丈县国库集中支付中心于当日给张某3在吉首市农村商业银行开设的账号93×××11转入镇2017年农村危房改造资金309804.61元、张某2在古丈县农村商业银行开设的账号93×××11转入镇2017年农村危房改造资金279407.85元，款项包括被告人张某1虚报石某2、张某4、袁某房屋扶正工程量的金额；2018年2月11日，被告人张某1对以张某2、张某3、李某名义实施的危改工程办理了财政扶贫资金拨付审批手续及开具增值税发票，到古丈县默戎镇财政所进行报账。古丈县国库集中支付中心于2018年2月13日给张某3在吉首市农村商业银行开设的账号93×××11转入镇2017年农村危房改造资金788870.42元、张某2在古丈县农村商业银行开设的账号93×××11转入镇2017年农村危房改造资金271062.32元、李某在古丈县农村商业银行开设的账号93×××11转入默戎镇2017年农村危房改造资金557884.61元，款项包括被告人张某1虚报唐某、龙某、石某1房屋扶正工程量的金额，被告人张某1两次共计骗取得国家农村危房改造资金人民币33256.4元。2018年5月18日，被告人张某1根据古丈县对全镇危房改造工程的重新审计，主动退缴重新审计核减金额人民币50万元。同年6月，被告人张某1又根据保靖县纪委监委委托湖南宏达工程造价咨询有限公司作出的工程造价鉴定，主动退缴人民币184980.68元，共计退缴人民币684980.68元（该退缴款已包含本案所骗取资金人民币33256.4元）。2018年7月31日，被告人张某1经保靖县公安局民警电话通知后，主动接受讯问。张某2、张某3、李某等人对被告人张某1的上述虚报工程量骗取危房改造项目资金的犯罪事实均不知情，也没有收到相关危房改造项目资金。

[法院认为]

被告人张某1以非法占有为目的,在实施古丈县危旧房屋改造工程项目中,通过虚报工程量的方式,骗取国家危房改造资金33256.4元,数额较大,行为已构成诈骗罪。

[裁判结果]

1. 被告人张某1犯诈骗罪,判处有期徒刑1年6个月,缓刑2年,并处罚金人民币3万元。

2. 被告人张某1退缴的违法所得人民币33256.4元,由办案机关依法予以追缴,上缴国库。

实务要点9 | 利用虚假的结算书,以诉讼的方式骗取工程款的行为,构成诈骗罪。

典型案例9

黑龙江省齐齐哈尔市富拉尔基区人民法院(2017)黑0206刑初141号张某诈骗案

[案情介绍]

2011年9月15日,被告人张某以安装公司的名义与被害单位黑化公司签订建筑安装工程承包合同,合同的内容为黑化运输部解冻库土建工程。黑化公司设计院向张某提供了双跨解冻库图纸。后经现场测量后发现实际场地无法建成双跨解冻库,黑化公司设计院重新设计单跨解冻库图纸并交给张某。张某按单跨解冻库图纸进行施工。工程施工期间,黑化公司已付给张某工程款160万元。解冻库工程施工后,张某向工程造价员郭某提供双跨解冻库图纸,让其帮忙为解冻库工程做竣工结算。郭某做出结算表后,张某未经唐某的同意,私自将已失效的唐某造价员专用名章加盖在6份结算书上。又将结算书拿到黑化公司,黑化公司土建施工监督员杨某给张某土建施工部分结算书签名,并注明了双跨改成单跨,厂房长121m。时任运输部部长王某请示郑某之后给张某盖的王某名章和黑化运输部的公章。之后张某拿着结算书到黑化公司机动部审核,可是负责审核的结算员马某没有给张某审核。张某用虚假的结算书及其他证据向富拉尔基区人民法院提起民事诉讼,要求黑化公司给付其剩余部分工程款。2015年12月14日,富拉尔基区人民法院作出民事判决,判决被告黑化公司给付原告安装公司工程款

4539420.64 元。其中黑化运输部解冻库土建工程建筑安装工程，法院认定双方结算总价为 4121180.57 元，已给付 160 万元，剩余 2521180.57 元未付。该案判决后，黑化公司提出上诉。2016 年 4 月 27 日，齐齐哈尔市中级人民法院作出民事判决书，驳回黑化公司的上诉，维持原判。黑化公司败诉后，已于 2017 年 1 月将 4539240.64 元汇至富拉尔基区人民法院执行款专户。2017 年 1 月 19 日富拉尔基区人民法院执行局已将金额为 2782535.64 元的支票交给张某。经鉴定，张某所建单跨解冻库工程造价为 1602055.34 元。张某非法占有黑化公司人民币 2519125.23 元。现公安机关扣押张某钱款 281 万元，已返还给黑化公司 2519125.23 元。

[法院认为]

被告人张某以非法占有为目的，隐瞒事实真相捏造双跨解冻库工程的证据，向法院提起民事诉讼获得有利判决，其行为已构成诈骗罪。

[裁判结果]

1. 被告人张某犯诈骗罪，判处有期徒刑 11 年，剥夺政治权利 1 年，并处罚金人民币 20 万元，上缴国库。

2. 被告人张某违法所得人民币 2519125.23 元，予以追缴，不足部分责令退赔给被害人黑化股份有限公司（已全部退赔）。

实务要点 10　**承包单位通过伪造合同、发票、结算等资料，虚高工程造价、伪造工程项目、重复报账骗取工程款的行为，构成诈骗罪。**

典型案例 10

四川省三台县人民法院（2016）川 0722 刑初 41 号
朱某犯伪造发票、诈骗案

[案情介绍]

2011 年 1 月至 2014 年 6 月，被告人朱某以环境公司、工程公司名义在三台县人民医院填报工程款中，通过伪造《维修、维护等零星工程施工合同（协议）》《报销凭单》《四川省绵阳市建筑业发票》《四川省绵阳市其他服务业发票》《四川省绵阳市地方税务局通用手工发票》《建筑业统一发票（代开）》《竣工结算总价》等资料，虚高工程造价、伪造工程项目、重复报账，在三台县人民医院骗取工程款人民币 7887646.46 元的事实。

[**法院认为**]

被告人朱某明知是伪造的发票而持有,数量巨大,其行为已构成持有伪造的发票罪;以非法占有为目的,用虚构的事实骗取公共财物,数额特别巨大,其行为已构成诈骗罪。

[**裁判结果**]

被告人朱某犯诈骗罪,判处有期徒刑 11 年,并处罚金人民币 100 万元,总和刑期有期徒刑 13 年,并处罚金人民币 105 万元,决定执行有期徒刑 12 年,并处罚金人民币 105 万元。

三、风险防范建议

1. 施工单位在结算过程中,应当确保提供结算资料的真实性。为了达到增加工程结算造价的目的,而提供虚假、伪造的材料,可能构成诈骗罪。施工单位应当规范结算流程,制定相应的结算制度。

2. 建设单位和施工单位因为施工中存在的停工损失、变更等费用不便直接签证确认,而双方达成以其他方式进行补偿默契,特别是以虚增某部分的工程造价的方式进行补偿的,施工单位应当保留相应的证据,否则一旦建设单位否认双方达成的默契,则施工单位可能会构成诈骗罪。

3. 包工头和劳务分包人应当避免虚构工人工资的行为,一旦包工头或者劳务分包人出具虚假的劳务结算单或者劳务工资给农民工,农民工以此讨要相应费用的均会构成诈骗罪。

4. 施工单位在进行分包过程中,特别是收取保证金的,应当提供真实的项目信息,一旦故意提供虚假信息签订合同、收取保证金的,可能会被认定为诈骗罪。施工单位应当审核签订对外合同的流程,规范签订合同的相关采购人员的行为规范,避免采购人员夸大项目等情形的发生。

第三节　虚开发票罪实务要点与风险防范

一、罪状描述、犯罪构成要件与认定标准

（一）罪状描述

虚开发票罪，是指违反国家税收征管和发票管理规定，虚开除增值税专用发票或其他具有退税、抵扣税款功能的发票以外的普通发票，情节严重的行为。

（二）犯罪构成要件

1. 犯罪主体

本罪的犯罪主体包括个人和单位。

2. 主观方面

主观方面表现为故意，对国家税款的流失持故意的心理态度，企图少缴企业所得税，谋取非法利益。

3. 犯罪客体

本罪侵犯的客体，是国家对于除增值税专用发票或其他具有退税、抵扣税款功能的发票以外的普通发票的管理制度和国家税收征管制度。

4. 客观方面

客观方面表现为虚开《刑法》第205条规定以外的其他发票的行为。

虚开是指"为他人虚开、为自己虚开、让他人为自己虚开、介绍他人虚开"的行为。其包括以下两种情形：一种情形是根本不存在商品交易，无中生有，虚构商品交易内容和税额开具发票，然后利用虚开的发票抵扣税款；另一种情形是虽然存在真实的商品交易，但是以少开多，达到偷税的目的。虚开的手段多种多样，包括大头小尾开阴阳票、改变品目、使用地税营业税发票开国税业务发票，甚至使用假发票等。[①] 虚开的目的可以是赚取手续费，也可以是偷税、漏税，甚至是用于非法经营等违法犯罪活动。

《刑法》第205条之一指的"第二百零五条规定以外的其他发票"是指除增值

---

① 郎胜主编：《中华人民共和国刑法释义》，法律出版社2015年版，第338、340页。

税专用发票和其他具有退税、抵扣税款功能的发票以外的普通发票,既包括真的普通发票,也包括伪造、变造的普通发票。

(三)认定标准

1. 立案标准

《刑事案件立案追诉标准(二)的补充规定》规定:“二、在《立案追诉标准(二)》中增加第六十一条之一:[虚开发票案(刑法第二百零五条之一)]虚开刑法第二百零五条规定以外的其他发票,涉嫌下列情形之一的,应予立案追诉:

(一)虚开发票一百份以上或者虚开金额累计在四十万元以上的;

(二)虽未达到上述数额标准,但五年内因虚开发票行为受过行政处罚二次以上,又虚开发票的;

(三)其他情节严重的情形。”

虚开发票罪与逃税罪的区分:逃税罪可以通过虚开发票或者少列收入的形式来实现,虚开发票罪可以是为了逃税,也可以是为了实现其他非法目的。如果行为人以逃避税款的目的,实施了虚开发票的行为,既触犯了虚开发票罪,又触犯了逃税罪,属于牵连关系,应择一重罪论处。

对于不属于“情节严重”的一般虚开其他发票的行为,可以根据《发票管理办法》第37条“违反本办法第二十二条第二款的规定虚开发票的,由税务机关没收违法所得;虚开金额在1万元以下的,可以并处5万元以下的罚款;虚开金额超过1万元的,并处5万元以上50万元以下的罚款;构成犯罪的,依法追究刑事责任。非法代开发票的,依照前款规定处罚”的规定处理。

2. 量刑标准

《刑法》第205条之一规定:“虚开本法第二百零五条规定以外的其他发票,情节严重的,处二年以下有期徒刑、拘役或者管制,并处罚金;情节特别严重的,处二年以上七年以下有期徒刑,并处罚金。

单位犯前款罪的,对单位判处罚金,并对其直接负责的主管人员和其他直接责任人员,依照前款的规定处罚。”

对于情节认定的具体标准,可以由最高院、最高检根据司法实践情况通过制定司法解释确定。对于尚不属于“情节严重”或者“情节特别严重”的一般虚开其他发票的行为,尚不够刑罚处罚的,可以根据《发票管理办法》的规定,由税务机关没收违法所得;虚开金额在1万元以下的,可以并处5万元以下的罚款;虚开金额超过1万元的,并处5万元以上50万元以下的罚款。[①] 浙江省高级人民法院《关于部分罪名定罪量刑情节及数额标准的意见》规定:“48.刑法第205条之一【虚开发票罪】具有下列情形之一的,属于‘情节严重’,处二年以下有期徒刑、拘役或者管制,并处罚金:

(1)虚开发票100份以上不满500份的;

(2)虚开金额累计在40万元以上不满200万元的;

(3)五年内因虚开发票受过行政处罚二次以上,又虚开发票的;

(4)情节严重的其他情形。

具有下列情形之一的,属于‘情节特别严重’,处二年以上七年以下有期徒刑,并处罚金:

(1)虚开发票500份以上的;

(2)虚开金额累计在200万元以上的;

(3)情节特别严重的其他情形。”

二、实务要点与典型案例

实务要点1　**工程负责人为获取工程结算款,在施工企业不知情的情况下,擅自购买虚假工程款发票给建设单位的行为,工程负责人个人构成虚开发票罪。**

典型案例1

内蒙古自治区包头市青山区人民法院(2018)内0204刑初2号
赵某虚开发票案

[案情介绍]

2006年10月18日,侯某成立被告单位通信公司并担任法定代表人,2011年3月26日,通信公司与广播电视公司签订呼包高速光缆改造安装合同。因侯某本人身体原因,2011年3月1日,侯某作为周口中康公司的法定代表人,授权被告人赵某代表通信公司全权负责广播电视公司G6包头段光缆改造工程的一切相关事务。2012年5月广播电视公司要给通信公司结算50万元的工程款,并要求其开

① 郎胜主编:《中华人民共和国刑法释义》,法律出版社2015年版,第340页。

具施工发票,因通信公司没有开具发票的资质,需由税务机关代开发票。侯某遂委派被告人赵某带着公司手续去税务机关开具发票并给了赵某3.5万元开票款,赵某未到税务机关开具发票,而是向他人购买了金额为50万元的河南省地方税务局通用机打发票(票号为00269812)。2012年5月30日,赵某将此发票交给广播电视公司,用于结算50万元工程款。

2013年3月,因广播电视公司要求开具结算工程款发票,被告人赵某从侯某处领取了3万元开票款,但仍未到税务机关开具发票,而是再次向他人购买了一张票号为00704269,金额为427691.50元的河南省地方税务局通用机打发票,并将该发票提供给广播电视公司,用于结算427691.50元的工程款。2015年9月,广播电视公司在接受内蒙古审计厅审计时被发现两张发票系假发票而案发。案发后通信公司重新到税务机关为广播电视公司开具发票,并向税务机关缴纳了税款及罚金。经税务机关鉴定证明涉案的两张发票均系伪造。

[法院认为]

被告人赵某违反我国税收法律制度,将他人虚开伪造的发票用于结算工程款,客观上造成了国家税款的流失,其行为已构成虚开发票罪。

[裁判结果]

被告人赵某犯虚开发票罪,判处有期徒刑8个月,并处罚金人民币20000元。

实务要点2 | **建设单位在不存在实际项目的情况下,通过虚开工程发票的方式冲抵其他费用的行为,单位和个人均构成虚开发票罪。**

典型案例2

安徽省枞阳县人民法院(2015)枞刑初字第00265号
房地产公司、王某、汪某虚开发票案

[案情介绍]

房地产公司成立于1995年10月,是枞阳县房地产管理局控股公司,经营范围为房地产开发(叁级)及商品房销售。王某1自2003年3月至2013年10月任该公司经理,2013年10月至今由任某任该公司经理。在王某1和任某任房地产公司经理期间,该公司在没有实际工程项目的情况下,虚开建筑业统一发票共计3023331.81元,冲抵该公司及枞阳县房地产管理局的职工集资款利息和招待费用等支出。其中王某1任经理期间,房地产公司开具发票10笔共计2711831.81元,汪某在王某1、任某先后担任经理期间,在该公司安排下经手开具发票14笔共计2953860.81元。具体事实如下:

2011年5月至2013年10月,王某1担任房地产公司经理期间,房地产公司虚开发票10笔共计2711831.81元。

1. 2012年1月11日,房地产公司编造酒店业主王某2与该公司的建筑安装结算项目,以王某2名义至枞阳县地税局开具1张金额为69471元的建筑业统一发票。

2. 2012年8月14日,房地产公司编造土石方工程队与该公司的土地平整结算项目,安排汪某以土石方工程队名义至枞阳县地税局开具1张金额为1390000元的建筑业统一发票。

3. 2012年10月30日,房地产公司编造枞阳县土石方工程队与该公司的土地平整结算项目,安排汪某以土石方工程队名义至枞阳县地税局开具1张金额为399946.90元的建筑业统一发票。

4. 2013年6月13日,房地产公司编造周某与该公司的建筑安装结算项目,安排汪某以周某名义至枞阳县地税局开具3张金额分别为558699.73元、128294.32元、16653.86元的建筑业统一发票。

5. 2013年7月8日,房地产公司编造周某与该公司的建筑维修结算项目,安排汪某以周某名义至枞阳县地税局开具1张金额为30336元的建筑业统一发票。

6. 2013年7月22日,房地产公司编造周某与该公司的建筑维修结算项目,安排汪某以周某名义至枞阳县地税局开具1张金额为34895元的建筑业统一发票。

7. 2013年9月5日,房地产公司编造周某与该公司的建筑安装结算项目,安排汪某以周某名义至枞阳县地税局开具2张金额分别为38535元和45000元的建筑业统一发票。

2013年10月至2014年3月,任某担任房地产公司经理期间,房地产公司虚开发票5笔共计311500元。2014年3月13日,房地产公司编造周某与该公司的建筑工程结算项目,安排汪某以周某名义至枞阳县地税局开具2张金额分别为48350元、64070元的建筑业统一发票;2014年3月20日,房地产公司编造周某与该公司的建筑工程结算项目,安排汪某以周某名义至枞阳县地税局开具3张金额分别为89690元、67250元、42140元的建筑业统一发票。

[法院认为]

被告单位房地产公司在没有实际工程项目的情况下虚开发票,构成虚开发票罪,被告人王某1、汪某分别作为房地产公司直接负责的主管人员和直接责任人,亦构成虚开发票罪。

[裁判结果]

1. 被告单位房地产公司犯虚开发票罪,判处罚金人民币10万元。

2. 被告人王某1犯虚开发票罪,判处有期徒刑1年,并处罚金人民币2.5万元。

3. 被告人汪某犯虚开发票罪,判处拘役6个月,并处罚金人民币2万元。

实务要点3 | **建设单位为提高财务成本而避税,通过施工企业开具虚增部分工程款发票的行为构成虚开发票罪。**

典型案例3

湖南省益阳市赫山区人民法院(2018)湘0903刑初98号
房地产公司、徐某虚开发票案

[案情介绍]

房地产公司于2007年9月5日注册成立,由被告人徐某担任公司总经理兼法定代表人。在开发益阳项目期间,徐某以提高财务成本避税为由(房地产公司项目的征税先由税务部门决定核定征收,后由税务部门决定查账征收),分别要求项目承建方建筑公司,益阳项目部的负责人陈某、安装公司法定代表人胡某、消防工程承包商消防公司益阳分公司总经理林某为其虚增工程款。自2013年8月至案发,房地产公司通过建筑公司转账15000万元,建筑公司扣除虚开发票的税金1050万元以后,共计返回资金13950万元;通过安装公司转账250万元,返回资金250万元;通过消防公司转账380万元,返回资金380万元。房地产公司共从上述三家单位接受虚开的发票金额为15630万元,接受返回资金14580万元。每次都是徐某将虚增工程款打给对方公司以后,要求对方公司将此款转到徐某的个人账户或其指定的潘某的账户上,再安排他人将返回资金通过多次转账,最终除将其中的1340万元转到房地产公司的账上以外,其余的资金全部转到了其个人账户上,由其个人保管并使用。

［法院认为］

房地产公司违反国家对发票管理的规定，让对口业务单位为本单位虚开发票15630万元，情节特别严重，被告人徐某身为公司法定代表人，是直接负责的主管人员，房地产公司及被告人徐某均构成虚开发票罪。

［裁判结果］

房地产公司犯虚开发票罪，判处罚金50万元；被告人徐某犯虚开发票罪，判处有期徒刑3年6个月，并处罚金10万元。

实务要点4　挂靠人将未实际发生交易而购买的发票交由被挂靠的施工企业做账的行为，构成虚开发票罪。

典型案例4

安徽省合肥市包河区人民法院(2018)皖0111刑初814号
孔某虚开发票案

［案情介绍］

2013年12月，被告人孔某挂靠的安装公司承建了某综合楼项目。同年12月26日，被告人孔某以该项目部的名义与A混凝土公司签订了供应水泥混凝土合同，结算时，由A混凝土公司向安装公司开具发票。但被告人孔某为了获取非法利益，分别于2014年3月17日，12月24日，通过路边发放小卡片的人购买了两张增值税普通发票：一张税票号为02308170，票面金额259829.06元，税额44170.94元，价税合计304000元，销货单位：建材公司；另一张税票号为02042198，票面金额331692.31元，税额56387.69元，价税合计388080元，销货单位：B混凝土公司。被告人孔某将以上两张虚假发票，价税合计金额为692080元，交给安装公司进行入账。2017年12月5日，安装公司向公安机关报案称，其公司发现孔某两次向其公司虚开了两张总计692080元的增值税普通发票。

［法院认为］

被告人孔某作为承接项目的实际负责人，在没有实际商品交易的情况下，为了获取非法利益，让他人为自己虚开增值税普通发票，以充当材料成本发票，情节严重，其行为已构成虚开发票罪。

[裁判结果]

被告人孔某犯虚开发票罪,判处拘役4个月,缓刑6个月,并处罚金1万元。

三、风险防范建议

1. 建设单位为了达到少交税金的目的,往往会要求与其合作的施工企业通过虚增工程造价及开具相应发票的方式达到其少缴税金的目的。建设单位还会要求施工企业配合进行流水走账,让施工企业在扣除税金后再将相应费用返还给建设单位。施工企业往往碍于情面与合作的需要,会配合建设单位开具相应虚增造价部分的发票,其行为均会构成虚开发票罪,施工企业应当尽量避免为建设单位虚开工程发票。

对于实际施工人承包的工程,也应当审核其工程真实造价以及相应的工程款支付情况,避免实际施工人与建设单位串通虚开发票,而施工企业被动的构成犯罪。施工企业应当制定相应的审查制度,避免因实际施工人的上述行为给施工企业带来刑事处罚。

2. 实际施工人在向施工企业提供成本发票时,应确保所提供的发票均为真实发生,不能因为缺少成本发票而开具虚假发票或者开具未发生真实交易往来的发票。一旦实际施工人开具虚假发票或者开具未真实发生往来的发票,情节严重的就会构成犯罪。施工企业在审核实际施工人提供的成本发票时,也应对其真实性进行审核并与实际施工人签订提供真实发票责任书,避免与实际施工人陷入共同虚开发票罪。施工企业也不能因为实际施工人缺少成本票发而代为购买、开具未发生真实交易的发票,应当制定相应的实际施工人提供成本发票的相应制度,严格按照税法相关规定处理发票事宜。

3. 对于分包单位出具的与签订合同主体不同的发票抬头,发票明细与实际工作内容不一致的,施工企业均应予以拒收,否则可能会构成虚开发票罪。施工企业应当审核分包人提供的相应发票并制定相应的制度,加强相关人员对发票管理制度的学习,要做到发票流、资金流、合同流、货物流统一相对应。

4. 对于真实发生交易的施工人需要出具发票收款的,施工人应当尽量开具真实发票。自身不具备开具发票资格的,则应当到税务机关进行代开,必须杜绝向建设单位提供其他非施工企业出具的发票以及相应的虚假发票,施工企业也应当加强对相关实际工作人员的管理,避免相关人员因擅自购买虚开的发票结算款项从而造成施工企业构成犯罪的情况。

第四节　虚假诉讼罪实务要点与风险防范

一、罪状描述、犯罪构成要件与认定标准

(一)罪状描述

虚假诉讼罪,是指行为人以捏造的事实提起民事诉讼,妨害司法秩序或者严重侵害他人合法权益的犯罪。

《刑法》第 307 条之一规定:“以捏造的事实提起民事诉讼,妨害司法秩序或者严重侵害他人合法权益的,处三年以下有期徒刑、拘役或者管制,并处或者单处罚金;情节严重的,处三年以上七年以下有期徒刑,并处罚金。

单位犯前款罪的,对单位判处罚金,并对其直接负责的主管人员和其他直接责任人员,依照前款的规定处罚。

有第一款行为,非法占有他人财产或者逃避合法债务,又构成其他犯罪的,依照处罚较重的规定定罪从重处罚。

司法工作人员利用职权,与他人共同实施前三款行为的,从重处罚;同时构成其他犯罪的,依照处罚较重的规定定罪从重处罚。”

本罪在刑法中属于妨害社会管理秩序罪中的妨害司法罪,其保护的法益是:司法秩序和不特定人的合法权益。

(二)犯罪构成要件

1. 犯罪主体

根据《刑法》第 307 条之一的规定,本罪的主体是一般主体,包括个人和单位,年满 16 周岁的自然人可构成此罪。

2. 主观方面

本罪的主观方面是故意犯罪,行为人具有提起虚假的民事诉讼,欺骗国家司法机关,通过获得司法机关的裁判文书实现其非法目的的主观故意。

3. 犯罪客体

本罪侵犯的客体是复杂客体,包括国家司法秩序和他人的财产权等合法权益。

4.客观方面

构成虚假诉讼犯罪在客观方面必须具备以下条件:

第一,以捏造的事实提起民事诉讼。

“提起民事诉讼”,是指依照民事诉讼法的规定向法院提起诉讼。“捏造的事实”,是指凭空编造的不存在的事实,如根本不存在的债权债务关系。如果民事纠纷客观存在,行为人对具体数额、期限等事实作夸大、隐瞒或虚假陈述的,不属于这里的“捏造”。“以捏造的事实提起民事诉讼”,是指通过伪造书证、物证、恶意串通、指使证人作假证言等手段,以凭空捏造的根本不存在的事实为基础,向法院提出诉讼请求,要求法院作出判决。

建设工程领域会涉及因发包人欠款较多,无法足额偿还所欠工程款时,承包人和发包人可能会通过篡改某些事实和证据材料将本已丧失的工程款优先受偿权通过诉讼的方式确认拥有优先受偿权;分包人或者承包人会将所欠其他费用以虚构成拖欠农民工工资的方式进行诉讼;承包人或分包人隐瞒已经收到工程款的事实进行诉讼;为了让总包人承担连带责任将材料款篡改成工程款进行诉讼;篡改合同价格进行诉讼;并不存在的实际施工人为了非法获取工程款而冒用他人工程材料进行诉讼等行为均构成以捏造的事实提起民事诉讼。

第二,妨害司法秩序或者严重侵害他人合法权益。这是构成本罪的结果条件。

“妨害司法秩序”,是指对国家司法机关进行审判活动、履行法定职责的正常秩序造成损害,既包括导致司法机关作出错误判决造成司法权威和司法公信力的损害,也包括提起虚假诉讼占用了司法资源,影响了司法机关的正常司法活动等。“严重侵害他人合法权益”,是指虚假诉讼活动给被害人的财产权等合法权益造成严重损害,如司法机关执行错误判决或者因行为人提起诉讼采取保全措施造成被害人的严重损失,被害人一定数额的合法债权得不到及时清偿等。只要虚假诉讼行为妨害司法秩序或者严重侵害他人合法权益,就可以构成本条规定的犯罪。

虚假诉讼行为从目的来看,可以分为两类:一类是骗财类虚假诉讼,企图通过诉讼侵占他人财产或者逃避合法债务,如通过订立虚假的抵押合同以取得优先受偿的权利,侵害其他合法债权人的受偿权利;另一类是出于谋财以外的其他目的的虚假诉讼。

从虚假诉讼的当事人之间的关系看,也可分为两类:一类是一方当事人提起虚假诉讼,企图侵犯另一方当事人合法权益的案件,双方当事人之间存在实质的利益对抗关系；另一类是双方当事人恶意串通进行虚假诉讼，企图侵犯案外第三人合法权益，损害国家、公共利益，或者企图逃避履行法定义务，规避相关法定管理规定等，双方当事人之间不存在实质对抗关系，而是互相串通共同捏造事实、伪造证据，骗取人民法院的裁判。

因工人工资和建设工程价款有优先受偿权，且虚增结算价款较难查证，故双方串通进行虚假诉讼在建设工程领域较为普遍。

（三）认定标准

1. 立案标准

《虚假诉讼司法解释》第 1 条规定："采取伪造证据、虚假陈述等手段，实施下列行为之一，捏造民事法律关系，虚构民事纠纷，向人民法院提起民事诉讼的，应当认定为刑法第三百零七条之一第一款规定的'以捏造的事实提起民事诉讼'：

（一）与夫妻一方恶意串通，捏造夫妻共同债务的；

（二）与他人恶意串通，捏造债权债务关系和以物抵债协议的；

（三）与公司、企业的法定代表人、董事、监事、经理或者其他管理人员恶意串通，捏造公司、企业债务或者担保义务的；

（四）捏造知识产权侵权关系或者不正当竞争关系的；

（五）在破产案件审理过程中申报捏造的债权的；

（六）与被执行人恶意串通，捏造债权或者对查封、扣押、冻结财产的优先权、担保物权的；

（七）单方或者与他人恶意串通，捏造身份、合同、侵权、继承等民事法律关系的其他行为。

隐瞒债务已经全部清偿的事实，向人民法院提起民事诉讼，要求他人履行债务的，以'以捏造的事实提起民事诉讼'论。

向人民法院申请执行基于捏造的事实作出的仲裁裁决、公证债权文书，或者在民事执行过程中以捏造的事实对执行标的提出异议、申请参与执行财产分配的，属于刑法第三百零七条之一第一款规定的'以捏造的事实提起民事诉讼'。"

第 2 条规定："以捏造的事实提起民事诉讼，有下列情形之一的，应当认定为刑法第三百零七条之一第一款规定的'妨害司法秩序或者严重侵害他人合法权益'：

（一）致使人民法院基于捏造的事实采取财产保全或者行为保全措施的；

（二）致使人民法院开庭审理，干扰正常司法活动的；

（三）致使人民法院基于捏造的事实作出裁判文书、制作财产分配方案，或者立案执行基于捏造的事实作出的仲裁裁决、公证债权文书的；

（四）多次以捏造的事实提起民事诉讼的；

（五）曾因以捏造的事实提起民事诉讼被采取民事诉讼强制措施或者受过刑事追究的；

（六）其他妨害司法秩序或者严重侵害他人合法权益的情形。”

2. 量刑标准

《刑法》第 307 条之一规定：“以捏造的事实提起民事诉讼，妨害司法秩序或者严重侵害他人合法权益的，处三年以下有期徒刑、拘役或者管制，并处或者单处罚金；情节严重的，处三年以上七年以下有期徒刑，并处罚金。

单位犯前款罪的，对单位判处罚金，并对其直接负责的主管人员和其他直接责任人员，依照前款的规定处罚。

有第一款行为，非法占有他人财产或者逃避合法债务，又构成其他犯罪的，依照处罚较重的规定定罪从重处罚。

司法工作人员利用职权，与他人共同实施前三款行为的，从重处罚；同时构成其他犯罪的，依照处罚较重的规定定罪从重处罚。”

本款对于虚假诉讼犯罪规定了两档法定刑。第一档法定刑是 3 年以下有期徒刑、拘役或者管制，并处或者单处罚金。第二档法定刑是对情节严重的，处 3 年以上 7 年以下有期徒刑，并处罚金。本款规定的“情节严重”，是指虚假诉讼对司法秩序造成严重妨害，或者对他人合法权益造成特别重大损害，如诉讼标的数额巨大，多次提起虚假诉讼，伪造证据的情节恶劣，损害善意当事人合法权益造成严重后果等。

《虚假诉讼司法解释》第 3 条规定：“以捏造的事实提起民事诉讼，有下列情形之一的，应当认定为刑法第三百零七条之一第一款规定的‘情节严重’：

（一）有本解释第二条第一项情形，造成他人经济损失一百万元以上的；

（二）有本解释第二条第二项至第四项情形之一，严重干扰正常司法活动或者严重损害司法公信力的；

（三）致使义务人自动履行生效裁判文书确定的财产给付义务或者人民法院强制执行财产权益，数额达到一百万元以上的；

（四）致使他人债权无法实现，数额达到一百万元以上的；

（五）非法占有他人财产，数额达到十万元以上的；

（六）致使他人因为不执行人民法院基于捏造的事实作出的判决、裁定，被采取刑事拘留、逮捕措施或者受到刑事追究的；

（七）其他情节严重的情形。”

二、实务要点与典型案例

实务要点1　分包单位通过撤换、篡改合同中的单价页，提高单价的方式向法院提起民事诉讼，企图或者更高的分包价格，构成虚假诉讼罪。

典型案例1

江苏省徐州市睢宁县人民法院(2017)苏0324刑初313号周某虚假诉讼案

［案情介绍］

2013年12月28日，曹某挂靠建设公司承建了置业公司开发的上品工程。2014年5月22日，被告人周某以科技公司的名义与曹某签订了《保温工程施工合同》，约定由周某分包上品1－3号楼外墙保温工程，单价分别为：30mm厚98元/平方米、45mm厚118元/平方米、60mm厚138元/平方米。2014年7月20日，被告人周某又安排其妻弟梁某与曹某签订《外墙真石漆工程协议书》，约定承包单价为55元/平方米。后周某联系不到曹某，被告人周某为牟取利益，私自以撤换张页等方式篡改上述合同，将合同中约定的外墙保温工程单价篡改为：30mm厚118元/平方米、45mm厚148元/平方米、60mm厚168元/平方米，外墙真石漆承包单价篡改为75元/平方米。

2016年9月13日，被告人周某持上述篡改单价后的《保温工程施工合同》《外墙真石漆工程协议书》向法院提起民事诉讼，要求建设公司支付下欠工程款1228456.96元，置业公司在欠付工程款范围内承担连带责任，后睢宁县人民法院审理时发现其提供的证据系伪造。

［法院认为］

作为具备完全刑事责任能力的被告人周某，以篡改施工合同承包单价的方式，伪造了主要的诉讼证据向法院提起民事诉讼，并将其篡改单价的施工合同书向法庭举证，其主观目的意在侵害他人合法权益而获得非法利益，客观上妨害了司法秩序，故被告人周某的行为构成虚假诉讼罪。

［裁判结果］

被告人周某犯虚假诉讼罪，判处有期徒刑8个月，缓刑1年，并处罚金人民币1万元。

实务要点2 **承包人将拖欠的工程款虚构成拖欠的农民工工资进行诉讼，以期待在发包人兼并重组的分配过程中得到优先发放，构成虚假诉讼罪。**

典型案例2

贵州省遵义市绥阳县人民法院(2017)黔0323刑初25号
陈某、赵某虚假诉讼案

［案情介绍］

2010年8月，被告人陈某的环保公司为林煤矿做了污水处理工程，合同金额为101.8万元。2013年12月25日，该工程完工后，林煤矿支付了20万元工程款，尚欠环保公司工程款81.8万元。2015年12月，仁怀市政府在《仁怀市进一步加快推进煤矿企业兼并重组工作方案》中确定，对各煤矿企业所交的安全生产风险金和矿山环境恢复治理保证金进行返还时，要求优先保障农民工工资、工伤及职业病等问题的处理，林煤矿是被兼并重组的煤矿企业之一。2015年年底，被告人陈某在仁怀市人民法院执行局副局长赵某1(已作不诉处理)办公室与赵某1聊天时，得知赵某1在负责牵头办理涉及煤矿企业的相关案件，便说林煤矿拖欠其80余万元的工程款，请赵某1想办法帮其讨回工程款。赵某1说法院优先执行的是民工工资、工伤、职业病三种情形所产生的债务，建议以“三角债务”关系进行诉讼。陈某后请赵某1帮其介绍一个律师处理，赵某1推荐了其家门中的兄弟实习律师赵某。被告人陈某通过电话与被告人赵某联系见面后，向赵某介绍了林煤矿拖欠环保公司80余万元工程款的情况及政府执行优先发放民工工资、工伤、职业病的费用的专项行动，请赵某帮忙讨回工程款，其支付6万元的代理费。被告人赵某接受了陈某的委托后，陈某便咨询赵某怎么操作，后赵某查阅最高院关于审理建设工程案件的相关司法解释，与陈某商定，由陈某提供程某、穆某、杨某等16名工人的身份信息，赵某伪造了工资欠条、授权委托书和民事诉状等材料，陈某在赵某伪造的欠条上签字捺印。2016年1月,被告人赵某将伪造的工资欠条、授权委托书和民事诉状等材料拿到仁怀市人民法院进行立案,其以程某、穆某、杨某等16名工人代理人的身份起诉环保公司和林煤矿。仁怀市人民法院分别立案后进行合并审理,于2016年1月20日进行调解,并制作了民事调解书。后该案在申请执行时被发现涉嫌虚假诉讼而被移送仁怀市公安局调查处理。

[法院认为]

被告人陈某、赵某以捏造的事实提起民事诉讼,妨害司法秩序,其行为已触犯《刑法》第307条之一之规定,构成虚假诉讼罪。

[裁判结果]

1. 被告人陈某犯虚假诉讼罪,判处有期徒刑1年4个月,缓刑2年,并处罚金3万元。

2. 被告人赵某犯虚假诉讼罪,判处有期徒刑1年2个月,缓刑2年,并处罚金5000元。

实务要点3 **因合伙承包工程各合伙人间利润分配不均发生纠纷,合伙人通过虚构工程欠款的行为进行民事诉讼,以达到侵占工程款的目的,构成虚假诉讼罪。**

典型案例3

宿迁市泗阳县人民法院(2017)苏1323刑初569号
杨某、张某等虚假诉讼案

[案情介绍]

2013年,张某1、刘某(均已判刑)与葛某、张某3、苗某合伙承包某路铺设工程,被告人杨某、张某、李某行分别为工程提供柴油、石灰、机械施工。施工结束后,经结算,该工程分别欠被告人杨某柴油款约7万元、被告人张某石灰款33万元。工程结束后,置业公司尚有工程质量保证金86.15万元未支付。

2014年上半年,张某1、刘某与葛某因该工程产生纠纷,为防止葛某将工程质量保证金86.15万元领走,共同商量由刘某出具分别欠到被告人杨某柴油款27万元、被告人张某石灰款45.48万元、被告人李某行机械人工费用4万元的虚假欠条。2014年10月,被告人杨某、张某、李某行受张某1、刘某指使,持虚假欠条至法院起诉工程合伙人张某1、刘某及葛某、张某3、苗某,并对质量保证金86.15万元申请保全。经开庭审理,法院于2014年11月19日判决张某1、刘某及葛某、张某3、苗某五名合伙人分别偿还杨某27万元、张某45.48万元、李某4万元。2016年1月26日,张某1与建设单位达成协议,将某宅房产抵扣工程质量保证金。后被告人杨某、张某、李某行自首。

[法院认为]

被告人杨某、张某、李某行以捏造的事实提起民事诉讼,妨害司法秩序,其行为均已构成虚假诉讼罪。

[裁判结果]

1.被告人杨某犯虚假诉讼罪,判处拘役4个月,缓刑8个月,并处罚金14000元。

2.被告人张某犯虚假诉讼罪,判处拘役3个月,缓刑6个月,并处罚金8000元。

3.被告人李某行犯虚假诉讼罪,判处拘役2个月,缓刑5个月,并处罚金3000元。

实务要点4 | 因总承包单位欠款导致实际施工人挂靠的项目工程款被其他债权人查封,实际施工人通过伪造工人工资进行诉讼,双方均构成虚假诉讼罪。

典型案例4

江苏省盐城市亭湖区人民法院(2016)苏0902刑初773号
蔡某1、蔡某2等虚假诉讼案

[案情介绍]

2012年10月至2013年9月,陈某1(另案处理)挂靠南洋公司承建建设单位工业中心大楼。2015年2月12日,该工程经结算审查结算价为人民币24605789.13元,建设单位已经向南洋公司支付工程款人民币21478378.9元,南洋公司按协议扣除管理费后按约支付给陈某1。2015年3月20日、5月8日,受理法院因卞某诉徐某1(系南洋公司法定代表人)、南洋公司等人借贷纠纷案,向建设单位发出协助执行通知书,要求协助执行查封、冻结南洋公司“工程款200万元及一切工程款”,“查封至债权清偿之日止,未经本院允许不得支付工程款”,“将南洋公司到期工程款70万元于本通知书收到之日起十日内汇至我院”,“剩余的工程款继续冻结”。

陈某1因其挂靠南洋公司承建的建设单位工业中心工程款被法院查封、冻结,产生以讨要“农民工”工资名义向法院提起诉讼追索上述工程款人民币312万余元的念头,找到与其在建设单位工程及其他工程上存有施工关系的陈某2、蔡某1、丁某、唐某1、王某、吴某、陈某1等人,要求上述人员与其一起寻找拟以原告身份起诉的人员的信息,并让陈某2担任所有拟起诉原告人的诉讼代理人。此后,被告人蔡某2、王某1、蔡某3应蔡某1要求提供其身份信息;被告人余某、孙某应丁某要求提供其身份信息;被告人杨某、高某、唐某、吉某应唐某1要求提供其身份信息;被告人张某、蔡某3、荣某应王某要求提供其身份信息;被告人吴某、王某2、周某应吴某1要求提供其身份信息;被告人姜某应陈某1要求提供其身份信息。

2015年6月、7月间,陈某1将收集到拟担任原告起诉的98人分为建设单位工业中心工程项目部及木模工班组、上下力资清理打扫班组等13个班组,统一编造了落款日期为2013年12月28日的14张欠条,以证实南洋公司因建设单位工业中心工程欠上述98人工资人民币计343万元,并让南洋公司在欠条上加盖印章。陈某1还统一编造了98份民事起诉状、授权委托书、调解协议书,组织上述98人以原告身份根据欠条向本院起诉南洋公司,要求南洋公司支付拖欠工资,指使陈某2担任其余参与诉讼的97名原告的诉讼代理人参与诉讼。

2015年10月27日,陈某1、陈某2等人到法院参与开庭调解,并由被告人陈某2作为诉讼代理人代理其他未到庭人员与南洋公司达成98份调解协议,法院当日作出(2015)亭民初字第2692号、第2703号－第2799号计98份民事调解书并予以送达。2015年11月,陈某1、陈某2以南洋公司未按期履行上述98份民事调解书为由,组织部分参与诉讼人员向法院申请执行。法院于2015年11月30日向建设单位发出协助执行通知书,要求冻结、查封南洋公司“工程款人民币三百五十万元(以实际工程款为准)”,同年12月31日,建设单位将其中工程款人民币118万元汇入指定账号。此后,陈某1、陈某2再次组织部分参与诉讼人员到法院信访,要求给付已经执行款项。

[法院认为]

被告人蔡某1、蔡某2、王某1、余某、孙某、高某、吉某、唐某、杨某、蔡某3、张某、荣某、吴某、王某2、周某、姜某与他人一起以捏造的事实提起民事诉讼，妨害司法秩序，其行为均已构成虚假诉讼罪，且系共同犯罪。

[**裁判结果**]

1. 被告人蔡某1、蔡某2、王某1、蔡某3、张某、荣某犯虚假诉讼罪，免于刑事处罚。

2. 被告人余某、周某犯虚假诉讼罪，判处罚金人民币3000元。

3. 被告人孙某、高某、吉某、唐某、杨某、吴某、王某犯虚假诉讼罪，判处罚金人民币4000元。

4. 被告人姜某犯虚假诉讼罪，判处罚金人民币5000元。

实务要点5 | **项目工作人员利用工作之便，将接触到的项目经理印章加盖至空白信笺纸并伪造垫付工程款进行诉讼的，构成虚假诉讼罪。**

典型案例5

江苏省徐州市新沂市人民法院(2017)苏0381刑初916号曹某虚假诉讼案

[**案情介绍**]

2016年5月的一天，被告人曹某使用加盖项目部公章的空白信笺，伪造一份曹某为该工程垫付94.5万元工程款证明，于2016年5月18日向徐州市云龙区人民法院提起民事诉讼，要求江苏省建筑工程集团有限公司支付垫付款项及利息100余万元。徐州市云龙区人民法院受理该案后，于2016年10月10日裁定驳回起诉。后被告人曹某主动至新沂市公安局北沟派出所投案，如实供述犯罪事实。法院认为：被告人曹某以捏造的事实提起民事诉讼，妨害司法秩序，其行为已构成虚假诉讼罪

[**裁判结果**]

被告人曹某犯虚假诉讼罪，判处有期徒刑8个月，缓刑1年，并处罚金人民币5000元。

实务要点 6 **承包单位与发包单位通过串通、伪造证据等方式，将本已过了优先受偿权行使期限的工程款通过诉讼的方式骗取建设工程价款优先受偿权，双方均构成虚假诉讼罪。**

典型案例 6

江苏省常州市金坛区人民法院（2018）苏0482刑初463号
钢构公司、机械公司等虚假诉讼案

［案情介绍］

2011年8月29日，被告单位机械公司与被告单位钢结构有限公司签订机械公司生产车间一钢结构部分合同。合同约定由钢构公司承建机械公司生产车间一钢结构工程，合同总价为人民币1750万元。工程最迟支付的余款需在验收合格之日起两年内支付。工程施工过程中，机械公司增加工程量，经双方结算，增补工程款为人民币126万元。2013年9月12日，上述工程竣工验收合格。至2017年5月23日止，机械公司部分支付后尚欠钢构公司工程款人民币531.5万元。

后被告人黄某获悉机械公司的房产和土地使用权将因银行债务问题被法院拍卖，因担心机械公司不能给付工程款人民币531.5万元，被告人黄某遂找到被告人于某，二人经商量后预谋通过伪造机械公司生产车间钢结构承揽合同、工程款结算支付协议等方式，虚增工程款人民币450万元，同时延长工程款支付期限，并预谋通过民事诉讼的方式让钢构公司重新享有对机械公司的工程款优先受偿权。

2017年9月20日，钢构公司凭借伪造的机械公司生产车间钢结构承揽合同、钢结构工程增补结算汇总确认单、确认工程明细、工程款结算支付协议等证据材料至常州市金坛区人民法院提起民事诉讼。

［法院认为］

被告单位钢构有限公司、机械公司串通以捏造的事实提起民事诉讼，妨害司法秩序，二被告单位的行为均构成了虚假诉讼罪，属共同犯罪。被告人黄某、于某作为二被告单位直接负责的主管人员，应按照虚假诉讼罪追究刑事责任。

［裁判结果］

1. 被告单位钢构公司犯虚假诉讼罪，判处罚金人民币30万元（罚金已预缴）。

2. 被告单位机械公司犯虚假诉讼罪，判处罚金人民币30万元。

3. 被告人黄某犯虚假诉讼罪，判处有期徒刑1年。

4. 被告人于某犯虚假诉讼罪，判处有期徒刑1年6个月。

实务要点7 | 分包单位隐瞒已经收到部分款项的事实进行民事诉讼，构成虚假诉讼罪。

典型案例7

河南省周口市川汇区人民法院(2018)豫1602刑初495号李某虚假诉讼案

[案情介绍]

2017年9月，被告人李某承包了三川水岸6号楼二次结构工程，因工程甲方和甲方监理认为被告人李某干的不行，发包给李某工程的被害人倪某和李某结算工程款后，给被告人李某打了个10万元的欠条。2017年10月26日，倪某转至被告人李某提供的马某建行账户5万元，但欠条没变更。后被告人李某以倪某给其打的10万元欠条为依据到周口市川汇区人民法院提起民事诉讼，2018年1月23日，法院判决倪某支付李某劳务工资10万元及利息。倪某没有执行法院判决，于2018年2月2日报案至周口市公安局城北分局，2018年2月9日，倪某书面谅解了被告人李某。

[法院认为]

被告人李某故意隐瞒了被害人已经支付部分债务的事实，以全部债权提起民事诉讼，并要求被害人履行全部债务，致使人民法院据此作出裁判，属以捏造的事实提起民事诉讼，其行为妨害了司法秩序，已构成虚假诉讼罪。

[裁判结果]

被告人李某犯虚假诉讼罪，判处管制2年，并处罚金人民币5000元。

三、风险防范建议

施工单位及从业人员在办理结算、讨要工程款的过程中，一定要严格规范自己的行为，严格遵循实事求是的原则。特别是在诉讼、仲裁中，应当坚持以事实为依据。不能虚构证明材料确认并未实际发生的事实，也不能对相关事实进行夸大、隐瞒等，对第三人提出要求以一定方式配合进行诉讼、仲裁的行为也不能参与，否则均可能带来刑事风险。

1. 关注建设工程价款的优先受偿权，施工单位应确保使用合法的方法保住建设工程的优先受偿权，而不能在失去优先受偿权的时候采取与建设单位串通或者其他方式以诉讼方式主张优先受偿权，施工单位亦不应当通过伪造相关证据和事实的方式诉讼主张优先受偿权。

2. 对于已经收到的工程款，在诉讼过程中应当如实向法院陈述，不应进行隐瞒，否则可能会带来刑事风险。

3. 对于分包人因无法追回款项，付款方经济状况恶化等情况下，分包人、承包人不应通过虚构事实变更款项性质的方式进行诉讼，否则会带来刑事风险。

4. 施工单位应当规范相应工作人员的行为，明确岗位职责和权利清单，明确禁止的行为范围。以免因为工作人员的相关违法行为，使施工单位构成刑事风险。

5. 实际施工人在需要通过诉讼方式追讨工程款时，施工单位不配合的情况下，实际施工人一旦采用私刻公章等方式诉讼的，可能会涉嫌虚假诉讼罪。

总之，施工单位应当重视结算过程中从业人员的行为，尽量避免采取非正当手段进行结算和催款。对背离实际的材料应当警觉，切不可为了多拿工程款而跌入犯罪的深渊，从而给施工单位健康有序发展带来致命的打击。

第九章

缺陷责任期及质保期的刑事风险防范指引

缺陷责任期,是指承包单位按照合同约定承担缺陷责任修复义务且发包单位预留质量保证金(已缴纳履约保证金的除外)的期限。工程缺陷,是指建设工程质量不符合工程建设强制性标准、设计文件以及承包合同的约定。缺陷责任期从工程通过竣工验收之日起计算,最长不超过 2 年,由发承包双方在合同中约定。因发包单位原因导致工程无法按规定期限进行竣工验收的,在承包单位提交竣工验收报告 90 天后,工程自动进入缺陷责任期。

工程质量保修期,是指工程竣工验收合格后承包单位对建设工程承担质量瑕疵保修责任的期限,自竣工验收合格之日起计算。我国法律对在正常使用条件下建设工程主要部位的最低保修期限进行了规定,包括:基础设施工程、房屋建筑的地基基础工程和主体结构工程,为设计文件规定的该工程的合理使用年限;屋面防水工程、有防水要求的卫生间、房间和外墙的防渗漏,为 5 年;供热与供冷系统,为 2 个采暖期、供冷期;电气管线、给排水管道、设备安装和装修工程,为 2 年。其他项目的保修期限由发包方与承包方约定。实践中,存在发包单位未经竣工验收或者验收未通过擅自使用建设工程的情形,亦存在发包单位拖延验收的情形。发包单位擅自使用建设工程,是对验收权利的放弃,视为工程已经竣工验收,自工程转移占有之日起计算工程保修期限,并不免除工程保修责任。发包单位拖延验收的,质量保修期自承包单位提交竣工报告之日起开始计算。

《建设工程质量保证金管理办法》(建质〔2017〕138 号)要求承包单位在缺陷责任期内对由其原因造成的缺陷负责维修并承担鉴定及维修费用,且不免除承包单位对工程损失的赔偿责任。《建设工程质量管理条例》要求承包三位对建设工程在保修范围和保修期限内发生的质量问题履行保修义务,并对造成的损失承担赔偿责任。以上主要是从民事责任角度对建设工程交付后的保修责任和赔偿责任予以规定。

就刑事责任而言,若交付的工程可能存在潜在质量缺陷,那么,在该项目工程的在使用过程中,极有可能会出现因潜在质量缺陷的日益暴露而造成人身伤亡或者财产损害的情况,进而涉嫌工程重大安全事故罪、重大责任事故罪等。具体来说,对于工程质量,发包单位、承包单位从主观上均希望质量标准越高越好,但考虑到经济成本问题,如钢筋混凝土结构的抗震等级分为一级和二级,但等级的不同便涉及框架柱、框架梁、框支柱、筒体、剪力墙、连梁等主要结构的布筋,以及施工组织、措施、工艺的投入成本不同。换言之,抗震等级的不同,对发包单位则意味着工程造价的大幅上升或减少。在此情况下,对承包单位而言意味着花费的工程成本增加或降低。有些建设单位、设计单位、施工单位、工程监理单位为了最大限度地实现经济利益,便擅自违反工程质量有关法律法规,刻意降低工程建设标准,由此导致项目工程产生结构安全、重要使用功能等方面的质量缺陷,进而造成人身伤亡或者重大经济损失的事故。最终,涉事企业、人员不仅仅要承担工程损失的赔偿责任,直接责任人员还将接受刑事处罚,得利不成,反而遭到双重损失。

一、工程重大安全事故罪罪状描述、犯罪构成要件与认定标准

(一)罪状描述

工程重大安全事故罪,是指建设单位、设计单位、施工单位、工程监理单位违反国家规定,降低工程质量标准,造成重大安全事故的行为。

(二)犯罪构成要件

1. 犯罪主体

本罪的主体为特殊主体,系单位犯罪。

本罪主体只能是建设单位、设计单位、施工单位、工程监理单位。值得注意的是,本罪主体并不包括勘查单位。虽然本罪的主体为单位,但直接处罚对象是建设单位、设计单位、施工单位、工程监理单位的"直接责任人员"。

2. 主观方面

本罪的主观方面表现为过失。

过失,包括过于自信的过失和疏忽大意的过失,这种过失是基于行为人的主观心理状态而言的。具体来说,行为人明知其违反国家建筑工程质量监督管理规定的行为将在一定程度上降低项目工程的质量标准,但是行为人却盲目坚信项目工程质量标准的降低并不会造成重大安全事故的爆发。或者说,行为人已经预见到了工程质量标准的降低可能会导致重大安全事故的发生,但其主观上并不希望这种事故发生,仅仅是基于侥幸心理认为能够避免事故的发生。

3. 犯罪客体

本罪侵犯的客体是国家的建筑管理制度以及相关建筑工程带来的生产、经营、工作及生活的公共安全。

4. 客观方面

本罪的客观方面表现为违反国家规定，降低工程质量标准，造成重大安全事故的行为。

违反国家规定降低工程质量标准进而造成重大安全事故这一危及社会公共安全的严重后果，系本罪的本质特征。换言之，并非所有违反国家规定的安全事故都能构成本罪，只有当先行行为与实害结果之间存在因果关系，即严重后果确是由于违反国家规定的行为而引起时，该行为方可被纳入“工程重大安全事故罪”的评价范畴。若是违反国家规定的行为与严重后果之间没有任何因果联系，则不被本罪所规制。

所谓“违反国家规定”，是指违反国家有关建筑工程质量监督管理方面的法律、法规。如《建筑法》《建设工程质量管理条例》等。

所谓“降低工程质量标准”，是指建设单位、设计单位、施工单位和工程监理单位以低于国家要求的质量标准而进行的工程建设、设计、施工、监理行为。如建设单位不合理地压低工程造价，任意压缩工期，降低工程质量标准进行竣工验收并交付使用；施工单位使用不合格的建筑材料、建筑构配件和设备，擅自或者任意更改原设计内容、不按照施工技术标准进行施工，违反操作规程粗制滥造等。

所谓“重大安全事故”，是指该建筑工程在建设中以及交付使用后，由于达不到质量标准或者存在严重问题，导致楼房倒塌、桥梁断裂、铁路塌陷，造成人员伤亡或者火车、汽车等交通工具倾覆事故等。就重大安全事故范围的认定，可佐以《生产安全事故报告和调查处理条例》第3条加以分析，即“根据生产安全事故（以下简称事故）造成的人员伤亡或者直接经济损失，事故一般分为以下等级：1. 特别重大事故，是指造成30人以上死亡，或者100人以上重伤（包括急性工业中毒，下同），或者1亿元以上直接经济损失的事故；2. 重大事故，是指造成10人以上30人以下死亡，或者50人以上100人以下重伤，或者5000万元以上1亿元以下直接经济损失的事故；3. 较大事故，是指造成3人以上10人以下死亡，或者10人以上50人以下重伤，或者1000万元以上5000万元以下直接经济损失的事故；4. 一般事故，是指造成3人以下死亡，或者10人以下重伤，或者1000万元以下直接经济损失的事故。国务院安全生产监督管理部门可以会同国务院有关部门，制定事故等级划分的补充性规定。本条第一款所称的‘以上’包括本数，所称的‘以下’不包括本数”。

（三）认定标准

1. 立案追诉标准

《刑事案件立案追诉标准（一）》第13条规定："［工程重大安全事故案（刑法第一百三十七条）］建设单位、设计单位、施工单位、工程监理单位违反国家规定，降低工程质量标准，涉嫌下列情形之一的，应予立案追诉：

（一）造成死亡一人以上，或者重伤三人以上；

（二）造成直接经济损失五十万元以上的；

（三）其他造成严重后果的情形。"

2. 量刑标准

《刑法》第137条规定："建设单位、设计单位、施工单位、工程监理单位违反国家规定，降低工程质量标准，造成重大安全事故的，对直接责任人员，处五年以下有期徒刑或者拘役，并处罚金；后果特别严重的，处五年以上十年以下有期徒刑，并处罚金。"

《涉窨井盖刑事案件指导意见》第5条第2款规定："窨井盖建设、设计、施工、工程监理单位违反国家规定，降低工程质量标准，造成重大安全事故的，依照刑法第一百三十七条的规定，以工程重大安全事故罪定罪处罚。"

《危害生产安全刑事案件司法解释》第6条规定："实施刑法第一百三十二条、第一百三十四条第一款、第一百三十五条、第一百三十五条之一、第一百三十六条、第一百三十九条规定的行为，因而发生安全事故，具有下列情形之一的，应当认定为'造成严重后果'或者'发生重大伤亡事故或者造成其他严重后果'，对相关责任人员，处三年以下有期徒刑或者拘役：

（一）造成死亡一人以上，或者重伤三人以上的；

（二）造成直接经济损失一百万元以上的；

（三）其他造成严重后果或者重大安全事故的情形。

……

实施刑法第一百三十七条规定的行为，因而发生安全事故，具有本条第一款规定情形的，应当认定为'造成重大安全事故'，对直接责任人员，处五年以下有期徒刑或者拘役，并处罚金。

……"

第7条规定："实施刑法第一百三十二条、第一百三十四条第一款、第一百三十五条、第一百三十五条之一、第一百三十六条、第一百三十九条规定的行为,因而发生安全事故,具有下列情形之一的,对相关责任人员,处三年以上七年以下有期徒刑:

(一)造成死亡三人以上或者重伤十人以上,负事故主要责任的;

(二)造成直接经济损失五百万元以上,负事故主要责任的;

(三)其他造成特别严重后果、情节特别恶劣或者后果特别严重的情形。

……

实施刑法第一百三十七条规定的行为,因而发生安全事故,具有本条第一款规定情形的,对直接责任人员,处五年以上十年以下有期徒刑,并处罚金。

……"

第 12 条规定:"实施刑法第一百三十二条、第一百三十四条至第一百三十九条之一规定的犯罪行为,具有下列情形之一的,从重处罚:

(一)未依法取得安全许可证件或者安全许可证件过期、被暂扣、吊销、注销后从事生产经营活动的;

(二)关闭、破坏必要的安全监控和报警设备的;

(三)已经发现事故隐患,经有关部门或者个人提出后,仍不采取措施的;

(四)一年内曾因危害生产安全违法犯罪活动受过行政处罚或者刑事处罚的;

(五)采取弄虚作假、行贿等手段,故意逃避、阻挠负有安全监督管理职责的部门实施监督检查的;

(六)安全事故发生后转移财产意图逃避承担责任的;

(七)其他从重处罚的情形。

实施前款第五项规定的行为,同时构成刑法第三百八十九条规定的犯罪的,依照数罪并罚的规定处罚。"

第 13 条规定:"实施刑法第一百三十二条、第一百三十四条至第一百三十九条之一规定的犯罪行为,在安全事故发生后积极组织、参与事故抢救,或者积极配合调查、主动赔偿损失的,可以酌情从轻处罚。"

二、实务要点与典型案例

实务要点1　监理单位未有效履行监理职责致施工单位未按图纸施工建设，构成工程重大安全事故罪，但监理人员所承担的责任不应重于施工单位。

典型案例1

湖北省鄂州市中级人民法院（2018）鄂07刑终46号
项某、伍某等工程重大安全事故案

［案情介绍］

2011年8月至2012年9月，湖北某路桥公司与湖北省某开发区建设投资有限公司签订葛湖公路K3+219.23－K3+880段和K3+880－K4+340.576段《建设工程施工合同》，湖北某路桥公司作为中标单位组织施工。湖北某路桥公司指派被告人伍某担任该工程的项目经理，伍某代表项目部聘请被告人詹某担任该工程的现场施工技术人员。监理公司委派被告人项某作为该项工程的项目监理，项某代表监理公司聘请被告人何某作为该项目的现场监理。

2013年9月，伍某以工程全部完工为由申请支付工程款，经相关人员签字审批，葛湖公路K3+880－K4+340.576段共计支付工程款227.9612万元。同年12月，伍某向姜某提出交工验收，姜某向周某汇报后，基建部同意组织交工验收。参与验收人员现场提出加宽路肩和完善标识标线的意见，并记录在交工验收证书上，之后，参与验收的人员在工程交工验收证书上均签字同意验收。嗣后，施工单位湖北某路桥公司对加宽路肩的意见进行了整改落实，而对于完善标识标线的意见，伍某未整改落实，项某也未督促施工单位整改落实。

2016年12月2日5时45分许，李某4（已判刑）驾车搭载19人行至葛湖公路K3+913处（处于葛湖公路K3+880－K4+340.576段）时，因大雾天气，能见度较低，李某4采取转向措施不当致使该车驶出路外，翻坠至路右坡下水塘中，导致车上乘坐的18人死亡、1人受伤。经鉴定，18名被害人系生前溺水死亡。经交通运输部公路科学研究所司法鉴定中心鉴定，事故发生地点路段的护栏设置情况、标线施划情况不符合设计文件和相关标准规范的要求；事故地点所处路段未施划相应的标线是导致本次交通事故发生的原因之一；事故地点所处路段未设置护栏

加重了本次事故后果的严重程度。

[法院认为]

被告人伍某作为事故路段的项目经理,被告人詹某作为事故路段的技术人员,二人应对事故路段的工程质量负直接责任。在业主单位未明确变更交通安全设施施工设计方案的情况下,违反国家有关建筑法规,未按图纸施工建设交通安全设施,降低工程质量标准,并将工程交付使用,造成重大安全事故,后果特别严重。被告人项某作为事故路段的项目监理,被告人何某作为事故路段的现场监理,二人应对事故路段的工程监理质量负直接责任。二人未严格按照监理规范对施工单位的施工方案进行审查,未有效履行监理职责,致施工单位未按图纸施工建设交通安全设施,同时未严格监督施工单位落实整改交工验收证书上记载的完善标识标线的问题,降低工程质量监理标准,造成重大安全事故,后果特别严重。项某、伍某、詹某、何某4人的行为均构成工程重大安全事故罪。该4人均系经侦查机关电话通知到案,如实交代案件事实,系自首。

本案的争议焦点在于事故路段的交安工程是否属于上诉人监理职责范围之内,以及监理人员承担责任的大小。事故路段葛湖公路K3+880-K4+340.576段的监理合同的专用条件第四条明确约定,监理范围"详见工程量清单及施工设计图",且该路段的施工图纸中设计了路基、路面及标识标线、波形防护栏等交通安全工程,证人熊某(原葛店管委会副主任、基建部指挥长)、周某(原基建部综合办公室常务副主任)的证言亦均证实了葛店开发区作为代建单位,未决定取消事故路段交通安全工程,基建部亦从未发文或以其他方式指示施工单位不做防护栏和施划标识标线。法院据此认定,该路段的交通安全工程属于上诉人监理职责范围。同时,交通运输部《关于深化公路建设管理体制改革的若干意见》及《公路工程施工监理规范》明确规定,工程监理在项目管理中不作为独立的第三方,监理单位是对委托人负责的受托方,按合同要求和监理规范提供监理咨询服务。监理单位根据项目建设管理法人要求,按照合同约定的权利和义务,依法、依合同开展监理工作。工程施工质量和安全的第一责任人是施工单位,勘察设计质量和安全的第一责任人是勘察设计单位,监理单位依法承担监理合同范围内规定的相应责任。法院据此认为,监理人员所承担的责任不应重于施工方。

[裁判结果]

被告人伍某犯工程重大安全事故罪,判处有期徒刑2年,并处罚金人民币5万元;被告人詹某犯工程重大安全事故罪,免予刑事处罚;被告人何某犯工程重大安全事故罪,免予刑事处罚;被告人项某犯工程重大安全事故罪,判处有期徒刑2年,处罚金人民币5万元。

实务要点2　施工单位擅自更换保温材料,监理单位未履行监理职责,致使质量不合格工程投入使用,构成工程重大安全事故罪。

典型案例2

吉林省长春市朝阳区人民法院(2013)朝刑初字第402号
贾某、王某等工程重大安全事故案

[案情介绍]

2008年3月,被告人贾某在未取得建设手续的情况下,筹备建设某A公司厂房,并以缴纳管理费的方式挂靠到某建设集团进行施工及办理相关建设手续。2008年5月,某A公司厂房工程在某镇开始施工。此后贾某与某监理公司签订建设工程委托监理合同,某监理公司委任无监理资质的张某对某A公司工程项目进行监理。在施工过程中,贾某擅自将厂房设计图中的保温材料由离心玻璃棉更换为聚氨酯泡沫,刘某未对该工程履行管理职责,刘某在明知更换保温材料的情况下未予制止,王某、张某未履行监理职责,致使该工程降低质量标准,在工程竣工时,违规同意竣工并参与验收,致使质量不合格的厂房工程投入使用。2013年6月3日,某A公司厂房发生特别重大火灾爆炸事故,造成121人死亡,76人受伤,直接经济损失人民币1.82余亿元。

[法院认为]

被告人贾某于2008年3月在长春市违反设计防火规范要求建设厂房,致使工程质量降低,在2013年6月3日发生重大火灾,构成工程重大安全事故罪;被告人王某于2008年5月委任无监理资质的张某对某A公司工程项目进行监理,在施工过程中未履行监理职责,对施工方擅自将厂房设计图中的保温材料由离心玻璃棉(岩棉)更换为聚氨酯泡沫,致使工程降低质量标准,在竣工时违规同意竣工并参与验收,致使质量不合格的厂房工程投入使用,构成工程重大安全事故罪。

本案的争议焦点在于工程竣工验收并投入使用后,发生生产安全责任事故,工程的施工单位、监理单位人员是否应当承担刑事责任?某A公司火灾爆炸事故调查报告认定:此次事故是一起生产安全责任事故。间接原因之一是某A公司厂房建设中,未按照设计施工,违规将不燃的保温材料岩棉更换为易燃的聚氨酯泡沫,聚氨酯泡沫燃烧性能为B3级,违反了《建筑设计防火规范》不低于B2级,《冷库设计规范》不低于B1级的规定,导致起火后火势迅速蔓延,产生大量有毒气体,造成大量人员伤亡。

[裁判结果]

被告人贾某犯工程重大安全事故罪,判处有期徒刑9年;被告人王某犯工程重大安全事故罪,判处有期徒刑6年。

实务要点3 | 未按图纸施工、降低工程质量标准,导致发生重大安全事故,施工单位技术负责人、监理人构成重大安全事故罪。

典型案例3

四川省绵阳市中级人民法院(2014)绵刑终字第142号
赵某等工程重大安全事故案

[案情介绍]

实际施工人赵某以施工单位技术负责人的身份负责施工技术,在施工过程中,未按图纸施工。现场总监理工程师卓某和现场监理杨某巡视和旁站过程中,未按设计图纸和技术规范,对调治构造物断面尺寸、毛石粒径、毛石参合体积比例、钢板厚度、桥墩基础防护延伸坡度、钢筋直径等均达不到设计标准和相关规范的施工行为,未予以制止、未要求返工、也未要求停工整改,且未在监理日志、地基验槽记录等相关文件中如实记载施工情况,从而使存在重大安全隐患的维修加固后的盘江大桥顺利完工并交付使用。被告人卓某在竣工验收报告上签署"同意验收"字样。

上述三人的行为,致使大桥存在重大安全隐患,使维修加固后的盘江大桥在2013年7月9日抵御未达设计值的洪峰时垮塌,造成5人死亡、7人下落不明、6辆汽车坠江的严重后果。

[法院认为]

赵某身为受施工单位委派的项目维修加固老盘江大桥工程的技术负责人,在施工过程中,违反国家规定,不按设计施工图施工,指使工人偷工减料,使用不合格建筑材料,降低工程质量标准,致使维修加固后的盘江大桥工程质量严重低劣。

卓某作为青莲项目总监理工程师、杨某作为维修加固老盘江大桥工程现场监理,对老盘江大桥维修加固工程施工中出现的严重违反国家规定和背离设计图的施工行为,视而不见,既不按照监理规范和设计施工图复核、送检,也不责令施工方整改、返工、停工或向相关单位和部门报告,放纵违规施工行为的存在,致使大桥存在重大安全隐患。由于三上诉人的失职行为使维修加固后的盘江大桥在2013年7月9日抵御未达设计值的洪峰时垮塌,造成5人死亡、7人下落不明、6辆汽车坠江的严重后果。

三人的行为给国家和人民的生命、财产造成了重大且不可挽回的损失,后果特别严重,其行为构成工程重大安全事故罪。

[裁判结果]

被告人赵某犯工程重大安全事故罪,判处有期徒刑7年,并处罚金人民币300000元;被告人卓某犯工程重大安全事故罪,判处有期徒刑6年6个月,并处罚金人民币200000元;被告人杨某犯工程重大安全事故罪,判处有期徒刑6年,并处罚金人民币150000元。

三、风险防范建议

工程重大安全事故罪系单位犯罪,即本罪的犯罪主体为建设单位、设计单位、施工单位、工程监理单位,而行为主体则为直接责任人员,即建设单位、设计单位、施工单位、工程监理单位中具体实施违反国家规定、降低工程质量标准行为而导致重大安全事故发生的直接责任人员。也就是说,触犯工程重大安全事故罪的刑罚后果将由直接责任人员予以承担。因此,建设单位、设计单位、施工单位、工程监理单位的直接责任人员应当按照我国法律法规之规定以及相关技术规范、技术标准、规章制度等规范性文件的要求,严格遵守工程建设的质量标准,以实现有效避免刑事责任风险之目的。具体如下:

在工程施工过程中,工程建设单位的直接负责人应该:(1)加强对工程质量安全的控制和管理,不得以任何方式要求设计单位或者施工单位、监理单位违反工程建设强制性标准,降低工程质量;不得以任何方式要求检测机构出具虚假报告;不得以任何方式要求施工单位使用不合格或者不符合设计要求的建筑材料、建筑构配件和设备;不得违反合同约定,指定承包单位购入用于工程建设的建筑材料、建筑构配件和设备或者指定生产厂、供应商。(2)不可违规发包、分包;工程发包或者分包时,要严格检查施工单位是否具有相应的施工资质,不得将工程发包给个人或不具有相应资质等级的单位;不得将一个单位工程的施工分解成若干部分发包给不同的施工总承包或专业承包单位;不得将施工合同范围内的单位工程或分部分项工程又另行发包。(3)依法实行监理的工程,应当委托工程监理单位进行监理;严格监督施工单位的工作,避免出现违反建筑操作规范的情况。(4)按照有关规定组织勘察、设计、施工、工程监理等有关单位进行竣工验收,并按照规定将竣工验收报告、有关认可文件或者准许使用文件报送备案。未组织竣工验收或验收不合格的,不得交付使用。

工程施工单位的直接负责人应该:(1)严格按照工程建设标准、施工设计图纸以及施工技术标准进行施工;不能为降低造价而在施工中偷工减料、降低工程质量;不能故意使用不合格的建筑材料、构配件和设备。(2)在施工过程中发现技术文件和图纸有差错的,应向相关责任部门及时反馈,并提出具有可行性的意见和建议。(3)加强施工安全管理,建立、健全教育培训制度,对施工人员进行培训、考核,未经教育培训或者考核不合格的人员,不得要求上岗作业。(4)按照工程设计要求、施工技术标准和合同约定,对建筑材料、构配件、设备和商品混凝土等进行检验;未经检验或者检验不合格的,不得擅自使用。

工程设计单位的直接负责人应该:(1)按照建筑工程质量、安全标准进行设计,严格履行设计职责,不能违反国家规定,降低工程质量标准。(2)在设计文件中选用的建筑材料、建筑构配件和设备,应当注明规格、型号、性能等技术指标,并且对其质量要求必须符合国家规定的标准。(3)就审查合格的施工图设计文件向施工单位作出详细说明。

工程监理单位的直接负责人应该:(1)严格按照监理范围、图纸、技术规范、法律规定进行监督检查。(2)按照工程监理规范的要求,采取旁站、巡视和平行检验等形式,对建设工程实施监理。(3)发现问题要及时指出,并如实记录监理日志。

工程质量问题是关系国计民生的大计,搞好工程项目的质量管理,是项目管理者对国家和社会应尽的义务。工程质量事故的产生原因,包括但不限于:(1)违反基本建设程序,如未制作可行性研究就开始施工;(2)地质勘察报告不准确,如未认真进行地质勘察便随便确定地基承载力;(3)设计计算存在问题,如未按规范规定验算结构稳定性;(4)建筑材料、制品质量低劣,如结构材料物理性能不良,化学性能不合格;(5)建筑物使用不当,如未经核算就在原有建筑物上加层;(6)使用不成熟技术,如对某些特殊工程的结构受力分析不当等;(7)施工中不当理解、运用结构立论,如混凝土结构中,任意改预制为现浇,造成传力途径或内力性质改变等;(8)施工工艺不当,如打桩或其他分部分项施工顺序不当,相邻建筑施工顺序错误;(9)施工组织管理不善,如对进场材料不按规定检查验收和存放,总包怠于履行管理职责等。

工程质量事故原因表明工程质量管理是一个动态的过程。建设单位作为发包方,应做好项目质量管理,从源头上控制工程质量,一旦工程质量出现缺陷,应积极要求施工单位修复、重作或返工。通过质量索赔渠道,监督施工单位施工,使工程质量达到国家标准、行业标准或合同约定标准。施工单位作为承包方,应当按照法律的规定,加强施工管理,确保交付合格工程。设计单位、监理单位也应当按照工程质量、安全标准履行相应的设计职责、监理职责,不能违反国家规定,降低工程质量标准。只有各方都将工程质量的管控放在施工全过程首位,方能有效实现工程质量刑事法律风险防范的目的。

第十章

工程总承包人的刑事风险防范指引

一、工程总承包定义与模式

工程总承包模式为开发建设单位为实现项目建设目标而采取的一种承发包模式。《建设项目工程总承包合同示范文本（试行）》（GF－2011－0216）在其“说明”部分定义工程总承包：是指承包人受发包人委托，按照合同约定对工程建设项目的设计、采购、施工（含竣工试验）、试运行等实施阶段，实行全过程或若干阶段的工程承包。与此类似，2018年1月1日实施的《建设项目工程总承包管理规范》（GB/T 50358－2017）第2.0.1条将工程总承包定义为：“依据合同约定对建设项目的设计、采购、施工和试运行实行全过程或若干阶段的承包。”最新的《房屋建筑和市政基础设施项目工程总承包管理办法》第3条规定：“本办法所称工程总承包，是指承包单位按照与建设单位签订的合同，对工程设计、采购、施工或者设计、施工等阶段实行总承包，并对工程的质量、安全、工期和造价等全面负责的工程建设组织实施方式。”

由此可见，所谓工程总承包，是指承包人接受建设单位委托，按照合同约定对工程项目建设的设计、设备采购、工程施工、项目试运营等实行全过程或若干阶段承包，并对承包的工程质量、安全、造价和工期负总责的一种工程发承包方式。工程总承包并不必然包括设计、采购和施工的全过程，而是若干阶段的承包的组合，包含：设计采购施工（EPC）/交钥匙总承包、设计—施工总承包（D－B）、设计—采购总承包（E－P）、设计采购施工运营（EPCO）等方式。建设单位也可以根据项目特点和实际需要，按照风险合理分担原则和承包工作内容采用其他工程总承包模式。

工程总承包模式与传统平行发包模式相比较具有精简招标程序、减少管理层级、统一权利责任、提升推进效率等优点，因此获得了工程建设各方及管理部门的认可与支持。无论是国内还是国际市场，建筑企业熟练掌握并运用工程总承包模式是未来建筑企业竞争力的核心。但在实践过程中，建设工程各个参与主体对工程总承包模式还存在较大的认知障碍，参与工程建设过程中隐藏了多种风险，甚至包括刑事风险。

二、工程总承包与传统施工总承包在责任承担方面的差异

（一）工程总承包几种常见的组织模式

在《房屋建筑和市政基础设施项目工程总承包管理办法》出台前，工程总承包从承包方角度来看可分为设计总承包、施工总承包、联合体三种模式。《房屋建筑和市政基础设施项目工程总承包管理办法》实施后，其第 10 条规定，“工程总承包单位应当同时具有与工程规模相适应的工程设计资质和施工资质，或者由具有相应资质的设计单位和施工单位组成联合体”，由此可见，工程总承包今后将以具备设计、施工双资质为主，联合体为过渡的模式。无论如何，工程总承包模式下，因总包单位责任义务的加大，刑事责任归责也会发生一些变化。

1. 设计总承包模式

设计总承包即设计单位作为工程总承包方与发包人签订工程总承包合同，就建设工程项目的设计、施工、运营承担总责。设计单位将施工部分依法分包给具有相应资质的施工单位。整个项目的设计任务由设计单位负责，即使施工部分分包给施工单位，设计单位作为工程总承包方依然就分包工程的质量、安全对发包人负责。因此，在设计总承包模式下，设计单位不仅要对项目承担设计责任，还要对项目施工质量、安全担责以及工程现场负管理责任。在整个项目建设和使用周期内，只要工程出现质量、安全、进度等方面问题，设计单位作为工程总承包方都是第一责任主体。

2. 施工总承包模式

施工总承包模式即施工单位作为工程总承包方并将设计业务依法分包给具有相应资质的设计单位。该种模式下设计单位和施工单位在工程建设中的地位与设计总承包模式相比刚好对调，施工单位作为工程总承包方在整个项目开发建设和使用周期内对设计、施工质量安全进度、材料设备采购、现场协调管理等方面都是第一责任主体。但设计单位仅就工程设计问题承担责任。

3. 联合体模式

根据《房屋建筑和市政基础设施项目工程总承包管理办法》第 10 条的规定，即具有相应资质的设计单位和施工单位组成联合体，双方作为一个整体承揽建设工程同时作为工程总承包方，但需明确牵头人和联合体成员的地位以及于联合体协议中明确各方权利和责任。整个项目无论设计还是施工方面问题或者工程现场的协调管理，联合体各方对业主承担连带责任，设计单位和施工单位在联合体

协议中的内部权责约定不能对抗第三方。例如,施工单位出现工程总承包合同中约定的违约行为,业主方不仅可以要求施工单位承担违约责任,还可以要求作为联合体另一方的设计单位承担连带责任。

(二)“总包负总责”对刑事责任承担的影响

工程总承包模式的风险承担与传统模式完全不同,我国建设工程传统组织模式是采用各个建设阶段相互分离的模式,从工程策划、立项、可行性研究、工程设计、工程采购及施工、工程运营等阶段分别由不同的承包商进行承包,各个承包商只负责各自工程阶段的任务,对其负责。

工程总承包模式与平行发包模式不同,总承包单位应当对起码两个以上的工程承包项目负总责。《建筑法》第 29 条第 2 款规定:“建筑工程总承包单位按照总承包合同的约定对建设单位负责;分包单位按照分包合同的约定对总承包单位负责。总承包单位和分包单位就分包工程对建设单位承担连带责任。”《建设工程质量管理条例》第 27 条、《建设工程安全生产管理条例》第 24 条也作出了类似规定,我们将其称为“总包负总责”。刚发布的《房屋建筑和市政基础设施项目工程总承包管理办法》也沿袭了相关立法精神,在其第 22 条、第 23 条中明确了工程总承包单位应当对其承包的全部工程的质量、安全负总责,并承担项目质量终身责任。

在工程总承包模式下,基于总包单位负总责的立法规定,总承包单位若为传统设计单位,更容易在施工组织管理过程中因缺乏施工管理经验,违反相关法律法规而触犯刑法。

三、工程总承包模式下的刑事责任风险

工程总承包模式与传统平行发包模式因责任主体不同,因而所承担的法律后果也不完全一样。近期,著名的江西丰城电厂“11·24”坍塌特别重大事故已经进行了一审判决,该案件因人员伤亡多、经济损失大、追责人员范围广而引起国内工程总承包领域震动。下文以江西丰城案为例,针对工程总承包模式的特点,重点分析在工程总承包这一模式中的相关人员可能面临的刑事责任风险。

(一)江西丰城发电厂“11·24”冷却塔施工平台坍塌特别重大事故案

2016 年 11 月 24 日,在建的江西丰城发电厂三期扩建工程发生冷却塔施工平台坍塌特别重大事故,造成 73 名施工工人瞬间死亡。事故所在项目正是以工程

总承包的形式发包的,我们或许可以从中看到工程总承包中的相关人员所涉及的刑事法律风险。

1. 案情介绍

事故所在项目的建设单位为江西赣能股份有限公司丰城三期发电厂,该项目总投资76.7亿元,拟建2台100万千瓦超临界燃煤机组。该项目以工程总承包的方式发包,由中南电力设计院有限公司(以下简称中南电力设计院)作为工程总承包单位,施工单位为河北亿能烟塔工程有限公司,具体各参建单位及关系如图10-1所示:

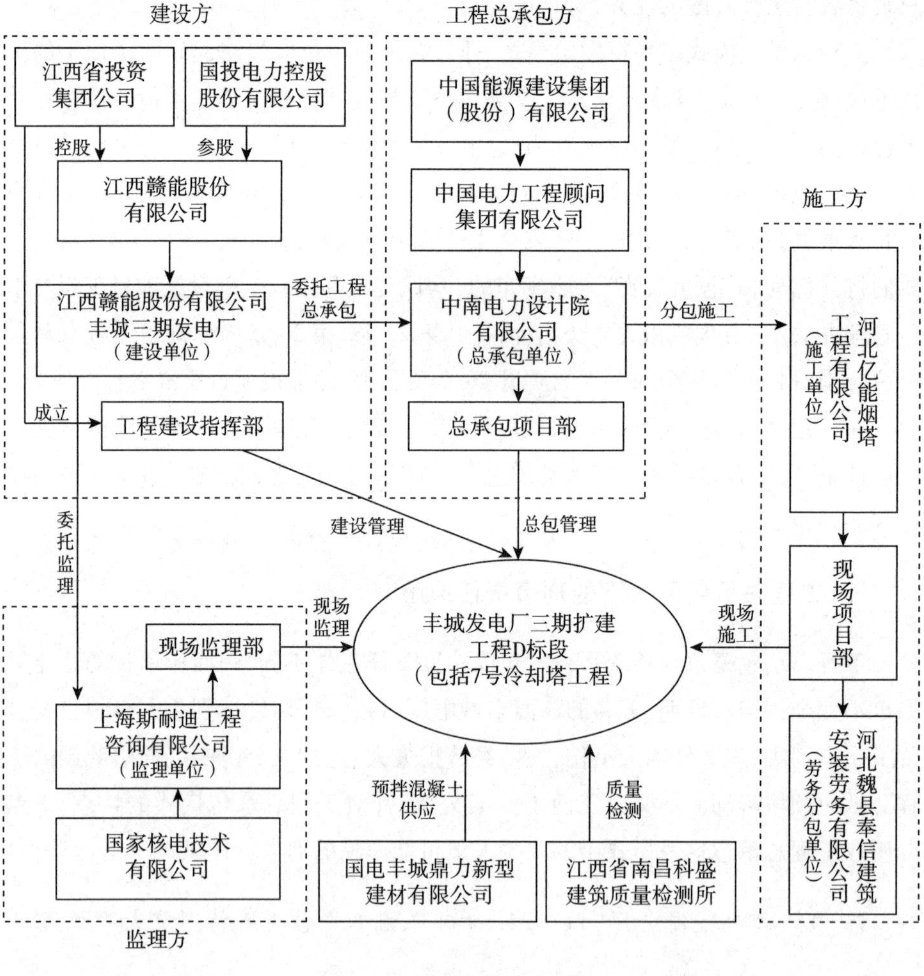

图10-1 各参建单位及关系

发生事故的7号冷却塔属于江西丰城发电厂三期扩建工程D标段,是一座高165米、塔底直径132.5米、采用钢筋混凝土结构的逆流式双曲线自然通风冷却塔。7号冷却塔于2016年4月11日开工建设,4月12日开始基础土方开挖,8月18日完成环形基础浇筑,9月27日开始筒壁混凝土浇筑,事故发生时,已浇筑完成第52节筒壁混凝土,高度为76.7米。2016年11月24日,7号冷却塔开始坍塌,事故最终导致73人死亡、2人受伤,事故造成直接经济损失为10197.2万元。

2. 事故原因及事故责任的追究

经国务院江西丰城发电厂"11·24"冷却塔施工平台坍塌特别重大事故调查组(以下简称事故调查组)调查认定,该起事故是一起生产安全责任事故。2017年9月15日,原国家安监总局官网发布《江西丰城发电厂"11·24"冷却塔施工平台坍塌特别重大事故调查报告》。

经事故调查组认定,事故的直接原因是施工单位在7号冷却塔第50节筒壁混凝土强度不足的情况下,违规拆除第50节模板,致使第50节筒壁混凝土失去模板支护,不足以承受上部荷载,从底部最薄弱处开始坍塌,造成第50节及以上筒壁混凝土和模架体系连续坍塌坠落,坠落物冲击与筒壁内侧链接的平桥附着拉索,导致平桥也整体坍塌。

(1)事故调查组的调查报告中显示,工程总承包单位中南电力设计院存在的主要问题是:

①管理层安全生产意识薄弱,安全生产管理机制不健全。工程总承包单位中南电力设计院对安全生产工作不重视,未按规定设置独立安全生产管理机构和安全总监岗位,频繁调整安全生产工作分管负责人。作为以勘察设计为主业的企业,在经营业务延伸到工程总承包后,对工程总承包安全生产管理的重要性认识不足,安全生产管理机制不完善,安全生产考核制度有效性不强。

②对分包施工单位缺乏有效管控。履行总承包施工管理职责缺位,未按规定要求施工单位项目部将筒壁工程作为危险性较大分部分项工程进行管理。对筒壁工程施工方案审查不严格,未发现筒壁工程施工方案中存在的重大缺陷。当地气温骤降后,未督促施工单位项目部及时采取相应的技术措施。组织安全检查不认真、不深入,未发现和制止施工单位项目部违规拆模和浇筑混凝土等不按施工技术标准施工的行为。

③项目现场管理制度流于形式。项目经理每月常驻施工现场时间不满足合

同规定要求。项目部未按规定现场见证筒壁工程拆模作业，未对拆模作业进行验收，未严格执行施工现场混凝土浇筑申请的相关审核规定。未组织和督促相关单位合理评估7号冷却塔工期缩短的可行性、安全性并提出相应措施要求。对安全教育培训和应急演练工作不重视，项目部自成立至事故发生，未组织开展过项目全员安全生产应急演练。

④部分管理人员无证上岗，不履行岗位职责。公司及项目部部分人员未取得相应岗位资格证书，工程部、质量安健环部相关人员没有冷却塔施工管理相关工作经验，不具备满足岗位需要的业务能力，对相关业务要求不了解，对施工现场隐患整改情况不掌握。

（2）工程总承包单位中南电力设计院及其相关人员，因此受到了相应的行政处罚和刑事处罚：

①行政处罚。2018年2月9日，住建部作出建督罚字（2018）3号文件，认为该事故的工程总承包单位中南电力设计院履行总承包施工管理职责缺位，对分包施工单位缺乏有效管控，未按规定要求分包施工单位将筒壁工程作为危险性较大分部分项工程进行管理，未发现和制止分包施工单位不按施工技术标准施工，给予其停业整顿1年的行政处罚。

②刑事处罚。事故发生后，司法机关立案追究各参建方以及相关政府监管部门有关责任人刑事责任，共计31人。其中，中南电力设计院江西丰城发电厂三期扩建工程EPC总承包项目部总工程师、质量安健环部经理和工程部经理均因涉嫌重大责任事故罪，于2016年12月9日被检察机关批准逮捕。2020年4月24日，江西省宜春市中级人民法院和丰城市人民法院、奉新县人民法院、靖安县人民法院对江西丰城发电厂“11·24”冷却塔施工平台坍塌特大事故所涉9件刑事案件进行了公开宣判，对28名被告人和1个被告单位依法判处刑罚。其中，中南电力设计院丰电三期扩建工程总承包项目部总工程师王松等14人构成重大责任事故罪，分别被判处7年至2年6个月不等的有期徒刑。

（二）相关罪名

1. 重大责任事故罪

传统的平行承发包模式下的施工企业及从业人员可能触犯重大责任事故罪的情况和案例已在本书的第六章中有详细的分析，故本章不再赘述。

(1)罪状描述

重大责任事故罪,是指在生产、作业中违反有关安全管理的规定,因而发生重大伤亡事故或者造成其他严重后果的行为。

《刑法》第134条第1款规定:“在生产、作业中违反有关安全管理的规定,因而发生重大伤亡事故或者造成其他严重后果的,处三年以下有期徒刑或者拘役;情节特别恶劣的,处三年以上七年以下有期徒刑。”

在工程总承包模式下,总承包单位需要建立与工程总承包相适应的组织机构和管理制度,设立项目管理机构、设置项目经理、配备相应管理人员,对工程总承包项目的全过程进行有效的管理控制。如果是设计单位作为工程总承包单位,则其可能会因为在工程施工方面的经验和能力不足,导致对施工现场的管理控制能力较弱,无法切实履行工程总承包施工管理职责、对工程施工质量和安全进行有效监督。在这种情况下,即使是因分包施工单位在生产、作业中违反有关安全管理的规定,而造成重大安全事故的,设计单位作为总承包单位,其主要责任人员也可能构成重大责任事故罪。

(2)犯罪构成要件

①犯罪主体。《危害生产安全刑事案件司法解释》第1条规定的重大责任事故罪的犯罪主体包括“对生产、作业负有组织、指挥或者管理职责的负责人、管理人员、实际控制人、投资人等人员,以及直接从事生产、作业的人员”。在工程总承包模式下,设计单位或者施工单位作为工程总承包人,其直接责任人员亦为重大责任事故罪的犯罪主体。

②主观方面。本罪的主观方面是过失,包括疏忽大意的过失和过于自信的过失。即行为人对于其在生产、作业中违反有关安全管理的规定的行为可能导致重大安全事故或者造成其他严重后果,应当预见却疏忽大意没有预见,或者已经预见但轻信能够避免的一种心理态度。

③犯罪客体。本罪侵犯的客体是人身和财产安全。

④客观方面。本罪在客观方面表现为在生产、作业中违反有关安全管理规定,因而发生重大伤亡事故或者造成其他严重后果的行为。在工程总承包模式中,工程总承包单位未切实履行工程总承包施工管理职责,未及时发现和制止实际施工单位在生产、作业中违反有关安全管理规定进而导致重大伤亡事故或者造成其他严重后果的行为,亦为本罪客观方面的表现。

(3)认定标准

①立案标准。《刑事案件立案追诉标准(一)》第8条规定:“[重大责任事故案(刑法第一百三十四条第一款)]在生产、作业中违反有关安全管理的规定,涉嫌下列情形之一的,应予立案追诉:

(一)造成死亡一人以上,或者重伤三人以上;

(二)造成直接经济损失五十万元以上的;

(三)发生矿山生产安全事故,造成直接经济损失一百万元以上的;

(四)其他造成严重后果的情形。”

②量刑标准:

第一,基本量刑标准。《刑法》第134条第1款规定:“在生产、作业中违反有关安全管理的规定,因而发生重大伤亡事故或者造成其他严重后果的,处三年以下有期徒刑或者拘役;情节特别恶劣的,处三年以上七年以下有期徒刑。”

对于“发生重大伤亡事故或者造成其他严重后果”的认定,根据《危害生产安全刑事案件司法解释》第6条的规定,具有下列情形之一的,应当认定为“发生重大伤亡事故或者造成其他严重后果”:“(一)造成死亡一人以上,或者重伤三人以上的;(二)造成直接经济损失一百万元以上的;(三)其他造成严重后果或者重大安全事故的情形。”

对于“情节特别恶劣”的认定,根据《危害生产安全刑事案件司法解释》第7条的规定,具有下列情形之一的,应当认定为“情节特别恶劣”:“(一)造成死亡三人以上或者重伤十人以上,负事故主要责任的;(二)造成直接经济损失五百万元以上,负事故主要责任的;(三)其他造成特别严重后果、情节特别恶劣或者后果特别严重的情形。”

第二,从重处罚情节。根据《危害生产安全刑事案件司法解释》第12条的规定,实施《刑法》第134条规定的犯罪行为,具有下列情形之一的,从重处罚:

“(一)未依法取得安全许可证件或者安全许可证件过期、被暂扣、吊销、注销后从事生产经营活动的;

(二)关闭、破坏必要的安全监控和报警设备的;

(三)已经发现事故隐患,经有关部门或者个人提出后,仍不采取措施的;

(四)一年内曾因危害生产安全违法犯罪活动受过行政处罚或者刑事处罚的;

(五)采取弄虚作假、行贿等手段,故意逃避、阻挠负有安全监督管理职责的部门实施监督检查的;

（六）安全事故发生后转移财产意图逃避承担责任的；

（七）其他从重处罚的情形。

实施前款第五项规定的行为，同时构成刑法第三百八十九条规定的犯罪的，依照数罪并罚的规定处罚。”

第三，从轻处罚情节。根据《危害生产安全刑事案件司法解释》第13条的规定，实施《刑法》第134条规定的犯罪行为，在安全事故发生后积极组织、参与事故抢救，或者积极配合调查、主动赔偿损失的，可以酌情从轻处罚。

2. 生产、销售伪劣产品罪

工程总承包项目开发建设过程中大量的建筑材料、工程施工设备、器械等需要对外采购，且通常都由承包方自身承担合同约定的采购义务，如钢筋、混凝土、栏杆、电梯等，其中钢筋、混凝土在所有建筑材料中需求量最大，那么，作为一种建筑材料产品在生产、销售过程中应遵守法律法规及相关国家标准、行业标准、地方性标准的规定。在此借助2016年11月24日江西丰城电厂冷却塔施工平台倒塌事故中的商品混凝土供应商国电丰城鼎力新型建材有限公司做分析。

（1）罪状描述

生产、销售伪劣产品罪属于《刑法》分则第三章破坏社会主义市场经济秩序罪第一节中的一项罪名。根据《刑法》第140条的规定，本罪指生产者、销售者在产品中掺杂、掺假，以假充真，以次充好或者以不合格产品冒充合格产品的犯罪行为，且不同的销售金额对应着不同的量刑幅度。

对于工程总承包项目，承包方在确定商品砼供应商后，因为供应量大且次数频繁，所以在实际供应过程中，每次进场的商品砼各项指标始终是要一直关注的。为保证混凝土的整体质量和供应量需求，现工程建设都选择商品砼，不允许现场制拌，那么在商品砼运至现场时若发现流动性、黏聚性、泌水性、配合比等不符合标准规范及合同要求应及时责令退场，若未及时发现质量瑕疵而用于工程建设，那么伪劣的商品砼很有可能会成为安全隐患而造成事故。其实不仅是商品砼，其他建筑材料和设备，在实际工程建设中也时常会发现质量瑕疵，一般供应量较大，数额较高，作为供应商若不引起警惕，将可能有构罪风险。

（2）犯罪构成要件

①犯罪主体。结合《刑法》第140条和第150条，该罪的犯罪主体既可以是个人也可以是单位，包括生产者和销售者两类。生产者即产品的制造、加工者，销售者既包含批发商又包含零散经销商，是否拥有合法有效的营业执照和生产许可证

并不影响该罪的成立，只要有对应的生产或销售行为。就建设工程而言，商品砼厂家作为单位，既是混凝土的生产者，同时又是销售者。

②主观方面。该罪主观方面表现是故意犯罪，生产者、销售者有生产、销售伪劣产品从中牟利的故意，如果行为人在主观上不是故意的，不知所售产品是次品，而当作正品出售了，应承担民事责任，不能作为犯罪。其行为人的故意表现为在生产中有意地制造伪劣产品。在销售中分两种情况：一是在销售产品中故意掺杂、掺假；二是明知是伪劣产品而售卖。商品砼从制拌到运至项目现场浇筑，其在生产过程中最易产生伪劣产品，表现为对原材料水泥、粗骨料、细骨料、矿物掺合料、外加剂、水未按照《混凝土质量控制标准》(GB 50164－2011)等相关标准进行控制；也有可能商品砼供应商明知其商品砼质量存在瑕疵但仍继续供应。同时，不排除工程总承包方与其自主选择的供应商存在利益关系而忽视对商品砼质量的检测。

③犯罪客体。本罪侵犯的客体是国家对普通产品质量的管理制度。普通产品是指除刑法另有规定的药品、食品、医用器材、涉及人身和财产安全的电器等产品，农药、兽药、化肥、种子、化妆品等产品以外的产品。国家对产品质量的管理制度是指国家通过法律、行政法规等规范产品生产的标准，产品出厂或销售过程中的质量监督检查内容，生产者、销售者的产品质量责任和义务、损害赔偿、法律责任等制度。生产、销售伪劣产品罪侵犯了国家对产品质量的上述管理制度，生产、销售不符合产品质量标准的伪劣产品扰乱产品质量监督管理秩序，侵犯广大消费者的合法权益。在建设工程行业，混凝土作为最基础、最重要的建筑材料，商品砼供应商为工程总承包方提供了伪劣混凝土，侵犯了国家对普通产品质量的管理制度，构成本罪，这并不意味着工程总承包方可以免除刑事处罚，其最终可能因工程现场检测、监管管理不力和对制度、标准、方案落实不到位而间接成为重大工程质量安全隐患之一，工程总承包方极有可能会成为未来事故发生时的第一责任人，届时可能造成更大的人身、财产损失，进而构成其他刑事犯罪。

④客观方面。客观方面表现为生产者、销售者违反国家的产品质量管理法律、法规，生产、销售伪劣产品的行为。违反产品质量管理法律、法规一般是指违反《产品质量法》《标准化法》《计量法》《工业产品质量责任条例》以及有关省、自治区、直辖市制定的关于产品质量的地方性法规、规章、有关行业标准规则等，就商品砼相关的国家标准、行业标准包括《混凝土质量控制标准》(GB 50164－2011)、《普通混凝土配合比设计规程》(JGJ 55－2011)、《混凝土外加剂》

(GB 8076－2008)、《混凝土用水标准》(JGJ 63－2006)等。关于伪劣产品的界定标准,在上述产品质量法规中有规定。根据《中华人民共和国刑法释义》一书第184页中的释义,同时《刑事案件立案追诉标准(一)》中亦有相关规定,本罪在客观方面的行为表现为“在产品中掺杂、掺假,以假充真,以次充好或者以不合格产品冒充合格产品”等行为。“在产品中掺杂、掺假”,是指在产品中掺入杂质或者异物,致使产品质量不符合国家法律、法规或者产品明示质量标准规定的质量要求,降低、失去应有使用性能的行为。“以假充真”,是指以不具有某种使用性能的产品冒充具有该种使用性能的产品的行为。“以次充好”,是指以低等级、低档次产品冒充高等级、高档次产品,或者以残次、废旧零配件组合、拼装后冒充正品或者新产品的行为。“不合格产品”,是指不符合《产品质量法》第26条第2款规定的质量要求的产品。对上述行为难以确定的,应当委托法律、行政法规规定的产品质量检验机构进行鉴定。根据法律规定的精神,上述四种行为属选择行为,即行为人具有上述四种行为之一的就构成生产、销售伪劣产品罪。行为人如果同时具有上述两种行为或两种以上行为的,也应视为一个生产、销售伪劣产品罪,不实行数罪并罚。且销售金额必须达到5万元以上,才构成犯罪,如果销售金额不足5万元的,不构成犯罪。消费者不能构成本罪的主体,即,就商品砼的生产、销售供应,通常工程总承包方不构成本罪。

(3)认定标准

①立案标准。《刑事案件立案追诉标准(一)》第16条规定:

“[生产、销售伪劣产品案(刑法第一百四十条)]生产者、销售者在产品中掺杂、掺假,以假充真,以次充好或者以不合格产品冒充合格产品,涉嫌下列情形之一的,应予立案追诉:

(一)伪劣产品销售金额五万元以上的;

(二)伪劣产品尚未销售,货值金额十五万元以上的;

(三)伪劣产品销售金额不满五万元,但将已销售金额乘以三倍后,与尚未销售的伪劣产品货值金额合计十五万元以上的。”

“掺杂、掺假”,是指在产品中掺入杂质或者异物,致使产品质量不符合国家法律、法规或者产品明示质量标准规定的质量要求,降低、失去应有使用性能的行为;“以假充真”,是指以不具有某种使用性能的产品冒充具有该种使用性能的产品的行为;“以次充好”,是指以低等级、低档次产品冒充高等级、高档次产品,或者以残次、废旧零配件组合、拼装后冒充正品或者新产品的行为;“不合格产品”,是指不符合《产品质量法》第26条第2款规定的质量要求的产品。对于上述行为难以确定的,应当委托法律、行政法规规定的产品质量检验机构进行鉴定。

"销售金额",是指生产者、销售者出售伪劣产品后所得和应得的全部违法收入;"货值金额",以违法生产、销售的伪劣产品的标价计算;没有标价的,按照同类合格产品的市场中间价格计算。对于货值金额难以确定的,按照《扣押、追缴、没收物品估价管理办法》的规定,委托估价机构进行确定。

②量刑标准。根据《刑法》第140条的规定,犯生产、销售伪劣产品罪,"销售金额五万元以上不满二十万元的,处二年以下有期徒刑或者拘役,并处或者单处销售金额百分之五十以上二倍以下罚金;销售金额二十万元以上不满五十万元的,处二年以上七年以下有期徒刑,并处销售金额百分之五十以上二倍以下罚金;销售金额五十万元以上不满二百万元的,处七年以上有期徒刑,并处销售金额百分之五十以上二倍以下罚金;销售金额二百万元以上的,处十五年有期徒刑或者无期徒刑,并处销售金额百分之五十以上二倍以下罚金或者没收财产"。

《刑法》第150条规定,单位犯本罪的,对单位判处罚金,并对其直接负责的主管人员和其他直接责任人员依照《刑法》第140条的规定处罚。

(4)典型案例

在前文介绍的江西丰城发电厂"11·24"冷却塔施工平台坍塌特别重大事故案中,法院经审理查明,国电丰城鼎力新型建材有限公司违反合同约定,擅自改变混凝土配合比,未严格按照混凝土配合比添加外加剂,最终导致"11·24"特大事故。

丰城鼎力建材公司犯生产、销售伪劣产品罪,被判处罚金人民币200万元,公司法定代表人、董事长顾玉兴和生产经理朱海敏分别被判处有期徒刑4年、并处罚金人民币60万元和有期徒刑3年3个月、并处罚金人民币60万元。

3. 滥用职权罪、玩忽职守罪

(1)罪状描述

滥用职权罪,是指国家机关工作人员超越职权,违法决定、处理其无权决定、处理的事项,或者违反规定处理公务,致使公共财产、国家和人民利益遭受重大损失的行为。

玩忽职守罪,是指国家机关工作人员严重不负责任,不履行或者不认真履行职责,致使公共财产、国家和人民利益遭受重大损失的行为。

《刑法》第397条规定:"国家机关工作人员滥用职权或者玩忽职守,致使公共财产、国家和人民利益遭受重大损失的，处三年以下有期徒刑或者拘役；情节特别严重的，处三年以上七年以下有期徒刑。本法另有规定的，依照规定。

国家机关工作人员徇私舞弊，犯前款罪的，处五年以下有期徒刑或者拘役；情节特别严重的，处五年以上十年以下有期徒刑。本法另有规定的，依照规定。”

（2）犯罪构成要件

①犯罪主体。根据《刑法》第 397 条的规定，滥用职权罪、玩忽职守罪的犯罪主体为特殊主体，即国家机关工作人员。《刑法》第 93 条规定：“本法所称国家工作人员，是指国家机关中从事公务的人员。国有公司、企业、事业单位、人民团体中从事公务的人员和国家机关、国有公司、企业、事业单位委派到非国有公司、企业、事业单位、社会团体从事公务的人员，以及其他依照法律从事公务的人员，以国家工作人员论。”

根据最高院 2003 年 11 月 13 日下发的《全国法院审理经济犯罪案件工作座谈会纪要》（法〔2003〕167 号）第 1 条关于贪污贿赂犯罪和渎职犯罪的主体规定如下：

第一，国家机关工作人员的认定。

刑法中所称的国家机关工作人员，是指在国家机关中从事公务的人员，包括在各级国家权力机关、行政机关、司法机关和军事机关中从事公务的人员。

根据有关立法解释的规定，在依照法律、法规规定行使国家行政管理职权的组织中从事公务的人员，或者在受国家机关委托代表国家行使职权的组织中从事公务的人员，或者虽未列入国家机关人员编制但在国家机关中从事公务的人员，视为国家机关工作人员。在乡（镇）以上中国共产党机关、人民政协机关中从事公务的人员，司法实践中也应当视为国家机关工作人员。

第二，国家机关、国有公司、企业、事业单位委派到非国有公司、企业、事业单位、社会团体从事公务的人员的认定。

所谓委派，即委任、派遣，其形式多种多样，如任命、指派、提名、批准等。无论被委派的人身份如何，只要是接受国家机关、国有公司、企业、事业单位委派，代表国家机关、国有公司、企业、事业单位在非国有公司、企业、事业单位、社会团体中从事组织、领导、监督、管理等工作，都可以认定为国家机关、国有公司、企业、事业单位委派到非国有公司、企业、事业单位、社会团体从事公务的人员。如国家机关、国有公司、企业、事业单位委派在国有控股或者参股的股份有限公司从事组织、领导、监督、管理等工作的人员，应当以国家工作人员论。国有公司、企业改制为股份有限公司后,原国有公司、企业的工作人员和股份有限公司新任命的人员中,除代表国有投资主体行使监督、管理职权的人外,不以国家工作人员论。

第三,“其他依照法律从事公务的人员”的认定。

《刑法》第93条第2款规定的“其他依照法律从事公务的人员”应当具有两个特征:一是在特定条件下行使国家管理职能;二是依照法律规定从事公务。具体包括:一是依法履行职责的各级人民代表大会代表;二是依法履行审判职责的人民陪审员;三是协助乡镇人民政府、街道办事处从事行政管理工作的村民委员会、居民委员会等农村和城市基层组织人员;四是其他由法律授权从事公务的人员。

第四,关于“从事公务”的理解。

从事公务,是指代表国家机关、国有公司、企业、事业单位、人民团体等履行组织、领导、监督、管理等职责。公务主要表现为与职权相联系的公共事务以及监督、管理国有财产的职务活动。如国家机关工作人员依法履行职责,国有公司的董事、经理、监事、会计、出纳人员等管理、监督国有财产等活动,属于从事公务。那些不具备职权内容的劳务活动、技术服务工作,如售货员、售票员等所从事的工作,一般不认为是公务。

除上述规定的情形外,还存在其他认定为“国家机关工作人员”的特殊情形。根据最高检《关于镇财政所所长是否适用国家机关工作人员的批复》,对于属行政执法事业单位的镇财政所中按国家机关在编干部管理的工作人员,在履行政府行政公务活动中,滥用职权或玩忽职守构成犯罪的,应以国家机关工作人员论。又根据最高检《关于合同制民警能否成为玩忽职守罪主体问题的批复》内容,根据《刑法》第93条第2款的规定,合同制民警在依法执行公务期间,属其他依照法律从事公务的人员,应以国家机关工作人员论。

②主观方面。滥用职权罪的主观方面的故意,行为人明知自己滥用职权的行为会发生致使公共财产、国家和人民利益遭受重大损失的结果,并且希望或者放任这种结果发生。

玩忽职守罪的主观方面是过失,即行为人应当知道自己违反工作纪律、规章制度,不履行职责义务或者不认真履行职责义务,可能会发生一定的损害后果,但是其因为疏忽大意而没有预见,或者是虽然已经预见到可能会发生损害后果,但是其凭借着自己的知识或者经验而轻信可以避免损害后果的发生。

③犯罪客体。滥用职权罪、玩忽职守罪侵犯的客体是复杂客体,包括两个方面:

第一,国家法益,即职务行为的正当性和社会对国家行政、司法权力行使公正性的信赖感。

第二,公共财产安全、社会主义市场经济秩序及公民的人身、财产权利等。

④客观方面。滥用职权罪的客观方面表现为滥用职权,致使公共财产、国家和人民利益遭受重大损失的行为。滥用职权的行为主要表现为以下几种情况:一是超越职权,擅自决定或处理没有具体决定、处理权限的事项;二是玩弄职权,随心所欲地对事项作出决定或者处理;三是故意不履行应当履行的职责,或者说任意放弃职责;四是以权谋私、假公济私,不正确地履行职责。滥用职权的行为,必须致使公共财产、国家和人民利益造成重大损失的结果时,才构成犯罪。

玩忽职守罪的客观方面表现为:国家机关工作人员严重不负责任,不履行或者不认真履行职责,致使公共财产、国家和人民利益遭受重大损失的行为。

不履行职责,即行为人应该履行职责,但不履行其职责。这种情形主要表现为不作为:一是擅离职守,行为人违反职守中关于时间和空间的明确要求,在特定时间里擅自离开职责所要求的特定场所,以致没有履行其职务,如司法人员在监管在押人员过程中,擅自离开监管在押人员的现场等;二是未履行职守,即行为人虽然在工作岗位,但没有履行法定的职责,按法定的职责行事,如司法人员在看押罪犯时,擅自放弃看押职责或拒绝履行看押职责等。

不认真履行职责,即行为人应该且能够履行职责,但不严肃认真地对待其职务,以致错误地履行了职守,主要表现为履行职责不尽心、不得力、不认真、马马虎虎、粗心大意、草率从事、敷衍搪塞等。

致使公共财产、国家和人民利益遭受重大损失的。这是构成玩忽职守罪的又一个客观方面的要件,只有第一个方面的客观要件即国家机关工作人员玩忽职守的行为,但没有这一后果要件也不能构成玩忽职守罪。

(3)认定标准

①根据最高院、最高检《关于办理渎职刑事案件适用法律若干问题的解释(一)》的规定,具有下列情形的,应当认定滥用职权罪或者玩忽职守罪:

第一,造成死亡1人以上,或者重伤3人以上,或者轻伤9人以上,或者重伤2人、轻伤3人以上,或者重伤1人、轻伤6人以上的;

第二,造成经济损失30万元以上的;

第三,造成恶劣社会影响的;

第四,其他致使公共财产、国家和人民利益遭受重大损失的情形。

具有下列情形的,应当认定“情节特别严重”:

第一,造成伤亡达到前款第1项规定人数3倍以上的;

第二,造成经济损失150万元以上的;

第三,造成前款规定的损失后果,不报、迟报、谎报或者授意、指使、强令他人不报、迟报、谎报事故情况,致使损失后果持续、扩大或者抢救工作延误的;

第四,造成特别恶劣社会影响的;

第五,其他特别严重的情节。

根据最高院下发的《全国法院审理经济犯罪案件工作座谈会纪要》“六、关于渎职罪”的内容,在司法实践中,有以下情形之一的,虽然公共财产作为债权存在,但已无法实现债权的,可以认定为行为人的渎职行为造成了经济损失:

第一,债务人已经法定程序被宣告破产;

第二,债务人潜逃,去向不明;

第三,因行为人责任,致使超过诉讼时效;

第四,有证据证明债权无法实现的其他情况。

②滥用职权罪的认定标准:根据最高检《关于渎职侵权犯罪案件立案标准的规定》,涉嫌下列情形之一的,应予立案:

第一,造成死亡1人以上,或者重伤2人以上,或者重伤1人、轻伤3人以上,或者轻伤5人以上的;

第二,导致10人以上严重中毒的;

第三,造成个人财产直接经济损失10万元以上,或者直接经济损失不满10万元,但间接经济损失50万元以上的;

第四,造成公共财产或者法人、其他组织财产直接经济损失20万元以上,或者直接经济损失不满20万元,但间接经济损失100万元以上的;

第五,虽未达到3、4两项数额标准,但3、4两项合计直接经济损失20万元以上,或者合计直接经济损失不满20万元,但合计间接经济损失100万元以上的;

第六,造成公司、企业等单位停业、停产6个月以上,或者破产的;

第七,弄虚作假,不报、缓报、谎报或者授意、指使、强令他人不报、缓报、谎报情况,导致重特大事故危害结果继续、扩大,或者致使抢救、调查、处理工作延误的;

第八,严重损害国家声誉,或者造成恶劣社会影响的;

第九，其他致使公共财产、国家和人民利益遭受重大损失的情形。

根据最高检《关于人民检察院直接受理立案侦查案件立案标准的规定（试行）》的规定，涉嫌下列情形之一的，应予立案：

第一，造成死亡1人以上，或者重伤2人以上，或者轻伤5人以上的；

第二，造成直接经济损失20万元以上的；

第三，造成有关公司、企业等单位停产、严重亏损、破产的；

第四，严重损害国家声誉，或者造成恶劣社会影响的；

第五，其他致使公共财产、国家和人民利益遭受重大损失的情形；

第六，徇私舞弊，具有上述情形之一的。

③玩忽职守罪认定标准：根据最高检《关于渎职侵权犯罪案件立案标准的规定》的规定，涉嫌下列情形之一的，应予立案：

第一，造成死亡1人以上，或者重伤3人以上，或者重伤2人、轻伤4人以上，或者重伤1人、轻伤7人以上，或者轻伤10人以上的；

第二，导致20人以上严重中毒的；

第三，造成个人财产直接经济损失15万元以上，或者直接经济损失不满15万元，但间接经济损失75万元以上的；

第四，造成公共财产或者法人、其他组织财产直接经济损失30万元以上，或者直接经济损失不满30万元，但间接经济损失150万元以上的；

第五，虽未达到3、4两项数额标准，但3、4两项合计直接经济损失30万元以上，或者合计直接经济损失不满30万元，但合计间接经济损失150万元以上的；

第六，造成公司、企业等单位停业、停产1年以上，或者破产的；

第七，海关、外汇管理部门的工作人员严重不负责任，造成100万美元以上外汇被骗购或者逃汇1000万美元以上的；

第八，严重损害国家声誉，或者造成恶劣社会影响的；

第九，其他致使公共财产、国家和人民利益遭受重大损失的情形。

又根据最高检《关于人民检察院直接受理立案侦查案件立案标准的规定（试行）》的规定，涉嫌下列情形之一的，应予立案：

第一，造成死亡1人以上，或者重伤3人以上，或者轻伤10人以上的；

第二，造成直接经济损失30万元以上的，或者直接经济损失不满30万元，但间接经济损失超过100万元的；

第三，徇私舞弊，造成直接经济损失20万元以上的；

第四，造成有关公司、企业等单位停产、严重亏损、破产的；

第五，严重损害国家声誉，或者造成恶劣社会影响的；

第六，海关、外汇管理部门的工作人员严重不负责任，造成巨额外汇被骗或者逃汇的；

第七，其他致使公共财产、国家和人民利益遭受重大损失的情形；

第八，徇私舞弊，具有上述情形之一的。

(4)典型案例

在前文介绍的江西丰城发电厂“11·24”冷却塔施工平台坍塌特别重大事故案中，法院经审理查明，丰电三期质量监督项目站、电力工程质量监督总站（以下简称电力质监总站）、国家能源局华中监管局和丰城市工业和信息化委员会（以下简称丰城市工信委）等相关部门部分工作人员存在玩忽职守、滥用职权等行为，国电丰城鼎力新型建材有限公司（以下简称丰城鼎力建材公司）违反合同约定，擅自改变混凝土配合比，未严格按照混凝土配合比添加外加剂，最终导致“11·24”特大事故。江西省投资集团有限公司（以下简称江西投资集团）、江西赣能股份有限公司丰城二期发电厂（以下简称丰电二期）及江西鸿远实业有限公司（以下简称江西鸿远实业公司）部分工作人员还存在贪污、受贿和国有公司、企业人员滥用职权行为。法院判决如下：

①江西投资集团党委委员、工会主席、丰电三期扩建工程建设指挥部总指挥邓勇超构成重大责任事故罪、贪污罪、受贿罪和国有公司、企业人员滥用职权罪，予以数罪并罚，被判处有期徒刑18年，并处罚金人民币220万元。

②丰电三期扩建工程建设指挥部成员、丰电三期质量监督项目站站长杨飞云、电力质监总站监督处负责人白洪海、国家能源局华中监管局电力安全监管处副处长冯卫、丰城市工信委党委书记、主任涂爱平等9人分别被以玩忽职守罪或滥用职权罪判处5年至2年不等的有期徒刑。

③丰电二期计划经营部原经理杨岳辉犯贪污罪和国有公司、企业人员滥用职权罪，予以数罪并罚，江西鸿远实业公司计划经营部原经理桂小燕犯贪污罪，分别被判处有期徒刑11年、并处罚金人民币100万元和有期徒刑4年、并处罚金人民币50万元。

四、工程总承包模式下刑事风险防范建议

(一)工程全过程法律咨询与刑事合规

1. 全过程工程咨询

全过程工程咨询,涉及建设工程全生命周期内的策划咨询、前期可研、工程设计、招标代理、造价咨询、工程监理、施工前期准备、施工过程管理、竣工验收及运营保修等各个阶段的管理服务。《国务院办公厅关于促进建筑业持续健康发展的意见》(国办发〔2017〕19 号)中明确规定:"鼓励投资咨询、勘察、设计、监理、招标代理、造价等企业采取联合经营、并购重组等方式发展全过程工程咨询,培育一批具有国际水平的全过程工程咨询企业。制定全过程工程咨询服务技术标准和合同范本。政府投资工程应带头推行全过程工程咨询,鼓励非政府投资工程委托全过程工程咨询服务。在民用建筑项目中,充分发挥建筑师的主导作用,鼓励提供全过程工程咨询服务。"近期,国家发展和改革委员会、住建部频频发文,鼓励开展全过程工程咨询。

传统的建设模式是将建筑项目中的设计、施工、监理等阶段分隔开来,各单位分别负责不同环节和不同专业的工作,这不仅增加了成本,也分割了建设工程的内在联系,在这个过程中由于缺少全产业链的整体把控,信息流被切断,很容易导致建筑项目管理过程中各种问题的出现以及带来安全和质量的隐患,使业主难以得到完整的建筑产品和服务。实行全过程工程咨询,其高度整合的服务内容在节约投资成本的同时也有助于缩短项目工期,提高服务质量和项目品质,有效地规避了风险,这是政策导向也是行业进步的体现。

2. "工程全过程法律咨询"概念的提出

"工程全过程法律咨询"概念的提出与建设工程专业律师服务项目有关,我们都知道,工程项目在风险管理上稍有差池,轻则承担民事责任,带来经济损失;重则触犯刑法,丧失人身自由。因此,建设工程的全过程风险识别与合规管理是项目的重中之重。与"全过程工程咨询"不同,"工程全过程法律咨询"是指建设工程在项目可研、立项、招投标、合同签订与履行、项目质量与安全、工程款结算与交付及项目运营过程中几个阶段甚至于所有阶段的法律服务。

表 10－1　建设工程全过程法律服务

序号	项目阶段	法律服务项目	法律服务内容	成果/效果
1	法律法规及政策文件		1. 梳理与 EPC 相关的法律、法规； 2. 政策性文件归纳整理	整理成册，供实务参考
	主要合同体系（范本）		1. 标前合作协议； 2. 工程总承包合同； 3. 分包合同； 4. 采购合同； 5. 其他与项目有关的合同	
2	招投标阶段	投标前服务	1. 对项目是否符合总包模式进行法律评估； 2. 对发包人、意向合作单位、拟定分包商进行尽职调查，排查风险并进行风险提示； 3. 草拟或审查标前合作协议，约定合作对象的权利义务； 4. 提示招投标过程中的刑事风险（如串通招投标罪、行贿罪、受贿罪、故意泄露国家秘密罪等）	排查风险、确定合作对象
		招投标过程风险防控	1. 梳理、解读招标文件； 2. 投标文件的整理； 3. 投标流程的合规、合法评价	总包合同的适用性评价及专用条款的内涵提示
		中标后合同签订前	1. 分包单位的尽职调查（若为投标前意向合作单位，则可提前进行尽职调查）； 2. 总包合同的识别与条文解读	

续表

序号	项目阶段	法律服务项目	法律服务内容	成果/效果
3	工程实施阶段	项目管理体系中的法律风险提示	1. 项目组织、人员及财务管理； 2. 项目进度安排计划表及管理策划； 3. 项目设计管理； 4. 项目技术管理； 5. 项目采购与物流管理； 6. 项目安全及职业健康管理； 7. 项目试运行与竣工验收管理； 8. 项目收尾管理； 9. 项目分包管理； 10. 项目风险管理（重点在于项目的刑事风险管理，如工程重大安全事故罪、重大劳动安全事故罪、不报谎报安全事故罪、重大责任事故罪、强令违章冒险作业罪等风险的排查）	针对工程总包共性化特征就公司已经构建的项目管理体系框架提出法律风险评价及管理建议
		合同管理	1. 总包合同的分解（设计、采购、施工及其他）； 2. 分包合同管理策划； 3. 分包（供应）合同的起草与谈判； 4. 合同的履约监督； 5. 变更索赔/反索赔； 6. 合同的备案管理； 7. 履约过程中的刑事风险排查（如拒不支付劳动报酬罪、环境污染罪、消防事故罪、为亲友非法牟利罪、签订履行合同失职被骗罪、国有公司、企业、事业单位人员失职罪、滥用职权罪、合同诈骗罪等）	针对个案进行合同管理，控制履约过程的风险，为工程价款结算准备素材
4	竣工验收、交付、结算阶段	项目后风险防控	1. 竣工验收的形式审查； 2. 交付工程项目的形式及风险提醒； 3. 质量保修期风险提醒； 4. 工程结算的形式及风险提醒； 5. 工程款支付的风险提醒； 6. 竣工结算交付阶段的刑事法律风险排查（如虚假诉讼罪、敲诈勒索罪、诈骗罪、虚开发票罪等）	通过项目验收、交付、结算阶段的提前介入，预防并减少诉争

3. 刑事合规与工程全过程法律咨询

与建设工程领域企业刑事风险相关的过程法律咨询相关的就是“刑事合规”法律服务。这个概念近几年被炒得火热，但这里所说的“刑事合规”并非美国《联邦量刑指南》中所指的建立企业“刑事合规计划”后可以通过与检察官达成不起诉协议或者暂缓起诉协议，在达到特定条件后避免被起诉或减轻量刑的情形。在我国现行法的语境下，刑事合规指的是，为避免因企业或企业员工相关行为给企业带来的刑事责任，国家通过刑事政策上的正向激励和责任归咎，推动企业以刑事法律的标准来识别、评估和预防公司的刑事风险，制定并实施遵守刑事法律的计划和措施。在这里，结合“全过程法律咨询”来看，我们所说的“刑事合规”，更多的是指律师在法律服务过程中，提示企业在日常经营过程中，什么能做什么不能做，特别是做什么会牵涉犯罪，这就需要专业的刑事律师与建工律师进行全程指导。针对那些表面上尚无明显刑事法律风险的公司，应当开展合规培训，发现企业章程、安全生产管理制度、操作规范方面的漏洞；审查企业的经营或交易行为中的刑事法律风险；在工程招投标、采购、建设、结算等实施阶段提出避免犯罪的建议。本书正是基于这一目的，按照建设工程的流程，分阶段归纳犯罪客观表现形式及所涉罪名，以期给读者直观、全面的刑事风险提示。

（二）相关罪名的刑事风险防范建议

1. 重大责任事故罪

工程总承包单位需要对工程的质量、安全、工期和造价等全面负责，这对作为设计单位转型而来的工程总承包单位来说，无疑是一种考验。在施工现场管理这一方面，设计单位可能出现无法对工程施工质量和安全进行有效监督的情况。这既使工程总承包单位面临建设单位违约索赔和行政部门处罚的风险，也使相关责任人员面临刑事风险。因此，笔者提出下列建议，为工程总承包单位在施工管理方面如何避免刑事风险提供建议：

（1）建立工程总承包单位和工程总承包项目经理的“双资质”保障

为避免设计单位或施工单位转型而来的工程总承包单位无法对工程总承包的全过程进行有效的管控，《房屋建筑和市政基础设施项目工程总承包管理办法》（2020 年 3 月 1 日施行）规定，工程总承包单位应当同时具有与工程规模相适应的工程设计资质和施工资质，或者由具有相应资质的设计单位和施工单位组成联合体。同时，工程总承包项目经理应当具备下列条件：①取得相应工程建设类注册执业资格,包括注册建筑师、勘察设计注册工程师、注册建造师或者注册监理工程师等;未实施注册执业资格的,取得高级专业技术职称。②担任过与拟建项目相类似的工程总承包项目经理、设计项目负责人、施工项目负责人或者项目总监理工程师。③熟悉工程技术和工程总承包项目管理知识以及相关法律法规、标准规范。④具有较强的组织协调能力和良好的职业道德。

因此,工程总承包单位首先应从单位资质出发,使自身具有相应的项目管理体系和项目管理能力、财务和风险承担能力。同时,注重对工程总承包项目经理等相关人员的选拔和培养,确保工程总承包项目经理具有设计和施工的管控能力和管理经验。

(2)设立项目管理机构,并设立专门的施工管理团队

为实现对工程总承包项目的有效管理控制,工程总承包单位应当设立项目管理机构,设置项目经理,配备相应管理人员,加强设计、采购与施工的协调。同时,设立相关的施工管理团队,对项目施工环节的全过程进行管控。尤其是在设计单位作为工程总承包单位的情况下,虽然其可能将项目施工委托给建设单位,但其仍须对施工安全、质量、进度等进行管理控制并承担相应的责任。故工程总承包单位应当设立专门的施工管理团队,全程对施工质量和安全进行有效的管理和控制。

(3)明确各部门权责,切实落实施工管理职责

工程总承包单位应当建立和完善工程总承包管理制度,建立权责明晰的组织架构,明确各个部门的权限和职责。具体而言,工程总承包单位应当建立能够满足对工程总承包项目的设计、采购、施工、质量、造价等全方位全过程进行管理监督的管理制度。对各个部门及岗位的职责予以明确,将施工管理的每一环节明确落实到对应的部门和人员,并建立相应的监督、审批和追责机制,确保每一施工管理环节都能够得到落实。

2. 生产、销售伪劣产品罪

钢筋、混凝土作为工程建设最基础最重要的建筑材料,其质量是否达标直接影响工程的质量和安全,如果对此监管、检验、检查等不严导致质量伪劣的商砼用于了工程建设,那么,可能会造成极大的安全隐患,而且如果是关键承重部位,一旦发生质量安全事故,必会导致重大的人身财产损失。因此,笔者提出下列建议,为工程总承包项目在施工管理方面如何避免刑事风险提供建议:

(1)从源头做好对钢筋、混凝土等基础建筑材料的考察

对于钢筋、混凝土这些基础建筑材料,工程总承包方、监理方、建设方有必要一起至供应商生产地,从其原料供应、加工工艺、生产技术等各方面考察是否符合合同及相关行业标准规范的要求,从源头杜绝伪劣商砼的出现,对于不符合要求的供应商坚决更换或要求整改符合要求,杜绝因利益关系而选择不恰当的供应商。从根本解决是最有利于防患因建筑材料原因导致工程质量安全事故是最有效的方法。

(2)切实落实建筑材料使用前的材料进场检测制度

若确有不合格、伪劣产品运至工程现场,必须明确工程总承包方、监理方、建设方对于材料进场制度的权责分配,任何进场材料尤其商砼必须检查出厂合格证、配合比单、原材料含量报告、运输签认单等资料,尤其是混凝土配合比、强度标号、原材料含量重点关注。同意进场使用的建筑材料必须签字确认,作为总承包方必须做好混凝土进场的台账记录,做到有据可查。同时坚决不允许现场制拌混凝土。

(3)建立严格的工程现场巡查检测制度

如若遇到不合格建筑材料用于工程建设,那么现场巡查检测作为最后一道防止工程质量安全事故发生的防线。工程总承包方对整个项目负责,项目工程从开发建设到使用任何施工质量、安全、进度问题,其都是第一责任人。建立严格的工程现场质量安全巡查检测制度是必须落实,施工管理部在项目经理的组织下协同监理定期对项目开展巡检,尤其关注重点部位结构的成型质量,借用仪器检测强度,对于存在隐患的部位做好标记,坚决要求整改到位,不允许因赶工而放弃工程质量和安全。

第十一章

刑民交叉案件处理实务指引

一、刑民交叉法律适用综述

刑民交叉案件是指既需要适用民事法律规范，又需要适用刑事法律规范的案件：基于法秩序统一的原理，民事和刑事法律规范应作一体适用。比如，形式上符合民事法律规定要求的合同，但是实质上掩盖了犯罪的目的，不仅应当适用民事法律规范将该类合同评价为无效合同，而且应当适用刑事法律规范评价犯罪行为人的犯罪行为。

在适用法律的过程中：民事法律规范里，有主体、客体和权利内容等法律评价要素。刑事法律规范里，要针对犯罪的客观行为和犯罪行为人的主观责任进行评价。上述民事法律和刑事法律的主客观要素之间，就可能存在同一、交叉或牵连的关系。刑民交叉案件，是对上述存在同一、交叉或牵连的关系的刑事案件和民事案件的统称。

对刑民交叉案件，程序上和实体上如何解决法律适用的冲突，体现在现有规范中的一个重要的先决问题，是判决刑事案件和民事案件中是否属于基于“同一事实”的案件。就刑民交叉案件的相关规范中，除了“同一事实”外，还有“同一法律关系”等表述，所以在讨论如何办理施工企业的刑民交叉案件之前，有必要先对刑民交叉案件中所述的“同一事实”的识别和程序处理等规定（含领导讲话），按时间顺序进行梳理，如表 11－1 所示。

表 11－1　刑民交叉案件处理规范

序号	施行日期	规范名称	关于同一事实的规定
1	1998 年 4 月 29 日	最高人民法院关于在审理经济纠纷案件中涉及经济犯罪嫌疑若干问题的规定	1. 不同 同一公民、法人或其他经济组织因不同的法律事实，分别涉及经济纠纷和经济犯罪嫌疑的，经济纠纷案件和经济犯罪嫌疑案件应当分开审理。 2. 牵连 人民法院在审理经济纠纷案件中，发现与本案有牵连，但与本案不是同一法律关系的经济犯罪嫌疑线索、材料，应将犯罪嫌疑线索、材料移送有关公安机关或检察机关查处，经济纠纷案件继续审理。

续表

序号	施行日期	规范名称	关于同一事实的规定
2			3.犯罪嫌疑 人民法院作为经济纠纷受理的案件,经审理认为不属经济纠纷案件而有经济犯罪嫌疑的,应当裁定驳回起诉,将有关材料移送公安机关或检察机关
2	2014 年 3 月 25 日	最高人民法院、最高人民检察院、公安部关于办理非法集资刑事案件适用法律若干问题的意见	关于涉及民事案件的处理问题。 对于公安机关、人民检察院、人民法院正在侦查、起诉、审理的非法集资刑事案件,有关单位或者个人就同一事实向人民法院提起民事诉讼或者申请执行涉案财物的,人民法院应当不予受理,并将有关材料移送公安机关或者检察机关。 人民法院在审理民事案件或者执行过程中,发现有非法集资犯罪嫌疑的,应当裁定驳回起诉或者中止执行,并及时将有关材料移送公安机关或者检察机关
3	2015 年 4 月 19 日	2015 年全国民事审判工作会议纪要	人民法院受理民事案件后,被告或者第三人以民事案件涉嫌犯罪为由请求移送公安、检察机关按照刑事案件处理的,人民法院应当充分听取对方当事人的意见。 人民法院经审理认为民事案件与刑事案件应当分开审理的,应当告知当事人向有管辖权的公安、检察机关报案,并将涉嫌犯罪的线索、材料移送有管辖权的公安、检察机关。 人民法院经审理认为民事案件不以刑事案件的办理结果为依据的,民事案件继续审理;民事案件必须以刑事案件的办理结果为依据的,应当裁定中止民事案件的审理
4	2015 年 9 月 1 日	最高人民法院关于审理民间借贷案件适用法律若干问题的规定	1.人民法院立案后,发现民间借贷行为本身涉嫌非法集资犯罪的,应当裁定驳回起诉,并将涉嫌非法集资犯罪的线索、材料移送公安或者检察机关。 2.人民法院立案后,发现与民间借贷纠纷案件虽有关联但不是同一事实的涉嫌非法集资等犯罪的线索、材料的,人民法院应当继续审理民间借贷纠纷案件,并将涉嫌非法集资等犯罪的线索、材料移送公安或者检察机关。 3.民间借贷的基本案件事实必须以刑事案件审理结果为依据,而该刑事案件尚未审结的,人民法院应当裁定中止诉讼

续表

序号	施行日期	规范名称	关于同一事实的规定
5		最高人民法院(2015)民申字第1778号梅振娇与李红玲、海南鸿凌投资担保有限公司等借款合同纠纷案	无论《刑民交叉规定》还是《非法集资意见》,在刑民交叉涉及同一事实时,均规定应当先刑后民;若案件涉及不同事实,则应当对不涉及犯罪事实的民事纠纷继续审理,对同一事实的认定,应是自然意义上的事实本身
6	2015年12月24日	最高人民法院关于当前商事审判工作中的若干具体问题	1. 要注意区分商事案件法律事实与刑事诉讼所涉法律事实是否相同。如果商事案件法律事实与刑事案件法律事实不同,那么原则上商事案件应当与刑事案件分别审理。 2. 要注意区分商事案件与刑事诉讼涉及相同法律事实下的不同处理。 (1)商事案件与刑事诉讼涉及的法律事实完全相同时的处理。 如果商事案件与刑事诉讼所涉事实完全相同,而且案件事实在根本上也属于刑事案件,那么在立案阶段就应不予受理商事案件。受理后在商事审判中发现的,应当裁定驳回起诉。 (2)商事案件与刑事诉讼涉及的法律事实存在部分关联时的处理。商事案件与刑事诉讼涉及的法律事实部分相关时,判断商事案件是否继续审理的标准应当是《民事诉讼法》第150条第1款第(5)项"本案必须以另一案的审理结果为依据"的规定
7	2018年1月1日	最高人民检察院、公安部关于公安机关办理经济犯罪案件的若干规定	1. 涉嫌经济犯罪的案件与人民法院正在审理或者作出生效裁判文书的民事案件,属于同一法律事实或者有牵连关系,符合下列条件之一的,应当立案。 2. 公安机关在侦查过程中、人民检察院在审查起诉过程中,发现具有下列情形之一的,应当将立案决定书、起诉意见书等法律文书及相关案件材料复印件抄送正在审理或者作出生效裁判文书的人民法院,由人民法院依法处理: (1)侦查、审查起诉的经济犯罪案件与人民法院正在审理或者作出生效裁判文书的民事案件属于同一法律事实或者有牵连关系的; (2)涉案财物已被有关当事人申请执行的。 3. 涉嫌经济犯罪的案件与人民法院正在审理或者作出生效裁判文书以及仲裁机构作出裁

续表

序号	施行日期	规范名称	关于同一事实的规定
			决的民事案件有关联但不属同一法律事实的，公安机关可以立案侦查，但是不得以刑事立案为由要求人民法院移送案件、裁定驳回起诉、中止诉讼、判决驳回诉讼请求、中止执行或者撤销判决、裁定，或者要求人民法院撤销仲裁裁决。 4. 人民法院在办理民事案件过程中，发现与民事纠纷虽然不是同一事实但是有关联的经济犯罪线索、材料，并将涉嫌经济犯罪的线索、材料移送公安机关的，接受案件的公安机关应当立即审查，并在十日以内决定是否立案。公安机关不立案的，应当及时告知人民法院
8	2019 年 7 月 3 日	最高人民法院审判委员会刘贵祥在全国法院民商事审判工作会议上的讲话	1. 从行为实施主体的角度判断。“同一事实”指的是同一主体实施的行为，不同主体实施的行为不属于同一事实。要特别注意的是，法定代表人、负责人以及其他工作人员等对外以法人名义从事的职务行为，应当由法人承担相应的民事后果。如果法定代表人、负责人以及其他工作人员构成犯罪，但法人本身不构成犯罪的，鉴于犯罪行为的主体与民事行为的主体属于不同的主体，一般不宜认定为“同一事实”。 2. 从法律关系的角度进行认定。例如，刑事案件的受害人同时也是民事法律关系的相对人的，一般可以认定该事实为“同一事实”。实践中，侵权行为人涉嫌刑事犯罪，被保险人、受益人或其他赔偿权利人请求保险人支付保险金；主合同的债务人涉嫌刑事犯罪，债权人请求担保人承担民事责任的，因涉及不同的法律关系，均不属于“同一事实”。 3. 从要件事实的角度认定。只有民事案件争议的事实，同时也是构成刑事犯罪的要件事实的情况下，才属于“同一事实”。如当事人因票据贴现发生民事纠纷，人民法院在审理过程中发现汇票的出票人因签发无资金保证的汇票构成票据诈骗罪，但鉴于背书转让行为并非票据诈骗犯罪的构成要件，因而民事案件与刑事案件不属于“同一事实”

续表

序号	施行日期	规范名称	关于同一事实的规定
9	2019年11月8日	全国法院民商事审判工作会议纪要	1.分别审理 同一当事人因不同事实分别发生民商事纠纷和涉嫌刑事犯罪,民商事案件与刑事案件应当分别审理。 2.涉众型经济犯罪与民商事案件的程序处理 对于受害人就同一事实提起的以犯罪嫌疑人或者刑事被告人为被告的民事诉讼,人民法院应当裁定不予受理,并将有关材料移送侦查机关、检察机关或者正在审理该刑事案件的人民法院。受害人的民事权利保护应当通过刑事追赃、退赔的方式解决。正在审理民商事案件的人民法院发现有上述涉众型经济犯罪线索的,应当及时将犯罪线索和有关材料移送侦查机关。侦查机关作出立案决定前,人民法院应当中止审理;作出立案决定后,应当裁定驳回起诉;侦查机关未及时立案的,人民法院必要时可以将案件报请党委政法委协调处理。 3.民刑交叉案件中民商事案件中止审理的条件 人民法院在审理民商事案件时,如果民商事案件必须以相关刑事案件的审理结果为依据,而刑事案件尚未审结的,应当根据《民事诉讼法》第150条第5项的规定裁定中止诉讼。待刑事案件审结后,再恢复民商事案件的审理。如果民商事案件不是必须以相关的刑事案件的审理结果为依据,则民商事案件应当继续审理

二、建设工程领域刑民交叉案件“163分析法”

针对建设工程领域刑民交叉案件的特殊性,根据刑民交叉案件的一般性处理原则,以及建设工程涉及的六种资源的特殊性,从典型案例中总结提出“163分析法”,总共分为三个步骤:

第一步,坚持法秩序一体化的原则,是为“1”。在界定行为所侵害的法益时,应当基于体系解释和法秩序统一性原理,“将所有法律制度和法律规范连接成为一个大统一体的内在关联”当中来考察①,先考虑侵害的法益或权利在民法中的体

① ［德］齐佩利乌斯:《法学方法论》,金振豹译,法律出版社2009年版,第61页。

系定位，再进行刑法上实质违法性的评价，准确认定是否构成犯罪。在该原则的指导下，从行为实施主体、法律关系和要件事实等方面判定是否属于“同一事实”。

第二步，从建设工程涉及的六种资源出发，分析该类资源涉及的法律规范和利益主体，是为“6”。笔者根据建设工程的特点，梳理了涉及六类主要资源，具体是：资金、材料、工具、设备、人力和信息。随着中国经济的不断发展，规范上述资源进行利用途径的法律规范也在不断发生变化，该变化会直接影响建设工程项目管理过程中的资源利用行为。鉴于不同历史时期中不同资源在建设工程中的重要性不同，法律的规范也会不断发生变化，故此笔者建议从规范涉及的不同资源出发，分析该类资源涉及的法律规范和利益主体，借此评估非法行为的影响范围，从而对刑民交叉法律关系的处理打下坚实基础。

第三步，从“九民纪要”（《全国法院民商事审判工作会议纪要》）所规定的处理程序，在上述第一、二步的基础上，分析属于三种处理方法中的哪一种，是为“3”。一是同一当事人之间所发生的不同事实，“九民纪要”明确认定应当分别审理；二是同一事实前提下构成涉众型经济犯罪时，应当坚持先刑后民，让受害人通过刑事手段予以退赔、补偿，民事案件应当裁定驳回起诉；三是其他需以刑事案件审理结果为依据的民事案件，则采取刑民分开、先刑后民原则，民事案件应当中止审理。

三、建设工程领域刑民交叉典型案例

（一）建设项目资源之“资金”案例：赵某与A建筑公司某南某雄分公司、A建筑公司建设工程施工合同纠纷系列案件

1. 合同背景

2008年12月16日，某雄市人民政府与B建筑公司签订了《关于投资建设某雄市市政基础设施协议书》，约定某雄市人民政府将某雄市城市东、西环路工程发包给B建筑公司。2011年4月11日及2013年1月31日，某雄市人民政府与B建筑公司就某雄市东、西环路工程签订了两份补充协议，主要是变更工程价款及工程价款的支付方式。

2009年6月22日，A建筑公司某南某雄分公司与赵某签订了《工程内部承包合同》，约定A建筑公司某南某雄分公司将某雄市东、西环路工程转包给赵某施工。

2010年6月22日，B建筑公司作为发包人，A建筑公司作为承包人，某雄市

住房和城乡建设局作为监管人共同签订了《建设工程施工合同》，约定 B 建筑公司将某雄市 BT 项目东环线二标段工程发包给 A 建筑公司施工。2010 年 9 月 13 日，B 建筑公司作为发包人，A 建筑公司作为承包人，某雄市住房和城乡建设局作为监管人共同签订了两份《建设工程施工合同》，约定 B 建筑公司将某雄市 BT 项目东环线一标段工程、某雄市 BT 项目东环线三标段工程发包给 A 建筑公司施工。2011 年 4 月 20 日，某雄市住房和城乡建设局作为甲方，B 建筑公司作为乙方，某雄市人民政府作为见证人共同签订了《委托建设合同书》，约定 B 建筑公司负责对某雄市城市东、西环路工程进行管理和建设，某雄市住房和城乡建设局支付工程款。

2016 年 8 月 18 日，A 建筑公司与赵某签订了《工程款支付协议》，约定 A 建筑公司在《工程款支付协议》签订后 300 日内支付赵某工程款 86697080.23 元，逾期支付按欠付款部分的日万分之五支付利息，B 建筑公司作为担保方在《工程款支付协议》上盖章确认。

2016 年 8 月 18 日（上述《工程款支付协议》签订同日），B 建筑公司、A 建筑公司与赵某签订了《担保协议》，约定 B 建筑公司确认 A 建筑公司与赵某签订了《工程款支付协议》，并同意为 A 建筑公司向赵某支付工程款及利息承担连带责任。

2. 刑民交叉问题发生背景

《工程款支付协议》及《担保协议》签订后，A 建筑公司于 2017 年春节前通过商业承兑汇票支付赵某工程款 18200000 元（商业承兑汇票金额为 20000000 元，扣除 A 建筑公司承担的贴现利息 9%），此外再未支付赵某工程款。赵某为涉案工程的实际施工人，根据最高院《建设工程司法解释（一）》第 26 条的规定，某雄市住房和城乡建设局及某雄市人民政府应当在欠付 B 建筑公司工程款范围内向赵某承担连带清偿责任。

案件审理过程中，云南省高级人民法院依职权向上海市崇明县公安局刑事侦查大队调取了以下证据材料：（1）沪公（崇）（刑）受案字（2017）1015 号受案登记表；（2）沪公（崇）立字（2017）2730 号立案决定书；（3）公安部门于 2017 年 10 月 19 日至 2017 年 10 月 27 日制作的询问（讯问）笔录共 7 份。上述材料反映：2017 年 10 月 19 日 B 建筑公司的法定代表人张某 1，前往上海市崇明县公安局刑事侦查大队报案称，赵某在本案诉讼中据以主张权利的《工程款支付协议》及《担保协议》系伪造，上述协议中 B 建筑公司和 A 建筑公司（张某 1 称该公司法定代表人张某2系其父亲)的印章系赵某以竣工材料归档的名义领用后私自加盖。当日,上海市崇明县公安局刑事侦查大队受理了此案,受案意见为“属于本单位管辖的刑事案件,建议及时立案侦查”。后,上海市崇明县公安局刑事侦查大队对包括A建筑公司某南某雄分公司负责人胡某1在内的数人调查询问,其中胡某1 2017年10月27日向公安机关陈述除张某1报案时提及的《工程款支付协议》及《担保协议》系伪造外,2016年9月16日A建筑公司与胡某2、赵某签署的《协议》和上述主体2016年9月21日签署的《财务核对证明》也是伪造的。上海市崇明县公安局于2017年10月31日依据《刑事诉讼法》第110条之规定决定对张某1被骗案立案侦查。

经质证,原告赵某及被告A建筑公司某南某雄分公司、A建筑公司、B建筑公司、某雄市住房和城乡建设局、某雄市人民政府对上述本院依职权调取的证据材料的真实性无异议。经核查,原告赵某的起诉主要依据包括张某1向公安机关报案时主张系赵某伪造的2016年8月18日A建筑公司与赵某签订的《工程款支付协议》和同日B建筑公司、A建筑公司与赵某签订的《担保协议》,此外,赵某向法院提交的证据材料中亦包括前述胡某1 2017年10月27日向公安机关陈述为伪造材料的《协议》和《财务核对证明》。现上海市崇明县公安局已于2017年10月31日依法决定对张某1被骗案立案侦查。

3. 不同法院对刑民交叉问题的处理意见

(1)2017年12月1日,云南省高级人民法院作出文书号为(2017)云民初138号之一的民事裁定书,认为本案中原告赵某提出的诉讼请求所依据的事实和证据已涉嫌经济犯罪,公安机关已依法立案侦查,故本案现已不属于经济纠纷的范畴,依照最高院《关于在审理经济纠纷案件中涉及经济犯罪嫌疑若干问题的规定》第11条,人民法院作为经济纠纷受理的案件,经审理认为不属经济纠纷案件而有经济犯罪嫌疑的,应当裁定驳回起诉,将有关材料移送公安机关或检察机关,裁定如下:驳回赵某的起诉。

(2)2018年4月16日,最高院作出文书号为(2018)最高法民终301号民事裁定书,本案的焦点问题在于赵某向一审法院提起的诉讼与上海市崇明县公安局立案侦查的“张某1被骗案”是否属于同一法律事实和法律关系。根据一审法院依职权向上海市崇明县公安局刑事侦查大队调取的涉嫌“张某1被骗案”相关证据,上海市崇明县公安局沪公(崇)(刑)受案字(2017)1015号受案登记表“简要案情或者报案记录”载明:报警人张某1至崇明县公安局刑侦大队报案称,2008年张某

1 名下的 B 建筑公司与某雄市政府签订了一份《关于投资建设某雄市市政基础设施协议书》，然后 B 建筑公司受某雄市政府委托实施该工程并将工程发包给 A 建筑公司，再由 A 建筑公司将工程内部承包给胡某 2 和赵某两人。后赵某以竣工材料归档的名义领用 B 建筑公司、A 建筑公司两个公司的印章后，私自将两个公司印章加盖在伪造的《工程款支付协议》《担保协议》上。后赵某以该伪造的协议向一审法院申请诉前财产保全，一审法院对 B 建筑公司名下的一个酒店和两幢独立办公用房进行查封，导致报警人无法以该不动产向银行申请贷款，转而向民间借贷，两者之间利差 21%，损失 200 万元左右。一审法院同样依职权调取的“张某 1 被骗案”中 7 份相关人员的询问（讯问）笔录所载内容，也均是有关赵某指使其工作人员在伪造的《工程款支付协议》《担保协议》上偷盖 B 建筑公司、A 建筑公司印章的经过。因此，有关“张某 1 被骗案”的法律事实为赵某指使其工作人员在伪造的《工程款支付协议》《担保协议》上偷盖 B 建筑公司、A 建筑公司印章，并持该《工程款支付协议》《担保协议》向一审法院申请诉前财产保全，因一审法院采取保全措施查封 B 建筑公司的不动产致使 B 建筑公司无法向银行申请抵押贷款，转而向民间借贷，因二者利差导致 B 建筑公司或者张某 1 损失约 200 余万元。本案赵某向一审法院提起诉讼的法律事实为，赵某依据与某雄分公司签订的《工程内部承包合同》完成了某雄市东、西环路工程施工，因某雄分公司、A 建筑公司拖欠工程款，其诉请某雄分公司、A 建筑公司支付拖欠的工程款，B 建筑公司作为总承包人，住房和城乡建设局、某雄市政府作为发包方，应当按照有关建设工程施工纠纷司法解释的规定，承担相应的民事责任。从上述两案的法律事实看，“张某 1 被骗案”涉及相关人员以伪造的合同申请诉前财产保全导致权利人不动产被查封，进而无法向银行办理抵押贷款，造成利息损失，本案涉及当事人之间因工程施工欠款产生的纠纷，显然与上海市崇明县公安局立案侦查的“张某 1 被骗案”不属于同一法律关系。至于赵某提起本案诉讼所依据的《工程款支付协议》《担保协议》等证据，从该等证据的内容看，涉及本案的工程款结算，与本案诉争事实具有关联性，但已属“张某 1 被骗案”刑事侦查范围，因此该等证据的真实性、合法性处于不确定状态。本案工程款结算有多种方式，该《工程款支付协议》《担保协议》并非工程款结算的唯一或必需的证据。当事人是否依据该等证据主张权利，涉及当事人诉讼权利的处分；人民法院在案件审理程序中是否采信该等证据作为认定案件事实的依据，属于人民法院依法行使裁判权的范畴。以上均不影响案件的受理。一审法院认为，本案现已不属于经济纠纷的范畴属于适用法律错误，最高院予以纠正。至于赵某上诉所称上海市崇明县公安局刑事立案错误，不属于本案审查范围，赵某可通过其他合法的方式提出主张或请求。综上，一审裁定适用法律错误，最高院予以纠正。依据《民事诉讼法》第170条第1款第2项、第171条以及最高院《关于在审理经济纠纷案件中涉及经济犯罪嫌疑若干问题的规定》第1条、第10条之规定，裁定如下：①撤销云南省高级人民法院（2017）云民初138号之一号民事裁定；②指令云南省高级人民法院审理本案。

（3）2019年1月31日，云南省高级人民法院作出（2018）云民初249号民事判决书，审理了三个焦点问题：①赵某是不是涉案工程实际施工人；②款项支付义务主体如何确定；③涉案工程尚欠工程款及利息数额如何确定。其中对赵某是不是实际施工人一节，另查明：①2017年10月29日，上海市公安局崇明分局刑侦大队一队对B建筑公司法定代表人张某1进行询问，在此次询问中张某1陈述"A建筑公司的法人代表是我父亲，我是实际管理人"，"由上海A建筑公司核准工作量后，按每次核准施工图以内的工程量费用的85%其中扣除25%管理费、利润税金后每月与胡某和赵某他们结算一次，经我们审核后给予支付"；②赵某系启东市水利市政工程有限公司的水利水电工程专业中级工程师（技术职称）、项目经理（职务）。评析认为：①赵某向本院提交的证据中多处显示其系参与了涉案工程的施工及施工前后的各项工作，如赵某系涉案《工程内部承包合同》的乙方当事人之一、《工程内部承包合同》中约定赵某系乙方项目经理、某雄市审计局针对涉案工程造价审计过程中赵某在一标段和二标段的《某雄市审计局工程审定结果认定单》"投资单位意见"栏目签字、在涉案工程验收过程中赵某以A建筑公司项目副经理身份参与了涉案工程二标段和三标段的验收工作、2016年9月15日A建筑公司与赵某和唐某核对已付款并形成《上海A建筑支付赵某（某雄市东、西环路工程）工程款明细》、B建筑公司法定代表人张某1向公安机关陈述"由上海A建筑公司核准工作量后，按每次核准施工图以内的工程量费用的85%其中扣除25%管理费、利润税金后每月与胡某和赵某他们结算一次，经我们审核后给予支付"、A建筑公司2017年9月16日致函赵某并多次提及赵某系履行涉案合同及取得涉案工程款项主体的内容等。此外，2016年1月29日，赵某出具的收条所涉其收到合计2000万元的商业承兑汇票系当事人无争议的涉案工程已付款的组成部分，该证据系A建筑公司向本院提交。综上可见，赵某不仅是形式上《工程内部承包合同》的合同当事人，其也实质上参加了工程施工、施工中收取款项、针对已付工程款金额对账及确认、造价审计审定、竣工验收、与工程有关的争议处理和解决等多个环节，同时A建筑公司、B建筑公司也在不同场合、通过不同形式对赵某的实际施工人地位进行过确认。②A建筑公司向本院提交的案外人黄某投资涉案工程的证据形式上仅为收据且该证据或其他证据无法表明其与本案工程的关联性，对此本院依法不予采信；此外，A建筑公司提交黄某向赵某每月支付生活费的证据仅为复印件，并无原件可供核对，且从该复印件形式上看仅为2009年12月至2012年，该时间与各方当事人庭审中无异议的涉案工程施工时间不吻合，故本院依法不予采信；现A建筑公司仅提交黄某、唐某的证人证言欲证明赵某并非实际施工人，由于并无其他证据佐证前述证人证言的内容，本院对此亦依法不予采信。综上，本院依照《民事诉讼法》第64条第1款"当事人对自己提出的主张，有责任提供证据"、2001年《证据规定》第73条"双方当事人对同一事实分别举出相反的证据，但都没有足够的依据否定对方证据的，人民法院应当结合案件情况，判断一方提供证据的证明力是否明显大于另一方提供证据的证明力，并对证明力较大的证据予以确认。因证据的证明力无法判断导致争议事实难以认定的，人民法院应当依据举证责任分配的规则作出裁判"以及《民诉法司法解释》第108条第1款"对负有举证证明责任的当事人提供的证据，人民法院经审查并结合相关事实，确信待证事实的存在具有高度可能性的，应当认定该事实存在"之规定，依法认定赵某为涉案工程的实际施工人。

(4)2019年9月19日，最高院作出(2019)最高法民终556号民事判决书，判决驳回赵某的上诉。

4. 案例评析

云南省高级人民法院第一次审理该案时，认为属于经济犯罪而不仅仅是经济纷纷，裁定驳回起诉。其主要理由是：在该次审理中，法院调取的证据中体现，被告B建筑公司向上海市崇明县公安局刑事侦查大队报案称，赵某在本案诉讼中据以主张权利的《工程款支付协议》及《担保协议》系伪造，上述协议中B建筑公司和A建筑公司的印章，系赵某以竣工材料归档的名义领用后私自加盖，还有《协议》《财务核对证明》也是虚假的，公安机关已经以"张某1被骗案"立案侦查。被告的抗辩思路很明确，要打掉原告赵某用于起诉确认工程款债权的主要证据，要证明《工程款支付协议》《担保协议》《协议》《财务核对证明》这些书证上面的章都是原告赵某私自加盖的。一审法院认为，既然公安机关已经立案，该案就不再属于经济纠纷而是经济犯罪，驳回赵某的起诉。

最高院撤销云南省高级人民法院驳回赵某的起诉的裁定，指令云南省高级人民法院审理此案的理由，主要有以下三点：

一是从上述两案的法律事实看，“张某 1 被骗案”涉及的是相关人员以伪造的合同申请诉前财产保全导致权利人不动产被查封，进而无法向银行办理抵押贷款，造成利息损失，本案涉及的是当事人之间因工程施工欠款产生的纠纷，显然与上海市崇明县公安局立案侦查的“张某 1 被骗案”不属于同一法律关系。笔者对该段理由的理解是：“张某 1 被骗案”中虽然涉及《工程款支付协议》等相关合同是否是伪造的问题，但是张某 1 被骗案涉及的诉由是“造成利息损失”，并不是基于主张《工程款支付协议》是伪造的进而主张赵某的工程款债权不存在，而是主张赵某利用假合同的财产保全行为导致张某 1 因所在的公司的不动产被查封，无法向银行办理抵押贷款从而转向民间融资，从而导致利息损失，所以认定“因使用伪造合同申请财产保全造成利息损失”和“因工程施工欠款”不是属于同一法律关系。

二是至于赵某提起本案诉讼所依据的《工程款支付协议》《担保协议》等证据，从该等证据的内容看，涉及本案的工程款结算，与本案诉争事实具有关联性，但已属“张某 1 被骗案”刑事侦查范围，因此该等证据的真实性、合法性处于不确定状态。笔者对该段理由的理解是：要准确的评估同一份证据在民事诉讼和刑事诉讼中的证据地位，在本案中赵某提起诉讼的《工程款支付协议》等书证：一方面，作为主张工程款结算的民事诉讼基础证据，记载了债权结算内容而具有和诉由的关联性；另一方面，又因为该书证上的发包单位公章是不是赵某等人私自加盖一节，由于刑事侦查范围而使证据的真实性、合法性处于不确定状态。总体来说，《工程款支付协议》在证据的三性上关联性已经满足，但是真实性、合法性由于刑事侦查的范围处于不确定的状态故而尚未完全满足法律要求，该证据尚不能采纳。接下来的问题在于，如果《工程款支付协议》等书证不具有可采性，那么，原告赵某关于要求结算工程款的诉求，是否就完全不能得到支持了？最高院的第三点理由对此作出了回答。

三是“本案工程款结算有多种方式，该《工程款支付协议》《担保协议》并非工程款结算的唯一或必需的证据。当事人是否依据该等证据主张权利，涉及当事人诉讼权利的处分；人民法院在案件审理程序中是否采信该等证据作为认定案件事实的依据，属于人民法院依法行使裁判权的范畴。但均不影响案件的受理”。笔者对该段理由的理解是：虽然《工程款支付协议》由于针对其的刑事侦查尚在进行中导致其真实性、合法性尚不明确，但是该《工程款支付协议》“并非工程款结算的唯一或必需的证据”——换句话说,《工程款支付协议》并不是原告赵某主张工程款结算的唯一依据,如果原告赵某以主张自己是实际施工人等其他诉由来主张工程款债权,仍然可能获得法院的支持。结合之后云南省高级人民法院和最高院对该案对审理来看,赵某以其是实施施工人主张的工程款债权得到了法院的支持,而且在之后的民事审理中,虽然被告发包单位又提出了一些该工程是由他人承包进行证明赵某不是实际施工人的证据,但是法院综合全案中赵某实际参与工程施工管理的证据,认定了赵某作为实际施工人的身份,其中的民事案件审理思路也值得进一步深入学习。

总的来说,最高院关于区分经济犯罪和经济纠纷的思路非常具有指导性,建筑施工企业、实际施工人等在提起民事诉讼主张工程款债权时,遇到对方提出证据主张应当认定为经济犯罪时,要准确评估对方提出的证据效力以及影响范围,依法通过民事诉讼维护自己工程款债权的合法权益。

(二)建设项目资源之“材料”案例:A建筑公司、河南瑞某钢板有限公司买卖合同纠纷系列案件

1. 合同背景

2011年8月2日,瑞某公司(供方)与韩某(需方)签订《钢材购销合同》一份,该合同在供方处加盖有瑞某公司印章,落款时间为2011年8月2日;在需方处加盖有A建筑公司印章(编码:4101040××××××),无落款时间。合同主要约定:(1)供方根据需方所列清单分批向需方供应钢材,所需型号、数量按需方要求供应,质量符合国家标准;(2)需方所需钢材明细表见附页,金额总计按实际结算;(3)价格:按送货当日“我的钢铁网”网价,每吨上浮200元,另加运费每吨60元为最终结算价(不含发票);(4)结算方式:自送货之日起30日内付清全部货款,如逾期未付清货款的,需方应向供方支付违约金每天每吨5元。同时,合同还对货物验收、运输方式、发生纠纷的管辖、合同的生效进行了约定。

2011年8月3日,B建筑公司出具担保证明一份,载明:“我公司愿为河南瑞某钢板有限公司,向A建筑公司滑县新区厂房,供应钢材担保签合同。如合同未签约盖章,我公司愿承担一切后果。合同盖章生效后本担保终止作废”。

2012年3月3日,瑞某公司向A建筑公司发出业务往来对账函,载明:截至2012年3月3日,贵单位欠我司钢材货款(不含超期违约金)2405009.05元(大写:贰佰肆拾万伍仟零玖元零伍分整)。韩某在数据证明无误栏经办人处签名,并

加盖A建筑公司印章(编码:4101040××××××)。后瑞某公司再次发出对账函一份,载明:依据河南瑞某钢板有限公司资产账务工作要求,需函证与A建筑公司2011年就“滑县工地”业务发货明细及账款明细。截至2012年5月4日,贵单位欠我司钢材货款(包含暂计算至2012年5月4日的超期违约金,还款日按合同约定计算):合计重量452.793吨、货款2405009.05元、违约金556807.2元,总计2961816.225元(大写:贰佰玖拾陆万壹仟捌佰壹拾陆元贰角贰分伍厘整)。韩某在确认人处签名,落款时间为:2012年4月29日。

2.刑民交叉问题发生背景

因韩某、秦某拖欠瑞某公司货款未付,经瑞某公司催要未果,引起争讼。在原一审[郑州市管城回族区人民法院(2012)管民二初字第851号]案件审理过程中,经该院对秦某及案外人李某、杨某进行调查询问,另查明:(1)2011年4月16日,河南省百某农建设投资有限公司(发包人)与A建筑公司(承包人)就河南××新区多功能标准厂房42#、43#楼签订《建设工程施工合同》一份,该合同加盖有A建筑公司的印章,和A建筑公司法定代表人张某的私章。其中,A建筑公司印章的编码为4101040××××××,该印章和韩某与瑞某公司签订的钢材购销合同上的印章、对账函上的印章是同一枚印章。目前,韩某使用供应钢材施工的工程项目已停工。(2)河南××新区多功能标准厂房42#、43#楼施工项目系韩某、秦某合伙承包。(3)河南省百某农村建设投资有限公司与A建筑公司就河南××新区多功能标准厂房42#、43#楼签订的《建设工程施工合同》、瑞某公司与韩某签订的《钢材购销合同》及对账函上加盖的A建筑公司的印章均系由案外人李某提供。李某称,上述A建筑公司的印章和A建筑公司法定代表人张某的印章,以及建设工程投标所用的A建筑公司的营业执照、资质证、企业机构代码证等复印件均由案外人杨某提供;案外人杨某认可向李某提供了加盖A建筑公司红印章的A建筑公司的营业执照、资质证、企业机构代码证等复印件用于投标,但否认向李某提供过A建筑公司的印章。另查明,A建筑公司在原一审中向法院提交的法定代表人身份证明书、授权委托书、营业执照上加盖的该公司印章的编码为4101040××××××;在本次审理过程中向法院提交的上述材料上加盖的该公司印章的编码为4101691××××××。在案件审理过程中,该院至林州市公安局刑事侦查大队调查显示,A建筑公司于2013年3月20日至该公安机关进行报案,称2011年4月16日,韩某伙同秦某、李某及杨某私刻该公司印章,与河南省百某农建设投资有限公司签订施工合同,承建河南省百某农建设投资有限公司位于河南××新区多功能标准厂房,2011 年 8 月,四人以 A 建筑公司名义与瑞某公司签订《钢材购销合同》,因未按期支付钢材款,导致瑞某公司起诉 A 建筑公司,给该公司造成巨大经济损失。林州市公安局于 2013 年 5 月 29 日作出立案决定书,决定对 A 建筑公司印章被伪造案立案侦查,该刑事案件现仍在侦查阶段。A 建筑公司称由于河南省百某农建设投资有限公司涉及非法集资,经政府协调将涉案工程中涉及的 16 号厂房抵债给李某,由其针对工程所涉对外债务进行处理,其中包括瑞某公司申报的本案债权。瑞某公司对此不予认可,A 建筑公司亦未提交充分证据证明瑞某公司已经通过李某分配的 16 号厂房实现了本案债权。

3. 不同法律文书对刑民交叉问题的处理意见

(1)2017 年 3 月 16 日,河南省郑州市管城回族区人民法院作出(2013)管民二初字第 2047 号民事判决,认为韩某、秦某系合伙挂靠在 A 建筑公司名下,秦某以 A 建筑公司的名义与河南省百某农建设投资有限公司就河南 × × 新区多功能标准厂房 42#、43#楼签订《建设工程施工合同》并对外开展经营活动,在此基础上,韩某又以 A 建筑公司的名义与瑞某公司签订《钢材购销合同》。《钢材购销合同》是双方当事人真实意思表示,合法有效,受法律保护,双方当事人均应按照合同的约定履行各自的义务。工程的实际施工人是韩某和秦某,瑞某公司依约向韩某和秦某的施工工地上提供钢材,韩某和秦某应当依照约定支付钢材款,经双方对账,韩某于 2012 年 4 月 29 日签字认可,截止到 2012 年 5 月 4 日,尚欠瑞某钢板公司货款 2405009.05 元未支付,应当另行支付违约金 556807.2 元。秦某作为韩某的合伙人,应当与韩某共同承担支付上述货款及违约金的责任。故韩某、秦某应当共同支付货款 2405009.05 元及截止到 2012 年 5 月 4 日的违约金 556807.20 元(自 2012 年 5 月 5 日起至实际支付货款之日止的违约金,以 452.793 吨为基础,按每天每吨 5 元计算)。根据《建设工程施工合同》、《钢材购销合同》、供货清单上以及对账函上显示的 A 建筑公司的印章,瑞某公司有理由相信韩某、秦某是 A 建筑公司在河南 × × 新区多功能标准厂房 42#、43#楼工程项目的负责人与自己进行经营活动。A 建筑公司对韩某、秦某的上述义务应当承担连带清偿责任。B 建筑公司在担保证明中明确表示:"我公司愿为河南瑞某钢板有限公司,向 A 建筑公司滑县新区厂房,供应钢材担保签合同。如合同未签约盖章,我公司愿承担一切后果。合同盖章生效后本担保终止作废。"因韩某以 A 建筑公司的名义与签订的《钢材购销合同》已盖章生效,并且合同也已经实际履行,故 B 建筑公司的担保责任已经终止。瑞某公司要求 B 建筑公司连带承担支付货款及违约金的责任,理由不足,本院不予支持。A 建筑公司辩称,其与瑞某公司之间不存在买卖合同关系,瑞某公司也未向 A 建筑公司供应钢材,A 建筑公司从未承包过河南××新区多功能标准厂房 42#、43#楼工程项目,该项目是由韩某、秦某通过李某等人伪造 A 建筑公司的资料印章承接的,A 建筑公司不应当承担责任。虽然 A 建筑公司对合同上显示的公司印章真实性不予认可,但瑞某公司作为善意第三人有理由相信韩某、秦某向其提交合同的真实性,并且双方之间的《钢材购销合同》也实际予以履行。另外,对于 A 建筑公司印章涉嫌伪造的刑事案件长期处在侦查阶段,现仍未有侦查结果;根据本院在案件审理过程中对秦某以及案外人杨某、李某进行的调查询问,并不能确认《钢材购销合同》、对账函以及供货清单上加盖的 A 建筑公司的印章系被伪造。故 A 建筑公司的上述辩称意见,证据不足,本院不予采信。A 建筑公司辩称,瑞某公司应当向其合同相对方即韩某、秦某主张权利,理由正当,本院予以采信。B 建筑公司辩称,其仅为瑞某公司与滑县新区厂房项目钢材供应合同的缔约承担担保责任,并未对合同履行承担担保责任,现合同已经签订并实际履行,其不应当再承担担保责任。该辩称意见,理由正当,本院予以采信。韩某、秦某缺席,没有答辩意见,亦未提交相应证据,由此产生的不利后果应由其自行承担。综上,依照《合同法》第 8 条、第 49 条、第 60 条第 1 款、第 107 条、第 109 条、第 114 条,《民事诉讼法》第 64 条第 1 款、第 144 条及相关法律之规定,判决:①韩某、秦某于本判决生效之日起 10 日内支付河南瑞某钢板有限公司货款人民币 2405009.05 元及至 2012 年 5 月 4 日止的违约金 556807.20 元(并以 452.793 吨为基础,自 2012 年 5 月 5 日起至实际支付货款之日止,按照每天每吨 5 元的标准计算违约金);②A 建筑公司对上述债务承担连带清偿责任;③驳回河南瑞某钢板有限公司的其他诉讼请求。案件受理费 30415 元,由韩某、秦某、A 建筑公司负担;公告费 360 元,由韩某、秦某负担。

(2)2017 年 12 月 28 日,河南省郑州市中级人民法院作出(2017)豫 01 民终 12108 号民事裁定,认为经该院审理查明,A 建筑公司于 2013 年 3 月 20 日至该公安机关进行报案,林州市公安局于 2013 年 5 月 29 日作出立案决定书,决定对 A 建筑公司印章被伪造案立案侦查。涉案人员韩某、秦某等涉嫌私刻该公司印章,已被公安机关采取强制措施。该刑事案件现仍在侦查阶段。该案涉及刑事犯罪,民事案件的判决应依据刑事案件的结果。河南瑞某钢板有限公司可待刑事结果确认后,另行主张权利。依照最高院《关于在审理经济纠纷案件中涉及经济犯罪嫌疑若干问题的规定》第 11 条、《民诉法司法解释》第 330 条规定,裁定如下:

①撤销郑州市管城回族区人民法院(2013)管民二初字第2047号民事判决;②驳回河南瑞某钢板有限公司的起诉。

(3)2019年1月2日,河南省高级人民法院作出(2018)豫民申7513号民事裁定,民商事案件和刑事案件的性质、归责原则、证据规则、责任构成要件等均不同。最高院《关于在审理经济纠纷案件中涉及经济犯罪嫌疑若干问题的规定》第1条规定,同一公民、法人或其他经济组织因不同的法律事实,分别涉及经济纠纷和经济犯罪嫌疑的,经济纠纷案件和经济犯罪嫌疑案件应当分开审理;第10条规定,人民法院在审理经济纠纷案件中,发现与本案有牵连,但与本案不是同一法律关系的经济犯罪嫌疑线索、材料,应将犯罪嫌疑线索、材料移送有关公安机关或检察机关查处,经济纠纷案件继续审理。上述规定明确了以是否属于"同一法律事实"和"同一法律关系"作为区分民刑交叉案件处理方式的标准,即民、刑分属不同法律事实的,民、刑并行处理。本案中,主债权债务发生在瑞某公司与韩某、秦某及A建筑公司之间,需要解决的是债务是否存在、是否清偿及是否构成表见代理的事实问题,而A建筑公司印章被伪造一案于2013年5月29日被河南省林州市公安局立案侦查,2013年12月26日对案外人杨某执行拘留,从目前情况看,杨某涉嫌的刑事犯罪问题从2013年5月29日至今仍无定论,杨某亦非本案合同纠纷的当事人,公安机关侦查的犯罪事实与本案合同纠纷不属同一法律事实和同一法律关系,相关合同纠纷应继续审理。二审生效判决认为本案应待刑事案件结果确认后另行主张权利,并据此驳回瑞某公司的起诉不当。综上,瑞某公司的再审申请符合《民事诉讼法》第200条第6项规定的情形。依照《民事诉讼法》第204条、第206条和《民诉法司法解释》第395条第1款的规定,裁定如下:指令河南省郑州市中级人民法院再审本案。

(4)2019年3月11日,河南省郑州市中级人民法院作出(2019)豫01民再86号民事判决,认为:本院再审经审理查明的事实除与原审一致外,另查明林州市公安局对A建筑公司印章被伪造案现仍在侦查阶段。林州市公安局向本院出具一份《情况说明》载明:印章编码为4101040××××××的印章,经查询河南省印章治安管理信息系统,该印章编码对应的印章为2009年11月26日C建筑公司刻制的C建筑公司信阳市大石桥水库除险加固工程项目部/财务专用章。本院再审认为,根据瑞某公司与韩某之间签订的相关合同上加盖编码为4101040××××××的A建筑公司印章,瑞某公司起诉要求A建筑公司承担还款责任,但A建筑公司并未参与河南××新区多功能标准厂房工程建设,且根据林州市公安机关出具的

《情况说明》,该印章并非A建筑公司的印章,A建筑公司系被盗用其名义和公章参与工程和签订本案《钢材购销合同》。瑞某公司要求A建筑公司承担还款责任没有事实和法律依据,对其主张本院不予支持。河南××新区多功能标准厂房42#、43#楼工程的实际施工人是韩某和秦某,瑞某公司依据其与韩某签订的《钢材购销合同》向韩某和秦某的施工工地上提供钢材,韩某和秦某应当依照约定支付钢材款。经双方对账,韩某于2012年4月29日签字认可,截止到2012年5月4日,尚欠瑞某钢板公司货款2405009.05元未支付,应当另行支付违约金556807.2元。秦某作为韩某的合伙人,应当与韩某共同承担支付上述货款及违约金的责任。B建筑公司称其仅为瑞某公司与滑县新区厂房项目钢材供应合同的缔约承担担保责任,并未对合同履行承担担保责任,现合同已经签订并实际履行,其不应当再承担担保责任的主张成立,本院予以支持。最高院《关于在审理经济纠纷案件中涉及经济犯罪嫌疑若干问题的规定》第10条规定,人民法院在审理经济纠纷案件中,发现与本案有牵连,但与本案不是同一法律关系的经济犯罪嫌疑线索、材料,应将犯罪嫌疑线索、材料移送有关公安机关或检察机关查处,经济纠纷案件继续审理。本案事实为韩某、秦某与瑞某公司签订《钢材购销合同》后,瑞某公司依约供应钢材,韩某、秦某拖欠钢材货款而引起诉讼。本案虽然牵涉相关刑事案件,但该刑事案件系A建筑公司印章被伪造案,与本案并非同一法律关系。二审裁定以本案属于经济纠纷案件为由驳回瑞某公司的起诉,适用法律错误。综上所述,瑞某公司的再审主张部分成立,本院予以支持。二审裁定适用法律错误,应予纠正。一审判决认定的部分事实错误,本院予以纠正。依照最高院《关于在审理经济纠纷案件中涉及经济犯罪嫌疑若干问题的规定》第10条和《民事诉讼法》第207条、第170条第1款第2项之规定,判决如下:①撤销本院(2017)豫01民终12108号民事裁定和郑州市管城回族区人民法院(2013)管民二初字第2047号民事判决第二项即"二、A建筑公司对上述债务承担连带清偿责任";②维持郑州市管城回族区人民法院(2013)管民二初字第2047号民事判决第一、三项,即"一、韩某、秦某于本判决生效之日起十日内支付河南瑞某钢板有限公司货款人民币2405009.05元及至2012年5月4日止的违约金556807.20元(并以452.793吨为基础,自2012年5月5日起至实际支付货款之日止,按照每天每吨5元的标准计算违约金);""三、驳回河南瑞某钢板有限公司的其他诉讼请求"。

4. 案例评析

河南省郑州市管城回族区人民法院认为,A建筑公司应当承担支付钢材款的连带责任,理由主要有两项:第一,瑞某公司有理由相信韩某、秦某提交的材料上A建筑公司印章的真实性。其理由为,根据《建设工程施工合同》、《钢材购销合同》、供货清单上以及对账函上显示的A建筑公司的印章,瑞某公司有理由相信韩某、秦某是A建筑公司在河南××新区多功能标准厂房42#、43#楼工程项目的负责人与自己进行经营活动。虽然A建筑公司对合同上显示的公司印章真实性不予认可,但瑞某公司作为善意第三人有理由相信韩某、秦某向其提交合同的真实性,并且双方之间的《钢材购销合同》也实际予以履行。第二,伪造印章刑事案件的证据不足,还未有侦查结果。其理由为,对于A建筑公司印章涉嫌伪造的刑事案件长期处在侦查阶段,现仍未有侦查结果;根据法院在案件审理过程中对秦某以及案外人杨某、李某进行的调查询问,并不能确认《钢材购销合同》、对账函以及供货清单上加盖的A建筑公司的印章系被伪造。故A建筑公司的上述辩称意见,证据不足,法院不予采信。从判决理由来看,虽然将民事部分和刑事部分进行切割处理,但是以相关材料上体现了A建筑公司的印章且该印章所涉的刑事案件尚未有侦查结果,就认为A建筑公司应当根据表见代理归责规则承担连带责任,理据确有不足。河南省郑州市中级人民法院则倒向了另一个极端,认为涉案的印章存在伪造可能涉及刑事犯罪,以民事案件的判决应依据刑事案件的结果为由驳回起诉。

涉案当事人向河南省高级人民法院申请再审后,该院对决定指令河南省郑州市中级人民法院再审本案的理由,分别从法学理论、法律规定以及本案的合同关系分了三层进行分析,非常值得学习:一是在法学理论层面,明确指出“民商事案件和刑事案件的性质、归责原则、证据规则、责任构成要件等均不同”。二是在法律规定层面,最高院《关于在审理经济纠纷案件中涉及经济犯罪嫌疑若干问题的规定》第1条和第10条明确了以是否属于“同一法律事实”和“同一法律关系”作为区分民刑交叉案件处理方式的标准,即民、刑分属不同法律事实的,民、刑并行处理。通过上述分析,针对区分民刑交叉案件处理方式的标准,再次明确以是否属于“同一法律事实”和“同一法律关系”作为处理标准,即使经济犯罪和经济纠纷存在牵连,但是经济犯罪和经济纠纷不是同一法律关系的,将犯罪嫌疑的线索移送查处的同时,经济纠纷案件继续审理。三是在本案的合同关系分析层面,明确本案的“主债权债务发生在瑞某公司与韩某、秦某及A建筑公司之间,需要解决的是债务是否存在、是否清偿及是否构成表见代理的事实问题”,而A建筑公司印章被伪造一案尚无定论,涉嫌犯罪的杨某其刑事犯罪问题至判决时仍无定论,杨某又不是本案合同纠纷的当事人，所以公安机关侦查的犯罪事实与本案合同纠纷不属同一法律事实和同一法律关系，相关合同纠纷应继续审理。

河南省郑州市中级人民法院再审该案后认为，瑞某公司起诉要求A建筑公司承担还款责任的诉请之所以不应得到支持，主要有两个理由：一是A建筑公司并没有参加涉案工程的建设；二是编码为4101040××××××的A建筑公司印章并不是A建筑公司的印章。最后得出结论认为，A建筑公司系被盗用其名义和公章参与工程和签订本案《钢材购销合同》，不应当承担付款责任。在认定上述事实的基础上，再一次对本案中涉及的经济纠纷和经济犯罪应当分别处理的理由进行了论证：本案事实为韩某、秦某与瑞某公司签订《钢材购销合同》后，瑞某公司依约供应钢材，韩某、秦某拖欠钢材货款而引起诉讼。本案虽然牵涉相关刑事案件，但该刑事案件系A建筑公司印章被伪造案，与本案并非同一法律关系。可以看出，本案因为相关合同文件中盖有A建筑公司名义但不是A建筑公司印章的印章，而与经济犯罪有牵连，但是本案所涉的经济纠纷却和A建筑公司不是同一法律主体、同一法律关系，故此应当分别处理——这种严格划定和区分经济纠纷和经济犯罪之间牵连关系和范围的做法，非常值得我们学习和借鉴。

（三）建设项目资源之“工具”案例：谢某和董某建设工程施工合同纠纷系列案件

1. 合同背景

江苏省宿迁市沭阳县江南某小区项目由沭阳某置业有限公司投资建设，沭阳某置业有限公司将该工程项目发包给A建筑公司江苏分公司负责施工。

2010年7月11日，A建筑公司江苏分公司江南某小区项目部邹某与董某签订《内部施工承包合同》，约定将位于江苏省宿迁市沭阳县人民西路与天津北路交汇处的江南某小区3#、5#、11#楼脚手架工程分包给董某施工。

2010年7月11日，董某与梁某的代表胡某签订《施工（架子工）承包合同》，约定董某将江南某小区3#、5#、6#、11#、12#、15#楼外钢管脚手架搭拆工程分包给胡某（梁某的代表）施工。胡某（梁某的代表）施工的范围、质量、进度等方面必须按照董某与项目经理所签订的架子工施工承包合同来实施，否则如因胡某（梁某的代表）原因造成一切经济损失，由胡某（梁某的代表）赔偿。合同对工程承包范围和内容、价款支付、安全、违约责任及争议解决等条款均作出约定。甲方一栏由董某签名，乙方一栏由胡某（梁某的代表）签名，并加盖某钢管扣件租赁站印章。

2010年12月19日，沭阳某置业有限公司与A建筑公司签订《建设工程施工合同》2份，约定A建筑公司承建沭阳某置业有限公司开发的江南某小区一期、二期工程。合同约定工程承包范围均为：小区设计范围内土建、水电安装工程，包工、包料（不含进户门、单元门、防火门、塑钢窗、消防、通风、设备、智能化系统、景观、精装修工程）。合同价款分别为87682710.86元、89088595.17元。沭阳某置业有限公司在发包人一栏签章，法定代表人一栏由黄某签名，A建筑公司、A建筑公司江苏分公司在承包人一栏签章，法定代表人一栏由卢某签名。

2011年12月10日，沭阳某置业有限公司向A建筑公司江苏分公司发出解除合同通知书，称“你公司与我公司于2010年3月15日订立的《建设工程施工合同》、《江南某工程施工补充协议》及2011年8月12日的《补充协议》，由于你公司违法分包等，我公司决定依法解除与你公司所签订的上述合同及补充协议。特向你公司发出此《解除合同通知书》。自2011年12月10日起你公司与我公司所签订的上述合同和补充协议解除”。

2012年7月6日，李某（代表苏州高新区某建筑设备租赁站）、梁某、董某签订《协议书》，约定李某、梁某就江南某脚手架工程钢管、扣件移交接管一事，达成如下协议：“1.梁某从董某处承包了沭阳江南某3#、5#、6#、11#、12#、15#楼脚手架工程，该工程中梁某通过贾某、杨某（B建筑公司宿迁分公司）而实际使用了李某（代表苏州高新区某建筑设备租赁站）的钢管约30万米、扣件约15万只（以公安查证确认的数量为准）。2.梁某已从董某处领取的工程款由梁某和董某提供收支凭证为准（交公安调查）。从2012年7月7日起，该工程所有款项除梁某已领取部分外，其余均由李某与董某或项目部结算（根据董某与项目部及李某协商确定），梁某提供协助，并提供相关手续。3.经双方协商，从2012年7月7日起，梁某及搭拆工人、看管人员从工程现场撤出，由李某（代表苏州高新区某建筑设备租赁站）接管。架子拆除后，材料运出现场时，梁某及贾某家人协助清点数量。4.李某接管后，工程现场材料由李某负责看管、拆除，该部分人工费由李某直接与工人结算，与梁某无关。5.梁某承诺，在2012年7月6日前的看管、搭拆人员工资及各种辅助材料费用由梁某负责支付，与李某（代表苏州高新区某建筑设备租赁站）无关。6.工程拆除时，现场槽钢归梁某、贾某所有，拆下后由梁某和贾某家自行拉走，同时办理好拉走确认手续。7.李某、董某共同与A建筑公司项目部协商确定2012年7月7日后工程承包方式[由李某直接与项目部承包结算或是继续由董某与项目部按原合同结算、李某（代表苏州高新区某建筑设备租赁站）再和董某结算]。

8. 梁某与董某的承包协议及董某与 A 建筑公司项目部承包协议均提供一份给李某(代表苏州高新区某建筑设备租赁站),并作为本协议附件”。

2. 刑民交叉问题发生背景

2016 年 7 月 14 日,江苏省高级人民法院作出(2016)苏民终 513 号民事裁定中认定,梁某租用谢某的钢管、扣件牵涉犯罪,且涉案钢管、扣件相关的租金已被沭阳县公安局经侦大队予以扣押,故谢某提出其与梁某之间的债权转让成立缺乏法律依据。同时,由于涉案钢管、扣件牵涉犯罪,且相关租金被沭阳县公安局经侦大队扣押的情况下,谢某向董某、A 建筑公司、A 建筑公司江苏分公司主张 2012 年 7 月 6 日前相应款项缺乏法律依据。

2017 年 7 月 25 日,最高院作出(2017)最高法民再 211 号民事裁定认定:谢某在本院再审中,请求:(1)撤销江苏省高级人民法院(2016)苏民终 513 号民事裁定和江苏省宿迁市中级人民法院(2014)宿中民初字第 0078 号民事裁定;(2)裁定江苏省宿迁市中级人民法院审理本案。理由:“一、原审裁定认定梁某与谢某之间的债权转让不成立,适用法律错误,且有新证据足以推翻该认定。(一)本案《协议书》约定的是合同权利义务的概括转让,不构成法律规定的限制转让情形。原审裁定认定案涉债权转让不成立,适用法律错误。(二)案涉施工合同中,工程用料系施工人另行订立的法律关系(如租赁、购买),不影响施工合同效力,施工合同履行所产生的工程款权利应受法律保护。(三)案涉钢管、扣件不存在所谓租金,亦不存在被公安机关扣押的情形,原审裁定认定公安机关扣押租金与事实不符。谢某提交的新证据可以证明租金未实际扣押。(四)租金与脚手架工程的工程款不同,原审裁定混淆二者错误。二、原审裁定将谢某的实际施工行为认定为取回钢管、扣件错误。(一)本案《协议书》签订后,谢某继续履行了梁某的合同义务。因此,谢某有权主张梁某与董某脚手架工程合同项下的工程款。(二)谢某的施工行为,特别是后期拆除行为,已包含了取回案涉钢管、扣件的效果,原审裁定忽视施工行为的整体性,认为仅是取回钢管、扣件,认定错误。三、本案不涉及民刑交叉问题,相关刑事案件未对本案钢管、扣件处理,谢某不能通过刑事途径实现权利救济。在杨某刑事案件中,梁某未参与犯罪,也未被公安机关起诉;贾某虽被提起公诉,但检察机关最终对其予以撤诉;而该案判决也未对本案所涉钢管、扣件进行处置。原审裁定认定本案应由刑事案件追赃途径解决错误。综上,谢某受让了梁某与董某之间的脚手架施工合同的权利义务,有向董某、A 建筑公司集团及 A 建筑公司集团江苏分公司主张脚手架工程款的权利,具有本案原告主体资格。”

董某辩称:"一、需要澄清的几个事实。(一)本案《协议书》是公安干警在侦办经济犯罪案件中,胁迫梁某、哄骗董某所签订。(二)《协议书》中,董某作为见证方签名,不是合同一方当事人。董某对该协议只持见证心态,没有在协议上表明自己的态度。公安机关重新出具的《补充说明》,否定了谢某提交的《情况说明》。(三)《协议书》涉及的'项目部''A 建筑公司项目部',是指将脚手架工程发包给董某的实际施工人邹某等包工头,而非 A 建筑公司集团设立的项目部。二、谢某与梁某不存在债权转让关系。(一)梁某对谁享有工程款债权、债权是多少,尚不清楚。因案涉工程项目管理混乱,涉及的工程款有时付现金,有时开发票,且经常拖欠。梁某的工程款本应由董某给付,但在施工过程中,梁某也从董某的上手即案涉工程的实际施工人处领取工程款、或领取房票抵工程款。在此情形下,梁某已领取的工程款,未经梁某、董某、项目部三方对账,无法查清。(二)《协议书》第二条约定的本意是请董某同意由谢某来领取梁某的到期工程款,董某提供的是帮助行为,而不是义务。梁某并没有退出原有的债权债务关系,谢某也没有取代梁某,取得债权人地位,对董某或项目部享有债权。(三)《协议书》第二条的约定更接近合同法关于由第三人履行的法律规定。三、原审裁定认定谢某没有实际施工,以及谢某对脚手架的拆除是其作为刑事案件的受害人从工地上取回钢管、扣件的行为,认定事实正确。综上,谢某的再审请求不能成立,请求予以驳回。"

A 建筑公司集团江苏分公司、A 建筑公司集团辩称,谢某不是本案工程的实际施工人,与其没有合同关系,请求驳回谢某的再审请求。

最高院再审中,谢某提交了以下证据:(1)沭阳公安局经侦大队于 2016 年 10 月 17 日出具的《情况说明》,拟证明沭阳公安局经侦大队在侦办贾某、杨某涉嫌犯罪的案件中,未实际扣押案涉工程使用的钢管、扣件的租金;本案《协议书》是在沭阳公安局经侦大队办公室以及在主办案件的警官面前签订;梁某将其在案涉工程中享有的工程款权利转让给谢某,谢某有权向董某、A 建筑公司集团江苏分公司及 A 建筑公司集团主张本案工程的脚手架工程款。(2)江苏省宿迁市中级人民法院(2013)宿中刑二终字第 0094 号刑事裁定书、江苏省沭阳县人民法院(2012)沭刑初字第 1074 号刑事判决书及刑事裁定书、江苏省沭阳县人民检察院沭检诉刑诉(2012)1068 号起诉书。拟证明:本案所涉工程款以及所使用的钢管、扣件材料,不在杨某刑事犯罪的范围内,本案不涉及刑民交叉问题,谢某的权利无法通过刑事途径实现救济。

董某亦提交了以下证据:(1)江苏省宿迁市沭阳县公安局于2017年7月5日出具的《补充说明》,拟证明扣押清单中包含扣押租金事项,推翻了谢某提交的《情况说明》;(2)《(架子工)内部施工承包合同》3份,拟证明董某承包脚手架工程的分包方是邹某等实际施工人;(3)申请书、承诺书、委托书,拟证明某租赁站没有对脚手架工程进行实际施工。

此前,2014年2月20日江苏省宿迁市中级人民法院作出(2013)宿中刑二终字第0094号刑事裁定,认定杨某以B建筑公司宿迁分公司名义与上海某工贸有限公司、苏州高新区某建筑设备租赁站签订租赁合同,将租赁来的价值约240万元的部分钢管、扣件用于归还之前其所欠的南京某贸易有限公司、南京市浦口区某钢管扣件租赁中心,导致该部分钢管、扣件无法归还上海某工贸有限公司、苏州高新区某建筑设备租赁站;另外,上诉人杨某至今尚欠南京某贸易有限公司、南京市浦口区某钢管扣件租赁中心价值人民币约45万元的钢管、扣件未归还,且拒不供述其下落。

3. 不同法律文书对刑民交叉问题的处理意见

(1)江苏省宿迁市中级人民法院作出的(2014)宿中民初字第0078号民事裁定认为,《民事诉讼法》第119条第1款第1项规定,原告是与本案有直接利害关系的公民、法人和其他组织。依据上述规定,适格原告必须与案件审理结果有直接的利害关系。本案中,谢某虽主张其从董某处转包涉案脚手架工程,且系涉案脚手架工程的实际施工人,但董某以及涉案工程的总承包人A建筑公司集团江苏分公司对此均不予认可,而依据本案现有证据,尚不足以认定谢某的实际施工人身份,故对其以此为由主张工程款及逾期付款利息的请求不予支持。理由分述如下:首先,谢某提起本案诉讼,是依据最高院《建设工程司法解释(一)》第26条的规定。该条规定系为保护农民工的合法权益而作出的特别规定,故应严格实际施工人的适用标准,而不得随意扩大。上述司法解释的适用前提是实际施工人的范围界定。究其立法本意,该解释所规定的实际施工人是指无效建设工程施工合同的承包人,如转承包人、违法分包合同的承包人、没有资质借用有资质的建筑施工企业的名义与他人签订建设工程施工合同的承包人。建设工程经数次转包的,实际施工人应当是最终实际投入资金、材料和劳力进行工程施工的承包人。其次,谢某主张其系涉案脚手架工程的实际施工人,为此提供2012年7月6日李某(代表苏州高新区某建筑设备租赁站)、董某、梁某签订的协议书加以证明。根据该份协议书的记载,协议主要是李某与梁某就沭阳江南某脚手架工程钢管、扣件移交接管一事作出约定。董某虽在该份协议书中签名确认，但其是以见证人身份署名。根据协议约定的各方权利义务，董某负有的义务是和李某共同与黑龙江项目部协商确定2012年7月7日后工程承包方式（有李某直接与项目部承包结算或是继续由董某与项目部按原合同结算、李某再和董某结算）。庭审中，各方当事人一致确认2012年7月6日三方协议签订后谢某并未与董某及黑龙江项目部签订书面施工合同，故谢某主张董某将涉案脚手架工程违法分包给其施工依据不足。最后，谢某虽以实际施工人的身份主张权利，但庭审中其既无法提供承建涉案脚手架工程的相关施工日志或施工资料，也无法提供其向董某报送工程结算书或相关送达签收手续的证据，更无法提供其向涉案工程投入资金、材料的相关凭证。同时，谢某主张其施工的面积也是依据其他施工队向沭阳县住房和城乡建设局报送的要求解决农民工工资申请报告的照片而确定。一方面有悖于建筑业分包施工常规，另一方面也与实际施工人系最终实际投入资金、材料和劳力进行工程施工的承包人的身份不符。据此，谢某虽主张其系涉案脚手架工程的实际施工人，但董某、A建筑公司、A建筑公司江苏分公司均不予认可，其提供的证据并不足以证明其上述主张，即其并未能提供充分证据证明其与涉案脚手架工程之间存在直接的利害关系，故谢某不能作为本案的原告提起诉讼，本案应驳回谢某的起诉。原审法院遂依照最高院《建设工程司法解释（一）》第26条，《民事诉讼法》第119条、第142条、第144条，《民诉法司法解释》第90条之规定，裁定驳回谢某的起诉。

（2）2016年7月14日，江苏省高级人民法院作出（2016）苏民终513号民事裁定，认为在本案中谢某认为其具有原告诉讼主体资格的理由有二：一是根据三方协议第2条约定，对于2012年7月6日前梁某应从董某处领取款项的权利转让给了谢某，且三方协议上有董某签名，该债权转让符合法律规定要件，故谢某有权向董某等主张相应款项。二是根据三方协议第7条约定，2012年7月7日后，谢某成为架子工承包合同的实际施工人，且对涉案脚手架进行了看护、拆除等实际施工。法院认为，2012年7月6日前，梁某与谢某之间的债权转让是否成立的问题。《合同法》第79条规定，债权人可以将合同的权利全部或者部分转让给第三人，但有下列情形之一的除外：①根据合同性质不得转让；②按照当事人约定不得转让；③依照法律规定不得转让。根据上述规定，转让的债权必须合法有效。本案中，梁某租用谢某的钢管、扣件牵涉犯罪，且涉案钢管、扣件相关的租金已被沭阳县公安局经侦大队予以扣押，故谢某提出其与梁某之间的债权转让成立缺乏法律依据。同时,由于涉案钢管、扣件牵涉犯罪,且相关租金被沭阳县公安局经侦大队扣押的情况下,谢某向董某、A 建筑公司、A 建筑公司江苏分公司主张 2012 年 7 月 6 日前相应款项缺乏法律依据。关于 2012 年 7 月 7 日后,谢某是否成为架子工承包合同中的实际施工人的问题,谢某为证明 2012 年 7 月 7 日后,其已成为架子工承包合同中的实际施工人,在一审中提交了三方协议,在二审中提交了拆架工资收条、付款凭证 10 份,收条、销售凭证、付款凭证等 48 份、沭阳江南某拆外架结算单 1 份,以及周某等证人证言,以证明其于 2012 年 7 月 7 日后对涉案工地脚手架进行了看管、维护、拆除。法院认为,结合三方协议的内容、三方协议签订的背景、沭阳县公安局经侦大队的扣押通知、扣押物品文件清单、该经侦大队于 2012 年 9 月 1 日出具给沭阳江南某项目部的《通知》以及周某等的陈述,谢某于二审中提交的一系列支付证明、涉案工程的施工情况等,可以认定谢某于 2012 年 9 月至 12 月期间对脚手架的拆除等行为是作为杨某、贾某刑事案件的受害人从涉案工地上取回钢管、扣件的行为。谢某依据三方协议第 7 条,认为其有权依据 2010 年 7 月 11 日梁某与董某签订的施工(架子工)承包合同,向董某、A 建筑公司、A 建筑公司江苏分公司主张 2012 年 7 月 7 日以后的款项,亦缺乏事实和法律依据。综上,谢某因杨某、贾某、梁某刑事犯罪而受的损失,应通过刑事案件追赃途径实现权利救济。原审裁定驳回起诉并无不当。谢某的上诉理由不能成立,本院不予支持。原审法院裁定并无不当,应予维持。依照《民事诉讼法》第 170 条第 1 款第 1 项的规定,裁定如下:驳回上诉,维持原裁定。

(3)2017 年 7 月 25 日,最高院作出(2017)最高法民再 211 号民事裁定,认为谢某起诉本案的依据是某租赁站、梁某、董某签订的案涉《协议书》。根据该《协议书》第 2 条、第 7 条约定,自 2012 年 7 月 7 日起,该工程所有款项除梁某已领取部分外,其余均由某租赁站与董某或项目部结算;董某、某租赁站共同与 A 建筑公司项目部协商确定 2012 年 7 月 7 日后工程承包方式(由某租赁站直接与项目部承包结算或是继续由董某与项目部按原合同结算、某租赁站再和董某结算)。据此,谢某作为个体工商户某租赁站的经营者,起诉董某、A 建筑公司江苏分公司、A 建筑公司,是与本案有直接利害关系的诉讼主体,其起诉符合《民事诉讼法》第 119 条之规定,本案应当予以受理。至于《协议书》的性质与效力、《协议书》约定的该协议订立之前梁某对董某享有工程款债权的数额,以及协议订立之后谢某是否实际施工等,均涉及谢某的诉讼请求能否成立的实体认定问题,应当在案件进入实体审理后予以查明认定。原审裁定将影响本案诉讼请求能否成立涉及的法律事实，作为本案程序上不应受理的事实依据，认定谢某与本案无直接利害关系，不享有本案诉权，属于适用法律错误。原审裁定在未查明本案有涉及刑事犯罪事实的情形下，认定谢某因杨某、贾某、梁某刑事犯罪而受的损失，应通过刑事案件追赃途径实现权利救济，属于认定事实缺乏证据证明。谢某、董某在本院再审中提交的证据，均涉及案件进入实体审理后谢某的诉讼请求能否成立的事实认定，本案主要解决谢某有无诉权的程序问题，故对双方提交的证据，本院不予以认证，而由一审法院在审理本案中根据审理的具体情况予以认证。综上，原审裁定认定谢某与本案无直接利害关系，不具有本案原告诉讼主体资格，认定事实缺乏证据证明，适用法律错误，本院予以纠正；谢某的再审请求符合法律规定，本院予以支持。依照《民事诉讼法》第207条第1款、第170条第1款第2项规定，裁定如下：①撤销江苏省高级人民法院(2016)苏民终513号民事裁定及江苏省宿迁市中级人民法院(2014)宿中民初字第0078号民事裁定；②指令江苏省宿迁市中级人民法院对本案进行审理。

4. 案例评析

本案的特殊性在于，谢某本来只是负责租赁脚手架钢管，但是从层层转包的人员手中以债权转让的方式“概括受让”了工程，继而又主张以实际施工人的身份来主张债权，所以在主张过程中就受到了许多质疑，这些问题也带给我们很多思考：一是债权转让是否合法有效，是否具有债权关系，债权的内容是否具体确定，债权是否已经经过结算。二是债权转让是否可以作为主张实际施工人的依据，作为实际施工人是否需要得到发包单位、承包单位的认可，原来只是脚手架出租人变更为工程的实际施工人，又需要在日常施工中如何做好证据的收集。三是在施工合同履行过程中的个别环节，如工程用料的领用出现涉及刑事案件，是否整个施工合同的履行就应当认定为涉及刑事犯罪，如何将涉及工具类的犯罪问题在施工合同履行的整体中进行评价。四是在公安机关办理案件过程中，如何区分扣押的是脚手架还是租金，如何在扣押清单中明确注明，如何准确监督扣押物品清单中对扣押物品的说明以防范说明不明确对刑事风险影响范围的不利影响等。以上都是施工企业在工具类物品涉及刑事案件的过程中需要认真研究的问题。

(四)建设项目资源之“设备”案例:A建筑公司自诉吴某侵占系列案件

1. 合同背景

2014年11月,陆良县某街道办事处某社区居委会小庙片区安置房建设工程启动后,通过田某介绍,彭某将一台产品型号规格为QTZ 80(TC 5610－6)普通塔式起重机安装在陆良县某街道办事处某社区居委会小庙片区安置房建设工程工地上,将QTZ 80(TC 5610－6)塔式起重机租赁给B建筑公司,雇佣被告人吴某负责操作工作并支付其工资。

2015年4月1日,彭某与A建筑公司签订挂靠协议,自2015年4月1日至2017年4月1日止,由彭某使用A建筑公司的起重机械安拆资质。

2015年7月31日,被告人吴某未经QTZ 80(TC 5610－6)普通塔式起重机所有人许可,将QTZ 80(TC 5610－6)普通塔式起重机抵押给被告人李某,向被告人李某借款6万元。QTZ 80(TC 5610－6)普通塔式起重机至今尚未返还。

2. 刑民交叉问题发生背景

自诉人A建筑公司诉称,2015年上半年,原告人所属的建筑工程设备在陆良县某镇某社区从事工程建设。2015年8月,操作原告人在工地上的一台5610型塔吊的操作员即被告人吴某因个人欠款,未经原告人许可,偷偷将原告人的一台5610型塔吊抵押给被告人李某,然后携款一走了之。原告人事后发现遂报警,陆良县公安局民警通过被告人吴某找到被告人李某,经协调被告人李某以种种理由拒绝返还至今。自诉人随案提交了证人证言、鉴定意见等证据予以证实。认为被告人吴某、李某的行为已构成侵占罪。要求依照《刑法》第270条之规定,依法追究被告人的刑事责任,判令被告人返还自诉人所有的一台中联5610型塔吊,判令被告人赔偿经济损失每天467元(自2016年1月1日至返还之日)。

诉讼代理人梁某提出,被告人吴某侵占塔吊的事实客观存在,被告人李某对事实否认,但在询问笔录中的陈述可以看出其是明知的,并且非法扣押,并非善意取得,请求法庭在追究二被告人侵占的刑事责任的同时,由二被告人承担经济损失的连带赔偿责任。

被告人吴某辩称:自诉人说的是事实,我没有意见。请求自诉人撤销对我的刑事指控,我愿意进行民事赔偿。

被告人李某辩称:我不认识自诉方,吴某找到我说“塔吊是他的,工地上农民工的工资等着他付,他用塔吊做抵押”,吴某将塔吊的相关手续交给我做抵押,我借了他6万元钱,到现在未还,我没有侵占他人的塔吊,塔吊的误工费用与我无关,我也是受害人,应当把我的钱还给我。

辩护人暨诉讼代理人朱某提出,第一,李某不是本案的被告人,其没有侵占自诉人财产的行为,不应承担刑事法律责任。第二,李某对起重机的占有是基于质押权善意取得,是合法的占有,在吴某没有偿还清借款前,不负返还责任,否则,借款人李某的质押权无从谈及,其合法权益得不到有效保障。

3. 不同法律文书对刑民交叉问题的处理意见

(1)2017年7月6日,云南省陆良县人民法院作出(2016)云0322刑初267号刑事附带民事判决,认为自诉人暨附带民事诉讼原告人提不出补充证据证实QTZ 80(TC 5610 -6)塔式起重机属A建筑公司所有,故其起诉不能成立。依照《刑事诉讼法》第205条第2项及最高院《关于执行〈中华人民共和国刑事诉讼法〉若干问题的解释》第264条之规定,裁定驳回自诉人暨附带民事诉讼原告人A建筑公司的起诉。

(2)2017年8月30日,云南省曲靖市中级人民法院作出(2017)云03刑终279号刑事附带民事裁定,根据《刑事诉讼法》第195条规定,在被告人最后陈述后,审判长宣布休庭,合议庭进行评议,根据已经查明的事实、证据和有关的法律规定,分别作出以下判决:①案件事实清楚,证据确实、充分,依据法律认定被告人有罪的,应当作出有罪判决;②依据法律认定被告人无罪的,应当作出无罪判决;③证据不足,不能认定被告人有罪的,应当作出证据不足、指控的犯罪不能成立的无罪判决。自诉案件的审判也应参照该规定进行评议和判决。《民诉法司法解释》第264条规定,对已经立案,经审查缺乏罪证的自诉案件,自诉人提不出补充证据的,人民法院应当说服其撤回起诉或者裁定驳回起诉。根据上述规定,一审法院对自诉案件裁定驳回起诉只适用于立案后开庭前,案件经开庭审理后就应从实体上进行判决,不应从程序上驳回起诉。本案第一审人民法院裁定驳回起诉错误。据此,依照《民诉法司法解释》第265条之规定,裁定如下:①撤销云南省陆良县人民法院(2016)云0322刑初267号刑事附带民事裁定;②指令云南省陆良县人民法院继续对本案进行审理。

(3)2018年1月19日,云南省陆良县人民法院作出(2016)云0322刑初267号刑事附带民事判决,认为自诉人A建筑公司指控被告人吴某、李某犯侵占罪,虽然被告人吴某以非法占有为目的,将他人的交给自己保管的财物非法占为己有,而自诉人A建筑公司不是QTZ 80(TC 5610 -6)塔式起重机的所有人,没有指控权指控被告人吴某、李某犯侵占罪，且侵占罪，告诉的才处理，故自诉人A建筑公司指控被告人吴某、李某犯侵占罪的罪名不能成立。因附带民事诉讼原告人A建筑公司不是QTZ 80(TC 5610－6)塔式起重机的所有人，故附带民事诉讼原告人要求被告人吴某、李某返还一台中联5610型塔吊及赔偿经济损失每天467元的诉讼请求，不予支持。诉讼代理人、辩护人暨诉讼代理人的代理、辩护意见除已经认定的以外，不予采纳。据此，根据《刑法》第170条第1款、第3款，《民法通则》第106条第2款、第117条第1款之规定，判决如下：①被告人吴某无罪。②被告人李某无罪。③被告人吴某、李某不承担民事责任。

(4)2018年3月16日，云南省曲靖市中级人民法院作出(2018)云03刑终85号刑事附带民事裁定，认为原审自诉人暨附带民事诉讼原告人A建筑公司指控原审被告人吴某、李某犯侵占罪，提供了相应的证据，原判亦调取了相应的证据，上述证据能够证实原审被告人吴某受雇于彭某，彭某采用融资租赁的方式购买塔式起重机挂靠于A建筑公司，原审被告人吴某受雇于彭某负责操作，后被原审被告人吴某抵押给原审被告人李某借款的事实，但上述证据不能证实原审自诉人暨附带民事诉讼原告人A建筑公司系QTZ 80(TC 5610－6)塔式起重机的所有权人，现有在案塔式起重机买卖合同等证实购买该塔式起重机的人为彭某，而A建筑公司与彭某签订的协议中亦明确载明："由乙方(彭某)使用甲方(A建筑公司)的起重机械安拆资质……乙方(彭某)拥有自行投入设备的所有权及管理权。甲方(A建筑公司)对乙方(彭某)有监督权……"因此，现有证据不能证实该塔式起重机系原审自诉人暨附带民事诉讼原告人A建筑公司所有，原审自诉人暨附带民事诉讼原告人所提供的备案证虽记载设备产权单位为A建筑公司，但该备案登记与上述证据之间存在矛盾，不足以证实该塔式起重机的具体权属，因此，原审自诉人暨附带民事诉讼原告人A建筑公司不具有指控权符合法律规定，鉴于侵占罪属法定告诉才处理的案件，原判处理并无不当，上诉理由不能成立。据此，依照《刑事诉讼法》第225条第1款第1项及《民事诉讼法》第170条第1款第1项之规定，裁定如下：驳回上诉，维持原判。

(5)2019年6月25日，云南省曲靖市中级人民法院作出(2019)云03刑申23号驳回申诉通知书，认为：本院及一审法院根据庭审查明的证据所作裁定及判决认定事实清楚，适用法律正确。你公司提交的证据不能充分证实该塔式起重机属于你公司所有，侵占罪属法定告诉才处理的案件，本院及一审法院认定你公司不具有指控权，不支持你公司的指控及诉请并无不当。你公司提出的申诉意见与本案查明的事实不符，且没有法律依据，申请再审的理由不能成立。你公司的申诉请求不符合《刑事诉讼法》第 242 条规定的情形，应当予以驳回。

4. 案例评析

在本案中围绕涉案塔吊的民事法律关系非常复杂：第一，该塔吊是彭某融资租赁购买的。第二，彭某经他人介绍将塔吊租赁给 B 建筑公司。第三，彭某雇佣吴某负责操作塔吊并支付工资。第四，彭某与 A 建筑公司签订挂靠协议，自 2015 年 4 月 1 日至 2017 年 4 月 1 日止，由彭某使用 A 建筑公司的起重机械安拆资质。最后导致发生本案所涉的刑民交叉关系，是因为在 2015 年 7 月 31 日，吴某未经塔吊所有人许可，将塔吊抵押给原审被告人李某，向原审被告人李某借款 6 万元，塔吊至今尚未返还。

问题在于，彭某围绕着塔吊建立了融资租赁、租赁、雇佣和挂靠四重法律关系，但是彭某雇佣的吴某私自将塔吊抵押给他人借款之后，彭某却不以其本人的名义提起刑事自诉，可能是因为签订的融资租赁合同还没有获取完整的所有权，也可能是因为担心被发现借用起重机安拆资质而被行政处罚。无论其原因如何，A 建筑公司起诉吴某、李某构成侵占罪后，辩方提出两个不构成犯罪的反驳：一是 A 建筑公司不是涉案塔吊的所有权人，二是李某是善意取得人。需要注意的裁判理由是，“现有证据不能证实该塔式起重机系原审自诉人暨附带民事诉讼原告人 A 建筑公司所有，原审自诉人暨附带民事诉讼原告人所提供的备案证虽记载设备产权单位为 A 建筑公司，但该备案登记与上述证据之间存在矛盾，不足以证实该塔式起重机的具体权属，因此，原审自诉人暨附带民事诉讼原告人 A 建筑公司不具有指控权符合法律规定，鉴于侵占罪属法定告诉才处理的案件，原判处理并无不当，上诉理由不能成立”。从权利外观形式上来看，备案登记的塔吊民事权利人是 A 建筑公司，法院审查认为，“现有在案塔式起重机买卖合同等证实购买该塔式起重机的人为彭某，而 A 建筑公司与彭某签订的协议中亦明确载明由乙方（彭某）使用甲方（A 建筑公司）的起重机械安拆资质……乙方（彭某）拥有自行投入设备的所有权及管理权。甲方（A 建筑公司）对乙方（彭某）有监督权……”得出了“该备案登记与上述证据之间存在矛盾，不足以证实该塔式起重机的具体权属”的结论，最终判定现有证据不足以判定塔吊所有权，故而判定吴某和李某无罪，亦即不构成侵占罪。以上裁判过程，不仅体现了刑事裁判中实质重于形式的审判理念，也对参与施工人提出了更高的要求。

（五）建设项目资源之“人力”案例：楼某与吴某、A建筑公司建设工程施工合同纠纷系列案件

1. 合同背景

2013年2月1日，被告A建筑公司与B建筑公司签订《建设工程施工合同》，并经有关部门备案，对施工的相关事宜进行了约定。

2013年4月1日，被告A建筑公司（乙方）与B建筑公司（甲方）签订《建设工程施工补充合同》对2013年2月1日被告A建筑公司与B建筑公司签订的《建设工程施工合同》进行修改补充。吴某在首部“A建筑公司法定代表人”处署名并捺印，在落款“法人或委托代理人”处署名并捺印。其中第三条双方工作范围及要求第1条保证金约定：经双方协商，乙方向甲方缴纳保证金壹佰伍拾万元整作为农民工保证金，于合同签订后三日内付至建设局指定账户，该保证金于乙方施工的1#、2#、3#楼达到正负零退还给乙方五十万元。2013年4月8日，相关单位出具缴款单载明，A建筑公司作为施工单位应当缴纳农民工工资保障金100万元，备注中第2点写明必须以公司基本账户打入指定账户，禁止个人账户汇入。2013年4月12日，盱眙县住房和城乡建设局收到A建筑公司给付的其承建的某名苑1#－3#楼农民工工资保障金100万元，并出具江苏省行政事业单位结算凭证。

2013年4月7日，A建筑公司（甲方）与吴某（乙方）签订《内部承包协议》，约定由A建筑公司承建的盱眙某名苑小区1－3#楼土建及水电安装工程（项目经理李某）交给吴某负责施工。合同落款“甲方代表签字（盖章）”处盖有“A建筑公司合同专用章”，“乙方签字”处有吴某署名并捺印，“开发公司担保签字（盖章处）”盖有“盱眙某房地产有限公司”章。

2013年4月10日，A建筑公司盱眙县某名苑1#－3#楼项目（甲方）与原告舒某（乙方）签订《临时用工合同》，协议第3条约定：“工作报酬及支付：按月计酬，每月净工资税后15000元。加班、电话费、节日、寒暑补贴每月300元。”协议第6条约定：“违约责任及权利：乙方如自动离职，甲方有权不予以结算工资。如因甲方不及时、如数支付工资等，乙方有权单方终止合同，并付乙方三个月工资作为补偿。”被告吴某在落款“甲方A建筑公司某名苑项目负责人”处署名。

2013年9月9日，B建筑公司（甲方）与A建筑公司（乙方）签订了《建设工程施工补充协议》，双方根据工程具体情况，明确双方义务及责任订立了补充协议，落款乙方处盖有“A建筑公司320830××××××”印章，该印章与经过原告舒某

与被告 A 建筑公司质证的 A 建筑公司的企业法人营业执照以及开户许可证上的印章编号相同。同日,A 建筑公司某名苑项目部出具一份文书《某名苑工程 2－3#楼》载明:“第一次工程款 50 万元分配清单:专款专用。一、钢筋款 20 万元(由建设方支付);二、商品砼 6 万元;三、工人生活费 24 万元。备注:以上款项必须汇入 A 建筑公司账户。开户名:江苏泗洪农村商业银行股份有限公司新星支行,账号:32132430012010000 0××××。”该账号与 A 建筑公司开户许可证上的账号一致。

2013 年 9 月 26 日,李某等检查人员向 A 建筑公司就某名苑 1#－3#楼工程出具的《建筑施工现场事故隐患整改通知书》中施工单位处有陈某的签名。经查,陈某时任 A 建筑公司副总经理。

2013 年 11 月 30 日,被告吴某出具欠条一张,内容为:“今欠舒某在 A 建筑公司某名苑项目中施工管理期间工资款合计人民币壹拾陆万捌仟叁佰元(小写 168300 元)”。欠款人处署名为“A 建筑公司盱眙某名苑项目负责人吴某”。

2. 刑民交叉问题发生背景

2014 年 7 月 10 日,因吴某及 A 建筑公司未及时支付相关农民工工资,经相关政府部门协调,盱眙县某镇职业技能培训中心代转 1 万元工资给原告舒某。

2016 年 7 月 25 日,A 建筑公司法定代表人毛学贤以吴某伪造公司合同专用章为由,向江苏省泗洪县公安局报案,2016 年 9 月 28 日,江苏省泗洪县公安局以洪公(治)立告字(2016)3701 号立案侦查,现尚在侦查期间。

楼某申请再审请求:(1)撤销江苏省盱眙县人民法院(2016)苏 0830 民初 3531 号民事裁定及江苏省淮安市中级人民法院(2017)苏 08 民终 793 号民事裁定,指令原审法院继续审理;(2)依法判决被申请人吴某、A 建筑公司承担全部诉讼费用。事实和理由:(1)A 建筑公司自认其系涉案工程的中标单位,与盱眙县某房地产有限公司(以下简称 B 建筑公司)签订《建设工程施工合同》。A 建筑公司辩称其与吴某之间不存在内部承包关系,且与 B 建筑公司已经终止合同没有依据,与事实不符。(2)A 建筑公司认为内部承包合同上印章是吴某私刻,但其无充分证据。A 建筑公司提供给公安机关的样本与检材均系其单方提供,无法认定真实性,不能就此认定内部承包合同上印章系私刻。即使吴某存在伪造印章,与本案要求兑现工资报酬属于不同法律关系,不影响本案的审理。(3)原审法院适用法律错误。楼某在本案中主张建筑施工合同关系中的工资报酬,未涉及犯罪,即使吴某存在伪造印章,也不影响吴某、A 建筑公司承担支付民工工资的责任。根据最高院《关于在审理经济纠纷案件中涉及经济犯罪嫌疑若干问题的规定》第 10

条规定,本案应继续审理。

A 建筑公司辩称:其虽系涉案工程的中标承建单位,但后来与发包方 B 建筑公司解除了合同,其从未参与涉案工程的建设,也未缴纳过民工工资保障金,未与吴某签订过内部承包合同,内部承包合同上 A 建筑公司的印章是吴某伪造。因此,其不应支付楼某工资。

3. 不同法律文书对刑民交叉问题的处理意见

(1)2016 年 11 月 16 日,江苏省盱眙县人民法院作出(2016)苏 0830 民初 3531 号之一民事裁定,认为吴某因伪造公司印章已被公安机关立案侦查,本案有经济犯罪嫌疑,依照《民事诉讼法》第 124 条第 3 项、第 144 条、第 154 条第 1 款第 3 项和《民诉法司法解释》第 208 第 3 款以及最高院《关于在审理经济纠纷案件中涉及经济犯罪若干问题的规定》第 11 条的规定,裁定如下:驳回原告楼某的起诉。

(2)2017 年 4 月 5 日,江苏省淮安市中级人民法院作出(2017)苏 08 民终 793 号民事裁定,认为 A 建筑公司对楼某提供的吴某与 A 建筑公司内部承包协议书合同专用章的真实性不予认可,同时亦对吴某以公司项目部名义出具欠条的行为不予追认,且 A 建筑公司已经就吴某以其公司名义使用合同专用章向公安机关报案,并经公安机关立案侦查,由于该印章直接涉及吴某在涉案工程上的身份,以及 A 建筑公司应否对吴某以 A 建筑公司项目部名义出具给楼某的欠条承担连带责任存在关联性,根据最高院《关于在审理经济纠纷案件中涉及经济犯罪若干问题的规定》第 11 条的规定,人民法院作为经济纠纷受理的案件,经审理认为不属于经济纠纷案件而有经济犯罪嫌疑的,应当裁定驳回起诉,将有关材料移送公安机关或检察机关,一审法院裁定驳回楼某的起诉,法律适用正确。综上所述,上诉人的上诉理由不能成立,应予驳回。

(3)2017 年 12 月 26 日,江苏省高级人民法院作出(2017)苏民申 4157 号民事裁定,认为楼某的再审申请符合《民事诉讼法》第 266 条第 6 项规定的情形,裁定本案由本院提审。

(4)2018 年 4 月 2 日,江苏省高级人民法院作出(2017)苏民再 486 号民事裁定,根据最高院《关于在审理经济纠纷案件中涉及经济犯罪嫌疑若干问题的规定》第 10 条的规定,人民法院在审理经济纠纷案件中,发现与本案有牵连,但与本案不是同一法律关系的经济犯罪嫌疑线索、材料,应将犯罪嫌疑线索、材料移送有关公安机关或者检察机关查处,经济纠纷案件继续审理。本案中,A 建筑公司举报吴某涉嫌合同诈骗犯罪,公安机关以涉嫌伪造 A 建筑公司印章行为立案侦查。该行为属于涉嫌扰乱公共秩序犯罪，与本案楼某主张吴某、A 建筑公司给付劳动报酬不属于同一法律关系，两者也无审理及裁判上的关联。因此，本案应继续审理。

4. 案例评析

在这个案件中，江苏省高级人民法院指令再审，有一个值得注意的理由：A 建筑公司举报吴某涉嫌合同诈骗犯罪，公安机关以涉嫌伪造 A 建筑公司印章行为立案侦查。该行为属于涉嫌扰乱公共秩序犯罪，与本案楼某主张吴某、A 建筑公司给付劳动报酬不属于同一法律关系，两者也无审理及裁判上的关联。从该理由来看，明确说明了两种法律关系的区别：一是涉嫌伪造公司、企业印章破坏公共信用社会秩序的行为；二是给付劳动报酬的法律关系，两者不属于同一法律关系。具体而言，吴某是如何使用虚假伪造的印章来骗取 A 建筑公司签订合同是一回事，而楼某是否实际施工是另一回事，两者完全不是一个法律关系，不能混为一谈。

（六）建设项目资源之"信息"案例：谈某、李某犯侵犯公民个人信息纠纷系列案件

1. 合同背景（本案所涉合同为非法合同）

2017 年 8 月 2 日，被告人谈某以人民币 10000 元的价格向被告人李某出售个人姓名、电话号码等公民个人信息共计 700 余万条（当然需要强调的是，该交易是非法的）。

2. 刑民交叉问题发生背景

被告人谈某的供述，证明其自 2017 年 5 月开始在网上通过购买、下载、交换等方式获取了大量公民个人信息，并通过在 QQ 群发广告的方式进行售卖。其家中的电脑是其本人使用，里面的 QQ 号码大部分是其网上购买并使用的。其买卖公民个人信息的事情是通过电脑操作，收钱和付款都是通过手机操作。其将公民个人信息存在一个黑色优盘（64G）和一个白色优盘（32G）中。一个手机号码为 150××××7399 的南京客户于 2017 年 5 月底、8 月分两次向其购买车主信息，客户自称是谭某，人在台北，是对外卖公民信息的，对方自称是做网络数据的，需要业主、车主信息做软件使用，越多越好。其是用 3251×××××× 的 QQ 号码与对方联系的，价格打包计算。其黑色优盘中"资源·rar"压缩包中的内容是全国车主信息就是其第二次卖给南京买家的信息，里面有车辆品牌、号码、车主姓名、身份证号、手机号码、车架号、发动机号、颜色、购置日期等内容。其于交易当日中午

开始上传其建好的压缩包，大概上传或发送了两三个小时，对方也有谷歌邮箱，其是通过把压缩包在谷歌邮箱上传后让对方下载或直接邮箱对邮箱发送的方式交付个人信息。对方开始下载后，其询问对方是否下载完成，对方称正在下载，下载完成后对方打给其控制的工商银行卡5000元，对方应该是在解压向其询问密码，其给对方其另一个号码谎称是另一个人（其实是其本人），让对方去谈价格，并称收到全款1万元就给密码，对方又支付了5000元至其控制的工商银行卡，其将解压密码给对方。“资源·rar”里至少有几百万条信息，其为了显示文件包比较大，看上去内容多，其自己复制了一部分，占资源包里近乎一半，去掉复制的部分，应该还有几百万条。

被告人李某的供述，证明2017年5－6月，其通过加入QQ群认识谭某，对方自称是我国台湾地区人，8月初谭某问其是否需要车牌号码、车型等车辆信息，比较便宜，其因为觉得市场后期会有需要验证车辆信息的需要，就答应购买。谭某要价10000元，其称只有5000元，谭某就给了其另外一个湖北黄石的号码，并称是谭某朋友。其拨打后，谭某朋友让其将钱款汇至口述的银行卡号，其汇款5000元后，谭某朋友称应该是10000元，并让其和谭某商量。谭某称他朋友说了10000元肯定就不能变更。其又支付了5000元。谭某朋友称钱已收到并已将车主信息发至谷歌邮箱，这个邮箱是谭某新建之后给其的，信息文件有压缩包有密码，谭某朋友口述了密码。其称不一定能记住，谭某朋友称记不住就打电话。其登录谷歌邮箱后发现没有并联系谭某，谭某称已经发送至其QQ邮箱，后其通过手机登录QQ邮箱，邮箱密码之前就在上面，可以直接登录，其看到QQ邮箱里有，就转到上述谷歌邮箱里，因为只能在谷歌邮箱查看。其收到信息后没有下载也没有转卖，其只是听谭某讲觉得信息比较便宜，没想好后期如何使用。其觉得后期市场上肯定会出现验证行驶证、驾驶证真假服务的公司，其可以提供数据帮助查询比对获取利润，但还没有具体实施。其使用150××××7399的手机号码与谭某联系。

证人冉某的证言，证明其系某智能科技有限公司的副总经理，李某系其单位的采集经理，负责采集人脸图片及生活图片。公司目前不需要车主信息等公民信息用于公司系统应用，公司没有安排也没有通过李某购买公民个人信息。李某曾经询问公司是否需要公民个人信息，公司没有同意并提醒李某不要做类似事情。

3. 不同法律文书对刑民交叉问题的处理意见

（1）2018年7月18日，江苏省南京市秦淮区人民法院作出（2018）苏0104刑初229号一审刑事判决，认为一是关于辩护人提出的被告人李某并未实际下载信息，只是获得了谈某给其的信息分享链接，而该链接需“翻墙”后进行下载，李某无法下载且主动放弃了下载行为，应认定为犯罪中止或未遂的相关辩护意见。经查，被告人谈某、李某的供述及相关书证证实，李某向谈某支付钱款购买了含有相关公民个人信息的文件夹，谈某已将文件夹发送给李某，且将文件解压缩的密码告知李某，李某对非法获取的公民个人信息拥有控制、支配的权利，应认定被告人李某已经实施完毕非法获取公民信息的犯罪行为，对辩护人提出的相关辩护意见，不予采纳。二是关于辩护人提出的起诉书指控李某购买信息700余万条，存在数据错误、重复的情形，经查，被告人李某非法获取的批量信息，公诉机关已经将文件名和内容重复的予以去除后，认定信息的数量为700余万条，符合司法解释规定的对于批量公民个人信息条数的认定方式，对辩护人提出的相关辩护意见，不予采纳。被告人谈某违反国家有关规定，向他人出售公民个人信息，情节特别严重；被告人李某违反国家有关规定，非法获取公民个人信息，情节特别严重，二被告人的行为均已构成侵犯公民个人信息罪，依法应予惩处。被告人谈某犯侵犯公民个人信息罪，判处有期徒刑3年1个月，罚金人民币2万元。被告人李某犯侵犯公民个人信息罪，判处有期徒刑3年，罚金人民币8000元。

(2)2018年10月8日，江苏省南京市中级人民法院作出(2018)苏01刑终596号二审刑事裁定，上诉人谈某违反国家有关规定，向他人出售公民个人信息，情节特别严重；上诉人李某违反国家有关规定，通过购买方式非法获取公民个人信息，情节特别严重，二上诉人的行为均已构成侵犯公民个人信息罪。关于上诉人李某提出“谈某仅向其邮箱发送了一个文件链接，其未能打开，且其并未记住谈某通过电话向其口述的密码，故原审判决认定其已接收、控制、支配涉案文件与事实不符”的上诉理由及其辩护人提出“谈某向李某发送的是一个无法打开文件的链接，李某虽付了款，但并未实际获取文件内的公民个人信息，李某的行为属于犯罪未遂”的辩护意见，经查，上诉人谈某的供述、银行交易明细证实，2017年8月2日中午，谈某通过谷歌云盘向手机号码为150××××7399的南京客户(李某)的邮箱内成功发送并上传文件名“资料.rar”压缩包，上传发送了两三个小时。其间，其询问对方是否下载完成，对方称正在下载，对方下载完成后向其询问解压密码，后其通过电话将解压密码告知了对方，其先后两次分别接受李某支付5000元，共计10000元；短信聊天记录截图证实，2017年8月2日15时41分，谈某(1700123××××)问李某是否已完成(下载)，李某回复正在下载，等待中；19时30分，李某向谈某询问密码，谈某则告知李某电话联系；扣押清单、李某手机中

QQ 邮箱记录截图证实,2017 年 8 月 2 日,李某手机内的 QQ 邮箱收到一份通过谷歌云端硬盘发送的“资料. rar”压缩文件。上述证据相互印证,足以证实李某于 2017 年 8 月 2 日通过 QQ 邮箱接收并下载由谈某向其发送的涉案“资料. rar”压缩文件,且已得知解压该文件密码,李某对其获取文件内的信息内容已拥有控制、支配的权利,系既遂。故该上诉理由及辩护意见不能成立,本院不予采纳。关于上诉人谈某提出“原审判决认定的 700 余万条信息中存在信息虚假的情节,真实有效的公民信息应该被认定为 7 万至 14 万条之间”、上诉人李某提出“涉案文件内的公民个人信息中存在错误和重复的信息,故一审认定涉案信息数量为 700 余万条错误”的上诉理由,经查,搜查笔录、扣押清单、电子数据检查笔录、数据提取及统计光盘、电脑截图、信息数据统计表、车主信息内容、机动车详细信息查询结果及证人谈某乙的证言等证据证实,案发后,南京市公安局秦淮分局淮海路派出所侦查人员依法提取、统计,涉案“资料. rar”文件内的信息涉及包含南京市秦淮区、鼓楼区等全国多地的机动车车主姓名、身份证件号码、联系方式、住址、车牌号等公民个人信息共计 1300 余万条,后经去重、查询、比对,确认为 700 余万条,该认定方式符合法律规定对于批量公民个人信息条数的认定方式,应予采纳。另外,上诉人谈某提出“信息存在虚假,应认定为 7 万条至 14 万条之间”及上诉人李某提出“信息存在错误”的辩解,均无证据予以证实。故该上诉理由不能成立,本院不予采纳。

关于上诉人李某的辩护人提出“李某出于好奇的目的而购买信息,不具有用于非法经营或其他违法行为的主观目的”的辩护意见,经查,首先,上诉人李某在侦查阶段明确供述,其购买涉案信息系个人行为,其觉得后期市场肯定会出现验证行驶证和驾驶证真假服务的公司,其可以提供信息数据帮助公司查询比对,其能够获取一定的利润;其次,证人冉某的证言证实,李某案发前所就职的公司不需要、也并未安排李某购买公民个人信息,同时,公司善意提醒李某不能实施该行为。上述证据足以证实李某购买公民个人信息具有获取利润的目的,并非出于好奇。故该辩护意见不能成立,本院不予采纳。关于上诉人谈某提出“原审量刑过重,请求对其适用缓刑”、上诉人李某提出“请求二审法院依法改判”、上诉人李某的辩护人提出“原审量刑过重,请求二审法院对李某适用缓刑”的上诉理由和辩护意见,法律规定,犯侵犯公民个人信息罪,情节特别严重的,处 3 年以上 7 年以下有期徒刑,并处罚金。一审法院根据上诉人谈某、李某分别侵犯公民个人信息的具体犯罪事实,结合谈某具有自首、退赃,李某在一审期间系坦白等情节,在法定量刑幅度内对谈某判处有期徒刑 3 年，罚金人民币 2 万元；对李某判处有期徒刑 3 年，罚金人民币 8000 元，量刑并无不当。另外，二上诉人侵犯公民个人信息数量高达 700 余万条，远超过以“公民个人信息 5 万条”认定为《刑法》第 253 条之一第 1 款规定的“情节特别严重”标准，均不宜适用缓刑。故该上诉理由和辩护意见均不能成立，本院不予采纳。驳回上诉，维持原判。

4. 案例评析

李某作为某智能科技有限公司的采集经理，其职责是负责采集人脸图片及生活图片，自己认为将来市场上肯定会出现验证行驶证、驾驶证真假服务的公司，如能满足数据帮助查询比对可以获取利润，就向网上自称为谭某实际在人寿保险公司工作的谈某购买车牌号码、车型等车辆信息。而李某所在的智能科技公司的副总经理冉某证明：目前不需要车主信息等公民信息用于公司系统应用，公司没有安排也没有通过李某购买公民个人信息，李某曾经询问公司是否需要公民个人信息，公司没有同意并提醒李某不要做类似事情。

随着智能建筑企业的发展，使用人脸识别、车牌识别等作为门禁措施的可能性也不断提高，而侵害公民个人信息的危险也不断增大。在民法规范中不断加强对公民个人信息权保护的时代，不断走向智能科技化的建筑企业要绷紧保护公民个人信息这根弦，防范员工盗卖公民个人信息获利而获刑，进而防范因为承担雇主责任而承担赔偿责任。

第十二章

刑事案件程序篇

按照法律规定的内容,可以把法律分为实体法和程序法。实体法是规定和确认法律关系主体权利和义务以及职权和责任为主要内容的法律,如重大责任事故罪所触犯的刑法条文。而程序法规定用来保证权利和职权得以实现或者行使,义务和责任得到履行为主要内容的法律,是规定法律如何执行,应该遵守哪些顺序、有哪些程序,如何操作才是合法的法律。

目前,我国处置违纪、违法和犯罪的程序法律主要是《监察法》和《刑事诉讼法》。2018 年 3 月之前,国家公职人员涉及职务犯罪的,由人民检察院反贪部门和反渎职部门根据《刑事诉讼法》规定的程序处理。为了加大反腐职能,2018 年 3 月 20 日第十三届全国人民代表大会第一次会议通过了《监察法》,原来人民检察院反贪部门和反渎职部门的职能由国家监察机关来行使。《监察法》主要是针对行使公权力的公职人员进行监督,对涉及违纪、违法以及职务犯罪的公职人员进行处理的一部程序性法律;《刑事诉讼法》是针对个人、单位涉及犯罪而进行处理的一部程序性法律。这两部法律既独立又相互衔接,起着规范监察机关和司法机关实施追究违纪、违法和犯罪行为程序的作用。

第一节 监察程序介绍

一、监察的范围和管辖

(一)监察范围是指监察委员会受理监察案件的对象和范围①

根据《监察法》第 15 条的规定,监察的范围实现了对行使公权力的公职人员进行了全面的覆盖,公职人员包括以下几类:

1. 中国共产党机关、人民代表大会及其常务委员会机关、人民政府、监察委员会、人民法院、人民检察院、中国人民政治协商会议各级委员会机关、民主党派机关和工商业联合会机关的公务员,以及参照《公务员法》管理的人员;

2. 法律、法规授权或者受国家机关依法委托管理公共事务的组织中从事公务

---

① 谢尚果、申君贵主编:《监察法教程》,法律出版社 2019 年版,第 80 页。

的人员；

3. 国有企业管理人员；

4. 公办的教育、科研、文化、医疗卫生、体育等单位中从事管理的人员；

5. 基层群众性自治组织中从事管理的人员；

6. 其他依法履行公职的人员。

（二）监察管辖是指监察委员会之间受理案件的职权分工

监察管辖，是指各个监察委员会之间受理监察案件的职权分工。管辖权是监察机关依法独立行使监察权的前提和基础，正当行使管辖权是监察机关调查职务违法和职务犯罪，开展廉政建设和反腐败的重要途径①。根据《监察法》的相关规定，监察管辖可分为职能管辖、级别管辖、移转管辖、地域管辖和指定管辖五大类，这里重点介绍职能管辖。

按照职能管辖的法律规定，监察机关对以下公职人员的职务犯罪案件进行管辖：

1. 贪污贿赂类

此类犯罪主要有：（1）贪污罪；（2）挪用公款罪；（3）受贿罪；（4）单位受贿罪；（5）利用影响力受贿罪；（6）行贿罪；（7）对有影响力的人行贿罪；（8）对单位行贿罪；（9）介绍贿赂罪；（10）单位行贿罪；（11）巨额财产来源不明罪；（12）隐瞒境外存款罪；（13）私分国有资产罪；（14）私分罚没财物罪；（15）非国家工作人员受贿罪；（16）对非国家工作人员行贿罪；（17）对外国公职人员、国际公共组织官员行贿罪。

2. 滥用职权类

此类犯罪主要有：（1）滥用职权罪；（2）国有公司、企业、事业单位人员滥用职权罪；（3）滥用管理公司、证券职权罪；（4）食品监管渎职罪；（5）故意泄露国家秘密罪；（6）报复陷害罪；（7）阻碍解救被拐卖、绑架妇女、儿童罪；（8）帮助犯罪分子逃避处罚罪；（9）违法发放林木采伐许可证罪；（10）办理偷越国（边）境出入境证件罪；（11）放行偷越国（边）境人员罪；（12）挪用特定款物罪；（13）非法剥夺公民宗教信仰自由罪；（14）侵犯少数民族风俗习惯罪；（15）打击报复会计、统计人员罪；（16）非法拘禁罪；（17）非法搜查罪；（18）刑讯逼供罪；（19）暴力取证罪；

---

① 谢尚果、申君贵主编：《监察法教程》，法律出版社2019年版，第85页。

（20）虐待被监管人员罪；（21）徇私枉法罪；（22）民事、行政枉法裁判罪；（23）执行判决、裁定滥用职权罪；（24）私放在押人员罪。

3. 玩忽职守类

此类犯罪主要有：（1）玩忽职守罪；（2）国有公司、企业、事业单位人员失职罪；（3）签订、履行合同失职被骗罪；（4）国家机关工作人员签订、履行合同失职被骗罪；（5）环境监管失职罪；（6）传染病防治失职罪；（7）商检失职罪；（8）动植物检疫失职罪；（9）不解救被拐卖、绑架妇女、儿童罪；（10）失职造成珍贵文物损毁、流失罪；（11）过失泄露国家秘密罪；（12）执行判决、裁定失职罪；（13）失职使在押人员脱逃罪。

4. 徇私舞弊类

此类犯罪主要有：（1）徇私舞弊低价折股、出售国有资产罪；（2）非法批准征收、征用、占用土地罪；（3）非法低价出让国有土地使用权罪；（4）非法经营同类营业罪；（5）为亲友非法牟利罪；（6）枉法仲裁罪；（7）徇私舞弊发售发票、抵扣税款、出口退税罪；（8）商检徇私舞弊罪；（9）动植物检疫徇私舞弊罪；（10）放纵走私罪；（11）放纵制售伪劣商品犯罪行为罪；（12）招收公务员、学生徇私舞弊罪；（13）徇私舞弊不移交刑事案件罪；（14）违法提供出口退税签证罪；（15）徇私舞弊不征、少征税款罪；（16）徇私舞弊减刑、假释、暂予监外执行罪。

5. 重大责任事故类

此类犯罪主要有：（1）重大责任事故罪；（2）教育设施重大安全事故罪；（3）消防责任事故罪；（4）重大劳动安全事故罪；（5）强令违章冒险作业罪；（6）不报、谎报安全事故罪；（7）铁路运营安全事故罪；（8）重大飞行事故罪；（9）大型群众性活动重大安全事故罪；（10）危险物品肇事罪；（11）工程重大安全事故罪。

6. 其他类

其他类犯罪主要有：（1）破坏选举罪；（2）背信损害上市公司利益罪；（3）金融工作人员购买假币、以假币换取货币罪；（4）利用未公开信息交易罪；（5）诱骗投资者买卖证券、期货合约罪；（6）背信运用受托财产罪；（7）违法运用资金罪；（8）违法发放贷款罪；（9）吸收客户资金不入账罪；（10）违规出具金融票据罪；（11）对违法票据承兑、付款、保证罪；（12）非法转让、倒卖土地使用权罪；（13）私自开拆、隐匿、毁弃邮件、电报罪；（14）职务侵占罪；（15）挪用资金罪；（16）故意延误投递邮件罪；（17）泄露不应公开的案件信息罪；（18）披露、报道不应公开的案件信息罪；（19）接送不合格兵员罪。

二、监察权限

监察权限是指监察机关依照法律规定享有的履行监察职能，行使监察权的幅度与范围。监察机关的监察权限作为国家机关权力的一种，是监察机关的专有权限，其属性直接体现了监察机关在国家权力治理的结构下的地位和性质①。

（一）监察权力主体

国家的监察机关以及各省、自治区、直辖市、自治州、县、自治县、市辖区的监察机关。监察机关是国家为了监督公职人员依法行使公权力而设置的行使国家监察职能的专门机关，其运用法律赋予的权力对公职人员的职务违法和职务犯罪行为进行监察，以保障国家公务部门高效、廉洁的运行。它是国家机关的组成部分，基本职能是履行国家监察职能。《监察法》第7条规定："中华人民共和国国家监察委员会是最高监察机关。省、自治区、直辖市、自治州、县、自治县、市、市辖区设立监察委员会。"

（二）监察机关的职责

1. 监督职责

《监察法》第11条第1项规定，"对公职人员开展廉政教育，对其依法履职、秉公用权、廉洁从政从业以及道德操守情况进行监督检查"。监督职责的内容主要有监督检查公职人员是否依法履行职务，能否秉公行使权力，是否能够廉洁从政，以及监督公职人员的道德操守是否存在问题等。

2. 调查职责

《监察法》第11条第2项规定，"对涉嫌贪污贿赂、滥用职权、玩忽职守、权力寻租、利益输送、徇私舞弊以及浪费国家资财等职务违法和职务犯罪进行调查"。监督机关以行使国家权力的公职人员为调查对象，以公职人员在履行职务过程中出现的职务违法和职务犯罪为调查内容，具体涉及贪污贿赂、滥用职权、玩忽职守、权力寻租、利益输送、徇私舞弊和浪费国家财产七大类内容。

3. 处置职责

《监察法》第11条第3项规定，"对违法的公职人员依法作出政务处分决定；

---

① 谢尚果、申君贵主编：《监察法教程》，法律出版社2019年版，第98页。

对履行职责不力、失职失责的领导人员进行责问;对涉嫌职务犯罪的,将调查结果移送人民检察院依法审查、提起公诉;向监察对象所在单位提出监察建议”。此条文规定了监察机关依法应当对公职人员在履行职务过程中出现的职务违法和犯罪进行处置。

三、监察措施

(一)一般性措施

为了保证监察机关有效履行职责,监察法第四章对监察权限进行了规定,主要有九种一般性措施:(1)谈话——针对被监察对象进行谈话,起到警示的作用。(2)讯问——监察机关工作人员对被调查人员提问,用以获取其口供或者其他相关证据。(3)询问——向有关知道情况的证人了解事实。(4)查询——针对被调查人员的财产情况进行查询,了解其经济状况。查询的范围包括存款、汇款、证券交易等内容。(5)调取——监察机关承办人员从相关的部门、组织以及人员中调取与案件相关的财物、卷宗、资料、文件等信息。(6)查封、扣押——针对有违法犯罪人员的财物等物质财产进行查封、扣押。(7)搜查——对有职务犯罪嫌疑人员的身体、物品、住宅等进行搜索以获取相应的证据。(8)勘验检查——针对职务违法犯罪现场进行勘验、检查。(9)鉴定——由具有专业知识的人员对案件中专门性问题进行鉴定。

(二)独有措施——留置

留置措施,是指监察机关在调查案件的过程中,发现公职人员有重大职务违法或者职务犯罪嫌疑的,可以对其采取的留置讯问措施①。

实施留置的主体是监察机关,公安机关、检察机关和人民法院都不具备此项权力。留置的适用范围分为被采取留置措施的人员范围和可以采取留置措施的案件范围。被采取留置措施的人员主要是涉嫌严重职务违法或者职务犯罪的公职人员以及其他与案件有关的人员。可以采取留置措施的案件范围是涉嫌严重职务违法或者职务犯罪,案情重大、比较复杂的案件;涉案人员有逃跑或者自杀倾向;被调查人员有可能出现串供、伪造证据或者毁灭证据的情形;被调查人员或者涉案人员可能妨碍监察机关调查案件的。留置的适用期限一般为不超过 3 个月。

---

① 谢尚果、申君贵主编:《监察法教程》,法律出版社 2019 年版,第 118 页。

在特殊情况下,可以延长一次,延长时间不得超过3个月,也就是说,留置的期限最长是6个月。留置的场所法律没有专门规定,既不在看守所也不在被留置人员的家中或者单位,一般习惯的做法是在监察机关设置的专用留置地点。

(三)由其他机关实施的监察措施

1.技术调查

所谓技术调查,是指为调查犯罪需要而采取的一种运用高新技术秘密手段实行调查取证的特殊的调查措施,如电话监听、电子侦查、电子监控、秘密拍照、秘密录像或者秘密获取物品等。

2.限制出境

所谓限制出境,是指防止被调查人或其他人员逃到境外而作出的限制其在一定时间内不得离境的措施。此项措施只适用于被调查人或者相关人员有职务违法或者职务犯罪的行为,且必须履行严格的审批手续。限制出境的执行机关是公安机关的出入境部门。

3.通缉

所谓通缉,是指监察机关为了使调查工作顺利执行而对在逃的被调查人员作出通缉决定,由公安机关发布通缉令的一种追捕措施。此项措施的决定机关在监察机关,而执行机关在公安机关。

四、监察程序

监察程序是由《监察法》规定的一种法律程序,它是指《监察法》规定的监察机关在履行监察职责、办理监察案件时必须遵循的法定时限、时序及法定的方式、方法和手续①。其内容主要分为监察立案、监察调查、监察调查终结及监察救济。

(一)监察立案

根据《监察法》的相应规定,监察立案必须符合以下条件:

1.监察对象涉嫌职务违法犯罪,具有职务犯罪的事实。这里要注意的是职务违法和犯罪,而且是客观存在的犯罪事实,只要是经过初查的部分事实即可。

2.监察对象涉嫌的职务违法犯罪,依法需要追究法律责任。监察对象有了职务

---

① 谢尚果、申君贵主编:《监察法教程》,法律出版社2019年版,第154页。

违法犯罪事实,并不是都要立案查处,必须根据相关的法律和法规的规定来认定。

3. 严格按照规定的权限和程序办理。监察机关立案必须具备相应的权利,有权对监察对象进行立案的监察机关,必须严格按照法定的程序办理立案手续。

(二)监察调查

监察调查是监察机关在初步核实调查对象涉嫌职务犯罪后,依法收集证据,证明监察对象有否存在违法犯罪行为的活动。其基本要求是必须依法全面收集证据,不得以非法方式收集证据,必须严格执行调查方案。

根据《监察法》的相关规定,监察调查可以采取的调查措施有讯问、询问、留置、搜查、调取、查封、扣押、勘验检查等。采取此种调查措施必须严格按照法定程序进行:

1. 出示证件。此规定的目的是证明监察调查人员的真实身份,便于调查工作顺利进行。

2. 出具书面通知。书面通知是明确监察调查措施的重要法律文书,也是通知性法律文书。如果没有书面通知的,有关单位和个人有权拒绝配合。

3. 必须有二人以上进行。此项的规定,主要是为了加强监察调查人员之间的配合、监督,防止个别调查人员徇私舞弊或者发生非法收集证据的行为。

4. 形成书面法律文书。监察机关采取调查措施以后,必须对整个过程进行全面记录,形成笔录或者报告,由相关人员在笔录和报告上签名盖章,保证其真实性和合法性,否则就没有证明力,不能用来证明案件事实。

5. 形成录音录像。要求调查人员在进行讯问时以及搜查、查封、扣押等重要调查取证时,应当对全过程进行录音录像,留存备查;其目的是留存备查,规范调查取证工作,防止违法取证行为。

(三)监察调查终结

1. 监察调查终结,是指监察机关对于已经立案的监察案件,经过一系列的监察调查活动,认为被调查人是否存在职务违法犯罪的案件事实已经查清,相关证据已经确实充分,从而决定结束监察调查,并对被调查人提出处理意见,作出处理决定的一种监察活动[①]。监察调查终结必须符合以下条件:

(1)违法犯罪事实已经查清。首先,被调查人员不存在职务违法犯罪事实已

---

① 谢尚果、申君贵主编:《监察法教程》,法律出版社 2019 年版,第 154 页。

经查清。有些被调查人员经过监察调查后没有职务违法犯罪行为，就应当终结监察调查。其次，被调查人员存在职务违法事实已经查清。有些被调查人员经过监察调查后存在职务违法行为，但是不构成犯罪，此时可以终结监察调查，对其进行处置。最后，被调查人员职务犯罪行为的事实已经查清。有些被调查人员经过监察调查后发现被调查人员的违法行为达到了职务犯罪的标准，且证据确实充分，就应当终结监察调查，按照法定程序把案件移送人民检察院审查起诉。

（2）证据确实充分。所谓证据确实充分必须达到三个要求：首先，认定被调查人存在职务违法或者职务犯罪的事实，都有相应的证据予以证明；其次，证明被调查人存在职务违法或者职务犯罪的事实的证据经过法定程序查证属实；最后，综合全案证据，认定被调查人职务违法或者犯罪的事实已经排除合理怀疑。

（3）法律手续完备。对于终结监察调查，监察机关应当办理相应有法律手续且必须符合法律规定的要求；对于没有职务违法或者犯罪的被调查人，应当出具法律文件还以清白；对于存在职务违法或者犯罪的被调查人，应当按照法律的规定作出相应的处置，完备相关法律文件和手续。

2. 处置方式。监察机关经过调查以后，应当对被调查人作出各种处置。根据《监察法》相应的规定，作出以下处置：

（1）撤销案件。经过监察调查，发现原来立案的依据失实，被调查人根本不存在职务违法或者职务犯罪行为，监察机关应当作出撤销案件的决定并通知被调查人及其单位，在一定范围内澄清事实，还人清白。如果被调查人被采取了留置的措施，在撤销案件时，应当及时解除留置措施。

（2）从轻处理。监察机关经过调查以后，发现被调查人存在职务行为，情节较轻，可以作出谈话提醒、批评教育、责令检查或者予以诫勉的处罚方式。

（3）作出行政处分。根据2018年4月16日中央纪委、国家监察委联合发布的《公职人员政务处分暂行规定》，监察机关对违法的公职人员可以依法作出警告、记过、记大过、降级、撤职、开除等政务处分决定。

（4）问责。监察机关对于不履行或者不正确履行职责的负有责任的领导人员，按照管理权限对其直接作出问决定，或者向有权作出问责决定的提出问责建议。

（5）移送人民检察院审查起诉。监察机关对于调查终结的案件，认为被监察人员涉嫌职务犯罪，而且犯罪事实清楚，证据确实充分的，依法定程序将案件移送人民检察院审查起诉的一种处置方式。其条件为：首先，被调查人涉嫌职务犯罪；其次，被调查人职务犯罪的犯罪事实清楚、证据确实充分；最后，制作起诉意见书，连同案件材料、证据一并移送，由人民检察院决定是否提起公诉。

监察机关经过调查，对违法取得的财物，依法予以没收、追缴或者责令退赔；对于涉嫌犯罪取得的财物，应当随案移送人民检察院。

（四）监察救济

监察救济是指监察对象对监察机关作出涉及本人的处理决定不服时，享有监察法所规定的救济方式和手段的必然权利①。监察救济既是保护监察对象合法权益的必然要求，也是确保监察处理决定合理、合法的手段，更是实现监察民主的重要方法。监察救济的主要途径是申请复审和申请复核。

1. 申请复审

申请复审是指监察对象对监察机关作出的涉及本人的处理决定不服，依法向作出处理决定的监察机关提出申请重新进行审查的一种请求。

根据《监察法》第 49 条的规定，监察对象对监察机关作出的涉及本人的处理不服的，可以在收到处理决定起 1 个月内，向作出决定的监察机关申请复审，复审机关应当在 1 个月内作出复审决定。

2. 申请复核

申请复核是指监察对象对监察机关作出的复审决定不服，依法向作出复审决定的上一级监察机关提出的要求进行复查、复审的一种请求。

根据《监察法》第 49 条的规定，监察对象对复审决定仍不服的，可以在收到复审决定之日起 1 个月内，向上一级监察机关申请复核，复核机关应当在 2 个月内作出复核决定。复审、复核期间，不停止原处理决定的执行。复核机关经审查，认定处理决定有错误的，原处理机关应当及时予以纠正。

第二节　监察案例——孙某受贿罪②

一、案情介绍

孙某，男，1983 年 3 月出生，原系上海某机关国家干部，因涉嫌受贿罪被人举

① 谢尚果、申君贵主编：《监察法教程》，法律出版社 2019 年版，第 154 页。

② 根据本书作者承办的真实案例改编。

报而案发。经上海市某区监察委员会立案调查，最后查明孙某收受他人贿赂人民币1000万余元，构成受贿罪。

二、处置经过

（一）立案

2018年4月8日，上海市某区监察委收到举报，反映孙某利用掌管建设工程招投标的职务便利，有受贿的行为。因孙某所在单位系国家机关，其发生的受贿案件属于《监察法》中职能管辖的范围。2018年9月20日，上海市监察委员会根据相应规定，指定上海某区监察委员会受理此案。该区监察委员会于2019年2月5日作出立案决定并向被举报人孙某及妻子郑某宣布立案决定。该区监察委员会向上海市监察委提出对孙某提出留置措施，市监委于2019年3月6日批准对孙某实行留置措施，时间为3个月。

（二）监察调查

1. 留置讯问

某区监察委员会于2019年3月6日8:20向被留置人员孙某宣布《留置决定书》，由孙某签字确认，同时向其单位某国家机关、孙某的妻子郑某发出《留置通知书》。该区监察委又同时向被留置人发出《讯问通知书》《被留置人员权利义务告知书》，由孙某签字确认，将被留置人留置于上海市某区留置场所。

某区监察委承办人员在2019年3月6日至5月10日对孙某共进行了十次审讯并制作了《讯问笔录》。被留置人员孙某于2019年3月9日自愿书写了《我的交代》，向监察机关如实坦白了自己的受贿犯罪事实。

2. 调查证人

上海市某区监察委承办人员进行了以下调查工作：

（1）2019年3月18日开始向行贿人（证人）陆某、方某、孙某等共计证人数名进行了调查并制作了相应的《询问笔录》并提取了相关的书证。

（2）向孙某单位提取了《关于孙某个人主体情况、任职情况和工作职责的说明》《孙某个人档案及任命材料》《关于某国家机关性质及部分内设机构的说明》以及与其他一系列相关书证。

（3）向区房地产交易中心调查了孙某夫妻二人产权房《买卖合同》《房屋状况及产权人信息》。

3. 搜查、扣押、查封、查询

某区监察委于2019年3月6日向某国家机关以及孙某的妻子郑某出示了搜查证，对孙某的工作地点以及家庭进行了搜查。在其单位办公地点搜查得到“亥猪图案金条”一块；在其家中搜查得到现金人民币757.74万元。监察委对以上赃款进行扣押并上缴存于该区监察委监督执纪专用账户。“亥猪图案金条”一块移交区监察委保管。

查询孙某个人银行账户、妻子个人银行账户并对其账户进行了查封；查询行贿人的银行交易信息以及转移赃款人的银行交易信息。

（三）监察终结

上海市某区监察委经过调查认定：自2012年4月起至案发，孙某利用担任建设工程招投标负责人的职务便利，在某工程招投标过程中，索要、收受贿赂共计人民币1000万余元。

该区监察委于2019年5月30日终结孙某受贿案监察程序，制作了《起诉意见书》，将案件移送上海市某区人民检察院移送起诉，相关赃款、赃物同案移送。

三、监察后续程序

《监察法》第45条第4款和《刑事诉讼法》第170条对监察案件的移交作出了规定，本案监察程序结束，进入了《刑事诉讼法》规定的审查起诉和审判程序。

上海市某区人民检察院于2019年5月30日予以立案，7月15日审查起诉终结并将案件移送某区人民法院审理。某区人民法院于2019年7月18日予以立案，于9月2日开庭审理本案，并在11月8日作出一审判决：被告人孙某以受贿罪判处有期徒刑9年，并处罚金40万元。一审判决后，孙某未上诉，案件生效后移送监狱服刑。

第三节　刑事诉讼程序

刑事诉讼程序是指人民法院、人民检察院和公安机关在当事人及其他诉讼参与人的参与下，依照法律规定的程序，解决被追诉者刑事责任问题的活动。《刑事诉讼法》从诉讼参与人、刑事管辖、回避、辩护与代理、强制措施等多个方面作出法律规定。

一、诉讼参与人

诉讼参与人是在刑事诉讼中享有诉讼权利和承担诉讼义务的人(国家机关办理刑事案件人员除外),诉讼参与人可分为当事人和其他诉讼参与人。

(一)当事人

当事人是指与案件的结局有直接利害关系,对刑事诉讼进程发挥着较大影响作用的诉讼参与人①。成为案件的当事人必须有两个条件:首先,案件的结果必须与其有利害关系,如通过刑事诉讼被判失去了生命、自由或者财产,或者获得了自由、财产,与诉讼结果无关的人是不能成为当事人的;其次,在刑事诉讼中拥有比较广泛的诉讼权利。

当事人的诉讼活动对诉讼的启动、进展和终结起着关键的推动作用。当事人的范围有被害人、自诉人、犯罪嫌疑人、被告人、附带民事诉讼的原告人和附带民事诉讼的被告人。

1. 被害人是人身、财产等合法权益被犯罪行为直接侵犯的人,如重大责任事故案中受伤的工人;

2. 自诉人是以个人名义直接向人民法院起诉,要求追究被告人刑事责任的人,如诽谤案件的受害人;

3. 犯罪嫌疑人是在侦查、审查起诉阶段,被认为涉嫌犯罪并被公安机关和人民检察院立案侦查和审查起诉的人,如串通投标罪的招标人、投标人;

4. 被告人是被公民指控或者人民检察院起诉犯有某种罪行,要求人民法院追究刑事责任的人,如合同诈骗案的被告人;

5. 刑事附带民事诉讼原告人是因犯罪行为而遭受到物质损失,在刑事诉讼过程中提出赔偿的人,如因交通肇事案件而死亡的近亲属可以作为刑事附带民事诉讼的原告人提出赔偿;

6. 刑事附带民事诉讼被告人是对犯罪行为造成物质损失依法应当承担赔偿责任的人,如交通肇事案件中的被告人。

---

① 陈光中主编:《刑事诉讼法》,北京大学出版社、高等教育出版社 2013 年版,第 71 页。

(二)其他诉讼参与人

其他诉讼参与人是除当事人以外,参与诉讼活动并在诉讼中享有一定诉讼权利、承担一定诉讼义务的人,主要有法定代理人、诉讼代理人、辩护人、证人、鉴定人和翻译人员。这些人员要么协助一方当事人充分有效地行使诉讼权利、承担诉讼义务,要么为诉讼各方提供证据材料或者为诉讼的顺利进行提供服务。

1. 法定代理人是依照法律规定对无行为能力或者限制行为能力人负有保护义务的人,主要是指被代理人的父母、养父母、监护人以及负有保护责任的机关、团体的代表,如因犯盗窃罪未满 18 周岁的嫌疑人的父母等;

2. 诉讼代理人是公诉案件中的被害人及其法定代理人或者近亲属、自诉案件的自诉人及其法定代理人委托代为参加诉讼的人和刑事附带民事诉讼当事人及其法定代理人委托参加诉讼的人,如交通肇事案件中被害人的近亲属委托的律师、诽谤案件中自诉人委托的律师等;

3. 辩护人是在刑事诉讼中接受犯罪嫌疑人、被告人或者其法定代理人委托,或者接受法律援助机构指派,为犯罪嫌疑人、被告人进行辩护的人,如伪造公司印章罪的犯罪嫌疑人委托的律师或者由法律援助机关指派的律师等;

4. 证人是向公安机关提供案件情况的人,如工程重大安全事故案中设计单位的领导人等;

5. 鉴定人是接受司法机关的指派或者聘请,利用自己的专门知识或者技能,对案件中专业性问题进行鉴别和判断并提出鉴定意见的人,如伤害案件中对被害人受伤程度进行鉴定的专家等;

6. 翻译人员是在刑事诉讼过程中接受司法机关聘请或者指派,为参与诉讼中的外国人、少数民族人员、盲人、聋哑人等进行语言、文字或者手势翻译的人,如在运输毒品案件中的外国人提供翻译的人等。

二、刑事管辖

刑事诉讼中的管辖,是指国家专门机关依法在受理刑事案件方面的职权范围上的分工①。管辖是刑事诉讼中一项非常重要的诉讼制度,明确合理地确定刑事案件的管辖,对于保证刑事诉讼活动有顺利进行以及刑事诉讼任务的实现,具有

---

① 陈光中主编:《刑事诉讼法》,北京大学出版社、高等教育出版社 2013 年版,第 112 页。

十分重要的意义。我国管辖制度分为两大类内容：一类是公安机关、人民检察院、人民法院各自直接受理刑事案件的职权范围；另一类是人民法院审判第一审刑事案件的职权范围。前者称为职能管辖，后者称为审判管辖。

（一）职能管辖

职能管辖要解决的是公安机关、人民检察院、人民法院之间在直接受理刑事案件范围上的权限划分：哪些案件由公安机关直接受理，哪些案件由人民检察院直接受理侦查，哪些案件直接由人民法院受理。

1. 公安机关：根据《刑事诉讼法》第 19 条的规定，一般的刑事案件由公安机关进行侦查，法律规定的除外。这里的除外规定主要是指涉及国家工作贪污、贿赂、渎职等案件依据《监察法》由国家监察机关行使监察权；涉及危害国家安全的案件由国家安全机关行使侦查权；军队内部发生的案件由军队保卫部门行使侦查权。以上除外情况以内的案件均由公安机关受理行使侦查权。

2. 人民检察院：根据《刑事诉讼法》第 19 条的规定，人民检察院直接受理的案件范围是司法工作人员利用职权实施的非法拘禁、刑讯逼供、非法搜查等侵犯公民权利、损害司法公正的犯罪案件；对于由公安机关管辖的国家工作人员利用职权实施的重大犯罪案件，需要由人民检察院直接受理的，经省级以上人民检察院决定，可以立案侦查。

3. 人民法院：根据《刑事诉讼法》第 19 条的规定，人民法院直接受理的是自诉案件，也就是不需要经过侦查、公诉，当事人直接向人民法院起诉的案件。自诉案件主要有三大类：

（1）告诉才处理的案件。这里是指被害人或者法定代理人告诉才处理的案件。以下四种案件属于告诉才处理的案件：①侮辱、诽谤案；②暴力干涉婚姻案；③虐待案；④侵占案。

（2）人民检察院没有提起公诉，被害人有证据证明的轻微刑事案件：①故意伤害案（轻伤）；②非法侵入住宅案；③侵犯通信自由案；④重婚案；⑤遗弃案；⑥生产销售伪劣商品案（严重危害社会秩序和国家利益的除外）；⑦侵犯知识产权案（严重危害社会秩序和国家利益的除外）；⑧刑法规定可能判处 3 年以下有期徒刑的其他轻微刑事案件。

（3）被害人有证据证明对被告人侵犯自己人身、财产权利的行为应当依法追究刑事责任，而公安机关或者人民检察院不予追究被告人刑事责任的案件。

（二）审判管辖

审判管辖是指人民法院第一审刑事案件的职权范围，要解决的是某个刑事案件由哪一个人民法院作为第一审法院进行审判的问题。审判管辖可分为级别管辖、地区管辖、指定管辖和专门管辖。

1. 级别管辖

级别管辖是各级人民法院审判第一审刑事案件的职权范围，其划分的依据是根据案件的性质、罪行的轻重、可能判处的刑罚、社会影响大小以及各级人民法院的工作职责来确定。根据《刑事诉讼法》第 20 ~ 23 条的规定，普通的刑事案件的第一审一般由基层人民法院管辖；危害国家安全和可能判处无期徒刑、死刑的案件的第一审由中级人民法院管辖；涉及省、自治区、直辖市有重大影响的案件第一审由高级人民法院管辖。全国性重大案件的第一审由最高院管辖。

2. 地区管辖

地区管辖是指同级人民法院之间在审判第一审刑事案件上的权限划分。划分的内容有犯罪地管辖、被告人居住地管辖、优先管辖和移送管辖以及特殊情况的管辖。

（1）犯罪地管辖

根据我国《刑事诉讼法》第 25 条的规定，刑事案件原则上由犯罪地人民法院管辖，也就是犯罪行为发生地和犯罪结果发生地。一般可以理解为犯罪预备地、犯罪行为实施地、犯罪结果地以及销赃地等地方。

（2）被告人居住地管辖

《刑事诉讼法》第 25 条对地区管辖也作了灵活的规定，如果刑事案件由被告人居住地的人民法院审判更为合适的话，案件可以由被告人居住地人民法院管辖。

（3）优先管辖和移送管辖

为了解决被告人在几个人民法院辖区内实施犯罪行为案件管辖的困惑，《刑事诉讼法》第 26 条规定了优先管辖和移送管辖，即几个同级人民法院都有权管辖的案件，由最初受理的人民法院审判。在有必要时，可以移送主要犯罪地人民法院管辖，这就避免了人民法院之间为了管辖权产生争议而拖延案件的审理。

（4）特殊情况的管辖

由于刑事案件的情况比较复杂，某些案件不能在以上所陈述的人民法院管

辖。为了解决这类问题,《刑诉法司法解释》第4～11条作出了相应的规定:

第一,对罪犯在服刑期间发现漏罪以及又犯新罪的:①正在服刑的罪犯在判决宣告前还有其他罪没有判决的,由原审地人民法院管辖;由罪犯服刑所在地人民法院审判更为适宜的,可以由罪犯服刑地或者犯罪地人民法院管辖。②罪犯在服刑期间又犯新罪的,由服刑地人民法院管辖。③罪犯在脱逃期间又犯罪的,由服刑地人民法院管辖。如果在犯罪地抓获并发现其在脱逃期间犯罪的,由犯罪地人民法院管辖。

第二,在中华人民共和国领域外的中国船舶内的犯罪,由该船舶最初停泊的中国口岸所在地人民法院管辖。

第三,在中华人民共和国领域外的航空器内的犯罪,由该航空器在中国最初降落地的人民法院管辖。

第四,在国际列车上的犯罪,根据我国与相关国家签订的协定确定管辖;没有协定的,由该列车最初停靠的中国车站所在地或者目的地的铁路运输法院管辖。

第五,中国公民在中国驻外使、领馆内的犯罪,由其主管单位所在地或者原户籍所在地的人民法院管辖。

第六,中国公民在中华人民共和国领域外的犯罪,由其入境地或者离境前居住地人民法院管辖;被害人是中国公民的,也可以由被害人离境前居住地的人民法院管辖。

第七,外国人在中华人民共和国领域外对中华人民共和国国家或者公民的犯罪,根据《刑法》应当受处罚的,由该外国人入境地、入境后居住地或者被害中国公民离境前居住地的人民法院管辖。

第八,对中华人民共和国缔结或者参加的国际条约所规定的罪行,中华人民共和国在所承担条约义务的范围内,行使刑事管辖权的,由被告人抓获地的人民法院管辖。

3. 指定管辖

指定管辖是相对于法定管辖而言的,主要是由于两种原因而产生的。首先,地区管辖不明的案件,有些案件发生在两个或者两个以上地区交界处,犯罪地属于哪个地区人民法院管辖不明确,此时可以由上级人民法院指定某一下级人民法院管辖案件。其次,由于各种原因原来的管辖权的人民法院不宜或者不能审判,上级人民法院可以指定下级人民法院将其管辖的案件,移送其他人民法院审判。

《刑事诉讼法》第 26 条对此作出了相应的规定。

4. 专门管辖

专门管辖是指专门人民法院之间以及专门人民法院与普通人民法院之间对第一审刑事案件在受理范围上的分工。根据《刑事诉讼法》第 28 条的规定以及司法实践做法，军事法院管辖的刑事案件主要是现役军人和军内在编职工违反《刑法》分则第十章，触犯军人违反职责罪的犯罪案件。

根据最高院《关于铁路运输法院案件管辖范围的若干规定》，改制后的铁路运输法院刑事案件管辖的范围，除了涉及铁路运输犯罪的各类公诉案件以外，还包括有关刑事自诉案件。

三、回避

刑事诉讼中的回避是指与案件有某种利害关系或者其他特殊关系的审判人员、检察人员和侦查人员等不得参与该案诉讼活动①。回避制度是确保刑事案件得到客观公正的处理，保证在实体上实现公正、确保当事人在刑事诉讼中受到公正对待，实现程序的公正。

（一）回避人员的范围

哪些人因为与案件有利害关系或者其他关系而需要回避，《刑事诉讼法》第 29 条、第 32 条作出了规定：

1. 审判人员，包括人民法院院长、副院长、审判委员会成员、庭长、副庭长、审判员、助理审判员和人民陪审员。

2. 检察人员，包括人民检察院检察长、副检察长、检察委员会成员、检察员和助理检察员。

3. 侦查人员，包括直接负责侦查本案的侦查人员、机关负责人和侦查部门负责人。

4. 书记员，包括在起诉阶段和审判阶段中担任记录工作的书记员，这里既有人民检察院的书记员也有人民法院的书记员。

5. 翻译人员，包括在任何诉讼阶段中受聘或者指派担任翻译任务的工作人员。

---

① 陈光中主编：《刑事诉讼法》，北京大学出版社、高等教育出版社 2013 年版，第 127 页。

6. 鉴定人，包括任何诉讼阶段中受聘请或者指派进行鉴定工作的人员。

（二）回避的理由

回避存在两种情况：一种情况是有因回避，指的是只有在案件具备法定回避理由的情况下，在回避范围内的人员才会回避的法律制度。另一种情况是无因回避，是指有权提出回避申请的人无须提出任何理由，一旦提出回避，就会发生令被申请者回避的效果，我国实行的是"法定回避"。

《刑事诉讼法》第29条、第30条对回避的范围作出了规定，主要有以下范围的人员：

1. 是本案的当事人或者是当事人的近亲属的；
2. 本人或者他的近亲属和本案有利害关系的；
3. 担任过本案的证人、鉴定人、辩护人、诉讼代理的；
4. 与本案当事人有其他关系，可能影响公正处理案件的。

（三）回避的种类

回避可以分为自行回避、申请回避和指令回避。

1. "自行回避"是指审判人员、检察人员、侦查人员等在诉讼过程中遇到了法定回避情形时，自己主动退出诉讼活动的一种行为。在案件的处理过程中，司法人员只要知道自己遇到应该回避的情况时，应当主动提出退出，以免诉讼活动无效。

2. "申请回避"是指案件当事人及其法定代理人、辩护人、诉讼代理人依法提出申请，要求符合法定条件的司法等人员退出诉讼活动的一种行为。申请回避是法律赋予当事人的一项重要的诉讼权利，司法机关应当保障当事人这一权利的行使。

3. "指令回避"是指司法人员有法定的回避情形而没有自行回避，当事人及其法定代理人、辩护人、诉讼代理人也没有提出回避申请，由法定的人员或者组织决定，命令其退出诉讼活动的行为。

（四）回避的程序

1. 回避权的告知

为了保障当事人的诉讼权利，司法机关应当及时告知当事人、诉讼代理人以及辩护人有申请回避的权利，使该权利能够顺利行使。

《刑事诉讼法》第 190 条第 1 款规定了回避权告知的内容:“开庭的时候,审判长查明当事人是否到庭,宣布案由;宣布合议庭的组成人员、书记员、公诉人、辩护人、诉讼代理人、鉴定人和翻译人员的名单;告知当事人有权对合议庭组成人员、书记员、公诉人、鉴定人和翻译人员申请回避;告知被告人享有辩护权利。”

《人民检察院刑事诉讼规则》第 26 条也规定了回避告知的内容:“人民检察院应当告知当事人及其法定代理人有依法申请回避的权利,并告知办理相关案件的检察人员、书记员等人员的姓名、职务等有关情况”。

公安部《公安机关办理刑事案件程序规定》第 30 ~ 37 条规定了侦查人员回避的内容。

2. 提出回避申请

属于自行回避的,办案人员可以用口头或者书面的形式提出,并且说明理由。当事人及其法定代理人、诉讼代理人和辩护提出回避要求的,应当用书面或者口头的方式提出,并且说明理由。《刑事诉讼法》以及相应的刑事司法解释,都对此作出了具体详细的规定。

3. 回避的审查、决定和宣布

在回避范围以内的人员自行提出回避,当事人、诉讼代理人和辩护申请回避人员范围内的人员回避,需要由法律规定的组织和人员根据法定回避理由进行审查并且作出是否准许的决定。《刑事诉讼法》第 31 条第 1 款规定:“审判人员、检察人员、侦查人员的回避,应当分别由院长、检察长、公安机关负责人决定;院长的回避,由本院审判委员会决定;检察长和公安机关负责人的回避,由同级人民检察院检察委员会决定。”

有权决定回避权的个人或者组织对当事人的回避申请或者有关司法人员自行回避的请求进行全面审查反后,如果发现确有《刑事诉讼法》规定的回避情形的,应当作出决定,命令相应司法人员回避;如果认为不存在回避情况的,有权作出不准许回避的决定。

4. 对驳回申请回避决定的复议

当事人、诉讼代理人和辩护人对司法机关作出的驳回申请回避的决定,有权向作出决定的司法机关申请复议一次。《刑事诉讼法》等刑事司法解释也都对此作出了相应的规定。

5. 回避的效力

回避决定作出了以后,当即发生法律效力,相关应当回避的人员必须立即退出诉讼活动。但是由于侦查活动的紧迫性和特殊性，为了防止延误侦查，我国《刑事诉讼法》第31条第2款作出了规定，“对侦查人员的回避作出决定前，侦查人员不能停止对案件的侦查”。相应地，刑事司法解释也作出了同样的规定。

四、辩护与代理

（一）辩护

辩护是指刑事案件的被追诉人及其辩护人反驳对被追诉人的指控，提出有利于被追诉人的事实和理由，论证被追诉人无罪、罪轻或者应当减轻、免除处罚，维护被追诉人的程序性权利，以保障被追诉人合法权益的诉讼活动①。

1. 辩护的种类

（1）自行辩护

所谓“自行辩护”，就是犯罪嫌疑人、被告人针对指控进行反驳、申辩和解释的一种行为，其与指控同时产生。一旦有了刑事指控，犯罪嫌疑人、被告人天然的就有了自行辩护的权利。

（2）委托辩护

“委托辩护”是指犯罪嫌疑人、被告人依照法律的规定，委托律师或者其他公民担任辩护人，协助其进行辩护。根据《刑事诉讼法》第34条的规定，犯罪嫌疑人自被侦查机关第一次讯问或者采取强制措施之日起，有权委托律师作为辩护人；即将或者已被起诉的被告人有权随时委托辩护人。

为了保障犯罪嫌疑人、被告人委托辩护权的充分实现，《刑事诉讼法》还规定了三项重要的程序保障内容：

第一，权利告知：①侦查机关在第一次讯问犯罪嫌疑人或者对犯罪嫌疑人采取强制措的时候，应当告知犯罪嫌疑人有权委托辩护人；②人民检察院自收到移送审查起诉的案件材料之日起3日以内，应当告知犯罪嫌疑人有权委托辩护人；③人民法院自受理案件之日起3日以内，应当告知被告人有权委托辩护人。犯罪嫌疑人在关押期间要求委托辩护人的，人民法院、人民检察院和侦查机关应当及时转达。

第二，代为委托：犯罪嫌疑人、被告人在押的，也可以由其监护人、近亲属代为委托辩护人。

---

① 陈光中主编：《刑事诉讼法》，北京大学出版社、高等教育出版社2013年版，第139页。

第三,受托辩护告知:辩护人接受犯罪嫌疑人、被告人委托以后,应当及时告知办理案件的司法机关。

(3)法律援助

“法律援助”是指犯罪嫌疑人、被告人没有委托辩护人,存在法定的情形,由法律援助机构指派律师为其提供辩护的一种制度。如果当事人已经委托了辩护人,就不存在为其提供法律援助的情况。关于法律援助的范围,《刑事诉讼法》《法律援助条例》作出了详细的规定:①犯罪嫌疑人、被告人是盲、聋、哑人,或者是尚未完全丧失或者控制自己行为能力的精神病人;②犯罪嫌疑人、被告人是未成年人;③犯罪嫌疑人、被告人可能被判处无期徒刑、死刑;④公诉案件中的被害人及其法定代理人或者近亲属,自案件移送审查起诉之日起,因经济困难没有委托诉讼代理人的;⑤自诉案件的自诉人及其法定代理人,自案件被人民法院受理之日起,因经济困难没有委托诉讼代理人的。

2. 辩护人的范围

辩护人的范围由《刑事诉讼法》第33条作了规定:

(1)律师:在法律规定的辩护人之中,律师是最主要的人选。首先,律师是专业法律服务工作者,具有丰富的法律知识和办案经验,精通刑事辩护业务;其次,律师必须遵守执业纪律,有职业道德,所以能够圆满完成辩护的工作;最后,法律赋予了律师许多权利,这比其他辩护人更有执业的优势。

(2)人民团体或者犯罪嫌疑人、被告人所在单位推荐的人。这里的人民团体主要是指工会、妇联、共青团等群众性组织。

(3)犯罪嫌疑人、被告人的监护人、亲友。这里的监护人指对未成年人和无行为能力或限制为能力的精神病人承担保护人身、财产和其他合法权益责任的人或者单位。

《刑事诉讼法》以及其他相关的刑事司法解释对辩护人的范围也作出了相应的限制规定,以下人员不得担任辩护人:(1)正在被执行刑罚或者处于缓刑、假释考验期间的人;(2)依法被剥夺、限制人身自由的人;(3)无行为能力或者限制行为能力的人;(4)人民法院、人民检察院、公安机关、国家安全机关、监狱的现职人员;(5)人民陪审员;(6)与本案审理结果有利害关系的人;(7)外国人或无国籍人。对以上七种人员法律原则规定是不能当辩护人的,但是有例外情况,如果以上(4)-(7)项中本人是被告人的监护人、近亲属的,可以担任辩护人。

另外,《律师法》以及相关的刑事司法解释对审判人员、检察人员担任辩护人也作出了限制：

(1)审判人员、检察人员从人民法院、人民检察院离任后2年以内，不得以律师身份担任辩护人；

(2)审判人员和人民法院其他工作人员从人民法院离任后，不得担任原任职法院所审理案件的辩护人，检察人员从人民检察院离任后不得担任原任职检察院办理案件的辩护人，但作为犯罪嫌疑人、被告人的监护人、近亲属辩护的除外；

(3)人民法院审判人员及其他工作人员的配偶、子女或者父母不得担任其任职法院所审理案件的辩护人，检察人员的配偶、子女不得担任该检察人员所任职检察院办理案件的辩护人。

3. 辩护人的职责

《刑事诉讼法》第37条对辩护人的职责作出了规定，“辩护人的责任是根据事实和法律，提出犯罪嫌疑人、被告人无罪、罪轻或者减轻、免除其刑事责任的材料和意见，维护犯罪嫌疑人、被告人的诉讼权利和其他合法权益”。根据对此项法律的理解，辩护人的职责主要有以下三项：

(1)从实体上为犯罪嫌疑人、被告人进行辩护。辩护人根据事实和法律，提出犯罪嫌疑人、被告人无罪、罪轻或者应当减轻、免除处罚的材料和意见，反驳对犯罪嫌疑人、被告人不正确的指控，帮助司法机关全面了解案件事实，正确适用法律，依法公开、公正地处理案件。

(2)从程序上为犯罪嫌疑人、被告人进行辩护。由于犯罪嫌疑人、被告人正在受国家追诉，加上其法律知识的缺乏，如何行使自己的诉讼权利也未必知道。此时，辩护人可以法律程序上提供帮助，让其正确行使自己诉讼权利，同时如果发出司法机关侵犯犯罪嫌疑人、被告人的诉讼权利的情况，可以及时提出控告。

(3)为犯罪嫌疑人、被告人提供其他的法律帮助。在整个刑事诉讼过程中，辩护人可以解答犯罪嫌疑人、被告人提出的法律问题，代书相应的法律文书等。

4. 辩护人的诉讼权利和义务

(1)辩护人的诉讼权利

第一，执业保障权：辩护人依照法律行使辩护人的职责是受到国家法律保护的。辩护律师在执业过程中的人身权利不受侵犯；在法庭上发表的代理辩护意见不受法律追究（危害国家安全、恶意诽谤他人、严重扰乱法律秩序的言论除外）。

辩护人认为公安机关、人民检察院、人民法院及其工作人员阻碍其行使诉讼权利的，有权向同级或者上一级人民检察院申诉或者提出控告。人民检察院受理申诉或者控告后,应当在 10 日内将处理情况书面答复提出申诉或者控告的辩护人、代理人。

第二,会见、通信权:《刑事诉讼法》《律师法》以及相关的刑事司法解释,对辩护人会见、通信权作出了规定:①辩护律师可以同在押的以及被监视居住犯罪嫌疑人、被告人会见和通信。其他辩护人经人民法院、人民检察院许可,也可以同在押的以及被监视居住的犯罪嫌疑人、被告人会见和通信。②辩护律师持律师执业证书、律师事务所专用会见证明和委托书或者法律援助公函要求会见在押的犯罪嫌疑人、被告人的,看守所应当及时安排会见,至迟不得超过 48 小时。③危害国家安全犯罪、恐怖活动犯罪,在侦查期间辩护律师会见在押的和被监视居住的犯罪嫌疑人,应当经过侦查机关的许可。④辩护律师会见在押的和被监视居住的犯罪嫌疑人、被告人,可以了解案件有关情况,提供法律咨询等;自案件移送审查起诉之日起可以向犯罪嫌疑人、被告人核实有关证据。⑤辩护律师会见犯罪嫌疑人、被告人时不被监听。这里的“不被监听”是指不被技术手段监听,也是指不被侦查人员和其他在场人员监听。

第三,阅卷权:辩护律师自人民检察院对案件审查之日起,可以查阅、摘抄、复制本案的案卷材料。其他辩护人经人民法院、人民检察院许可,也可以查阅、摘抄、复制案件材料。辩护人查阅、摘抄、复制案件材料的,人民法院、人民检察院应当提供方便,并保证必要的时间;复制案卷材料可以采取复印、拍照、扫描等方式。

第四,调查取证权:辩护人经证人或者其他有关单位和个人的同意,可以向他们收集与本案有关的材料,也可以申请人民检察院、人民法院收集、调取证据,或者申请人民法院通知证人出庭作证。辩护律师经人民检察院或者人民法院许可,并有被害人或者其近亲属、被害人提供的证人同意,可以向他们收集与本案有关的材料。人民法院认为有必要的,应当签发允许调查令。人民法院根据辩护律师的申请收集、调取证据材料后,应当及时通知辩护律师查阅、摘抄、复制,并告知人民检察院。

辩护人认为在侦查、审查起诉期间公安机关、人民检察院收集的证据犯罪嫌疑人、被告人无罪或者罪轻的证据材料未提交的,有权申请人民检察院、人民法院调取。

第五,提供辩护的权利:①辩护律师在侦查期间可以为犯罪嫌疑人、被告人提供法律帮助;代理申诉、控告;申请变更强制措施;向侦查机关了解犯罪嫌疑人涉嫌的罪名和案件有关情况,提出意见。②人民检察院审查批准逮捕,可以听取辩护律师的意见;辩护律师提出要求的,应当听取辩护律师的意见。人民检察院审查批准逮捕未成年犯罪嫌疑人和人民法院决定逮捕未成年被告人,应当听取辩护律师的意见。③在案件侦查终结前,辩护律师提出要求的,侦查机关应当听取辩护律师的意见,并且记录在案。辩护律师提出书面意见的,应当附卷。④人民检察院审查案件,应当听取辩护人的意见并记录在案。辩护人提出书面意见的,应当附卷。⑤辩护人有权在开庭3日以前获得法院的出庭通知书。⑥辩护人有权在开庭审理前向人民法院提出排除非法证据的申请,人民法院经审查,对证据收集的合法性有疑问的,应当召开庭前会议,审查证据合法性问题。⑦在法庭调查阶段,辩护人经审判长许可,可以向被告人发问;可以对证人、鉴定人发问,对其他证据发表质证意见;可以申请法庭通知有专门知识的人出庭,就鉴定人作出的鉴定意见提出意见;有权申请新的证人到庭,调取新的证据,重新鉴定或者勘验。在法庭辩论阶段,辩护人可以对证据、定性和量刑提出辩护意见并与控方进行辩论。⑧最高院复核死刑案件,辩护律师提出要求的,应当听取辩护律师的意见。

第六,其他权利:①辩护人有权申请回避的权利。②辩护人对审判人员、检察人员以及侦查人员侵犯公民诉讼权利和人身权利的行为,有权提出控告。③辩护人在征得被告人同意以后,可以对第一审判决、裁定提出上诉。④辩护人有权得到与辩护权有关的法律文书,如人民检察院的起诉书副本,人民法院的判决书、裁定书副本。

(2)辩护人的诉讼义务

《刑事诉讼法》《律师法》在规定保护辩护的诉讼权利的同时,也规定了辩护人的诉讼义务,主要有以下几点:

第一,尽责履职义务。辩护律师在接受委托或者被指定担任辩护人以后,必须全心全意地为犯罪嫌疑人、被告人进行辩护,尽心尽责,不得无故拒绝辩护人。但是,当事人委托的事项违法或者委托人故意隐瞒与案件有关的重要事实等情况除外。

第二,依法辩护义务。①辩护人不得帮助犯罪嫌疑人、被告人隐匿、毁灭、伪造证据或者串供不得威胁证人、引诱证人作伪证以及进行其他干扰司法机关诉讼活动的行为,否则应当承担相应的刑事责任。②辩护律师不得私自接受委托、收取费用,接受委托人的财物或者其他利益;不得利用提供法律服务的便利谋取当事人争议的权益;不得接受对方当事人的财物或者其他利益,与对方当事人或者第三人恶意串通,侵害委托人的权益;不得违反规定会见法官、检察官及其他有关工作人员;不得向法官、检察官以及其他有关工作人员行贿,介绍贿赂或者指使诱导当事人行贿,或者以其他不正当方式影响法官、检察官以及其他有关工作人员依法办理案件;不得故意提供虚假证据或者威胁、利诱他人提供虚假证据,妨碍对方当事人合法取得证据;不得煽动、教唆当事人采取扰乱公共秩序、危害公共安全等非法手段解决争议;不得扰乱法庭,干扰诉讼、仲裁活动的正常进行。

第三,部分证据展示义务。辩护人收集的有关犯罪嫌疑人、不在犯罪现场、未达到刑事责任年龄、属于不负刑事责任的精神病人的证据,应当及时告知公安机关、人民检察院。

第四,保守秘密义务。律师应当保守在执业活动中获取的国家秘密、商业秘密,不得泄露当事人的隐私。辩护律师对在执业活动中获取的委托人和其他人不愿意泄露的情况和信息应当保密。但是,如果涉及正在实施危害国家安全、公共安全以及严重危害他人人身安全犯罪的情形除外,辩护律师应当及时向司法机关报告。

第五,遵守诉讼纪律义务。辩护人有义务遵守诉讼纪律,按时出庭辩护;在法庭上服从审判长的指挥,会见在押犯罪嫌疑人、被告人时遵守看管场所的规定;等等。

(二)代理

刑事诉讼中的代理,是指代理人接受公诉案件的被害人及其法定代理人或者近亲属、自诉案件的自诉人及其法定代理人、附带民事诉讼的当事人及其法定代理人的委托,以被代理人名义参加诉讼,由被代理人承担代理行为的法律后果的一项诉讼活动[①]。刑事代理的种类分为公诉案件中的代理、自诉案件中的代理和刑事附带民事诉讼代理。

1. 公诉案件中的代理

此类代理是指诉讼代理人接受公诉案件的被害人及其法定代理或者近亲属的委托,代理被害人参加诉讼,以维护被害人的合法权益。

根据《刑事诉讼法》第 46 条第 1 款的规定,公诉案件的被害人及其法定代理

① 陈光中主编:《刑事诉讼法》,北京大学出版社、高等教育出版社 2013 年版,第 152 页。

人或近亲属，附带民事诉讼的当事人及其法定代理人，自案件移送审查起诉之日起，有权委托诉讼代理人。

《刑事诉讼法》第 46 条第 2 款规定，人民检察院自收到移送审查起诉的案件材料之日起 3 日内应当告知被害人及其法定代理人或其近亲属、附带民事诉讼的当事人及其法定代理人有权委托诉讼代理人。

被害人的诉讼代理人参加刑事诉讼，与公诉人的诉讼地位平等，双方都是在刑事诉讼过程中执行控诉职能。

2. 自诉案件中的代理

此类代理是指代理人接受自诉人及其法定代理人的委托参加诉讼，以维护自诉人的合法权益。自诉案件的当事人可以随时委托诉讼代理人，为了保障自诉委托代理人的诉讼权利，《刑事诉讼法》第 46 条第 3 款规定了人民法院自受理案件之日起 3 日内，应当告知自诉人及其法定代理人有权委托诉讼代理人。

3. 刑事附带民事诉讼代理

此类代理是指诉讼代理人接受附民事诉讼的当事人及其法定代理人的委托，在所受委托范围内，代理参加诉讼，以维护当事人合法权益。

根据《刑事诉讼法》第 46 条的规定，附带民事诉讼的当事人及其法定代理人，自案件移送审查起诉之日起，有权委托诉讼代理人。同时还规定了检察院自收到审查起诉的案件材料之日起 3 日之内，应当告知双方当事人及其法定代理人有权委托诉讼代理人。

五、强制措施

刑事诉讼中的强制措施是指公安机关、人民检察院和人民法院为了保证刑事诉讼的顺利进行，依法对犯罪嫌疑人、被告人的人身自由进行限制或者剥夺的各种强制方法①。强制措施有拘传、取保候审、监视居住、拘留、逮捕共五种。

（一）拘传

拘传是指公安机关、人民检察院、人民法院对没有被羁押的犯罪嫌疑人、被告人强制到案接受讯问的一种强制方法。根据《刑事诉讼法》及相关的刑事司法解释，拘传应当按下列程序进行：

---

① 陈光中主编：《刑事诉讼法》，北京大学出版社、高等教育出版社 2013 年版，第 219 页。

1. 拘传由案件承办人提出申请，填写《呈请拘传报告书》，由本部门负责人审核后，由公安局局长、人民检察院检察长、人民法院院长批准，签发《拘传证》（法院称为《拘传票》）。

2. 拘传应当在被拘传人所在的市、县内进行。

3. 拘传时应当向被拘传人出示《拘传证》，由被拘传人在拘传证上签名、捺印。

4. 犯罪嫌疑人、被告人到案，应当在《拘传证》上填写到案时间。后由承办人员进行讯问，讯问结束后，由被拘传人在《拘传证》上填写讯问结束时间。

5. 讯问结束后，如果被拘传人符合其他强制措施的，应当依法采取其他强制措施。如果不需要采取其他强制措施的，应当将其放回，恢复人身自由。

6. 一次拘传的时间不得超过 12 小时，案情特别重大、复杂，需要采取拘留、逮捕措施的，拘传持续时间不得超过 24 小时，不得以连续拘传的形式变相羁押犯罪嫌疑人、被告人。

7. 在拘传期间，应当保证犯罪嫌疑人的饮食和必要的休息时间。

8. 对于因办案需要而两次拘传之间的间隔时间，法律没有加以规定。为了保障人权，防止连续拘传的方式变相羁押被拘传人，笔者认为，两次之间的拘传相隔时间应当不低于 24 小时。

（二）取保候审

1. 概念和种类

取保候审是指在刑事诉讼中，公安机关、人民检察院、人民法院责令犯罪嫌疑人、被告人提出保证人或交纳保证金，保证犯罪嫌疑人、被告人不逃避或者妨碍侦查、起诉和审判，并随传随到的一种强制方法[①]。可以分为两种方法：第一种由保证人承担保证责任的方法；第二种由保证金来承担保证责任的方法。这两种保证方法由司法机关根据案件情况来具体选择。

2. 适用对象

根据《刑事诉讼法》第 67 条及相关的刑事司法解释，取保候审的适用对象如下：

（1）可能判处管制、拘役或者独立适用附加刑的；

（2）可能判有期徒刑以上刑罚，采取取保候审不致发生社会危险性的；

---

① 陈光中主编：《刑事诉讼法》，北京大学出版社、高等教育出版社 2013 年版，第 226 页。

(3)患有严重疾病、生活不能自理,怀孕或者正在哺乳自己婴儿的妇女,采取取保候审措施不致发生社会危险性的;

(4)羁押期限届满,案件尚未办结,需要采取取保候审的。

3. 适用程序

取保候审在适用程序上分为两种情况:第一种情况是公、检、法机关根据案件情况,直接主动决定取保候审;第二种情况是司法机关根据犯罪嫌疑人、被告人及其法定代理人、近亲属或者委托的律师申请,决定取保候审。

(1)申请提出

犯罪嫌疑人、被告人及其法定代理人、近亲属或者委托的律师提出申请取保候审,形式上一般以书面形式为准,特殊情况下,可以采取口头形式。

(2)保证人和保证金

司法机关经审查以后,对于符合取保候审条件的,要求犯罪嫌疑人、被告人提出保证人或者交纳保证金;原则上司法机关采取的或者用保证人进行保证,或者由交纳保证金进行保证。

《刑事诉讼法》第69条规定了保证人的条件:①与本案无牵连;②有能力履行保证义务;③享有政治权利,人身自由未受限制;④有固定的住所和收入。

被确定为保证人应当遵守以下义务:①监督被保证人遵守《刑事诉讼法》第71条规定的内容。②发现被保证人可能发生或者已经发生违反规定的行为,应当及时报告。③如果保证人没有履行保证人义务的,对保证人处以罚款,构成犯罪的,追究刑事责任。

(3)取保候审决定

根据《刑事诉讼法》以及相关的刑事司法解释,取保候审由办案人员制作报告书,由经办部门负责人审核后,由县级以上公安局局长、人民检察院检察长或者人民法院院长审批。

(4)取保候审的执行

根据《刑事诉讼法》第67条第2款的规定,取保候审由公安机关执行。公安机关在执行取保候审时,应当向被取保候审的犯罪嫌疑人、被告人宣读《取保候审决定书》,由犯罪嫌疑人、被告人签名或者盖章,同时告知其应当遵守的法律规定以及违反规定应当承担的法律责任。

(5)被取保候审的人应当遵守的规定以及违反规定的后果

第一种是所有被取保候审人应当遵守的规定:①未经执行机关批准不得离开

所居住的市、县;②住址、工作单位和联系方式发生变动的,在24小时以内向执行机关报告;③在传讯的时候及时到案;④不得以任何形式干扰证人作证;⑤不得毁灭、伪造证据或者串供。

第二种是根据案件情况而作的选择性规定。人民法院、人民检察院和公安机关可以根据案件情况,责令被取保候审的犯罪嫌疑人、被告人遵守以下一项或者多项规定:①不得进入特定的场所;②不得与特定的人员会见或者通信;③不得从事特定的活动;④将护照等出入境证件、驾驶证件交执行机关保存。

被取保候审的犯罪嫌疑人、被告人违反前两款规定,已交纳保证金的,没收部分或者全部保证金,并且区别情形,责令犯罪嫌疑人、被告人具结悔过,重新交纳保证金、提出保证人,或者监视居住、予以逮捕。

对违反取保候审规定,需要予以逮捕的,可以对犯罪嫌疑人、被告人先行拘留。

(6)取保候审的时间和解除

根据《刑事诉讼法》第79条的规定,人民法院、人民检察院和公安机关对犯罪嫌疑人、被告人取保候审最长不得超过12个月。

取保候审期间发现被取保候审的人属于不应当追究刑事责任的人,或者取保候审的期限已届满的,应当及时解除取保候审。解除取保候审,应当及时通知被取保候审人和有关单位。

(三)监视居住

1. 概念和性质

监视居住是指人民法院、人民检察院、公安机关在刑事诉讼过程中对犯罪嫌疑人、被告人采用的,命令其不得擅自离开住处,无固定住处不得擅自离开指定的居所,并对其活动予以监视和控制的一种强制方法①。

监视居住主要适用于符合逮捕条件但是又具有某种特定情形下的一种强制措施。

2. 适用对象

根据《刑事诉讼法》第74条的规定,监视居住适用对象如下:(1)患有严重疾病、生活不能自理的;(2)怀孕或者正在哺乳自己婴儿的妇女;(3)系生活不能自

① 陈光中主编:《刑事诉讼法》,北京大学出版社、高等教育出版社2013年版,第230页。

理的人的唯一扶养人;(4)因为案件的特殊情况或者办理案件的需要,采取监视居住措施更为适宜的;(5)羁押期限届满,案件尚未办结,需要采取监视居住措施的。

3. 适用程序

(1)决定:人民法院、人民检察院和公安机关对犯罪嫌疑人、被告人采取监视居住的,由承办案件人员提出意见书,经办案部门负责人审核后,由公安局长、人民检察院检察长、人民法院院长批准以后,制作《监视居住决定书》和《执行监视居住通知书》。

(2)执行:《刑事诉讼法》规定,监视居住由公安机关执行。公安机关开始执行监视居住,应当告知被执行人应当遵守的法律规定以及违反规定所应当承担的法律责任。

人民法院和人民检察院决定的监视居住,作出决定的人民法院或者人民检察院向被告人、犯罪嫌疑人宣布监视居住决定后,应当将监视居住决定书等相关资料送到被告人住处或者指定居所所在地的同级公安机关执行。

4. 场所

根据《刑事诉讼法》第75条的规定,监视居住应当在犯罪嫌疑人、被告人的住处执行;无固定住处的,可以在指定的居所执行。对于涉嫌危害国家安全犯罪、恐怖活动犯罪,在住处执行可能有碍侦查的,经上一级公安机关批准,也可以在指定的居所执行。但是,不得在羁押场所、专门的办案场所执行。

5. 应当遵守的规定和违规的后果

根据《刑事诉讼法》第77条的规定,被监视居住的犯罪嫌疑人、被告人应当遵守以下规定:(1)未经执行机关批准不得离开执行监视居住的处所;(2)未经执行机关批准不得会见他人或者通信;(3)在传讯的时候及时到案;(4)不得以任何形式干扰证人作证;(5)不得毁灭、伪造证据或者串供;(6)将护照等出入境证件、身份证件、驾驶证件交执行机关保存。

被监视居住人违反了相应的规定,情节严重的,可以予以逮捕;需要予以逮捕的,可以先行拘留。

6. 期限及解除

根据《刑事诉讼法》第79条的规定,监视居住最长不得超过6个月。

监视居住期间发现被监视居住的人属于不应当追究刑事责任的人,或者监视居住的期限已届满的,应当及时解除监视居住。解监视居住除,应当及时通知被监视居住人和有关单位。

（四）拘留

1. 概念和特点

拘留是指公安机关、人民检察院在侦查过程中，在紧急情况下，依法临时剥夺某些现行犯或者重大嫌疑分子的人身自由的一种强制措施①。

有权决定采用拘留的机关一般是公安机关，拘留是在紧急情况下采用的一种处置办法，也是一种临时性措施。

2. 拘留的条件

根据《刑事诉讼法》第82条的规定，公安机关对于具备下列紧急情形之一的，可先行拘留：(1)正在预备犯罪、实行犯罪或者在犯罪后即时被发觉的；(2)被害人或者在场亲眼看见的人指认他犯罪的；(3)在身边或者住处发现有犯罪证据的；(4)犯罪后企图自杀、逃跑或者在逃的；(5)有毁灭、伪造证据或者串供可能的；(6)不讲真实姓名、住址，身份不明的；(7)有流窜作案、多次作案、结伙作案重大嫌疑的。

《刑事诉讼法》第165条规定，人民检察院在直接受理的案件侦查过程中，对于具备上述第(4)、(5)种情形的，有权决定拘留犯罪嫌疑人。

3. 拘留的程序

(1)决定。公安机关如果需要拘留现行犯或者重大嫌疑分子，由承办单位填写报告书，由县级以上公安机关负责人批准，签发《拘留证》，由提请批准拘留的单位负责执行。

人民检察院决定拘留的案件，由办案人员提出意见，经办案部门负责人审核后，由人民检察院检察长决定。决定拘留的案件，人民检察院应当将拘留决定交由公安机关执行。

(2)执行。拘留由公安机关负责执行，根据《刑事诉讼法》及相关刑事司法解释规定，执行拘留时，应当遵守下列程序：①执行拘留时，必须向被拘留人出示《拘留证》，宣布拘留，并责令被拘留人在《拘留证》上签名或者捺手印。②公安机关在异地执行拘留时，应当通知被拘留人所在地的公安机关，被拘留人所在地的公安机关应当予以配合。③拘留后，应当立即将被拘留人送到看守所羁押，至迟不得超过24小时。异地执行拘留时，应当在到达管辖地后24小时内送看过所羁押。

① 陈光中主编：《刑事诉讼法》，北京大学出版社、高等教育出版社2013年版，第234页。

④除无法通知或者涉嫌危害国家安全犯罪、恐怖活动犯罪通知可能有碍侦查的情形以外,应当在拘留后24小时以内,通知被拘留人的家属。有碍侦查的情形消失以后,应当立即通知被拘留人的家属。⑤公安机关对于被拘留的人,以及人民检察院对直接受理的案件中被拘留的人,均应当在拘留后24小时内进行讯问。发现不应当拘留时,必须立即释放,发给释放证明。⑥公安机关决定拘留的案件,在执行拘留后,认为需要逮捕的,应当在拘留后3日内,提请人民检察院审查批准。在特殊情况下,提请审查批准的时间可以延长1日至4日。对于流窜作案、多次作案、结伙作案的重大嫌疑分子,提请审查批准的时间可以延长至30日。⑦人民检察院对直接受理侦查的案件中被拘留的人,认为需要逮捕的,应当在14日以内作出决定。在特殊情况下,可以延长1日至3日。对于不需要逮捕的,应当立即释放;对需要继续侦查,并且符合取保候审、监视居住条件的,依法或者监视居住。

(五)逮捕

1. 逮捕的概念

逮捕是指公安机关、人民检察院和人民法院为防止犯罪嫌疑人或者被告人逃避、起诉和审判,进行妨碍刑事诉讼的行为,或者发生社会危险性,而依法剥夺其人身自由的,予以羁押的一种强制措施①。

2. 逮捕的权限

根据我国《宪法》第37条和《刑事诉讼法》第80条的规定,逮捕犯罪嫌疑人、被告人,必须经过人民检察院批准或者人民法院决定,由公安机关执行。

3. 逮捕的条件

根据《刑事诉讼法》以及相关刑事司法解释的规定,逮捕需要具备三个条件:

(1)证据条件

证据条件包括:①有证据证明发生了犯罪事实;②有证据证明犯罪事实是犯罪嫌疑人、被告人实施的;③证明犯罪嫌疑人、被告人实施犯罪行为的证据已经查证属实。

(2)罪责条件

逮捕的罪责条件是有犯罪嫌疑人、被告人有可能判处徒刑以上的刑罚。如果只能判处管制、拘役、独立适用附加刑,不可能判处徒刑以上的刑罚的,就不能采

---

① 陈光中主编:《刑事诉讼法》,北京大学出版社、高等教育出版社2013年版,第237页。

用逮捕措施。

(3)社会危险性条件

逮捕的社会危险性条件是采取取保候审尚不足以防止发生社会危险性，而有逮捕必要。《刑事诉讼法》第 81 条作出了规定：①可能实施新的犯罪的；②有危害国家安全、公共安全或者社会秩序的现实危险的；③可能毁灭、伪造证据，干扰证人作证或者串供的；④可能对被害人、举报人、控告人实施打击报复的；⑤企图自杀或者逃跑的。

4. 逮捕的程序

(1)逮捕批准、决定程序

公安机关认为需要逮捕犯罪嫌疑人时，由立案侦查的单位制作《提请批准逮捕书》，经过县级以上公安机关负责人签署后，连同案件材料和证据，一并移送同级人民检察院提请批准。

人民检察院接到公安机关的报捷材料后，由办案人员阅卷，然后由审查批捕部门负责人审核以后，最后由人民检察院检察长决定。

人民检察院应当在自接到公安机关提请批准逮捕后 7 日以内，分别作出批准逮捕的决定和不批准逮捕的决定。

对于不批准逮捕的，公安机关在接到人民检察院不批准逮捕的通知后，应当立即释放已经被拘留的犯罪嫌疑人。对于需要继续侦查，并且符合取保候审、监视居住条件，依法取保候审或者监视居住。如果公安机关不同意人民检察院不批准逮捕的，可以要求人民检察院复议。

(2)逮捕的执行程序

对于人民检察院批准逮捕的决定，公安机关应当立即执行，并将执行回执及时送达批准逮捕的人民检察院。对于人民检察院决定不批准逮捕的，公安机关在收到不批准逮捕决定书后，立即释放在押的犯罪嫌疑人或者变更强制措施，并将执行回执在收到不批准逮捕决定书后 3 日内送达作出不批准逮捕的人民检察院。

执行逮捕的人员不得少于 2 人。执行逮捕时，必须向被逮捕人宣布逮捕，并责令被逮捕人在《逮捕证》上签字或捺手印，并注明时间。被逮捕人拒绝在《逮捕证》上签字或捺手印的，应当在《逮捕证》上注明。

执行逮捕后，应当立即将被逮捕人送到看守所羁押，并在 24 小时内通知被逮捕人的家属(除无法通知的以外)。

六、立案

(一)立案的概念

刑事诉讼中的立案是指公安司法机关对于报案、控告、举报、自首以及自诉人起诉等材料,按照各自的职能管辖范围进行审查后,认为有犯罪事实发生并需要追究刑事责任时,决定将其作为刑事案件进行侦查或审判的一种诉讼活动①。

(二)立案的材料来源和条件

1. 材料来源

(1)单位或者个人的报案或者举报

《刑事诉讼法》第110条第1款规定了单位和个人发现有犯罪事实或者犯罪嫌疑人,有权利和义务向司法机关进行报案或者举报。报案一般是针对犯罪事实的发生,报案材料提供案件事实、证据材料比较简单,而举报所提供的内容比较具体和详细。

(2)被害人的报案或者控告

《刑事诉讼法》第110条第2款规定了被害人对侵犯其人身、财产权利的犯罪嫌疑事实或者犯罪嫌疑人,有权向司法机关报案或者控告的权利。被害人的报案或者控告也是一个立案材料的重要来源。

(3)犯罪人员自首

《刑事诉讼法》第110条第4款规定了关于犯罪人自首的内容。所谓"自首"是指犯罪分子犯罪以后,自动投案,如实交代自己的罪行,接受公安司法机关审查和裁判的行为。

(4)司法机关自行主动获取材料

《刑事诉讼法》第109条规定了公安机关或者人民检察院发现犯罪事实或者犯罪嫌疑人,应当按照管辖范围,立案侦查的内容。

(5)其他途径

其他途径主要有:上级机关交办案件;人民群众扭送的案件;监察部门移送的案件;其他行政执法机关移送的案件。

---

① 陈光中主编:《刑事诉讼法》,北京大学出版社、高等教育出版社2013年版,第267页。

2. 立案条件

首先,刑事案件立案的条件要有犯罪事实的发生,也就是有刑法规定的犯罪事实的产生,而且是犯罪事实必须有相应的证据材料予以证明。其次,犯罪事实需要追究刑事责任,如果按照《刑事诉讼法》的相关规定,对于不需要追究刑事责任的案件就是不需要立案了。最后,是符合管辖的规定。立案必须具备两个实体的法律条件是有犯罪事实和需要追究刑事责任,但是还要根据《刑事诉讼法》的规定,对于案件按照管辖的范围来立案侦查。

(三)立案的程序

1. 案件材料的接受

根据《刑事诉讼法》以及相关的刑事司法解释,对于报案、控告、举报、自首的材料,司法机关必须加以接受,妥善处理:

(1)司法机关对于报案、控告、举报、自首、扭送等都应当立即接受,不得以任何借口加以推诿和拒绝。对于不属于自己管辖的应当先接受后移送主管机关处理,情况紧急必须采取紧急措施的,应当先采取紧急措施,然后移送主管机关。

(2)除了犯罪人自首、人民群众扭送以外,报案、控告、举报既可以用书面的形式提出,也可以用口头形式提出。

(3)为防止诬告陷害,接受的控告、举报的工作人员应当向控告人、举报人说明诬告他人应当承担的法律责任,要求其控告、举报客观准确。

(4)司法机关应当保障报案人、举报人、控告人及其近亲属的人身安全,为其保密。

(5)公安机关接受案件时,根据规定应当制作受案登记表,并出具回执,存档备查。

2. 审查和处理

(1)公安机关对立案材料的审查和处理:①认为有犯罪事实,但不属于自己管辖的案件,应当立即报经县级以上公安机关负责人批准,签发制作《移送案件通知书》,移送有管辖权的机关处理并通知报案人、控告人、举报人;必须采取紧急措施的,应当先采取紧急措施,然后办理手续,移送主管机关。②对于告诉才处理的案件,公安机关应当告知被害人可以向人民法院起诉。对被害人有证据证明的轻微刑事案件,公安机关应当告知被害人可以向人民法院起诉;被害人要求公安机关处理的,公安机关应当依法受理。③对于不够刑事处罚需要给予行政处罚的,依法予以处理或者移送有关部门。④认为没有犯罪事实,或者犯罪事实情节显著轻微不需要追究刑事责任,或者具有其他依法不追究刑事责任情形的,经县级以上公安机关负责人批准,不予立案。⑤认为有犯罪事实,需要追究刑事责任且属于自己管辖的,经县级以上公安负责人批准,予以立案。

(2)人民检察院对立案材料的审查和处理:①属于下级人民检察院或其他人民检察院管辖的,移送有管辖权的人民检察院。②不属于人民检察院管辖的,移送有管辖权的机关处理,并且通知报案人、控告人、举报人、自首人。③属于本院管辖的,应当由侦查部门初查的,移送侦查部门初查。

(3)人民法院对立案材料的审查和处理。人民法院直接受理自诉案件,对收到的案件材料　经审查不属于自己管辖的,应当将材料移送有管辖权的机关处理;对属于自己管辖的自诉案件,符合法律、法规规定的,决定予以立案处理;不符合有关规定的,应当说服自诉人撤回起诉,或者裁定驳回起诉。

七、侦查

"侦查"是指公安机关、人民检察院在办理过程中,依照法律进行的专门调查工作和有关的强制性措施。它是刑事诉讼的一个独立阶段,只能由法定的侦查机关进行,工作的内容包括专门调查工作和有关的强制性措施,必须严格依法进行。

侦查行为共有十种,以下分别介绍:

(一)讯问犯罪嫌疑人

讯问犯罪嫌疑人是指侦查人员依照法定程序以言词方式,就案件事实和其他与案件有关的问题向犯罪嫌疑人进行查问的一种侦查活动。

根据《刑事诉讼法》以及相关的刑事司法解释的规定,讯问犯罪嫌疑人必须由公安机关、人民检察院侦查人员进行,不得少于2人;讯问的地点一般在司法机关指定的地点、住处,犯罪嫌疑人被移送看守所后只能在看守所内进行;讯问时首先讯问其是否有犯罪行为,让其陈述有罪情节或者无罪情节,然后可以提出问题;犯罪嫌疑人对讯问应当自愿如实回答,对于与案件无关的问题可以不予回答;为防止侦查人员以刑讯逼供的方法逼取口供,法律规定侦查人员可以对讯问过程进行全程录音或者录像;讯问犯罪嫌疑人应当制作《讯问笔录》,笔录应当交由被讯问人核对或者宣读,被讯问人认为记录没有错误的情况下应当签名、捺印。

（二）询问证人、被害人

询问证人是侦查人员依照法定程序以言词方式，就案件有关情况向证人进行调查了解的一种侦查活动。

询问证人可以在现场或者证人所在单位（住处）或者证人提出的地点进行，必要时可以通知证人到司法机关提供证言；询问证人应当由两名司法机关工作人员，并个别进行。询问证人应当制作笔录，交由被询问人核对或者宣读，在没有记录错误的前提下，证人应当签名捺印。询问被害人与询问证人内容相同。

（三）勘验、检查

勘验、检查是指侦查人员对与犯罪相关的场所、物品、人身、尸体进行勘查、检验或者检查，以发现和收集犯罪活动所遗留的各种痕迹和物品的一种侦查活动。勘验、检查应当由侦查人员进行；必须持有司法机关证明文件；应当邀请与案件没有关系的人作为见证人；勘验、检查的情况应当写成笔录，由参加勘验、检查的人和见证人签名、捺印。

（四）侦查实验

侦查实验是指为了确定与案件有关的某一事件或者事实在某种条件下能否发生或者怎样发生而按照原来的条件，将该事件或者事实加以重演或者进行试验的一种侦查活动。侦查实验必须由县级以上公安机关负责人批准，并由侦查人员负责进行、邀请见证人在场，制作笔录，由参与人、见证人签名。

（五）搜查

搜查是指侦查人员对犯罪嫌疑人以及可能隐藏罪犯或者犯罪证据的人身体、物品、住处和其他有关的地方进行搜索检查的一种侦查活动。搜查必须由县级以上公安机关负责人批准，签发搜查证，由执行搜查的侦查人员向被搜查人聘请搜查证，并由被搜查人或者家属或者其他见证人在场，制作搜查笔录，由被搜查人、见证人签名，侦查人员也应当签名。

（六）查封、扣押

查封、扣押是指侦查机关依法强行封存、扣留与案件有关的财物、文件的一种侦查活动。

查封、扣押应当经过公安机关或侦查部门侦查负责人批准，制作决定书；执行查封、扣押不得少于2人，并出示查封或者扣押决定书；对查封、扣押的财物和文件，侦查人员应当会同在场见证人和被查封、扣押财物和文件的持有人查点清楚，当场开列查封、扣押清单一式三份，写明财物或者文件的名称、编号、数量、特征及其来源等，由侦查人员、持有人和见证人签名，扣押清单分别由持有人、司法机关保管人员及附卷保管。查封、扣押的情况应当制作笔录，由侦查人员、持有人、见证人签名。

（七）查询、冻结

查询、冻结是指侦查机关根据侦查犯罪的需要而依法向金融机构、证券公司、邮电机关或企业查询犯罪嫌疑人的存款、汇款、债券、股票、基金份额等财产，在必要时予以冻结的一种侦查活动。

向金融机构等单位查询犯罪嫌疑人的存款、汇款等财产，应当经县级以上公安机关负责人批准，制作协助查询财产通知书，通知金融机构等单位执行。需要冻结犯罪嫌疑人在金融机构等单位的存款、汇款等财产的，应当经县级以上公安机关负责人批准，制作协助冻结财产通知书，通知金融机构等单位执行。冻结存款、汇款等财产期限为6个月，冻结债券、股票、基金份额等证券的期限为2年。有特殊原因需要延长期限的，侦查机关应当在冻结期限届满前办理继续冻结手续。每次续冻存款、汇款等财产的期限最长不得超过6个月，每次续冻债券、股票、基金份额等证券的期限最长不得超过2年。对冻结的存款、汇款等财产，经查明确实与案件无关的，侦查机关应当在3日以内通知金融机构等单位解除冻结，并通知被冻结存款、汇款等财产的所有人。

（八）鉴定

鉴定是指侦查机关指派或者聘请具有鉴定资格的人，就案件中的某些专门性问题进行鉴别判断并作出鉴定意见的一种侦查活动。

为保证鉴定意见的科学、准确和客观，鉴定应当是具有鉴定资格的人，包括必须是在侦查机关根据侦查工作的需要而设立的鉴定机构中从事鉴定工作人员和在司法行政机关核准登记的司法鉴定中从事司法鉴定业务的人员；必须获得侦查机关的指派或者聘请的人；必须是与案件没有利害关系的人。

根据《刑事诉讼法》以及相关的刑事司法解释的规定，鉴定应当遵守以下程序：

1. 刑事技术鉴定,由县级以上公安机关指派的刑事技术部门专职人员或者其他专职人员进行。

2. 侦查机关应当为鉴定人提供必要的条件,及时向鉴定人送交有关检材和对比样本等原始材料,介绍与鉴定有关的案件情况,提出鉴定要求。

3. 鉴定人应当按照鉴定规则,运用科学方法独立进行鉴定。鉴定以后,应当出具鉴定意见,并且在鉴定意见书签名,附上鉴定机构和鉴定人的资质证明等文件。

4. 对鉴定意见,侦查人员应当进行审查。对经过审查作为证据使用的鉴定意见,侦查机关应当及时告知犯罪嫌疑人、被害人或者其法定代理人。犯罪嫌疑人、被害人对鉴定意见有异议的,可以提出重新鉴定。

(九)辨认

辨认是指在侦查人员的主持下,由被害人、证人或者犯罪嫌疑人对与犯罪有关的物品、文件、尸体、场所或者犯罪嫌疑人进行辨别和确认的一种侦查活动。

根据公安部和最高院的刑事司法解释的规定,辨认应当遵守以下程序:

1. 辨认应当在侦查人员的主持下进行,主持辨认的侦查人员不得少于 2 人。

2. 在辨认前,侦查人员应当向辨认人详细询问被辨认对象的具体特征,禁止辨认人见到被辨认对象,以防先入为主。

3. 有几名辨认人对同一被辨认对象进行辨认时,应当单独进行。

4. 辨认时,应当将辨认对象混在相类似的其他对象中,不得给辨认人任何暗示。

5. 对犯罪嫌疑人的辨认,辨认人不愿意公开进行的,可以在不暴露辨认人的情况下进行辨认,并为其保密。

6. 辨认的情况应当制作笔录,分别由侦查人员、辨认人、见证人签名。

(十)技术侦查

技术侦查是指公安机关、人民检察院根据侦查犯罪的需要,运用技术设备收集证据或者查获犯罪嫌疑人的一种特殊侦查措施。

根据《刑事诉讼法》及相关的刑事司法解释,技术侦查的主体就只能是公安机关、人民检察院等侦查机关采取;其他任何机关、团体、个人无权采用。适用的范围只能是对于危害国家安全犯罪、恐怖活动犯罪、黑社会性质的组织犯罪、重大毒品犯罪或者其他严重危害社会的犯罪案件。相关司法机关采取技术侦查措施,必须由设区一级以上公安机关负责人批准,并制作采取技术侦查措施决定书;公安机关负责人作出批准决定以后，应当交负责技术侦查的部门执行；人民检察院决定采取技术侦查措施，交公安机关执行。

八、起诉

刑事案件中的起诉是指法定的机关或者个人，依照法律的规定向有管辖权的法院提出控告，要求该法院对被指控的被告人进行审判并予以刑事制裁的一种诉讼活动或程序[①]。刑事起诉分为公诉和自诉两种。

（一）公诉

公诉是由国家设定的司法机关向法院提出的诉讼请求，要求法院通过审判程序确定被告人有罪并给予制裁的诉讼活动，由人民检察院行使公诉人职责。

1. 审查起诉

审查起诉是人民检察院对侦查机关或侦查部门终结移送起诉的案件受理以后，对其认定的事实、证据、定性及适用法律等内容进行审查核实，并作出处理决定的一项诉讼活动。

（1）审查的内容

根据《刑事诉讼法》及相关的刑事司法解释，人民检察院在审查起诉时必须查明：①犯罪事实、情节是否清楚，证据是否确实、充分，犯罪性质和罪名的认定是否正确；②有无遗漏罪行和其他应当追究刑事责任的人；③是否属于不应当追究刑事责任的；④有无附带民事诉讼；⑤侦查活动是否合法。

（2）审查的步骤和方法

审查的步骤和方法主要有：①审阅案卷材料；②讯问犯罪嫌疑人；③听取被害人的意见；④听取辩护人和诉讼代理人的意见；⑤补充侦查。

（3）审查的期限

根据《刑事诉讼法》第 172 条的规定，人民检察院对于监察机关、公安机关移送起诉的案件，应当在 1 个月以内作出决定，重大、复杂的案件，可以延长 15 日；犯罪嫌疑人认罪认罚，符合速裁程序适用条件的，应当在 10 日以内作出决定，对可能判处的有期徒刑超过 1 年的，可以延长至 15 日。

《刑事诉讼法》第 175 条规定，人民检察院审查案件，对于需要补充侦查的，可

---

① 陈光中主编：《刑事诉讼法》，北京大学出版社、高等教育出版社 2013 年版，第 315 页。

以退回公安机关补充侦查,也可以自行侦查。对于补充侦查的案件,应当在 1 个月以内补充侦查完毕。补充侦查以二次为限。补充侦查完毕移送人民检察院后,人民检察院重新计算审查起诉期限。

(4)审查后的处理

人民检察院对案件进行审理以后,认为犯罪事实已经查清、证据确实、充分,应当追究刑事责任的,应当作出起诉决定,按照审判管辖的规定,向人民法院提起公诉。如果认为犯罪嫌疑人没有犯罪事实,或者按照《刑事诉讼法》第 16 条规定的,应当作出不起诉决定,对于犯罪情节轻微,依照《刑法》规定不需要判处刑罚或者免除刑罚的,可以作出不起诉决定。

2. 提起公诉

提起公诉是人民检察院代理国家将犯罪嫌疑人交由人民法院审判的一种诉讼活动。

提起公诉的条件是犯罪嫌疑人的犯罪事实已经查清,证据确实、充分;对犯罪嫌疑人应当依法追究刑事责任;人民检察院提起公诉应当符合审判管辖的规定。

提起公诉的程序是人民检察院制作《起诉书》,将案件材料、证据移送人民法院。

(二)自诉

自诉是指法律规定的可以由被害人或者其法定代理人、近亲属直接向人民法院起诉,要求追究被告人刑事责任,人民法院能够直接受理的刑事案件。

提起自诉的条件为:

1. 案件属于《刑事诉讼法》第 210 条规定范围内的案件;
2. 案件属于受诉人民法院管辖;
3. 自诉人享有自诉权;
4. 有明确的被告人、具体的诉讼请求和能够证明被告人犯罪事实的证据;
5. 对于公诉转自诉案件,还应当提交证明曾提出控告的证据。

提起自诉的程序为:自诉人书写《自诉状》,向人民法院提交《自诉状》,如果有附带民事诉讼的,还应当提交刑事附带民事《自诉状》,连同所有证据一并提交人民法院。

九、审判

刑事审判是指人民法院在控、辩双方及其诉讼参与人参加下,依照法定的权限和程序,对于依法向其提出诉讼主张的刑事案件进行审理和裁判的诉讼活动①。在我国,刑事审判按照审判制度分一审程序和二审程序。

(一)第一审程序

第一审程序是人民法院对人民检察院提起公诉、自诉的案件进行初次审判的程序。

1. 法院对公诉案件进行审查,审查以后作出不同的处理结果

(1)告诉才处理的案件,退回人民检察院,并告知被害人有权提起自诉;

(2)不属于本院管辖或者被告人不在案的,退回人民检察院;

(3)不符合《刑诉法司法解释》第180条第2项至第8项规定之一,需要补充材料的,通知人民检察院在3日内补送;

(4)依照《刑事诉讼法》第200条第3项规定宣告无罪后,人民检察院根据新的事实、证据重新起诉的,依法受理;

(5)依照《刑诉法司法解释》第242条规定裁定准许撤诉的案件,没有新的事实、证据,重新起诉的,退回人民检察院;

(6)符合《刑事诉讼法》第16条第2项至第6项规定情形的,裁定终止审理或退回人民检察院;

(7)被告人真实身份不明,但符合《刑事诉讼法》第160条第2款规定的,依法受理。

2. 开庭审判前准备

(1)确定合议庭的组成人员或者独任庭审判员;

(2)将人民检察院的起诉书副本至迟在开庭10日以前送达被告人及其辩护人;

(3)将开庭的时间、地点在开庭前3日通知人民检察院;

(4)将传唤当事人和辩护人、诉讼代理人、证人、鉴定人和勘验、检查笔录制作人、翻译人员的传票和通知书,至迟在开庭前3日以前送达;

(5)公开审判的案件,在开庭前3日以前先期公布案由、被告人姓名、开庭时间和地点;

(6)审判人员可以召集公诉人、当事人和辩护人、诉讼代理人,对案件管辖、回

---

① 陈光中主编:《刑事诉讼法》,北京大学出版社、高等教育出版社2013年版,第333页。

避、出庭证人名单、非法证据排除等与审判相关的问题,了解情况,听取意见。

3. 法庭审判

开庭:(1)审判长宣布开庭,查明当事人是否到庭并核对当事人身份事项等;(2)审判长宣布案件来源、案由以及是否公开审理并说明不公开审理的理由;(3)审判长宣布合议庭组成人员、书记员、公诉人、辩护人、诉讼代理人、鉴定人和翻译人员名单;(4)审判长告知当事人的诉讼权利;(5)审判长分别询问当事人、辩护人、法定代理人是否申请回避。

法庭调查:(1)公诉人宣读起诉书;(2)被告人、被害人陈述;(3)讯问、询问被告人、被害人和附带民事诉讼原告人、被告人;(4)询问证人、鉴定人;(5)出示物证、宣读鉴定意见和有关笔录;(6)调取新的证据;(7)法庭调查核实证据。

法庭辩论。法庭辩论是指在审判长的指挥下,控辩双方就案件的事实、证据、定罪量刑进行辩论。其顺序如下:(1)公诉人发言;(2)被害人及代理人发言;(3)被告人自行辩护;(4)辩护人辩护;(5)控辩双方进行辩论。

前四个阶段称为第一轮辩论,最后一个阶段可以有二至数轮的辩论。

被告人最后陈述。被告人最后陈述是法律保障被告人的一项重要权利,在审判长宣布辩论结束终结以后,告知被告人有最后陈述的权利。被告人可以对案件的事实、定性以及量刑等各个方面提出自己的意见。

评议和宣判。评议是合议庭组成人员在已经进行的法庭审理活动基础上,对案件事实、证据和法律适用进行讨论、分析、判断并依法对案件作出裁判。根据《刑事诉讼法》第200条的规定,一审人民法院根据已经查明的事实、证据和有关法律规定,作出以下裁判:(1)案件事实清楚,证据确实、充分,依据法律认定被告人有罪的,应当作出有罪判决;(2)依据法律认定被告人无罪的,应当作出无罪判决;(3)证据不足,不能认定被告人有罪的,应当作出证据不足、指控的犯罪不能成立的无罪判决。

宣判是人民法院将判决书的内容向当事人和社会公开宣告。案件无论是否公开审理,宣告判决一律公开进行。各级人民法院宣告第一审判决时,审判长会口头告知被告人享有上诉权以及上诉期限和上诉法院。

(二)第二审程序

第二审程序又称上诉审程序,是第二审人民法院根据上诉人或者人民检察院的抗诉,就第一审人民法院尚未发生法律效力的判决或裁定认定的事实和适用的法律进行审理时所应当遵循的步骤和方法①。

1. 第二审提起的主体

根据《刑事诉讼法》第227条的规定，提起上诉的人员为自诉人、被告人(法定代理人)以及经被告人同意的辩护人、近亲属、附事民事诉讼的当事人(法定代理人);提起抗诉的机关是地方各级人民检察院。

公诉案件中的被害人没有上诉权，但根据《刑事诉讼法》第229条的规定，可以在收到判决书5日内，有权请求人民检察院提出抗诉。

2. 上诉、抗诉的期限和方式

根据《刑事诉讼法》第230条的规定，当事人不服一审法院判决的上诉和抗诉期限为10日，不服一审法院裁定的上诉和抗诉期限为5日，从接到判决书、裁定之日起第2日开始计算。

当事人一般应当以书面方式提出上诉，可以通过原审人民法院或者直接向二审人民法院提出上诉。人民检察院制作抗诉书向原审人民法院提交。

3. 第二审审判程序

(1)初步审查

第二审人民法院对一审法律移送的案卷，应当审查案卷材料是否完备齐全，对于符合要求的案卷应当收案，不符合要求的案卷应当通知一审法院及时补充。

(2)全面审查

根据《刑事诉讼法》第183条和第233条的规定，第二审人民法院审判上诉、抗诉案件一律组成合议庭，对一审法院的判决认定的事实和适用法律进行全面审查，不受上诉或者抗诉的范围限制。

(3)审判方式和程序

第二审的审判方式有开庭审理与不开庭审查两种。根据《刑事诉讼法》第234条的规定，二审人民法院对于以下案件应当开庭审理:①当事人对一审判决认定的事实、证据提出异议，可能影响定罪量刑的上诉案件;②被告人被判处死刑的上诉案件;③人民检察院抗诉的案件;④其他开庭审理的案件。

第二审公开开庭的方式是参照第一审开庭的方式，但又有不同的地方，其程序如下:①开庭时宣布法庭组成人员，告知当事人的诉讼权利;②上诉人除了自行辩护以外，也可以委托辩护人进行辩护;③法庭调查阶段由审判员宣读第一审判

① 陈光中主编:《刑事诉讼法》，北京大学出版社、高等教育出版社2013年版，第333页。

决书、裁定书，再由上诉人、辩护人陈述上诉理由，或由检察院宣读抗诉书；④法庭辩论阶段先由上诉人、辩护人发言，再由检察院发言；⑤辩论终结后，上诉人有权进行最后陈述，由合议庭评议后作出裁判。

采用不公开审理的案件程序：①根据法律规定，合议庭由审判员 3 至 5 人组成；②合议庭成员共同阅读案件卷宗；③讯问被告人；④听取其他当事人、辩护人（诉讼代理人）的意见；⑤经过合议庭评议，根据案件事实作出处理决定。

（4）二审处理结果

经过合议庭的公开或不公开的审理，第二审人民法院根据《刑事诉讼法》第 236 条至第 238 条的规定，作出以下处理：①原判决认定事实正确、证据确实、充分，适用法律正确，量刑适当的，裁定驳回上诉或者抗诉，维持原判；②原判决认定事实没有错误，但适用法律有误或者量刑不当的，予以改判；③原判决事实不清楚或者证据不足的，可以由二审法院查清事实后改判，也可以开裁定撤销原判，发回原审人民法院重新审判；④一审法院有违反法律程序的情形的，裁定撤销原判，发回原审人民法院重新审判。

第二审人民法院的判决、裁定自送达之日起生效。

第四节　刑事诉讼案例
——上海市闵行区莲花河畔景苑倒楼案[①]

一、案情介绍

2006 年 8 月，上海梅某房地产开发公司与上海众某建筑有限公司签订了《建设工程施工合同》，由该建筑有限公司承建地处上海市闵行区“莲花河畔景苑”房地产项目。梅某房地产开发公司又与上海光某建设监理有限公司签订了《建工委托监理合同》。

2006 年 10 月，梅某房地产开发公司取得了“莲花河畔景苑”项目的《建筑工程施工许可证》并开始施工。梅某房地产开发公司法定代表人张某琴指派秦某林担任“莲花河畔景苑”项目负责人，管理现场施工事宜；众某建筑有限公司法定人张某杰指派夏某刚担任“莲花河畔景苑”施工现场安全、防火工作负责人；指派陆

① 系本书作者承办案件。

某英担任“莲花河畔景苑”二标段项目经理；光某建设监理公司指派乔某担任“莲花河畔景苑”工程总监理。

2008 年 11 月，项目经理秦某林接受梅某房地产开发公司老板张某琴的指令，将该项目地下车库分包给不具备开挖土方资质的张某雄进行开挖。作为发包方的张某琴及秦某林为了便于土方回填及绿化用土的需要，指使张某雄将其中的 12 号地下车库开挖出的土方堆放在 7 号楼北侧等处。2009 年 6 月，张某琴、秦某林为了赶进度，在未进行天然地基承载力计算的情况下，仍旧指使张某雄开挖该项目 0 号地下车库的土方，并将土方继续堆放在 7 号楼北侧等处，堆土高达 10 米。

2009 年 6 月 27 日早上 5 时左右，“莲花河畔景苑”7 号楼整体倒塌，造成作业人员肖某逃生不及，被挤压窒息死亡。

二、案件处理过程

（一）本案犯罪嫌疑人（被告人）

秦某林，上海梅某房地产开发公司项目经理；张某杰，上海众某建筑有限公司法定代表人；夏某刚，上海众某建筑有限公司项目经理；陆某英，上海众某建筑有限公司项目经理；张某雄，地下车库土方开挖工程承包人；乔某，项目总监理。

（二）案件管辖

根据《刑事诉讼法》的相关规定，“莲花河畔景苑”地点在上海市闵行区范围之内，由于案件性质定性为“重大责任事故案”属于公安机关管辖的范围。

（三）案件立案

2009 年 6 月 27 日早晨 5:30，上海市闵行区公安分局梅陇派出所接到报警电话，报案人称“莲花河畔景苑”7 号楼倒塌，压住 1 人。梅陇派出所当即出警现场，公安、消防、卫生等部门赶到现场抢救被压人员。

2009 年 6 月 29 日，上海市闵行区公安分局对“莲花河畔景苑”7 号楼倒塌事件予以立案。

（四）采取强制措施

2009 年 6 月 29 日，闵行区公安分局向犯罪嫌疑人秦某林、张某杰、夏某刚、陆某英、张某雄、乔某发出传唤令并于当天实施监视居住并通知其家属。

2009年7月5日21:00,对嫌疑人秦某林、张某杰、夏某刚、陆某英、张某雄、乔某实施刑事拘留措施并通知其家属。

2009年8月11日,闵行区人民检察院对嫌疑人秦某林、张某杰、夏某刚、陆某英、张某雄、乔某作出批准逮捕决定,由公安机关宣布并通知各位犯罪嫌疑人的家属。

(五)案件侦查

1. 审讯犯罪嫌疑人

公安案件承办人员于2009年8月27日对梅某房地产开发公司法定代表人张某琴进行审讯同时制作了《讯问笔录》。

公安案件承办人员于2009年6月28日至8月27日对上海梅某房地产开发公司"莲花河畔景苑"项目经理秦某林共进行五次审讯同时制作了《讯问笔录》。

公安案件承办人员于2009年6月27日至9月14日对上海众某建筑有限公司法定代表人张某杰进行七次审讯同时制作了《讯问笔录》。

公安案件承办人员于2009年6月27日至9月14日对上海众某建筑有限公司"莲花河畔景苑"项目经理夏某刚进行六次审讯同时制作了《讯问笔录》。

公安案件承办人员于2009年6月27日至9月16日上海众某建筑有限公司二标段项目经理陆某英进行五次审讯同时制作了《讯问笔录》。

公安案件承办人员于2009年6月27日至9月14日对"莲花河畔景苑"土方开挖工程承包人张某雄进行四次审讯同时制作了《讯问笔录》。

公安案件承办人员于2009年6月27日至9月14日对上海光某建设监理有限公司"莲花河畔景苑"项目总监理乔某进行五次审讯同时制作了《讯问笔录》。

2. 询问证人

2009年6月27日,公安承办人员对上海众某建筑公司"莲花河畔景苑"一标段项目经理孟某新进行调查并制作了《询问笔录》。

2009年6月28日,公安承办人员对上海素某清运有限公司法定代表人王某福进行调查并制作了《询问笔录》。

2009年6月29日,公安承办人员对上海胜某基础工程有限公司副总经理孙某华进行调查并制作了《询问笔录》。

2009年7月1日,公安承办人员对私人挖土老板刘某进行调查并制作了《询问笔录》。

2009年7月1日,公安承办人员对挖机司机吴某进行调查并制作了《询问笔录》。

2009年7月2日,公安承办人员对上海光某建设监理有限公司监理师邵某国进行调查并制作了《询问笔录》。

2009年7月4日,公安承办人员对上海市协某岩土勘测有限公司工作人员张某松进行了调查并制作了《询问笔录》。

2009年7月6日,公安承办人员对上海众某建筑公司"莲花河畔景苑"包工头陆某兵进行调查并制作了《询问笔录》。

2009年7月7日,公安承办人员对上海市闵行区水政管理局职员颜某进行调查并制作了《询问笔录》。

2009年7月9日,公安承办人员对上海众某建筑公司"莲花河畔景苑"二标段质量员王某京进行调查并制作了《询问笔录》。

……

3. 搜查

公安承办人员通过搜查等侦查手段,取得以下书证:

(1)上海梅某房地产开发公司《企业法人执照》《房地产开发企业暂定资质证书》《建筑工程施工许可证》《建设工程施工合同》《建设工程委托监理合同(补充协议)》。

(2)上海众某建筑有限公司《企业法人执照》《梅陇镇26号地块商品住宅一标段投标文件》《劳动合同》《"莲花河畔景苑"0号地库土方开挖专项施工方案》《"莲花河畔景苑"二标段工作联系表》《公司安全生产岗位责任制、安全生产管理制度、项目部建筑施工安全管理制度、施工现场安全技术操作规程》《安全生产管理员证书》《项目经理证书》。

(3)上海光某建设监理有限公司《企业法人执照》《劳动合同》《注册监理工程师注册执业证书》《工程会议纪要》。

4. 鉴定

公安机关委托相关机构对倒楼案件进行了鉴定,取得以下鉴定意见等证据:

(1)司法鉴定科学技术研究所司法鉴定中心出具的《鉴定意见书》。

(2)上海岩某勘察设计研究院有限公司出具的《"莲花河畔景苑"7号楼倾倒事故桩基质量及破坏形态调查分析初步报告》《"莲花河畔景苑"7号楼倾倒事故调查报告复核》,上海协某岩土勘察有限公司出具的《"莲花河畔景苑"岩土工程勘察报告》。

(3)"莲花河畔景苑"7号楼倾倒事故调查专家组出具的《调查分析报告》。

(4)上海华某建设经济咨询有限公司出具的《审价书》。

(5)上海梅某房地产开发公司鉴定小组出具的《关于7号楼倒覆楼购房者赔偿情况的说明》。

(6)上海市公安局物证鉴定中心出具的《鉴定书》。

(7)上海素某清运有限公司《企业法人营业执照》《上海市市容环卫经营性服务资质证书》《道路运输经营许可证》。

(8)上海众某建筑有限公司与上海胜某基础工程有限公司签订的《"莲花河畔景苑"0号地下车库基坑围护工程合同》。

(9)公安机关出具的《工作情况》。

(六)侦查终结

上海市闵行区公安分局于2009年10月9日对"莲花河畔景苑"倒楼案件侦查终结,将案件移送上海市闵行区人民检察院审查起诉。

(七)侦查阶段的辩护

闵行区公安机关2009年6月29日向六名犯罪嫌疑人宣布刑事拘留时即告知:"犯罪嫌疑人自被侦查机关第一次讯问或者采取强制措施之日起,有权委托辩护人"。各位家属陆续各自委托了律师作为辩护人。

六名犯罪嫌疑人的辩护律师在接受委托之后,与侦查机关取得了联系,会见了名位犯罪嫌疑人,告知了犯罪嫌疑人权利和相应的法律规定,申请了取保候审,并侦查机关提出辩护意见。

(八)案件公诉

1. 立案

上海市闵行区人民检察院于2009年10月11日收到公安机关移送来的案件,经审查符合法律规定的要求并于当日立案。

2. 审查起诉

案件承办人员经过阅卷、提审犯罪嫌疑人后认为某些事实需要继续侦查,遂将案件退回公安机关补充侦查。公安机关在补充侦查后于2009年12月底再次将案件移送检察院。

3. 提起公诉

上海市闵行区人民检察院再次审查以后认为本案犯罪事实已经查清，证据确实、充分，需要对犯罪嫌疑追究刑事责任，应当提起公诉。2010 年 1 月 18 日检察院以六名被告人犯有重大责任事故罪向上海市闵行区人民法院提起公诉。

4. 审查起诉阶段的辩护

闵行区人民检察院在 2009 年 10 月 12 日告知六名犯罪嫌疑人有权委托辩护人，各位家属均委托辩护律师为其亲人进行辩护。六位辩护律师接受委托后，联系了检察院的承办人，查阅了案件卷宗，在看守所向当事人核实了相关的证据，听取了他们的辩护意见，向检察院提供了律师的《辩护意见书》。

（九）一审审判

1. 立案

上海市闵行区人民法院于 2010 年 1 月 19 日收到案件，经审查后于当日立案，并于当天向各被告人送达《起诉书》并告知有权委托辩护人。

2. 开庭准备

闵行区人民法院于 1 月 21 日组成合议庭，在 1 月 25 日发出公开审理的公告。

3. 法庭审判

闵行区人民法院于 2010 年 2 月 1 日在第三法庭公开审理“莲花河畔景苑 7 号楼”倒塌案件，经过法庭调查、法庭辩论，宣布休庭，择日宣判。

4. 审判阶段的辩护

本案的六名被告人继续委托以前侦查、审查起诉程序的律师作为辩护人。辩护人律师向人民法院取得了《起诉书》，到看守所再次向各被告人核实证据，并且告知了法庭审理案件的程序以及应当注意的事项。

本案的六名辩护律师出席了案件法庭审理，对公诉方提出的定罪证据进行了质证，对案件的定性以及量刑提出了辩护意见。

5. 评议和宣判

上海市闵行区人民法院经过评议后于 2010 年 2 月 11 日公开宣判：被告人秦某林犯重大责任事故罪，判处有期徒刑 5 年；被告人张某杰犯重大责任事故罪，判处有期徒刑 5 年；被告人夏某刚犯重大责任事故罪，判处有期徒刑 4 年；被告人陆某英犯重大责任事故罪，判处有期徒刑 3 年；被告人张某雄犯重大责任事故罪，判处有期徒刑4年;被告人乔某犯重大责任事故罪,判处有期徒刑3年。

本案六名被告人因不服上海市闵行区人民法院一审判决于宣判日之后10日内向上海市第一中级人民法院提起了上诉。

(十)二审审判

上海市第一中级人民法院于2010年2月底收到上诉后经审查符合立案条件,组成合议庭于2010年3月18日公开开庭审理"莲花河畔倒楼"案件,经过法庭调查和辩论,于2010年4月21日作出裁定:驳回上诉、维持原判。

(十一)经济损失赔偿

由于"莲花河畔景苑"7号楼的倒塌,造成上海梅某房地产开发公司经济损失:(1)建及安装损失为6692979元。(2)向购房者支付赔偿款人民币12768678元。(3)向事故中死亡者赔偿人民币775000元。以上三项经济损失均由该公司承担。

附　录

一、施工企业单位犯罪

施工企业应当依法依规经营,《刑法》第30条规定,“公司、企业、事业单位、机关、团体实施的危害社会的行为,法律规定为单位犯罪的,应当负刑事责任”。第31条规定:“单位犯罪的,对单位判处罚金,并对其直接负责的主管人员和其他直接责任人员判处刑罚。本法分则和其他法律另有规定的,依照规定。”企业一旦构成单位犯罪,除被追究刑事责任,还可能导致限制经营、限制招投标等后果。常见犯罪有:

(一)虚开增值税专用发票罪

(2015)普刑初字第1500号:企业在经营活动中,采用支付开票费、资金回流等方法,让他人为本公司虚开增值税专用发票,企业构成本罪。

(2019)云01刑终469号:公司和公司负责人在经营过程中,与其他公司没有实际交易,接受了其他公司开具的增值税专用发票,公司和负责人均构成本罪。

(二)虚开发票罪

(2018)渝0101刑初1026号:公司虚开发票,作为单位的直接负责的主管人员和其他直接责任人员均构成本罪。

(2015)枞刑初字第00265号:建设单位在不存在实际项目的情况下,通过虚开工程发票的方式冲抵其他费用的行为,单位和个人均构成虚开发票罪。

(三)持有伪造的发票罪

(2016)川0781刑初473号:公司及法定代表人明知是伪造的发票而持有,数量较大,均构成本罪。

(四)合同诈骗罪

(2019)苏0706刑初695号:以非法占有为目的,冒用他人名义签订合同,骗取保证金,数额较大,单位和主管人员、直接责任人员均构成合同诈骗罪。

(2014)澄刑初字第00103号:以非法占有为目的,虚构工程对外承包,签订合同并收取保证金,用于单位支出,数额较大,单位与主管人员均构成合同诈骗罪。

（五）串通投标罪

（2018）川2002刑初221号：施工企业也可以作为串通投标罪的犯罪主体承担刑事责任。一是串通投标具体实施人是该企业法定代表人或总经理等决策人员；二是用于串通投标的保证金由企业账户支出；三是串通投标所获利益归属企业。

（2014）宝刑初字第0384号：被告单位某甲、某乙、某丙、某丁与他人相互串通投标报价，损害招标人利益，情节严重；被告人赵某、徐某、卢某、吴某作为各被告单位直接负责的主管人员，与被告单位的行为均已构成串通投标罪。

（六）行贿罪

（2017）川0114刑初323号：施工企业及其法定代表人为获取工程给予国家工作人员财物的，构成行贿罪。

（2017）粤03刑初415号：施工企业及实际控制人在招投标过程中为谋求中标向给予业主方财物的，构成单位行贿罪。

（七）单位行贿罪

（2017）粤刑终636号：单位为谋取不正当利益（承揽工程、招标文件中制定针对性条款），给予国家工作人员以财物，情节严重，其行为已构成单位行贿罪。

（2017）陕刑终162号：公司为谋取不正当利益，在工程招投标过程中，通过向国家工作人员行贿中标工程项目，情节严重，损害了国家公务活动的廉洁性，公司及其直接负责的主管者的行为均已构成单位行贿罪，应依法惩处。

（八）高利转贷罪

（2018）苏13刑终281号：公司以转贷牟利为目的，套取银行信贷资金高利转贷他人，违法所得数额较大，其行为已构成高利转贷罪。公司法人作为鑫达公司直接负责的主管人员，应当以高利转贷罪追究其刑事责任。

（2014）宣中刑终字第00159号：高利转贷罪中的“套取金融机构信贷资金”，不仅包括行为人编造虚假贷款理由或隐瞒实情骗取贷款的情形，也包括行为人凭借自身真实条件依法合规的取得贷款后以较高利息转贷给他人以牟取利益的情形。

（九）拒不支付劳动报酬罪

（2015）扶刑初字第184号：有支付能力而拒不支付劳动者的劳动报酬，数额较大，经政府有关部门责令支付仍不支付，构成拒不支付劳动报酬罪。

（十）污染环境罪

（2018）苏0508刑初205号：3.50万吨垃圾倾倒填埋在距离居民区仅150米的湖面两侧，现场恶臭并渗出黑色污水，公司构成单位犯罪，法定代表人、实际经营者多人共同构成污染环境罪。

二、法定代表人

依据相关民事法律规定，企业的法定代表人是民事法律关系中，代表法人行使职权的负责人。如果企业构成单位犯罪，法定代表人往往会被认为《刑法》第31条所称的“直接负责的主管人员和其他直接责任人员”而被处罚。建工企业的法定代表人一般也是企业安全生产的第一责任人，还负有对企业安全生产负责的职责。常见的犯罪类型如下：

（一）虚开增值税专用发票罪

（2015）普刑初字第1500号：法定代表人、股东与他人共同经营管理公司，并与他人商量决定为公司虚开增值税专用发票，对公司虚开增值税专用发票的行为负直接的主管人员责任。

（2019）云01刑终469号：公司和公司负责人在经营过程中，与他公司没有实际交易，接受了其他公司开具的增值税专用发票，公司和负责人均获刑。

（二）虚开发票罪

（2018）渝0101刑初1026号：被告单位某有限公司、被告人田某学虚开《刑法》第205条规定以外的其他发票7791287.98元，情节严重，其行为均已构成虚开发票罪。被告人唐某1（公司法定代表人）、唐某2（公司总经理）作为被告单位的直接负责的主管人员和其他直接责任人员，也应当以虚开发票罪追究其刑事责任。

（三）持有伪造的发票罪

（2016）川0781刑初473号：被告单位辽宁某工程有限公司、被告人姜某美（公司法定代表人）明知是伪造的发票而持有，数量较大，其行为均已构成持有伪造的发票罪。

（四）合同诈骗罪

（2019）苏0706刑初695号：以非法占有为目的，冒用他人名义签订合同，骗取保证金，数额较大，单位和主管人员、直接责任人员均构成合同诈骗罪。

（2014）澄刑初字第00103号：以非法占有为目的，虚构有工程对外承包，签订合同并收取保证金，用于单位支出，数额较大，单位与主管人员均构成合同诈骗罪。

（五）串通投标罪

（2014）宝刑初字第0384号：被告单位某甲、某乙、某丙、某丁与他人相互串通投标报价，损害招标人利益，情节严重；被告人赵某、徐某、卢某、吴某作为各被告单位直接负责的主管人员，与被告单位的行为均已构成串通投标罪。

（六）行贿罪

（2017）川0114刑初323号：施工企业及其法定代表人为获取工程给予国家工作人员财物的，构成行贿罪。

（七）单位行贿罪

（2017）粤03刑初415号：施工企业及实际控制人在招投标过程中为谋求中标向给予业主方财物的，构成单位行贿罪。

（八）伪造、买卖国家机关公文、证件、印章罪

（2018）甘0724刑初92号：法定代表人伪造国家印章用于相关文件，构成本罪。

（九）重大劳动安全事故罪

（2013）汉中刑终字第00099号：企业在无施工资质，未经审批进行建筑施工，

在安全生产设施、安全生产条件不符合国家规定的情况下组织工人施工,发生事故的,企业法定代表人构成本罪。

(十)工程重大安全事故罪

(2018)浙10刑终635号:公司作为设计、施工单位,在未取得建筑装修装饰工程专业承包资质和消防设施工程专业承包资质情况下,违法承揽装修工程,违反国家规定,降低工程质量标准,造成重大安全事故,后果特别严重。作为该单位的直接责任人员,其行为已构成工程重大安全事故罪。

(十一)高利转贷罪

(2018)苏13刑终281号:公司以转贷牟利为目的,套取银行信贷资金高利转贷他人,违法所得数额较大,其行为已构成高利转贷罪。公司法人作为鑫达公司直接负责的主管人员,应当以高利转贷罪追究其刑事责任。

(2014)宣中刑终字第00159号:高利转贷罪中的"套取金融机构信贷资金",不仅包括行为人编造虚假贷款理由或隐瞒实情骗取贷款的情形,也包括行为人凭借自身真实条件依法合规的取得贷款后以较高利息转贷给他人以牟取利益的情形。

(十二)拒不支付劳动报酬罪

(2015)扶刑初字第184号:有支付能力而拒不支付劳动者的劳动报酬,数额较大,经政府有关部门责令支付仍不支付,构成拒不支付劳动报酬罪。

(十三)不报、谎报安全事故罪

(2017)黔0521刑初303号:企业法定代表人和安全生产责任人,在事故发生后隐瞒真相,不按规定报告事故情况,导致未能及时救援,构成不报、谎报安全事故罪。

(十四)污染环境罪

(2018)苏0508刑初205号:3.5万吨垃圾倾倒填埋在距离居民区仅150米的湖面两侧,现场恶臭并渗出黑色污水,公司构成单位犯罪,法定代表人、实际经营者多人共同构成污染环境罪。

(2018)沪03刑终11号:土方回填项目,违规倾倒垃圾,日晒雨淋发酵,地块周边污染,公司法定代表人、副总经理、现场负责人等共同构成污染环境罪。

三、企业工作人员

企业工作人员触犯刑法的,多是未能正确履行其应承担的职责或义务有关,因为建工行业的高危性,相关法律法规对建工企业的从业人员有一定的要求,如持证上岗、安全生产等。作为企业工作人员,依法依规展开工作是首要义务,不应超越专业能力、工作职责甚至法律法规的要求开展工作,否则容易触犯法律。

(一)上市公司高管

上市公司作为公众公司,公司利益实际上代表了全体投资人的利益,故《刑法》第169条第2款规定了上市公司高管忠实义务。

背信损害上市公司利益罪

(2017)皖0208刑初10号:上市公司的高级管理人员碍于情面,明知他人提供的产品价格高于市场价格,仍利用职务便利接受供货,致使公司利益遭受重大损失,构成背信损害上市公司利益罪。

(二)国有企业工作人员

国有企业的资金主要或全部由国家投资,国有企业工作人员因身份原因,其触犯的刑法与其身份有关。

1. 受贿罪

(2017)皖0404刑初127号:国有控股施工企业子公司总经理接受他人请托,利用职务上的便利,在招投标、工程分包、拨付工程款、结算、人事调整方面为他人谋取利益,收受他人财物,构成受贿罪。

(2014)鄂武汉中刑终字第01031号:国有公司委派到非国有公司中从事公务的人员,应以国家工作人员论;其利用职务上的便利,非法收受他人财物,也应当以受贿罪论处。

(2013)邮刑初字第0327号:国有企业工作人员以借款为名收受他人财物的,构成受贿罪。

2. 贪污罪

(2016)湘01刑终973号:国有建筑企业工作人员利用职务便利,通过虚构工程量的方式套取工程款用于发放给公司的班子成员、项目班子成员及部分员工作为年终奖，构成贪污罪。

(2019)川11刑终78号：国有建筑企业经理利用职务便利，通过安排公司工作人员从公司借支备用金并由其领取备用金、收取公司业务款不上缴公司财务等方式侵吞公司资金，构成贪污罪。

(2014)樟刑初字第28号：国有建筑企业工作人员利用其负责丈量土地、制作青苗及建筑物补偿款清单等工作便利，与村民合谋虚构该村民土地被征用而骗取土地补偿款，之后一起分取得土地补偿款，构成贪污罪。

3. 为亲友非法牟利罪

(2019)晋0881刑初144号：国有建筑公司负责人利用职务便利，将本单位的盈利业务交由自己的亲友进行经营，使国家利益遭受重大损失，构成为亲友非法牟利罪。

(2014)秦刑二初字第384号：国有公司工作人员，利用职务便利，以明显高于市场的价格向亲友实际控制经营的单位采购商品，使国家利益遭受重大损失，其行为已构成为亲友非法牟利罪。

4. 签订、履行合同失职被骗罪

(2018)川20刑终15号：国有企业主管人员，在签订、履行合同过程中，疏忽大意被诈骗，致使国家利益遭受特别重大经济损失，构成签订、履行合同失职被骗罪。

(2016)京0108刑初373号：国有公司主管人员在签订、履行合同过程中，未认真审核对方资产状况、履约能力、委托书真伪而被诈骗，致使国家利益遭受特别重大损失，构成签订、履行合同失职被骗罪。

5. 国有公司、企业、事业单位人员滥用职权罪

(2017)鄂刑终160号：国有公司负责人在为本单位承揽工程项目过程中，为谋取非法利益，与私营业主合谋串通，滥用职权，随意处置国有控股企业股权，致使国家利益遭受特别重大损失，构成国有公司、企业、事业单位人员滥用职权罪。

6. 公司、企业、事业单位人员失职罪

(2013)长中刑二终字第00279号：国有公司的副总经理，在审核计量过程中，没有认真审查，没有发现此处应扣除少注浆的工程量，亦在签呈件上签字同意付款，最终导致工程进度款被施工方冒领工程款，构成公司、企业、事业单位人员失职罪。

7. 非法经营同类营业罪

(2014)余刑二终字第7号:国有供电公司经理利用职务便利,和他人合伙经营与其所任职公司同类的营业,获取非法利益,数额巨大的,构成非法经营同类营业罪。

(2019)桂13刑终142号:国有公司董事、副总经理,利用职务便利,多次与他人合伙经营与其所任职公司同类的营业,获取非法利益,数额巨大,构成非法经营同类营业罪。

(三)负有安全职责的工作人员

施工企业中,负有安全管理职责的均需要通过安全员证考核并持证上岗。工地现场专职安全员,需要持C类安全员证上岗;项目经理(建造师)作为项目现场安全生产责任人,应持B类安全员证;企业法人或负有安全管理职责的高管,应持A类安全员证。但应注意,实践中常有未持证但负有安全管理职责的工作人员被追责。负有安全管理职责的人员,常见以下犯罪:

1. 重大劳动安全事故罪

(2014)太刑初字第37号:负责对该工程的施工安全进行监督的责任人,在施工中未设置安全生产保护设施,致人死亡,构成本罪。

(2018)内0426刑初110号:明知竖井维护施工中所使用的安全生产设施为原有设备,未进行安全检查即安排工人进行施工作业,明知施工中应督促工人使用安全带而未尽到管理义务,未对风险隐患进行制止和消除,项目负责人、安全员均构成本罪。

(2017)晋01刑终738号:作为企业项目专职安全员,对项目的安全生产严重不负责任,因而导致发生重大伤亡事故,其行为已构成重大劳动安全事故罪。

2. 不报、谎报安全事故罪

(2017)黔0521刑初303号:企业法定代表人和安全生产责任人,在事故发生后隐瞒真相,不按规定报告事故情况,导致未能及时救援,构成不报、谎报安全事故罪。

(2018)湘1225刑初75号:项目技改过程中,安全生产设施和安全生产条件不符合国家规定,因而发生重大伤亡事故,情节特别恶劣,安全事故发生后负有报告职责的人员串通不报事故情况,致使不能及时有效开展事故抢救,贻误事故抢救,情节严重,负有职责的人员均构成不报、谎报安全事故罪。

3. 消防责任事故罪

(2017)京0114刑初968号:公司负责人及安保部负责人等对消防工作负有直接责任的人员,违反消防管理法规,经监督机构通知改正而拒绝执行,造成严重后果,构成消防责任事故罪。

(2017)吉0191刑初157号:消防责任人和管理人,明知工程未经验收,不按照要求消灭火灾隐患,造成严重后果,共同构成消防责任事故罪。

(2018)浙0110刑初715号:消防安全负责人明知使用期限到期的临时建筑存在安全隐患而未予排查整改,且经监督机构通知改正而拒绝执行,造成严重后果,构成消防责任事故罪。

4. 强令违章冒险作业罪

(2016)鄂12刑终131号:安全责任人不顾监理单位停工指令,对工人隐瞒存在施工安全隐患的情况并组织工人施工,构成强令违章冒险作业罪。

(2019)川0191刑初428号:安全员强令他人冒险作业,没有尽到安全保障义务,造成人员伤亡的,构成本罪。

5. 重大责任事故罪

(2018)渝0107刑初947号:对项目消防负有管理职责的管理人员,明知未取得建筑施工许可和消防设计审核,施工现场无消防设备,且使用存在安全隐患的材料,因而发生重大安全事故的。管理人员构成重大责任事故罪。

(四)负责有技术(质量)职责的工作人员

施工企业的技术负责人,分为单位技术负责人(实践中也称总工程师或技术总工等)和项目技术负责人,在工程中的区别主要是单位技术负责人负责整个企业层面的及项目现场重要的文件签署,项目技术负责人主要签署现场技术文件及对现场施工人员进行技术指导等。技术负责人应对技术、工序工艺、施工质量等负责。因其职责,常见的犯罪类型主要有:

1. 工程重大安全事故罪

(2015)郴刑一终字第205号:作为公司聘用的钢结构质量监督技术顾问,在建设过程中使用未经图审的设计图纸用于指导钢结构工程施工,且未按程序变更图纸,亦未经原设计单位验算,直接用于指导施工,降低了工程质量标准,造成严重后果,构成本罪。

(2019)冀0425刑初148号:施工单位对工程质量负责的直接责任人员,违反国家规定,降低工程质量标准,造成重大安全事故,其行为构成工程重大安全事故罪。

(2009)州刑一终字第14号:技术负责人负责技术指导和技术交底,施工过程中,对监理单位提出的工程质量问题,督促整改不到位,降低了工程质量标准,导致工程质量隐患没有得到排除。没有严格审查、复检施工方案,不负责任地在大桥主拱圈施工期间的施工资料、图纸上补签了自己的名字,掩盖了工程质量隐患,系本次事故施工单位的直接责任人,其行为已构成工程重大安全事故罪。

(2014)梓刑初字第17号:身为技术负责人,在施工过程中,违反国家规定,不按设计施工图施工,指使工人偷工减料,使用不合格建筑材料,降低工程质量标准,致使维修加固后的工程质量严重低劣,最终导致严重事故,其行为构成工程重大安全事故罪。

(2009)州刑一终字第14号:技术负责人负责技术指导和技术交底,施工过程中,对监理单位提出的工程质量问题,督促整改不到位,降低了工程质量标准,导致工程质量隐患没有得到排除。没有严格审查、复检施工方案,不负责任地在大桥主拱圈施工期间的施工资料、图纸上补签了自己的名字,掩盖了工程质量隐患,系本次事故施工单位的直接责任人,其行为已构成工程重大安全事故罪。

2. 重大责任事故罪

(2014)桐刑初字第00030号:被告人作为工程项目技术负责人在工程材料上签字,明知自己没有能力,盲目上岗,导致专项方案编制、审核、审批把关不到位,安全技术交底不到位,在中庭部位模板支架搭设、模板铺设、钢筋绑扎、混凝土浇筑等施工过程中,没有书面交底等,明知重大隐患未消除,仍然违反程序组织施工,对事故发生负有直接责任,构成生大责任事故罪。

(2011)杭江刑初字第576号:技术负责人在生产、作业中违反有关安全管理的规定,对操作平台搭设技术交底不清,未就电梯井道操作平台搭设技术专门交底,未认真履行岗位职责以致发生重大伤亡事故,其行为已构成重大责任事故罪。

(五)负有招投标职责的工作人员

施工企业一般均会设立招投标部,任命由相关人员负责投标事宜,在投标过程中,常有为了获取中标而触犯法律的情形,实践中常见以行贿手段获取招标信息的行为,除此以外,另常见以下犯罪:

1. 串通投标罪

(2017)兵12刑终1号:企业高管相互串通投标报价,严重违反公平竞争和诚实守信的社会主义市场经济原则,损害国家、集体、公民的合法利益,损害招标人或其他投标人利益,情节严重的,可构成本罪。

(2017)黔0625刑初126号:行为人借用他人资质参与招投标活动并实施串通投标行为的,构成串通投标罪。

(2019)鄂1125刑初379号:出借资质企业不知情或者没有证据证明出借资质企业知情的情况下,行为人利用掌控的多个企业参与围标,对该行为人应认定为串通投标罪,出借资质的企业则不构成串通投标罪。

(2014)鄂夷陵刑初字第00121号:在招投标活动中实施串通投标行为,由于被招标方发现而未中标,在这种情况下,串通投标行为已经实际完成,只是由于行为人意志以外的原因导致未能达到行为人追求的结果。根据《刑法》的规定,应认定为串通投标罪的犯罪未遂,可以从轻或者减轻处罚。

2. 伪造、买卖国家机关公文、证件、印章罪

(2019)冀0104刑初518号:施工企业管理人员为投标方便,伪造并购买国家机关和企事业单位印章及个人证书,构成伪造、买卖国家机关证件、印章罪。

(2014)雁江刑初字第50号:施工企业为申报一级建筑资质及在施工过程中获得相关资格,伪造国家机关印章,构成伪造国家机关印章罪。

3. 强迫交易罪

(2017)赣1026刑初33号:以暴力行为阻止或以威胁、阻拦投标人员进入投标现场等方式强迫投标人员退出投标的,构成强迫交易罪。

(2018)苏05刑终799号:投标人纠集多人,以威胁手段,在建筑工程领域招投标过程中滋事,并多次强迫他人退出投标,为非作恶,扰乱经济、社会秩序,造成较为恶劣的社会影响,情节严重,其行为已构成强迫交易罪。

四、现场工作人员犯罪

(一)建造师(挂证)

因施工企业的资质要求,实践中存在大量的证书挂靠行为,建造师证书主要用于企业招投标及担任项目经理,建造师如果持该证书充任在建项目的项目经理,即便从未到岗,也容易触犯重大责任事故罪。

重大责任事故罪

(2010)沪一中刑终字第233号:被告人陆某某虽然挂名担任工程项目经理,实际未从事相应管理工作,但其任由施工单位在工程招投标及施工管理中以其名义充任项目经理,默许甚至配合施工单位以此应付监管部门的监督管理和检查,致使工程施工脱离专业管理,由此造成施工隐患难以通过监管被发现、制止,因而对本案倒楼事故的发生亦负有责任。

(2018)云2322刑初49号:被告人曾某某将自己的建造师注册在某公司,明知公司用于参与投标并以该证书作为在建项目的建造师(项目经理),但其自项目开工至事故发生时不在施工现场,未履行安全生产管理职责,在生产、作业中违反有关安全管理的规定,应负本次事故的主要责任。

(2011)沪二中刑初字第81号:被告人将建造师注册在某公司并名义上担任项目经理,但从未到岗履行项目经理组织施工和安全生产的职责,致使项目经理对工程的监管职责虚置。在生产、作业中违反有关安全管理的规定,因而发生重大伤亡事故,其行为已构成重大责任事故罪。

(二)项目经理(项目负责人)

住房和城乡建设部明令项目经理只能由建造师担任,但实践中大量存在建造师仅是挂证,实际承担项目经理职责的另有他人。无论项目经理、项目负责人是否具有建造师资质,因其职能,容易触犯以下犯罪:

1. 重大责任事故罪

(2017)鲁1726刑初155号:项目的主要负责人,疏于监督检查,未对上述项目工程履行安全生产管理职责,且未安排专职安全员对施工现场的安全隐患进行排查,致使未经培训而上岗作业的施工队工人当场死亡,项目主要负责人(项目经理)构成本罪。

(2015)文刑初字第349号:施工现场负责人在生产、作业过程中违反有关安全管理的规定,因而发生重大事故致一人死亡的行为,构成重大责任事故罪。

2. 虚开发票罪

(2018)内0204刑初2号:工程负责人为获取工程结算款,在施工企业不知情的情况下,擅自购买虚假工程款发票给建设单位的行为,工程负责人个人构成虚开发票罪。

(2015)枞刑初字第00265号:建设单位在不存在实际项目的情况下,通过虚开工程发票的方式冲抵其他费用的行为,单位和个人均构成虚开发票罪。

3. 污染环境罪

(2018)沪03刑终11号:土方回填项目,违规倾倒垃圾,日晒雨淋发酵,地块周边污染,公司法定代表人、副总经理、现场负责人等共同构成污染环境罪。

4. 过失损坏公用电信设施罪

(2018)宁02刑终98号:现场施工作业人员在项目经理、现场负责人的指令下,无视警示标志,将光缆挖断导致通讯网络中断,共同构成过失损坏广播电视设施、公用电信设施罪。

5. 不报、谎报安全事故罪

(2014)朔刑初字第23号:项目负责人在事故发生后没有向相关单位报告事故情况,其行为构成不报、谎报安全事故罪。

6. 重大劳动安全事故罪

(2017)苏0602刑初462号:被告人为施工单位项目经理,未认真履行项目部安全生产第一责任人的职责,未对液压挖掘机操作资格和使用进行审核把关,在施工河边未设置警戒线或防护措施,对事故的发生负重要责任。

(2016)粤0111刑初947号:被告人系项目经理,负责对在建通信塔的现场施工、管理并监管工程质量。在未采取相应安全防护措施的情况下,安排无相关建筑施工资质的工人在上述工地吊装材料,导致意外发生。

(三)国有企业项目经理

国有施工企业的项目经理,除上述项目经理常见罪名外,因其国家工作人员的身份,还容易触犯贪污罪。

贪污罪:

(2017)0106刑初字第99号:国有建筑企业项目部经理利用职务之便,以虚增项目工程量和建材供应量的形式向分包分供商多支付工程款和货款的,构成贪污罪。

(2018)渝01刑终697号:国有建筑企业项目部经理利用负责监督审核项目部劳务支出的职务便利,伪造劳务人员考勤表和工程结算单,虚增用工人数和工时,套取国家工程款发放补贴,构成贪污罪。

(四)实际施工人犯罪

实践存在大量的实际施工人,以挂靠、内部承包或名义上的分包等情形,实际承揽工程。实际施工人因利益关系(项目所得利润归个人所有),在工程管理过程中,为节约成本、获取更高利润,更容易采取不正当的手段。常见以下罪名:

1. 持有伪造的发票罪

(2016)川0781刑初473号:被告人黄某甲挂靠某施工企业施工,未到税务所缴纳税款开具建筑业统一发票,而是在外以明显低于税款的价格购买明知是伪造的发票而予以持有,数量较大,其行为已构成持有伪造的发票罪。

2. 虚开发票罪

(2018)皖0111刑初814号:挂靠人将未实际发生交易而购买的发票交由被挂靠的施工企业做账的行为,构成虚开发票罪。

3. 合同诈骗罪

(2019)湘10刑终397号:被告人钟某强挂靠多个公司,采取虚构工程或重复发包工程的方式,先后多次与被害人签订工程合同,并收取上述人员保证金不退还,且在其挂靠的“建筑工程承包合同”未生效及其已与开发有限公司解除合同并已退还合同保证金70万元的情况下,还与被害人龙某签订劳务清包合同并收取保证金,构成合同诈骗罪。

4. 诈骗罪

(2016)粤1422刑初59号:实际施工人将虚假拼接的施工合同、预算书和结算书掺杂在其他工程资料中一并主张工程款的行为,构成诈骗罪。

(2019)冀0633刑初131号:实际施工人以虚构施工班组工资,并通过鼓动工人上访的形式施压政府骗取款项的行为,构成诈骗罪。

(2019)湘3125刑初153号:承包人在结算中虚报不存在的工程量,导致最终结算被确认并拨付款项的行为,构成诈骗罪。

(2016)川0722刑初41号:承包人通过伪造合同、发票、结算等资料,虚高工程造价、伪造工程项目、重复报账骗取工程款的行为,构成诈骗罪。

5. 虚假诉讼罪

(2016)苏0902刑初773号:因总承包单位欠款导致实际施工人挂靠的项目工程款被其他债权人查封,实际施工人通过伪造工人工资进行诉讼,双方均构成虚假诉讼罪。

(2017)黔0323刑初25号:承包人将拖欠的工程款虚构成拖欠的农民工工资进行诉讼,以期待在发包人兼并重组的分配过程中得到优先发放,构成虚假诉讼罪。

(2017)苏1323刑初569号:因合伙承包工程各合伙人间利润分配不均发生

纠纷,合伙人通过虚构工程欠款的行为进行民事诉讼,以达到侵占工程款的目的,构成虚假诉讼罪。

(2018)苏0482刑初463号:承包人与发包人通过串通、伪造证据等方式,将本已过了优先权行使期限的工程款通过诉讼的方式骗取建设工程价款优先权,双方均构成虚假诉讼罪。

6. 重大劳动安全事故罪

(2015)鄂襄阳中刑终字第00241号:发包人擅自改变工程规划设计,承包人出借资质,监理人不履行职责,实际施工人组织无证人员上岗,共同构成重大责任事故罪。

(2016)青0223刑初155号:实际施工人在工程建造时,将塔吊安装违规承包给无资质人员实施,且未安排现场监护人员,未采取相应的防护措施,安全生产条件不符合国家规定,因而发生重大伤亡事故。作为生产经营单位的负责人,对安全事故的发生负有直接管理责任,其行为构成本罪。

(2018)渝0107刑初947号:投资人在组织、指挥、管理该项目作业过程中,明知未取得建筑施工许可和消防设计审核,施工现场无消防设备,且使用存在安全隐患的材料,因而发生重大安全事故,且负事故主要责任,情节特别恶劣,其行为构成重大事故责任罪。

7. 污染环境罪

(2018)苏0508刑初205号:3.50万吨垃圾倾倒填埋在距离居民区仅150米的湖面两侧,现场恶臭并渗出黑色污水,公司构成单位犯罪,法定代表人、实际经营者多人共同构成污染环境罪。

(2019)琼刑终79号:实际施工人雇请无危险废物经营许可资质的他人清理、转运、倾倒施工现场垃圾,共同构成污染环境罪。

8. 行贿罪

(2007)渝北法刑初字第82号:实际施工人以“内部承包”为名,以“内部经营管理”方式行工程挂靠、转包之实,为谋取不正当利益,给予国家工作人员财物,构成行贿罪。

(2011)中刑初字第130号:实际施工人为请托国家工作人员在拨付工程款、降低管理费等方面给予照顾而给予国家工作人员财物的,构成行贿罪。

(2017)鲁1525刑再1号:施工人通过行贿等不正当方式谋取合法利益,违背了公平、公正原则,仍以行贿罪处罚。

9. 职务侵占罪

(2018)浙01刑终1003号:项目经理(实际施工人)以非法占有为目的,利用职务便利,将本工程建设所购的钢材运送至第三人工地,用于抵偿个人欠债,数额较大,构成职务侵占罪。

(2018)浙03刑终1446号:建筑施工企业的内部承包人,利用自己的职务便利,采用伪造公司印章的欺骗手段,将本单位财务非法占为己有,数额巨大,其行为已构成职务侵占罪。

10. 伪造公司印章罪

(2018)鄂0114刑初473号:挂靠人伪造公司项目部的印章,并使用伪造的印章与他人签订合同,导致公司遭受经济损失,损害了该公司的声誉,已构成伪造公司印章罪。

11. 假冒注册商标罪

(2019)皖05刑终203号:施工人为降低施工成本,未经注册商标所有人许可,在同一种商品上(施工材料)使用与其注册商标相同的商标,情节严重的,构成假冒注册商标罪。

12. 过失损坏易燃易爆设备罪

(2014)汝刑初字第274号:行为人无资质承揽工程,又在组织施工过程中因疏忽大意损坏易燃易爆设备并造成严重后果,构成本罪;作业人员未取得特种作业操作资格且在作业过程中疏于观察损坏易燃易爆设备并造成严重后果,作为直接责任人,也构成本罪。

13. 敲诈勒索罪

(2017)黑0281刑初100号:实际施工人虚增变更工程款,并通过非正常上访、在网络发表不实文章给地方政府造成影响,制造压力以达到索要虚假债务的目的,构成敲诈勒索罪。

14. 重大责任事故罪

(2017)闽0603刑初89号:实际施工人挂靠某公司承接工程项目,在施工过程中违反有关安全管理规定,为抢工期进度,指令工地现场施工员负责塔吊基础施工,施工员未按工程技术规范实施,因而发生重大伤亡事故,其行为均已构成重大责任事故罪。

(2012)浦刑初字第5210号:工程的发包人、承包人、现场负责人,违反安全管理法规,不履行各自职责,未落实安全措施,均构成重大责任事故罪。

（2017）晋0107刑初259号：在无拆除工程安全专项施工方案、未签订劳动合同、未对施工从业人员进行书面安全技术交底，无脚手架及安全防护设施检查验收记录等情况下，随意拆除，盲目指挥工人冒险作业二十余天，最终导致事故，构成重大责任事故罪。

15. 强令违章冒险作业罪

（2019）川0191刑初428号：实际施工人强令他人冒险作业，没有尽到安全保障义务，造成人员伤亡的，构成本罪。强令并不能机械地理解为说话态度强硬、大声命令或者暴力威胁等外在表现，而应评价该影响是否达到了作业人违心继续作业的心理程度。

16. 重大劳动安全事故罪

（2018）内0426刑初110号：明知竖井维护施工中所使用的安全生产设施为原有设备，未进行安全检查即安排工人进行施工作业，明知施工中应督促工人使用安全带而未尽到管理义务，未对风险隐患进行制止和消除，项目负责人、安全员均构成本罪。

17. 拒不支付劳动报酬罪

（2011）双流刑初字第544号：不具备用工主体资格的单位或者个人（包工头），违法用工且拒不支付劳动者报酬，数额较大，经政府有关部门责令支付仍不支付的，应当以拒不支付劳动报酬罪追究刑事责任。

（2012）云中法刑终字第104号：行为人经营亏损无力支付劳动报酬，但为逃避支付工资的义务而逃匿的，构成拒不支付劳动报酬罪。

（2017）皖12刑终71号：个人合伙承揽工程，合伙各人对债务承担连带责任，负责保管资金的合伙人携款逃匿并导致合伙组织拖欠劳动者劳动报酬，在政府有关部门责令支付期限内仍不支付劳动报酬，数额较大的，其余合伙人可能构成拒不支付劳动报酬罪的共同犯罪。

18. 买卖国家机关证件罪

（2014）南刑初字第85号：施工企业工作人员非法购买伪造的建筑资质证书，构成买卖国家机关证件罪。

（五）八大员

在建工程一般要求有“八大员”人证合一，持证上岗，八大员中，施工员、安全员、质检员的职责较重，关于安全、质量等职责的罪名已在前章表述，故本处只说明施工员的常见罪名，一般情况下，施工员负责现场组织施工，即俗称的现场负责人，施工员常见罪名如下：

1. 过失损坏易燃易爆设备罪

（2016）甘1023刑初112号：作业人员在现场施工员的指令下，未充分了解现场情况，无视警示标志，在施工过程中损坏易燃易爆设备并造成严重后果，现场施工员、直接作业人员均构成本罪。

2. 重大责任事故罪

（2017）闽0603刑初89号：实际施工人挂靠某公司承接工程项目，在施工过程中违反有关安全管理规定，为抢工期进度，指令工地现场施工员负责塔吊基础施工，施工员未按工程技术规范实施，因而发生重大伤亡事故，其行为均已构成重大责任事故罪。

（2014）桐刑初字第00030号：施工员在现场安排作业过程中，明知他人违章指挥，仍未及时制止，致浇筑工人违章作业，在现浇面上集中卸载，造成局部荷载过大，对事故发生负有直接责任。构成重大责任事故罪。

五、其他人员

（一）转包人

转包人一般是指将项目承揽后，自己不负责任何施工及组织管理，将项目整体转包给他人，转包人仅收取一定的转包费用。但转包人即便仅是收取一定的费用，也有可能犯罪。

过失损坏易燃易爆设备罪

（2013）汝刑初字第327号：转包人因无资质承揽工程且转包后对施工过程疏于管理而对损害后果的发生具有过失，构成本罪。

（二）劳务分包人

常有包工头以劳务分包人的身份承揽劳务施工，刑事案件中较少去划分包工头与劳务分包人的具体区别，实践中有劳务分包人或包工头利用国家对农民工利益的保护制度，欲谋取不正当利益而触犯法律的。

1. 敲诈勒索罪

（2015）栾刑重初字第1号：劳务分包人在施工企业结清劳务款的情况下，以亏损为由，通过散发有损他人声誉的传单进行威胁，要求施工企业支付款项的行为构成敲诈勒索罪。

(2019)冀0706刑初36号:劳务分包人虚构劳务工人工资并组织劳务工人通过围堵售楼部、到政府聚众上访等方式达到索要虚构工资的行为构成敲诈勒索罪。

(2014)西法刑初字第538号:工程款结算清楚的情况下,劳务分包人采用发送威胁短信、照片的方式索要工程款的行为构成敲诈勒索罪。

2. 寻衅滋事罪

(2017)辽1103刑初242号:在工程尚未结算,债权尚未明确的情况下基于错误的认识,以自杀自残的方式索要实际并不存在的债务,构成寻衅滋事罪。

3. 虚假诉讼罪

(2017)苏0324刑初313号:分包人通过撤换、篡改合同中的单价页,提高单价的方式向法院提起民事诉讼,企图获得更高的分包价格,构成虚假诉讼罪。

(2018)豫1602刑初495号:分包人隐瞒已经收到部分款项的事实进行民事诉讼,构成虚假诉讼罪。

4. 诈骗罪

(2015)滁刑终字第00129号:工程承包人与工人班组通过虚构工资的方式,有工人班组采用上访等形式讨要虚构工资的行为,构成诈骗罪。

(三)一般作业人员

施工作业人员指施工现场实际作业的一线员工,作业人员为获取不正当利益,常见与经济利益相关的犯罪,如挖出文物导卖等。但作业人员有时即便完全听从指挥,也有可能触犯法律,尤其是过失犯罪。

1. 过失损坏交通设施罪

(2018)皖8601刑初41号:行为人驾驶工程车辆违反操作规范通行造成铁路桥梁严重损坏的,可构成过失损坏交通设施罪。

2. 过失损坏易燃易爆设备罪

(2016)甘1023刑初112号:作业人员在现场施工员的指令下,未充分了解现场情况,无视警示标志,在施工过程中损坏易燃易爆设备并造成严重后果,现场施工员、直接作业人员均构成本罪。

3. 敲诈勒索罪

(2018)豫1303刑初1129号:工人以工程施工质量问题多次举报并承诺索要一定数额的款项后不再举报的行为,构成敲诈勒索罪。

4. 倒卖文物罪

(2019)鲁0781刑初145号:施工挖出的物品,有可能属于国家保护文物,自行出售牟利有可能触犯本罪。

5. 过失损坏电力设备罪

(2018)鲁02刑终98号:作为挖掘作业从业人员,在应当预见自己的作业行为可能发生危害后果的情况下,疏忽大意,忽视现场高危环境因素,仅通过简单询问他人即认为具备了安全作业环境,未能尽到完全的注意义务。其行为构成过失损坏电力设备罪。

6. 诈骗罪

(2019)晋0726刑初217号:农民工在讨要工资时,通过提供虚假材料虚增工程量和未支付的欠款骗取公司款项的行为,构成诈骗罪。

(四)特种作业人员

特种作业是指容易发生人员伤亡事故,对操作者本人、他人的生命健康及周围设施的安全可能造成重大危害的作业。直接从事特种作业的人员称为特种作业人员。特种作业人员除一般作业人员常见犯罪以外,还可能基于其特种作业的特殊要求而触犯法律。

1. 重大劳动安全事故罪

(2014)太刑初字第37号:被告人无特种行业操作资格证书,且其所使用的起重机未办理安全审查备案,作业中发生事故致使人员死亡,构成本罪。

(2019)冀0503刑初300号:被告人刘某某未取得高处作业吊篮安装拆卸工证件私自上岗,事故吊篮安装不合格,未进行安全检测交付施工方使用,对事故的发生负直接责任。

2. 过失损坏易燃易爆设备罪

(2014)汝刑初字第274号:行为人无资质承揽工程,又在组织施工过程中因疏忽大意损坏易燃易爆设备并造成严重后果,构成本罪;作业人员未取得特种作业操作资格且在作业过程中疏于观察损坏易燃易爆设备并造成严重后果,作为直接责任人,也构成本罪。

3. 买卖国家机关证件罪

(2016)京0109刑初113号:工地劳务人员为满足工地用工要求,购买伪造的建筑施工特种作业操作资格证和居民身份证,构成买卖国家机关证件罪。

图书在版编目(CIP)数据

建设工程施工企业及从业人员刑事法律责任及风险防范 / 常设中国建设工程法律论坛第十一工作组著. -- 北京 : 法律出版社, 2020
ISBN 978-7-5197-4836-4

Ⅰ. ①建… Ⅱ. ①常… Ⅲ. ①建筑工程-工程施工-刑事责任-风险管理-研究-中国 Ⅳ. ①D924.399.4 ②D922.297.4

中国版本图书馆 CIP 数据核字(2020)第 147514 号

建设工程施工企业及从业人员
刑事法律责任及风险防范
JIANSHE GONGCHENG SHIGONG QIYE JI CONGYE
RENYUAN XINGSHI FALÜ ZEREN JI FENGXIAN FANGFAN

常设中国建设工程法律论坛第十一工作组 著

责任编辑 慕雪丹 章 雯
装帧设计 汪奇峰

出版 法律出版社
总发行 中国法律图书有限公司
经销 新华书店
印刷 中煤(北京)印务有限公司
责任印制 胡晓雅

编辑统筹 法商出版分社
开本 710 毫米×1000 毫米 1/16
印张 36.25
字数 649 千
版本 2020 年 10 月第 1 版
印次 2020 年 10 月第 1 次印刷

法律出版社/北京市丰台区莲花池西里 7 号(100073)
网址/www.lawpress.com.cn
投稿邮箱/info@lawpress.com.cn
举报维权邮箱/jbwq@lawpress.com.cn
销售热线/400-660-8393
咨询电话/010-63939796

中国法律图书有限公司/北京市丰台区莲花池西里 7 号(100073)
全国各地中法图分、子公司销售电话:
统一销售客服/400-660-8393/6393
第一法律书店/010-83938432/8433 西安分公司/029-85330678 重庆分公司/023-67453036
上海分公司/021-62071010/1636 深圳分公司/0755-83072995

书号:ISBN 978-7-5197-4836-4 **定价**:148.00 元
(如有缺页或倒装,中国法律图书有限公司负责退换)